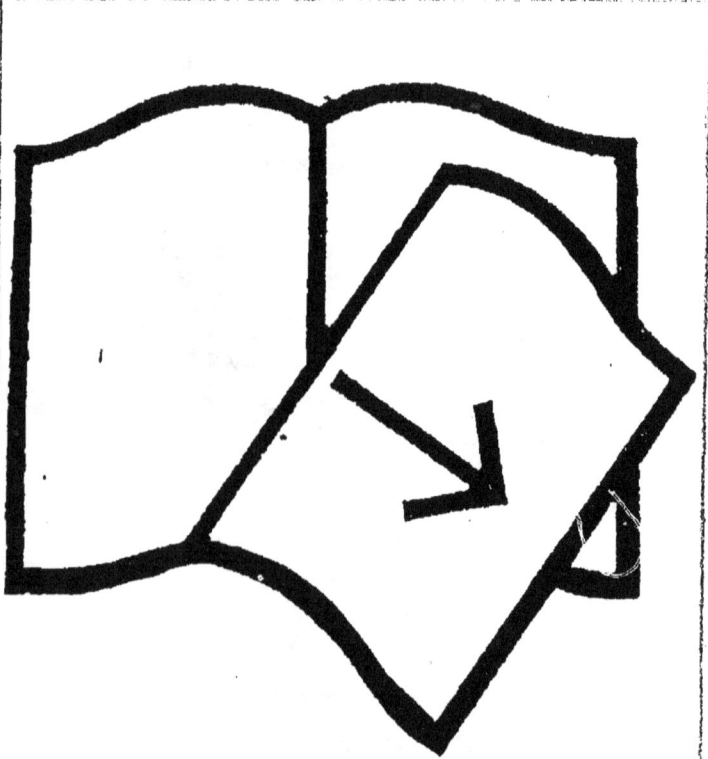

Couvertures supérieure et inférieure
manquantes

LE PREMIER SIÈCLE

DE L'INSTITUT DE FRANCE

25 OCTOBRE 1795 — 25 OCTOBRE 1895

TOME DEUXIÈME

Original en couleur

NF Z 43-120-8

VUE DU CHÂTEAU DE CHANTILLY

D'après un Dessin de H. DAUMET, Membre de l'Institut, Architecte du Château.

LE PREMIER SIÈCLE

DE

L'INSTITUT DE FRANCE

25 OCTOBRE 1795 — 25 OCTOBRE 1895

PAR

LE COMTE DE FRANQUEVILLE

Membre de l'Institut

TOME DEUXIÈME

NOTICES SUR LES MEMBRES LIBRES, LES ASSOCIÉS ÉTRANGERS ET LES CORRESPONDANTS

FONDATIONS ET PRIX DÉCERNÉS — PERSONNEL DES ANCIENNES ACADÉMIES

PARIS

J. ROTHSCHILD, ÉDITEUR

13, RUE DES SAINTS-PÈRES, 13

1896

Tous Droits réservés

LISTE DES SOUSCRIPTEURS

(*Inscrits avant le 31 Décembre 1895*).

Le Ministère de l'Instruction publique et des Beaux-Arts, à Paris.

AGARDH (Jacob-Georg), *Correspondant de l'Institut.*
ALMA TADEMA (Laurent), *Membre associé de l'Institut.*
AUCOC (Jean-Léon), *Membre de l'Institut.*
AUMALE (Henri-Eugène-Philippe-Louis d'ORLÉANS, duc d'), *Membre de l'Institut.*

BARCKHAUSEN (Henri-Auguste), *Correspondant de l'Institut.*
BECQUEREL (Antoine-Henri), *Membre de l'Institut.*
BERGER (Philippe), *Membre de l'Institut.*
BÉTOLAUD (Jacques-Alexandre-Célestin), *Membre de l'Institut.*
BIBESCO (Le prince Georges), *Correspondant de l'Institut.*
BISCHOFFSHEIM (Raphaël-Louis), *Membre de l'Institut.*
BOUGUEREAU (William-Adolphe), *Membre de l'Institut.*

CAILLEMER (Exupère), *Correspondant de l'Institut.*
CAILLETET (Louis-Paul), *Membre de l'Institut.*
CALVO (Carlos), *Membre associé de l'Institut.*
CAMBON (Pierre-Paul), *Membre de l'Institut.*
CARAPANOS (Constantin), *Correspondant de l'Institut.*
COLLIGNON (Léon-Maxime), *Membre de l'Institut.*
CORNU (Marie-Alfred), *Membre de l'Institut.*

DAMOUR (Augustin-Alexis), *Membre de l'Institut.*
DELABORDE (le comte Henri), *Secrétaire perpétuel de l'Académie des Beaux-Arts.*
DES CLOIZEAUX (Alfred-Louis-Olivier LEGRAND), *Membre de l'Institut.*
DESJARDINS (Achille-Arthur), *Membre de l'Institut.*
DE SMEDT (Charles), *Correspondant de l'Institut.*
DETAILLE (Jean-Baptiste-Édouard), *Membre de l'Institut*
DUMAS (Alexandre), *Membre de l'Institut.*

II

a

FLINT (Robert), *Correspondant de l'Institut.*
FRIEDEL (Charles), *Membre de l'Institut.*

GARNIER (Jean-Louis-Charles), *Membre de l'Institut.*
GAUTIER (Émile-Justin-Armand), *Membre de l'Institut.*
GEIKIE (Sir Archibald), *Correspondant de l'Institut.*
GINAIN (Paul-René-Léon), *Membre de l'Institut.*
GOEJE (Michael-Jean de), *Correspondant de l'Institut.*
GRAND'EURY (François-Cyrille), *Correspondant de l'Institut.*
GRIMALDI (Albert-Honoré-Charles), Prince souverain de Monaco, *Correspondant de l'Institut.*
GUILLAUME (Claude-Jean-Baptiste-Eugène), *Membre de l'Institut.*
GUILLOT (Adolphe), *Membre de l'Institut.*

HATON DE LA GOUPILLIÈRE (Julien-Napoléon), *Membre de l'Institut.*
HAVET (Pierre-Antoine-Louis), *Membre de l'Institut.*
HERMITE (Charles), *Membre de l'Institut.*
HERRGOTT (François-Joseph), *Correspondant de l'Institut.*

LALLEMAND (Léon-Frédéric), *Correspondant de l'Institut.*
LANGLEY (Samuel), *Correspondant de l'Institut.*
LARROUMET (Louis-Barthélemy-Gustave-Paul), *Membre de l'Institut.*
LAURENT (Jean-Émile), *Correspondant de l'Institut.*
LAUSSEDAT (Aimé), *Membre de l'Institut.*
LECKY (William-Edward-Hartpole), *Correspondant de l'Institut.*
LEFEBVRE (Jules-Joseph), *Membre de l'Institut.*
LEFÈVRE-PONTALIS (Antonin), *Membre de l'Institut.*
LENEPVEU (Jules-Eugène), *Membre de l'Institut.*
LUÇAY (Charles-Hélion-Marie LE GENDRE, comte de), *Correspondant de l'Institut.*
LYON-CAEN (Charles-Léon), *Membre de l'Institut.*

MARÈS (Henri-Pierre-Louis), *Correspondant de l'Institut.*
MASSARINI (Tullo), *Correspondant de l'Institut.*
MASSENET (Jules-Émile-Frédéric), *Membre de l'Institut.*
MEHREN (August-Ferdinand-Michael), *Correspondant de l'Institut.*
MEYER (Marie-Paul-Hyacinthe), *Membre de l'Institut.*
MEZIÈRES (Alfred-Jean-François), *Membre de l'Institut.*
MOISSAN (Henri), *Membre de l'Institut.*
MOYNIER (Gustave), *Correspondant de l'Institut.*
MÜLLER (Frédéric-Max), *Membre associé de l'Institut.*

NOURRISSON (Jean-Félix), *Membre de l'Institut.*

OLIVECRONA (Samuel-Rodolphe-Detler-Kanut d'), *Correspondant de l'Institut.*

PASCAL (Jean-Louis), *Membre de l'Institut.*
PÉRIN (Charles-Henri-Xavier), *Correspondant de l'Institut.*
PERRAUD (le cardinal Adolphe-Louis-Albert), *Évêque d'Autun, Membre de l'Institut.*
PERRIN (Sainte-Marie), *Correspondant de l'Institut.*
PICARD (Charles-Émile), *Membre de l'Institut.*
PICOT (Georges-Marie-René), *Membre de l'Institut.*
POBEDONOSTZEFF (Constantin-Petrovisch), *Correspondant de l'Institut.*
POLLOCK (Sir Frédérick), *Correspondant de l'Institut.*
POTAIN (Pierre-Carl-Édouard), *Membre de l'Institut.*

RAFFALOVICH (Arthur), *Correspondant de l'Institut.*
ROTHSCHILD (le baron MAYER Alphonse-James de), *Membre de l'Institut.*

SARDOU (Victorien), *Membre de l'Institut.*
SARREAU (Jacques-Rose-Ferdinand-Émile), *Membre de l'Institut.*
SCHLUMBERGER (Léon-Gustave), *Membre de l'Institut.*
SÉNART (Émile-Charles-Marie), *Membre de l'Institut.*

THOMAS (Gabriel-Jules), *Membre de l'Institut.*
THUREAU-DANGIN, (Paul-Marie-Pierre), *Membre de l'Institut.*
TILLO (Lieutenant général Alexis de), *Correspondant de l'Institut.*

VILLEY-DESMESERETS (Edmond-Louis), *Correspondant de l'Institut.*
VOGÜÉ (le Marquis Ch.-J. MELCHIOR de), *Membre de l'Institut.*

WADDINGTON (Charles), *Membre de l'Institut.*
WALLON (Henri-Alexandre), *Secrétaire perpétuel de l'Académie des Inscriptions et Belles-Lettres.*
WAUTERS (Émile), *Correspondant de l'Institut.*
WOLFF (Charles-Joseph-Étienne), *Membre de l'Institut.*

ASHER et Cⁱᵉ, *Libraires* à Berlin.

BAER (J.), *Libraire* à Francfort-sur-Mein.
BAILLIÈRE (J.-B.), *Éditeur* à Paris.
BELINFANTE frères, *Libraires* à La Haye.
BERNOUX et CUMIN, *Libraires* à Lyon.
Bibliothèque royale (La), à Bruxelles.
BOCCA frères, *Libraires* à Rome.

Bocca frères, *Libraires* à Turin.
Borrani, *Libraire* à Paris.

Carbonell, *Libraire* à Marseille.

Dulau et C^io, *Libraires* à Londres.
Duthu, *Libraire* à Bordeaux.

École nationale supérieure des Mines à Paris.

Falk, *Libraire* à Bruxelles.
Flammarion, *Libraires* à Paris.

Gaulon, *Libraire* à Paris.
Gérold et C^io, *Libraires* à Vienne.

Hoepli (Ulrico), *Libraire* à Milan.

Jacques, *Libraire* à Nancy.

Lajarthe, *Libraire* à Paris.
Larose, *Libraire* à Paris.
Lechevalier (Mme V^e), *Libraire* à Paris.
Lemoigne, *Libraire* à Paris.
Le Soudier, *Libraire* à Paris.

Mellier (Mme V^e), *Libraire* à Paris.
Meulenhoff, *Libraire* à Amsterdam.

Nutt (David), *Libraire* à Londres.

Observatoire d'astronomie physique de Paris, au Parc de Meudon.

Parker et C^io (James), *Libraires* à Oxford.
Per Lamm, *Libraire* à Paris.

Reinwald et C^io, *Libraires* à Paris.
Ricker (C.), *Libraire* à Saint-Pétersbourg.

Schulz (Albert), *Libraire* à Paris.
Samson et Wallin, *Libraires* à Stockholm.

Terquem, *Libraire* à Paris.
Timotei, *Libraire* à Paris.

NOTICES BIOGRAPHIQUES

ET BIBLIOGRAPHIQUES

MEMBRES LIBRES

1. — LEVÊQUE DE POUILLY (Jean, Simon).

Ommé, *par l'ordonnance royale du 21 mars 1816, membre libre de l'Académie des Inscriptions et Belles-Lettres.*

Né à Reims (Marne), le 8 mai 1734. — 1768. Membre libre de l'Académie royale des Inscriptions. — 1780. Lieutenant général du présidial de Reims. — 1784. Conseiller d'État. — 1803. *Correspondant de l'Institut.* — Mort à Reims (Marne), le 24 mars 1820.

Ouvrages. — 1764. La vie de Michel de l'Hôpital, in-12. — 1803. Théorie de l'imagination.

2. — VILLEDEUIL (le Marquis Pierre, Charles, Laurent de).

Nommé, par l'ordonnance royale du 21 mars 1816, membre de l'Académie des Inscriptions et Belles-Lettres.

Né à Bouchain (Nord), le 12 octobre 1742. — 1789. Membre honoraire de l'Académie royale des Inscriptions. — 1789. Marquis. — Mort à Paris, le 28 avril 1828.

3. — NOAILLES (le Duc Jean, Paul, François de).

Nommé, par l'ordonnance royale du 21 mars 1816, membre libre de l'Académie des Sciences.

Né à Paris, le 26 octobre 1739. — 1752. Garde du corps. — 1754. Mestre de camp. — 1759. Capitaine de la compagnie écossaise des gardes du corps du Roi. — 1762. Brigadier de cavalerie. — 1770. Maréchal de camp. — 1770. Gouverneur du Roussillon. — 1777. Membre honoraire de l'Académie des Sciences. — 1784. Lieutenant général. — 1814. Pair de France. — Mort à Fontenay-Trésigny (Seine-et-Marne), le 26 octobre 1824.

M. le duc de Noailles n'a publié aucun ouvrage ; on a, de lui, des rapports et des discours parlementaires.

4. — BRANCAS-LAURAGUAIS (le Duc Léon, Félicité de).

Nommé, par l'ordonnance royale du 21 mars 1816, membre libre de l'Académie des Sciences.

Né à Paris, le 3 juillet 1733. — 1771. Associé vétéran de l'Académie des Sciences. — 1814. Pair de France. — 1814. Lieutenant général des armées du Roi. — Mort à Paris, le 8 octobre 1824.

Ouvrages. — 1762. Expériences sur les mélanges qui donnent l'éther. — 1763. Mémoire sur l'inoculation, in-12. — 1769. Mémoire sur la compagnie des Indes. — 1771. Du droit des Français, in-4. — 1781. Jocaste, tragédie. Clytemnestre, tragédie. — 1788. Recueil de pièces historiques sur la convocation des États généraux. Dissertation sur les assemblées nationales sous les trois races des rois en France. Lettres sur les États généraux. — 1797. Lettre d'un incrédule à un converti. Dissertation sur l'ostracisme. — 1815. Lettre d'un philosophe à un autre philosophe.

5. — VAUBLANC (le Comte Vincent, Marie VIENNOT de), G. O. ✳

Élu, le 6 avril 1816, membre libre de l'Académie des Beaux-Arts.

Né à Saint-Domingue (Antilles), le 2 mars 1756. — 1770. Élève à l'École militaire. — 1774. Sous-Lieutenant au régiment de la Sarre. — 1789. Secrétaire de la noblesse du bailliage de Melun. — 1791. Député de Seine-et-Marne à l'Assemblée législative. — 1791. Président de l'Assemblée législative. — 1805. Préfet de la Moselle. — 1810. Baron. — 1813. Comte. — 1815-1816. Ministre de l'Intérieur. — 1816. Ministre d'État. — 1820 à 1827. Député du Calvados. — Mort à Paris, le 21 août 1845.

Ouvrages. — 1801. Considérations critiques sur la nouvelle ère. — 1808. Rivalité de la France et de l'Angleterre. — 1818-29. Tables synchroniques de l'histoire de France. — 1820. Du gouvernement représentatif en France. — 1822. Du commerce de la France. — 1828. Des administrations provinciales et municipales. Du commerce maritime. — 1832. Mémoires sur la révolution de France, 4 vol. — 1833. Essai sur l'éducation d'un prince au xixᵉ siècle. — 1834. Discours en vers sur le courage des Françaises. — 1836. Le dernier des Césars, ou la chute de l'Empire romain, poème. — 1838. Fastes mémorables de la France. — 1839. Mémoires et souvenirs, 2 vol. — 1840. Contes et mélanges en prose. — 1843. De la navigation des colonies.

6. — BLACAS d'AULPS (le Duc Pierre, Louis, Jean, Casimir de), O. ✳

Élu, le 16 avril 1816, membre libre de l'Académie des Beaux-Arts, et, le 2 août 1816, membre libre de l'Académie des Inscriptions et Belles-Lettres.

Né à Vérignan (Var), le 10 janvier 1771. — 1814. Grand-Maître de la garde-robe. — 1814 à 1815. Ministre de la maison du Roi. — 1815. Pair de France. — 1816. Ambassadeur près le Saint-Siège. — 1824 à 1830. Ambassadeur près le roi des Deux-Siciles. — Mort à Prague (Bohême), le 17 novembre 1839.

Ouvrages. — Musée égyptien. Publication des vases étrusques de Panofka et des monuments paléographiques arabes de l'abbé Lanci. — 1828. Description des monuments musulmans du cabinet de M. le duc de Blacas, 2 vol.

7. — VAUDREUIL (le Comte Joseph, Hyacinthe, François-de-Paule de RIGAUD de), ✳

Élu, le 6 avril 1816, membre libre de l'Académie des Beaux-Arts.

Né à Saint-Domingue (Antilles), le 2 mars 1740. — 1814. Pair de France. — Mort à Paris, le 17 janvier 1817.

8. — PRADEL (le Comte Jules, Jean, Baptiste, François de **CHARDEBŒUF** de), O. ✻

Élu, le 6 *avril* 1816, *membre libre de l'Académie des Beaux-Arts.*

Né aux Essards (Sarthe), le 13 juillet 1779. — Mort à Villesavin (Loir-et-Cher), le 20 septembre 1857.

Ouvrages. — 1820. Des principes de la monarchie constitutionnelle. — 1822. Consultations épistolaires.

✻ **CASTELLAN** (Antoine, Laurent).

Élu, le 6 *avril* 1816, *membre libre de l'Académie des Beaux-Arts* (*voir Membres titulaires*, n° 282).

---

9. — TURPIN de CRISSÉ (le Comte Lancelot, Théodore), ✻

Élu, le 6 *avril* 1816, *membre libre de l'Académie des Beaux-Arts.*

Né à Paris, le 9 juillet 1782. — 1809 à 1814. Chambellan de l'impératrice Joséphine. — 1825 à 1830. Inspecteur général des Musées et gentilhomme ordinaire de la Chambre. — Mort à Paris, le 15 mai 1859.

Ouvrages. — 1820. Voyage à Naples. — 1835. Souvenirs du vieux Paris.

✻ **CHOISEUL-GOUFFIER** (le Comte de).

Élu, le 10 *avril* 1816, *membre libre de l'Académie des Beaux-Arts* (*voir Membres titulaires*, n° 196).

---

10. — GOIS (Étienne, Pierre, Adrien).

Élu, le 10 *avril* 1816, *membre libre de l'Académie des Beaux-Arts.*

Né à Paris, le 1er janvier 1731. — 1770. Membre de l'Académie royale de peinture et de sculpture. — 1776. Professeur adjoint. — 1781. Professeur à l'Académie. — Mort à Paris, le 3 février 1823.

Œuvres principales. — Le chancelier de L'Hôpital. Le président Molé (Institut). Le serment des nobles devant la Chambre des comptes (Chambre des députés). Saint Vincent (église Saint-Germain-l'Auxerrois). Saint Jacques et saint Philippe prêchant et guérissant les malades, etc.

---

11. — FORBIN (le Comte Louis, Nicolas, Philippe; Auguste de), C. ✻

Élu, le 10 *avril* 1816, *membre libre de l'Académie des Beaux-Arts.*

Né à La Roque d'Antheron (Bouches-du-Rhône), le 19 août 1777. — 1809. Baron. — 1810. Comte. — 1816 à 1830. Directeur général des musées. — Mort à Paris, le 23 février 1841.

Œuvres principales. — 1800. Intérieur de chapelle. — 1801. Intérieur d'un cloître. — 1806. La vision d'Ossian. Procession des pénitents noirs. — 1817. L'éruption du Vésuve. La religion au tribunal de l'Inquisition. — 1819. Inès de Castro couronnée après sa mort. — 1822. Gonsalve de Cordoue s'emparant de l'Alhambra de Grenade.

Mort du roi André de Hongrie. Un Arabe mourant de la peste. Un Maure de Tanger devant l'Inquisition. — 1824. Ruines de la haute Égypte. Une chartreuse d'Italie. — 1826. Vue de Jérusalem. — 1827. Vue du cloître de Santa Maria Novella à Florence. — 1833. Intérieur d'un bazar au·Caire. — 1834. Épisode de la peste de Marseille. — 1835. Chapelle dans le Colisée à Rome. — 1839. Un écueil dans l'océan Atlantique. Prière du matin. — 1840. Vues des environs de Messine.

Œuvres. — 1810. Charles Barimore, roman. — 1819. Voyage dans le Levant, in-fol. — 1823. Souvenirs de la Sicile. — 1824-25. Un mois à Venise, ou recueil de vues pittoresques, in-fol.

Une notice sur sa vie a été lue par M. le vicomte Siméon, dans la séance de l'Académie des Beaux-Arts du 27 mars 1841.

---

12. — SENONNES (le Vicomte Alexandre de LAMOTTE-BARACÉ de), C. ✳

Élu, le 10 avril 1816, membre libre de l'Académie des Beaux-Arts.

Né à Senonnes (Mayenne), le 3 juillet 1781. — Mort à Paris, le 21 mars 1840.

Ouvrages. — 1821. Choix de vues pittoresques d'Italie, de Suisse, de France et d'Espagne, in-fol. — 1827-29. Promenades au pays des Grisons ou choix des vues les plus remarquables de ce canton.

---

13. — ROSILY-MESROS (le Comte François, Étienne de), G. C. ✳

Élu, le 27 mai 1816, membre libre de l'Académie des Sciences.

Né à Brest (Finistère), le 13 janvier 1748. — 1796. Vice-Amiral. — 1798 à 1827. Directeur du Dépôt général de la marine. — 1809. Comte. — 1814. Membre du Bureau des Longitudes. — Mort à Paris, le 11 novembre 1832.

---

14. — HÉRON de VILLEFOSSE (le Baron Antoine, Marie), O. ✳

Élu, le 10 juin 1816, membre libre de l'Académie des Sciences.

Né à Paris, le 20 juin 1774. — 1794. Élève à l'École des Ponts et Chaussées. — 1801. Ingénieur ordinaire des Mines. — 1806. Ingénieur en chef. — 1807. Inspecteur général des Mines. — 1814. Maître des requêtes honoraire au Conseil d'État. — 1824. Baron. — 1832. Inspecteur général de première classe et Vice-Président du Conseil général des Mines. — Mort à Caen (Calvados), le 6 juin 1852.

Ouvrages. — 1800. Essai sur l'histoire de la Révolution française. — 1810-19. La richesse minérale. — 1824. Rapport fait au jury de l'exposition de l'année 1823. — 1826. Des combustibles minéraux. Mémoire sur l'état actuel des mines à fer de France. — 1831. La vie heureuse et le repos du sage. Atlas de la richesse minérale, in-fol.

---

15. — CUBIÈRES (le Marquis Simon, Louis, Pierre de), ✳

Élu, le 10 juin 1816, membre libre de l'Académie des Sciences.

Né à Roquemaure (Gard), le 12 octobre 1747. — 1768. Page de Louis XV. — 1770. Capitaine de cavalerie au régiment du Dauphin. — 1810. *Correspondant de l'Institut.* — Mort à Paris, le 10 août 1821.

Ouvrages. — 1800. Histoire des coquillages de mer, de leurs mœurs et de leurs amours, in-4. — 1801. Histoire du tulipier. — S. d. Le charlatan, comédie. Traité sur la composition et la culture des jardins.

16. — GILLET de LAUMONT (François, Pierre, Nicolas), ✱

Élu, le 24 juin 1816, membre libre de l'Académie des Sciences.

Né à Paris, le 28 mai 1747. — Doyen des inspecteurs généraux du corps royal des Mines. — Membre du Conseil général et du Conseil de l'École des Mines. — 1799. *Associé non résidant de l'Institut.* — Mort à Paris, le 1er juin 1834.

M. Gillet de Laumont a inséré de nombreux articles dans le Journal des mines, les Annales des mines, les Mémoires de la Société d'agriculture de la Seine, les Annales d'agriculture et le Bulletin de la Société d'encouragement.

---

17. — MARMONT, Duc de RAGUSE (Auguste, Frédéric, Louis, WEISSE de), G. C. ✱

Élu, le 24 juin 1816, membre libre de l'Académie des Sciences.

Né à Châtillon-sur-Seine (Côte-d'Or), le 20 juillet 1774. — 1789. Sous-Lieutenant d'artillerie. — 1792. Capitaine. — 1796. Colonel. — 1798. Général de brigade. — 1800. Général de division. — 1808. Duc de Raguse. — 1809. Maréchal de France. — 1814 à 1830. Pair de France. — 1814 à 1830. Major général de la garde royale. — Mort à Venise (Italie), le 2 mars 1852.

Ouvrages. — 1837. Voyage en Hongrie, en Transylvanie, dans la Russie méridionale, en Crimée et sur les bords de la mer d'Azoff, à Constantinople, dans quelques parties de l'Asie Mineure, en Syrie, en Palestine et en Égypte, 4 vol. — 1845. Esprit des institutions militaires. — 1856-57. Mémoires de 1792 à 1841, 9 vol.

---

18. — DELESSERT (le Baron Jules, Paul, Benjamin), G. O. ✱

Élu, le 8 juillet 1816, membre libre de l'Académie des Sciences.

Né à Lyon (Rhône), le 14 février 1773. — 1812. Baron. — 1818 à 1830. Député de la Seine. — 1831 à 1845. Député de Maine-et-Loire. — Mort à Paris, le 1er mars 1847.

Ouvrages. — 1835. Des avantages de la caisse d'épargne et de prévoyance. — 1837. Almanach de la caisse d'épargne et de prévoyance. — 1840. Le guide du bonheur. — 1847. Fondations qu'il serait utile de faire.

Une notice sur sa vie a été lue par M. Flourens, dans la séance de l'Académie des Sciences du 4 mars 1850.

---

19. — MAURICE (le Baron Jean, Frédéric, Théodore), O. ✱

Élu, le 8 juillet 1816, membre libre de l'Académie des Sciences.

Né à Genève (Suisse), le 13 octobre 1775. — 1809. Professeur de mathématiques à l'Académie de Genève. — 1809. Baron. — 1810. Préfet de la Creuse. — 1811. Préfet de la Dordogne. — 1814. Maître des requêtes au Conseil d'État. — Mort à Genève, le 16 avril 1851.

---

20. — DAMBRAY (le Vicomte Charles, Henri), G. O. ✱

Élu, le 2 août 1816, membre libre de l'Académie des Inscriptions et Belles-Lettres.

Né à Rouen (Seine-Inférieure), le 11 octobre 1760. — 1779. Avocat à Paris. — 1779. Avocat général à la Cour des Aides. — 1788. Avocat général au Parlement de Paris. — 1795. Membre du

Conseil des Cinq-Cents. — 1814. Pair de France. — 1814-1815. Ministre de la Justice et Chancelier de France. — 1816-1817. Président de la Chambre des Pairs. — Mort à Montigny (Seine-Inférieure), le 13 décembre 1829.

On a, de M. Dambray, des discours politiques et des articles insérés au Journal des savants.

---

21. — BÉTENCOURT (l'Abbé Pierre, Louis, Joseph de).

Élu, le 2 août 1816, membre libre de l'Académie des Inscriptions et Belles-Lettres.

Né à Arras (Pas-de-Calais), le 7 juillet 1743. — Mort à Paris, le 16 mai 1829.

Ouvrages. — 1780. Cartulaire du prieuré de Cambourg, diocèse de Saint-Malo. — 1788. Cartulaire de l'abbaye d'Auchy-les-Hesdin, in-4. — 1826. Noms féodaux ou noms de ceux qui ont tenu fiefs en France, depuis le XIIe siècle jusque vers le milieu du XVIIIe siècle, 2 vol. — S. d. Cartulaire de l'abbaye de Notre-Dame de la Roche. Mémoire à consulter sur l'état des personnes en France, avant et sous la première et la seconde race. Mémoire sur les prenoms, noms et surnoms, titres et qualités. Notes concernant l'origine des fleurs de lys. Nouvel examen de la question relative au blason. Exposé du dialecte artésien écrit ou parlé.

✻ MONTESQUIOU-FÉZENSAC (le Duc de).

Élu, le 2 août 1816, membre libre de l'Académie des Inscriptions et Belles-Lettres (voir Membres titulaires, n° 303).

---

22. — BARBÉ-MARBOIS (le Marquis François), G. C. ✻

Élu, le 2 août 1816, membre libre de l'Académie des Inscriptions et Belles-Lettres.

Né à Metz (Moselle), le 31 janvier 1745. — 1769. Secrétaire de légation à Ratisbonne et à Dresde. — 1785. Intendant à Saint-Domingue. — 1790. Employé au Ministère des Affaires étrangères. — 1795. Maire de Metz. — 1795. Membre du Conseil des Anciens. — 1800. Conseiller d'État. — 1801 à 1806. Ministre du Trésor public. — 1808. Premier Président de la Cour des comptes. — 1813. Sénateur. — 1813. Comte. — 1814. Pair de France. — 1815 à 1817. Ministre de la Justice. — 1817 à 1834. Premier Président de la Cour des comptes. — 1817. Marquis. — Mort à Paris, le 12 janvier 1837.

Ouvrages. — 1769. Essai sur les moyens d'inspirer aux hommes le goût de la vertu. — 1771. Lettres de Mme la marquise de Pompadour, 2 vol. — 1792. Culture du trèfle, de la luzerne et du sainfoin. — 1796. Réflexions sur la colonie de Saint-Domingue. — 1816. Complot d'Arnold et de sir Henry Clinton contre les États-Unis d'Amérique. — 1822. De la Guyane et du projet de la peupler avec des laboureurs européens. — 1828. Histoire de la Louisiane. — 1835. Journal d'un déporté non jugé.

---

23. — FAURIS SAINT-VINCENS (Alexandre, Jules, Antoine), ✻

Élu, le 2 août 1816, membre libre de l'Académie des Inscriptions et Belles-Lettres.

Né à Aix (Bouches-du-Rhône), le 3 septembre 1750. — 1807. *Correspondant de l'Institut.* — 1809. Député des Bouches-du-Rhône. — 1812. Président à la Cour impériale d'Aix. — Mort à Aix, le 15 novembre 1819.

M. Fauris Saint-Vincens a publié un certain nombre de mémoires archéologiques, insérés pour la plupart dans le Magasin encyclopédique et dans les Annales encyclopédiques.

---

24. — SCHWEIGHÆUSER (Jean).

Élu, le 2 août 1816, membre libre de l'Académie des Inscriptions et Belles-Lettres.

Né à Strasbourg (Bas-Rhin), le 26 juin 1742. — 1767. Maître ès arts. — 1770. Professeur adjoint de philosophie à Strasbourg. — 1775. Professeur de langues orientales. — 1796. *Associé non résidant de l'Institut.* — 1806. Conservateur de la Bibliothèque de Strasbourg. — 1809. Professeur de littérature grecque et Doyen de la Faculté des Lettres de Strasbourg. — Mort à Strasbourg, le 19 janvier 1830.

Ouvrages. — 1767. *Systema morale hujus Universi seu de extrema rerum omnium fine commentatio philosophico-theologica,* in-4. — 1773. *Dissertatio boni malique moralis distinctionem sensu morali judicandam,* in-4. — 1774. *Sententiarum philosophicarum varii argumenti.* — 1775. *De sensu morali. Sententiæ philosophicæ.* — 1781. *De impressis et manuscriptis historiarum Appiani Alex codicibus commentatio.* — 1789. *Emendationes et observationes in Sindam.* — 1799. *Epictetæ philosophicæ monumenta.* — 1806. *Opuscula academica. Memoria Oberlini.* — 1824. *Lexicon Herodoteum,* 2 vol.

25. — GARNIER (le Marquis Germain).

Élu, le 2 août 1816, membre libre de l'Académie des Inscriptions et Belles-Lettres.

Né à Auxerre (Yonne), le 8 novembre 1754. — 1784. Procureur au Châtelet. — 1789. Député suppléant de Paris aux États généraux. — 1796. *Associé non résidant de l'Institut.* — 1800. Préfet de Seine-et-Oise. — 1804. Sénateur. — 1809-1811. Président du Sénat. — 1810. Comte. — 1814. Pair de France. — 1815. Ministre d'État. — 1817. Marquis. — 1817. Membre du Conseil privé. — Mort à Paris, le 3 octobre 1821.

Ouvrages. — 1781. *Les girandoles* (comédie). — 1792. *De la propriété considérée dans ses rapports avec le droit politique.* — 1806. *Histoire des banques d'escompte.* — 1819. *Histoire de la monnaie jusqu'au règne de Charlemagne,* 2 vol. — 1822. *Description du département de Seine-et-Oise.* — S. d. *Abrégé des principes de l'Économie politique,* in-12.

26. — COQUEBERT DE MONTBRET (le Baron Charles, Étienne), ✳

Élu, le 12 août 1816, membre libre de l'Académie des Sciences.

Né à Paris, le 3 juillet 1755. — 1773. Attaché au bureau des consulats. — 1775. Commissaire de la marine à Hambourg. — 1777. Consul général près les villes hanséatiques. — 1786. Conseiller correcteur à la cour des comptes. — 1791. Attaché à l'École des Mines. — 1801. Consul général à Amsterdam et à Londres. — 1802. *Associé non résidant de l'Institut.* — 1806. Directeur de la statistique au Ministère de l'Intérieur. — 1808. Maître des requêtes. — 1809. Baron. — 1812 à 1814. Secrétaire général du Ministère du Commerce. — Mort à Paris, le 9 avril 1831.

M. Coquebert de Monbret a publié de nombreux mémoires, articles et notices dans le Journal des mines et dans le Dictionnaire des sciences naturelles.

✳ RICHELIEU (le Duc de).

Élu, le 22 mars 1817, membre libre de l'Académie des Beaux-Arts (voir Membres titulaires, n° 302).

27. — CHABROL de VOLVIC (le Comte Gilbert, Joseph, Gaspard de), G. C. ✳

Élu, le 30 août 1817, membre libre de l'Académie des Beaux-Arts.

Né à Riom (Puy-de-Dôme), le 25 septembre 1778. — 1796. Membre de la commission des

sciences et des arts de l'expédition d'Égypte. — 1800. Sous-Préfet de Pontivy. — 1804. Préfet du
département de Montenotte. — 1812. Préfet de la Seine. — 1816-1817. Député de la Seine. — 1827
à 1830. Député du Puy-de-Dôme. — Mort à Paris, le 30 avril 1843.

Ouvrages. — 1818-27. Budgets de la ville de Paris et rapports au conseil municipal depuis 1818 jusqu'en
1827, 10 vol. in-4. — 1821. Recherches statistiques sur la ville de Paris et le département de la Seine. — 1824. Statistiques des provinces de Savonne, d'Oneille, d'Acqui et de Mondovi. — 1826. Essai sur les mœurs des habitants
modernes de l'Égypte. — S. d. Sur les mœurs et les usages des Égyptiens. Recueil de statistique, 4 vol. in-4.

---

28. — HAUTERIVE (le Comte Alexandre, Maurice BLANC de LANAUTHE d'), C. ✹

Élu, le 28 janvier 1820, membre libre de l'Académie des Inscriptions et Belles-Lettres.
Démissionnaire le 9 janvier 1829.

Né à Aspres-lès-Corps (Hautes-Alpes), le 14 avril 1754. — 1792. Consul à New-York. — 1805 à
1814 et 1815 à 1823. Conseiller d'État. — Mort à Paris, le 28 juillet 1830.

Ouvrages. — 1800. De l'état de la France à la fin de l'an VIII. — 1803. Observations en réponse du manifeste
du roi d'Angleterre. Résultats de la politique de l'Angleterre dans ces dernières années. — 1817. Éléments d'économie politique. — 1824. Sur la Moldavie. — 1825. Théodicée. — 1827. Extrait d'un ouvrage inédit sur les langues.
— 1828. Calculs et observations sur la dépense d'une des grandes administrations de l'État depuis Louis XIV
jusqu'en 1825. — S. d. Conseils à un élève des relations extérieures. Considérations générales sur la théorie de
l'impôt. Méthode pour se former en peu de temps à une prononciation facile et correcte des langues étrangères.

---

29. — LA ROCHEFOUCAULD (le Duc François, Alexandre, Frédéric de), G. O. ✹

Élu, le 24 septembre 1821, membre libre de l'Académie des Sciences.

Né à La Roche-Guyon (Seine-et-Oise), le 11 janvier 1747. — 1767. Carabinier. — 1768. Grand
Maître de la garde-robe du Roi. — 1789. Membre de l'Assemblée constituante. — 1789. Président de
l'Assemblée constituante. — 1804. *Correspondant de l'Institut.* — 1816. Membre du Conseil général
des hôpitaux. — 1821. Président du Conseil général des hôpitaux. — 1827. Pair de France. — Mort
à Paris, le 27 mars 1827.

Ouvrages. — 1789. Finances, crédit. — 1790-1801. L'impôt territorial foncier en Angleterre. — 1790. Travail
du comité de mendicité, contenant les rapports faits à l'Assemblée nationale. — 1796. Des prisons de Philadelphie par un Européen. — 1800. Voyage dans les États-Unis de l'Amérique, 8 vol. — 1801. Note sur la législation
anglaise des chemins. État des pauvres en Angleterre. — 1802. Recherches sur le nombre des habitants de la
Grande-Bretagne. — 1815. Système anglais d'instruction. — 1819. Le bonheur du peuple. Almanach à l'usage de
tout le monde. Dialogue d'Alexandre et Benoit sur la caisse d'épargne.

---

30. — LAURISTON (le Marquis Jean, Alexandre, Bernard LAW de), G. C. ✹

Élu, le 22 juillet 1822, membre libre de l'Académie des Beaux-Arts.

Né à Pondichéry (Indes), le 1er février 1768. — 1784. Élève à l'École militaire. — 1785. Lieutenant. — 1791. Capitaine. — 1795. Chef de brigade dans l'artillerie à cheval. — 1800. Aide de camp
du premier consul. — 1800. Général de brigade. — 1805. Général de division. — 1807. Gouverneur
général de Venise. — 1811-1812. Ambassadeur en Russie. — 1814. Capitaine de la compagnie des
mousquetaires gris. — 1814. Pair de France. — 1817. Marquis. — 1820 à 1824. Ministre de la
maison du Roi. — 1823. Maréchal de France. — 1824. Grand Veneur. — 1824. Ministre d'État. —
Mort à Paris, le 10 juin 1828.

31. — PASTORET (le Marquis Amédée, David de), G. O. ✤

Élu, le 22 mars 1823, membre libre de l'Académie des Beaux-Arts.

Né à Paris, le 2 janvier 1791. — 1811 à 1814. Auditeur au Conseil d'État. — 1812. Intendant administrateur de la Russie Blanche. — 1813. Sous-Préfet de Corbeil. — 1814. Sous-Préfet de Châlons-sur-Saône. — 1815 à 1817. Maître des requêtes. — 1820. Gentilhomme titulaire de la Chambre. — 1827 à 1830. Conseiller d'État. — 1852. Sénateur. — Mort à Paris, le 18 mai 1857.

Ouvrages. — 1813. Les troubadours (poème). — 1815-19. Des moyens mis en usage par Henri IV pour s'assurer la Couronne. — 1818. Les Normands en Italie, ou Salerne délivrée (poème). — 1820. Sur monseigneur le duc de Berri. — 1824. Élégies. — 1825-28. Le duc de Guise à Naples. — 1826. Récits historiques. — 1839. Histoire de la chute de l'Empire grec. — 1833. Raoul de Pellevé, 2 vol. — 1835. Érard du Chatelet, 2 vol. — 1836. Souvenirs de Néris, in-4. — 1847. Claire Catalauzi, 2 vol.

32. — HÉRICARD-FERRAND de THURY (le Vicomte Louis, Étienne, François), O. ✤

Élu, le 15 novembre 1824, membre libre de l'Académie des Sciences.

Né à Paris, le 3 juin 1776. — 1795. Élève à l'École des Mines. — 1802. Ingénieur ordinaire. — 1810. Ingénieur en chef. — 1835. Inspecteur général des Mines. — Mort à Rome, le 15 janvier 1854.

Ouvrages. — 1805. Instruction sur la marine. — 1806. Archéologie du Mons Seleucus. — 1815. Description des catacombes de Paris. — 1823. Considérations géologiques et physiques sur les causes du jaillissement des eaux des puits forés ou fontaines artificielles. — 1831. Du desséchement des terres cultivables sujettes à être inondées. — 1837. État des recherches faites dans les environs de Paris pour la découverte des mines de houille. — 1838. Notice sur les mines d'asphalte, bitume et lignites de Lobsaun. — 1839. Histoire d'un vieux chêne et de ses quatorze enfants.

33. — ANDREOSSY (le Comte Antoine, François), G. C. ✤

Élu, le 13 décembre 1824, membre libre de l'Académie des Sciences.

Né à Castelnaudary (Aude), le 6 mars 1761. — 1781. Lieutenant d'artillerie. — 1788. Capitaine. — 1795. Chef de bataillon. — 1798. Général de brigade. — 1800. Général de division. — 1801. Directeur général du Dépôt de la guerre. — 1802. Ambassadeur à Londres. — 1806. Ambassadeur à Vienne. — 1808. Comte. — 1809. Gouverneur de Vienne. — 1810 à 1812. Président de la section de la guerre au Conseil d'État. — 1812 à 1814. Ambassadeur en Turquie. — 1821. Directeur général des subsistances militaires. — Mort à Montauban (Tarn-et-Garonne), le 10 septembre 1828.

Ouvrages. — 1794. Quelques idées relatives à l'usage de l'artillerie. — 1800. Mémoire sur la vallée du lac Natron, in-4. Histoire du canal du Midi. — 1802. Campagne sur le Mein et la Rednitz, de l'armée gallo-batave. — 1818. Voyage à l'embouchure de la mer Noire. — 1824. De la direction générale des subsistances militaires. — 1825. Essai sur le tir des projectiles creux. — 1826. Mémoire sur les marchés Ouvrard. Mémoire sur les dépressions de la surface du globe.

34. — CASSINI (le Vicomte Alexandre, Henri, Gabriel de), ✤

Élu, le 7 mai 1827, membre libre de l'Académie des Sciences.

Né à Paris, le 9 mai 1781. — 1797. Employé au Dépôt de la guerre. — 1810. Juge suppléant au Tribunal de la Seine. — 1811. Juge. — 1815. Vice-Président du même Tribunal. — 1816. Conseiller à la cour royale de Paris. — 1824. Président de Chambre. — 1826. Député. — 1829. Conseiller à la Cour de cassation. — 1831. Pair de France. — Mort à Paris, le 16 avril 1832.

Ouvrages. — 1826. Opuscules phytologiques, 3 vol. — Notices et mémoires insérés dans le Magasin encyclopédique, le Dictionnaire des sciences naturelles et le Bulletin des sciences.

---

35. — SIMÉON (le Comte Joseph, Balthazar), C. ✳

Élu, le 23 août 1828, membre libre de l'Académie des Beaux-Arts.

Né à Aix (Bouches-du-Rhône), le 6 janvier 1781. — 1800. Élève aux Affaires étrangères. — 1815. Baron. — 1815. Préfet du Var. — 1818. Préfet du Doubs. — 1818 à 1824. Préfet du Pas-de-Calais. — 1822. Maître des requêtes au Conseil d'État. — 1826. Vicomte. — 1828. Directeur des Beaux-Arts. — 1828-1829. Conseiller d'État. — 1835. Pair de France. — 1842. Comte. — Mort à Dieppe (Seine-Inférieure), le 14 septembre 1846.

Ouvrages. — 1821. Notice sur les usages et le langage des habitants du Haut-Pont, faubourg de Saint-Omer. — Rapports faits à la Chambre des pairs.

✳ DARU (le Comte).

Élu, le 27 octobre 1828, membre libre de l'Académie des Sciences (voir Membres titulaires, n° 217).

---

36. — ROGNIAT (le Vicomte Joseph), G. C. ✳

Élu, le 23 novembre 1829, membre libre de l'Académie des Sciences.

Né à Saint-Priest (Isère), le 9 novembre 1776. — 1795. Capitaine du génie. — 1800. Chef de bataillon. — 1805. Colonel. — 1809. Général de brigade. — 1811. Général de division. — 1811. Baron. — 1817. Inspecteur général du génie. — 1822. Président du Comité des fortifications. — 1826. Vicomte. — 1831. Conseiller d'État. — 1831. Pair de France. — Mort à Paris, le 9 mai 1840.

Ouvrages. — 1814. Relation des sièges de Saragosse et de Tortose, in-4. — 1816. Considérations sur l'art de la guerre. — 1819. Des gouvernements. — 1823. Réponses aux notes critiques de Napoléon. — 1826. Mémoire sur l'armement des places. — 1827. Sur l'emploi des petites armes dans la défense des places. — 1840. De la colonisation en Algérie.

---

37. — DUGAS-MONTBEL (Jean, Baptiste), ✳

Élu, le 26 novembre 1830, membre libre de l'Académie des Inscriptions et Belles-Lettres.

Né à Saint-Chamond (Loire), le 10 mars 1776. — 1795. Engagé volontaire. — 1830. Député du Rhône. — Mort à Paris, le 30 novembre 1834.

Ouvrages. — 1800. La femme en parachute ou le soupçon (com.). — Histoire des poésies homériques. Traduction de l'Iliade et de l'Odyssée.

---

38. — SALVERTE (Anne, Joseph, EUSÈBE-BACONNIÈRE-).

Élu, le 26 novembre 1830, membre libre de l'Académie des Inscriptions et Belles-Lettres.

Né à Paris, le 18 juillet 1771. — 1790. Avocat du Roi au Châtelet. — 1792. Employé au Ministère des Affaires étrangères. — 1825. Professeur à l'École des Ponts et Chaussées. — 1828. Député de la Seine. — Mort à Paris, le 27 octobre 1839.

Ouvrages. — 1793. Entretiens de Brutus et de Marius. Épître à une femme raisonnable ou ce qu'on doit croire. — 1795. Les journées des 12 et 13 germinal an III. Les premiers jours de prairial. Idées constitutionnelles. — 1798. Épître de Salluste à César. De la balance du gouvernement et de la législature. Romances et poésies érotiques. — 1799. Conjectures sur la cause de la diminution apparente des eaux sur notre globe. Le droit des nations (ode). Un pot sans couvercle et rien dedans, histoire merveilleuse. — 1806. Rapports de la médecine avec la politique. — 1809. Tableau littéraire de la France au xviii° siècle. — 1812. Neila, ou les serments, roman, 2 vol. in-12. — 1813. De la civilisation depuis les premiers temps historiques jusqu'à la fin du xviii° siècle. Phédosie, tragédie. — 1817. Épître sur la liberté. — 1819. Sur les pétitions. Sur quelques monuments anciens des environs de Genève. — 1820. Un député doit-il accepter des places ? — 1824. Les menaces et les promesses. Du taux de l'argent. Essai sur les noms d'hommes, de peuples et de lieux considérés dans leurs rapports avec la civilisation, 2 vol. — 1826. Des dragons ou des serpents monstrueux. — 1827. Du droit et du devoir d'un électeur. — 1828. Opinion sur des pétitions relatives aux Jésuites. Des droits du citoyen. — 1829. Des sciences occultes, ou essai sur la magie, les prodiges et les miracles, 2 vol. — 1835. De la civilisation.

---

39. — ARTAUD de MONTOR (Alexis, François), O. ✳

Élu, le 17 décembre 1830, membre libre de l'Académie des Inscriptions et Belles-Lettres.

Né à Paris, le 31 juillet 1772. — 1797. Secrétaire d'ambassade à Rome. — 1805 à 1808. Premier Secrétaire à Florence. — 1812 à 1815. Attaché au département des Affaires étrangères. — 1814. *Correspondant de l'Institut.* — 1816 à 1827. Secrétaire d'ambassade à Naples, puis (1818) à Madrid et (1819) à Rome. — Mort à Paris, le 12 novembre 1849.

Ouvrages. — 1808. Considérations sur l'état de la peinture en Italie, dans les quatre siècles qui ont précédé celui de Raphaël. — 1833. Machiavel, son génie et ses erreurs, 2 vol. — S. d. Vies d'artistes. Histoire de l'Italie. Histoire de la vie et des travaux politiques du comte d'Hauterive. Histoire des souverains pontifes, 8 vol. Histoire du pape Pie VII.

---

40. — FORTIA d'URBAN (le Marquis Agricol, Joseph, François, Xavier, Pierre, Esprit, Simon, Paul, Antoine de), ✳

Élu, le 17 décembre 1830, membre libre de l'Académie des Inscriptions et Belles-Lettres.

Né à Avignon (Vaucluse), le 18 février 1756. — 1773. Sous-Lieutenant. — 1780. Capitaine. — 1788. Colonel des milices du Pape dans le Comtat Venaissin. — Mort à Paris, le 4 août 1843.

Ouvrages. — 1781. Traité d'arithmétique. Principes et questions de morale naturelle. — 1784. Amusements littéraires. — 1795. Traité de progressions par addition. Discours sur les nombres polygones, figurés et pyramidaux. — 1802-06. Mémoires de l'Athénée de Vaucluse. — 1804. Vie de Pétrarque, in-16. — 1805. Introduction à l'histoire de la ville d'Avignon. Mélanges de géographie, d'histoire et de chronologie ancienne. Histoire ancienne des Saliens et des prêtres de Mars. — 1808. Antiquités et monuments de Vaucluse, in-12. — 1809. Mélanges de géographie et d'histoire. — 1810. Histoire d'Aristarque de Samos. Histoire de la marquise de Ganges, in-12. — 1813. Projet d'une nouvelle histoire romaine. — 1816. Tableau historique et généalogique de la maison de Bourbon. — 1819. Hipparque ou de l'amour du gain. — 1822. Nouveau système de bibliographie alphabétique, in-12. — 1821. Mémoires pour servir à l'histoire romaine. Directions pour la conscience d'un roi, in-12. — 1826. Vie de Louis de Balbes de Berton de Crillon. — 1827. Chronologie de la vie de Jésus-Christ. — 1828-30. Histoire générale du Portugal, 10 vol. — 1830. Notes sur le génie du Christianisme. — 1832. Essai sur l'origine de l'Écriture. — 1833. Sur les trois systèmes d'écriture des Égyptiens, in-12. — 1835. Essai sur l'immortalité de l'âme et sur la résurrection, in-12. Description de la Chine et des États tributaires de l'Empereur, 3 vol. in-12. — 1840-42. La Chine et l'Angleterre. — 1843. Abrégé chronologique de la vie de Platon, in-12. — 1845. Recueil des itinéraires anciens, in-4.

41. — COUSINERY (Esprit, Marie), ✳

Élu, le 17 décembre 1830, membre libre de l'Académie des Inscriptions et Belles-Lettres.

Né à Marseille, le 8 juin 1747. — 1771. Chancelier du consulat de Trieste. — 1775. Consul gérant à Salonique. — 1779. Vice-Consul à Smyrne. — 1784. Consul à Rosette. — 1786. Consul général à Salonique. — 1819. *Correspondant de l'Institut.* — Mort à Paris, le 13 janvier 1833.

Ouvrages. — 1807. Lettres à Rostan. — 1808. Lettre à l'abbé San Clemente. — 1812. Lettres sur le portrait de Cicéron. Mémoire sur un monument de bronze. — 1822. Catalogue des médailles qui ont été frappées par les princes croisés. — 1825. Essai sur les monnaies d'argent de la ligue achéenne accompagné de recherches sur les monnaies de Corinthe, de Sicyone et de Carthage, in-4. — 1831. Voyage dans la Macédoine, 2 vol. in-4.

✳ CUVIER (le Baron Georges).

Élu, le 24 décembre 1830, membre libre de l'Académie des Inscriptions et Belles-Lettres
(voir Membres titulaires, n° 110).

42. — LUYNES (le Duc Honoré, Théodoric, Paul, Joseph, d'ALBERT de), O. ✳

Élu, le 24 décembre 1830, membre libre de l'Académie des Inscriptions et Belles-Lettres.

Né à Paris, le 15 décembre 1802. — 1848. Député de Seine-et-Oise à l'Assemblée constituante. — 1850. Député à l'Assemblée législative. — Mort à Rome, le 15 décembre 1867.

Ouvrages. — 1833. De la panification de la fécule de la pomme de terre. De la fabrication de l'acier fondu et damassé. — 1835. Études numismatiques sur quelques. types relatifs au culte d'Hécate, in-4. — 1838. Commentaire sur les éphémérides intitulés : *Diurnali di messer Matteo di Giovenazzo*, in-4. — 1840. Choix de médailles grecques, in-fol. Description de quelques vases peints, étrusques, italiotes, siciliens et grecs, in-fol. — 1846. Essai sur la numismatique des satrapies et de la Phénicie sous les rois Achéménides, in-4. — Mémoire sur le sarcophage d'Esmunazer roi de Sidon.

Une notice sur sa vie a été lue par M. Guigniaut, dans la séance de l'Académie des Inscriptions et Belles-Lettres du 20 novembre 1868.

43. — COSTAZ (le Baron Louis), O. ✳

Élu, le 8 août 1831, membre libre de l'Académie des Sciences.

Né à Champagne (Ain), le 17 mars 1767. — 1789. Ingénieur. — 1795. Membre du Tribunat. — 1801. Préfet. — 1810. Baron. — 1813. Directeur général des Ponts et Chaussées. — 1813-1814. Conseiller d'État. — Mort à Fontainebleau (Seine-et-Marne), le 15 février 1842.

Ouvrages. — 1798. La relation du voyage de Suez. — 1801-19. Rapports faits au nom du jury central sur les produits de l'industrie française, 4 vol. — S. d. Mémoire sur l'agriculture, les arts et les usages des anciens Égyptiens. Description des tombeaux des rois. Dissertation sur la Nubie.

44. — DE LA RUE (l'Abbé Gervais).

Élu, le 13 avril 1832, membre libre de l'Académie des Inscriptions et Belles-Lettres.

Né à Caen (Calvados), le 7 septembre 1751. — 1804. Chanoine honoraire de Bayeux. — 1808. Professeur d'histoire à la Faculté des Lettres de Caen. — 1815. *Correspondant de l'Institut.* — Mort à Cambes (Calvados), le 24 septembre 1835.

Ouvrages. — 1815. Recherches sur les ouvrages des bardes de la Bretagne armoricaine du moyen âge. — 1820. Essais historiques sur la ville de Caen et son arrondissement, 2 vol. — 1834. Essais sur les bardes, les jongleurs et les trouvères normands et anglo-normands, 3 vol. — S. d. Recherches historiques sur la prairie de Caen. Recherches sur la tapisserie.

45. — DES GENETTES (le Baron René, Nicolas, DUFRICHE), C. ✳

Élu, le 10 septembre 1832, membre libre de l'Académie des Sciences.

Né à Alençon (Orne), le 23 mai 1762. — 1789. Docteur en médecine de la Faculté de Montpellier. — 1793-1796. Médecin ordinaire à l'armée d'Italie. — 1797. Médecin en chef à l'armée d'Orient. — 1801. Médecin en chef de l'hôpital militaire du Val-de-Grâce. — 1804. Inspecteur général du service de santé des armées. — 1809. Baron. — 1819. Membre du Conseil de santé des armées. — 1832. Médecin en chef des Invalides. — Mort à Paris, le 3 février 1837.

Ouvrages. — 1789. *Tentamen physiologicum de vasis lymphaticis.* — 1792. Analyse du système absorbant ou lymphatique, in-12. — 1793. *Mich. Girardi Prælusio de origine nervi intercostalis.* — 1797. Médecine militaire, notes pour servir à l'histoire de l'armée d'Italie. — 1800. Avis sur la petite vérole (*Le Caire*), in-4. Opuscules (*Le Caire*). — 1802. Histoire médicale de l'armée d'Orient. — 1811. Éloges des académiciens de Montpellier. — 1825. Essais de biographie et de bibliographie médicale. — 1833. Études sur le genre de mort des hommes illustres de Plutarque et des empereurs romains. — 1835-36. Souvenirs de la fin du xviiie siècle et du commencement du xixe.

46. — SÉGUIER de SAINT-BRISSON (le Marquis Nicolas, Maximilien, Sidoine), O. ✳

Élu, le 21 octobre 1832, membre libre de l'Académie des Inscriptions et Belles-Lettres.

Né à Beauvais (Oise), le 7 décembre 1773. — 1814. Préfet du Calvados. — 1815. Préfet de la Somme. — 1816. Préfet de la Meurthe. — 1821. Préfet de la Côte-d'Or. — 1823. Préfet de l'Orne. — 1830. Préfet de la Nièvre. — Mort à Paris, le 22 mai 1854.

Ouvrages. — 1814. De l'emploi des conjonctions dans la langue grecque. — 1838. La philosophie du langage exposée d'après Aristote. Sur le fragment de Longin contenu dans la rhétorique d'Apsine. — 1840. Essai sur le polythéisme, 2 vol. in-12. Notice du manuscrit grec de la bibliothèque royale portant le n° 1874, in-4. — 1841. Mémoire sur Miltiade et les auteurs de sa race, in-4. — 1846. La préparation évangélique d'Eusèbe Pamphile, 2 vol. — S. D. Examen des IX livres de Sanchoniathon.

47. — SÉGUIER (le Baron Armand, Pierre), O. ✳

Élu, le 28 janvier 1833, membre libre de l'Académie des Sciences.

Né à Montpellier (Hérault), le 3 juillet 1803. — 1824. Avocat. — 1826. Conseiller auditeur à la Cour de Paris. — 1830 à 1848. Conseiller à la Cour de Paris. — Mort à Paris, le 14 février 1876.

Ouvrages. — 1832. Sur les appareils producteurs de la vapeur. — 1848. Perfectionnements dans la navigation à vapeur, in-4.

48. — MONMERQUÉ-DESROCHAIS (Louis, Jean, Nicolas), O. ✳

Élu, le 15 mars 1833, membre libre de l'Académie des Inscriptions et Belles-Lettres.

Né à Paris, le 6 décembre 1780. — 1809. Juge auditeur à la Cour de Paris. — 1811 à 1852. Conseiller à la Cour de Paris. — Mort à Paris, le 1er mars 1860.

Ouvrages. — 1819-1829. Collection de Mémoires relatifs à l'histoire de France, depuis l'avènement de Henri IV jusqu'à la paix de Paris, conclue en 1763, 131 vol. — 1823. Notice sur Brantôme. — 1828. Notice sur Mme de Maintenon, in-12. — 1844. Dissertation sur Jean Ier roi de France et de Navarre. — Édition des lettres de Mme de Sévigné, des Mémoires de M. de Coulanges, des historiettes de Tallemant de Reaux, des mémoires du comte de Coligny-Saligny et du marquis de Villette, etc.

---

49. — FEUILLET (Laurent, François), ✳

Élu, le 6 avril 1833, membre libre de l'Académie des Sciences morales et politiques.

Né à Paris, le 20 novembre 1771. — 1828 à 1843. Bibliothécaire de l'Institut. — Mort à Paris, le 5 décembre 1843.

Ouvrages. — L'émulation est-elle un bon moyen d'éducation ? Les amours de Psyché et de Cupidon. Traduction des antiquités d'Athènes par Stuart.

✳ BROGLIE (le Duc Victor de).

Élu, le 20 avril 1833, membre libre de l'Académie des Sciences morales et politiques
(voir Membres titulaires, n° 629).

---

50. — CARNOT (Joseph, François, Claude), O. ✳

Élu, le 4 mai 1833, membre libre de l'Académie des Sciences morales et politiques.

Né à Nolay (Côte-d'Or), le 22 mai 1752. — 1772. Avocat au Parlement de Dijon. — 1790. Premier suppléant du Tribunal d'Autun. — 1792. Commissaire près le Tribunal de Dijon. — 1799. Procureur général près le Tribunal d'appel de Dijon. — 1801 à 1835. Juge au Tribunal de cassation, puis Conseiller à la Cour de cassation. — Mort à Paris, le 31 juillet 1835.

Ouvrages. — 1812. De l'instruction criminelle, considérée dans ses rapports avec les lois nouvelles et la jurisprudence de la cour de cassation, 3 vol. in-4. — 1819. Les codes d'instruction criminelle et pénal, mis en harmonie avec la charte, la morale publique, les principes de la raison, de la justice et de l'humanité.— 1819. Responsabilité des ministres. — 1820. Commentaire sur les lois de la presse. — 1821. La discipline judiciaire et celle des officiers publics. — 1821. Examen des lois de 1819 et 1820, relatives à la répression des abus de la liberté de la presse. — 1825. De la discipline judiciaire. — 1829. Commentaire sur les deux codes d'instruction et pénal, 6 vol. in-4.

Une notice sur sa vie a été lue par M. Bérenger, dans la séance de l'Académie des Sciences morales et politiques du 29 août 1835.

---

51. — BENOISTON de CHATEAUNEUF (Louis, François), ✳

Élu, le 3 juin 1833, membre libre de l'Académie des Sciences morales et politiques.

Né à Paris, le 23 mars 1776. — 1799. Chirurgien militaire. — 1801 à 1833. Employé au Trésor public. — Mort à Passy (Seine), le 16 mai 1856.

Ouvrages. — 1811. Précis historique des guerres des Sarrazins dans les Gaules. — 1815. Essai sur la poésie et les poètes français aux XIIe, XIIIe et XIVe siècles. — 1816. Histoire du pontificat. — 1821. Recherches sur les consommations de tout genre de la ville de Paris, en 1817 et en 1789.— 1822. Mémoire sur la mortalité des femmes de quarante à cinquante ans. — 1824. Considérations sur les enfants trouvés dans les principaux États de l'Europe, in-18. — 1826. Sur les changements qu'ont subis les lois de la mortalité en Europe depuis un demi-siècle. — 1827. De la colonisation des condamnés. — 1828. De la durée de la vie chez le riche et chez le pauvre. — 1831.

Tableau des traitements et salaires payés par l'État. — 1833. Essai sur la mortalité de l'infanterie française. — 1834. Notes statistiques sur la France. — 1839. Sur les enfants trouvés. — S. d. Mémoire sur l'état de la fécondité en Europe, au commencement du XIXᵉ siècle.

52. — BLONDEAU (Jean-Baptiste, François, Hyacinthe), O. ✳

Élu, le 29 juin 1833, membre libre de l'Académie des Sciences morales et politiques.

Né à Namur (Belgique), le 24 avril 1784 ; naturalisé Français en 1838. — 1806. Professeur suppléant à la Faculté de droit de Strasbourg. — 1808. Professeur suppléant de droit à la Faculté de Paris. — 1810. Avocat à la Cour de Paris. — 1810. Procureur impérial à Leuwarde. — 1814. Juge suppléant au Tribunal de la Seine. — 1819. Professeur de droit romain à la Faculté de Paris. — 1830 à 1843. Doyen de la même Faculté. — Mort à Ermenonville (Oise), le 12 novembre 1854.

Ouvrages. — 1806. Tableau synoptique des lois individuelles, privées, ou classification nouvelle des matières qui composent le droit civil. — 1813. Tableaux synoptiques du droit romain, in-4. — 1818. Tableaux synoptiques du droit privé, in-4. — 1819. Esquisse d'un traité sur les obligations solidaires, in-4. Essais de législation et de jurisprudence. Cours élémentaire de droit romain. — 1821. Des méthodes de classification suivies ou proposées pour faciliter l'étude du droit privé. — 1822. *Juris civilis Egloga*, in-12. — 1824. Observations sur le code civil des Pays-Bas, in-8.— 1826. Sur le code civil de l'État de la Louisiane. — 1830. Chrestomathie ou choix de textes pour un cours élémentaire du droit privé des Romains. — 1837. Institutes de Justinien, suivies d'un choix de textes juridiques, 2 vol. — 1840. Traité de la séparation des patrimoines. — 1846. Mémoires sur l'organisation de l'enseignement du droit en Hollande. — 1850. Essais de législation et de jurisprudence.

53. — BORY de SAINT-VINCENT (le Baron Geneviève, Jean-Baptiste, Marcellin), C. ✳

Élu, le 17 novembre 1834, membre libre de l'Académie des Sciences.

Né à Agen (Lot-et-Garonne), le 6 juillet 1778. — 1799. Soldat. — 1800. Lieutenant. — 1803. Capitaine d'état-major. — 1808. Major. — 1808. *Correspondant de l'Institut.* — 1811 à 1815. Chef d'escadron. — 1815. Proscrit. — 1830. Chef du Bureau historique au dépôt de la guerre. — 1830. Colonel d'état-major. — 1831. Maréchal de camp du génie. — 1831. Baron. — 1840. Admis à la retraite. — Mort à Paris, le 22 décembre 1846.

Ouvrages. — 1803. Essai sur les îles Fortunées et l'antique Atlandide, in-4. — 1804. Voyage dans les îles d'Afrique, 3 vol. — 1816. Samuel ou le livre du Seigneur. Histoire authentique de l'empereur Apollyon et du roi Béhémot. — 1817. La fille du grenadier (com.). — 1823. Voyage souterrain. — 1824. De la matière sous les rapports de l'histoire naturelle. — 1826. Résumé géographique de la péninsule ibérique. — 1827. Microscopiques et articles généraux, polypes, polypiers, psychodiaire. — 1832. Expédition scientifique de Morée, 3 vol. in-4. — 1834. Instincts et mœurs des animaux, in-18. — 1836. L'homme, essai zoologique sur le genre humain, 2 vol. in-18. — 1838. Résumé de la géographie de la péninsule, in-12. — 1838. Nouvelle flore du Péloponèse et des Cyclades, in-fol. Notes sur la commission explorative et scientifique d'Algérie, in-4. — 1839. Relation du voyage de la mission scientifique de Morée dans le Péloponèse, les Cyclades et l'Attique, 2 vol. — 1840. Almanach prophétique, pittoresque et utile pour 1841, in-18. — 1844. Atlas géographique statistique et progressif des départements de la France et de ses colonies, in-4. — S. d. Annales générales des sciences physiques, 8 vol.

54. — MIOT de MÉLITO (le Comte André, François), C. ✳

Élu, le 23 janvier 1835, membre libre de l'Académie des Inscriptions et Belles-Lettres.

Né à Versailles, le 9 février 1762. — 1789. Commissaire des guerres. — 1793. Secrétaire général du Ministère de la Guerre. — 1794. Commissaire des relations extérieures. — 1795. Ministre plénipotentiaire en Toscane, puis en Piémont. — 1799. Membre du Tribunat. — 1800 à 1802 et 1804 à 1807. Conseiller d'État. — 1805. Ministre de la Guerre et Ministre de l'Intérieur du royaume de Naples. — 1806. *Correspondant de l'Institut.* — 1810. Surintendant de la maison du Roi d'Espagne. — 1815 (Cent-Jours). Conseiller d'État. — Mort à Paris, le 5 janvier 1841.

Ouvrages. — 1822. Histoire d'Hérodote suivie de la vie d'Homère, 3 vol. — 1858. Mémoires sur le consulat, l'empire et le roi Joseph, 3 vol. — Traduction de la Bibliothèque historique de Diodore de Sicile.

Une notice sur sa vie a été lue par M. Walckenaer, dans la séance de l'Académie des Inscriptions et Belles-Lettres du 9 août 1844.

55. — ARTAUD (Antoine, François, Marie), �֊

Élu, le 20 novembre 1835, membre libre de l'Académie des Inscriptions et Belles-Lettres.

Né à Avignon (Vaucluse), le 8 avril 1767. — 1801. Directeur du Musée de Lyon. — 1811. *Correspondant de l'Institut.* — Mort à Orange (Vaucluse), le 27 mars 1838.

Ouvrages. — 1806. Description d'une mosaïque de Lyon, in-fol. — 1811. Sur quelques découvertes d'antiquités faites à Lyon, pendant l'été de 1811. — 1816. Cabinet des antiques du musée de Lyon. — 1816. Inscriptions du musée de Lyon, in-12. — 1818. Les mosaïques de Lyon et du Midi, 1 vol. gr. in-fol. — 1820. Discours sur les médailles d'Auguste et de Tibère, au revers de l'autel de Lyon, in-4. — 1823-25. Notice des tableaux du musée de Lyon. — 1826. Statue équestre de Louis XIV à Lyon, in-fol. — S. d. De la céramique et principalement des vases sigillés des anciens, 2 vol. in-4. Musée lapidaire de Lyon, 1 vol. in-4.

56. — BEAUJOUR (le Baron Louis, Félix de), ✖

Élu, le 19 mars 1836, membre libre de l'Académie des Sciences morales et politiques.

Né à Callas (Var), le 28 décembre 1765. — 1795. Consul en Suède. — 1796. Consul en Grèce. — 1798. Membre du Tribunat. — 1804. Chargé d'affaires aux États-Unis. — 1816. Consul général à Smyrne. — 1817. Inspecteur général des établissements français dans le Levant. — 1834. *Correspondant de l'Institut.* — 1835. Pair de France. — Mort à Paris, le 1er juillet 1836.

Ouvrages. — 1800. Tableau du commerce de la Grèce, de 1787 à 1797, 2 vol. — 1801. Le traité de Lunéville. Le traité d'Amiens. — 1814. Aperçu des États-Unis au commencement du xive siècle. — 1823. Théorie des gouvernements, 2 vol. — 1825. Tableau des révolutions de la France depuis la conquête des Francs jusqu'à l'établissement de la charte. — 1829-30. Voyage militaire dans l'empire ottoman, 2 vol. — 1832. De l'expédition d'Annibal en Italie et de la meilleure manière d'attaquer et de défendre la péninsule italienne.

✖ PORTALIS (le Comte Joseph, Marie).

Élu, le 18 février 1837, membre libre de l'Académie des Sciences morales et politiques
(voir Membres titulaires, n° 506).

✖ MICHAUD (Joseph, Marie).

Élu, le 24 février 1837, membre libre de l'Académie des Inscriptions et Belles-Lettres
(voir Membres titulaires, n° 268).

57. — BONNARD (Augustin, Henry de), C. ✻

Élu, le 3 mai 1837, membre libre de l'Académie des Sciences.

Né à Paris, le 8 octobre 1781. — 1824. Inspecteur divisionnaire des Mines. — Mort à Paris, le 5 janvier 1857.

Ouvrages. — 1805. Mémoires sur les procédés employés en Angleterre pour la fabrication du fer par le moyen de la houille. Notice sur un procédé particulier en usage dans l'Eissel pour l'affinage de la fonte de fer. — 1810. Aperçu des terrains houillers du nord de la France. — 1816. Essai géognostique sur l'Erzgebirge, ou sur les montagnes métalliques de la Saxe. — 1819. Aperçu géognostique des terrains. — 1825. Notice géognostique sur quelques parties de la Bourgogne.

58. — CLARAC (le Comte Charles, Othon, Frédéric, Jean-Baptiste de), O. ✻

Élu, le 26 mai 1838, membre libre de l'Académie des Beaux-Arts.

Né à Paris, le 23 juin 1777. — 1797. Lieutenant de cavalerie. — 1835. Conservateur du Musée des antiques au Louvre. — Mort à Paris, le 20 janvier 1847.

Ouvrages. — 1820. Fouilles faites à Pompéi, le 8 mars 1813. Description des antiques du musée royal. — 1822. Sur la statue antique de Vénus Victrix, et sur la statue antique connue sous le nom de l'Orateur, du Germanicus et d'un personnage romain en Mercure, in-4. — 1824. Description des ouvrages de la sculpture française. — 1826. Musée de sculpture antique et moderne, 3 vol. — 1827-44. Musée de sculpture antique et moderne, ou description de tout ce que le Louvre, le musée royal des antiques et le jardin des Tuileries renferment en statues, bustes, bas-reliefs, inscriptions, accompagné d'une iconographie grecque et romaine. — 1829. Artistes de l'antiquité. — 1830. Mélanges d'antiquités grecques et romaines ou observations sur plusieurs bas-reliefs antiques du musée royal du Louvre. — 1847. Manuel de l'histoire de l'art chez les anciens, 3 vol. — 1849. Catalogue des artistes de l'antiquité jusqu'à la fin du vi^e siècle de notre ère. — 1853. Description historique du Louvre et des Tuileries.

59. — LE PRÉVOST (Auguste), O. ✻

Élu, le 8 juin 1838, membre libre de l'Académie des Inscriptions et Belles-Lettres.

Né à Bernay (Eure), le 3 juin 1787. — 1814. Sous-Préfet. — 1834 à 1848. Député de l'Eure. — Mort à la Vaupalière (Seine-Inférieure), le 14 juillet 1859.

Ouvrages. — 1819. Dissertation sur la superfétation. — 1823. Instruction sur les cultures sarclées. — 1824. Notice sur les travaux de la commission d'antiquités du département de la Seine-Inférieure. — 1825. Sur la poésie romantique. — 1832. Notice historique et archéologique sur le département de l'Eure, in-12. — 1840. Dictionnaire des anciens noms de lieux du département de l'Eure, in-12. Ancienne division territoriale de la Normandie, in-4. — 1844. Examen du prétendu cœur de saint Louis. Pouillés du diocèse de Lisieux, in-4. — 1846. Preuves de la découverte du cœur de saint Louis. — 1848. Histoire de Martin de Tilleul, in-4. — 1862-72. Mémoires et notes pour servir à l'histoire du département de l'Eure, publiés par MM. Léopold Delisle et Louis Passy.

60. — DUTENS (Joseph, Michel), O. ✻

Élu, le 6 avril 1839, membre libre de l'Académie des Sciences morales et politiques.

Né à Tours (Indre-et-Loire), le 15 octobre 1765. — 1800. Ingénieur des Ponts et Chaussées. — 1830. Inspecteur général des Ponts et Chaussées. — Mort à Paris, le 6 août 1848.

Ouvrages. — 1800. Des moyens de naturaliser l'instruction et la doctrine. Description topographique de l'arrondissement de Louviers. — 1804. Analyse raisonnée des principes fondamentaux de l'économie politique. — 1819. Mémoire sur les travaux publics de l'Angleterre, in-4. — 1829. Histoire de la navigation intérieure de la

France, 2 vol. in-4. — 1835. Philosophie de l'économie politique, ou nouvelle exposition des principes de cette science, 2 vol. — 1837. Défense de la philosophie de l'économie politique. — 1842. Essai comparatif sur la formation et la distribution du revenu de la France en 1815 et 1835. — S. d. Des prétendues erreurs dans lesquelles, au jugement des modernes économistes, seraient tombés les anciens économistes relativement au principe de la richesse nationale.

✻ VITET (Louis).

Élu, le 13 décembre 1839, membre libre de l'Académie des Inscriptions et Belles-Lettres (voir Membres titulaires, n° 566).

61. — EYRIÈS (Jean-Baptiste, Benoît), ✻

Élu, le 13 décembre 1839, membre libre de l'Académie des Inscriptions et Belles-Lettres.

Né à Marseille (Bouches-du-Rhône), le 24 juin 1767. — Géographe, l'un des fondateurs de la Société de géographie. — Mort à Graville (Seine-Inférieure), le 12 juin 1846.

Ouvrages. — 1807. Voyage de découvertes dans la partie septentrionale de l'océan Pacifique, 2 vol. Voyage en Pologne et en Allemagne fait en 1793 par un Livonien, 2 vol. — 1808. Tableaux de la nature, ou considérations sur les déserts, sur la physionomie des végétaux, etc., 2 vol. in-12. — 1810. Barneck et Saldorf, ou le triomphe de l'amitié, 3 vol. in-12. Fantasmagoriana, 2 vol. in-12. — 1813. Nouveau recueil de contes, 3 vol. in-12. Voyage en Perse, en Arménie, en Asie Mineure et à Constantinople en 1808 et 1809, 2 vol. — 1815. Histoire des naufrages, 3 vol. — 1816. Voyage en Norwège et en Laponie pendant les années 1806, 1807 et 1808. Voyage dans l'intérieur du Brésil en 1809 et 1810 avec un voyage au Rio de la Plata. — 1818. Voyage de Golowin chez les Japonais en 1811, 1812 et 1813, suivi du voyage du capitaine Ricord aux côtes du Japon en 1812 et 1813, 2 vol. Voyage dans le Belouchistan et le Sindhy, 2 vol. — 1820. Annales du règne de Georges III, roi d'Angleterre, 3 vol. Abrégé de l'histoire générale des voyages, 30 vol. Mémoire sur les découvertes de M. Mollien et des voyageurs qui l'ont précédé dans l'intérieur de l'Afrique, 2 vol. — 1827. Abrégé de géographie moderne. — 1833. Recherches sur la population du globe terrestre. — 1834. Voyages en Asie et en Afrique, résumé général des voyages anciens et modernes exécutés dans ces deux parties du monde. — 1842. Introduction à la connaissance des montagnes, des vallées, des lacs et des rivières de la Suisse. — 1846. Le Danemark. Voyage en Asie et en Afrique, d'après les récits des derniers voyageurs.

62. — DUMONT (Aristide, Laurent), ✻

Élu, le 28 décembre 1839, membre libre de l'Académie des Beaux-Arts.

Né à Paris, le 10 juillet 1790. — Chef de Bureau au Ministère de l'Intérieur. — 1836 à 1853. Secrétaire de l'École des Beaux-Arts. — Mort à Maisons-sur-Seine (Seine-et-Oise), le 4 octobre 1853.

63. — VILLENEUVE-BARGEMONT de TRANS (le Marquis Louis, François de), ✻

Élu, le 10 janvier 1840, membre libre de l'Académie des Inscriptions et Belles-Lettres.

Né à Saint-Auban (Var), le 8 août 1784. — 1827 à 1830. Gentilhomme de la chambre du Roi. — 1846. *Correspondant de l'Institut.* — Mort à Nancy (Meurthe), le 19 septembre 1850.

Ouvrages. — 1816. La chapelle ducale de Nancy. — 1821. Précis d'histoire en général, jusqu'à nos jours. — 1824. Lyonnel ou la Provence au XIII° siècle, 5 vol. — 1825. Histoire de René d'Anjou, comte de Provence, 3 vol.

— 1829. Monuments des grands maîtres de Saint-Jean de Jérusalem, 2 vol. — 1836. Histoire de saint Louis, roi de France, 3 vol. — 1838. Notice sur la tapisserie de Charles le Téméraire conservée à Nancy. — 1840. Notice sur les tombeaux de Charles le Téméraire et de Marie de Bourgogne.

---

64. — MONTALIVET (le Comte Marthe, Camille, BACHASSON de), G. C. ✳

Élu, le 9 mai 1840, membre libre de l'Académie des Beaux-Arts.

Né à Valence (Drôme), le 24 avril 1801. — 1822. Élève ingénieur des Ponts et Chaussées. — 1826 à 1848. Pair de France. — 1830. Ministre de l'Intérieur. — 1831. Ministre de l'Instruction publique et des Cultes. — 1832. Ministre de l'Intérieur. — 1832-1836 et 1837-1848. Intendant général de la liste civile. — 1836 et 1837 à 1839. Ministre de l'Intérieur. — 1878. Sénateur inamovible. — Mort à Montalivet-Lagrange (Cher), le 4 janvier 1880.

Ouvrages. — 1827. Lettre d'un jeune pair de France aux Français de son âge. — 1850. Le roi Louis-Philippe et sa liste civile. — 1864. Rien! Dix-huit années de gouvernement parlementaire, in-12. — 1865. Observations sur le projet de loi relatif aux conseils généraux. — 1871. Confiscation des biens de la famille d'Orléans, souvenirs historiques. — 1874. La politique conservatrice de Casimir Périer, in-12. — 1878. Un heureux coin de terre. Saint-Bouize et Couargues (département du Cher), in-12.

---

65. — PELLETIER (Joseph), ✳

Élu, le 22 juin 1840, membre libre de l'Académie des Sciences.

Né à Paris, le 22 avril 1788. — 1828. Professeur à l'École de Pharmacie. — 1832. Directeur adjoint de l'École de Pharmacie. — Mort à Paris, le 20 juillet 1842.

Ouvrages. — 1817. Recherches sur l'ipécacuanha. Recherches sur la matière verte des feuilles et sur l'action de l'acide nitrique sur la matière nacrée des calculs biliaires. — 1818. Sur la cochenille. — 1821. Sur le quinquina. — 1825. Sur le genre hirudo. — 1841. Sur les moyens de constater la présence de l'arsenic dans l'empoisonnement par ce toxique.

✳ BIOT (Jean-Baptiste).

Élu, le 19 février 1841, membre libre de l'Académie des Inscriptions et Belles-Lettres
(voir Membres titulaires, n° 204).

---

66. — HOUDETOT (le Comte Frédéric, Christophe d'), C. ✳

Élu, le 10 avril 1841, membre libre de l'Académie des Beaux-Arts.

Né à Paris, le 16 mai 1778. — 1798. Canonnier. — 1806. Auditeur au Conseil d'État. — 1806. Administrateur des Contributions indirectes en Prusse. — 1807. Sous-Préfet de Château-Salins. — 1809. Baron. — 1810. Préfet du Gard. — 1813. Préfet de la Dyle. — 1816. Préfet du Calvados. — 1819 à 1848. Pair de France. — 1849 à 1859. Député du Calvados. — Mort à Paris, le 20 janvier 1859.

---

67. — FRANCŒUR (Louis, Benjamin), ✳

Élu, le 18 avril 1842, membre libre de l'Académie des Sciences.

Né à Paris, le 16 août 1773. — 1798. Répétiteur à l'École Polytechnique. — 1804. Examinateur à la même École. — 1809. Professeur d'algèbre à la Faculté des Sciences de Paris. — Mort à Paris, le 15 décembre 1849.

Ouvrages. — 1800. Traité de mécanique élémentaire et théorique. — 1801. Flore parisienne, in-18. — 1809. Cours complet de mathématiques pures, 2 vol. — 1810. Éléments de statique. — 1812. Uranographie, ou traité élémentaire d'astronomie. — 1819. Le dessin linéaire d'après la méthode d'enseignement mutuel. — 1820. Goniométrie, ou l'art de tracer sur le papier des angles dont la graduation est connue et d'évaluer le nombre de degrés d'un angle déjà traité. — 1825. La ville d'Aix en Savoie et ses eaux thermales. — 1830. Astronomie pratique. — 1833. Éléments de technologie. — 1833-36. Abrégé du grand dictionnaire des arts et métiers, 6 vol. — 1835. Géodésie, ou traité de la figure de la terre. — 1839. Notice sur Plombières et ses eaux thermales, in-4. — 1842. Mémoire sur l'aréométrie et en particulier sur l'aréomètre centigrade, in-4. — 1842. Théorie du calendrier et collection de tous les calendriers des années passées et futures, in-18. — 1845. Traité d'arithmétique appliquée à la banque, au commerce, à l'industrie.

68. — PARISET (Étienne), O. ✳

Élu, le 7 novembre 1842, membre libre de l'Académie des Sciences.

Né à Grand (Vosges), le 5 août 1770. — 1805. Docteur en médecine. — 1814. Médecin de l'hospice de Bicêtre. — 1825. Médecin de la Salpêtrière. — Mort à Paris, le 3 juillet 1847.

Ouvrages. — 1820. Observations sur la fièvre jaune à Cadix, en 1819, gr. in-4. — 1823. Histoire médicale de la fièvre jaune, observée en Espagne. — 1836. Mémoire sur les causes de la peste et sur les moyens de la détruire. — 1836-44. Bulletin de l'Académie de médecine, 9 vol. — 1845. Histoire des membres de l'Académie royale de médecine, 2 vol. — Traduction des œuvres d'Hippocrate.

69. — RAMBUTEAU (le Comte Claude, Philibert, BARTHELOT de), G. O. ✳

Élu, le 17 juin 1843, membre libre de l'Académie des Beaux-Arts.

Né à Charnay (Saône-et-Loire), le 9 novembre 1781. — 1805. Préfet du département du Simplon. — 1810. Comte. — 1814. Préfet de la Loire. — 1815. Membre de la Chambre des représentants. — 1815. Préfet de l'Allier. — 1818. Préfet de l'Aude. — 1821. Préfet de Tarn-et-Garonne. — 1827. Député de Saône-et-Loire. — 1833 à 1848. Préfet de la Seine. — 1833 à 1848. Conseiller d'État. — 1835. Pair de France. — Mort à Charnay, le 23 avril 1869.

Ouvrages. — Comptes rendus de l'administration du département de la Seine et de la ville de Paris, in-4.

✳ MÉRIMÉE (Prosper).

Élu, le 17 novembre 1843, membre libre de l'Académie des Inscriptions et Belles-Lettres
(voir Membres titulaires, n° 554).

70. — ARGOUT (le Comte Antoine, Maurice, Apollinaire d'), G. C. ✳

Élu, le 17 février 1844, membre libre de l'Académie des Sciences morales et politiques.

Né à Veyssilieu (Isère), le 27 septembre 1782. — 1806. Receveur principal des Contributions indirectes à Anvers. — 1811 à 1814. Auditeur au Conseil d'État. — 1812 à 1814. Directeur général de la navigation du Rhin. — 1814-1815. Maître des requêtes. — 1815. Préfet des Basses-Pyrénées. — 1817. Préfet du Gard. — 1819 à 1822 et 1828 à 1830. Conseiller d'État. — 1819. Comte. — 1819. Pair de France. — 1830. Ministre de la Marine. — 1831. Ministre du Commerce et des Travaux publics. — 1833. Ministre de l'Intérieur et des Cultes. — 1834 à 1836 et 1836 à 1858. Gouverneur de la Banque de France. — 1836. Ministre des Finances. — 1851. Président du Comité des finances de la commission consultative. — 1852. Sénateur. — Mort à Paris, le 15 janvier 1858.

Ouvrages. — Collaboration à la Biographie des contemporains et à l'Encyclopédie des gens du monde.

---

71. — CAILLEUX (Achille, Alphonse, Alexandre de), O. ✳

Élu, le 29 novembre 1845, membre libre de l'Académie des Beaux-Arts.

Né à Rouen (Seine-Inférieure), le 30 décembre 1787. — 1832. Secrétaire de l'administration des musées au Ministère de la maison du Roi. — 1841 à 1848. Directeur des musées royaux. — Mort à Paris, le 24 mai 1876.

Ouvrage. — Voyages pittoresques et romantiques dans l'ancienne France.

---

72. — LA GRANGE (le Marquis Adélaïde, Édouard, LELIÈVRE de), G. O. ✳

Élu, le 17 juillet 1846, membre libre de l'Académie des Inscriptions et Belles-Lettres.

Né à Paris, le 17 décembre 1796. — 1813. Garde d'honneur. — 1814. Mousquetaire. — 1815. Capitaine d'état-major de la garde royale. — 1824. Secrétaire d'ambassade à Vienne. — 1837. Député de la Gironde. — 1849. Membre de l'Assemblée législative. — 1851. Membre de la Commission consultative. — 1852 à 1870. Sénateur. — Mort à Paris, le 17 janvier 1876.

Ouvrages. — 1834. Notice sur des médailles romaines en or, découvertes à Ambenay. — 1842. Réponse à l'écrit de M. Duvergier de Hauranne sur la convention du 13 juillet. — 1843. Considérations sur les octrois. — 1844. Paris et son octroi. — 1857. De la noblesse comme institution impériale. — 1858. Le voyage d'Oultremer en Jérusalem par le seigneur de Caumont, l'an MCCCCXVIII. — 1872. Pensées, in-32.

✳ DUCHATEL (le Comte).

Élu, le 21 novembre 1846, membre libre de l'Académie des Beaux-Arts
(voir Membres titulaires, n° 541).

---

73. — CIVIALE (Jean), O. ✳

Élu, le 15 février 1847, membre libre de l'Académie des Sciences.

Né à Thiézac (Cantal), le 4 juillet 1792. — 1818. Docteur en médecine. — 1852. Chirurgien de l'hôpital Necker. — Mort à Paris, le 3 juin 1867.

Ouvrages. — 1823. Nouvelles considérations sur la rétention d'urine, suivies d'un traité sur les calculs urinaires. — 1827. Lettres sur la lithotritie, ou l'art de broyer la pierre. — 1829. Note sur le catarrhe de la vessie chez les vieillards. — 1835. Rapport et discussions sur la taille et la lithotritie. — 1836. Parallèle des divers moyens de traiter les calculeux. — 1838. Traité de l'affection calculeuse. — 1839. Du traitement médical et préservatif de la pierre et de la gravelle. — 1842. Anatomie pathologique des rétrécissements de l'urètre. Sur l'emploi des caustiques dans quelques maladies de l'urètre. Sur l'anatomie pathologique des rétrécissements de l'urètre. — 1843. Observations historiques sur la lithotritie, in-4. Nouvelles remarques historiques sur la lithotritie. — 1846. Traité pratique et historique de la lithotritie. — 1849. De l'urétrotomie ou de quelques procédés peu usités de traiter les rétrécissements de l'urètre. — 1858-60. Traité pratique sur les maladies des organes génito-urinaires, 3 vol.

— 1860. Nouvelles recherches sur la fièvre et quelques phlegmasies spéciales qu'on observe dans les maladies des organes génito-urinaires. — 1869. Collection de calculs urinaires et d'instruments de chirurgie du Dr J. Civiale. — 1870. La lithotritie et la taille, guide pratique pour le traitement de la pierre.

74. — TAYLOR (le Baron Isidore, Justin, Séverin), G. O. ✳

Élu, le 6 mars 1847, membre libre de l'Académie des Beaux-Arts.

Né à Bruxelles, le 15 août 1789, de parents français. — 1813. Sous-Lieutenant de la garde nationale. — 1825. Chef d'escadron. — 1825. Commissaire royal près le Théâtre-Français. — 1838. Inspecteur général des Beaux-Arts. — 1864. Baron. — Mort à Paris, le 6 septembre 1879.

Ouvrages. — 1820-63. Voyages pittoresques et romantiques dans l'ancienne France, 24 vol. in-fol. — 1826-42. Voyage pittoresque en Espagne, en Portugal et sur la côte d'Afrique, de Tanger à Tétouan, 3 vol. — 1835-39. La Syrie, l'Égypte, la Palestine et la Judée, 3 vol. gr. in-4. — 1841. Pèlerinage à Jérusalem. — 1843. Les Pyrénées, souvenirs de voyages. Études historiques et archéologiques. — 1846. Preuves de la découverte du cœur de saint Louis. — 1853. L'Alhambra, in-fol. — 1854. Reims, ses monuments, in-fol. — 1858. L'Égypte, in-4. — 1860. Reims, la ville des sacres, gr. in-8. — S. d. Voyage en Suisse, en Italie, en Grèce, en Angleterre, en Allemagne, etc.

75. — DUVERNOY (Georges, Louis), ✳

Élu, le 24 mai 1847, membre libre de l'Académie des Sciences.

Né à Montbéliard (Doubs), le 6 août 1777. — 1801. Pharmacien de troisième classe à l'armée des Alpes. — 1809. Professeur adjoint de zoologie à la Faculté des Sciences de Strasbourg. — 1820. Professeur d'histoire naturelle à la même Faculté. — 1832. Doyen de la même Faculté. — 1833. *Correspondant de l'Institut.* — 1837 à 1855. Professeur d'histoire naturelle des corps organisés au Collège de France. — Mort à Paris, le 1er mars 1855.

Ouvrages. — 1801. Dissertation sur l'hystérie. — 1839. Leçons sur l'histoire naturelle des corps organisés. — S. d. Mémoire sur l'hymen. Recherches anatomiques sur les organes du phoque commun. Mémoire sur les dents des musaraignes. Recherches sur les organes de la génération des reptiles, des crustacés, des scorpions, des myriapodes et des céphalopodes. Travail sur le système nerveux des mollusques bivalves lamellibranches. Mémoire sur les cétacés vivants et fossiles et principalement sur le groupe des hypérodons. Monographie des rhinocéros fossiles. Monographie des oryctéropes vivants. Mémoire sur l'anatomie des orangs, des chimpanzés et des singes supérieurs.

76. — LARGETEAU (Charles, Louis), ✳

Élu, le 13 décembre 1847, membre libre de l'Académie des Sciences.

Né à Mouilleron-en-Pareds (Vendée), le 22 juillet 1791. — Géographe. Membre du Bureau des Longitudes. — Mort à Pouzauges (Vendée), le 11 septembre 1857.

Ouvrages. — 1836. Tableau des plus grandes marées pour 1835. — 1839. Tables de précession, d'observation et de mutation pour les étoiles principales. — 1841. Rapport sur la délimitation de la longueur de l'arc du méridien compris entre les parallèles de Dunkerque et de Formentera. — 1843. Table pour le calcul des syzygies écliptiques ou quelconques. — 1854. Tables de réfractions astronomiques.

77. — MOREAU de JONNÈS (Alexandre), O. ✳

Élu, le 3 février 1849, membre libre de l'Académie des Sciences morales et politiques.

Né à Paris, le 19 mars 1778. — 1792. Volontaire. — 1795. Grenadier. — 1799. Maître canonnier.

— 1802. Officier d'artillerie. — 1811. Capitaine adjudant-major. — 1816. *Correspondant de l'Institut.* — 1840. Chef du Bureau de la statistique générale de la France au Ministère du Commerce. — Mort à Paris, le 28 mars 1870.

Ouvrages. — 1825. Mémoire sur le déboisement des forêts, in-4. — 1827. Le commerce au XIXᵉ siècle, causes et effets de son agrandissement et sa décadence, 2 vol. — 1830. Observations sur de nouvelles tables de mortalité. — 1834. Statistique de l'Espagne : Territoire, population, agriculture, industrie, commerce, navigation, colonies, finances. — 1838. Statistique de la Grande-Bretagne et de l'Irlande, 2 vol. — 1841. Recherches statistiques sur l'esclavage colonial et sur les moyens de le supprimer. — 1847. Éléments de statistique comprenant les principes généraux de cette science, in-18. — 1848. Statistique de l'agriculture de France. — 1851. Statistique des peuples de l'antiquité : les Égyptiens, les Hébreux, les Grecs, les Romains et les Gaulois ; économie morale, civile et domestique de ces peuples. — 1859. Aventures de guerre du temps de la République et du consulat, 2 vol.

---

78. — BARCHOU de PENHOËN (le Baron Auguste, Théodore, Hilaire), ✳

Élu, le 25 janvier 1850, membre libre de l'Académie des Inscriptions et Belles-Lettres.

Né à Morlaix (Finistère), le 28 avril 1801. — 1821 à 1830. Officier d'état-major. — 1849 à 1851. Député du Finistère. — Mort à Saint-Germain-en-Laye (Seine-et-Oise), le 29 juillet 1855.

Ouvrages. — 1832. Souvenirs de l'expédition d'Afrique. — 1833. Destination de l'homme. — 1834. Philosophie de Schelling. — 1835. Mémoires d'un officier d'état-major (expédition d'Afrique). Guillaume d'Orange et Louis-Philippe. — 1836. Un automne au bord de la mer. — 1841. Histoire de la domination anglaise dans les Indes, 6 vol. — 1849. Un mot sur la situation politique. — 1850. Lettre d'un membre de la majorité à ses commettants. — 1854. Essai d'une philosophie de l'histoire, 2 vol.

---

79. — BUSSY (Antoine, Alexandre, Brutus), O. ✳

Élu, le 25 février 1850, membre libre de l'Académie des Sciences.

Né à Marseille (Bouches-du-Rhône), le 29 mai 1794. — Professeur de chimie à l'École de Pharmacie de Paris, puis Directeur de la même École. — Mort à Paris, le 1ᵉʳ février 1882.

Ouvrages. — 1833. Recherches chimiques sur une racine connue sous le nom de saponaire d'Égypte. — 1834. De quelques produits nouveaux obtenus par l'action des alcalis sur les corps gras. — 1840. Essais chimiques sur l'huile de ricin. Réponse aux écrits de M. Raspail sur l'affaire de Tulle. — S. d. Traité des moyens de reconnaître les falsifications des drogues.

---

80. — PETIGNY (François; Jules, FILHEUL de).

Élu, le 13 décembre 1850, membre libre de l'Académie des Inscriptions et Belles-Lettres.

Né à Paris, le 14 mars 1801. — 1822. Élève à l'École des Chartes. — 1826 à 1830. Conseiller de préfecture de Loir-et-Cher. — 1846. *Correspondant de l'Institut.* — Mort à Clénor (Loir-et-Cher), le 4 avril 1858.

Ouvrages. — 1830. Observations sur le recrutement de l'armée. — 1834. Essai sur la population du Loir-et-Cher au XIXᵉ siècle. — 1840. Les trois Brunier. — 1842-44. Études sur l'histoire, les lois et les institutions de l'époque mérovingienne, 2 vol. — 1845. Histoire archéologique du Vendômois, in-4.

---

81. — DELESSERT (François, Marie), O. ✳

Élu, le 9 février 1852, membre libre de l'Académie des Sciences.

Né à Paris, le 2 août 1780. — 1831 à 1838. Député de la Seine. — 1838 à 1848. Député du Pas-de-Calais. — Président de la Chambre de commerce de Paris. — Mort à Paris, le 15 octobre 1868.

---

82. — BIENAYMÉ (Irénée, Jules), O. ✳

Élu, le 5 juillet 1852, *membre libre de l'Académie des Sciences.*

Né à Paris, le 28 août 1796. — Inspecteur général des Finances. — Mort à Paris, le 20 octobre 1878.

Ouvrages. — 1835. De la durée de la vie, depuis le commencement du xixᵉ siècle. — 1854. Considérations à l'appui de la découverte de Laplace, sur la loi de probabilité dans la méthode des moindres carrés. — 1869. Sur un principe que M. Poisson avait cru découvrir et qu'il avait appelé : Loi des grands nombres.

83. — VAILLANT (le Comte Jean-Baptiste, Philibert), G. C. ✳

Élu, le 21 février 1853, *membre libre de l'Académie des Sciences.*

Né à Dijon (Côte-d'Or), le 6 décembre 1790. — 1809. Sous-Lieutenant. — 1811. Lieutenant. — 1812. Capitaine. — 1826. Chef de bataillon. — 1832. Lieutenant-Colonel. — 1833. Colonel. — 1838. Maréchal de camp. — 1839. Commandant de l'École Polytechnique. — 1845. Lieutenant général. — 1851. Sénateur. — 1851. Maréchal de France. — 1853. Grand maréchal du palais. — 1854 à 1859. Ministre de la Guerre. — 1859. Membre du Conseil privé. — 1859. Major général de l'armée d'Italie. 1859. Comte. — 1860 à 1870. Ministre de la maison de l'Empereur, puis (1863) de la maison de l'Empereur et des Beaux-Arts. — Mort à Paris, le 4 juin 1872.

Ouvrages. — 1823. Essai sur les principes et la construction des ponts militaires, et sur les passages des rivières en campagne. — 1839. Description et usage d'un instrument propre à défiler les tranchées, in-fol. — 1855. Rapport sur la situation de l'Algérie, in-4. — 1856. Rapport sur l'organisation de l'armée d'Orient, in-4.

84. — NIEUWERKERKE (le Comte Alfred, Émilien de), G. O. ✳

Élu, le 19 novembre 1853, *membre libre de l'Académie des Beaux-Arts.*

Né à Paris, le 16 avril 1811. — 1849. Directeur général des musées nationaux. — 1864 à 1870. Surintendant des Beaux-Arts. — 1864. Sénateur. — Mort à Gattajola (Italie), le 16 janvier 1892.

Œuvres principales. — *Statues.* — Guillaume le Taciturne, prince d'Orange. Descartes. Isabelle la Catholique. La Rosée. L'empereur Napoléon III. Catinat.
Bustes. — Le marquis de Mortemart. Le docteur Leroy d'Étiolles. La marquise de B... La princesse Murat. Le maréchal Bosquet. L'impératrice Eugénie.

85. — VERNEUIL (Philippe, Édouard, POULLETIER de), ✳

Élu, le 1ᵉʳ mai 1854, *membre libre de l'Académie des Sciences.*

Né à Paris, le 13 février 1805. — Mort à Paris, le 29 mai 1873.

Ouvrages. — 1842. *Memoir on the fossils of the older deposits in the Rhenish provinces,* in-4. — 1845. Géologie de la Russie d'Europe et des montagnes de l'Oural, 2 vol. in-4. — 1857. Coup d'œil sur la constitution géologique de plusieurs provinces de l'Espagne, in-4. — 1868. Description des fossiles du Néocomien supérieur, des Utrillas et de ses environs, in-4. — 1869. Explication sommaire de la carte géologique de l'Espagne. — S. d. Observations sur quelques brachiopodes de l'île de Gothland.

86. — CHERRIER (Charles, Joseph de), O. ✹

Élu, le 14 juillet 1854, membre libre de l'Académie des Inscriptions et Belles-Lettres.

Né à Neufchâteau (Vosges), le 6 mars 1785. — 1795. Sous-Lieutenant. — 1810. Chef d'escadron. — 1815. Lieutenant-Colonel. — Mort à Paris, le 26 juillet 1872.

Ouvrage. — 1841. Histoire de la lutte des papes et des empereurs de la maison de Souabe, de ses causes et de ses effets, 4 vol.

✹ BARROT (Odilon).

Élu, le 10 février 1855, membre libre de l'Académie des Sciences morales et politiques
(voir Membres titulaires, n° 774).

---

87. — DU PETIT-THOUARS (Abel, AUBERT-), G. C. ✹

Élu, le 6 août 1855, membre libre de l'Académie des Sciences.

Né à Turquant (Maine-et-Loire), le 3 août 1793. — 1834. Capitaine de vaisseau. — 1842. Contre-Amiral. — 1846. Vice-Amiral. — 1849. Député de Maine-et-Loire. —Mort à Paris, le 16 mars 1864.

Ouvrages. — 1840. Voyage autour du monde sur la frégate « La Vénus » exécuté pendant les années 1836 à 1839, 11 vol. avec atlas. — 1843. Note sur l'occupation de l'île d'Hotahiti. — 1844. Rapport sur Taïti.

---

88. — TEXIER (Charles, Félix, Marie), ✹

Élu, le 23 novembre 1855, membre libre de l'Académie des Inscriptions et Belles-Lettres.

Né à Versailles (Seine-et-Oise), le 27 août 1802. — 1827. Inspecteur des travaux de Paris. — 1834. *Correspondant de l'Institut.* — 1840. Professeur suppléant d'archéologie au Collège de France. Chargé de plusieurs missions du gouvernement en Asie Mineure. — Mort à Paris, le 1er juillet 1871.

Ouvrages. — 1833. Géologie des environs de Fréjus, in-16. — 1838-48. Description de l'Asie Mineure, 3 vol. in-fol. — 1843-48. L'Arménie, la Perse et la Mésopotamie, 2 vol. in-fol. — 1858. Les ports antiques situés à l'embouchure du Tibre. — 1862. Asie Mineure. — 1865. L'architecture bizantine, recueil des monuments des premiers temps du christianisme, in-fol.

✹ BAUDE (le Baron).

Élu, le 27 décembre 1856, membre libre de l'Académie des Sciences morales et politiques
(voir Membres titulaires, n° 676).

---

89. — SAY (Horace, Émile), ✹

Élu, le 7 février 1857, membre libre de l'Académie des Sciences morales et politiques.

Né à Noisy-le-Sec (Seine), le 11 mars 1799. — 1831. Juge au Tribunal de commerce. — 1834. Membre de la Chambre de commerce. — 1837. Membre du Conseil général de la Seine. — 1849 à 1851. Conseiller d'État. — Mort à Sceaux (Seine), le 24 juillet 1860.

Ouvrages. — 1836. Avant-propos à la discussion d'une nouvelle loi sur les faillites. — 1839. Histoire des relations commerciales entre la France et le Brésil et considérations générales sur les monnaies, les changes, les banques et le commerce extérieur. Cours complet d'économie politique, 2 vol. — 1841. Opinion sur l'organisation de la boucherie. Traité d'économie politique. — 1846. Études sur l'administration de la ville de Paris et du département de la Seine. — 1847. Paris, son octroi et son emprunt.

90. — PASSY (Antoine, François), C. ✻

Élu, le 25 mai 1857, membre libre de l'Académie des Sciences.

Né à Paris, le 23 avril 1792. — 1828. Conseiller-Référendaire à la Cour des comptes. — 1830. Préfet de l'Eure. — 1833. Député. — 1839 à 1848. Conseiller d'État. — 1840 à 1848. Sous-Secrétaire d'État au Ministère de l'Intérieur. — Mort à Paris, le 8 octobre 1873.

Ouvrages. — 1832. Description géologique du département de la Seine-Inférieure, in-4. — 1851. Description géologique du département de l'Eure, in-4. — 1857. Carte géologique du département de l'Eure. — S. d. Dictionnaire du patois normand en usage dans le département de l'Eure.

91. — BONAPARTE (le Prince Napoléon, Joseph, Charles, Paul), G. C. ✻

Élu, le 11 juillet 1857, membre libre de l'Académie des Beaux-Arts.

Né à Trieste (Autriche), le 9 septembre 1822. — 1848. Membre de l'Assemblée constituante. — 1852. Général de division. — 1852. Sénateur. — 1858-1859. Ministre de l'Algérie et des colonies. — Mort à Rome, le 17 mars 1891.

Ouvrages. — 1855. Visites et études au Palais de l'industrie, 2 vol. in-12. — 1857. Rapport sur l'exposition universelle de 1855. — 1871. La vérité à mes calomniateurs. — 1878. Les alliances de l'Empire en 1869 et 1870, in-12. — 1887. Napoléon et ses détracteurs, in-12. — S. d. Le gouvernement temporel des papes.

92. — FOULD (Achille, Marcus), G. C. ✻

Élu, le 14 novembre 1857, membre libre de l'Académie des Beaux-Arts.

Né à Paris, le 17 novembre 1800. — 1842-1846. Député des Hautes-Pyrénées. — 1848. Représentant à l'Assemblée constituante. — 1849 à 1851. Membre de l'Assemblée législative. — 1849 à 1851. Ministre des Finances. — 1852. Sénateur. — 1852 à 1860. Ministre d'État et de la Maison de l'Empereur. — 1861 à 1867. Ministre des Finances. — Mort à Laloubère (Hautes-Pyrénées), le 5 octobre 1867.

93. — PELLAT (Charles, Auguste), C. ✻

Élu, le 24 avril 1858, membre libre de l'Académie des Sciences morales et politiques.

Né à Grenoble (Isère), le 6 octobre 1793. — 1820. Professeur suppléant à la Faculté de Droit de Grenoble. — 1827. Professeur suppléant à la Faculté de Paris. — 1829. Professeur de pandectes à la même Faculté. — 1848 à 1868. Doyen de la Faculté de Droit de Paris. — Mort à Paris, le 14 novembre 1871.

Ouvrages. — 1837. Traduction des Pandectes, accompagnée d'un commentaire. — 1840. Précis d'un cours sur l'ensemble du droit privé des Romains. — 1841. Cours d'introduction générale à l'étude du droit, ou Encyclopédie juridique. — 1844. Institutes de Gaius. — 1847. Textes du droit romain sur la dot.

94. — JAUBERT (le Comte Hippolyte, François), ✻

Élu, le 3 mai 1858, membre libre de l'Académie des Sciences. Démissionnaire le 11 novembre 1872.

Né à Paris, le 28 octobre 1798. — 1818. Avocat. — 1826. Comte. — 1836. Député du Cher. — 1840 (mai-octobre). Ministre des Travaux publics. — 1844 à 1848. Pair de France. — Mort à Montpellier (Hérault), le 5 décembre 1874.

Ouvrages. — 1833. Vocabulaire du Berry et de quelques cantons voisins. — 1842. Relations de voyages en Orient, 2 vol. *Illustrationes plantarum orientalium*, ou choix de plantes nouvelles ou peu connues dans l'Asie occidentale, 2 vol. in-4. — 1855. La botanique à l'exposition universelle de 1855. — 1856-58. Glossaire du centre de la France, 2 vol. — 1869. Étude sur le traité de commerce avec l'Angleterre, in-18. Supplément au glossaire du centre de la France, in-4. — S. d. Sur l'aménagement des eaux et les irrigations pour éviter les inondations.

95. — LA VILLEMARQUÉ (le Vicomte Théodore, Claude, Henri, HERSART de), ✻

Élu, le 21 mai 1858, membre libre de l'Académie des Inscriptions et Belles-Lettres.

Né à Quimperlé (Finistère), le 6 juillet 1815.

Ouvrages. — 1837. Essai sur l'histoire de la langue bretonne. — 1839-40. Barzas-Breiz (chants populaires de la Bretagne), 2 vol. — 1842. Contes populaires des anciens Bretons, 2 vol. — 1847. Dictionnaire français-breton, in-4. — 1849. Nouvelle grammaire bretonne suivie d'une prosodie. — 1850. Poèmes des bardes bretons du VIᵉ siècle. — 1856. Notices sur les principaux manuscrits des anciens Bretons. — 1858. Mémoire sur l'inscription celtique de Lamarec près Auray en Bretagne, in-4. — 1859-64. La légende celtique en Irlande, en Cambrie et en Bretagne, suivie des textes originaux irlandais, gallois et bretons, in-12. — 1860. Les bardes bretons, poèmes du VIᵉ siècle. — 1861-62. Myrdhinn, ou l'enchanteur Merlin. — 1861. Les romans de la table ronde et les contes des anciens Bretons. — 1865-66. Le grand mystère de Jésus, passion et résurrection, drame breton du moyen âge. — 1879. Poèmes bretons du moyen âge. — 1880. La légende de saint Gurthiern, fondateur de Quimperlé.

96. — MERCEY (Frédéric, BOURGEOIS de), O. ✻

Élu, le 12 mars 1859, membre libre de l'Académie des Beaux-Arts.

Né à Paris, le 20 mai 1803. — 1840. Chef du Bureau des Beaux-Arts au Ministère de l'Intérieur. — 1853. Directeur des Beaux-Arts au Ministère d'État et de la maison de l'Empereur. — Mort à La Falaise (Somme), le 4 septembre 1860.

Ouvrages. — 1833-45. Le Tyrol et le nord de l'Italie, esquisses de mœurs, 2 vol. — 1834. Tiel le rôdeur, roman. — 1841. Scotia, souvenirs et récits de voyages, 2 vol. — 1855. Études sur les beaux-arts, 2 vol. — 1856. Études sur les beaux-arts, depuis leur origine jusqu'à nos jours, 3 vol. — 1857. Histoire de la gravure en médailles en France, 3 vol. — 1858. Les Alpes françaises et la haute Italie, 3 vol. — 1859. La Toscane et le midi de l'Italie, notes de voyage, 2 vol.

97. — KASTNER (Jean, Georges), O. ✻

Élu, le 9 juillet 1859, membre libre de l'Académie des Beaux-Arts.

Né à Strasbourg (Bas-Rhin), le 9 mars 1810. — Compositeur de musique. — 1856. *Correspondant de l'Institut.* — Mort à Paris, le 19 décembre 1867.

Œuvres principales. — *Théâtre.* — 1831. Gustave Wasa (op.). — 1832. La reine des Sarmates (op.). — 1833. La mort d'Oscar (op.). — 1834. Le Sarrasin (op.-c.). — 1839. Béatrice (op.). — 1841. La Maschera (op.-c.). — 1844. Le dernier roi de Juda (op.).

Œuvres diverses. — Trois symphonies à grand orchestre ; cinq ouvertures, dix sérénades pour harmonie, quatre hymnes, trente marches militaires, cantates, etc.

Ouvrages. — 1836. Traité général de l'instrumentation. — 1837. Cours d'instrumentation considérée sous les rapports poétiques et philosophiques de l'art. — 1848. Manuel général de musique militaire, in-4. — 1852. La danse des morts et la danse macabre. — 1854. Chants de la vie, cycle choral, in-4. Le rêve d'Oswald, ou les sirènes, in-4. — 1855. Chants de l'armée française, in-4. — 1856. La harpe d'Eole et la musique cosmique, in-4. — 1857. Les voix de Paris, in-4. — S. d. Grammaire musicale. Théorie du contre-point et de la fugue. Essai sur la composition vocale et instrumentale. Méthode d'harmonie appliquée au piano. Méthode de saxophone. Méthode de timbales.

---

98. — DEHÈQUE (Félix, Désiré), ✳

Élu, le 18 novembre 1859, membre libre de l'Académie des Inscriptions et Belles-Lettres.

Né à Paris, le 9 octobre 1794. — Secrétaire de la mairie du Xᵉ arrondissement de Paris. — Mort à Paris, le 17 décembre 1870.

Ouvrages. — 1821. La charte constitutionnelle. — 1825. Dictionnaire grec moderne-français, in-16. — 1831. Poésies de Christopoulos. — 1837. Poésies cypriques d'Andreadis. — Traduction de la « Cassandre » de Lycophron.

---

99. — DARU (le Comte Napoléon), O. ✳

Élu, le 18 février 1860, membre libre de l'Académie des Sciences morales et politiques.

Né à Paris, le 11 juin 1807. — 1832. Pair de France. — 1836. Capitaine d'artillerie. — 1848. Membre de l'Assemblée constituante. — 1850. Membre de l'Assemblée législative. — 1869. Député de la Manche. — 1870. Ministre des Affaires étrangères. — 1871. Membre de l'Assemblée nationale. 1876. Sénateur. — Mort à Paris, le 20 février 1890.

Ouvrages. — 1843. Des chemins de fer et de l'application de la loi du 11 juin 1842. — 1865. Le comte Beugnot. — S. d. La politique du gouvernement de la défense nationale.

---

100. — LASTEYRIE du SAILLANT (le Comte Ferdinand, Charles, Léon de).

Élu, le 27 avril 1860, membre libre de l'Académie des Inscriptions et Belles-Lettres.

Né à Paris, le 15 juin 1810. — 1827. Élève à l'École des Mines. — 1830-1837. Employé au Ministère de l'Intérieur. — 1842. Député de la Seine. — 1848. Membre de l'Assemblée constituante. — 1849. Membre de l'Assemblée législative. — Mort à Paris, le 12 mai 1879.

Ouvrages. — 1837-58. Histoire de la peinture sur verre, d'après ses monuments en France, 33 vol. in-fol. — 1852-53. Quelques mots sur la théorie de la peinture sur verre, in-12. — 1854. Études archéologiques sur les églises des Alpes. La cathédrale d'Aoste. — 1856. Notice sur les vitraux de Bathlausen. — 1859. La châsse de Saint-Viauce. — 1860. Description du trésor de Guarrazar. Italie centrale, l'annexion considérée aux points de vue italien et français. — 1861. Les travaux de Paris, in-12. — 1862. Causeries artistiques, in-12. — 1863. De l'antériorité des émaux allemands ou limousins. La peinture à l'exposition universelle. Projet de création d'un musée municipal des arts industriels, in-32. — 1864. Question parisienne. — 1865. Esquisses américaines, souvenirs d'un séjour chez les planteurs du Sud. — 1868. L'histoire du travail à l'exposition universelle. — 1869. Le paysan, ce qu'il est, ce qu'il devrait être, in-32. — 1875. Histoire de l'orfèvrerie depuis les temps les plus reculés jusqu'à nos jours, in-12. — S. d. L'électrum des anciens était-il de l'émail ?

---

101. — PELLETIER (Jules, Bernard, Joseph), C. ✳

Élu, le 27 octobre 1860, membre libre de l'Académie des Beaux-Arts.

Né à Paris, le 16 juin 1823. — 1858 à 1860. Secrétaire général du Ministère d'État. — 1858 à

1860 et 1861 à 1864. Conseiller d'État. — 1861 à 1864. Secrétaire général du Ministère des Finances. — 1864. Président de chambre à la Cour des comptes. — Mort à Paris, le 10 janvier 1875.

102. — DROUYN DE LHUYS (Édouard), G. C. ✷

Élu, le 16 mars 1861, membre libre de l'Académie des Sciences morales et politiques.

Né à Paris, le 19 novembre 1805. — 1831. Attaché d'ambassade à Madrid. — 1836. Premier Secrétaire d'ambassade à Madrid. — 1840. Directeur des Affaires commerciales et des Consulats au Ministère des Affaires étrangères. — 1842 à 1848. Député. — 1848. Représentant du peuple. — 1848 à 1849 et 1851 (janvier). Ministre des Affaires étrangères. — 1851. Ambassadeur à Londres. — 1852 à 1855 et 1862 à 1866. Ministre des Affaires étrangères. — 1852 à 1870. Sénateur. — 1862. Membre du Conseil privé. — Mort à Paris, le 1er mars 1881.

Ouvrage. — 1868. Les Neutres pendant la guerre d'Orient.

103. — DESNOYERS (Jules, Pierre, François, Stanislas), ✷

Élu, le 28 mars 1862, membre libre de l'Académie des Inscriptions et Belles-Lettres.

Né à Nogent-le-Rotrou (Eure-et-Loir), le 8 octobre 1800. — 1833. Aide-naturaliste de géologie au Muséum d'Histoire naturelle de Paris. Bibliothécaire du Muséum. — Secrétaire de la Société de l'Histoire de France. — Mort à Nogent-le-Rotrou, le 31 août 1887.

Ouvrages. — 1825. Mémoire sur la craie et sur les terrains tertiaires du Cotentin. Observations sur quelques systèmes de la formation oolithique du nord-ouest de la France. — 1829. Observations sur un ensemble de dépôts marins plus récents que les terrains tertiaires du bassin de la Seine. — 1832. Observations sur les terrains tertiaires de l'ouest de la France. Histoire de la destruction du paganisme en Occident. — 1838. Histoire des incursions des Arabes en Italie. — 1845. Recherches géologiques et historiques sur les cavernes à ossements.

104. — ROULIN (François, Désiré), O. ✷

Élu, le 6 mars 1865, membre libre de l'Académie des Sciences.

Né à Rennes (Ille-et-Vilaine), le 1er août 1796. — 1838. Sous-Bibliothécaire de l'Institut. — 1870. Bibliothécaire de l'Institut. — Mort à Paris, le 5 juin 1874.

Ouvrages. — 1849. Les mammifères et les races humaines. — 1865. Histoire naturelle et souvenirs de voyages, in-12. — S. d. Rapport sur une collection d'instruments en pierre, découverts dans l'île de Java. Traduction de l'histoire naturelle de l'homme, de Prichard.

105. — CASIMIR-PÉRIER (Auguste, Victor, Laurent), G. O. ✷

Élu, le 16 mars 1867, membre libre de l'Académie des Sciences morales et politiques.

Né à Paris, le 20 août 1811. — 1832. Secrétaire d'ambassade à Londres. — 1833. Secrétaire d'ambassade à Bruxelles. — 1839. Premier Secrétaire d'ambassade à Saint-Pétersbourg. — 1842. Ministre plénipotentiaire en Hanovre. — 1846 à 1848. Député. — 1849-1851. Membre de l'Assemblée législative. — 1871. Député. — 1871-1872 et mai 1873. Ministre de l'Intérieur. — Mort à Paris, le 6 juillet 1876.

Ouvrages. — 1859. La protection agricole et les lois sur les céréales. — 1860. Le traité avec l'Angleterre. — 1861. Les finances de l'empire. — 1862. Le budget de 1863. La réforme sociale. — 1863. Les finances et la politique. De l'influence des institutions politiques et de la législation financière sur la fortune publique. La situation financière en 1863. — 1864. Quelques réflexions à propos de la prochaine session des conseils généraux. Les sociétés de coopération, la consommation, le crédit, la production, l'amélioration morale et intellectuelle par l'association.

106. — HAUSSMANN (le Baron Georges, Eugène), G. C. ✳

Élu, le 7 décembre 1867, membre libre de l'Académie des Beaux-Arts.

Né à Paris, le 27 mars 1809. — 1831. Secrétaire général de la préfecture de la Vienne. — 1832. Sous-Préfet d'Yssingeaux, puis de Nérac. — 1840. Sous-Préfet de Saint-Girons. — 1841. Sous-Préfet de Blaye. — 1848. Secrétaire général de la préfecture de la Gironde. — 1849. Préfet du Var. — 1850. Préfet de l'Yonne. — 1851. Préfet de la Gironde. — 1853 à 1870. Préfet de la Seine. — 1857 à 1870. Sénateur. — 1878. Député de la Corse. — Mort à Paris, le 11 janvier 1891.

Ouvrage. — 1890. Mémoires, 3 vol.

Une notice sur sa vie, rédigée par M. Alphand, a été lue dans la séance de l'Académie des Beaux-Arts du 26 décembre 1891.

107. — LARREY (le Baron Félix, Hippolyte), G. O. ✳

Élu, le 9 décembre 1867, membre libre de l'Académie des Sciences.

Né à Paris, le 18 septembre 1808. — 1832. Docteur en médecine. — 1832. Aide-major. — 1835. Agrégé de la Faculté de Paris. — 1841 à 1858. Professeur de pathologie chirurgicale, puis de clinique chirurgicale à l'École d'application de médecine et de pharmacie militaire. — 1842. Médecin-major. — 1849. Chirurgien en chef de l'hôpital du Gros-Caillou. — 1852. Chirurgien en chef du Val-de-Grâce. — 1859. Médecin en chef de l'armée d'Italie et Chirurgien ordinaire de l'Empereur. — 1861. Médecin inspecteur, Président du Conseil de santé des armées.

Ouvrages. — 1830. Relation chirurgicale des événements de juillet 1830 à l'hôpital militaire du Gros-Caillou. — 1832. Histoire chirurgicale du siège de la citadelle d'Anvers. Quel est le meilleur traitement des fractures du col du fémur ? — 1835. Traitement des fractures des membres par l'appareil inamovible. — 1841. De la méthode analytique en chirurgie. — 1848. Blessures de l'insurrection de juin 1848. — 1849. Notice sur l'hygiène militaire. — 1858. Rapport sur l'état sanitaire du camp de Châlons et sur l'hygiène des camps. — 1859. Sur les perforations et les divisions de la voûte palatine, in-4. — 1894. Madame Mère (Napoleonis mater), 2 vol.

✳ DELABORDE (le Vicomte Henri).

Élu, le 11 janvier 1868, membre libre de l'Académie des Beaux-Arts (voir Membres titulaires, n° 821).

108. — WALEWSKI (le Comte Alexander, Floryan, Josef, Colonna), G. C. ✳

Élu, le 8 février 1868, membre libre de l'Académie des Beaux-Arts.

Né à Walewice (Pologne), le 4 mai 1810. — Naturalisé Français, le 3 décembre 1833. — 1833. Capitaine dans la légion étrangère. Directeur des affaires arabes à Oran. — 1849. Ministre plénipotentiaire à Florence et à Naples. — 1852. Ambassadeur à Londres. — 1855 à 1860. Ministre des Affaires étrangères. — 1856. Sénateur. — 1860 à 1863. Ministre d'État. — 1863. Membre du

Conseil privé. — 1865. Député. — 1865. Président du Corps législatif. — Mort à Strasbourg (Bas-Rhin), le 27 septembre 1868.

Ouvrages. — 1837. Un mot sur la question de l'Afrique. — 1838. L'alliance anglaise. — 1840. L'École du monde, ou la coquette sans le savoir (com.).

✻ BLANC (Charles).

*Élu, le 25 novembre 1868, membre libre de l'Académie des Beaux-Arts
(voir Membres titulaires, n° 841).*

---

109. — VOGÜÉ (le Marquis Charles, Pierre, Melchior de), C. ✻

Élu, le 7 décembre 1868, membre libre de l'Académie des Inscriptions et Belles-Lettres.

Né à Paris, le 18 octobre 1829. — 1871. Député du Cher. — 1871 à 1875. Ambassadeur de France à Constantinople. — 1875 à 1879. Ambassadeur à Vienne.

Ouvrages. — 1851. Orfèvrerie russe, in-4. — 1855. Fragments d'un voyage en Orient. — 1860. Mémoire sur une inscription phénicienne, in-4. Les églises de la terre sainte, in-4. Les événements de Syrie. — 1864. Le temple de Jérusalem, suivi d'un essai sur la topographie de la ville sainte, in-fol. — 1864-1877. Monnaies et sceaux des croisades. — 1865. L'islamisme et son fondateur. — 1866-1877. La Syrie centrale. Architecture civile et religieuse du 1er au vie siècle, 2 vol. in-4. — 1869-1877. La Syrie centrale. Inscriptions sémitiques avec traduction et commentaire, in-4. — 1869. Mélanges d'archéologie orientale. — 1883. Inscriptions palmyréniennes inédites. — 1884-95. Mémoires du maréchal de Villars, publiés d'après l'original et accompagnés de correspondances inédites, 6 vol. — 1888. Villars d'après sa correspondance, 2 vol. — 1889-1894. *Corpus inscriptionum semiticarum : pars secunda inscriptiones aramaicas continens,* in-4, et atlas in-fol. — 1893. Mémoires sur l'Espagne du marquis de Villars, in-12. Travaux et notes sur l'archéologie, l'art, la numismatique, l'agriculture, publiés dans les Annales archéologiques, l'Athenæum français, la Revue archéologique, la Revue numismatique, les Comptes rendus de l'Académie des inscriptions et belles-lettres, le Journal asiatique, le Bulletin de la Société de l'histoire de France, le Correspondant et les journaux agricoles du département du Cher.

---

110. — DUMÉRIL (Auguste, Henri, André), ✻

Élu, le 4 janvier 1869, membre libre de l'Académie des Sciences.

Né à Paris, le 30 novembre 1812. — 1857. Professeur d'histoire naturelle des reptiles et des poissons au Muséum d'Histoire naturelle. — Mort à Paris, le 12 novembre 1870.

Ouvrages. — 1843. Des odeurs, de leur nature et de leur action physiologique. — 1845. De la texture intime des glandes et des produits de sécrétion en général. — 1853. Des modifications de la température animale sous l'influence des médicaments. — 1865-70. Histoire naturelle des poissons ou ichtyologie générale, 3 vol.

---

111. — LENOIR (Albert, Alexandre), O. ✻

Élu, le 26 juin 1869, membre libre de l'Académie des Beaux-Arts.

Né à Paris, le 2 octobre 1801. Architecte et archéologue. — 1862. Secrétaire de l'École des Beaux-Arts. — Mort à Paris, le 17 février 1891.

Ouvrages. — 1833. Projet d'un musée historique formé par la réunion du palais des Thermes et de l'hôtel de Cluny. — 1839. Statistique monumentale de Paris depuis les Romains, in-fol. Architecture et archéologie : instruction pour le peuple. — 1848. Rapport sur l'introduction de l'art dans les étoffes. — 1852. Architecture monastique, in-4. — 1852-56. L'architecture monastique au moyen âge, 2 vol. in-4. — 1855. Le tombeau de Napoléon Ier aux Invalides, in-4. — S. d. Suppression des loyers.

Une notice sur sa vie a été lue par M. Duplessis, dans la séance de l'Académie des Beaux-Arts du 14 novembre 1891.

112. — DUBOIS (Paul, François), O. ✻

Élu, le 13 avril 1870, membre libre de l'Académie des Sciences morales et politiques.

Né à Rennes (Ille-et-Vilaine), le 2 juin 1793. — 1814. Professeur d'humanités à Guérande. — 1818. Professeur à la Faculté des Lettres de Besançon. — 1820. Professeur de rhétorique au collège Charlemagne. — 1830. Inspecteur général des études. — 1831 à 1848. Député de la Loire-Inférieure. — 1840 à 1850. Directeur de l'École Normale. — Mort à Valence (Drôme), le 12 juin 1874.

Ouvrages. — Fragments littéraires, articles extraits du Globe précédés d'une notice biographique, 4 vol. L'histoire de l'église de Reims.

113. — VERGÉ (Charles, Henri), ✻

Élu, le 23 juillet 1870, membre libre de l'Académie des Sciences morales et politiques.

Né à Paris, le 22 juillet 1810. — 1835. Docteur en droit. — 1835. Avocat à la Cour d'appel de Paris. — Mort à Paris, le 26 août 1890.

Ouvrages. — 1833. De la tutelle des impubères et de la tutelle des femmes. — 1842 et suiv. Compte rendu des séances et travaux de l'Académie des sciences morales et politiques. — 1844. Loi sur la chasse, in-32. Loi sur les patentes, in-32. Loi sur les brevets d'invention, in-18. Dictionnaire des huissiers. — 1845. De la nécessité de conserver et d'augmenter les troupes d'infanterie indigène en Algérie. — 1846. Rapport sur l'organisation de l'enseignement du droit et des sciences politiques et administratives en Allemagne. — 1848. Droit civil, les personnes, les choses, la propriété. Lois rurales, industrielles et commerciales. — 1856. Diplomates et publicistes. — S. d. Traité de la responsabilité des notaires.

Une notice sur sa vie a été lue par M. Doniol, dans la séance de l'Académie des Sciences morales et politiques du 12 mars 1892.

114. — ROBERT (Pierre, Charles), C. ✻

Élu, le 7 juillet 1871, membre libre de l'Académie des Inscriptions et Belles-Lettres.

Né à Bar-le-Duc (Meuse), le 20 novembre 1812. — 1834. Lieutenant du génie. — 1840. Capitaine. — 1842. Intendant militaire. — 1862. *Correspondant de l'Institut.* — 1863. Directeur de l'Intendance au Ministère de la Guerre. — 1867. Intendant général inspecteur. — 1870-1871. Intendant en chef de l'armée de la Loire. — Mort à Paris, le 15 décembre 1887.

Ouvrages. — 1844. Recherches sur les monnaies des évêques de Toul, in-4. — 1852. Études numismatiques sur une partie du nord-est de la France, in-4. — 1853. Recherches sur les monnaies et les jetons des maîtres-échevins. — 1862. Numismatique de Cambrai, in-4. — 1867. Les légions du Rhin et les inscriptions des carrières, in-4. — 1868. Sigillographie de Toul, in-4. — 1870. Monnaie de Gorze sous Charles de Remoncourt et circonstances politiques dans lesquelles elle a été frappée, in-4. — 1872. Les armées romaines et leur emplacement. Difficulté que rencontre en France, l'administration des grandes armées et moyens pratiques d'y remédier. — 1873. Épigraphie gallo-romaine de la Moselle, in-4. — 1875. Mélanges d'archéologie et d'histoire. — 1876. Événements militaires accomplis sous le règne de Henri II et leurs médailles commémoratives. — 1880. Numismatique de la province de Languedoc. — 1882. Étude sur les médailles contorniates.

115. — MARTIN (Thomas, Henri), O. ✺

Élu, le 7 juillet 1871, membre libre de l'Académie des Inscriptions et Belles-Lettres.

Né à Bellême (Orne), le 4 février 1813. — 1836. Docteur ès lettres. — 1840. Professeur de littérature ancienne à la Faculté des Lettres de Rennes. — 1844. Doyen de la même Faculté. — Mort à Rennes (Ille-et-Vilaine), le 9 février 1884.

Ouvrages. — 1836. Analyse critique de la poétique d'Aristote, in-4. *De philosophicarum Benedicti de Spinoza doctrinarum systemate*, in-4. — 1840. Les œuvres poétiques de Desportes, de Bertaut, de Malherbe, de Racan et de quelques poètes de la même époque. — 1841. Études sur le Timée de Platon, 2 vol. — 1849. *Theonis Smyrnaei Platonici Liber de astronomia*. Philosophie spiritualiste de la nature, 2 vol. — 1855. La vie future selon les dogmes du christianisme. La vie future, histoire et apologie de la doctrine chrétienne sur l'autre vie, in-12. — 1859. Examen d'un problème de Théodicée. — 1863. Les superstitions dangereuses pour les sciences et les doctrines qui les restreignent ou qui les favorisent. — 1866. La foudre, l'électricité et le magnétisme chez les anciens, in-12. — 1868. Galilée, les droits de la science et la méthode des sciences physiques, in-12. Newton défendu contre un faussaire anglais. — 1872. Le mal social et ses remèdes prétendus. — 1875. La cosmographie grecque à l'époque d'Homère et d'Hésiode, in-4. — 1869. Les sciences et la philosophie, essais de critique philosophique et religieuse. — 1875. La signification cosmographique du mythe d'Hestia dans la croyance antique des Grecs, in-4. La Prométhéide, étude sur la pensée et la structure de cette triologie d'Eschyle, in-4. Comment Homère s'orientait, explications fort simples substituées à des fables trop savantes, in-4. — 1879. Histoire des hypothèses astronomiques grecques qui admettent la sphéricité de la terre, in-4. Histoire des hypothèses astronomiques chez les Grecs et les Romains, in-4. Les hypothèses astronomiques des plus anciens philosophes de la Grèce étrangers à la notion de la sphéricité de la terre, in-4. — S. d. La vie future suivant la foi et suivant la raison.

---

116. — BELGRAND (Marie, François, Eugène), C. ✺

Élu, le 28 août 1871, membre libre de l'Académie des Sciences.

Né à Ervy (Aube), le 23 avril 1810. — 1836. Ingénieur des Ponts et Chaussées. — 1852. Ingénieur en chef. — 1867. Inspecteur général des Ponts et Chaussées. — 1870. Directeur du service des eaux et des égouts de la ville de Paris. — Mort à Paris, le 8 avril 1878.

Ouvrages. — 1869. La Seine, le bassin parisien aux âges anté-historiques, in-4. — 1873. Les travaux souterrains de Paris : la Seine, régime de la pluie, des sources, des eaux courantes, applications à l'agriculture. — 1875. Les travaux souterrains de Paris : les eaux, les aqueducs romains. — S. d. Notice sur l'aqueduc romain de Sens. Les égouts et les vidanges.

Une notice sur sa vie a été lue par M. Bertrand, dans la séance de l'Académie des Sciences du 1ᵉʳ mars 1880.

---

117. — LABARTE (Charles, Jules), ✺

Élu, le 23 décembre 1871, membre libre de l'Académie des Inscriptions et Belles-Lettres.

Né à Paris, le 23 juillet 1797. — 1824 à 1835. Avoué près le Tribunal de la Seine. — Mort à Boulogne-sur-Mer (Pas-de-Calais), le 14 août 1880.

Ouvrages. — 1847. Description des objets d'art qui composent la collection Debruge-Duménil. — 1868. L'église cathédrale de Sienne et son trésor, d'après un inventaire de 1467. — 1869. Dissertation sur le Rossel d'or d'Altœtting, in-4. — 1879. Inventaire du mobilier de Charles V, roi de France, in-4. — S. d. Histoire des arts industriels au moyen âge et à l'époque de la renaissance, 4 vol. Le palais impérial de Constantinople et ses abords, Sainte-Sophie, le forum Augustion et l'hippodrome, tels qu'ils existaient au xᵉ siècle, in-4. Recherches sur la peinture en émail dans l'antiquité et au moyen âge, in-4.

---

118. — CALMON (Marc, Antoine), ✳

Élu, le 24 février 1872, membre libre de l'Académie des Sciences morales et politiques.

Né à Taniès (Lot), le 3 mars 1815. — 1836. Auditeur au Conseil d'État. — 1842 à 1852. Maître des requêtes. — 1846 à 1848. Député. — 1871. Membre de l'Assemblée nationale. — 1871. Sous-Secrétaire d'État au Ministère de l'Intérieur. — 1872. Préfet de la Seine. — 1875. Sénateur. — Mort à Soldelpech (Lot), le 12 octobre 1890.

Ouvrages. — 1865. Les impôts avant 1789. Le rapport de M. Fould, les crédits et l'amortissement. William Pitt, étude financière et parlementaire. — 1868. Histoire des finances de la Restauration, 2 vol. — 1870. Études des finances de l'Angleterre depuis la réforme de Robert Peel jusqu'en 1869.

119. — DIDOT (Ambroise, Firmin), O. ✳

Élu, le 29 novembre 1872, membre libre de l'Académie des Inscriptions et Belles-Lettres.

Né à Paris, le 20 décembre 1790. — Libraire-Éditeur et Imprimeur de l'Institut. — Mort à Paris, le 22 février 1876.

Ouvrages. — 1857. Sur le prix du papier dans l'antiquité. — 1864. Notice sur Anacréon. — 1867. Observations sur l'orthographe française. — 1870. Des apocalypses figurées manuscrites et xylographiques. Études sur la vie et les travaux de Jean, Sire de Joinville, in-12. — 1871. Observations sur l'écrit intitulé : Programme officiel de la nouvèle ortografe. — 1872. Remarques sur la réforme de l'orthographe française. Étude sur Jean Cousin, suivie de notices sur Jean Leclerc et Pierre Woeiriot. — 1873. Recueil des œuvres de Jean Cousin, in-fol. — 1875. Alde Manuce et l'hellénisme à Venise. — 1876. Les Drevet, catalogue raisonné de leur œuvre. — 1877-78. Les graveurs en portraits en France. Catalogue raisonné de la collection des portraits de l'École française. — 1882. Histoire de la typographie. — S. d. Catalogue raisonné de la Bibliothèque de M. A.-F. Didot. Essai de classification méthodique et synoptique des romans de chevalerie.

Une notice sur sa vie a été lue par M. Wallon, dans la séance de l'Académie des Inscriptions et Belles-Lettres du 19 novembre 1886.

120. — COSSON (Ernest, Saint-Charles), O. ✳

Élu, le 31 mars 1873, membre libre de l'Académie des Sciences.

Né à Paris, le 22 juillet 1819. — Docteur en médecine, membre de la Commission scientifique de l'Algérie, Secrétaire de la Société botanique de France. — Mort à Paris, le 31 décembre 1889.

Ouvrages. — 1881. *Compendium floræ atlanticæ,* seu expositio methodica plantarum omnium in Algeria necnon in regno Tunetano et imperio Maroccano, hujusque notarum, ou Flore des états barbaresques: Algérie, Tunisie et Maroc, historique et géographie. — 1882. Répertoire alphabétique des principales localités mentionnées dans le *Compendium* et le *Conspectus floræ Atlanticæ.* — 1883-84. *Illustrationes floræ atlanticæ, seu Icones plantarum novarum, rariarum vel minus cognitarum in Algeria necnon in regno Tunetano et imperio Maroccano nascentium,* in-4. — 1885. Le projet de création, en Afrique et en Tunisie, d'une mer dite intérieure, in-8. — S. d. Atlas de la flore des environs de Paris ou illustration de toutes les espèces des genres difficiles et de la plupart des plantes litigieuses de cette région. Synopsis analytique de la Flore des environs de Paris.

Une notice sur sa vie a été lue par M. Bertrand, dans la séance de l'Académie des Sciences du 29 décembre 1890.

121. — LA GOURNERIE (Jules, Antoine, René, MAILLARD de), O. ✳

Élu, le 19 mai 1873, membre libre de l'Académie des Sciences.

Né à Nantes (Loire-Inférieure), le 20 décembre 1814. — 1840. Ingénieur des Ponts et Chaussées. — 1846. Ingénieur en chef. — 1849 à 1864. Professeur de géométrie descriptive à l'École Polytechnique. — 1854 à 1883. Professeur au Conservatoire des Arts et Métiers. — 1873. Inspecteur général des Ponts et Chaussées. — Mort à Paris, le 25 juin 1883.

Ouvrages. — 1840. Nécessité de l'établissement d'un bassin à flot à Saint-Nazaire. — 1855. Discours sur l'art du trait et la géométrie descriptive. — 1859. Traité de perspective linéaire. — 1860. Traité de géométrie descriptive, 2 vol. in-4. — 1867. Recherches sur les surfaces réglées tétraédrales symétriques. — 1872. Mémoire sur l'appareil de l'arche biaise. — 1880. Études économiques sur l'exploitation des chemins de fer. — 1884. Traité de perspective linéaire, in-4. — 1886. Théorie et construction de l'appareil hélicoïdal des arches biaises.

Une notice sur sa vie a été lue par M. Bertrand, dans la séance de l'Académie des Sciences du 21 décembre 1885.

☆ LESSEPS (Ferdinand de).

Élu, le 21 juillet 1873, membre libre de l'Académie des Sciences (voir Membres titulaires, n° 921).

☆ DURUY (Victor).

Élu, le 14 novembre 1873, membre libre de l'Académie des Inscriptions et Belles-Lettres (voir Membres titulaires, n° 869).

---

122. — BRÉGUET (Louis, François, Clément), O. ✻

Élu, le 30 mars 1874, membre libre de l'Académie des Sciences.

Né à Paris, le 22 décembre 1804. — Horloger de la marine. — 1862. Membre du Bureau des Longitudes. — Mort à Paris, le 27 octobre 1883.

Ouvrages. — 1849. Télégraphie électrique, son avenir. Poste aux lettres électriques, Journaux électriques, suivi d'un aperçu théorique de télégraphie. — 1862. Manuel de télégraphie électrique, in-12. — 1869. Notice sur les appareils magnéto-électriques et sur leur application à l'explosion des torpilles et des mines en général.

---

123. — CARDAILLAC (le Comte Jacques, Étienne de), C. ✻

Élu, le 25 juillet 1874, membre libre de l'Académie des Beaux-Arts.

Né à Saint-Priest-Ligoure (Haute-Vienne), le 8 août 1818. — 1850. Chef de Bureau au Ministère des Travaux publics. — 1853. Chef de division au Ministère d'État. — 1864. Directeur des Bâtiments civils et des Palais nationaux au Ministère des Beaux-Arts, puis au Ministère des Travaux publics. — Mort à Paris, le 14 décembre 1879.

☆ SAY (Léon).

Élu, le 12 décembre 1874, membre libre de l'Académie des Sciences morales et politiques (voir Membres titulaires, n° 878).

---

124. — DU MONCEL (le Comte Théodose, Achille, Louis), O. ✻

Élu, le 21 décembre 1874, membre libre de l'Académie des Sciences.

Né à Paris, le 6 mars 1821. — Mort à Paris, le 16 février 1884.

Ouvrages. — 1846. De Venise à Constantinople à travers la Grèce. Théorie de la perspective apparente. — 1851. Des observations météorologiques, de leur utilité et de la manière dont il faut les faire, in-4. — 1852. Les électro-moteurs. — 1854. Théorie des éclairs. — 1857. Notice sur le tonnerre et les éclairs. — 1858. Étude du magnétisme et de l'électro-magnétisme. — 1860. Étude des lois des courants électriques au point de vue des applications électriques. Les courants induits des machines magnéto-électriques. Notice sur l'appareil d'induction électrique de Ruhmkorff. Recherches sur la non-homogénéité de l'étincelle d'induction. — 1861. Recherches sur les constantes des piles voltaïques. Recherches sur les transmissions électriques à travers le sol, dans les circuits télégraphiques. — 1863. Exposé des applications de l'électricité, 5 vol. — 1864. Traité de télégraphie électrique. — 1869. Notice sur le câble transatlantique. — 1871. Recherches sur les meilleures conditions de construction des électro-aimants. — 1872. Effets produits dans les piles à bichromate de potasse. Exposé des applications de l'électricité. — 1873. Origine de l'induction. — 1874. Détermination des éléments de construction des électro-aimants. — 1876. Recherches sur la conductibilité électrique des corps médiocrement conducteurs, in-4. — 1878. Exposé des applications de l'électricité. Le téléphone, in-12. — 1882. Détermination des éléments de construction des électro-aimants, in-12. Le microphone, le radiophone et le phonographe, in-12. — 1883. L'éclairage électrique, 2 vol. in-12. L'électricité comme force motrice, in-12. — 1886. Le téléphone, in-12. — S. d. La musique historique, méthodes et instruments.

125. — GRUYER (Anatole, François), ✻

Élu, le 6 mars 1875, membre libre de l'Académie des Beaux-Arts.

Né à Paris, le 15 octobre 1825. — 1872. Inspecteur général des Beaux-Arts. — 1881. Conservateur des peintures au musée du Louvre.

Ouvrages. — 1858. Essai sur les fresques de Raphaël, au Vatican, 2 vol. — 1868. Des conditions de la peinture en France et des peintures murales de M. Flandrin à Saint-Germain-des-Prés. — 1863. Raphaël et l'antiquité, 2 vol. — 1869. Les vierges de Raphaël. — 1875. Les œuvres d'art de la renaissance italienne, au temple de Saint-Jean (baptistère de Florence). — 1881. Raphaël peintre de portraits ; fragments d'histoire et d'iconographie sur les personnages représentés dans les portraits de Raphaël, 2 vol. — 1884. Histoire et description de l'église de Sainte-Marie-Madeleine. — 1890. Voyage autour du salon carré au musée du Louvre, in-4. — Collaboration à la Revue des Deux Mondes et à la Gazette des beaux-arts.

126. — GERMAIN (Alexandre, Charles), O. ✻

Élu, le 10 mars 1876, membre libre de l'Académie des Inscriptions et Belles-Lettres.

Né à Paris, le 14 décembre 1809. — 1832. Professeur d'histoire au collège de Nîmes. — 1838. Professeur d'histoire à la Faculté des Lettres de Montpellier. — 1860. *Correspondant de l'Institut.* — Mort à Montpellier (Hérault), le 26 janvier 1887.

Ouvrages. — 1840. Essai sur Apollinarius Sidonius. De Mamiani Claudiani scriptis et philosophia. — 1842. Histoire de l'église de Nîmes. — 1851. Histoire de la commune de Montpellier. — 1854. Les comtes de Maguelonne, de Substantion et de Melgueil. — 1861. Histoire du commerce de Montpellier.

127. — NISARD (Marie, Léonard, Charles), ✻

Élu, le 7 avril 1876, membre libre de l'Académie des Inscriptions et Belles-Lettres.

Né à Châtillon-sur-Seine (Côte-d'Or), le 10 janvier 1808. — Mort à San-Remo, le 16 juillet 1889.

Ouvrages. — 1845. Camera lucida : portraits contemporains et tableaux de genre. — 1852. Le triumvirat littéraire au xvi° siècle. — 1853. Les ennemis de Voltaire. — 1854. *Histoire des livres populaires ou de la littérature du colportage depuis le xv° siècle*, 2 vol. — 1860. Les gladiateurs de la république des lettres, aux xv°, xvi° et xvii° siècles, 2 vol. — 1863. Curiosités de l'étymologie française, avec l'explication de quelques proverbes et dictons populaires, in-12. *La muse pariétaire et la muse foraine, ou les chansons des rues depuis quinze ans.* — 1866. Des chansons populaires chez les anciens. — 1873. *Étude sur le langage populaire ou patois de Paris et de sa banlieue.* — 1876. De quelques parisianismes populaires et autres locutions non encore ou plus ou moins imparfaitement expliquées des xvii°, xviii° et xix° siècles, in-12. — 1877. Le comte de Caylus, d'après sa correspondance. — 1879. *Guillaume du Tillot, ministre des infants ducs de Parme.* — 1882. *Notes sur les lettres de Cicéron.* — 1887. Guillaume du Tillot, un valet ministre et secrétaire d'État. — 1890. Le poète Fortunat, in-12.

---

128. — FAVÉ (Ildephonse), G. O. ✳

Élu, le 10 juillet 1876, membre libre de l'Académie des Sciences.

Né à Dreux (Eure-et-Loir), le 28 février 1812. — 1835. Lieutenant d'artillerie. — 1841. Capitaine. — 1851 à 1864. Professeur d'art militaire à l'École Polytechnique. — 1853. Chef d'escadron. — 1858. Colonel. — 1865. Général de brigade. Aide de camp de l'Empereur. — 1865. Commandant de l'École Polytechnique. — 1874. Admis au cadre de réserve. — 1876. Professeur d'art militaire à l'École Polytechnique.

Ouvrages. — 1841. *Nouveau système de défense des places fortes.* — 1845. Histoire et tactique des trois armes, et plus particulièrement de l'artillerie de campagne. — 1847. Des nouvelles carabines et de leur emploi. Relation de la défense de Schweidnitz. — 1850. *Nouveau système d'artillerie de campagne de Louis-Napoléon Bonaparte.* — 1862-63. Études sur le passé et l'avenir de l'artillerie, 2 vol. in-4. — 1870. La décentralisation. — 1871. Nos revers. — 1872. Études sur le passé et l'avenir de l'artillerie, in-4. — 1874. Deux combats d'artillerie sous les forts de Paris. M. le duc d'Audiffret-Pasquier et la réforme administrative du département de la guerre. — 1875. *De la réforme administrative de l'armée française.* — 1877. Cours d'artillerie militaire. — 1880. L'ancienne Rome, sa grandeur et sa décadence. — 1888. L'empire des Francs depuis sa fondation jusqu'à son démembrement.

---

129. — PERRIN (Émile, César, Victor), C. ✳

Élu, le 22 juillet 1876, membre libre de l'Académie des Beaux-Arts.

Né à Rouen (Seine-Inférieure), le 19 janvier 1815. — 1848 à 1857. Directeur de l'Opéra-Comique. — 1862 à 1870. Directeur de l'Opéra. — 1871 à 1885. Administrateur général de la Comédie-Française. — Mort à Paris, le 8 octobre 1885.

---

130. — CHARTON (Édouard, Thomas).

Élu, le 30 décembre 1876, membre libre de l'Académie des Sciences morales et politiques.

Né à Sens (Yonne), le 11 mai 1807. — 1848. Secrétaire général du Ministère de l'Instruction publique. — 1848. Député de l'Yonne. — 1849 à 1851. Conseiller d'État. — 1867. *Correspondant de l'Institut.* — 1870. Préfet de Seine-et-Oise. — 1871. Député de l'Yonne. — 1878. Sénateur de l'Yonne. — Mort à Versailles, le 27 février 1890.

Ouvrages. — 1842. Guide pour le choix d'un état, ou dictionnaire des professions. — 1854-57. Voyageurs anciens et modernes ou choix des relations des voyages les plus intéressants et les plus instructifs. — 1864. Histoire de trois pauvres enfants qui sont devenus riches, in-16. — 1865. Lectures de famille, in-4. — 1882. Le tableau de Cébès, in-12. — S. d. Histoire de France, 2 vol. — Collaboration au Magasin pittoresque.

Des notices sur sa vie ont été lues par M. de Rémusat et par M. J. Simon, dans les séances de l'Académie des Sciences morales et politiques du 26 décembre 1891 et du 6 décembre 1892.

131. — DAMOUR (Augustin, Alexis), O. ✳

Élu, le 22 décembre 1878, membre libre de l'Académie des Sciences.

Né à Paris, le 19 juillet 1808. — 1836. Sous-Chef du Bureau du chiffre au Ministère des Affaires étrangères. — 1848. Chef de Bureau. — 1851 à 1854. Sous-Directeur au Ministère des Affaires étrangères. — 1862. *Correspondant de l'Institut.*

Ouvrages. — Travaux sur l'étude des minéraux considérés au point de vue de leurs propriétés chimiques et de leur composition, insérés aux Annales des mines, aux Annales de chimie et de physique, aux Comptes rendus de l'Académie des sciences, au Bulletin de la Société minéralogique, etc.

132. — LALANNE (Léon, Louis, Chrétien), G. O. ✳

Élu, le 3 février 1879, membre libre de l'Académie des Sciences.

Né à Paris, le 3 juillet 1811. — 1836. Ingénieur des Ponts et Chaussées. — 1848. Ingénieur en chef. — 1867. Inspecteur général. — 1874. Inspecteur général de première classe. — 1875 à 1891. Directeur de l'École des Ponts et Chaussées. — Mort à Paris, le 12 mars 1892.

Ouvrages. — 1840. Tables nouvelles pour abréger divers calculs relatifs aux projets de routes. Mémoire sur l'arithmo-planimètre, machine arithmétique et géométrique. Essai philosophique sur la technologie. — 1843. Nouvelles tables graphiques. — 1851. Instruction sur les règles à calcul. — 1856. Abaque, ou compteur universel, in-12. — 1879. Exposé de deux méthodes pour abréger les calculs de terrassements et des mouvements de terre. — S. d. Représentation graphique des tableaux numériques.

133. — BAUDRY (Frédéric), O. ✳

Élu, le 27 juin 1879, membre libre de l'Académie des Inscriptions et Belles-Lettres.

Né à Rouen (Seine-Inférieure), le 25 juillet 1818. — Bibliothécaire à la Bibliothèque de l'Arsenal. Conservateur adjoint de la Bibliothèque Mazarine. — Mort à Paris, le 2 janvier 1885.

Ouvrages. — 1852. Résumé élémentaire de la théorie des formes grammaticales du sanscrit, in-12. — 1855. Les derniers jours de la Chine fermée. Étude sur les Védas. — 1864. Les frères Grimm, leur vie et leurs travaux. — 1865. De la science du langage et de son état actuel. — 1868. Grammaire comparée des langues classiques. — 1872. Questions scolaires, in-12.

134. — CHENNEVIÈRES (le Marquis Charles, Philippe de), O. ✳

Élu, le 22 novembre 1879, membre libre de l'Académie des Beaux-Arts.

Né à Falaise (Calvados), le 23 juillet 1820. — 1846. Attaché à l'administration des musées. — 1852. Inspecteur des musées de province. — 1855. Inspecteur général des expositions d'art. Conservateur du musée du Luxembourg. — 1873 à 1878. Directeur des Beaux-Arts.

Ouvrages. — 1847. Recherches sur la vie et les ouvrages de quelques peintres provinciaux de l'ancienne France. — 1851. Notice historique et descriptive sur la galerie d'Apollon, au Louvre, in-12. — 1852. Essais sur l'organisation des arts en province, in-16. — 1853. Portraits inédits d'artistes français, in-fol. — 1860. Les derniers contes de Jean de Falaise, in-12. — 1862. Recherches sur la vie et les ouvrages de quelques peintres provinciaux de l'ancienne France. — 1865. Les aventures du petit roi saint Louis devant Bellesme, in-12. — 1880. Les dessins de maîtres anciens exposés à l'École des beaux-arts en 1879, étude, in-4. — 1882. Les dessins du Louvre, 4 vol. gr. in-4. — 1884. Histoire et description de l'hospice de Bellesme. Histoire et description de l'église de Saint-Sauveur de Bellesme (Orne).

✣ AUMALE (Monsieur le Duc d').

Élu, le 14 février 1880, membre libre de l'Académie des Beaux-Arts (voir Membres titulaires, n° 791).

---

135. — BARBET de JOUY (Joseph, Henri), O. ✤

Élu, le 6 mars 1880, membre libre de l'Académie des Beaux-Arts.

Né à Canteleu (Seine-Inférieure), le 16 juillet 1812. — Conservateur du musée des souverains et des objets d'art du moyen âge et de la Renaissance au musée du Louvre, puis Conservateur des peintures et de la sculpture moderne. — 1879 à 1881. Administrateur des musées nationaux.

Ouvrages. — 1855. Les della Robbia, étude sur leurs vitraux, suivie d'un catalogue de leurs œuvres, in-16. — 1856. Description des sculptures modernes de la Renaissance et du moyen âge du musée du Louvre. — 1857. Les mosaïques chrétiennes des basiliques et des églises de Rome, décrites et expliquées. — 1859. Études sur les fontes du Primatice. — 1865. Les gemmes et joyaux de la couronne, publiés et expliqués, in-fol. Notice des antiquités, objets du moyen âge, de la Renaissance et des temps modernes composant le musée des souverains, in-12. — 1867. Galerie d'Apollon : notice des gemmes et joyaux, in-12. — 1873. Musée national du Louvre : description des sculptures du moyen âge, de la Renaissance et des temps modernes, in-12.

---

136. — BOUTMY (Émile, Gaston), ✤

Élu, le 5 juin 1880, membre libre de l'Académie des Sciences morales et politiques.

Né à Paris, le 13 avril 1835. — 1865 à 1870. Professeur à l'École centrale d'Architecture. — 1871. Fondateur et Directeur de l'École libre des Sciences politiques. — 1874 à 1891. Professeur à la même École.

Ouvrages. — 1869. Introduction au cours d'histoire comparée de l'architecture. — 1870. Philosophie de l'architecture en Grèce, in-12. — 1877. Quelques observations sur la réforme de l'enseignement supérieur. — 1885. Études de droit constitutionnel : France, Angleterre, États-Unis, in-12. — 1887. Le développement de la constitution et de la société politique en Angleterre, in-12. — 1889. Des études juridiques et des études politiques.

---

137. — TISSOT (Charles, Joseph), G. C. ✤

Élu, le 29 octobre 1880, membre libre de l'Académie des Inscriptions et Belles-Lettres.

Né à Paris, le 29 août 1828. — 1849. Attaché aux Affaires étrangères. — 1852. Élève Consul à Tunis. — 1857. Consul à la Corogne, à Salonique (1859), à Andrinople (1860), à Mostar (1861) et à Yassi (1863). — 1866. Sous-Directeur des Affaires politiques. — 1869 à 1871. Premier Secrétaire et Chargé d'affaires à Londres. — 1871. Chargé d'affaires à Tanger. — 1876. *Correspondant de l'Institut.* — 1876. Ministre plénipotentiaire en Grèce. — 1880. Ambassadeur à Constantinople. — 1882 à 1883. Ambassadeur à Londres. — Mort à Paris, le 2 juillet 1884.

Ouvrages. — 1881. Le bassin du Bagrada et la voie romaine de Carthage à Hippone par Bulla Regia, in-4. — 1884. Exploration scientifique de la Tunisie : géographie comparée de la province romaine d'Afrique. — 1885. Fastes de la province romaine d'Afrique. — 1887. Recherches sur la géographie comparée de la Mauritanie Tinastane, in-4.

---

138. — CARNOT (Lazare, Hippolyte).

Élu, le 25 juin 1881, membre libre de l'Académie des Sciences morales et politiques.

Né à Saint-Omer (Pas-de-Calais), le 5 avril 1801. — 1839 à 1846. Député de la Seine. — 1848.

Ministre de l'Instruction publique. — 1850-1851. Membre de l'Assemblée nationale. — 1863 à 1869. Député de la Seine. — 1871 à 1875. Député de Seine-et-Oise. — 1875. Sénateur inamovible. — Mort à Paris, le 16 mars 1888.

Ouvrages. — 1830. Exposé de la doctrine saint-simonienne. — 1838. Quelques réflexions sur la domesticité. Des devoirs civiques des militaires. — 1840. Lettre sur la législation qui règle, en Allemagne, les conditions du travail des jeunes ouvriers, in-4. — 1845. Joseph Lakanal. De l'esclavage colonial. — 1847. Les radicaux et la charte. — 1849. Le ministère de l'instruction publique et des cultes depuis le 24 février jusqu'au 5 juillet 1848. — 1861-64. Mémoires sur Carnot, par son fils. — 1867. La Révolution française, résumé historique, 2 vol. in-32. — 1869. Trois discours sur l'instruction publique, in-12. — 1874. Lazare Hoche, général républicain, in-18. — 1882. Henri Grégoire, évêque républicain, in-12.

Des notices sur sa vie ont été lues par M. Lefèvre Pontalis dans les séances de l'Académie des Sciences morales et politiques des 17 et 23 janvier 1891, et par M. Jules Simon dans la séance du 2 décembre 1893.

---

139. — DU SOMMERARD (Edmond), G. O. ✳

Élu, le 11 mars 1882, membre libre de l'Académie des Beaux-Arts.

Né à Paris, le 27 avril 1817. — 1842 à 1885. Directeur du musée des Thermes et de l'hôtel de Cluny. — 1873. Commissaire général de l'Exposition universelle de Vienne. — Mort à Paris, le 5 février 1885.

Ouvrages. — 1822. Vues de Provins, in-4. — 1834. Notice sur l'hôtel de Cluny et sur le palais des Thermes, avec notes sur la culture des arts, principalement dans les xve et xvie siècles. — 1839-46. Les arts au moyen âge, en ce qui concerne principalement le palais romain de Paris, l'hôtel de Cluny, issu de ces ruines, et les objets d'art de la collection classée dans cet hôtel, 5 vol. (en collaboration avec son père).

✳ FREYCINET (Charles de).

Élu, le 8 mai 1882, membre libre de l'Académie des Sciences (voir Membres titulaires, n° 995).

---

140. — HATON DE LA GOUPILLIÈRE (Julien, Napoléon), C. ✳

Élu, le 21 janvier 1884, membre libre de l'Académie des Sciences.

Né à Bourges (Cher), le 28 juillet 1833. — 1855. Professeur de chimie, puis (1856) d'analyse et de mécanique et (1872) d'exploitation des mines et machines à l'École des Mines. — 1857. Ingénieur des Mines. — 1861. Professeur suppléant à la Faculté des Sciences de Paris. — 1877. Ingénieur en chef. — 1885. Inspecteur général des Mines. — 1887. Directeur de l'École nationale des Mines. — 1890. Inspecteur général de première classe.

Ouvrages. — 1860. Éléments de calcul infinitésimal. — 1861. Traité théorique et pratique des engrenages. — 1864. Traité des mécanismes renfermant la théorie géométrique des organes et celle des résistances passives. — 1881. Rapport sur les moyens propres à prévenir les explosions du grisou. — 1884-85. Cours d'exploitation des mines, 2 vol. — 1886-89. Cours de machines, 2 vol. — Mémoires insérés dans le Recueil des savants étrangers et dans les Comptes rendus de l'Académie des sciences, dans le Journal de l'École polytechnique, le Journal de mathématiques pures et appliquées, les Annales des mines, le Bulletin de la Société scientifique de Bruxelles, le Bulletin de la Société mathématique de France, les Nouvelles Annales mathématiques, le Bulletin de la Société d'encouragement pour l'industrie nationale et la Revue des sociétés savantes.

141. — JONQUIÈRES (Jean, Philippe, Ernest de FAUQUE de), G. O. ✳

Élu, le 24 mars 1884, membre libre de l'Académie des Sciences.

Né à Carpentras (Vaucluse), le 3 juillet 1820. — 1837. Aspirant de marine. — 1841. Enseigne. — 1846. Lieutenant de vaisseau. — 1858. Capitaine de frégate. — 1865. Capitaine de vaisseau. — 1874. Contre-Amiral. — 1879. Vice-Amiral. — 1881 à 1884. Directeur du matériel au Ministère de la Marine. — 1884 à 1885. Directeur général du Dépôt des cartes et plans de la marine.

Ouvrages. — 1856. Mélanges de géométrie pure, comprenant diverses applications des théories de M. Chasles au mouvement infiniment petit d'un corps aux sections coniques, aux courbes du troisième ordre, etc. — 1859. Essai sur la génération des courbes géométriques et en particulier sur celle de la courbe du quatrième ordre, in-4. — 1864. Propriétés diverses des surfaces d'ordre quelconque. — 1865. Note sur les systèmes de courbes et surfaces et sur certaines formules qui s'y rattachent, in-4. Théorèmes fondamentaux sur les séries de courbes et de surfaces d'ordre quelconque, in-4. — 1866. Recherches sur les séries ou système de courbes et de surfaces algébriques d'ordre quelconque. — Notes et mémoires insérés dans les Nouvelles annales de mathématiques, le Journal de mathématiques pures et appliquées, le Journal de Borchardt et le Journal de Battaglini.

142. — FAIDHERBE (Louis, Léon, César), G. C. ✳

Élu, le 4 avril 1884, membre libre de l'Académie des Inscriptions et Belles-Lettres.

Né à Lille (Nord), le 3 juin 1818. — 1842. Lieutenant du génie. — 1846. Capitaine. — 1854. Chef de bataillon. — 1854 à 1865. Gouverneur du Sénégal. — 1856. Lieutenant-Colonel. — 1858. Colonel. — 1863. Général de brigade. — 1870. Général de division. — 1870-1871. Commandant en chef de l'armée du Nord. — 1871. Député du Nord. — 1879. Sénateur du Nord. — 1880. Grand Chancelier de la Légion d'honneur. — Mort à Paris, le 28 septembre 1889.

Ouvrages. — 1859. Notice sur la colonie du Sénégal et sur les pays qui sont en relation avec elle. — 1863. L'avenir du Sahara et du Soudan. — 1865. Chapitres de géographie sur le nord-ouest de l'Afrique. — 1870. Collection complète des inscriptions numidiques avec des aperçus ethnographiques. — 1871. Bases d'un projet de réorganisation d'une armée nationale. — 1872. Nouvelles inscriptions du Sidi-Arrath. Campagne de l'armée du Nord en 1870-1871. — 1873. Les dolmens d'Afrique. Épigraphie phénicienne. — 1875. Essai sur la langue poul. — 1877. Le Zenaga des tribus sénégalaises. — 1882. Grammaire et vocabulaire de la langue poul. — 1887. Langues sénégalaises : Wolof, Arabe, Hassania, Soninké, Sérère, notions grammaticales, vocabulaires et phrases, in-16. — 1889. Le Sénégal : la France dans l'Afrique occidentale.

Une notice sur sa vie a été lue par M. Wallon, dans la séance de l'Académie des Inscriptions et Belles-Lettres du 18 novembre 1892.

143. — CAILLETET (Louis, Paul), O. ✳

Élu, le 26 mai 1884, membre libre de l'Académie des Sciences.

Né à Châtillon-sur-Seine (Côte-d'Or), le 21 septembre 1832. — Ingénieur civil des Mines. — 1877. *Correspondant de l'Institut.*

Ouvrages. — M. Cailletet a publié, dans les comptes rendus de l'Académie des sciences, les Annales de chimie et de physique et les Mémoires de la Société d'encouragement, des travaux relatifs à l'action des très hautes pressions sur les liquides et sur les gaz, à la condensation de l'éthylène et de l'acéthylène, etc. Il a réalisé la liquéfaction de l'oxygène, de l'azote, de l'air et de gaz regardés jusqu'alors comme permanents.

144. — BOISLISLE (Arthur, André, Gabriel, Michel de), ✻

Élu, le 5 décembre 1884, membre libre de l'Académie des Inscriptions et Belles-Lettres.

Né à Beauvais (Oise), le 24 mai 1835. — 1854. Attaché au Ministère des Finances. — 1867 à 1885. Sous-Chef aux Archives des finances.

Ouvrages. — *Histoire financière et administrative :* 1872. Une liquidation communale sous Philippe le Hardi. — 1873. Pièces justificatives pour servir à l'histoire des premiers présidents de la Chambre des comptes de Paris. — 1874. Correspondance des contrôleurs généraux des finances avec les intendants des provinces (1683-1715), 3 vol. in-4. — 1875. Budget et population de la France sous Philippe de Valois. Proscription du projet de dime royale et mort de Vauban. — 1877. M. de Bonrepaur, la marine et le désastre de la Hougue. — 1881. Mémoires sur l'état des généralités dressés pour l'instruction du duc de Bourgogne. — 1882. Semblançay et la surintendance des finances. — 1884. Les conseils du roi Louis XIV.
Biographie et histoire des familles. — 1869. Généalogie de la maison de Talhouet. — 1873-1875. Pièces justificatives pour servir à l'histoire de la maison de Nicolay. — 1877. Le marquis de Chomlay. — 1878. Madame de Beauvois et sa famille. — 1882. Topographie historique de la seigneurie de Bercy. — 1884. Notice biographique et historique sur Etienne de Vesc. — 1894. Paul Scarron et Françoise d'Aubigné, etc. — *Histoire des arts.* — 1877. La sépulture des Valois à Saint-Denis. — 1878. Comptes d'une dame parisienne sous Louis XI. — 1880. Inventaire de la comtesse de Montpensier. — 1882. La collection des sculptures du cardinal de Richelieu. — 1889. La place des victoires et la place de Vendôme. — 1879-1894. Mémoires de Saint-Simon, tome I à XI. — S. d. Publication de l'éloge inédit du duc de Bourgogne, et de deux séries de fragments divers de Saint-Simon.

145. — MAS-LATRIE (le Comte Jacques, Marie, Joseph, Louis de), O. ✻

Élu, le 6 mars 1885, membre libre de l'Académie des Inscriptions et Belles-Lettres.

Né à Castelnaudary (Aude), le 15 avril 1815. — 1840. Archiviste paléographe. Sous-Directeur des études à l'École des Chartes. — 1853 à 1884. Chef de la section administrative, puis de la section judiciaire aux Archives nationales.

Ouvrages. — 1837. Notice historique sur les fonctions des principaux ministres. Archevêchés, évêchés et monastères de France sous les trois dynasties, in-12. — 1839. Rapport sur les archives de la ville de Toulouse. — 1840. Analyse des leçons sur l'histoire du gouvernement français de M. Poncelet. Des possessions françaises en Algérie avant 1830. — 1841. Chronologie historique des papes, des conciles généraux et des conciles des Gaules et de France. Notice historique sur la paroisse Saint-Etienne du Mont, in-12. — 1844. Mémoire sur les relations de l'Asie Mineure avec l'île de Chypre au moyen âge. — 1845. Histoire de France depuis la mort de Louis XVI jusqu'en 1837, 6 vol. Aperçu des relations commerciales de l'Italie septentrionale avec l'Algérie au moyen âge, in-4. — 1846. Rapport sur les monuments français du moyen âge à Chypre. — 1847. Nicosie, ses souvenirs historiques et sa situation présente. — 1850. Rapport sur les archives de Venise. Inscriptions de Chypre et de Constantinople. — 1851. Dictionnaire de statistique religieuse, in-4. — 1852. Histoire de l'île de Chypre sous le règne des princes de la maison de Lusignan, 3 vol. Archives de Malte, suivies du recueil des inscriptions de la cathédrale et de la cité La Valette. Chronologie des papes et tables pour calculer les années de leur pontificat, in-12. — 1860. Essai de classification des continuateurs de Guillaume de Tyr. — 1863. Notice sur la construction d'une carte de l'île de Chypre. — 1864. Rapport sur la correspondance des ambassadeurs vénitiens résidant en France et les documents propres à la compléter. — 1865. Traités de paix et de commerce et documents divers concernant les relations des chrétiens avec les Arabes de l'Afrique septentrionale au moyen âge, 3 vol. in-4. — — 1872. Chronique d'Ernoul et de Bernard le trésorier. — 1873. Nouvelles preuves de l'histoire de Chypre sous le règne des princes de la maison de Lusignan. — 1877. La prise d'Alexandrie par Guillaume de Machaut. — 1879. L'île de Chypre, sa situation présente et ses souvenirs du moyen âge, in-12. — 1881. Généalogie des rois de Chypre de la maison de Lusignan. — 1882. Documents nouveaux servant de preuves à l'histoire de l'île de Chypre sous le règne des princes de la maison de Lusignan, in-4. — 1886. Relations et commerce de l'Afrique septentrionale ou Magreb avec les nations chrétiennes au moyen âge, in-12. — 1889. Trésor de chronologie, d'histoire et de géographie pour l'étude et l'emploi des documents du moyen âge, in-fol. — 1890. Les comtes de Jaffa et d'Ascalon du xıı⁰ au xıx⁰ siècle. — 1893. Les seigneurs tierciers de Négrepont. De l'empoisonnement politique dans la république de Venise, in-4.

✿ **HEUZEY (Léon).**

Élu, le 25 avril 1885, membre-libre de l'Académie des Beaux-Arts (voir Membres titulaires, n° 822).

---

146. — ROTHSCHILD (le Baron Mayer, Alphonse, James de), C. ✳

Élu, le 6 décembre 1885, membre libre de l'Académie des Beaux-Arts.

Né à Paris, le 1er février 1827. — Régent de la Banque de France. Président du Conseil d'administration de la Compagnie des chemins de fer du Nord.

---

147. — CHARMES (François-Xavier, Anne, Marie), O. ✳

Élu, le 12 mars 1887, membre libre de l'Académie des Sciences morales et politiques.

Né à Aurillac (Cantal), le 23 novembre 1849. — 1877. Chef du cabinet du Ministre de l'Instruction publique. — 1882. Directeur du secrétariat et de la comptabilité au Ministère de l'Instruction publique.

Ouvrages. — 1886. Le comité des travaux historiques et scientifiques (histoire et documents), 3 vol. in-4.

---

148. — SAGLIO (Edmond), ✳

Élu, le 25 mars 1887, membre libre de l'Académie des Inscriptions et Belles-Lettres.

Né à Paris, le 9 juin 1828. — 1871 à 1893. Conservateur de la sculpture moderne et des objets d'art du moyen âge et de la Renaissance au musée du Louvre. — 1893. Directeur du musée des Thermes et de l'hôtel de Cluny.

Ouvrages. — 1873. Dictionnaire des antiquités grecques et romaines, d'après les textes et les monuments, 4 vol. in-4. — Articles insérés dans la Gazette des beaux-arts, le Magasin pittoresque, le Journal des Débats et la Gazette archéologique.

---

149. — PERRENS (François, Tommy), O. ✳

Élu, le 2 avril 1887, membre libre de l'Académie des Sciences morales et politiques.

Né à Bordeaux (Gironde), le 20 septembre 1822. — 1853 à 1873. Professeur d'histoire au lycée Bonaparte. — 1873 à 1891. Inspecteur de l'Académie de Paris. — 1878. Professeur d'histoire et de littérature à l'École Polytechnique. — 1892. Inspecteur général honoraire de l'Instruction publique.

Ouvrages. — 1856. Jérome Savonarole, sa vie, ses prédications, ses écrits. — 1857. Deux ans de révolution en Italie (1848-1849), in-12. — 1860. Étienne Marcel et le gouvernement de la bourgeoisie au xive siècle. — 1866. Histoire de la littérature italienne depuis ses origines jusqu'à nos jours, in-12. — 1869. Les mariages espagnols sous le règne de Henri IV et la régence de Marie de Médicis. — 1873. La démocratie en France au moyen âge : Histoire des tendances démocratiques dans les populations urbaines au xive et au xve siècle, 2 vol. — 1872. L'Église et l'État en France sous le règne de Henri IV et la régence de Marie de Médicis, 2 vol. — 1877-84. Histoire de Florence depuis ses origines jusqu'à la domination des Médicis, 6 vol. — 1888-90. Histoire de Florence depuis la domination des Médicis jusqu'à la chute de la République, 3 vol. — 1893. La civilisation florentine du xiiie au xvie siècle.

150. — LEROY-BEAULIEU (Jean-Baptiste, Anatole), ✳

Élu, le 30 avril 1887, membre libre de l'Académie des Sciences morales et politiques.

Né à Lisieux (Calvados), le 12 février 1842. — Ancien magistrat. Professeur à l'École libre des Sciences politiques.

Ouvrages. — 1865. Heures de solitude : fantaisies poétiques, in-12. — 1866. Une troupe de comédiens, in-12. — 1875. La Restauration de nos monuments historiques devant l'art et devant le budget. — 1879. Un empereur, un roi, un pape, une restauration, in-12. — 1881. L'empire des tsars et les Russes, 3 vol. — 1884. Un homme d'État russe, Nicolas Milutine. — 1885. Les catholiques libéraux : l'Église et le libéralisme de 1830 à nos jours, in-12. — 1888. La France, la Russie et l'Europe, in-12. — 1890. La révolution et le libéralisme, in-12. — 1892. La papauté, le socialisme et la démocratie, in-12.

151. — DESJARDINS (Michel, Albert).

Élu, le 21 mai 1887, membre libre de l'Académie des Sciences morales et politiques.

Né à Beauvais (Oise), le 28 avril 1838. — 1864. Agrégé à la Faculté de Droit de Nancy. — 1865. Agrégé à la Faculté de Paris. — 1871. Député de l'Oise. — 1873-1874. Sous-Secrétaire d'État au Ministère de l'Instruction publique. — 1875. Sous-Secrétaire d'État au Ministère de l'Intérieur. — 1877. Professeur de législation et de procédure criminelle à la Faculté de Paris. — 1877 à 1879. Professeur à l'École supérieure de guerre.

Ouvrages. — 1862. Essai sur les plaidoyers de Démosthène. *De Jure apud Franciscum Baconem.* — 1864. De la compensation et des demandes reconventionnelles dans le droit romain et dans le droit français. — 1865. De l'enseignement du droit d'après Bacon. — 1867. Les deux formules des actions *Depositi et Commodati.* — 1869. Recherches sur l'origine de la règle : Donner et retenir ne vaut. — 1870. Les moralistes français du XVIe siècle. — 1871. Le pouvoir civil au concile de Trente. — 1880. Étude sur l'inamovibilité de la magistrature, in-12. — 1881. Traité du vol dans les principales législations de l'antiquité. — 1883. Les cahiers des états généraux en 1789, et la législation criminelle. — 1886. Les sentiments moraux au XVIe siècle.

152. — PORT (François, Célestin), O. ✳

Élu, le 11 novembre 1887, membre libre de l'Académie des Inscriptions et Belles-Lettres.

Né à Paris, le 23 mai 1828. — 1854. Archiviste du département de Maine-et-Loire. — 1876. *Correspondant de l'Institut.*

Ouvrages. — 1854. Essai sur l'histoire du commerce maritime de Narbonne. — 1861. Inventaire des archives de la mairie d'Angers. — 1867. De Paris à Agen, par Vierzon, Châteauroux, Limoges, Périgueux, in-12. — 1869. Dictionnaire historique, géographique et biographique de Maine-et-Loire, 3 vol. — 1870. Inventaire des archives anciennes de l'hôpital Saint-Jean d'Angers, in-4. — 1870. Cartulaire de l'hôpital Saint-Jean-d'Angers. — 1881. Les artistes angevins, peintres, sculpteurs, maîtres d'œuvre, architectes, graveurs, musiciens. — 1884. Questions angevines, in-12. — 1888. La Vendée angevine : les origines, l'insurrection d'après des documents inédits, 2 vol. — S. d. Souvenirs d'un nonagénaire.

153. — MENANT (Joachim), ✳

Élu, le 17 février 1888, membre libre de l'Académie des Inscriptions et Belles-Lettres.

Né à Cherbourg (Manche), le 16 avril 1820. — 1846. Juge suppléant à Cherbourg. — 1851. Substitut à Vire. — 1855. Substitut à Alençon. — 1856. Juge à Lisieux. — 1867. Juge au Havre. — 1872. Juge à Rouen. — 1879. Vice-Président du Tribunal civil de Rouen. — 1881. Conseiller à la Cour d'appel de Rouen. — 1890. Conseiller honoraire.

Ouvrages. — 1842. Essai sur la philosophie orientale. — 1843. Observations sur la peine de mort. Les femmes d'Homère. — 1844. Zoroastre : essai sur la philosophie religieuse de la Perse. — 1850. Description des sculptures solaires de l'église de Cherbourg, in-4. — 1859. Notice sur les inscriptions en caractères cunéiformes de la collection épigraphique de M. Lottin. de Laval. — 1860. Inscriptions assyriennes des briques de Babylone. Recueil d'alphabets pour servir à la lecture et à l'interprétation des écritures cunéiformes. — 1861. Les noms propres assyriens. Recherches sur la formation des expressions idéographiques. Principes élémentaires de la lecture des textes assyriens. — 1863. Inscriptions de Hammourabi, roi de Babylone (xvie siècle). Grande inscription du palais de Khorsabad. Rapport sur les inscriptions assyriennes du British Museum. — 1864. Éléments d'épigraphie assyrienne. Les écritures cunéiformes. — 1865. Inscription du revers de plaque du palais de Khorsabad, in-fol. — 1868. Exposé des éléments de grammaire assyrienne. — 1872. Les Achéménides et les inscriptions de la Perse. — 1873. Leçons d'épigraphie assyrienne. Le syllabaire assyrien, exposé des éléments du système phonétique de l'écriture anarienne, 2 vol. in-4. — 1874. Annales des rois d'Assyrie, traduites et mises en ordre sur le texte assyrien. 1875. Babylone et la Chaldée. — 1879. Les cylindres orientaux du cabinet royal des médailles à La Haye, in-4. Notice sur quelques empreintes de cylindres du dernier empire de Chaldée. — 1880. Découvertes assyriennes. La bibliothèque du palais de Ninive, in-18. Éléments d'épigraphie assyrienne. Manuel de la langue assyrienne, gr. in-8. — 1882. Remarque sur les portraits des rois assyro-chaldéens. — 1883. Empreintes de cachets assyro-chaldéens relevés au musée britannique sur des contrats d'intérêt privé. — 1883-85. Les pierres gravées de la haute Asie. Recherches sur la glyptique orientale, 2 vol. — 1885. Un camée du musée de Florence. Les langues perdues de la Perse et de l'Assyrie, in-16. — 1886. *Oriental cylinders* (catalogue des cylindres de la collection Williams, en anglais). — 1887. Ninive et Babylone, in-12. *Forgeries of Babylonian and Assyrian antiquities*. — 1888. Les fausses antiquités de l'Assyrie et de la Chaldée. — 1889. La stèle de Chalouf. — 1890. Études hétiennes. — 1891. Karkenus, sa situation d'après les textes, in-4. — 1892. Les Yézidiz, les adorateurs du diable, in-12. — 1893. Éléments du syllabaire hétien, in-4.

154. — LEFÈVRE-PONTALIS (Germain, Antonin).

Élu, le 2 juin 1888, membre libre de l'Académie des Sciences morales et politiques.

Né à Paris, le 19 août 1830. — 1852 à 1863. Auditeur au Conseil d'État. — 1869. Député de Seine-et-Oise. — 1871. Député à l'Assemblée nationale. — 1885. Député du Nord.

Ouvrages. — 1855. Condition légale de la femme mariée. — 1857. Le pouvoir judiciaire en Angleterre. — 1860. Liberté individuelle en France. — 1864. La Hollande au xviie siècle : le conseil municipal d'une grande ville, épisodes. — 1864. Les lois et les mœurs électorales en France et en Angleterre, in-12. — 1884. Vingt années de république parlementaire au xviie siècle : Jean de Witt, grand pensionnaire de Hollande, 2 vol. — Conférences politiques, Discours parlementaires.

155. — LA BORDERIE (Louis, Arthur, LEMOYNE de).

Élu, le 13 décembre 1889, membre libre de l'Académie des Inscriptions et Belles-Lettres.

Né à Vitré (Ille-et-Vilaine), le 5 octobre 1827. — Archiviste paléographe. — 1871 à 1875. Député d'Ille-et-Vilaine. — 1883. *Correspondant de l'Institut.*

Ouvrages. — 1862. Le servage en Bretagne avant et depuis le xe siècle. — 1867. Les Bretons insulaires et les Anglo-Saxons du ve au viie siècle, in-12. — 1874. Le camp de Conlie et l'armée de Bretagne, in-12. — 1877. Louis de La Trémoille et la guerre de Bretagne en 1488. Les paroisses de Vitré, leurs origines et leur organisation ancienne. — 1880. Archives du bibliophile breton, 2 vol. Correspondance historique des bénédictins bretons. — 1882. Saint-Lunaire, son histoire, son église, ses monuments. — 1883. Les deux saints Caradec, légendes. L'*Historia Britonum*, attribuée à Nennius, et l'*Historia Britannica*, avant Geoffroi de Monmouth. — 1884. L'historien et le prophète des Bretons. Gildas et Merlin. La révolte du papier timbré, advenue en 1675 : histoire et documents, in-12. — 1887. Monuments originaux de l'histoire de Saint-Yves, in-4. — 1888. Saint-Clair et Saint-Yves. La grande guerre de la succession de Bretagne au xive siècle. Histoire de la Bretagne, critique des sources. — 1889. Essai sur la géographie féodale de la Bretagne. Recueil d'actes inédits des ducs et princes de Bretagne (xie, xiie, xiiie siècles).

156. — HAMY (Jules, Théodore, Ernest), O. ✳

Élu, le 24 janvier 1890, membre libre de l'Académie des Inscriptions et Belles-Lettres.

Né à Boulogne-sur-Mer (Pas-de-Calais), le 22 juin 1842. — 1868. Docteur en médecine et préparateur à l'École des Hautes Études. — 1872. Aide-naturaliste au Muséum. — 1880. Conservateur du Musée d'ethnographie. — 1892. Professeur d'anthropologie au Muséum d'histoire naturelle.

Ouvrages. — 1868. L'os intermaxillaire de l'homme à l'état normal et pathologique, 2 pl. — 1870. Précis de paléontologie humaine, 1 vol. — 1873-1880. *Crania ethnica*, 2 vol. in-4, 100 pl. — 1884. Anthropologie du Mexique, 1 vol. in-4, 22 pl. — 1887. Études sur l'exposition coloniale et indienne de Londres, fig. — 1889. Les origines de la cartographie de l'Europe septentrionale, 5 pl. — 1890. Les origines du musée d'ethnographie, histoire et documents, 1 vol. — 1892. *Decades americanæ*, 1 vol., 6 pl. — 1893. Les derniers jours du jardin du Roi, 1 vol. in-4.

157. — BUFFET (Louis, Joseph), ✻

Élu, le 10 mai 1890, membre libre de l'Académie des Sciences morales et politiques.

Né à Mirecourt (Vosges), le 26 octobre 1818. — 1848. Député. — Décembre 1848 à juin 1849 et avril à octobre 1851. Ministre de l'Agriculture et du Commerce. — 1864 à 1870. Député des Vosges. — 1870. Ministre des Finances. — 1871. Député à l'Assemblée nationale. — 1872. Président de l'Assemblée. — 1875-1876. Président du Conseil et Ministre de l'Intérieur. — 1876. Sénateur inamovible.

M. Buffet n'a publié aucun ouvrage, mais il a fait imprimer un certain nombre de discours prononcés dans les assemblées politiques.

158. — RÉMUSAT (Paul, Louis, Étienne de).

Élu, le 17 mai 1890, membre libre de l'Académie des Sciences morales et politiques.

Né à Paris, le 17 novembre 1832. — 1871 à 1876. Député de la Haute-Garonne. — 1876. Sénateur de la Haute-Garonne.

Ouvrages. — 1857. Les sciences naturelles : études sur leur histoire et sur leurs plus récents progrès, in-12. — 1867. De la dissolution du conseil municipal de la ville de Toulouse, in-18. — 1889. Adolphe Thiers, in-12.

159. — BISCHOFFSHEIM (Raphaël, Louis), ✻

Élu, le 16 juin 1890, membre libre de l'Académie des Sciences.

Né à Amsterdam (Pays-Bas), le 22 juillet 1823 ; naturalisé Français en 1880. — Ingénieur civil. — 1859-60. Inspecteur des chemins de fer de la haute Italie. — 1881 à 1885. Député des Alpes-Maritimes.

M. Bischoffsheim a fondé l'observatoire de Nice et a encouragé, par ses libéralités, les progrès de l'astronomie.

160. — DONIOL (Henri), C. ✻

Élu, le 29 novembre 1890, membre libre de l'Académie des Sciences morales et politiques.

Né à Riom (Puy-de-Dôme), le 20 avril 1818. — 1840. Avocat à la Cour de Riom. — 1848. Sous-Préfet de Florac. — 1849. Sous-Préfet de Villeneuve-sur-Lot. — 1863. *Correspondant de l'Institut.* — 1869. Inspecteur adjoint de l'agriculture. — 1871. Préfet de l'Isère. — 1872. Préfet de la Loire-Inférieure. — 1873. Préfet de Meurthe-et-Moselle. — 1876. Préfet des Bouches-du-Rhône. — 1877. Préfet des Alpes-Maritimes. — 1879. Préfet de la Gironde. — 1882 à 1895. Directeur de l'Imprimerie nationale.

Ouvrages. — 1847. Description pittoresque de la basse Auvergne. — 1857. Histoire des classes rurales en France et de leurs progrès dans l'égalité civile et la propriété. — 1862. Cartulaire de Brioude (*Liber de honoribus* *sancto Juliano collatis*, in-4. — 1864. Cartulaire de Sauxilanges, in-4. — 1874. La révolution française et la féodalité. — 1877. Les patois de la basse Auvergne, leur grammaire et leur littérature. — 1883. Don Lorenzo Milano del Bosch. — 1886. Histoire de la participation de la France à l'établissement des États-Unis d'Amérique, correspondance diplomatique et documents; 5 vol. in-4.

161. — ALPHAND (Adolphe), G. C. ✻

Élu, le 15 mars 1891, membre libre de l'Académie des Beaux-Arts.

Né à Grenoble (Isère), le 26 octobre 1817. — 1843. Ingénieur des Ponts et Chaussées. — 1854. Ingénieur en chef des promenades et plantations de la ville de Paris. — 1857. Ingénieur en Chef des Ponts et Chaussées. — 1870. Inspecteur général des Ponts et Chaussées. — 1871. Directeur des travaux de Paris. — 1889. Directeur général des travaux de l'Exposition universelle. — Mort à Paris, le 6 décembre 1891.

Ouvrages. — 1873. Les promenades de Paris, bois de Boulogne et de Vincennes, parcs, squares et boulevards de la ville de Paris, 2 vol. in-fol. — 1874. Arboretum et Fleuriste de la ville de Paris, description des arbres et des plantes, employées dans l'ornementation des parcs et jardins, in-fol. — S. d. Le Bois de Boulogne architectural. — 1886. L'art des jardins.

162. — DUPLESSIS (Georges, Victor, Antoine, GRATET-), ✻

Élu, le 25 avril 1891, membre libre de l'Académie des Beaux-Arts.

Né à Chartres (Eure-et-Loir), le 19 mars 1834. — 1853. Attaché à la Bibliothèque impériale. — 1885. Conservateur des estampes à la Bibliothèque nationale.

Ouvrages. — 1855. La gravure française au salon de 1855, in-12. — 1858. Notice sur la vie et les travaux de Gérard Audran. — 1861. Histoire de la gravure en France. — 1862. Les gravures sur bois dans les livres de Simon Vostre. Essai de bibliographie, contenant l'indication des ouvrages relatifs à l'histoire de la gravure et des graveurs. — 1867-69. Costumes historiques des XVIᵉ, XVIIᵉ et XVIIIᵉ siècles, 2 vol. in-4. — 1867. Essai d'une bibliographie générale des beaux-arts. — 1869. Le cabinet du roi, collection d'estampes commandée par Louis XIV. Michel de Marolles, abbé de Villeloin, amateur d'estampes. — 1871. Les merveilles de la gravure, in-12. — 1873. Ornements des anciens maîtres du XVᵉ au XVIIIᵉ siècle, 2 vol. in-fol. — 1874. Eaux-fortes de Van Dyck, in-fol. Un curieux du XVIIᵉ siècle : Michel Bégon intendant de La Rochelle, correspondance et documents inédits. Les ventes de tableaux, dessins, estampes et objets d'art aux XVIIᵉ et XVIIIᵉ siècles (1611 et 1800), essai de bibliographie. — 1875. Héliogravure Amand-Durand, 4 vol. in-fol. De la gravure de portrait en France. Eaux-fortes de Paul Potter. — 1876. Gavarni, étude. — 1879. Catalogue illustré des livres précieux, manuscrits et imprimés faisant partie de la bibliothèque de M. Ambroise Firmin Didot, in-4. Histoire de la gravure en Italie, en Espagne, dans les Pays-Bas, en Angleterre et en France, in-4. — 1881-85. Introduction à l'inventaire de la collection d'estampes relatives à l'histoire de France, léguée en 1863 à la Bibliothèque nationale par M. Michel Hennin, 5 vol. — 1884. Les livres à gravures du VIᵉ siècle, les emblèmes d'Alciat. — 1885. Catalogue des dessins, aquarelles et estampes de Gustave Doré. — 1886-87. Dictionnaire des marques et monogrammes de graveurs, 3 vol. in-16. — 1889. Essai bibliographique sur les différentes éditions des œuvres d'Ovide, ornées de planches, publiées aux XVᵉ et XVIᵉ siècles. — 1896. Les portraits dessinés par Ingres, 1 vol. in-fol. — S. d. Le peintre graveur français, 3 vol., suite du peintre et graveur français de Robert Dumesnil. L'œuvre de Martin Schongauer. L'œuvre de Claude Gellée dit le Lorrain. L'œuvre de Jacques Ruysdael. L'œuvre d'Andrea Mantegna. Emaux de Léonard Limousin, à l'église Saint-Pierre de Chartres. Robert Nanteuil. — Collaboration à l'Artiste, à la Revue universelle des arts, à la Gazette des beaux-arts, et au Bibliophile français.

163. — CAMBON (Pierre, Paul), C. ✻

Élu, le 25 avril 1891, membre libre de l'Académie des Sciences morales et politiques.

Né à Paris, le 20 janvier 1843. — 1871. Secrétaire général de la préfecture des Alpes-Maritimes. — 1872. Préfet de l'Aube. — 1876. Préfet du Doubs. — 1877. Préfet du Nord. — 1882. Ministre plénipotentiaire et Résident général à Tunis. — 1886. Ambassadeur en Espagne. — 1890. Ambassadeur en Turquie.

Ouvrages. — 1888. La propriété foncière en Tunisie.

---

164. — LARROUMET (Louis, Barthélemy, Gustave, Paul), O. ✳

Élu, le 16 mai 1891, membre libre de l'Académie des Beaux-Arts.

Né à Gourdon (Lot), le 22 septembre 1852. — 1870. Engagé volontaire au 4ᵉ dragons. — 1875. Agrégé de grammaire. — 1875 à 1884. Professeur aux lycées de Nice, Vendôme et Bourges, au collège Stanislas, au lycée de Vanves et au lycée Henri IV. — 1878. Agrégé des lettres. — 1882. Docteur ès lettres. — 1884. Maître de conférences de littérature française à la Faculté des Lettres de Paris. — 1888. Chef du cabinet du Ministre de l'Instruction publique. — 1888 à 1891. Directeur des Beaux-Arts. — 1891. Chargé de cours de littérature française à la Faculté des Lettres de Paris.

Ouvrages. — 1879. Lord Brougham. — 1883. *De quarto Tibulli libro.* Marivaux, sa vie et ses œuvres. — 1886. La comédie de Molière, l'auteur et le milieu, in-12. — 1892. Études d'histoire et de critique dramatique. — 1893-95. Études de littérature et d'art, 3 vol. in-12. — 1894. Meissonier, 1 vol. in-4.

---

165. — LAFENESTRE (Georges, Édouard), ✳

Élu, le 6 février 1892, membre libre de l'Académie des Beaux-Arts.

Né à Orléans (Loiret), le 5 mai 1837. — 1870. Attaché à l'administration des Beaux-Arts. — 1876. Chef de bureau. — 1879. Inspecteur des Beaux-Arts. Commissaire général des expositions des Beaux-Arts. — 1886. Conservateur adjoint. — 1886. Professeur à l'École du Louvre. — 1888. Conservateur du département de la peinture et des dessins au musée du Louvre. — 1889. Professeur suppléant au Collège de France.

Ouvrages. — 1863. Les espérances, poésies. — 1873. Idylles et chansons, poésies. — 1881. L'art vivant. — 1882. Bartolomea, roman. Les maîtres anciens. — 1884. Histoire et description du musée de Montpellier. — 1885. La peinture italienne, depuis les origines jusqu'à la fin du XVᵉ siècle. — 1886. La vie et l'œuvre de Titien. — 1888. Dix années du salon de peinture et de sculpture. Le livre d'or du salon de peinture et de sculpture, 10 vol. — 1889. Le salon de 1889. — Nombreux articles insérés dans la Revue des Deux Mondes, la Revue contemporaine, le Moniteur universel et la Gazette des beaux-arts.

---

166. — MICHEL (François, Émile), ✳

Élu, le 19 mars 1892, membre libre de l'Académie des Beaux-Arts.

Né à Metz (Moselle), le 19 juillet 1828. — Peintre et critique d'art.

Œuvres principales. — 1853. Gardeuse d'oies. — 1855. Un soir dans les Marais Pontins. — 1859. Une mare. Cigognes. — 1861. La récolte des olives (m. de Metz). — 1863. Une source. — 1864. Mare dans les Clairs-Chênes (Moselle). — 1865. Avant la pluie. — 1866. Arches romaines à Jouy. — 1868. Chasse sur la falaise (m. de Metz). — 1869. Les mauvais jours. — 1872. Musique champêtre. Nuit d'été (m. de Nancy). — 1873. Semailles d'automne (m. du Luxembourg). — 1874. Le torrent. Matinée d'été, fin de mars. — 1875. Forêt de la Bresse. Ruisseau du lac des Corbeaux. — 1876. Sous les saules. Le gouffre. — 1877. Les cigognes. — 1878. Sanglier mort. — 1870. Un étang. — 1883. Bois de Meudon. — 1884. Mare de Breuil. — 1885. La Dune près de Harlem (m. du Luxembourg). — 1887. Dans la lande. — 1888. Matinée d'été dans le Bugey. — 1889. En forêt. — 1890. Un village abandonné en Normandie. — 1891. L'arbre mort (m. de Lille). — 1892. Mare de Breuil (m. de Grenoble). Le Val Saint-Jean. — 1893. Le printemps à Landemer (m. du Havre). — 1894. En forêt. Avril.

Ouvrages. — 1883. Le musée de Cologne, in-4. — 1885. Les musées d'Allemagne, in-4. — 1886. Rembrandt. — 1888. Gérard Terburg et sa famille. — 1890. Hobbema et les paysagistes de son temps en Hollande, in-4. Jacob Van Ruysdaël et les paysagistes de l'école de Haarlem, in-4. — 1891. Les Van de Velde. — 1892. Les Brueghel. — 1893. Rembrandt, sa vie et son œuvre. — 1895. Études sur l'histoire de l'art, in-12. — Collaboration aux mémoires de l'Académie de Metz et de l'Académie de Stanislas, à l'Art, à la Gazette des beaux-arts et à la Revue des Deux Mondes.

167. — BROUARDEL (Paul, Camille, Hippolyte), C. ✳

Élu, le 5 décembre 1892, membre libre de l'Académie des Sciences.

Né à Saint-Quentin (Aisne), le 13 février 1837. — 1865. Docteur en médecine. — 1873. Médecin de l'hôpital Saint-Antoine, puis de la Pitié. — 1879. Professeur de médecine légale à la Faculté de Paris. — 1887. Doyen de la Faculté de Médecine de Paris.

Ouvrages. — 1865. De la tuberculisation des organes génitaux de la femme. — 1869. Étude critique des diverses médications employées contre le diabète sucré. — 1877. L'urée et le foie, variations de la quantité de l'urée éliminée dans les maladies du foie. — 1878. Étude médico-légale sur la combustion du corps humain. — 1883. Des causes d'erreur dans les expertises relatives aux attentats à la pudeur. — 1885. Dispositions à adopter pour l'assainissement de la ville de Toulon. Rapport sur les essais de vaccination cholérique entrepris en Espagne par M. le docteur Ferran. — 1886. Le secret médical (honoraires, mariage, assurances sur la vie, déclaration de naissance, expertise, témoignage, etc.), in-12. — 1887. Enquête sur les causes de l'épidémie de fièvre typhoïde qui a régné à Clermont-Ferrand en 1886. — 1888. De la consommation de l'alcool dans ses rapports avec l'hygiène. Des modes de propagations de la fièvre typhoïde. — 1889. Déclaration des causes de décès, moyen de la rendre compatible avec le secret professionnel. Hygiène des ouvriers employés dans les fabriques d'allumettes chimiques. — 1894. La mort et la mort subite.

168. — LAUSSEDAT (Aimé), C. ✳

Élu, le 21 mai 1894, membre libre de l'Académie des Sciences.

Né à Moulins (Allier), le 19 avril 1819. — 1840. Sous-Lieutenant du génie. — 1851. Répétiteur à l'École Polytechnique. — 1853. Capitaine. — 1856 à 1870. Professeur de géodésie à l'École Polytechnique. — 1863. Chef de bataillon. — 1864. Professeur de géométrie au Conservatoire des Arts et Métiers. — 1870. Lieutenant-Colonel. — 1874. Colonel du génie. — 1879. Directeur des études à l'École Polytechnique. — 1881. Directeur du Conservatoire des Arts et Métiers.

Ouvrages. — 1860. Expériences faites avec l'appareil à mesurer les bases, appartenant à la carte d'Espagne — 1861. Leçons sur l'art de lever les plans, in-4. — 1866-1870. Cours autographiés de géodésie et d'astronomie à l'École polytechnique. — 1890. Les applications de la perspective au lever des plans. — 1892. Histoire de la cartographie. Sur la méthode graphique des projections appliquées à la construction des cartes des éclipses du soleil. — Mémoires insérés dans les Annales du conservatoire et dans les comptes rendus de l'Académie des sciences.

169. — DIEULAFOY (Marcel, Auguste), ✳

Élu, le 25 janvier 1895, membre libre de l'Académie des Inscriptions et Belles-Lettres.

Né à Toulouse (Haute-Garonne), le 3 août 1844. — 1874. Ingénieur des Ponts et Chaussées. — 1883. Ingénieur en chef.

Ouvrages. — 1889. L'art antique de la Perse, in-4. — 1890. L'acropole de Suse, in-4.

170. — CARNOT (Marie, Adolphe), O. ✳

Élu, le 18 mars 1895, membre libre de l'Académie des Sciences.

Né à Paris, le 27 janvier 1839. — 1860. Élève Ingénieur des Mines. — 1869. Ingénieur ordinaire. — 1869 à 1877. Professeur de chimie générale à l'École des Mines. — 1870 à 1872. Maître des requêtes. — 1876. Professeur à l'Institut agronomique. — 1877. Professeur de docimasie et Directeur des laboratoires à l'École des Mines. — 1881. Ingénieur en chef. — 1882. Inspecteur des études à l'École des Mines. — 1894. Inspecteur général des Mines.

Ouvrages. — Mémoires et études sur la métallurgie et la géologie agricole, recherches d'analyse chimique, analyse de minéraux nouveaux, notes sur la physique, la géologie et l'hygiène publique, insérés dans les Annales des mines, les comptes rendus de l'Académie des sciences et les comptes rendus de l'Association française pour le progrès des sciences.

ORDRE DE SUCCESSION

DES MEMBRES LIBRES

ACADÉMIE DES INSCRIPTIONS
ET BELLES-LETTRES

I

1816. Levêque de Pouilly.
1830. Dugas-Montbel.
1835. Miot de Melito.
1841. J.-B. Biot.
1862. Desnoyers.
1887. Célestin Port.

II

1816. de Villedreuil.
1830. Artaud de Montór.
1850. Barchou de Penhoen.
1855. Texier.
1871. Labarte.
1880. Tissot.
1884. de Boislisle.

III

1816. Dambray.
1830. Fontia d'Urban.
1843. P. Mérimée.
1871. Charles Robert.
1888. Menant.

IV

1816. Le Duc de Blacas.
1840. Villeneuve-Barge-
    mont de Trans.
1850. F. de Pétigny.
1858. de la Villemarqué.

V

1816. Bétencourt.
1830. Cousinery.
1833. Monmerqué - Desro-
    chais.
1860. Lasteyrie du Sail-
    lant.
1879. F. Baudry.
1885. de Mas-Latrie.

VI

1816. Le Duc de Montes-
    quiou-Fezensac.
1832. L'Abbé de la Rue.
1835. Artaud.
1838. Le Prévost.
1859. Dehèque.
1871. Th. Henri Martin.
1884. Faidherbe.
1890. Hamy.

VII

1816. Barbé-Marbois.
1837. Michaud.
1839. Vitet.
1873. Duruy.
1895. Dieulafoy.

VIII

1816. Fauris - Saint - Vin-
    cens.
1820. d'Hauterive.
1830. Le Duc de Luynes.
1868. Le Marquis de Vogüé.

IX

1816. Schweighaeuser.
1830. G. Cuvier.
1832. Séguier de Saint-
    Brisson.
1854. de Cherrier.
1872. Firmin Didot.
1876. Charles Nisard.
1889. de la Borderie.

X

1816. Garnier.
1830. Eusèbe Salverte.
1839. Eyriès.
1846. Le Marquis de La-
    grange.
1876. Germain.
1887. Saglio.

ACADÉMIE DES SCIENCES

I

1816. Le Duc de Lauraguais
1824. Héricart de Thury.
1854. Poulletier de Ver-
    neuil.
1873. F. de Lesseps.
1895. Adolphe Carnot.

II

1816. Le Duc de Noailles.
1824. Andreossy.
1828. Le Comte Daru.
1829. Rogniat.
1840. Joseph Pelletier.
1842. Pariset.
1847. Largeteau.
1858. Jaubert.
1873. de la Gournerie.
1884. Haton de la Goupil-
    lière.

III

1816. de Rosily-Mesros.
1833. Séguier.
1876. Favé.
1894. Laussedat.

IV

1816. Fourier.
1816. Coquebert de Mont-
    bret.
1831. Costaz.
1842. Francœur.
1850. Bussy.
1882. Ch. de Freycinet.

V

1816. Héron de Villefosse.
1853. Le Maréchal Vaillant.
1873. Cosson.
1890. Bischoffsheim.

VI

1816. de Cubières.
1821. Le Duc de La Roche
    foucauld.
1827. Cassini.
1832. Dufriche-Desge-
    nettes.
1837. Bonnard.
1857. François Passy.
1874. Bréguet.
1884. de Jonquières.

VII

1816. Gillet de Lau-
    mont.
1834. Bory de Saint-Vin-
    cent.
1847. Civiale.
1867. Larrey.

VIII

1816. Marmont, duc de Ra-
    guse.
1852. Bienaymé.
1879. Lalanne.
1892. Brouardel.

IX

1816. Benjamin Delessert.
1847. Duvernoy.
1855. Dupetit-Thouars.
1865. Roulin.
1874. du Moncel.
1884. Cailletet.

X

1816. Maurice.
1852. François Delessert.
1869. Duméril.
1871. Belgrand.
1878. Damour.

ACADÉMIE DES BEAUX-ARTS

I
1816. de VAUBLANC.
1845. de CAILLEUX.
1876. PERRIN.
1885. de ROTHSCHILD.

II
1816. Le Duc de BLACAS.
1839. A.-L. DUMONT.
1853. de NIEUWERKERKE.
1892. Em. MICHEL.

III
1816. de VAUDREUIL.
1817. Le Duc de RICHELIEU.
1822. de LAURISTON.
1828. SIMÉON.
1846. DUCHATEL.
1868. H. DELABORDE.
1874. de CARDAILLAC.
1880. M. le Duc d'AUMALE.

IV
1816. PRADEL.
1857. FOULD.
1867. HAUSSMANN.
1891. ALPHAND.
1892. LAFENESTRE.

V
1816. CASTELLAN.
1838. de CLARAC.
1847. TAYLOR.
1879. de CHENNEVIÈRES.

VI
1816. TURPIN de CRISSÉ.
1859. KASTNER.
1868. Comte WALEWSKI.
1868. Charles BLANC.
1882. DU SOMMERARD.
1885. HEUZEY.

VII
1816. de CHOISEUL-GOUF-
     FIER.
1817. de CHABROL.
1843. de RAMBUTEAU.
1869. A. LENOIR.
1891. DUPLESSIS.

VIII
1816. GOIS.
1823. de PASTORET.
1857. Le Prince NAPOLÉON.
1891. LARROUMET.

IX
1816. de FORBIN.
1841. d'HOUDETOT.
1859. de MERCEY.
1860. Jules PELLETIER.
1875. GRUYER.

X
1816. de SENONNES.
1840. de MONTALIVET.
1880. BARBET de JOUY.

ACADÉMIE DES SCIENCES

MORALES ET POLITIQUES

I
1833. L. FEUILLET.
1844. d'ARGOUT.
1858. PELLAT.
1872. CALMON.
1891. CAMBON.

II
1833. Le Duc Victor de
     BROGLIE.
1867. Casimir PÉRIER.
1876. Ed. CHARTON.
1890. Paul de RÉMUSAT.

III
1833. Joseph CARNOT.
1836. F. de BEAUJOUR.
1837. PORTALIS.
1839. DUTENS.
1849. MOREAU de JONNÈS.
1870. VERGÉ.
1890. DONIOL.

IV
1833. BENOISTON de CHA-
     TEAUNEUF.
18r5. BAUDE.
1850. DARU.
1890. BUFFET.

V
1833. BLONDEAU.
1855. Odilon BARROT.
1870. P.-F. DUBOIS.
1874. Léon SAY.
1880. BOUTMY.

VI
1857. Horace SAY.
1861. DROUYN DE l'HUYS.
1881. Hippolyte CARNOT.
1888. LEFÈVRE PONTALIS.

VII
1887. X. CHARMES.

VIII
1887. F. PERRENS.

IX
1887. Anatole LEROY-BEAU-
     LIEU.

X
1887. Albert DESJARDINS.

LISTE ALPHABÉTIQUE

DES MEMBRES LIBRES

(Les chiffres indiquent les numéros des notices bibliographiques.)

ASSOCIÉS ÉTRANGERS

1. — BANKS (Joseph).

Élu, le 26 décembre 1801, associé étranger de la Classe des Sciences;
passé, en 1816, à l'Académie des Sciences.

Né à Londres (Angleterre), le 4 janvier 1743. — 1766. Membre de la Société royale de Londres. — 1778 à 1820. Président de la Société royale de Londres. — 1781. Baronnet. — 1797. Membre du Conseil privé. — Mort à Isleworth (Angleterre), le 19 juin 1820.

Ouvrages. — 1782. De la convenance d'autoriser l'exportation de la laine. — 1805. Précis des causes de la maladie dite *Bright mildew* et *Rust.* — 1809. Les moutons mérinos.

Une notice sur sa vie a été lue par G. Cuvier, dans la séance de l'Académie des Sciences du 2 avril 1821.

2. — JEFFERSON (Thomas).

Élu, le 26 décembre 1801, associé étranger de la Classe des Sciences morales et politiques; passé, en 1803, à la Classe d'Histoire et de Littérature ancienne et, en 1816, à l'Académie des Inscriptions et Belles-Lettres.

Né à Shadwell, état de Virginie (États-Unis), le 2 avril 1743. — 1767. Avocat. — 1770. Membre de la législature de la Virginie. — 1784. Envoyé extraordinaire en France. — 1789. Secrétaire d'État pour les affaires étrangères. — 1801 à 1809. Président de la République des États-Unis. — Mort à Monticello (Virginie) le 4 juillet 1826.

Ouvrages. — 1786. Observations sur la Virginie. — 1814. Manuel du droit parlementaire, ou précis des règles suivies dans le parlement d'Angleterre et dans le congrès des États-Unis. — 1833. Mélanges politiques et philosophiques, 2 vol. — Mémoires.

3. — HAYDN (François, Joseph).

Élu, le 26 décembre 1801, associé étranger de la Classe de Littérature et Beaux-Arts;
passé, en 1803, à la Classe des Beaux-Arts.

Né à Rohrau (Autriche), le 31 mars 1732. — Compositeur de musique. — Mort à Vienne (Autriche), le 31 mai 1809.

Ouvrages. — *Opéras.* — 1752. Le diable boiteux. — 1769. La cantarina. L'Incontro improviso. La speziale. — 1773. Le ballet des sorcières. — 1777. Geneviève de Brabant. — 1778. Didon. — 1779. Le voleur de pommes. —

1780. Le conseil des dieux. La pescatrice. Il Mondo della luna. L'Isola disabitata. — 1782. Armida. L'Infidella fidele. L'Infidelta permiata. — 1786. La Vera costenza. Acide e Galatea. Orlando paladino. L'Infidelta deluza. Orfeo. *Oratorios*. — 1763 à 1775. Il Ritorno di Tobia. — 1785. Les sept paroles de Jésus-Christ sur la croix. — 1798. La création du monde. — 1801. Les quatre saisons. — Nombreux morceaux de musique d'église, et de musique vocale et intrumentale.

4. — MASKELYNE (le Révérend Nevil).

Élu, le 24 février 1802, associé étranger de la Classe des Sciences.

Né à Londres (Angleterre) le 6 octobre 1732. — 1755. Curé de Barnet (Hertfordshire). — 1758. Membre de la Société royale. — 1775. Curé de Shrawardine (Shropshire). — 1782. Recteur de North Bunneton (Norfolkshire). — 1795. Astronome royal. — Mort à Greenwich, le 9 février 1811.

Ouvrages. — 1763. Guide du marin anglais. — Publication du Nautical Almanach de 1767 à 1811.

Une notice sur sa vie a été lue par Delambre, dans la séance de l'Académie des Sciences du 4 janvier 1813.

5. — RENNELL (James).

Élu, le 24 février 1802, associé étranger de la Classe des Sciences morales et politiques; passé, en 1803, à la Classe d'Histoire et de Littérature ancienne et, en 1816, à l'Académie des Inscriptions et Belles-Lettres.

Né à Chadleigh, comté de Devon (Angleterre), le 23 décembre 1742. — 1756 à 1766. Officier de marine. — 1768. Capitaine du génie au service de la Compagnie des Indes. — 1777. Retraité avec le grade de Major.—1780. Membre de la Société royale de Londres.—Mort à Londres, le 29 mars 1830.

Ouvrages. — 1781. Atlas du Bengale. — 1783. Mémoire sur la carte de l'Hindoustan.—1790. Mémoire sur la géographie de l'Afrique. — 1800. Le système géographique d'Hérodote.—1814. Observations sur la topographie de la plaine de Troie. — 1816. Étude sur l'expédition de Cyrus et sur la retraite des Dix-mille. — 1831. Traité de géographie de l'Asie occidentale. — 1832. Les courants de l'océan Atlantique et de l'océan Indien.

Une notice sur sa vie a été lue par M. Walckenaer, dans la séance de l'Académie des Inscriptions et Belles-Lettres du 12 août 1842.

6. — HEYNE (Christian, Gottlob).

Élu, le 24 février 1802, associé étranger de la Classe de Littérature et Beaux-Arts; passé, en 1803, dans la Classe d'Histoire et de Littérature ancienne.

Né à Chemnitz (Saxe), le 25 septembre 1729. — 1763. Professeur d'éloquence à l'Université de Gœttingue. Conservateur de la Bibliothèque de Gœttingue. — Mort à Gœttingue, le 14 juillet 1812.

Ouvrages. — 1755. Traduction des élégies de Tibulle et du manuel d'Epictète. — 1785 à 1812. *Opuscula academica.*

7. — PRIESTLEY (le Révérend Joseph).

Élu, le 25 mai 1802, associé étranger de la Classe des Sciences.

Né à Frieldhead, comté d'York (Angleterre), le 13 mars 1733. — 1755. Ministre dissident à

Needham-Market (Suffolk). — 1758. Ministre à Nantwich. — 1766. Membre de la Société royale. — 1767. Professeur à l'Académie de Warrington. — 1767. Pasteur à Leeds. — 1780 à 1791. Pasteur à Birmingham. — Mort à Northumberland (États-Unis), le 6 février 1804.

Ouvrages. — 1761. La doctrine de l'Écriture sur la rémission. — 1762. Théorie du langage et langage universel. — 1765. Essais *,r* une éducation libérale. — 1767. L'histoire de l'électricité, in-4. — 1769. Considérations sur l'autorité de l'Église. — 1772. Institutions de la religion naturelle et de la religion révélée. Histoire de l'état présent des découvertes relatives à la vision, à la lumière et aux couleurs, 2 vol. in-4. — 1774. Expériences et observations sur l'air. — 1774-77. Expériences et observations sur les différentes sortes d'air, 3 vol. — 1777. Discours et critiques. Recherches sur la matière et l'esprit. La doctrine de la nécessité philosophique démontrée. — 1778. Observations sur l'éducation. — 1779-86. Expériences et observations relatives à diverses branches de la philosophie naturelle. — 1780. Lettre à un philosophe incrédule. — 1782. Histoire des corruptions du christianisme, 2 vol. — 1785. Observations sur la révolution d'Amérique et sur les moyens de la rendre utile au monde. — 1786. Histoire des plus anciennes opinions sur Jésus-Christ, 2 vol. — 1787. L'évidence de la religion révélée. Lettres aux Juifs. — 1788. Histoire et politique générale, in-4. Sermons sur la traite des esclaves. — 1794. L'état présent de l'Europe, comparé avec les anciennes prophéties. — 1796. Discours sur l'évidence de la religion, 2 vol. — 1797. Observations sur l'augmentation de l'incrédulité. — 1798. Maximes d'arithmétique politique. — 1799. Comparaison des institutions de Moïse avec celle des Hindous et d'autres anciens peuples. — 1802-1803. Histoire générale de l'église chrétienne, 4 vol. — 1803. Socrate et Jésus comparés.

Une notice sur sa vie a été lue par G. Cuvier, dans la séance de la Classe des Sciences du 24 juin 1805.

---

8. — NIEBUHR (Karstens).

Élu, le 25 mai 1802, associé étranger de la Classe des Sciences morales et politiques; passé, en 1803, à la Classe d'Histoire et de Littérature ancienne.

Né à Lüdingswörth (Hanovre), le 17 mars 1733. — 1754. Lieutenant du génie. — 1768. Capitaine du génie. — 1778. Conseiller de justice à Meldorf. — 1808. Conseiller d'État. — Mort à Meldorf (Holstein), le 26 avril 1815.

Ouvrages. — 1772. Description de l'Arabie, in-4. — 1774-78. Voyage dans l'Arabie et les pays voisins, 2 vol. in-4.

---

9. — KLOPSTOCK (le Révérend Friedrich, Gottlieb).

Élu, le 25 mai 1802, associé étranger de la Classe de Littérature et Beaux-Arts.

Né à Quedlinburg (Prusse), le 2 juillet 1724. — Ministre protestant. — Mort à Hambourg, le 14 mars 1803.

Ouvrages. — 1762. La mort d'Adam. — 1773. La Messiade, 3 vol. — Bataille d'Hermann. — 1798-1817. Œuvres complètes, 12 vol. in-4. — 1820. Œuvres posthumes, 2 vol.

---

10. — HERSCHEL (Sir Friedrich, Willhelm).

Élu, le 24 août 1802, associé étranger de la Classe des Sciences; passé, en 1816, à l'Académie des Sciences.

Né à Hanovre (royaume de Hanovre), le 15 novembre 1738. — 1753. Hautbois dans la musique de la garde hanovrienne. — 1765. Organiste à Halifax. — 1766. Organiste à Bath. — 1782. Astronome du Roi. — 1782. Découvre la planète Uranus. — 1788. Chevalier. — 1820. Président de la Société royale de Londres. — Mort à Slough, comté de Buckingham (Angleterre), le 23 août 1822.

Ouvrages. — Sir F. Herschel a publié de nombreux mémoires et articles dans le Recueil de la Société royale de Londres.

Une notice sur sa vie a été lue par Fourier, dans la séance de l'Académie des Sciences du 7 juillet 1824.

11. — RUMFORD (le Comte Benjamin, THOMPSON de).

Élu, le 24 août 1802, associé étranger de la Classe des Sciences.

Né à Woburn, État de Massachusetts (États-Unis), le 26 mars 1753. — 1780. Sous-Secrétaire d'État à Londres. — 1782. Colonel de l'armée anglaise. — 1786. Lieutenant général. Commandant en chef des armées de l'Électeur de Bavière. Ministre de la Guerre et Directeur de la police à Munich. — 1790. Comte. — 1798. Ministre de Bavière à Londres. — 1802. Fixé en France. — Mort à Auteuil (Seine), le 21 août 1814.

Ouvrages. — 1798. Essais politiques, économiques et philosophiques, 5 vol. — 1801. Essais sur la meilleure construction des cheminées. — 1804. Mémoires sur la chaleur. Recherches sur la chaleur développée dans la combustion et dans la condensation des vapeurs. — 1813. Recherches sur les bois et le charbon.

Une notice sur sa vie a été lue par G. Cuvier, dans la séance de la Classe des Sciences du 9 janvier 1815.

12. — CANOVA d'ISCHIA (le Marquis Antonio).

Élu, le 24 août 1802, associé étranger de la Classe de Littérature et Beaux-Arts; passé, en 1803, dans la Classe des Beaux-Arts et, en 1816, à l'Académie des Beaux-Arts.

Né à Possagno (Vénétie), le 1er novembre 1757. — Sculpteur. Inspecteur général des Beaux-Arts et Conservateur des antiquités dans les États romains. Directeur des musées à Rome. — 1815. Marquis. — Mort à Venise, le 12 octobre 1822.

Œuvres principales. — *Groupes et statues.* Hébé. L'Amour et Psyché. Vénus et Adonis. Terpsichore. Nymphes couchées. Danseuses. Naïade s'éveillant au son de la lyre de l'Amour. Les trois grâces. Vénus sortant du bain. Endymion endormi. Hercule précipitant Lycas. Thésée vainqueur du Centaure. Palamède. Persée. La Paix. Vénus et Mars. Ganymède. Tombeaux de l'archiduchesse Christine d'Autriche, d'Alfieri, de Volpato, des Stuarts, etc. — Madeleine pénitente. La religion victorieuse. Saint Jean-Baptiste enfant. Descente de croix. Ferdinand IV. Agrippine. Vénus victorieuse (la princesse Pauline). L'impératrice Marie-Louise. Statue équestre de Napoléon. L'empereur François II. Tombeaux de Clément XIII et de Pie VI, à Saint-Pierre de Rome.

13. — PALLAS (Peter, Simon).

Élu, le 23 novembre 1802, associé étranger de la Classe des Sciences.

Né à Berlin (Prusse), le 22 septembre 1741. — Naturaliste. — 1768. Assesseur de collège à Saint-Pétersbourg. — 1787. Historiographe du collège de l'amirauté. — Mort à Berlin, le 7 septembre 1811.

Ouvrages. — 1766. *Elenchus zoophytorum. Miscellanea zoologica,* in-4. — 1771-76. Voyage à travers plusieurs provinces de l'empire russe, 3 vol. in-4. — 1776-1802. Recueil de documents historiques sur les peuplades mongoles, 2 vol. in-4. — 1777. Observations sur la formation des montagnes. — 1778-84. *Novæ species quadrupedum,* in-4. — 1781-83. *Icones insectorum præsertim Russiæ Siberiæque peculiarium,* 2 vol. in-4. — 1784-85. *Flora Russica,* 2 vol. in-fol. — 1787-91. *Linguarum totius orbis vocabularia comparativa,* 4 vol. in-4. — 1795. Tableau physique et topographique de la Tauride, in-4. — 1800-1804. Espèces d'astragales, 14 livr. in-fol. — 1805. Voyage dans les gouvernements méridionaux de l'empire de Russie, 2 vol. — 1808. Description du Thibet d'après la relation des Lamas

Tangoutes établis parmi les Mongols. — Nombreux mémoires insérés dans les *Acta naturæ curiosorum* et les *Commentarii Petropolitani novi*.

Une notice sur sa vie a été lue par G. Cuvier, dans la séance de la Classe des Sciences du 5 janvier 1813.

14. — FOX (Charles, James).

Élu, le 23 novembre 1802, associé étranger de la Classe des Sciences morales et politiques; passé, en 1803, à la Classe d'Histoire et de Littérature ancienne.

Né à Londres (Angleterre), le 14 janvier 1749. — 1768 à 1806. Membre de la Chambre des communes. — 1770 à 1772. Lord de l'Amirauté. — 1772 à 1774. Junior-lord de la Trésorerie. — 1782-1783 et 1806. Secrétaire d'État des Affaires étrangères. — Mort à Chiswick, le 13 septembre 1806.

Ouvrage. — 1808. Histoire de la première partie du règne de Charles II.

15. — CALDERARI (le Comte Ottone, Maria, Nicolo).

Élu, le 23 novembre 1802, associé étranger de la Classe de Littérature et Beaux-Arts ; passé, en 1803, dans la Classe des Beaux-Arts.

Né à Vicence (Vénétie), le 8 septembre 1730. — Architecte. — Mort à Vicence, le 26 octobre 1803.

Œuvres principales. — Palais Antisola, Loschi, Bonini et Cardellina, à Vicence. Séminaire de Vérone.
Ouvrages. — 1801. Traité d'architecture. — 1807. Œuvres architecturales, 2 vol. in-fol.

16. — CAVENDISH (l'Honorable Henry).

Élu, le 25 janvier 1803, associé étranger de la Classe des Sciences.

Né à Nice, le 10 octobre 1731. — 1760. Membre de la Société royale de Londres. — Mort à Londres, le 10 mars 1810.

Ouvrages. — L'honorable H. Cavendish a publié plusieurs mémoires dans les *Philosophical Transactions* de la Société royale de Londres.

Une notice sur sa vie a été lue par G. Cuvier, dans la séance de la Classe des Sciences du 6 janvier 1812.

17. — WIELAND (Christoph, Martin).

Élu, le 25 janvier 1803, associé étranger de la Classe de Littérature et Beaux-Arts; passé, en 1803, dans la Classe d'Histoire et de Littérature ancienne.

Né à Oberholzheim (Bavière), le 5 septembre 1733. — 1760. Secrétaire-Greffier de la ville de Warthausen. — Mort à Weimar, le 20 juin 1813.

Ouvrages. — 1754. Les sympathies. — 1755. Les sentiments d'un chrétien. — 1760. Théagis. — 1762. Nadine. — 1764. Le jugement de Pâris. Don Sylvio de Rosalva (roman). — 1765. Diane et Endymion. — 1768. Idris et Zénide. Sélim et Sélima. La sympathie des âmes, in-12. — 1769-71. Les Grâces. — 1769. Diogène. Le nouvel Amadis. Les aventures merveilleuses de Don Sylvio de Rosalva, 2 vol. — 1769. Musarion ou la philosophie des Grâces. — 1771. Contes comiques. — 1772. Le miroir d'or. Socrate, dialogues, 2 vol. in-12. — 1773. *Deutscher Mercur.* Les Abdérites (roman). — 1780. Oberon, poème romantique. — 1789. Dialogues des dieux. — 1791. *Peregrinus*

Proteus. — 1797. Socrate en délire, ou dialogues de Diogène à Sinope, in-18. — 1798. La petite chronique du royaume de Tatoïaba, 2 vol. in-12. Agathodémon. — 1800. Endymion, conte comique. — 1802. Le tonneau de Diogène, 2 vol. in-12. — 1812. Contes de Wieland et du baron de Randoln, in-12. — 1818. Cratès et Hipparque, 2 vol. in-18. — 1824. Mélanges littéraires, politiques, et morceaux inédits. — 1844. Pensées sur la liberté de philosophie en matière de foi. — S. d. L'anti-Ovide. Les épîtres morales. Les contes moraux. Le sacrifice d'Abraham. Histoire du sage Danischmend, favori du sultan Scha-Gebal et des trois calenders, 2 vol. in-12.

18. — WILFORD (Franz).

Élu, le 25 janvier 1803, associé étranger de la Classe des Sciences morales et politiques ; passé, en 1803, dans la Classe d'Histoire et de Littérature ancienne et, en 1816, à l'Académie des Inscriptions et Belles-Lettres.

Né à Hanovre (royaume de Hanovre), en 1760. — 1781. Officier dans l'armée des Indes. — Mort à Bénarès (Indes), le 4 septembre 1822.

Ouvrages. — M. F. Wilford est l'auteur de nombreux mémoires insérés dans les Recherches asiatiques.

19. — APPIANI (Andrea).

Élu, le 7 mai 1803, associé étranger de la Classe des Beaux-Arts ; passé, en 1816, à l'Académie des Beaux-Arts.

Né à Milan (Lombardie), le 23 mai 1754. — Peintre. — Mort à Milan, le 8 novembre 1817.

Œuvres principales. — Peinture de la coupole de Saint-Celse à Milan. Décoration du château de Monza. Fresques du palais royal à Milan. Olympe. La toilette de Junon. Renaud dans les jardins d'Armide. Vénus et l'Amour, etc.

20. — MORGHEN (Raffaele).

Élu, le 7 mai 1803, associé étranger de la Classe des Beaux-Arts ; passé, en 1816, à l'Académie des Beaux-Arts.

Né à Naples (Deux-Siciles), le 19 juin 1758. — Graveur. — Mort à Florence, le 8 avril 1833.

Œuvres principales. — La Vierge à la chaise (Raphaël). La transfiguration (Raphaël). La Madeleine pénitente (Murillo). La Charité (Corrège). La madonne au sac (André del Sarto). La Vierge et l'enfant Jésus endormi (Titien). La cène (Léonard de Vinci), etc.

21. — SERGEL (Johan, Tobias).

Élu, le 14 mai 1803, associé étranger de la Classe des Beaux-Arts.

Né à Stockholm (Suède), le 8 septembre 1740. — Sculpteur. — Mort à Stockholm, le 26 février 1814.

Œuvres principales. — Othryade. Faune couché. L'Amour et Psyché. Cérès cherchant Proserpine. Diomède tenant le palladium. Vénus et Mars. Vénus Callipyge. Deux anges. La résurrection. Statues et bustes.

22. — GUGLIELMI (Pietro).

Élu, le 14 mai 1803, associé étranger de la Classe des Beaux-Arts.

Né à Massa-Carrara (duché de Modène), le 8 septembre 1728. — Compositeur de musique. — 1765 à 1772. Maître de chapelle de l'électeur de Saxe. — 1793. Maître de chapelle de Saint-Pierre de Rome. — Mort à Rome, le 19 novembre 1804.

Œuvres principales. — *Opéras.* — 1759. I Capricci d'una marchesa. — 1760. I due soldati. — 1762. Il finto cieco. Don Ambrogio. — 1765. Siroe. Tamerlano. Il matrimonio villano. — 1766. Farnace. Ifigenia in Aulide. Semiramide. L'inganno amoroso. Adriano in Siria. Le convenienze teatrali. Lo spirito di contradizzione. — 1767. Sesostri. Il Re pastore. — 1768. I rivali placati. — 1769. La pace tra gli amici. Il ratto della sposa. La donna scaltra. L'impresa d'opera. Ruggiero. L'amante che spende. — 1770. Orfeo. Il carnavale di Venezia. Ezio. — 1771. Le razzie d'Orlando. — 1772. Il desertore. La sposa fedele. I viaggiatori ridicoli. — 1773. La frascatana. Mirandolina. Demetrio. — 1774. I raggiri della serva. Don Papirio. La finta zingara. La virtuosa in margellina. Due nozze ed un sol marito. — 1775. La scelta d'uno sposo. Le nozze in campagna. Il sedecia. — 1776. Tito Manlio. Artaserse. Gli uccelatori. Il raggiratore di poco fortuna. L'impostore punito. — 1778. Ricimero. La bella pescatrice. — 1779. Narcisso. — 1783. La quakera spiritosa. I Fratelli Pappa Mosca. — 1784. La donna amante di dutti e fedele a nessuno. Le vicende d'amore. — 1785. Enea e Lavinia. I finti amori. La clemenza di Tito. I fuorusciti. — 1786. La donna al peggior s'appiglia. Pallade (cantate). Lo scoprimento inaspettato. Guerra aperta. La vedova contrastata. Le astuzzie villane. I due gemelli. — 1788. La pastorella nobile. Le nozze disturbate. — 1789. Ademira. Arsace. La sposa bisbetica. Rinaldo. — 1790. Alvaro. — 1791. La lanterna di Diogenio. Lo sciocco poeta. Paolo e Virginia.

Oratorios. — La morte d'Abele. Betulia liberata. La distruzione di Gierusalemme. Debora et Sisara. Le lacrime di san Pietro.

Musique d'église. — Messe à cinq instruments. Psaumes. *Laudate. In convertendo. Miserere* à 5 voix. Motets. *Regina cœli. Gratias agimus tibi,* hymnes des vêpres et de complies à quatre voix.

Musique instrumentale. — Six divertissements pour clavecin, violon et violoncelle. Six quatuors pour clavecin, deux violons et violoncelle. Six solos pour le clavecin.

---

23 — WEST (Benjamin).

Élu, le 14 mai 1803, associé étranger de la Classe des Beaux-Arts; passé, en 1816, à l'Académie des Beaux-Arts.

Né à Springfield, État de Pennsylvanie (États-Unis), le 10 octobre 1738. — 1772. Peintre d'histoire du Roi d'Angleterre. — 1792. Président de l'Académie royale de Londres. — Mort à Londres, le 11 mars 1820.

Œuvres principales. — Suzanne devant ses juges. Cimon et Iphigénie. Angélique et Médor. Adieux d'Hector et d'Andromaque. Le retour de l'enfant prodigue. Agrippine rapportant les cendres de Germanicus. Régulus quittant Rome. Mort du général Wolf. Les progrès de la révélation divine. Le Christ guérissant les malades. La mort sur un cheval pâle (Apocalypse). La bataille de la Hogue. La mort de Nelson. Oreste et Pylade. Cromwell chassant le Parlement. L'intérieur de la famille West. La bataille de la Boyne. Le Christ abandonné.

---

24. — VOLTA (le Comte Alessandro).

Élu, le 5 septembre 1803, associé étranger de la Classe des Sciences; passé, en 1816, à l'Académie des Sciences.

Né à Côme (Lombardie), le 18 février 1745. — 1774. Professeur de physique à l'École royale de Côme. — 1779. Professeur à l'Université de Pavie. — 1782. Correspondant de l'Académie royale des Sciences. — 1810. Comte. — 1810. Sénateur du royaume d'Italie. — Mort à Côme, le 5 mars 1827.

Ouvrages. — 1776. Lettres sur l'inflammabilité de l'air des marais. — 1797. Mémoire sur l'électricité animale. Lettres sur la construction de la pile. — 1816. Œuvres complètes, 5 vol.

A inventé l'électrophore, le condensateur, l'endiomètre électrique, l'électroscope à pailles, le pistolet et la lampe à matière inflammable et la pile voltaïque (1794).

Une notice sur sa vie a été lue par Arago, dans la séance de l'Académie des Sciences du 26 juillet 1831.

25. — KLAPROTH (Martin, Heinrich).

Élu, le 18 juin 1804, associé étranger de la Classe des Sciences.

Né à Wernigerode (Prusse), le 1er décembre 1743. — 1804. *Correspondant de l'Institut.* — 1809. Professeur de chimie à l'Université de Berlin. — Mort à Berlin, le 1er janvier 1817.

Ouvrages. — 1795. De la nature chimique des corps minéraux, 5 vol. — 1807. Dictionnaire de chimie, 5 vol. Mémoires de chimie contenant des analyses de minéraux, 2 vol.

26. — DALBERG (l'Abbé Carl, Theodor, Anton, Maria, baron de), G. O. ✳

Élu, le 14 décembre 1804, associé étranger de la Classe d'Histoire et de Littérature ancienne; passé, en 1816, à l'Académie des Inscriptions et Belles-Lettres.

Né à Herrnsheim (Hesse-Darmstadt), le 8 février 1744. — Docteur en droit. Capitulaire à l'archevêché de Mayence. Chanoine des grands chapitres de Wurtzbourg et de Worms. — 1772. Conseiller intime et gouverneur d'Erfurt. Président de l'Académie des Sciences d'Erfurt. — 1787. Coadjuteur de Constance et archevêque de Tarse. — 1800. Administrateur du diocèse de Constance. — 1802. Électeur et archevêque de Mayence. Prince primat de la Confédération du Rhin. — 1810. Prince souverain et seigneur de Ratisbonne, d'Aschaffenbourg, de Francfort-sur-le-Mein et de Wetzlar. Grand-duc. — 1814. Dépouillé de ses titres, ne conserve que l'évêché de Ratisbonne. — Mort à Ratisbonne, le 10 février 1817.

Ouvrages. -- 1777. Considérations sur l'univers. — 1782. Anémomètre proposé aux amateurs de météorologie, in-4. — 1787. Portrait de Mme de Buchwald, écrit dédié aux belles âmes et autres. Des rapports entre la morale et la politique. — 1793. La conscience de soi, envisagée comme principe général de la philosophie. De l'influence des sciences et des beaux-arts sur la tranquillité publique. — 1794. Principes d'esthétique. — 1796. Essai sur la science en France, in-4. — 1806. Périclès ou de l'influence des beaux-arts sur le bonheur public.

27. — MARVUGLIA (Giuseppe, Venanzio).

Élu, le 2 mars 1805, associé étranger de la Classe des Beaux-Arts.

Né à Palerme (Sicile), en 1729. — Architecte. Professeur d'architecture à l'Académie de Palerme, puis à l'Université royale. — Mort à Palerme, le 18 mars 1815.

Œuvres principales. — 1769. Église de l'oratoire des Philippins à Palerme. — 1772. Église du monastère de Sales à Palerme. Monastère de Saint-Martin. Cour du palais de Geraci. Palais Belmonte. Villa Belmonte. Palais Constantino. Palais du Jardin Botanique, etc.

28. — SALIERI (Antonio).

Élu, le 2 mars 1805, associé étranger de la Classe des Beaux-Arts; passé, en 1816, à l'Académie des Beaux-Arts.

Né à Legnano (Vénétie), le 29 août 1750. — Maître de chapelle et Directeur de la musique de la Cour impériale d'Autriche. — Mort à Vienne (Autriche), le 12 mai 1825.

Œuvres principales. — *Opéras.* — 1770. Le donne letterate et l'amore innocente. — 1771. Armida. Il Don Chisciote. — 1772. Il Barone di rocca antica. La fiera di Venezia. La secchia rapita. — 1773. La locandiera. — 1775. La calamita de cori. La finta scema. — 1776. Delmita e Daliso. — 1778. Europa riconosciuta. — 1779. La scuola de gelosi. Il talismano. La partenza inaspettata. — 1780. La dama pastorella. — 1781. Le ramoneur. — 1784. Les Danaïdes. Sémiramide. Il ricco d'un giorno. — 1785. Eraclito e Democrito. La grotta de Trofonio. — 1786. Les Horaces. — 1787. Tarare. — 1788. Assurre d'Ormus. Cublai, gran Can de Tartari. Chimène et Rodrigue. — 1789. Il pastor fido. La cifra. La princesse de Babylone. — 1790. Sapho. — 1792. Catilina. — 1794. Il Mondo alla rovescia. — 1795. Palmira. — 1796. Il Moro. — 1798. Falstaff. — 1800. Danaüs. Cesare in Farmacusa. Angiolina. — 1801. Capua. — 1802. La bella selvaggia. — 1803. Ouverture, entr'actes et chœurs des Hussites de Naumbourg. — 1804. Die Niger.

Musique d'église. — Oratorios, cantates, morceaux nombreux de musique vocale et instrumentale.

---

29. — PAISIELLO (Giovanni), ✳

Élu, le 30 décembre 1809, associé étranger de la Classe des Beaux-Arts.

Né à Tarente (Deux-Siciles), le 9 mai 1741. — Directeur de la musique nationale à Naples. — 1802. Maître de chapelle de Bonaparte. — 1804. Maître de chapelle du roi de Naples. — 1808. Président de la direction du Conservatoire de musique de Naples. — Mort à Naples, le 5 juin 1816.

Ouvrages. — *Opéras.* — La pupilla. Il mondo alla rovescio. La madama umorista. Demetrio et Artaserces. Le virtuose ridicole. Il negligente. I bagni di Abano. Il ciarlone. L'amore in ballo. La pescatrice. Il marchese di Tulipano. L'idolo cinese. Le due contesse. La disfalta di Dario. Dal finto il vero. La serva padrona. Il matrimonio inaspettato. Il barbiere di Seviglia. I filosofi imaginari. L'innocente fortunato. Sismonno nel Mogole. L'Arabo cortese. Semiramide. Annibale in Italia. Antigone. La grotta di Trofanio. La cuffoara. La finta amante. Il Re Teodoro. Il Pirro. Nina. La locanda. Proserpine. I pitagorici.

---

30. — HUMBOLDT (le Baron Friedrich, Heinrich, Alexander de), G. C. ✳

Élu, le 14 mai 1810, associé étranger de la Classe des Sciences; passé, en 1816, à l'Académie des Sciences.

Né à Berlin (Prusse), le 14 septembre 1769. — Assesseur au Conseil des Mines. Directeur général des mines d'Anspach et Bayreuth. Conseiller intime. — 1804. *Correspondant de l'Institut.* — Mort à Berlin, le 6 mai 1859.

Ouvrages. — 1793. *Specimen floræ subterraneæ fribergensis et aphorismi ex physiologia chemica plantarum*, in-4. — 1797. Sur l'excitation des systèmes des muscles et des nerfs, avec des conjectures sur les opérations chimiques des animaux et des végétaux, 2 vol. — 1804. Sur la variation du magnétisme terrestre à différentes latitudes, in-4. — 1805. Recueil d'observations de zoologie et d'anatomie comparée, 2 vol. Essai sur la géographie des plantes. — 1807. Physique générale et géologie. Voyage de l'intérieur de l'Amérique dans les années 1799 à 1804, 11 vol. in-4 et 17 vol. gr. in-fol. — 1808. Tableaux de la nature ou considérations sur les déserts, sur la physionomie des végétaux, etc., 2 vol. in-12. Recueil d'observations et de mesures barométriques, 2 vol. in-4. — 1809. Voyages aux régions équinoxiales du nouveau continent, 3 vol. — 1810. Vue des Cordillères et monuments des peuples indigènes de l'Amérique, 2 vol. — 1811. Essai politique sur le royaume de la Nouvelle-Espagne, 2 vol. in-4. — 1817. *De distributione geographica plantarum secundum cœli temperiem et altitudinem montium*, in-4. — 1819. Mimoses et autres plantes légumineuses du nouveau continent, 2 vol. gr. in-fol. — 1822. *Synopsis plantarum quas in itinere ad plagam acquessi*, 4 vol. in-fol. — 1824. Observations sur quelques phénomènes peu connus qu'offre le goître sous les tropiques. — 1825. Évaluation numérique de la population du nouveau continent. — 1826. Essai politique sur l'île de Cuba. — 1831. Fragments de géologie et de climatologie asiatiques, 2 vol. — 1835-38. Examen critique de la géographie du Nouveau Continent, 5 vol. — 1839. Pétrifications recueillies en Amérique, gr. in-fol. — 1843. Asie centrale, recherches sur les chaines de montagne et la climatologie comparée, 3 vol. — 1846-48. Cosmos, essai d'une description physique du monde, 2 vol. — 1848. Mémoire sur la production de l'or et de l'argent considérée dans ses fluctuations. — 1860. Correspondance avec Varnhagen von Ense de 1827 à 1858, in-12. — 1864.

Mélanges de géologie et de physique générale. — 1865. Correspondance scientifique et littéraire. — 1868. Sites des Cordillères et monuments des peuples indigènes de l'Amérique. — 1869. Correspondance inédite scientifique et littéraire. — S. d. Des lignes isothermes et de la distribution de la chaleur sur le globe.

31. — JENNER (Edward).

Élu, le 13 mai 1811, associé étranger de la Classe des Sciences ; passé, en 1816, à l'Académie des Sciences.

Né à Berkeley, comté de Gloucester (Angleterre), le 17 mai 1749. — 1788. Membre de la Société royale de Londres. — 1792. Docteur en médecine. — 1796. Découvre la vaccine. — 1808. *Correspondant de l'Institut.* — Mort à Berkeley, le 26 janvier 1823.

Ouvrages. — 1796. Du vaccin. — 1798. Enquête sur les causes et les effets du *variolæ vaccinæ* connu sous le nom de *cowpox*, in-4. — 1800. Recherches sur les causes et les effets de la *variolæ vaccinæ*. Continuation des faits et des observations relatifs au *variolæ vaccinæ*, ou *cowpox*, in-4. — 1801. Origine de l'inoculation du vaccin, in-4. — 1806. Variétés et modifications de la pustule du vaccin occasionné par l'état herpétique de la peau, in-4.

32. — WERNER (Abraham, Gottlob).

Élu, le 3 février 1812, associé étranger de la Classe des Sciences ; passé, en 1816, à l'Académie des Sciences.

Né à Wehrau (Prusse), le 25 septembre 1750. — Professeur de minéralogie à l'École de Freiberg. — 1804. *Correspondant de l'Institut.* — Mort à Dresde, le 30 juin 1817.

Ouvrages. — 1774. Caractères extérieurs des fossiles, in-4. — 1787. Courte classification et description des espèces des montagnes. — 1791. Nouvelle théorie sur la formation des filons. — 1791-92. Catalogue du cabinet de minéralogie de Pabst Von Ohain, 2 vol. — 1792. Oryctognosie, ou livre à l'usage des amateurs de minéralogie. — 1818. Dernier système de minéralogie.

Une notice sur sa vie a été lue par G. Cuvier, dans la séance de l'Académie des Sciences du 16 mars 1818.

33. — WATT (James).

Élu, le 10 octobre 1814, associé étranger de la Classe des Sciences ; passé, en 1816, à l'Académie des Sciences.

Né à Greenock, comté de Renfrew (Écosse), le 19 juin 1736. — 1808. *Correspondant de l'Institut.* — Mort à Heathfield, comté de Warwick (Angleterre), le 15 août 1819.

M. Watt n'a publié aucun écrit, mais son nom est indissolublement associé à l'invention de la machine à vapeur.

Une notice sur sa vie a été lue par Arago, dans la séance de l'Académie des Sciences du 8 décembre 1834.

34. — WYTTENBACH (Daniel).

Élu, le 11 novembre 1814, associé étranger de la Classe d'Histoire et de Littérature ancienne ; passé, en 1816, à l'Académie des Inscriptions et Belles-Lettres.

Né à Berne (Suisse), le 7 août 1746. — 1771. Professeur de langue grecque et de philosophie à l'Athénée d'Amsterdam. — 1779. Professeur de philosophie à l'Athénée de Leyde. — 1785. Professeur de lettres grecques et latines à l'Athénée d'Amsterdam. — 1798. Professeur à l'Athénée de Leyde. — Mort à OEgstgeest (Hollande), le 18 janvier 1820.

Ouvrages. — 1772. *De sera Numinis vindicta.* — 1777. *Bibliotheca critica,* 3 vol. — 1779. *De philosophiâ,* in-4. — 1782. *Præcepta philosophiæ logicæ.* — 1794. *Selecta principum Græciæ historicorum.* — 1795. *Moralia,* 5 vol. in-4. — 1809. *Philomathia, sive Miscellaneæ doctrinæ.* — 1810. *Animadversiones,* 3 vol. — 1821. *Opuscula varii argumenti oratoria.* — 1826. *Brevis descriptio institutionum metaphysicarum.* — 1829. *Epistolæ selectæ.* — 1830. *Index græcitatis,* 2 vol.

35. — WILKINS (Sir Charles).

Élu, le 2 décembre 1814, associé étranger de la Classe d'Histoire et de Littérature ancienne ; passé, en 1816, à l'Académie des Inscriptions et Belles-Lettres.

Né à Frome, comté de Somerset (Angleterre), en 1749. — 1770 à 1785. Commis de la Compagnie des Indes. — 1801. Bibliothécaire de la Compagnie des Indes. — Mort à Londres, le 13 mai 1836.

Ouvrages. — 1778. Grammaire bengali. — 1787. Le Bhagavad-Guita. L'Hitopadesa. Histoire de Doushmanta et de Sacontala. — 1808. Grammaire de la langue sanscrite. — 1815. Dhatoumandjari.

36. — MORELLI (l'Abbé Jacopo).

Élu, le 21 mars 1817, associé étranger de l'Académie des Inscriptions et Belles-Lettres.

Né à Venise (Vénétie), le 14 avril 1745. — 1778. Conservateur de la Bibliothèque de Saint-Marc, à Venise. — 1806. *Correspondant de l'Institut.* — Mort à Venise, le 5 mai 1819.

Ouvrages. — 1774. Dissertation historique sur la bibliothèque de Saint-Marc. — 1789. Vie de Sansovino. — 1793. Monuments de l'origine de l'imprimerie à Venise. — 1796. La guerre des Vénitiens en Asie, de 1470 à 1474. — 1800. Catalogue des dessins de la première moitié du XVIᵉ siècle existant à Padoue, Crémone, Milan, Pavie et Venise. — 1802. Bibliothèque manuscrite grecque et latine. — 1803. Dissertation sur quelques voyageurs savants de Venise peu connus. — 1819. Sept lettres sur l'érudition. — 1820. Mélanges, 3 vol.

37. — SCARPA (Antonio), ✳

Élu, le 30 juin 1817, associé étranger de l'Académie des Sciences.

Né à La Motta (Vénétie), le 13 juin 1747. — 1772. Professeur de chirurgie à l'Université de Modène. — 1783. Professeur à l'Université de Pavie. — 1804. *Correspondant de l'Institut.* — Mort à Bornasco, le 31 octobre 1832.

Ouvrages. — 1772. *De structura fenestræ rotundæ auris et de tympano secundario,* in-4. — 1779. *De gangliis et plexubus nervorum,* in-4. — 1785. *De organo olfactus præcipuo deque nervis nasalibus e pari quinto nervorum cerebri,* in-4. — 1788. *De nervo spinali ad octavum cerebri accessorio.* — 1789. *Anatomicæ disquisitiones de auditu et olfactu,* in-fol. — 1794. *Tabulæ nevrologicæ.* — 1799. *De penitiori ossium structura,* in-4. — 1804. Sur l'anévrisme, in-fol. — 1825. Opuscules de chirurgie, 3 vol. in-4. Traité de l'opération de la taille. Traité pratique des hernies. Traité pratique des maladies des yeux. — 1827. *De anatomia et pathologia ossium,* in-4.

38. — PIAZZI (l'Abbé Giuseppe).

Élu, le 18 août 1817, associé étranger de l'Académie des Sciences.

Né à Ponte (Lombardie), le 16 juillet 1746. — Professeur de mathématiques à l'Université de Malte

II.

Professeur de philosophie au collège de Ravenne. Professeur de théologie dogmatique à l'Institut de Saint-André-della-Valle. — 1780. Professeur de mathématiques à Palerme. — 1789. Directeur de l'Observatoire de Palerme. — 1810. *Correspondant de l'Institut.* — Mort à Naples, le 22 juillet 1826.

Ouvrages. — 1792. L'observatoire d'astronomie de Palerme. — 1798. Les horloges en Italie et en Europe. — 1801. Résultats des observations sur une nouvelle étoile, in-12. — 1803. *Præcipuarum stellarum inerrantium positiones mediæ ineunte sæculo XIX*, in-fol. — 1812. *Codice metrico siculo.* — 1817. Leçons d'astronomie, 2 vol. — 1821. Recueil de l'observatoire de Naples, in-4. — Découverte de la planète Cérès (1801).

39. — WOLF (Friedrich, August).

Élu, le 26 février 1819, associé étranger de l'Académie des Inscriptions et Belles-Lettres.

Né à Haynrode (Prusse), le 15 février 1759. — 1779. Professeur au gymnase d'Ilfeld. — 1782. Directeur de l'École latine à Osterode. — 1783 à 1807. Professeur de philosophie à l'Université de Halle. — 1807. Conseiller privé. — 1810. Directeur du séminaire philologique de Berlin. — Mort à Marseille (Bouches-du-Rhône), le 8 août 1824.

Ouvrages. — 1783. *Theogonia Hesiodæ.* — 1786. *Epistola in Antimachi Coloph. reliquias.* — 1787. Histoire de la littérature romaine. Éléments d'histoire de la littérature grecque. *Tetralogia dramatum græcorum.* — 1795. Prolégomènes. — 1797. Lettres relatives aux nouvelles recherches sur Homère. — 1802. Mélanges. — 1808-11. *Museum antiquitatis studiorum.* — 1811. Sur le Phédon de Platon, in-4. — 1829. *Consilia scholastica*, 2 vol. — 1830. Encyclopédie de philologie. — 1831. Leçons sur les quatre premiers chants de l'Iliade, 3 vol. in-12. — 1833. Tableau de l'antiquité. — 1835. Idées sur l'éducation, l'école et l'université. — 1840. Observations sur le bouclier d'Hercule.

40. — DAVY (Sir Humphry).

Élu, le 8 novembre 1819, associé étranger de l'Académie des Sciences.

Né à Penzance, comté de Cornouailles (Angleterre), le 17 décembre 1778. — 1801. Professeur adjoint de chimie et Directeur du laboratoire de l'Institution royale de Londres. — 1802 à 1812. Professeur titulaire. — 1803. Membre de la Société royale de Londres. — 1807. Secrétaire de la même Société. — 1812. Chevalier. — 1813. *Correspondant de l'Institut.* — 1815. Invente la lampe dite de Davy. — 1818. Baronnet. — 1820. Président de la Société royale de Londres. — Mort à Genève, le 29 mai 1829.

Ouvrages. — 1800. Recherches chimiques et philosophiques, concernant l'oxide nitrique. — 1812. Éléments de philosophie chimique, 2 vol. — 1813. Éléments de chimie agricole. — 1818. Sur la lampe de sûreté pour les mines de charbon, dite lampe de Davy. — 1829. Consolations des voyages, ou les derniers jours d'un philosophe. — 1838. Nouveau manuel de chimie agricole.

Une notice sur sa vie a été lue par G. Cuvier, dans la séance de l'Académie des Sciences du 26 juillet 1830.

41. — OUVAROFF (le Comte Serge, Semenowitch).

Élu, le 7 janvier 1820, associé étranger de l'Académie des Inscriptions et Belles-Lettres.

Né à Moscou (Russie), le 25 août 1785. — Attaché à l'ambassade d'Autriche en Russie. — Curateur de l'arrondissement universitaire de Saint-Pétersbourg. — 1818. Président de l'Académie impériale des Sciences. — Directeur des manufactures, du commerce intérieur, des banques d'emprunt et de commerce au Ministère des Finances. — 1833. Ministre de l'Instruction publique. — 1846. Comte. — Mort à Moscou, le 16 septembre 1855.

Ouvrages. — 1815. De l'empereur Alexandre et de Bonaparte. Essais sur les mystères d'Éleusis. — 1820. Examen critique de la fable d'Hercule, in-4. — 1826. Mémoires sur les tragiques grecs, in-4. — 1844. Études de philosophie et de critique. Esquisses politiques et littéraires.

---

42. — CAMUCCINI (le Baron Vincenzo).

Élu, le 17 juin 1820, associé étranger de l'Académie des Beaux-Arts.

Né à Rome (États de l'Église), le 21 février 1771. — Peintre d'histoire. — Inspecteur général des musées du Vatican. — Directeur de l'Académie napolitaine de Rome. — Président de l'Académie de Saint-Luc. — 1835. Baron. — Mort à Rome, le 2 septembre 1844.

Œuvres principales. — Horatius Coclès. Romulus et Remus enfants. Le départ de Régulus pour Carthage. La mort de Virginie. Le dévouement des dames romaines. La continence de Scipion. La mort de César. L'incrédulité de Thomas. La présentation de Jésus-Christ au temple. Mort de Marie-Madeleine. La mise au tombeau de Jésus-Christ. L'apparition de Jésus-Christ dans les limbes de l'enfer. L'envoi des Bénédictins en Angleterre pour annoncer la foi véritable. La conversion de Saül. Les fiançailles de Psyché.

---

43. — ANTOLINI (Giovanni, Antonio).

Élu, le 17 juin 1820, associé étranger de l'Académie des Beaux-Arts.

Né à Bologne (États de l'Église), en 1754. — Architecte. — 1810. *Correspondant de l'Institut.* — Mort à Milan, le 11 mars 1841.

Œuvres principales. — Forum Bonaparte de Milan. Restauration du temple d'Hercule à Coré, des ruines de Velleja et des monuments romains d'Assise.

Ouvrages. — Les éléments de l'architecture civile. L'ordre d'origine, ou le temple d'Hercule dans la ville de Coré. Le temple de Minerve à Assise. Description du forum Bonaparte. Remarques et appendice au traité d'architecture de Milezia. Les ruines de Velleja mesurées et dessinées.

---

44. — GAUSS (Carl, Friedrich).

Élu, le 4 septembre 1820, associé étranger de l'Académie des Sciences.

Né à Brunswick (Westphalie), le 30 avril 1777. — Astronome. — 1807. Directeur de l'Observatoire de Gœttingue. — 1804. *Correspondant de l'Institut.* — Mort à Gœttingue, le 23 février 1855.

Ouvrages. — 1799. *Demonstratio nova theorematis omnem functionem algebraïcam rationalem integram unius variabilis in factores reales primi vel secundi gradus resolvi posse.* — 1801. *Disquisitiones arithmeticæ.* — 1803-10. *Disquisitio de elementis ellipticis Palladis, ex oppositionibus annorum.* — 1808. *Summatio quarumdam Serierum singularium.* — 1809. *Theoria motus Corporum cœlestium in sectionibus conicis ambientium.* Supplément à la théorie des équations algébriques. — 1813. *Observationes Cometæ secundi.* — 1814. *Methodus nova integralium valores per approximationes inveniendi.* — 1815. *Demonstratio nova altera theorematis omnem functionem,* etc. — 1817. *Theorematis fundamentalis in doctrina de residuis quadraticis, demonstrationes et ampliationes novæ.* — 1818. *Determinatio attractionis quam in punctum quodlibet positionis datæ exerceret planeta cujus massa per totam ejus orbitam, ratione temporis quo singulæ partes describuntur, esset dispertita.* — 1821-26. *Theoria combinationis observationum erroribus minimis obnoxiæ.* — 1825-32. *Theoria residuorum biquadraticorum.* — 1827. *Disquisitiones generales supra superficies curvas.* — 1829. *Principalia generalia theoricæ figuræ fluidorum in statu æquilibrii.* — 1832. *Intensitas vis magneticæ terrestris ad mensuram absolutam revocata.* — 1840. Recherches dioptriques. — 1844-47. Recherches sur des sujets de haute géodésie. — 1845. Additions à la théorie des équations algébriques. — 1852. Recherches générales sur les surfaces courbes. — 1855. Méthode des moindres carrés. Mémoires sur la combinaison des observations. — 1864. Théorie du mouvement des corps célestes parcourant des sections coniques autour du soleil. — 1871. Recherches générales sur la surface des courbes, in-4. — Découverte de la comète de 1811.

45. — SESTINI (Domenico).

Élu, le 22 décembre 1820, associé étranger de l'Académie des Inscriptions et Belles-Lettres.

Né à Florence (Toscane), le 10 août 1750. — 1810. *Correspondant de l'Institut.* — 1810 à 1814. Bibliothécaire de la grande-duchesse de Toscane. — 1816. Professeur à l'Université de Pise. — Mort à Florence, le 7 août 1832.

Ouvrages. — 1789. Lettres écrites pendant le cours de voyages en Italie, en Sicile et en Turquie, 3 vol. Voyage dans la Grèce asiatique, à la péninsule de Cyzique, à Bresse et à Nicée. — 1798. Voyage de Constantinople à Bassora par le Tigre et l'Euphrate, et retour à Constantinople par le désert et Alexandrie. — 1803. Le guide du voyageur en Égypte, ou description des végétaux et des minéraux qui existent en Égypte. — 1813. Dissertation sur un vase antique de verre trouvé dans un tombeau près de l'antique Populanie. Lettres et dissertations numismatiques, 9 vol. — 1815. La confédération des Achéens. — 1821. *Classes generales geographicæ numismaticæ*, 2 vol. in-4.

46. — HEEREN (Arnold, Hermann, Ludwig).

Élu, le 29 décembre 1820, associé étranger de l'Académie des Inscriptions et Belles-Lettres.

Né à Arbergen (Hanovre), le 25 octobre 1760. — 1787. Professeur de philosophie, puis (1801) d'histoire à l'Université de Gœttingue. — 1809. *Correspondant de l'Institut.* — Conseiller aulique de Hanovre. — Conseiller intime de justice. — Mort à Gœttingue, le 7 mars 1842.

Ouvrages. — 1788. De l'histoire et de la littérature des belles-lettres. — 1789. De l'influence des Normands sur la langue et la littérature française. — 1790. De l'histoire et de la géographie anciennes. — 1794. *De Græcorum de India notitia et cum Indis commerciis.* — 1797-1802. Histoire de l'étude de la littérature classique depuis la Renaissance, 2 vol. — 1797. Histoire du moyen âge. — 1799. Histoire des États de l'Europe durant les trois derniers siècles. — 1808. Essai sur l'influence des croisades. — 1810-12. Études biographiques. — 1817. La confédération germanique considérée dans ses rapports avec les autres États de l'Europe. — 1820. *De fontibus et auctoritate vitarum parallelarum Plutarchi.* Manuel historique du système politique des États de l'Europe et de leurs colonies depuis la découverte des deux Indes, 9 vol. — 1821. Mélanges historiques et politiques, 3 vol. — 1823. Manuel de l'histoire ancienne, considérée sous le rapport des constitutions, du commerce et des colonies des divers états de l'antiquité. — 1830. De la politique et du commerce des peuples de l'antiquité. — 1832. *De Ceylane insula. Commercia urbis Palmyræ vicinarumque urbium ex monumentis et inscriptionibus illustrata.* — 1821-26. Œuvres historiques, 15 vol.

47. — BERZÉLIUS (le Baron Jöns, Jacob), C. ✳

Élu, le 11 novembre 1822, associé étranger de l'Académie des Sciences.

Né à Wäfversunda (Suède), le 29 août 1779. — 1806. Professeur de chimie et de pharmacie à l'Université de Stockholm. — 1816. *Correspondant de l'Institut.* — 1818. Secrétaire perpétuel de l'Académie des Sciences de Stockholm. — Mort à Stockholm, le 7 août 1848.

Ouvrages. — 1800. *Nova analysis aquarum Mediviensium.* — 1802. *De electricitatis galvanicæ in corpora organica.* — 1806. Mémoires de physique, de chimie et de minéralogie, 6 vol. Recherches de chimie animale, 2 vol. — 1812. Coup d'œil sur la composition des fluides animaux. — 1814. Mémoires sur la composition des fluides animaux. — 1815. Coup d'œil sur les progrès et l'état présent de la chimie animale. — 1817. Traité de chimie, 6 vol. — 1819. Nouveau système de minéralogie, in-4. Essai sur la théorie des proportions chimiques et sur l'influence chimique de l'électricité. — 1820. Traité de l'emploi du chalumeau en chimie et en minéralogie. — 1821-48. Rapport annuel des progrès de la chimie et de la minéralogie, 27 vol. — 1825. Manuel de chimie, 4 vol. — 1826. Chimie du fer. — 1846-52. Traité de chimie minérale, végétale et animale, 6 vol.

48. — WOLLASTON (William, Hyde).

Élu, le 24 mars 1823, associé étranger de l'Académie des Sciences.

Né à East-Dereham, comté de Norfolk (Angleterre), le 6 août 1766. — 1793. Docteur en médecine. — 1793. Membre de la Société royale. — 1806. Secrétaire de la Société royale. — 1816. *Correspondant de l'Institut.* — 1820. Président de la Société royale. — Mort à Londres, le 22 décembre 1828.

Ouvrages. — 1797. Analyse des sécrétions urinaires et goutteuses. — 1800. Des images doubles causées par la réfraction atmosphérique. — 1801. Expériences sur la production chimique et l'action de l'électricité. — 1802. Méthode pour l'examen de la puissance réfractaire et dispersive par la réflexion prismatique. — 1805. Sur le palladium et le rhodium. — 1806. De la force de percussion. — 1807. Des anneaux lumineux. — 1808. Des sels suracidulés et acidulés. — 1810. De l'action musculaire du mal de mer et des effets salutaires de l'exercice durant la gestation. — 1810. De l'oxyde cystique, nouvelle espèce de calcul urinaire. — 1811. De la non-existence du sucre dans le sang des personnes atteintes du diabète mellitus. — 1812. Moyens propres à accroître la malléabilité du platine. — 1814. Échelle synoptique des équivalentes chimiques. — 1820. Des sons insaisissables pour certaines oreilles. — 1829. D'un baromètre différentiel. Mémoires insérés dans les *Philosophical transactions.*

49. — ALVAREZ (José).

Élu, le 13 décembre 1823, associé étranger de l'Académie des Beaux-Arts.

Né à Priego (Espagne), le 23 avril 1768. — Sculpteur. — Mort à Madrid, le 10 décembre 1827.

Œuvres principales. — Ganymède. Adonis. Nombreux travaux exécutés, par ordre de Napoléon, dans le palais du Quirinal à Rome.

50. — SCHINKEL (Carl, Friedrich).

Élu, le 13 décembre 1823, associé étranger de l'Académie des Beaux-Arts.

Né à Neu-Ruppin (Prusse), le 13 mars 1781. — Architecte. — Mort à Berlin, le 9 octobre 1841.

Œuvres principales. — Théâtre de Berlin. Monument de l'armée. Pont du palais. Porte de Potsdam. École du génie. Musée de Berlin.
Ouvrage. — 1820. Modèles destinés aux artisans.

51. — ROSSINI (Gioachino, Antonio), G. O. ✻

Élu, le 13 décembre 1823, associé étranger de l'Académie des Beaux-Arts.

Né à Pesaro (États de l'Église), le 29 février 1792. — 1823. Directeur du Théâtre-Italien à Paris. — 1825 à 1830. Intendant général de la musique du Roi et Inspecteur général du chant en France. — Mort à Paris, le 14 novembre 1868.

Œuvres principales. — *Opéras.* — 1810. La cambiale di matrimonio. — 1811. L'equivoco stravagante. — 1812. Demetrio e Polibio. L'Inganno felice. La scala di seta. L'occazione fà il ladro. Ciro in Babilonia. La Pietra del paragone. — 1813. Il figlio par azzardo. Tancrede. L'Italiana in Algeri. — 1814. Aureliano in Palmira. Il Turco in Italia. — 1815. Elisabetta regina d'Inghilterra. Sigismondo. Torvaldo e Dorliska. — 1816. Il Barbiere di Seviglia. La Gazzetta. Otello. La Cenerentola. La gazza ladra. — 1817. Armide. — 1818. Mose in Egitto. Adelaïda di Borgogna. Adina o il califfo di Bagdad. Ricciardo e Zoraide. — 1819. Ermione. Eduardo e Cristina. La donna del lago. — 1820. Bianca e Faliero. Maometto secondo. — 1821. Matilde di Sabran. Zelmira. — 1823. Semiramide. — 1825. Il viaggio a Reims. — 1826. Le siège de Corinthe. — 1827. Moïse. — 1828. Le comte Ory. — 1829. Guillaume Tell.

Cantates et oratorios, etc. — 1808. Pianta per la morte d'Orfeo. — 1811. Didone abbandonata. — 1814. Egle ed Irene. — 1816. Teti e Peleo. — 1819. Parthenope. — 1820. Hymne patriotique. — 1821. Riconoscenza. — 1822. Il vero omaggio.—1825. Les soirées musicales.—1841. Stabat mater.—1846. Messe solennelle. — 1847. Stances à Pie IX. — — 1848. Trois chœurs : la Foi, l'Espérance et la Charité.

52. — LONGHI (Giuseppe).

Élu, le 13 décembre 1823, associé étranger de l'Académie des Beaux-Arts.

Né à Monza (Lombardie), le 13 octobre 1766. — Graveur. — 1797. Professeur de gravure à l'École de Milan. — 1801. Membre de la Consulte cisalpine. — Mort à Milan, le 2 janvier 1831.

Œuvres principales. — 1798. Bonaparte à Arcole (Gros). Le bon Samaritain. Le philosophe. Le vieillard à barbe blanche (Rembrandt). Saint Joseph portant l'enfant Jésus (Guide). — 1801. Le triomphe de Scipion. Le nègre qui rit (Rembrandt). La sainte Vierge. — 1803. Le repos en Égypte (Procaccini). Jésus mis au tombeau. Saint Jérôme (Crispi). — 1806. La décollation de saint Jean Baptiste (Gérard Dow). — 1806-07. Le triomphe de Napoléon. — 1809. La Madeleine au désert (Corrège). — 1810. Louis XIV. — 1813. Galathée portée sur une conque (L'Albane). — 1813. Eugène Beauharnais (Gérard). — 1820. Le mariage de la Vierge (Raphaël). — 1825. La Vierge du lac (L. de Vinci). — 1827. Le jugement dernier (Michel-Ange). — S. d. La vision d'Ézéchiel. La Vierge au voile.

Portraits. — Napoléon roi d'Italie. Napoléon empereur. Washington. Appiani. Michel-Ange.

Ouvrages. — 1807-14. Discours académiques. — 1816. Vie de Michel-Ange.

53. — THORWALDSEN (Bertel, dit Alberto), O. ✳

Élu, le 20 décembre 1823, associé étranger de l'Académie des Beaux-Arts.

Né en mer, entre l'Islande et le Danemark, le 19 novembre 1770. — Sculpteur. — 1805. Membre de l'Académie de Copenhague. — 1819. Conseiller d'État en Danemark. — Mort à Stockholm (Suède), le 24 mars 1844.

Œuvres principales. — Héliodore chassé du temple. La Paix. Achille et Briséis. L'Été et l'Automne. La danse des Muses. L'Amour et Psyché. Bacchus. Ganymède. Vénus et la pomme. Mars. Adonis. Hébé. Mercure tuant Argus. Le jour et la nuit. L'espérance. Le jeune pâtre. Ganymède avec l'aigle. Les trois grâces. Jason. Apollon. Mercure. Les douze apôtres (N.-D. de Copenhague). Statue équestre du prince Poniatowski. Maximilien Ier. Conradin de Souabe. Gutenberg. Schiller. Tombeau de Pie VII (Saint-Pierre de Rome). Le lion de Lucerne. Lord Bentinck. La princesse Galitzin. Byron. Le roi, la reine, les princes et princesses de la famille royale du Danemark. Holberg. Œhlenschlæger.

Bas-reliefs. — Nessus et Déjanire. Priam et Achille. Le Christ avec les apôtres auprès du lac de Tibériade. L'Amour montrant à Vénus sa main piquée par une abeille. Léda. Andromède. L'Amour et Psyché. L'Amour et l'Hymen. Rebecca à la fontaine. Le Christ et les enfants. La Samaritaine. L'entrée du Christ à Jérusalem. La marche du Sauveur au Golgotha. Entrée d'Alexandre à Babylone.

54. — ZINGARELLI (Nicolo, Antonio).

Élu, le 20 décembre 1823, associé étranger de l'Académie des Beaux-Arts.

Né à Naples (Deux-Siciles), le 4 avril 1752. — 1792. Maître de chapelle à la cathédrale de Milan. — 1794 à 1804. — Maître de chapelle à Lorette. — 1804-1811. Maître de chapelle de Saint-Pierre de Rome. — 1805. *Correspondant de l'Institut.* — 1816. Maître de chapelle de la cathédrale de Naples. — Mort à Naples, le 5 mai 1837.

Œuvres principales. — 1781. Montezuma. — 1785. L'Alcinda. Telemacco. — 1787. Ifigenia in Aulide. — 1789. Antigone. — 1791. La morte di Cesare. — 1792. Pirro. — 1793. La Secchia rapita. — 1794. Apelle et Campaspe. — 1795. Il conte di Saldagna. — 1796. Giulietta e Romeo. — 1798. Meleagro. — 1803. Inès de Castro. — 1810. La distruzzione di Gerusalemme.

55. — HUMBOLDT (le Baron Carl, Wilhelm de), O. ✳

Élu, le 19 août 1825, associé étranger de l'Académie des Inscriptions et Belles-Lettres.

Né à Potsdam (Prusse), le 22 juin 1767. — 1808. Ministre de l'Instruction publique et des Cultes. — 1810. Membre de l'Académie des Sciences de Berlin. — 1810. Ambassadeur en Autriche. — 1815. Ambassadeur à Londres. — 1817 à 1819. Ministre d'État et Conseiller privé. — Mort à Berlin, le 8 avril 1835.

Ouvrages. — 1826. Supplément à la grammaire japonaise du P. Rodriguez. — 1827. Lettre à M. Abel de Rémusat sur la nature des formes grammaticales en général, et sur le génie de la langue chinoise en particulier. — 1859. De l'origine des formes grammaticales et de leur influence sur le développement des idées. — 1866. Recherches sur les habitants primitifs de l'Espagne à l'aide de la langue basque. — 1867. Essai sur les limites de l'action de l'État, in-12. — S. d. Vocabulaire de la langue taïtienne. Essai sur les Grecs. La langue kawi dans l'île de Java, 3 vol. in-4. — OEuvres complètes, 7 vol.

56. — CREUZER (Georg, Friedrich), ✳

Élu, le 19 août 1825, associé étranger de l'Académie des Inscriptions et Belles-Lettres.

Né à Marbourg (Hesse-Électorale), le 10 mars 1771. — 1804. Professeur de philologie et d'histoire ancienne à l'Université de Heidelberg. — 1818. Conseiller aulique. — 1826. Conseiller privé. — Mort à Heidelberg, le 16 février 1858.

Ouvrages. — 1803. De l'art historique des Grecs. — 1805. Études, 6 vol. — 1808. *Dionysus, sive Commentationes de rerum Bacchicarum Orphicarumque originibus et causis.* — 1810. Symbolique et mythologie des peuples de l'antiquité, et surtout des Grecs, 4 vol. — 1820. *Procli et Olympiadori in Platonis Alcibiadem Commentarius.* — 1824. Abrégés d'antiquités romaines. — 1825. Les religions de l'antiquité considérées principalement dans leurs formes symboliques. — 1833. Essai sur l'histoire de la civilisation romaine sur les bords du haut Rhin et du Necker. — 1834. Essai sur la connaissance des pierres précieuses. — 1840. Essai sur l'histoire de l'archéologie romaine.

Une notice sur sa vie a été lue par M. Walckenaer, dans la séance de l'Académie des Inscriptions et Belles-Lettres du 31 juillet 1863.

57. — CANDOLLE (Augustin, Pyramus de), C. ✳

Élu, le 11 septembre 1826, associé étranger de l'Académie des Sciences.

Né à Genève (Suisse), le 4 février 1778. — 1802. Professeur d'histoire naturelle à l'Académie de Genève. — 1804. Docteur en médecine. Professeur de botanique à la Faculté de Médecine de Montpellier. — 1810. *Correspondant de l'Institut.* — 1815. Recteur de l'Université de Montpellier. — 1816. Professeur d'histoire naturelle à l'Université de Genève et membre du Conseil d'État. — Mort à Genève, le 9 septembre 1841.

Ouvrages. — 1799-1803. Histoire des plantes grasses, 4 vol. in-4. — 1813. Théorie élémentaire de la botanique. — 1818. *Regni vegetabilis systema naturale.* — 1824. *Prodromus systematis regni vegetabilis.* — 1827. Organographie végétale, 2 vol. — 1828. Collection de mémoires pour servir à l'histoire du règne végétal. Mémoire sur la famille des combrétacées, in-4. — 1829. Flore française, ou descriptions succinctes de toutes les plantes qui croissent naturellement en France, disposées selon une nouvelle méthode d'analyse et précédées par un exposé des principes élémentaires de la botanique. — 1832. Physiologie, 3 vol. — 1833. Histoire de la botanique genevoise. — 1842. Mémoire sur la famille des myrtacées, in-4. — 1843. Théorie élémentaire de la botanique. — 1861. Mémoires et souvenirs publiés par son fils.

Une notice sur sa vie a été lue par Flourens, dans la séance de l'Académie des Sciences du 19 décembre 1842.

58. — YOUNG (Thomas).

Élu, le 6 août 1827, associé étranger de l'Académie des Sciences.

Né à Milverton, comté de Somerset (Angleterre), le 13 juin 1773. — 1797. Fellow de l'Université de Cambridge. — 1801. Professeur de philosophie naturelle à l'Institut royal. — 1802. Secrétaire de la Société royale. — 1807. Docteur en médecine. — 1811. Médecin de l'hôpital Saint-Georges. — Mort à Londres, le 10 mai 1829.

Ouvrages. — 1807. Leçons sur la philosophie naturelle et les arts mécaniques. — 1823. Exposé de récentes découvertes de la littérature hiéroglyphique. — 1829. Résumé complet de mécanique et de la science des machines.

Une notice sur sa vie a été lue par Arago, dans la séance de l'Académie des Sciences du 26 novembre 1832.

---

59. — OLBERS (Heinrich, Wilhelm, Matthäus).

Élu, le 23 mars 1829, associé étranger de l'Académie des Sciences.

Né à Arbergen (Brême), le 11 octobre 1758. — Astronome. — 1810. *Correspondant de l'Institut.* — Mort à Brême, le 2 mars 1840.

Ouvrages. — Nombreux mémoires et articles insérés dans le Deutsche Museum, le Journal de Hufeland, l'Annuaire de Bode, les Astronomische Nachrichten de Schumacher, les Landes-Industrie-Comptoir de Weimar, la Correspondance mensuelle de Zach, dans l'Annuaire du bureau des longitudes, dans les Annales de chimie et de physique, dans l'Annuaire de Schumacher, etc.

---

60. — DALTON (John).

Élu, le 1er mars 1830, associé étranger de l'Académie des Sciences.

Né à Eaglesfield, comté de Cumberland (Angleterre), le 5 septembre 1766. — 1781. Maître d'école. — 1793. Professeur de mathématiques au collège de Manchester. — 1816. *Correspondant de l'Institut.* — 1817. Président de la Société littéraire et philosophique de Manchester. — 1822. Membre de la Société royale de Londres. — Mort à Manchester, le 27 juillet 1844.

Ouvrages. — 1793. Observations et essais sur la météorologie. — 1794. Mémoire sur la *colour blindness* (daltonisme). — 1808. Nouveau système de philosophie chimique. — Mémoires et essais insérés dans les Annales de la Société philosophique de Manchester, le *Philosophical Magazine*, le Journal français des mines, le Recueil de l'Institut et les *Philosophical Transactions* de la Société de Manchester.

---

61. — CAMBRAY-DIGNY (le Comte Luigi).

Élu, le 17 avril 1830, associé étranger de l'Académie des Beaux-Arts.

Né à Florence (Toscane), le 14 février 1778. — Professeur d'architecture à l'Académie des Beaux-Arts de Florence. — 1820. *Correspondant de l'Institut.* — Gonfalonier de Florence. — Mort à Florence, le 20 février 1843.

---

62. — BLUMENBACH (Johann, Friedrich).

Élu, le 19 avril 1830, associé étranger de l'Académie des Sciences.

Né à Gotha (Saxe-Gotha), le 11 mai 1752. — Docteur en médecine. — 1776. Conservateur du cabinet d'histoire naturelle. Professeur de physiologie et d'anatomie comparée à l'Université de Gœttingue. — 1805. *Correspondant de l'Institut.*

Ouvrages. — 1775. *De generis humani varietate nativa*, in-4. — 1780. Manuel d'histoire naturelle. — 1781. Sur la force formatrice et la fonction génératrice, in-4. — 1783. Bibliothèque médicale, 3 vol. — 1786. *Introductio ad historiam medicinæ litterariam.* Histoire et description des os du corps humain. — 1787. *Specimen physiologiæ comparatæ inter animantia calidi ac frigidi sanguinis vivipara et ovipara*, in-4. *Institutiones physiologicæ et pathologicæ.* — 1790. *Decades VIII craniorum diversarum gentium*, in-4. — 1803. Manuel d'histoire naturelle, 2 vol. — 1805. Manuel d'anatomie comparée. De l'unité du genre humain et de ses variétés.

Une notice sur sa vie a été lue par Flourens, dans la séance de l'Académie des Sciences du 26 avril 1847.

63. — BÖCKH (August), O. ✳

Élu, le 30 décembre 1831, associé étranger de l'Académie des Inscriptions et Belles-Lettres.

Né à Carlsruhe (grand-duché de Bade), le 24 novembre 1785. — Mort à Berlin, le 3 août 1867.

Ouvrages. — 1817. Économie politique des Athéniens, 2 vol. — 1819. Développement des doctrines du pythagoricien Philolaos. — 1821. Explication d'un contrat égyptien sur papyrus, en grec cursif de l'an 104 avant Jésus-Christ, in-4. — 1843. *Corpus Inscriptionum græcarum, auctoritate et impensis Academiæ regiæ Borussicæ*, 3 vol. in-fol.

64. — COLEBROOKE (Henry, Thomas).

Élu, le 30 décembre 1831, associé étranger de l'Académie des Inscriptions et Belles-Lettres.

Né à Londres (Angleterre), le 15 juin 1765. — 1782. Commis à la Compagnie des Indes. — 1786 à 1801. Receveur des finances à Tirhut, puis à Purneah. — 1801. Membre de la cour d'appel de Calcutta. — 1805. Président de la même cour. — 1805. Professeur de loi hindoue et de sanscrit au collège de Fort William. — 1807 à 1814. Membre du Conseil des Indes. — 1823. Administrateur de la Société asiatique de Londres. — Mort à Londres, le 10 mars 1837.

Ouvrages. — 1794. Devoirs d'une veuve indienne fidèle. — 1795. Remarques sur le commerce du Bengal. — 1798. Digeste de la loi hindoue sur les contrats et successions. — 1828. Les cours de justice des Indes. — S. d. Essai sur la poésie sanscrite. Les cérémonies religieuses des Indiens. Essai sur les Védas.

Une notice sur sa vie a été lue par M. Walckenaer, dans la séance de l'Académie des Inscriptions et Belles-Lettres du 1er septembre 1848.

65. — RAUCH (Christian, Daniel), O. ✳

Élu, le 15 décembre 1832, associé étranger de l'Académie des Beaux-Arts.

Né à Arolsen (Principauté de Waldeck), le 2 janvier 1777. — Sculpteur. — 1830. *Correspondant de l'Institut.* — Mort à Dresde, le 3 décembre 1857.

Œuvres principales. — *Statues.* — Le général Scharnhorst. Le général Bülow. Alexandre Ier. Blücher. Maximilien Ier. Frédéric-Guillaume Ier. Franke. Luther. Albert Dürer. Miecislas. Boleslas. Saint Boniface. Frédéric-Guillaume III. La reine Frédérique de Hanovre. Gneisenau. York. Kant. Albert Thaër. Gœthe et Schiller.

Bas-reliefs. — Hippolyte et Phèdre. Mars et Vénus blessés par Diomède. Eurydice entendant les pas d'Orphée. Un homme et une femme faisant boire une panthère.

Bustes. — Le roi de Prusse. Raphaël Mengs. Le comte de Wengersky. Thorwaldsen. L'amiral Tromp. Albert Dürer. Schleiermacher. Alexandre de Humboldt. Frédéric Guillaume IV. Spontini.

Monuments de Blücher, du général Gneisenau, du grand-duc Paul Frédéric de Mecklembourg, de Frédéric le Grand, de la Reine Louise (Charlottembourg).

II.

66. — TOSCHI (Paolo), O. ✳

Élu, le 15 décembre 1832, associé étranger de l'Académie des Beaux-Arts.

Né à Parme (duché de Parme), le 7 juin 1788. — Graveur. Directeur de l'Académie des Beaux-Arts de Parme. — Mort à Parme, le 30 juillet 1854.

Œuvres principales. — L'entrée de Henri IV à Paris (Gérard). Le Spasismo (Raphaël). Madone de la Scadella. (Corrège). Repos de la Sainte Famille (Corrège). Vénus et Adonis (Albane). Descente de croix (Albane).

67. — BÖTTIGER (Carl, August).

Élu, le 8 février 1833, associé étranger de l'Académie des Inscriptions et Belles-Lettres.

Né à Reichenbach (Saxe), le 8 juin 1760. — Recteur à Guben. — 1791 à 1804. Directeur du Gymnase de Weimar. — 1804. Directeur du musée des antiques. Professeur de littérature grecque et latine à l'Université de Weimar. — 1831. *Correspondant de l'Institut.* — Mort à Dresde, le 17 novembre 1835.

Ouvrages. — 1801. Six dissertations archéologiques. — 1802. Les furies d'après les poètes et les artistes anciens. — 1810. La noce Aldobrandine, in-4. — 1813. Sabine, ou matinée d'une dame romaine à sa toilette. — 1837. *Opuscula et carmina latina.* — Œuvres complètes, 3 vol.

68. — BROWN (Robert).

Élu, le 4 mars 1833, associé étranger de l'Académie des Sciences.

Né à Montrose (Écosse), le 21 décembre 1773. — 1795 à 1801. Enseigne et Chirurgien adjoint dans le régiment d'infanterie de Fife. — 1805. Bibliothécaire de la Société linnéenne. — 1811. Membre de la Société royale. — 1814. *Correspondant de l'Institut.* — 1827. Conservateur des collections botaniques du British Museum. — Mort à Londres, le 10 juin 1858.

Ouvrages. — 1810. *Prodromus floræ Novæ Hollandiæ*, in-4. — 1814. Observations générales sur la botanique des terres australiennes, in-4. — 1827. Mélanges ou opuscules de botanique, 5 vol. — 1830. *Supplementum floræ Novæ Hollandiæ.*

69. — BROUGHAM (le Baron Henry, Peter).

Élu, le 30 mars 1833, associé étranger de l'Académie des Sciences morales et politiques.

Né à Édimbourg (Écosse), le 19 septembre 1778. — 1800. Avocat à Édimbourg. — 1805. Avocat à Londres. — 1810 à 1812 et 1815 à 1831. Membre de la Chambre des Communes. — 1820-1821. Attorney général de la Couronne. — 1825. Lord recteur de l'Université d'Édimbourg. — 1830. Baron. Membre de la Société royale. — 1831 à 1834. Lord chancelier de Grande-Bretagne. — 1831. Pair du Royaume-Uni. — Mort à Cannes (Alpes-Maritimes), le 7 mai 1868.

Ouvrages. — 1803. Études sur la politique coloniale des gouvernements étrangers. — 1825. Observations pratiques sur l'éducation du peuple. — 1835. Discours sur la théologie naturelle. Jugements rendus dans la cour de chancellerie. Discours sur des questions de droit public. — 1839. Essais historiques sur les hommes d'État du règne de Georges III. — 1844. Albert Lunel ou le château du Languedoc. — 1846. Vies des auteurs et des savants du règne de Georges III. — 1847. Esquisses historiques. Philosophie politique. — 1852. Histoire de la France et de l'Angleterre sous la maison de Lancastre. — 1856. Articles publiés dans la revue d'Édimbourg. — 1871. Vie et temps de Lord B. (publiés par lui-même).

Une notice sur sa vie a été lue par M. Mignet, dans la séance de l'Académie des Sciences morales et politiques du 23 décembre 1871.

70. — ANCILLON (Johann, Peter, Friedrich).

Élu, le 20 avril 1833, associé étranger de l'Académie des Sciences morales et politiques.

Né à Berlin (Prusse), le 30 avril 1766. — 1790. Professeur à l'Académie militaire de Berlin. — 1811. Membre de l'Académie de Berlin. — Conseiller d'État. — 1825. Directeur de la section politique du Ministère des Affaires étrangères. — 1831. Ministre des Affaires étrangères. — Mort à Berlin, le 19 avril 1837.

Ouvrages. — 1785. Discours sur la question : Quelle est la meilleure manière de rappeler à la raison les nations qui se sont livrées à l'erreur ? in-4. — 1796. Considérations sur la philosophie de l'histoire. — 1801. Mélanges de littérature et de philosophie. Considérations générales sur l'histoire ou introduction à l'histoire du système de l'Europe. — 1803. Tableau des révolutions du système politique de l'Europe depuis le xv⁰ siècle, 4 vol. — 1806. Essai sur les grands caractères. — 1816. De la souveraineté et des formes du gouvernement. Sur le droit de la souveraineté et sur les institutions politiques. — 1817. Essais philosophiques, ou nouveaux mélanges de littérature et de philosophie, 2 vol. — 1819. Sur les sciences politiques. — 1824. Nouveaux essais de politique et de philosophie, 2 vol. Sur les objets de la foi et du savoir en matière philosophique. — 1825. De l'esprit des constitutions et de son influence sur la législation. — 1828. Des moyens de concilier les extrèmes dans les opinions politiques et en littérature, 2 vol. — 1829. Pensées sur l'homme, ses rapports et ses intérêts, 2 vol. — 1850. De l'esprit des constitutions politiques et de son influence sur la législation.

Une notice sur sa vie a été lue par M. Mignet, dans la séance de l'Académie des Sciences morales et politiques du 5 juin 1847.

71. — LIVINGSTON (Edward).

Élu, le 4 mai 1833, associé étranger de l'Académie des Sciences morales et politiques.

Né à Clermont, État de New-York (États-Unis), le 23 mai 1764. — 1784. Avocat. — 1794. Membre du Congrès américain. — 1801. Procureur général de l'État de New-York. Maire de New-York. — 1814. Aide de camp du général Jackson. — 1815. Membre de la législature de la Louisiane. — 1829. Membre du Sénat des États-Unis. — 1831. Secrétaire d'État au département des Affaires étrangères. — 1833. Ministre plénipotentiaire en France. — Mort à Montgommery, le 23 mai 1836.

Ouvrages. — 1825. Rapport sur le projet d'un code pénal. — 1829. Opinion sur le duel et sur la manière de le réprimer. — 1833. Exposé d'un système de législation criminelle pour l'État de la Louisiane et pour les États-Unis d'Amérique, 2 vol.

Une notice sur sa vie a été lue par M. Mignet, dans la séance de l'Académie des Sciences morales et politiques du 30 juin 1838.

72. — SISMONDI (Jean, Charles, Léonard, SIMONDE de), ✳

Élu, le 8 mai 1833, associé étranger de l'Académie des Sciences morales et politiques.

Né à Genève (Suisse), le 9 mai 1773. — 1806. Secrétaire de la Chambre de commerce du Léman. — 1811. Professeur à Genève. — 1813. *Correspondant de l'Institut.* — Membre du Conseil représentatif de la République de Genève. — Mort à Chêne, le 25 juin 1842.

Ouvrages. — 1801. Tableau de l'agriculture toscane (Genève). — 1803. De la richesse commerciale, 2 vol. —

1807. Histoire des républiques italiennes, 16 vol. — 1810. Mémoire sur le papier-monnaie dans les États autrichiens. — 1813. De la littérature du midi de l'Europe, 4 vol. — 1814. Considérations sur Genève dans ses rapports avec l'Angleterre et les États protestants. Sur les lois éventuelles. De l'intérêt de la France à l'égard de la traite des nègres, in-8. — 1815. Nouvelles réflexions sur la traite des nègres. Examen de la Constitution française. — 1819. Nouveaux principes d'économie politique, 2 vol. — 1821. Histoire des Français, 31 vol. — 1822. Julia Severa ou l'an 492, 3 vol. in-12. — 1824. Économie politique : sur la balance des consommations avec les productions. — 1825. Considérations sur la guerre actuelle des Grecs et sur ses historiens. — 1826. Revue des progrès des opinions religieuses. Nouveaux principes d'économie politique ou de la richesse dans ses rapports avec la population, 4 vol. Nouveaux principes d'économie politique : jour qu'ils peuvent jeter sur la crise qu'éprouve aujourd'hui l'Angleterre. — 1832. Histoire de la renaissance de la liberté en Italie, de ses progrès et de sa chute, 2 vol. Des espérances et des besoins de l'Italie. — 1835. Histoire de la chute de l'empire romain et du déclin de la civilisation (250-1000), 2 vol. — 1836. Études sur les constitutions des peuples libres. Études de science sociale, 3 vol. — 1839. Précis de l'histoire des Français, 2 vol. — 1840. Histoire des républiques du moyen âge, 10 vol. — 1857. Fragments du Journal et de la correspondance de Sismondi.

Une notice sur sa vie a été lue par M. Mignet, dans la séance de l'Académie des Sciences morales et politiques du 17 mai 1845.

73. — MALTHUS (Thomas, Robert).

Élu, le 25 mai 1833, associé étranger de l'Académie des Sciences morales et politiques.

Né à Guildford, comté de Surrey (Angleterre), le 17 février 1766. — 1793. Fellow de Jesus-College à Oxford. — 1798. Curé d'Albury. — 1805. Professeur d'économie politique au collège d'Haileybury. — 1819. Membre de la Société royale. — Mort à Sainte-Catherine, le 23 décembre 1834.

Ouvrages. — 1798. Essai sur le principe de la population. — 1800. Sur le prix élevé des denrées. — 1807. Lettres sur la législation de l'assistance publique. — 1814. Observations sur la législation des céréales. — 1815. Étude sur la nature et les progrès du revenu. — 1820. Principes d'économie politique. — 1823. La mesure des valeurs.

Une notice sur sa vie a été lue par M. Comte, dans la séance de l'Académie des Sciences morales et politiques du 28 décembre 1836.

74. — MEYERBEER (Jacob BEER, dit Giacomo), C. ✳

Élu, le 17 décembre 1834, associé étranger de l'Académie des Beaux-Arts.

Né à Berlin (Prusse), le 5 septembre 1794. — Compositeur de la cour grand-ducale de Hesse-Darmstadt. — 1830. *Correspondant de l'Institut.* — 1841. Directeur de la musique du Roi de Prusse. — Mort à Paris, le 2 mai 1864.

Œuvres principales. — *Opéras.* — 1812. La fille de Jephté. — 1813. Les amours de Thécelinde. — 1814. Abimeleck, ou les deux califes. — 1817. Romilda et Costanza. — 1819. Semiramide riconosciuta. — 1820. Emma di Resburgo. Margherita d'Anjou. — 1822. L'Esule di Grenata. — 1823. Almanzor. La porte de Brandebourg. — 1824. Il crociato in Egitto. — 1831. Robert le Diable. — 1836. Les Huguenots. — 1844. Le camp de Silésie. — 1847. Struensée. — 1849. Le prophète. — 1854. L'étoile du nord. — 1859. Le pardon de Ploërmel. — 1865. L'Africaine.

Œuvres diverses. — Sept chants religieux. À Dieu, hymne. Le génie de la musique au tombeau de Beethoven. La fête de la cour de Ferrare. Hymne de fête. Les Euménides. Stabat. Miserere. Danse aux flambeaux. La marche des archers bavarois.

75. — SCHELLING (Friedrich, Wilhelm, Josef de).

Élu, le 21 mars 1835, associé étranger de l'Académie des Sciences morales et politiques.

Né à Leonberg (Wurtemberg), le 27 janvier 1775. — 1798. Professeur de philosophie à l'Université de Iéna. — 1807. Secrétaire général de la section des Beaux-Arts de l'Académie des Sciences de Munich. — 1827. Président de l'Académie. Conservateur général des collections publiques. Conseiller intime. — 1834. *Correspondant de l'Institut.* — Mort à Ragatz (Suisse), le 20 août 1854.

Ouvrages. — 1797. Idées sur la philosophie de la nature. — 1798. De l'âme du monde. — 1799. Première esquisse d'un système de la philosophie de la nature. Introduction à l'esquisse du système de la nature. — 1800. Système de l'idéalisme transcendantal. — 1802. Bruno, dialogue sur le principe divin et le principe naturel des choses. — 1803. Leçons sur la méthode des études académiques. — 1804. Philosophie et religion. — 1806. Aphorismes pour servir d'introduction à la philosophie de la nature. Du rapport de la réalité et de l'idéal dans la nature. — 1807. Du rapport des arts plastiques et de la nature. — 1809. Recherches philosophiques sur l'essence de la liberté humaine. — 1812. Monument élevé aux choses divines. — 1815. Sur les divinités des Samothraces. — 1834. Jugement sur la philosophie de M. Cousin. — 1856. Œuvres complètes, 14 vol.

Une notice sur sa vie a été lue par M. Mignet, dans la séance de l'Académie des Sciences morales et politiques du 7 août 1858.

76. — HAMMER PURGSTALL (le Baron Josef de), O. ✻

Élu, le 12 juin 1835, associé étranger de l'Académie des Inscriptions et Belles-Lettres.

Né à Graz (Autriche), le 9 juin 1774. — 1799. Interprète à Constantinople. — 1802. Secrétaire de légation à Constantinople. — 1806. Agent diplomatique à Yassi. — 1810. Conseiller d'ambassade. — 1811. *Correspondant de l'Institut.* — 1816. Interprète de la Cour de Vienne. — 1817. Conseiller aulique. — Mort à Vienne, le 23 novembre 1856.

Ouvrages. — 1799. La délivrance d'Acre, in-4. — 1800. Esquisses d'un voyage de Vienne à Venise par Trieste. — 1804. Coup d'œil encyclopédique sur les sciences de l'Orient, 1 vol. — 1806. La trompette de la guerre sainte. — 1809. Relation d'ambassade par Reismi Ahmed Efendi. — 1811. Vues topographiques recueillies dans un voyage au Levant. — 1812. La Roumélie et la Bosnie. Histoire de la littérature turque. — 1815-16. La Constitution et l'administration de l'empire ottoman, exposées d'après les lois fondamentales, 2 vol. — 1818. Feuille de trèfle oriental, in-4. Histoire des belles-lettres en Perse, in-4. *Mysterium Baphometis revelatum*, in-fol. Coup d'œil sur un voyage de Constantinople à l'Olympe, in-4. — 1822. Collier de pierres précieuses d'Aboul Maani. Description topographique et historique de Constantinople et du Bosphore, 2 vol. — 1824. Montonebli, le plus grand des poètes arabes. — 1825. Divan de Baki, le plus grand des poètes lyriques turcs. Sur les origines russes, in-4. — 1834. La rose et le rossignol. — 1835. Histoire de l'empire ottoman, 18 vol. Colliers d'or. — 1836. Histoire de la poésie ottomane jusqu'à nos jours, 4 vol. — 1837. Galerie des notices biographiques des grands souverains musulmans des sept premiers siècles de l'hégire, 6 vol. — 1840. Le trèfle du fauconnier, consistant en trois ouvrages inédits sur la fauconnerie. Histoire de la horde d'or dans le Kipstchak. — 1842. Histoire des Ilkhans, 2 vol. in-4. — 1845. De l'administration territoriale sous les Khalifes. — 1848. Vie du cardinal Khesel, 4 vol. — 1850. Histoire littéraire des Arabes depuis son origine jusqu'au XIIe siècle de l'hégire, 7 vol. in-4. — 1854. Le cantique des cantiques des Arabes, c'est-à-dire le Taiyet de Omar Ibn-al-Faridh. — 1855. Galerie des portraits de la noblesse de Styrie. — 1856. Histoire des Khans de Crimée. — S. d. Djafer ou la chute des Barmecides. Essence de roses, 2 vol.

77. — JACOBS (Christian, Friedrich, Wilhelm).

Élu, le 18 décembre 1835, associé étranger de l'Académie des Inscriptions et Belles-Lettres.

Né à Gotha (Saxe-Gotha), le 6 octobre 1764. — 1785. Professeur de littérature à Gotha. — 1807. Professeur de littérature à Munich. — 1810. Directeur du gymnase de Gotha, Conservateur de la Bibliothèque et du Cabinet numismatique. — Mort à Gotha, le 30 mars 1847.

Ouvrages. — 1786. *Specimen emendationum in auctores veteres tum græcos, tum latinos.* — 1790. *Animadversiones in Euripidem.* — 1793. *Emendationes in anthologiam græcam.* — 1793-1803. Caractères des principaux poètes de toutes les nations, 7 vol. — 1794. *Anthologia græca*, 13 vol. — 1796. *Emendationes criticæ in scriptores veteres*, 2 vol. — 1805. Éléments de la langue grecque, 4 vol. — 1808. Chrestomathie latine, 6 vol. — 1809. *Additamenta animadversionum in Athenæi Deipnosophistas.* — 1821. Achille Tatius, 2 vol. — 1823-24. Écrits divers. — 1826. *Delectus epigrammatum Græcorum.* — 1827. *Lectiones Stobenses.* — 1835. Documents pour servir à l'étude de la littérature ancienne, ou curiosités de la bibliothèque publique de Gotha, 3 vol.

78. — HERMANN (Johann, Gottfried, Jacob de).

Élu, le 16 décembre 1836, associé étranger de l'Académie des Inscriptions et Belles-Lettres.

Né à Leipzig (Saxe), le 26 novembre 1772. — 1798. Professeur de philosophie, puis d'éloquence et de poésie ancienne à l'Université de Leipzig. — 1833. *Correspondant de l'Institut.* — Mort à Leipzig, le 31 décembre 1848.

Ouvrages. — 1793. *De fundamento Juris punlendi.* — 1795. *De Pœseos generibus.* — 1798. Manuel de métrique. *Observationes criticæ in quosd. loc. Æschyli et Euripidis.* — 1800. *Trinummus.* — 1801. *De emendanda Ratione græcæ grammaticæ ; accedunt Herodiani aliorumque libelli nunc primum edili.* — 1802. *De Arte poetica* d'Aristote. — 1804. *Curæ Euripideæ, sive animadversæ criticæ in traged. hujus poetæ.* — 1805. *Orphica.* — 1807. *Observationes quædam de Græcæ linguæ Dialectis. De Mithologia Græcorum antiquissima.* — 1809. *De Dialecto Pindari observationes.* — 1811. *De Cantico in Romanorum fabulis scenicis.* — 1812. *Draconis Stratonicensis Liber de Metris.* — 1814. *De Versibus spuriis apud Æschylum.* — 1815. *Metrorum quorumdam Mensura rhythmica.* — 1816-17. *Elementa doctrinæ metricæ.* — 1817. *De Metris Pindari*, 3 vol. — 1818. *Epitome doctrinæ metricæ. De historiæ græcæ Primordiis.* Lettres sur Homère et Hésiode. — 1819. De la mythologie et de la manière de l'étudier. — 1824. *Spinozæ de Jure Naturæ Sententia denuo examinata.* — 1826. De la manière dont Bœkh traite les inscriptions grecques. — 1827. *Opuscula,* 7 vol.

79. — SAVIGNY (Friedrich, Carl de).

Élu, le 4 juin 1837, associé étranger de l'Académie des Sciences morales et politiques.

Né à Francfort-sur-le-Mein, le 21 février 1779. — 1800. Docteur en droit. — 1807. Membre du Conseil d'État prussien. — 1808. Professeur à l'Université de Landshut. — 1810. Professeur à l'Université de Berlin. — 1810. Conseiller d'État. — 1819. Membre de la Cour de cassation de Berlin. — 1833. *Correspondant de l'Institut.* — 1842 à 1848. Ministre de la Justice. — Membre de l'Académie royale des Sciences de Berlin. — Mort à Berlin, le 26 octobre 1861.

Ouvrages. — 1803. De la possession. — 1815 à 1847. Journal pour la jurisprudence historique. — 1821. Histoire du droit romain au moyen âge, 6 vol. — 1840. Système du droit romain d'aujourd'hui, 8 vol. — 1841. Traité de la possession en droit romain. — 1850. Mélanges, 5 vol. — 1851. Le droit des obligations, 2 vol. — 1858. Traité du droit romain. — S. d. De la vocation de notre époque pour la législation et la jurisprudence.

Une notice sur sa vie a été lue par M. Mignet, dans la séance de l'Académie des Sciences morales et politiques du 17 décembre 1864.

80. — HAUGHTON (Sir Graves, Champney).

Élu, le 17 novembre 1837, associé étranger de l'Académie des Inscriptions et Belles-Lettres.

Né à Dublin (Irlande), en 1788. — 1808. Cadet dans l'armée des Indes. — 1814-1815. Lieutenant. — 1817-1827. Professeur de sanscrit et de bengali au collège indien d'Hailebury. — 1821. Membre de la Société royale de Londres. — Mort à Saint-Cloud (Seine-et-Oise), le 26 août 1849.

Ouvrages. — 1821. Rudiments de grammaire bengalaise. Glossaire bengalais, in-4. — 1822. Choix d'études bengalaises. — 1825. *Manava Dermasastra*, ou les instituts de Menu, 2 vol. in-4. — 1832. Recherches sur la nature du langage. — 1833. Dictionnaire bengalais et sanscrit-anglais. Étude sur la nature et le traitement du choléra. — 1839. Prodromes ou études sur les premiers principes du raisonnement. — 1841. Lettre sur les dangers auxquels la constitution d'Angleterre est exposée par les envahissements des cours de justice.

81. — HALLAM (Henry).

Élu, le 27 janvier 1838, associé étranger de l'Académie des Sciences morales et politiques.

Né à Windsor, comté de Berks (Angleterre), le 9 juillet 1777. — 1801. Avocat à Londres. — 1812. Commissaire du timbre. — 1820. Professeur honoraire d'histoire à la Société royale. — 1833. *Correspondant de l'Institut.* — Mort à Londres, le 21 janvier 1859.

Ouvrages. — 1818. État de l'Europe au moyen âge. — 1827. Histoire constitutionnelle de l'Angleterre, de l'avènement de Henri VII à la mort de Georges II, 4 vol. — 1838. Introduction à la littérature de l'Europe pendant les xvᵉ, xviᵉ et xviiᵉ siècles, 4 vol.

Une notice sur sa vie a été lue par M. Mignet, dans la séance de l'Académie des Sciences morales et politiques du 4 janvier 1862.

82. — CORNELIUS (Peter de).

Élu, le 15 décembre 1838, associé étranger de l'Académie des Beaux-Arts.

Né à Dusseldorf (Prusse Rhénane), le 23 septembre 1783. — 1819. Directeur de l'Académie de Dusseldorf. — 1835. *Correspondant de l'Institut.* — 1840. Directeur de l'Académie de Berlin. — Mort à Berlin, le 6 mars 1867.

Œuvres principales. — Le Cycle des Nibelungen. L'histoire de Joseph. Peintures de la salle des héros et de la salle des dieux à la Glyptothèque de Munich. Le mariage de Pelée et de Thétis. Jupiter, Apollon, Mercure, Junon, Vénus, Cérès, Mars. L'enlèvement d'Hélène. Le jugement de Pâris. Le sacrifice d'Iphigénie. Le mariage de Ménélas avec Hélène. Ajax renversant Hector à terre. Nestor et les Atrides réveillant Diomède. Priam demandant à Achille le corps d'Hector. Les adieux d'Hector et d'Andromaque. Ulysse chez les filles de Lycomède. Vénus et Mars blessés par Diomède. Agamemnon accompagné au combat par le dieu des songes. Vénus protégeant Pâris contre Ménélas. Combat pour le corps de Patrocle. Destruction de Troie. Assemblée des Grecs. Colère d'Achille. Eros. Le cerbère. L'aigle. Le paon. Peintures de l'église Saint-Louis à Munich. Peinture de la coupole de l'église de Neuss.
Ouvrage. — La Paradis du Dante, 1 vol. in-4.

83. — BUCH (le Baron Christian, Léopold de).

Élu, le 20 avril 1840, associé étranger de l'Académie des Sciences.

Né à Stolpe (Prusse), le 25 avril 1774. — Ingénieur des Mines. — 1815. *Correspondant de l'Institut.* — Mort à Berlin, le 4 mars 1853.

Ouvrages. — 1802. Observations géologiques recueillies dans un voyage en Allemagne et en Italie, 2 vol. — 1810. Voyage en Norvège et en Laponie, 2 vol. — 1825. Description physique des îles Canaries. — 1832. Sur les ammonites. Carte géologique de l'Allemagne. — 1834. Sur les térébratules. — 1838. Sur le Dethyris et Ortis. — 1842. Sur les leptènes. — 1843. Observations sur les volcans d'Auvergne. — 1845. Sur les cystidées. — 1847. De la formation des montagnes en Russie. — 1849. Sur les cératites.

Une notice sur sa vie a été lue par M. Flourens, dans la séance de l'Académie des Sciences du 28 janvier 1856.

84. — BESSEL (Friedrich, Wilhelm).

Élu, le 11 mai 1840, associé étranger de l'Académie des Sciences.

Né à Minden (Prusse), le 22 juillet 1784. — Inspecteur des instruments astronomiques de l'Université de Gœttingue. — 1816. *Correspondant de l'Institut.* — Mort à Kœnigsberg, le 17 mars 1846.

Ouvrages. — 1807. Des mouvements vrais de la comète observée en 1807. — 1818. *Fundamenta astronomiæ deducta ex observatione.* — 1830. *Tabulæ Regiomontanæ reductionum observationum ab anno 1750, ad annum computatæ.* — 1838. Mesure des degrés de la Prusse occidentale. — 1848. Observations astronomiques.

85. — KLENZE (le Baron Leo de), O. ✳

Élu, le 27 novembre 1841, associé étranger de l'Académie des Beaux-Arts.

Né à Hildesheim (Hanovre), le 28 février 1784. — 1815. Architecte de la cour de Munich. — 1819. Directeur des Bâtiments royaux. — 1835. *Correspondant de l'Institut.* — Mort à Munich, le 27 janvier 1864.

Œuvres principales. — La Glyptothèque de Munich. La Pinacothèque de Munich. Chapelle de tous les saints au Palais-Royal. L'Odéon de Munich. Palais du duc Maximilien à Munich.

Ouvrages. — 1805. Projet de monument en l'honneur de Luther. — 1822. Essai d'une restauration du temple toscan, in-4. — 1823. Les plus beaux restes de l'ornementation grecque. — 1831. Recueil de plans d'architecture. — 1835. Instructions d'architecture chrétienne. — 1838. Remarques aphoristiques recueillies dans un voyage en Grèce. — 1843. La Walhalla sous le rapport artistique et technique. — S. d. Le temple de Jupiter Olympien à Agrigente, in-4. Description de la Glyptothèque.

86. — COCKERELL (Charles, Robert), ✳

Élu, le 27 novembre 1841, associé étranger de l'Académie des Beaux-Arts.

Né à Londres (Angleterre), le 28 avril 1788. — 1819. Architecte de la cathédrale de Saint-Paul. — 1829. Associé de l'Académie royale. — 1833. Architecte de la Banque d'Angleterre. — 1836. Membre de l'Académie royale. — 1836. *Correspondant de l'Institut.* — 1840 à 1857. Professeur d'architecture à l'Académie royale. — 1860. Président de l'Institut royal des architectes. — Mort à Londres, le 17 septembre 1863.

Œuvres principales. — 1822. Chapelle du château de Bowood. — 1823. Institution littéraire et philosophique de Bristol. — 1825. Chapelle de Hanovre (Regent street) à Londres. — 1829. Nouveau bâtiment de la bibliothèque de Cambridge. — 1837. Banque de Londres et Westminster, à Londres. — 1841. Taylor Building à Oxford. — 1847. Hall de Saint-Georges à Liverpool. — S. d. Collège de Saint-David à Lampeter. Monument national de l'Ecosse à Edimbourg.

Ouvrages. — 1816. Projet de rangement des statues qui représentent la famille de Niobé à Florence, in-fol. — 1820. Le labyrinthe de Crète, in-4. — 1830. Antiquités d'Athènes, in-fol. Le temple de Jupiter Olympien à Agrigente, in-fol. — 1835. Plans et sections de la nouvelle Banque d'Angleterre. — 1848. Sculptures anciennes de la cathédrale de Lincoln. — 1851. Iconographie de la cathédrale de Wells. — 1860. Les temples de Jupiter Panhellenius à Égyne.

87. — OERSTED (Hans, Christian), O. ✳

Élu, le 11 avril 1842, associé étranger de l'Académie des Sciences.

Né à Rudkjœbing (Danemark), le 14 août 1777. — 1800. Adjoint à la Faculté de Médecine d'Ellersen. — 1806. Professeur de physique à l'Université de Copenhague. — 1810. Professeur de sciences naturelles à l'École militaire. — 1823. *Correspondant de l'Institut.* — 1828. Conseiller d'État. — 1829. Directeur de l'École Polytechnique de Copenhague. — Mort à Copenhague, le 9 mars 1851.

Ouvrages. — 1799. *Dissertatio de forma metaphysices elementaris naturæ externæ.* Natur metaphysikens Grundtrakkene. — 1802. Ideen zu einer neuen Architektonik der Naturmetaphysik herausgeg von M. H. Mendel. — 1803. Materialien zu einer Chemie des 19 jahrhunderts. — 1809. Videnskaben om Naturens almindelige Love. — 1811. Forste Indledning til den almind Naturlare, in-4. — 1812. Aperçu des lois chimiques naturelles. — 1813.

Recherches sur l'identité des forces chimiques et électriques. — 1814. *Tentamen nomenclaturæ chemicæ omnibus linguis Scandinavo-Germanicis communis*, in-4. — 1820. Laresatninger of den nyere chemie. Expériences sur l'effet du conflit électrique sur l'aiguille aimantée. — 1824-30. *Forelasninger, som Selskab for Naturl Udbred lader holde.* — 1845. To capitler of det sjœncs Naturlare. — 1850-52. Samlede og ofterladte skrifter, 9 vol. — 1861. L'esprit de la nature. — Mémoires divers. — Découverte de l'électro-magnétisme.

Une notice sur sa vie a été lue par M. Élic de Beaumont, dans la séance de l'Académie des Sciences du 29 décembre 1862.

88. — MAÏ (le Cardinal Angelo), ✻

Élu, le 13 mai 1842, associé étranger de l'Académie des Inscriptions et Belles-Lettres.

Né à Schilpario (Lombardie), le 7 mars 1782. — 1797. Membre de la Compagnie de Jésus. — 1804. Professeur d'humanités à Naples. — 1819. *Correspondant de l'Institut.* — 1819. Premier Bibliothécaire de la Vaticane. — 1822. Chanoine de Saint-Pierre. — 1833. Secrétaire de congrégation de la Propagande. — 1838. Cardinal. — 1844. Préfet de la congrégation pour la correction des livres de l'Église orientale. Préfet de la congrégation du Concile. — 1853. Bibliothécaire de l'Église romaine. — Mort à Castel-Gandolfo, le 9 septembre 1854.

Ouvrages. — 1814. *M. T. Ciceronis orationum partes ineditæ. M. T. Ciceronis trium orationum fragmenta inedita.* — 1815. *M. Cornelii Frontonis opera inedita. Quinti Aurelii Symmachi, VIII orationum ineditarum partes. Marci Accii Plauti fragmenta inedita*, in-4. — 1816. *Themistii philosophi Oratio hactenus inedita. Philonis Judæi de virtute ejusque partibus præponitur dissertatio.* — 1817. *Sibyllæ Libri XIV, additur sextus liber. Itinerarium Alexandri, ad Constantium Augustum, Constantini Magni filium. Julii Valerii de rebus gestis Alexandri Macedonis Libri tres.* — 1818. *Virgilii Maronis Interpretes veteres. Eusebii Pamphili Chronicorum Canonum*, in-4. — 1819. *Dydimi Alexandri marmorum et lignorum quorumvis mensuræ græcæ et latinæ. Iliadis Fragmenta antiquissima item scholia vetera ad Odysseam*, in-fol. — 1822-25. *M. Tullii Ciceronis de Republica quæ supersunt.* — 1823. *Juris civilis antejustiniani Reliquiæ inediti; Symmachi IX Orationum partes; C. Julii Victoris Ars rhetorica; L. Cæcilii Minutiani Apulei III lib. Fragmenta de orthographia.* — 1825. *Scriptorum veterum nova Collectio e Vaticanis codd. edita*, 10 vol. in-4. — 1828. *Classicorum Auctorum Collectio e Vaticanis codd. edita*, 10 vol. — 1839-44. *Spicilegium Romanum*, 10 vol. — 1852-53. *Patrum nova Bibliotheca*, 6 vol. in-4.

89. — MAC CULLOCH (John, Ramsay),

Élu, le 21 janvier 1843, associé étranger de l'Académie des Sciences morales et politiques.

Né à Withorn, comté de Wigtown (Irlande), le 1er mars 1789. — 1815. Writer of the signet. — 1828 à 1832. Professeur d'économie politique à l'Université de Londres. — 1834. *Correspondant de l'Institut.* — 1838 à 1864. Contrôleur de l'administration du matériel administratif (Stationery Office). — Mort à Londres, le 11 novembre 1864.

Ouvrages. — 1816. Essai sur la réduction de l'intérêt de la dette publique. — 1824. Progrès et importance de l'économie politique. — 1826. Essai sur les causes qui déterminent les taux des salaires. — 1831. Traité sur les principes, la pratique et l'histoire du commerce. — 1832. Dictionnaire du commerce et de la navigation commerciale. — 1835. Traité et essais d'économie politique. — 1837. Statistique de l'empire britannique. — 1845. Traité du principe et de l'influence des impôts et de l'amortissement. La littérature de l'économie politique. — 1848. Traité des successions. — 1866. Dictionnaire des divers pays, lieux et objets naturels du monde.

90. — CANINA (Luigi).

Élu, le 22 avril 1843, associé étranger de l'Académie des Beaux-Arts.

Né à Casale (Piémont), le 24 octobre 1795. — Professeur d'architecture à l'Académie de Turin. — 1839. *Correspondant de l'Institut.* — Mort à Florence, le 17 octobre 1856.

II.

Ouvrages. — 1834. Exposé historique et topographique du forum romain, in-fol. — 1841. Description de l'ancien Tusculum, in-fol. — 1843. De l'architecture, particulièrement dans le style chrétien, in-fol. — 1844. L'architecture antique décrite et démontrée par les monuments. — 1847. L'ancienne ville de Veïes. L'Étrurie maritime, 2 vol. in-fol. — 1849. Les édifices de Rome, 2 vol.

---

91. — OVERBECK (Johann, Friedrich).

Élu, le 21 décembre 1844, associé étranger de l'Académie des Beaux-Arts.

Né à Lubeck, le 3 juillet 1789. — Peintre. Directeur de l'Académie de Saint-Luc à Rome. — 1834. *Correspondant de l'Institut.* — Mort à Rome, le 12 novembre 1869.

Œuvres principales. — Madone. Adoration des mages. Le miracle des roses de saint François. Les fiançailles de la Vierge. Le Christ au jardin des Oliviers. La sainte Famille. Élie montant au ciel. Entrée du Christ à Jérusalem. L'influence de la religion sur les arts. La mort de saint Joseph. La mise au tombeau du Christ. L'Italie et la Germanie. La conversion de saint Thomas. Le sacrement de l'ordination. La résurrection de Lazare. Histoire de Joseph. Jérusalem délivrée. Saint Jean-Baptiste au désert. La récolte de la manne, etc.

Ouvrage. — 1842. Passion de Notre-Seigneur Jésus-Christ.

---

92. — TENERANI (Pietro).

Élu, le 21 décembre 1844, associé étranger de l'Académie des Beaux-Arts.

Né à Torano (Duché de Modène), le 11 novembre 1789. — Sculpteur. Professeur à l'Académie de Saint-Luc. — 1839. *Correspondant de l'Institut.* — Mort à Rome, le 14 décembre 1869.

Œuvres principales. — Psyché avec la boîte de Pandore. Psyché et Vénus. Vénus couchée, à qui l'Amour ôte une épine du pied. Faune jouant de la flûte. Christ sur la croix. Ferdinand II. Bolivar. Cupidon. Flore. Descente de croix. L'ange du jugement dernier. Thorwaldsen. Pie IX. Rossi. Le duc de Leuchtenberg. Ferdinand III. Saint Jean l'Évangéliste. Saint Alphonse de Liguori. Saint Paul. Saint Benoît.

---

93. — FARADAY (Michaël), C. ✳

Élu, le 23 décembre 1844, associé étranger de l'Académie des Sciences.

Né à Newington, comté de Surrey (Angleterre), le 22 septembre 1791. — 1823. *Correspondant de l'Institut.* — Professeur de chimie et de physique à l'Institut royal. — Mort à Hampton, le 25 août 1867.

Ouvrages. — 1827. Manipulations chimiques. — 1865. Histoire d'une chandelle. Travaux sur l'électricité.

Une notice sur sa vie a été lue par M. Dumas, dans la séance de l'Académie des Sciences du 10 mai 1868.

---

94. — JACOBI (Carl, Gustav, Jacob).

Élu, le 1er juin 1846, associé étranger de l'Académie des Sciences.

Né à Potsdam (Prusse), le 10 décembre 1804. — Professeur à l'Université de Berlin. — 1830. *Correspondant de l'Institut.* — Mort à Berlin, le 19 février 1851.

Ouvrages. — 1829. *Fundamenta nova Theoriæ Functionum Ellipticarum.* — 1839. Canon arithmeticus. Uber Gauss neue methode die Werthe der integral naherungsweise zu finden. *De Residuis Cubicis Commentatio numerosa. Euleri Formulæ de Transformatione coordinatarum.* Lettre sur la théorie des fonctions elliptiques, in-4. — 1844. Mémoire sur l'élimination des nœuds dans le problème des trois corps, in-4.

95. — GRIMM (Jacob, Ludwig).

Élu, le 4 juin 1847, associé étranger de l'Académie des Inscriptions et Belles-Lettres.

Né à Hanau (Hesse électorale), le 4 janvier 1785. — Secrétaire de la guerre à Hesse-Cassel. Conservateur de la bibliothèque de Wilhelmshœhe. Auditeur au Conseil d'État. — 1830. Professeur de littérature allemande à l'Université de Gœttingue. — 1840. *Correspondant de l'Institut.* — 1841. Membre de l'Académie de Berlin. — Mort à Berlin, le 20 septembre 1863.

Ouvrages. — 1811. Sur la poésie des Meistersaenger. — 1812. Contes d'enfants et du foyer, 2 vol. in-16. — 1813. Les forêts de l'ancienne Germanie. — 1818. Traditions allemandes, 2 vol. — 1819. Grammaire allemande. — 1835 et 1844. Mythologie allemande. — 1848. Histoire de la langue allemande. — 1852. Dictionnaire allemand, 2 vol. in-4. — 1854. Antiquités du droit allemand. — 1859. De l'origine du langage. — 1869. Contes populaires de l'Allemagne. — 1883. Contes des frères Grimm, in-12. — 1888. Contes de l'enfance et du foyer. Éditions de : Silva da Romancez viejos. *Hymnorum veteris Ecclesiæ XXVI* Interpretatio theolisca.* Reinhard Fuchs. Poèmes latins des x° et xi° siècles. Coutumes allemandes, 3 vol. Poésies sur le roi Frédéric I°, etc.

96. — BREWSTER (Sir David), O. ✳

Élu, le 2 janvier 1849, associé étranger de l'Académie des Sciences.

Né à Jedburgh (Écosse), le 11 décembre 1781. — 1799 à 1804. Précepteur. — 1804. Ministre presbytérien. — 1808. Membre de la Société royale d'Édimbourg. — 1815. Membre de la Société royale de Londres. — 1825. *Correspondant de l'Institut.* — 1838. Principal du collège de Saint-Sauveur et Saint-Léonard à l'Université de Saint-André. — 1850. Chevalier. — 1860. Vice-Chancelier de l'Université d'Édimbourg. — 1864. Président de la Société royale d'Édimbourg.

Ouvrages. — 1813. Traité sur les nouveaux instruments scientifiques. De quelques propriétés de la lumière : — 1819. Traité du kaléidoscope. — 1831. Vie d'Isaac Newton. Traité d'optique. — 1833. Manuel d'optique ou Traité complet et simplifié de cette science. — 1836. Bibliothèque des deux sexes. — 1839. Nouveau manuel de magie naturelle et amusante. — 1841. Les martyrs de la science : Galilée, Tycho-Brahé, Kepler. — 1850. Mémoire sur les modifications et les perfectionnements apportés au stéréoscope par sir David Brewster. — 1854. La croyance du philosophe et l'espoir du chrétien. Nombreux mémoires insérés dans les Transactions philosophiques d'Édimbourg et dans les Recueils scientifiques.

97. — LOBECK (Christian, August).

Élu, le 2 mars 1849, associé étranger de l'Académie des Inscriptions et Belles-Lettres.

Né à Naumburg (Prusse), le 5 juin 1781. — Privat-Docent à l'Université de Wittemberg. — 1809. Recteur au lycée de Wittemberg. — 1814. Professeur d'éloquence et de littérature à l'Université de Kœnigsberg. — 1847. *Correspondant de l'Institut.* — Mort à Kœnigsberg, le 25 août 1860.

Ouvrages. — 1802. Dii veterum adspectu corporum examinium non prohibiti, in-4. De sublimitate Tragœdiæ Græcæ propria, in-4. — 1810. De Morte Bacchi, in-4. — 1820. Phrynichi Eclogæ nominum Atticorum. — 1829. Aglaophonus seu de theologiæ mysticæ Græcorum causis, 2 vol. — 1837. Paralipomena grammaticæ Græcæ, 2 vol. — 1843. Pathologiæ sermonis Græci Prolegomena. — 1853. Pathologiæ linguæ Græcæ elementa. — 1846. Rhematicon sive verborum Græcorum et nominum verbalium technologia.

98. — WILSON (Horace, Hayman).

Élu, le 2 novembre 1849, associé étranger de l'Académie des Inscriptions et Belles-Lettres.

Né à Londres, le 26 septembre 1786. — 1808. Médecin adjoint à l'armée des Indes. — 1810.

Chef de service à la Monnaie de Calcutta. Secrétaire du Conseil de l'Instruction publique à Calcutta. — 1833. Professeur de sanscrit à l'Université d'Oxford. — 1847. *Correspondant de l'Institut.* — Mort à Oxford, le 8 mai 1860.

Ouvrages. — 1819. Dictionnaire sanscrit. — 1826. Théâtre hindou. — 1841. Introduction à la grammaire sanscrite. — 1842. Ariana antique. — 1846. Histoire de l'Inde anglaise, 2 vol. — 1847. Grammaire sanscrite.

---

99. — TIEDEMANN (Friedrich), ✳

Élu, le 21 avril 1851, associé étranger de l'Académie des Sciences.

Né à Cassel (Hesse), le 23 août 1781. — 1804. Docteur en médecine. Professeur suppléant de physiologie et d'anatomie à Marbourg. — 1805. Professeur de zoologie et d'anatomie à l'Université de Landshut. — 1814. *Correspondant de l'Institut.* — Mort à Munich, le 22 janvier 1861.

Ouvrages. — 1804. *De cordis polypis.* — 1808. Zoologie, 3 vol. — 1809. Anatomie des Fischerzens, gr. in-4. — 1811. Anatomie des dragons, in-4. — 1813. Anatomie des monstres acéphales, in-fol. — 1816. Anatomie des étoiles de mer ou oursins, etc. — 1817. Anatomie des crocodiles. — 1820. Dissertation sur l'ours des jongleurs, gr. in-4. — 1821. Recherches sur la route que prennent diverses substances pour passer de l'estomac et du canal intestinal dans le sang. — 1822. *Tabulæ nervorum uteri,* gr. in-fol. *Tabulæ arteriarum corporis humani,* gr. in-fol. — 1826. Recherches expérimentales sur la digestion, 2 vol. in-4. — 1830. De l'œuf de la tortue, in-4. Physiologie des aspérules. Traité complet de physiologie de l'homme, 2 vol. — 1837. Sur le cerveau du nègre, comparé avec ceux de l'Européen et de l'orang-outang, in-4. — 1842. *De somnis,* in-4. — 1843. Du rétrécissement et de la contraction des artères dans les maladies, in-4. — 1844. Des vers et des insectes vivants dans les organes de l'ouïe chez l'homme. — 1854. Histoire du tabac.

Une notice sur sa vie a été lue par M. Flourens, dans la séance de l'Académie des Sciences du 23 décembre 1863.

---

100. — MITSCHERLICH (Eilhard).

Élu, le 14 juin 1852, associé étranger de l'Académie des Sciences.

Né à Neuende (Oldenbourg), le 7 janvier 1794. — 1821. Professeur de chimie à l'Université de Berlin. Membre de l'Académie des Sciences de Berlin. — 1827. *Correspondant de l'Institut.* — Mort à Schœneberg (Prusse), le 28 août 1863.

Ouvrages. — 1829-1840. Traité de chimie, 2 vol. — 1835-1837. Éléments de chimie, 3 vol. — Nombreux articles insérés dans les Annales de physique et de chimie.

---

101. — DIRICHLET (Peter, Gustav, LEJEUNE-).

Élu, le 17 avril 1854, associé étranger de l'Académie des Sciences.

Né à Düren (Prusse rhénane), le 13 février 1805. — 1827. Répétiteur à l'Université de Breslau. Professeur de mathématiques à l'Université de Berlin. — 1833. *Correspondant de l'Institut.* — Mort à Gœttingue, le 5 mai 1859.

Ouvrages. — 1826. Mémoire sur l'impossibilité de quelques équations indéterminées du 5ᵉ degré, in-4. — 1844. Recherches sur la théorie des nombres complexes. — Nombreux articles et mémoires insérés dans les Mémoires de l'Académie des sciences de Berlin, le Journal des mathématiques pures et appliquées et autres recueils.

102. — PEYRON (l'Abbé Vittorio, Amedeo), ✳

Élu, le 10 novembre 1854, associé étranger de l'Académie des Inscriptions et Belles-Lettres.

Né à Turin (Italie), le 2 octobre 1785. — 1815. Professeur de langues orientales à l'Université de Turin. Docteur en théologie. Membre de l'Académie des Sciences de Turin. — 1831. *Correspondant de l'Institut.* — 1848. Sénateur du Piémont. — Mort à Turin, le 27 avril 1870.

Ouvrages. — 1808. Description d'un évangéliaire grec. — 1810. Fragments d'Empedocle et de Parménide. — 1820. *Notitia librorum ms. vel descriptorum, qui donante Valperga Calusio, illati sunt in regia Tour-Athenaei Bibliotheca.* — 1824. Fragments des discours de Cicéron, in-4. *Codicis Theodosiani fragmenta inedita, ex cod. palimps,* in-4. — 1835. *Lexicon linguæ Copticæ,* in-4. — 1841. *Grammatica linguæ Copticæ,* in-4.

---

103. — FELSING (Jacob).

Élu, le 18 novembre 1854, associé étranger de l'Académie des Beaux-Arts.

Né à Darmstadt (Hesse-Darmstadt), le 22 juillet 1802. — Professeur de gravure à l'Académie de Florence. — 1853. *Correspondant de l'Institut.* — Mort à Darmstadt, le 9 juin 1883.

Œuvres principales. — Le Christ au mont des Oliviers. Le joueur de violon. Jeune fille à la fontaine. La sainte famille. Le Christ avec la croix. Les fiançailles de sainte Catherine.

---

104. — BRANDIS (Christian, August).

Élu, le 10 février 1855, associé étranger de l'Académie des Sciences morales et politiques.

Né à Hildesheim (Hanovre), le 13 février 1790. — Professeur à la Faculté de philosophie de Bonn, puis à l'Université de Berlin. Conseiller privé du royaume de Prusse.

Ouvrages. — 1813. *Commentationes eleaticæ.* — 1823. Métaphysique d'Aristote. — 1837. *Scholia Græca in Aristotelis metaphysicam.* — 1827-30. Le Museum rhenan de la philologie de l'histoire et de la philosophie grecque. — 1835. Manuel de la philosophie grecque et romaine, 2 vol. — 1842. Communications sur la Grèce. — Collaboration au Musée philologique, historique et philosophique du Rhin.

---

105. — HERSCHEL (Sir John, Frédérick, William).

Élu, le 23 juillet 1855, associé étranger de l'Académie des Sciences.

Né à Slough, comté de Buckingham (Angleterre), le 7 mars 1792. — 1813. Membre de la Société royale. — 1824. Secrétaire de la Société royale. — 1827. Président de la Société d'astronomie. — 1830. *Correspondant de l'Institut.* — 1838. Baronnet. — 1842. Lord recteur du Marischal college d'Aberdeen. — 1848. Président de la Société royale de Londres. — 1850 à 1855. Administrateur de l'hôtel des Monnaies à Londres. — Mort à Collingwood, le 11 mai 1871.

Ouvrages. — Collection d'exemples de l'application du calcul aux différences finies. — 1829. Traité de la lumière, 2 vol. — 1830. Traité du son. — 1834. Discours sur l'étude de la philosophie naturelle ou exposé de l'histoire des procédés et des progrès des sciences naturelles. — 1836. Traité d'astronomie. — 1847. Résultat des observations astronomiques faites de 1834 à 1838, au cap de Bonne Espérance. — 1853. Nouveau manuel complet d'astronomie, ou traité élémentaire de cette science. Mémoires insérés dans les Recueils de la Société royale et de la Société astronomique de Londres, dans les Transactions de la Société royale d'Edimbourg, les Philosophical Transactions, l'Encyclopedia Métropolitana, le Cabinet Cyclopœdia, les Mémoires de la Société d'astronomie, le *Quaterly Journal of science* et le *Quaterly Review.*

106. — RITTER (Carl).

Élu, le 14 décembre 1855, associé étranger de l'Académie des Inscriptions et Belles-Lettres.

Né à Quedlinburg (Prusse), le 7 août 1779. — 1798. Instituteur à Francfort. — 1820. Professeur de géographie à l'Université de Berlin. Professeur de statistique à l'Académie militaire. Directeur des études à l'Académie militaire. Membre du Conseil supérieur de l'Instruction publique. — 1846. *Correspondant de l'Institut.* — Mort à Berlin, le 28 septembre 1859.

Ouvrages. — 1807. L'Europe : Tableau géographique, historique et statistique, 2 vol. — 1817. La géographie dans ses rapports avec la nature et avec l'histoire de l'homme. — 1820. Portique de l'histoire des peuples européens avant Hérodote. Mémoires insérés dans les Mémoires de l'Académie de Berlin.

107. — MERCADANTE (Saverio).

Élu, le 22 novembre 1856, associé étranger de l'Académie des Beaux-Arts.

Né à Altamara (Deux-Siciles), le 4 décembre 1796. — 1815. Premier violon. Chef d'orchestre du Conservatoire de Saint-Sébastien. — 1833. Maître de chapelle de la cathédrale de Novare. — 1840. Directeur du Conservatoire de Naples. — 1846. *Correspondant de l'Institut.* — Mort à Naples, le 18 décembre 1870.

Œuvres principales. — *Opéras.* — 1819. Apoteosi d'Ercole. — 1820. Violenza e costanza. Anacreonte in Samo. Il Geloso raveduto. Scipione in Cartagine. — 1821. Maria Stuarda. Elisa e Claudio. — 1822. Andronico. Alde ed Emerico. Amoleto. — 1823. Alphonse ed Elisa. Costanza ed Almeriska. Didone. Gli Sciti. — 1824. Gli Amici di Siracusa. Doralice. Le Nozze di Telemacco ed Antiope. Il Podesta di Burgos. — 1825. La Nitocri. Erodio ossia Marianna. Ipermnestra. Ezio. — 1826. La Donna Caritia. — 1827. Il Montanaro. Erode. — 1828. Franscesca di Rimini. — 1829. La Rappresaglia. Don Chisciotto. Gabriella di Wergy. — 1830. Le Testa di bronzo. — 1831. Zaïra. I Normanni a Parigi. — 1832. Ismala ossia morte ed amore. — 1835. Il conte d'Essex. — 1836. I Briganti. — 1838. Emma d'Antiochia. La Gioventu di Henrico V. Il Giuramento. — 1839. Le due illustri Rivali. — 1840. La Solitaria delle Asturie. — 1841. Il proscritto. Elena da Feltre. — 1842. La vestale. Il reggente. — 1845. Il vascello di Gama. — 1846. Gli Orazi i Curiace. — 1850. La Schiava saracena. — 1851. Medea. — 1857. Pelagio. — 1866. Virginia.

Compositions diverses. — Il lamento del barde, Omagio a Pio IX, Omagio a la Vergine, etc.

108. — BOPP (Franz), O. ✳

Élu, le 20 février 1857, associé étranger de l'Académie des Inscriptions et Belles-Lettres.

Né à Mayence (Hesse-Darmstadt), le 14 septembre 1791. — Professeur de langue sanscrite à l'Université de Berlin. — 1849. *Correspondant de l'Institut.* — Mort à Berlin, le 26 octobre 1867.

Ouvrages. — 1816. Le système de la conjugaison du sanscrit comparé avec celui des langues grecque, latine, persane et germanique, in-4. — 1827. Système de la langue sanscrite, in-4. — 1829. *Diluvium, cum tribus aliis Mahabharati episodiis.* — 1830. *Glossarium Sanscriticum,* in-4. — 1833. *Grammatica critica linguæ Sanscritæ.* — Grammaire comparée des langues sanscrite, zend, grecque, latine, lithuanienne, gothique et allemande, 1 vol. in-4. — 1841. Des rapports des langues malaiso-polynésiques avec les langues indo-germaniques. — 1847. Des membres caucasiens de la filiation des langues indo-européennes. — 1866. Grammaire comparée des langues indo-européennes.

Une notice sur sa vie a été lue par M. Guigniaut, dans la séance de l'Académie des Inscriptions et Belles-Lettres du 19 novembre 1869.

109. — MACAULAY (le Baron Thomas, Babington).

Élu, le 23 *mai* 1857, *associé étranger de l'Académie des Sciences morales et politiques.*

Né à Rothley Temple, comté de Leicester (Angleterre), le 25 octobre 1800. — 1824. Fellow de Trinity college à Cambridge. — 1826. Avocat à Londres. — 1828 à 1831. Commissaire des faillites. — 1830 à 1833, 1839 à 1847 et 1852 à 1857. Membre de la Chambre des communes. — 1832. Commissaire au Conseil du contrôle des Indes. — 1839 à 1841. Secrétaire d'État de la guerre. — 1846. Payeur général. — 1849. Lord Recteur de l'Université de Glasgow. — 1853. *Correspondant de l'Institut.* — 1857. Pair du Royaume-Uni. — 1857. Baron. — Mort à Londres, le 28 décembre 1859.

Ouvrages. — 1819. Pompéi. — 1821. Le soir, poème. — 1842. *Lays of ancient Rome.* — 1843. Essais critiques et historiques. — 1849. Histoire d'Angleterre depuis l'avènement de Jacques II, 2 vol. — 1854. Discours. — 1860. Écrits divers. Histoire du règne de Guillaume III, 4 vol. — 1866. Œuvres complètes, 8 vol.

Une notice sur sa vie a été lue par M. Mignet, dans la séance de l'Académie des Sciences morales et politiques du 13 juin 1863.

---

110. — RITSCHELL (Ernst, Friedrich, August), ✠

Élu, le 6 *janvier* 1858, *associé étranger de l'Académie des Beaux-Arts.*

Né à Pulsnitz (Saxe), le 5 décembre 1804. — Sculpteur. Professeur à l'Académie des Beaux-Arts de Dresde. — 1850. *Correspondant de l'Institut.* — Mort à Dresde, le 21 février 1861.

Œuvres principales. — *Groupes et statues.* — Neptune. Frédéric. Auguste de Saxe. Cérès. Marie pleurant sur le cadavre du Christ. Thaer. Lessing. Schiller. Gœthe. Charles Marie de Weber. Pieta. L'Amour domptant une panthère. L'Amour emporté par une panthère. Les quatre Heures du jour. L'ange au Christ.

Bustes. — Luther. Le prince de Saxe. Auguste II. Listz, etc.

---

111. — WELCKER (Friedrich, Gottlieb), ✠

Élu, le 30 *avril* 1858, *associé étranger de l'Académie des Inscriptions et Belles-Lettres.*

Né à Grünberg (Hesse-Darmstadt), le 4 novembre 1784. — 1819. Professeur de philologie à l'Université de Bonn. Bibliothécaire général de l'Université. — 1839. *Correspondant de l'Institut.* — Mort à Bonn, le 17 décembre 1868.

Ouvrages. — 1810. Vie de Zœga, collection de ses lettres, et appréciation de ses ouvrages, 2 vol. Comédies d'Aristophane, 2 vol. — 1826. Dissertation sur le drame satirique. — 1835. Le cycle épique ou les poètes homériques, 2 vol. — 1839. Les tragédies grecques avec un retour sur le cycle épique, 3 vol. — 1849. Anciens monuments, 3 vol.

---

112. — OWEN (Sir Richard), O. ✠

Élu, le 25 *avril* 1859, *associé étranger de l'Académie des Sciences.*

Né à Lancastre, comté de Lancastre (Angleterre), le 20 juillet 1804. — 1826. Membre du collège des chirurgiens. — 1834. Membre de la Société royale. — 1834 à 1856. Professeur de physiologie et d'anatomie au collège royal des chirurgiens. — 1839. *Correspondant de l'Institut.* — 1856 à 1883. Surintendant du cabinet d'histoire naturelle du British Museum. — 1884. Chevalier. — Mort à Londres, le 28 décembre 1892.

Ouvrages. — 1832. Mémoire sur le nautile à perles. — 1840. Leçons d'anatomie comparée. Sur la structure microscopique des dents, 2 vol. — 1843. Anatomie comparée des animaux invertébrés. — 1846. Les mammifères et les oiseaux fossiles. Les animaux vertébrés. — 1849. *Parthenogenesis.* Histoire des reptiles fossiles, in-4. — 1855. Principes d'ostéologie comparée, ou recherches sur l'archétype et les homologies du squelette vertébré.

---

113. — BORGHESI (le Comte Bartolomeo), ✳

Élu, le 9 décembre 1859, associé étranger de l'Académie des Inscriptions et Belles-Lettres.

Né à Savignano (États de l'Église), le 11 juillet 1781. — Numismate et archéologue. — 1839. *Correspondant de l'Institut.* — Mort à Saint-Marin, le 16 avril 1860.

Ouvrages. — 1820. Nouveaux fragments des Fastes consulaires capitolins, 2 vol. in-4. — 1862. OEuvres complètes publiées sous les auspices du gouvernement français, par MM. Léon Regnier, de Rossi, Noël Desvergers et Ernest Desjardins, 9 vol. in-4. — Mémoires insérés dans les mémoires de l'Académie des sciences de Turin. — Collaboration aux Annales de l'Institut archéologique, de l'Académie romaine d'archéologie, au Bulletin napolitain, et au Giornale Arcadico de Rome.

114. — RANKE (Franz, Léopold).

Élu, le 4 février 1860, associé étranger de l'Académie des Sciences morales et politiques.

Né à Wiehe (Prusse), le 21 décembre 1795. — 1825. Professeur d'histoire à l'Université de Berlin. — 1841. Historiographe de la maison royale de Prusse. — 1841. *Correspondant de l'Institut.* 1848. Membre du Parlement de Francfort. — Mort à Berlin, le 23 mai 1886.

Ouvrages. — 1824. Histoire des nations romaines et germaniques de 1494 à 1535. Documents pour servir à la critique d'historiens modernes. — 1827. Princes et peuples de l'Europe méridionale aux XVIe et XVIIe siècles, 4 vol. — 1829. La révolution serbe. — 1831. La conjuration contre Venise en 1688. — 1837. Cours sur l'histoire de la littérature italienne. — 1838. Histoire de la papauté pendant les XVIe et XVIIe siècles, 4 vol. — 1839. Histoire des Osmanlis et de la monarchie espagnole pendant les XVIe et XVIIe siècles. Histoire de l'Allemagne au temps de la Réforme, 5 vol. — 1845. L'Espagne sous Charles V, Philippe II et Philippe III, ou les Osmanlis et la monarchie espagnole pendant les XVIe et XVIIe siècles, 2 vol. — 1852. Histoire de France, principalement aux XVIe et XVIIe siècles, 6 vol. — 1859. Histoire de l'Angleterre surtout aux XVIe et XVIIe siècles, 3 vol.

Une notice sur sa vie a été lue par M. Zeller, dans la séance de l'Académie des Sciences morales et politiques du 22 décembre 1886.

115. — PLANA (le Baron Giovanni, Antonio, Amedeo), O. ✳

Élu, le 5 mars 1860, associé étranger de l'Académie des Sciences.

Né à Voghera (Piémont), le 13 novembre 1781. — Professeur d'astronomie à l'Université de Turin. Directeur de l'Observatoire de Turin. — 1826. *Correspondant de l'Institut.* — Mort à Turin, le 20 janvier 1864.

Ouvrages. — 1813. Mémoire sur divers problèmes de probabilité, in-4. Mémoire sur le mouvement d'une ligne d'air et sur le mouvement des ondes, dans le cas où les vitesses des molécules ne sont pas supposées très petites, in-4. — 1842. Mémoire sur la chaleur des gaz permanents, in-4. — 1863. Sur le mouvement du centre de gravité d'un corps solide vers la terre, entre le centre de la lune et de la terre supposés fixes, immédiatement après l'impulsion, in-4. — S. d. Théorie du mouvement de la lune, 3 vol. in-4.

Une notice sur sa vie a été lue par M. Élie de Beaumont, dans la séance de l'Académie des Sciences du 25 novembre 1872.

116. — EHRENBERG (Christian, Gottfried).

Élu, le 23 avril 1860, associé étranger de l'Académie des Sciences.

Né à Delitzsch (Prusse), le 19 avril 1795. — 1818. Docteur en médecine. — 1831. *Correspon-*

dant de l'Institut. — 1839. Professeur à la Faculté de Médecine de Berlin. — 1842. Secrétaire perpétuel de l'Académie des Sciences de Berlin. — Mort à Berlin, le 27 juin 1876.

Ouvrages. — 1828. *Symbolæ physicæ.* Voyage dans l'Afrique septentrionale et l'Asie occidentale, entrepris dans l'intérêt des sciences naturelles, pendant les années 1820 à 1825.— 1830. Organisation, système et rapport géographique des infusoires. — 1835. La phosphorescence dans la mer. — 1837. Les infusoires fossiles et la terre végétale vivante. — 1839. Les roches et les marnes calcaires libyques et ouraliques de l'Europe formées d'êtres microscopiques. — 1840. Courtes observations sur 274 espèces d'infusoires nouvellement découvertes depuis la clôture des tables du grand ouvrage sur les infusoires. — 1842. De la crainte absolument mal fondée en histoire naturelle et en médecine, relativement à la décadence physique des populations par suite du développement progressif de l'intelligence.

117. — GERHARD (Eduard).

Élu, le 29 juin 1860, associé étranger de l'Académie des Inscriptions et Belles-Lettres.

Né à Posen (Prusse), le 29 novembre 1795. — Professeur à l'Université de Berlin. Membre de l'Académie des Sciences de Berlin. — 1834. *Correspondant de l'Institut.* — Mort à Berlin, le 12 mai 1867.

Ouvrages. — 1827. Antiques : choix de peintures de vases grecs, 3 vol. in-fol. — 1828. Les antiques de Naples. — 1834. Les antiques de Berlin. — 1839. Miroirs étrusques, 2 vol. — 1843. Les coupes grecques et étrusques du musée de Berlin, in-fol. Vases étrusques et campaniens. — 1846. Vases apuliens. — 1848-50. Coupes et vases. — Articles insérés dans le Journal archéologique, la Gazette littéraire de Halle, la Gazette archéologique de Berlin, les Mémoires de l'Académie de Berlin et les Programmes de la Société archéologique de Berlin.

118. — LASSEN (Christian).

Élu, le 9 novembre 1860, associé étranger de l'Académie des Inscriptions et Belles-Lettres.

Né à Bergen (Norwège), le 22 octobre 1800. — 1830. Professeur de langues orientales à l'Université de Bonn. — 1841. *Correspondant de l'Institut.* — Mort à Bonn, le 8 mai 1876.

Ouvrages. — 1826. Essai sur le Pali, ou langue sacrée de la presqu'île au delà du Gange. — 1827. *Commentaria geographica atque historica de Pentapotamia Indica*, in-4. — 1832. *Gymnosophista, sive indicæ philosophiæ Documenta.* — 1837. *Institutiones Linguæ Pracriticæ. Gitagovinda Jayadevæ poetæ indici, drama-lyricum.* — 1838. Documents pour servir à l'histoire des rois grecs et indo-scythes de la Bactriane, du Kaboul et de l'Inde. — 1844. Archéologie indienne. — Articles et mémoires insérés dans la Bibliothèque indienne, le Muséum rhénan et le Journal pour la connaissance de l'Orient.

119. — CURETON (le Révérend William).

Élu, le 23 novembre 1860, associé étranger de l'Académie des Inscriptions et Belles-Lettres.

Né à Westbury, comté de Shrop (Angleterre), en 1808. — 1831. Diacre. — 1832. Ministre à Oddington.— 1837. Conservateur adjoint des manuscrits au British Museum.— 1840. Prédicateur de l'Université d'Oxford. — 1847. Chapelain de la Reine. — 1849 à 1864. Chanoine de Westminster et recteur de Sainte-Marguerite.— 1855. *Correspondant de l'Institut.* — Mort à Londres, le 17 juin 1864.

Ouvrages. — 1845. Épîtres de saint Ignace. — 1848. Les lettres de saint Athanase. — 1853. Histoire ecclésiastique de Jean d'Éphèse. — 1855. *Spicilegium Syriacum.* — 1861. Histoire des martyrs de Palestine. — 1864. Anciens documents syriens, relatifs à l'établissement du christianisme à Edesse. — S. d. *Curetonian Gospels.*

120. — LIEBIG (le Baron Justus de), C. ✳

Élu, le 13 mai 1861, associé étranger de l'Académie des Sciences.

Né à Darmstadt (Hesse-Darmstadt), le 12 mai 1803. — 1822. Docteur en philosophie. — 1824. Professeur de chimie à l'Université de Giessen. — 1837. Docteur en médecine. — 1842. *Correspondant de l'Institut.* — 1845. Baron. — 1852. Conservateur du Laboratoire de chimie à Munich. — Mort à Munich, le 18 avril 1873.

Ouvrages. — 1826. Sur la théorie et la pratique de l'économie agricole. — 1837. Instruction sur l'analyse des corps organiques. Dictionnaire de chimie, 5 vol. — 1839. Manuel de pharmacie. La chimie organique appliquée à la physiologie animale et à la pathologie, 2 vol. — 1840. La chimie organique appliquée à la physiologie végétale et à l'agriculture. — 1842. La chimie animale. — 1843. Manuel de chimie organique par rapport à la pharmacie. — 1848. Les mouvements des sucs dans le corps animal. — 1849. Recherches sur la chimie alimentaire. — 1852. Lettres sur la chimie considérée dans ses rapports avec l'industrie, l'agriculture et la physiologie. Nouvelles lettres sur la chimie. — 1856. Question des engrais. Principes de chimie agricole et critique des essais de quelques praticiens anglais et allemands. — 1862. Lettres sur l'agriculture moderne. — 1863. Guide pour l'introduction à l'étude de la chimie. — 1865. Les lois naturelles de l'agriculture. — 1867. Le développement des idées dans les sciences naturelles. Sur un nouvel aliment pour nourrissons. — 1877. Lord Bacon et les sciences d'observation au moyen-âge, in-12. — S. d. Manuel de chimie analytique.

121. — HESS (Heinrich de).

Élu, le 15 février 1862, associé étranger de l'Académie des Beaux-Arts.

Né à Dusseldorf (Prusse Rhénane), le 19 avril 1798. — Peintre. — 1853. *Correspondant de l'Institut.* — Professeur à l'Académie et Directeur de l'École de peinture sur verre à Munich. — Mort à Munich, le 30 mars 1863.

Œuvres principales. — Les trois Vertus théologales. La Vierge entourée des docteurs et des patrons des églises de Munich. Le Parnasse. Descente de croix. Noël. Les pèlerins allant à Rome. La Foi, l'Espérance et la Charité. Le soir. Les funérailles. Les trois mages. Apollon et les neuf Muses. Peinture de l'église de la Toussaint à Munich. Vie de saint Boniface. Portrait de Thorwaldsen, etc.

122. — KAULBACH (Wilhelm de), O. ✳

Élu, le 30 mai 1863, associé étranger de l'Académie des Beaux-Arts.

Né à Arolsen (Waldeck), le 15 octobre 1805. — Peintre. Directeur de l'Académie des Beaux-Arts de Munich. — 1842. *Correspondant de l'Institut.* — Mort à Munich, le 7 avril 1874.

Œuvres principales. — Apollon au milieu des Muses. La maison des fous. La fable de Psyché et de l'Amour. Bataille des Huns. Le roman du renard. Un groupe de Bédouins. La destruction de Jérusalem. Décoration du musée de Berlin : La tour de Babel. Moïse. Solon. L'Histoire. La Légende, etc. Victoire d'Herman sur les Romains. La bataille de Salamine. Le mariage d'Alexandre et de Roxane. Fresques de la Pinacothèque de Munich. — Dessins pour l'illustration des Évangiles et des œuvres de Shakspeare.

123. — PERTZ (Georg, Heinrich, Jacob).

Élu, le 20 novembre 1863, associé étranger de l'Académie des Inscriptions et Belles-Lettres.

Né à Hanovre (royaume de Hanovre), le 28 mars 1795. — Docteur en philosophie. — 1823. Employé aux Archives à Gœttingue. Bibliothécaire du roi de Hanovre. Garde des Archives et historiographe de la Maison de Brunswick-Lunebourg. — 1840. *Correspondant de l'Institut.* — 1842. Conservateur en chef de la Bibliothèque de Berlin. Membre de l'Académie des Sciences de Berlin. — Mort à Munich, le 7 octobre 1876.

Ouvrages. — 1819. Histoire des maires du palais sous les Mérovingiens. — 1824. Voyage en Italie. — 1846. Sur les croyances religieuses de Leibniz. Planches pour des cours de diplomatique, in-fol. — 1848. Sur un fragment du livre de Tite-Live, in-4. — 1853. Catalogue des manuscrits de la Bibliothèque royale de Berlin. — 1855. Vie du baron de Stein, 6 vol. — 1857. Sur les lettres d'indulgence imprimées en 1454 et 1455, in-4.

124. — DONALDSON (Thomas, Leverton).
Élu, le 21 novembre 1863, associé étranger de l'Académie des Beaux-Arts.

Né à Londres (Angleterre), le 19 octobre 1795. — 1835. *Correspondant de l'Institut.* — 1838. Membre de la commission du drainage de Londres. — 1841 à 1864. Professeur d'architecture à l'University College de Londres. — Architecte. — Ingénieur du district de South Kensington à Londres. — 1864. Président de l'Institut des architectes. — Mort à Londres, le 1er août 1885.

Œuvres principales. — Église de la Sainte-Trinité (South-Kensington) à Londres. Junior Athenœum club à Londres. University Hall (Gordon square). Bibliothèque et laboratoire du collège de l'Université. Église de la Toussaint (Gordon Street). Église écossaise à Woolwich. Hôpital allemand à Dalston. Hall de la corporation écossaise (Crane-court) à Londres.

Ouvrages. — 1827. Pompéi illustré. — 1833. Collection de façades des bâtiments de Grèce et d'Italie. — 1859. Livre de spécification ou Guide pratique de l'architecte, 2 vol. — 1859. *Architectura numismatica.* — 1867. Vie de Charles Fowler, in-4.

125. — GROTE (George).
Élu, le 20 février 1864, associé étranger de l'Académie des Sciences morales et politiques.

Né à Clay-Hill, comté de Kent (Angleterre), le 17 novembre 1794. — 1832 à 1841. Membre de la Chambre des communes. — 1850. Membre du Sénat de l'Université de Londres. — 1857. Membre de la Société royale. — 1858. *Correspondant de l'Institut.* — 1859. Professeur honoraire à l'Académie royale. — 1862. Vice-Chancelier de l'Université de Londres. — 1868. Président du Conseil de l'Université de Londres. — Mort à Londres, le 18 juin 1871.

Ouvrages. — 1846. Histoire de Grèce, 8 vol. — 1865. Platon et les autres compagnons de Socrate. — 1872. Aristote.

126. — STÜLER (Friedrich, August).
Élu, le 9 avril 1864, associé étranger de l'Académie des Beaux-Arts.

Né à Mülhausen (Prusse), le 28 janvier 1800. — Architecte du roi de Prusse. — 1857. *Correspondant de l'Institut.* — Mort à Berlin, le 18 mars 1865.

Œuvres principales. — Nouveau palais d'hiver de Saint-Pétersbourg. Bourse de Berlin. Bourse de Francfort. Église catholique de Rheda. Nouveau musée de Berlin. Chapelle royale de Berlin. Églises Saint-Mathieu, Saint-Georges et Saint-Jacques à Berlin. Nouvelles salles du château de Potsdam. Château du grand-duc de Mecklembourg-Schwerin à Berlin. Jardin de Sans-Souci, etc.

127. — WÖHLER (Friedrich), O. ✳.
Élu, le 20 juin 1864, associé étranger de l'Académie des Sciences.

Né à Eschersheim (Hesse Electorale), le 31 juillet 1809. — 1830. Professeur à l'École des Arts et

Métiers de Berlin, puis de Cassel. — 1836. Professeur de chimie à l'Université de Gœttingue. — 1845. *Correspondant de l'Institut.* — Inspecteur général des pharmacies de Hanovre. — Mort à Gœttingue, le 23 septembre 1882.

Ouvrages. — 1836. Les sources de Neundorf. — 1848. Cours de chimie générale, 2 vol. — 1858. Éléments de chimie inorganique et organique. — 1865. Traité pratique d'analyse chimique. — S. d. Manuel de chimie analytique.

128. — VERDI (Giuseppe), G. C. ✻

Élu, le 25 juin 1864, associé étranger de l'Académie des Beaux-Arts.

Né à Roncole (duché de Parme), le 9 octobre 1813. — Organiste à Busseto. — 1859. Membre de l'Assemblée nationale de Parme. — 1859. *Correspondant de l'Institut.* — 1860. Député au Parlement italien. — 1874. Sénateur du royaume d'Italie.

Œuvres principales. — *Opéras.* — 1839. Oberto, conte de San Bonifazio. — 1840. Un giorno di regno. — 1841. Il Finto Stanislao. — 1842. Nabuchodonosor. — 1843. I Lombardi. — 1844. Ernani. I due Foscari. — 1845. Giovanna d'Arco. Alzira. — 1846. Attila. — 1847. Macbeth. I Masnadieri. — 1848. Jérusalem. Il Corsaro. — 1849. La Battaglia di Legnano. Luisa Miller. — 1850. Stiffelio. — 1851. Rigoletto. — 1853. Il Trovatore. La Traviata. — 1855. Les vêpres siciliennes. — 1856. Simone Boccanegra. — 1857. Aroldo. — 1858. Un ballo in Maschera. — 1862. La Forza del destino. — 1867. Don Carlos. — 1871. Aida. — 1889. Otello. — 1893. Falstaff.

129. — LA RIVE (Auguste, Arthur de), ✻

Élu, le 11 juillet 1864, associé étranger de l'Académie des Sciences.

Né à Genève (Suisse), le 9 octobre 1801. — Directeur de la Bibliothèque universelle de Genève. — 1830. *Correspondant de l'Institut.* — 1823. Professeur de physique générale, puis (1825) de physique expérimentale à l'Académie de Genève. Recteur de l'Académie de Genève. — Mort à Marseille, le 27 novembre 1873.

Ouvrages. — 1824. Mémoire sur les caustiques, in-4. — 1833. Esquisses historiques des principales découvertes faites dans l'électricité depuis quelques années. — 1836. Recherches sur les causes de l'électricité voltaïque. — 1845. Archives de l'électricité, supplément à la Bibliothèque universelle de Genève, 6 vol. Traité d'électricité théorique et pratique, 3 vol. — Mémoires et articles insérés dans les Annales de chimie et physique, la Bibliothèque universelle de Genève et le Recueil de la Société des sciences physiques de Genève.

Une notice sur sa vie a été lue par M. Dumas, dans la séance de l'Académie des Sciences du 28 décembre 1874.

130. — WITTE (le Baron Jean, Joseph, Antoine, Marie de), O. ✻

Élu, le 2 décembre 1864, associé étranger de l'Académie des Inscriptions et Belles-Lettres.

Né à Anvers (Belgique), le 24 février 1808. — Membre de l'Institut archéologique de Rome et de l'Académie de Belgique. — 1842. *Correspondant de l'Institut.* — Mort à Paris, le 29 juillet 1889.

Ouvrages. — 1836. Description des antiquités et objets d'art du cabinet de E. Durand. — 1837. Description d'une collection de vases peints et de bronzes antiques provenant des fouilles de l'Étrurie. Élite des monuments céramographiques : matériaux pour l'intelligence des religions et des mœurs de l'antiquité, gr. in-4. — 1838. Description des vases peints et des bronzes antiques de la collection de M. de M***. — 1840. Description de la collection d'antiquités de M. Beugnot. — 1841. Étude du mythe de Geryon. — 1857. Choix de terres cuites antiques du cabinet de M. de Janzé. — 1869. Recherches sur les empereurs qui ont régné, dans les Gaules, au IIIᵉ siècle de l'ère chrétienne, in-4. — S. d. Les exploits de Thésée, coupe peinte par Euphronios.

131. — RAUMER (Friedrich, Ludwig, Georg de).

Élu, le 11 février 1865, associé étranger de l'Académie des Sciences morales et politiques.

Né à Wœrlitz (Anhalt-Dessau), le 14 mai 1781. — 1809. Conseiller de régence à Potsdam. — 1811. Professeur d'histoire à l'Université de Breslau. — 1819. Professeur d'histoire et de sciences politiques à l'Université de Berlin. Membre de l'Académie de Berlin. — 1838. *Correspondant de l'Institut.* — 1848. Membre du Parlement de Francfort. — 1850. Membre de la Chambre des seigneurs de Prusse. — Mort à Berlin, le 14 juin 1873.

Ouvrages. — 1806. Six dialogues sur la paix et le commerce. — 1810. Le système d'impôts en Angleterre. — 1813. Manuel des passages remarquables des historiens latins du moyen âge. — 1816. Voyage d'automne à Venise, 2 vol. — 1821. Cours sur l'histoire ancienne, 2 vol. — 1823. Histoire des Hohenstaufen et de leur époque, 6 vol. — 1831. Sur le développement historique des idées de droit, d'État et de politique. Lettres de Paris écrites pour éclaircir l'histoire du XVIe et du XVIIe siècles, 2 vol. — 1832-50. Histoire d'Europe depuis la fin du XVe siècle, 8 vol. — 1836. L'Angleterre, 3 vol. in-18. Élisabeth et Marie Stuart, d'après les documents du British Museum, 2 vol. — 1836-39. Documents pour l'histoire moderne, tirés du British Museum, 5 vol. L'Angleterre en 1835, lettres écrites à des amis en Allemagne, 2 vol. — 1837. La chute de la Pologne. Lettres archéologiques, 2 vol. — 1845. Les États-Unis d'Amérique, 2 vol. — 1840. Lettres de Francfort et de Paris, 2 vol. — 1852. Œuvres mêlées, 5 vol. — 1861. Souvenirs et correspondance, 2 vol. Exposé du système des contributions de l'Angleterre. — 1877. Le démembrement de la Pologne.

132. — GLADSTONE (William, Ewart).

Élu, le 4 mars 1865, associé étranger de l'Académie des Sciences morales et politiques.

Né à Liverpool, comté de Lancastre (Angleterre), le 29 décembre 1809. — 1832 à 1895. Membre de la Chambre des communes. — 1834. Lord de la Trésorerie. — 1835. Sous-Secrétaire d'État des Colonies. — 1841. Vice-Président du Conseil du commerce. — 1841. Membre du Conseil privé. — 1843. Président du Conseil du commerce. — 1846. Secrétaire d'État pour les colonies. — 1853 à 1855 et 1859 à 1865. Chancelier de l'Échiquier. — 1860. Lord-Recteur de l'Université d'Édimbourg. — 1868 à 1874, 1880 à 1885 et février à août 1886. Premier lord de la Trésorerie et premier Ministre. — 1892 à 1894. Lord du sceau privé, premier Lord de la Trésorerie et premier Ministre.

Ouvrages. — 1838. L'État dans ses relations avec l'Église. — 1840. Les principes de l'Église considérés dans leurs résultats. — 1845. Remarques sur la législation commerciale. — 1850. Remarques sur la suprématie royale telle qu'elle est définie par le droit, la raison et la constitution. — 1851. Lettres à lord Aberdeen sur les procès politiques intentés par le gouvernement napolitain. — 1852. Lettres sur les fonctions des laïques dans l'Église. — 1855. Nos colonies. — 1859. Études sur Homère et sur son époque, 3 vol. — 1865. La place de l'ancienne Grèce, dans l'ordre providentiel du monde. — 1868. Un chapitre d'autobiographie. *Ecce homo.* — 1869. *Juventus mundi.* Les dieux et les hommes de l'âge héroïque en Grèce. — 1872. Le Vaticanisme. — 1874. Les décrets du Vatican et leur influence sur la fidélité des citoyens. La place d'Homère dans l'histoire. — 1875. Homère. — 1876. Les horreurs de Bulgarie et la question d'Orient. L'Église d'Angleterre et le ritualisme. L'époque et la patrie d'Homère. Les chemins de l'honneur et de la honte. — 1877. Les provinces slaves de l'empire ottoman. Leçons de massacre ou la conduite du gouvernement ottoman en Bulgarie. — 1878. Glanures du passé, 7 vol. in-12. — 1884. Nouvelles glanures du passé. — 1886. La question irlandaise, histoire d'une idée. — 1890. Le roc inébranlable de la sainte Écriture. — 1890. Limites des études sur Homère. — Discours politiques.

133. — STRACK (Johann, Heinrich), ✻

Élu, le 17 juin 1865, associé étranger de l'Académie des Beaux-Arts.

Né à Bückeburg (Lippe-Schauenbourg), le 24 juillet 1806. — Architecte. — 1864. *Correspondant de l'Institut.* — Mort à Berlin, le 13 juin 1880.

Œuvres principales. — Châteaux de Fredericksbourg (roi de Danemark), de Batersberg et du grand-duc de Schwerin. Églises Saint-Pierre à Berlin, et Saint-Nicolas à Hambourg. Atelier de Cornelius à Berlin.

Ouvrages. — 1843. De la construction des théâtres dans l'ancienne Grèce. Monuments d'architecture de l'ancienne marche de Brandebourg.

---

134. — SCHNORR de CAROLSFELD (Julius, Viet, Hans).

Élu, le 6 *juillet* 1867, *associé étranger de l'Académie des Beaux-Arts.*

Né à Leipzig (Saxe), le 26 mars 1794. — Peintre. — 1827. Professeur à l'Académie des Beaux-Arts de Munich. — 1845. *Correspondant de l'Institut.* — 1846. Professeur à l'Académie des Beaux-Arts de Dresde. Directeur du Musée royal de Dresde. — Mort à Dresde, le 26 mai 1872.

Œuvres principales. — Trois cavaliers chrétiens et trois cavaliers païens. Sainte Famille. Saint Roch distribuant des aumônes. Les noces de Cana. Jacob et Rachel. Madone avec l'enfant Jésus. Ruth et Booz. La fuite en Égypte. Laissez venir à moi les petits enfants. L'annonciation de la Vierge. La mort de Barberousse dans les flots du Cydnus. Scènes de l'histoire de Charlemagne et de Rodolphe de Habsbourg, etc.

---

135. — FLEISCHER (Heinrich, Leberecht), ✠

Élu, le 29 *novembre* 1867, *associé étranger de l'Académie des Inscriptions et Belles-Lettres.*

Né à Schandau (Saxe), le 21 février 1801. — 1828. Professeur à l'Université de Dresde. — 1835. Professeur de langues orientales à l'Université de Leipzig. — 1861. *Correspondant de l'Institut.* — Mort à Leipzig, le 10 février 1888.

Ouvrages. — 1831. *Catalogus codicum manuscriptorum orientalium bibliothecæ regiæ Dresdensis. Ismaelis Abulfedæ Historia anteislamica*, in-4. — 1835. Colliers d'or de Zamakhschari. — 1836. *De glossis Habichtianis in quatuor tomos M. I. noctium Dissertatio critica.* — 1838. *Catalogus librorum manuscriptorum qui in bibliotheca senatoria civitatis Lipsensis asservantur*, in-4. — 1842. Mille et une nuits. — 1844. *Beidhawi Commentarius in Coranum*, in-4. — 1847. Grammaire de la langue persane actuellement parlée. — Articles insérés dans le Journal de la Société orientale d'Allemagne et dans le Journal asiatique de Paris.

---

136. — RITSCHL (Friedrich, Wilhelm), ✠

Élu, le 29 *novembre* 1867, *associé étranger de l'Académie des Inscriptions et Belles-Lettres.*

Né à Grossvargula (Prusse), le 26 avril 1806. — 1832. Professeur de philologie à l'Université de Halle. — 1839. Professeur de philologie et d'éloquence à l'Université de Bonn et Directeur du Séminaire philologique. — 1854. Conservateur de la Bibliothèque de la même Université. — 1862. *Correspondant de l'Institut.* — Mort à Leipzig, le 9 novembre 1876.

Ouvrages. — 1829. *Schedæ criticæ.* — 1834. *De Oro et Orione.* — 1838. La bibliothèque d'Alexandrie sous les premiers Ptolémées et le recueil des poésies homériques faites par ordre de Pisistrate. — 1842. *De porta Metia*, in-4. — 1845. *Parerga Plautina et Terentiana.* — 1846. *Lexicon etymologicum, e codice Angelico descriptum*, 2 vol. in-4. — 1847. *De Pomponii Bassuli Epilome metrico*, in-4. — 1849. *Hieronymi Indices librorum a Varrone scriptorum*, in-4. — 1851. *Legis Rubriæ pars superstes*, in-4. — *Titulis Mummianus ad fidem lapidis Vaticani.* — 1852. *De milario Papilliano d que epigrammate Sorano*, in-4. *Inscriptio columnæ rostratæ*, in-4. *Monumenta epigraphica tria*, in-4. *De fictilibus litteratis latinis antiquis*, in-4. — 1853. *Anthologiæ latinæ corollarium epigraphicum*, in-4. — 1854. *Poesis Saturninæ specimen*, in-4. — 1855. *De titulo metrico Lambacsensi*, in-4. — 1856. *De Varronis Hebdomadum libris*, in-4. — 1860. *In leges Viselliam, Antoniam, Corneliam observationes epigraphicæ*, in-4. — 1862. *Præmiorum Bonnensium decas*, in-4.

---

137. — ROSSI (Gianbatista de), C. ✳

Élu, le 13 décembre 1867, associé étranger de l'Académie des Inscriptions et Belles-Lettres.

Né à Rome (États de l'Église), le 23 février 1822. — Préfet du Musée sacré de la Bibliothèque Vaticane. Président de l'Académie pontificale d'archéologie de Rome. — 1860. *Correspondant de l'Institut.* — Mort à Rome, le 20 septembre 1894.

Ouvrages. — 1857. *Inscriptiones christianæ urbis Romæ septimo sæculo antiquiores,* 3 vol. — 1864. *Roma sott.- ranea cristiana,* 3 vol. — 1867. Aperçu général sur les catacombes de Rome et description du modèle d'une catacombe exposé à Paris, in-12. — 1878. Mosaïques chrétiennes et pierres tumulaires des églises de Rome antérieures au xv° siècle, 4 vol. — Articles insérés dans le Bulletin de l'Institut de Correspondance archéologique de Rome et dans le Bulletin archéologique de Naples.

138. — MURCHISON (Sir Roderick, Impey), ✳

Élu, le 23 mars 1868, associé étranger de l'Académie des Sciences.

Né à Taradale, comté de Ross (Écosse), le 19 février 1792. — 1808. Enseigne au 36° régiment d'infanterie. — 1812 à 1815. Capitaine de dragons. — 1826. Membre de la Société royale de Londres. — 1844. *Correspondant de l'Institut.* — 1846. Chevalier. — 1855. Directeur de l'École royale des Mines et Directeur général de la carte géologique. — 1866. Baronet. — Mort à Londres, le 22 octobre 1871.

Ouvrages. — 1825. Étude géologique de la partie nord-ouest du comté de Sussex. — 1839. Le système silurien fondé sur des recherches géologiques dans les comtés de Salop, Hereford, Radnor, etc. — 1845. Géologie de la Russie et des monts Oural, 2 vol. in-4. Structure géologique des Alpes, des Apennins et des monts Carpathes. — 1852. Mémoire pour démontrer que l'extrémité nord de la chaîne du Forez, ou que les roches ardoisières de Sichon doivent être rapportées à l'époque carbonifère. — 1854. Silurie : histoire des plus anciennes roches contenant des résidus organiques. — 1856. Atlas géologique de l'Europe, in-4.

139. — KUMMER (Ernst, Eduard).

Élu, le 29 juin 1868, associé étranger de l'Académie des Sciences.

Né à Sorau (Prusse), le 29 janvier 1810. — 1831 à 1842. Professeur aux gymnases de Sorau et de Leipnitz. — 1842. Professeur à l'Université de Breslau. — 1855 à 1884. Professeur à l'Université de Berlin. — 1855. Membre de l'Académie de Berlin. — 1860. *Correspondant de l'Institut.* — Mort à Berlin, le 14 mai 1893.

M. Kummer a publié, dans les mémoires de l'Académie de Berlin, des travaux sur les séries hypergométriques, les séries cubiques, la démonstration de la loi de Fermat, la théorie algébrique générale et spéciale du système rayonnant, etc.

140. — DUPRÉ (Giovanni), ✳

Élu, le 2 janvier 1869, associé étranger de l'Académie des Beaux-Arts.

Né à Sienne (Toscane), le 1er mars 1817. — Sculpteur. — 1862. *Correspondant de l'Institut.* — Mort à Florence, le 10 janvier 1882.

Œuvres principales. — Abel. Pieta. Mme Dora d'Istria. Le triomphe de la Croix. Caïn. Base de la coupe égyptienne du palais Pitti, etc,

141. — MÜLLER (Friedrich, Max).

Élu, le 12 février 1869, associé étranger de l'Académie des Inscriptions et Belles-Lettres.

Né à Dessau (Anhalt-Dessau), le 6 décembre 1823. — 1850. Professeur d'histoire littéraire et de grammaire comparée à l'Université d'Oxford. — 1858. *Correspondant de l'Institut.*

Ouvrages. — 1847. Meghadûta. — 1849. Rigveda, 2 vol. — 1855. Les langues du théâtre de la guerre d'Orient. — 1858. Histoire de la littérature sanscrite. — 1859. Essai de mythologie comparée. — 1864. La science du langage. — 1866. Nouvelles leçons sur la science du langage, 2 vol. — 1872. Essais sur l'histoire des religions. — 1873. Essais sur la mythologie comparée, les traditions et les coutumes. — 1873-76. La science de la religion, in-12. Stratification du langage, 2 vol. — 1879. Origine et développement de la religion étudiés à la lumière des religions de l'Inde.

142. — SCLOPIS de SALERANO (le Comte Paolo, Federigo).

Élu, le 20 mars 1869, associé étranger de l'Académie des Sciences morales et politiques.

Né à Turin (Piémont), le 10 janvier 1798. — 1830. Procureur général. Membre de l'Académie des Sciences de Turin. — 1845. *Correspondant de l'Institut.* — 1848. Garde des sceaux, Ministre de la Justice. — 1848-1849. Député de Turin. — 1849. Sénateur. — 1860. Premier Vice-Président du Sénat. — Mort à Turin, le 8 mars 1878.

Ouvrages. — 1833. Histoire de l'ancienne législation du Piémont. — 1851. Les états généraux et les institutions politiques du Piémont et de la Savoie. — 1853. Des rapports politiques entre la Savoie et l'Angleterre. — 1861. La domination française en Italie (1800-1814). Histoire de la législation italienne, 2 vol. — 1867. Marie-Louise-Gabrielle de Savoie, reine d'Espagne. — 1869. Le cardinal Jean Morone.

Une notice sur sa vie a été lue par M. Giraud, dans la séance de l'Académie des Sciences morales et politiques du 21 juin 1879.

143. — TRENDELENBURG (Friedrich, Adolf).

Élu, le 20 mars 1869, associé étranger de l'Académie des Sciences morales et politiques.

Né à Eutin (Oldenbourg), le 30 novembre 1802. — 1826. Docteur en philosophie. — 1833. Professeur de philosophie à l'Université de Berlin. — 1846. Membre de l'Académie des Sciences de Berlin. — 1849 à 1851. Député de la ville de Berlin. — 1866. *Correspondant de l'Institut.* — Mort à Berlin, le 24 janvier 1872.

Ouvrages. — 1833. *De Anima.* — 1837. *Elementa logicæ Aristotelicæ.* — 1840. Recherches logiques. — 1843. La question logique dans le système de Hegel. — 1846. Niobé. Histoire de la doctrine des catégories. — 1849. Idée morale du droit. — 1851. Sur la méthode des votes. — 1853. La cathédrale de Cologne. De la métaphysique de Herbart et d'une nouvelle manière de l'envisager. — 1860. Le droit naturel fondé sur l'éthique. — Articles et mémoires insérés dans les mémoires de l'Académie des sciences de Berlin.

144. — GALLAIT (Louis), ✳

Élu, le 29 janvier 1870, associé étranger de l'Académie des Beaux-Arts.

Né à Tournai (Belgique), le 9 mai 1810. — Peintre. Membre de l'Académie royale de Belgique. — 1853. *Correspondant de l'Institut.* — Mort à Bruxelles, le 20 novembre 1887.

Œuvres principales. — Le duc d'Albe dans les Pays-Bas. Les musiciens ambulants. La mort de Palestrina. Job et ses amis. Le maréchal de Gontaut. Montaigne visitant le Tasse. La bataille de Cassel. La prise d'Antioche. Baudoin couronné empereur de Constantinople. L'abdication de Charles-Quint. Le maître des pauvres. Art et liberté ! Une séance du conseil de sang. La tentation de saint Antoine. Les derniers honneurs rendus aux comtes d'Egmont et de Horn après leur supplice. Les derniers moments d'Egmont.

145. — DRAKE (Heinrich, August, Friedrich), ✳

Élu, le 26 février 1870, associé étranger de l'Académie des Beaux-Arts.

Né à Pyrmont (Allemagne), le 23 juin 1805. — Sculpteur. Professeur à l'Académie des Beaux-Arts de Berlin. Membre du Sénat. — 1869. *Correspondant de l'Institut.* — Mort à Berlin, le 7 avril 1882.

Œuvres principales. — La Vierge à l'enfant. Guerrier mourant à qui un génie montre la couronne de la gloire. Madone avec son enfant. Une vendangeuse. Les huit Provinces de Prusse. Rauch. Schinkel. Humboldt. Frédéric Guillaume III. Jules Mœser. Oken.

146. — AMARI (Michele).

Élu, le 30 juin 1871, associé étranger de l'Académie des Inscriptions et Belles-Lettres.

Né à Palerme (Sicile), le 7 juillet 1806. — 1848. Membre du Comité révolutionnaire. Député au Parlement. — 1859. *Correspondant de l'Institut.* — 1861. Sénateur. — 1861. Ministre des Finances. — 1862 à 1865. Ministre de l'Instruction publique. — Mort à Florence, le 16 juillet 1889.

Ouvrages. — 1842. La guerre des Vêpres siciliennes, 2 vol. Histoire des musulmans de Sicile. — 1847. Histoire constitutionnelle de la Sicile. — 1848. Quelques observations sur le droit public de la Sicile. — 1849. La Sicile et les Bourbons. — 1852. Solwan al Mota, ou écrits politiques de Ibu-Zafer, Arabe sicilien du xii° siècle, in-12. — Articles insérés dans la Revue archéologique et le Journal asiatique.

147. — AIRY (Sir John, Biddell), ✳

Élu, le 26 février 1872, associé étranger de l'Académie des Sciences.

Né à Alnvich, comté de Northumberland (Angleterre), le 27 juillet 1801. — 1824. Fellow de Trinity College à Cambridge. — 1826. Professeur de mathématiques à l'Université de Cambridge. — 1828. Professeur d'astronomie et Directeur de l'Observatoire de Cambridge. — 1835. *Correspondant de l'Institut.* — 1836 à 1881. Astronome royal. — 1871 à 1873. Président de la Société royale. — Mort à Greenwich, le 2 janvier 1892.

Ouvrages. — 1828. Observations astronomiques, 9 vol. — 1837. Traité de la gravitation. — 1861. Traité des erreurs dans les observations. — 1865. L'Invasion de la Grande-Bretagne par César. — 1869. Traité du son. — 1870. Traité de magnétisme. — 1876. Notes sur les anciens livres hébreux. — Collaboration aux Transactions of the Philosophical Society, au Metropolitan Cyclopedia, etc.

148. — AGASSIZ (Louis), O. ✳

Élu, le 26 février 1872, associé étranger de l'Académie des Sciences.

Né à Mothiers, canton de Fribourg (Suisse), le 28 mai 1807. — Professeur de zoologie à Neufchâtel. — 1839. *Correspondant de l'Institut.* — 1846. Professeur à l'Université de New-Cambridge (États-Unis). — Mort à New-Cambridge, le 18 décembre 1873.

Ouvrages. — 1829. *Pisces etc. quos collegit et pinguendos curavit Spix*, in-fol. — 1832. Recherches sur les poissons fossiles, in-fol. — 1838. Monographie d'échinodermes vivants et fossiles. — 1839. Histoire naturelle des poissons d'eau douce de l'Europe centrale. Description des échinodermes fossiles de la Suisse. — 1840. Études sur les glaciers, in-fol. Études critiques sur les mollusques fossiles, in-4. — 1842. Rapport sur les poissons fossiles. De la succession et du développement des êtres organisés à la surface du globe terrestre dans les différents âges de la nature. — 1844. Monographie des poissons fossiles du vieux grès rouge, ou système dévonien des îles Britanniques et de Russie, in-fol. — 1845. Iconographie des coquilles tertiaires réputées identiques avec les espèces vivantes, in-4. — 1847. Système glaciaire, ou recherches sur les glaciers. — 1848. Bibliographie zoologique, 4 vol. — 1854. Zoologie générale. — 1869. Voyage au Brésil. — S. d. Sur les poissons fossiles du vieux grès rouge du Devonshire, in-4.

---

149. — QUETELET (Jacques, Adolphe, Lambert), O. ✳

Élu, le 11 mai 1872, associé étranger de l'Académie des Sciences morales et politiques.

Né à Gand (Belgique), le 22 février 1796. — 1814. Professeur de mathématiques à Gand. Docteur ès sciences. Professeur de mathématiques à l'Athénée de Bruxelles. — 1820. Membre de l'Académie royale. — 1828. Directeur de l'Observatoire royal de Bruxelles. — 1833. *Correspondant de l'Institut.* — 1836. Professeur d'astronomie et de géodésie à l'École militaire. — Mort à Bruxelles, le 17 février 1874.

Ouvrages. — 1825. Correspondance mathématique et physique, 11 vol. — 1826. Astronomie élémentaire, in-12. — 1827. Recherches sur la population, les prisons, les dépôts de mendicité, etc., dans le royaume des Pays-Bas. — 1827-34. Résumé d'un cours de physique générale, 3 vol. — 1832. Recherches sur la reproduction et la mortalité et sur la population de la Belgique. Statistique criminelle de la Belgique, in-4. — 1834-61. Annuaire de l'observatoire royal de Bruxelles, 28 vol. in-18. — 1835. Sur l'homme et le développement de ses facultés, ou essai de physique sociale, 2 vol. — 1838. De l'influence des saisons sur la mortalité aux différents âges, in-4. — 1840. Sur l'état du magnétisme terrestre à Bruxelles, pendant les douze années de 1827 à 1839, in-4. — 1843-59. Annales de l'Observatoire royal de Bruxelles, 14 vol. in-4. — 1846. Lettres sur la théorie des probabilités appliquée aux sciences morales et politiques. — 1848. Éléments d'astronomie, 2 vol. in-18. Du système social et des lois qui le régissent. — 1849-57. Sur le climat de la Belgique, 2 vol. in-4. — 1853. Théorie des probabilités. — 1861. Sur la physique du globe, in-4. — 1866. Sciences mathématiques et physiques chez les Belges au commencement du XIXᵉ siècle. — 1867. Météorologie de la Belgique comparée à celle du globe. — 1870. Histoire des sciences mathématiques et physiques chez les Belges. — 1871. Anthropométrie, ou mesure des différentes facultés de l'homme. — 1873. Tables de mortalité et leur développement d'après le plan d'une statistique internationale et comparée, in-4.

---

150. — STANHOPE (le Comte Philip, Henry).

Élu, le 11 mai 1872, associé étranger de l'Académie des Sciences morales et politiques.

Né à Walmer, comté de Kent (Angleterre), le 31 janvier 1805. — 1830 à 1832 et 1834 à 1852. Membre de la Chambre des communes. — 1834-1835. Sous-Secrétaire d'État des Affaires étrangères. — 1845-1846. Secrétaire du Conseil de contrôle. — 1846. Président de la Société des antiquaires. — 1855. Pair du Royaume-Uni. — 1858. Lord-Recteur de l'Université d'Aberdeen. Membre de la Société royale. — 1861. *Correspondant de l'Institut.* — Mort à Bournemouth, le 24 décembre 1875.

Ouvrages. — 1829. Vie de Bélisaire. — 1832. Histoire de la guerre de la succession d'Espagne. — 1836. Histoire de l'Angleterre, depuis le traité d'Utrecht jusqu'au traité de Versailles, 4 vol. — 1850. Histoire de l'Angleterre sous le règne de la reine Anne, 6 vol. — 1863. Mélanges. — S. d. Vie et correspondance de Pitt, 4 vol.

---

151. — MADRAZO Y KUNT (Federico), C. ✳

Élu, le 18 janvier 1873, associé étranger de l'Académie des Beaux-Arts.

Né à Rome (États de l'Église), le 12 février 1815. — Peintre de la cour de Madrid. Directeur de l'Académie des Beaux-Arts de Madrid. Sénateur. — 1859. *Correspondant de l'Institut.* — Mort à Madrid, le 11 juin 1894.

Œuvres principales. — 1838. Godefroid de Bouillon. — 1839. Godefroid proclamé roi de Jérusalem (m. de Versailles). — 1843. Marie Christine en costume de religieuse, au chevet de Ferdinand VII. — 1845-47. La reine Isabelle. La duchesse de Medina-Cœli. La comtesse de Vilchès. Le roi don Francisco. La duchesse d'Albe. La duchesse de Séville. La comtesse de Robertsart. Mlle Sofia Vela. P. de Madrazo.

---

152. — GEVAËRT (François, Auguste), C. ✸

Élu, le 18 janvier 1873, associé étranger de l'Académie des Beaux-Arts.

Né à Huyss (Belgique), le 31 juillet 1828. — 1867. Directeur de la musique à l'Opéra de Paris. — 1871. Maître de chapelle du Roi des Belges. — 1871. Directeur du Conservatoire de Bruxelles. — 1872. Membre de l'Académie de Belgique.

Œuvres. — 1848. Hugues de Somerghem. La comédie à la ville. — 1853. Georgette. — 1854. Le billet de Marguerite. — 1855. Les lavandières de Santarem. — 1858. Quentin Durward. — 1859. Le diable au moulin. — 1860. Le château Trompette. — 1861. Les deux amours. — 1864. Le capitaine Henriot.
Ouvrages. — 1864. Traité général d'instrumentation. — 1868. Les chefs-d'œuvre de la musique vocale italienne. — 1875. Histoire et théorie de la musique de l'antiquité, 2 vol. — 1886. Nouveau traité d'instrumentation, in-4. — 1890. Cours méthodique d'orchestration, in-4. — S. d. Les origines du chant liturgique de l'Église latine, in-4. Traité de composition. Les gloires de l'Italie.

---

153. — WHEATSTONE (Sir Charles), ✸

Élu, le 30 juin 1873, associé étranger de l'Académie des Sciences.

Né à Gloucester (Angleterre), le 6 février 1802. — 1834. Professeur de physique expérimentale au collège royal de Londres. — 1842. *Correspondant de l'Institut.* — 1868. Chevalier. — Mort à Paris, le 19 octobre 1875.

Ouvrages. — 1862. Rapport sur le résultat des recherches entreprises à Woolwich et à Chatham sur l'application de l'électricité de différentes sources à l'explosion de la poudre. — Nombreux travaux sur l'électricité, le téléphone, les phénomènes de la vision bioculaire, le stéréoscope, la télégraphie et le pseudoscope.

---

154. — TCHÉBICHEF (Pafnutij), C. ✸

Élu, le 18 mai 1874, associé étranger de l'Académie des Sciences.

Né à Okatovo (Russie), le 14 mai 1821. — 1860. *Correspondant de l'Institut.* — Mort à Saint-Pétersbourg, le 8 décembre 1894.

Ouvrages. — 1858. Sur les questions du minima qui se rattachent à la représentation approximative des fonctions, in-4.

---

155. — CANDOLLE (Alphonse, Louis, Pierre, Pyramus de), ✸

Élu, le 15 juin 1874, associé étranger de l'Académie des Sciences.

Né à Paris, le 28 octobre 1806. — Professeur à l'Académie de Genève. Docteur en droit. Directeur du Jardin botanique de Genève. — 1851. *Correspondant de l'Institut.* — Mort à Genève (Suisse), le 4 avril 1893.

Ouvrages. — 1824. *Prodromus systematis naturalis regni vegetabilis.* — 1830. Monographie des campanulées in-4. — 1835. Introduction à l'étude de la botanique, ou traité élémentaire de cette science, contenant l'organographie, la physiologie, etc., 2 vol. — 1838. Les caisses d'épargne de la Suisse, considérées en elles-mêmes et comparées avec celles d'autres pays. — 1839. Hypsométrie des environs de Genève, ou recueil complet des hauteurs mesurées au-dessus du niveau de la mer autour de la ville de Genève, in-4. — 1855. Géographie botanique raisonnée, 2 vol. — 1867. Lois de la nomenclature botanique. — 1872. Histoire des sciences et des savants depuis deux siècles, suivie d'études sur la sélection dans l'espèce humaine. — 1878. *Monographia phanerogamarum.* — 1880. La phytographie, ou l'art de décrire les végétaux considérés sous les différents points de vue. — 1882. Darwin, considéré au point de vue des causes de son succès et de l'importance de ses travaux, in-12. — 1883. Nouvelles remarques sur la nomenclature botanique. Origine des plantes cultivées. — Mémoires insérés dans la Bibliothèque universelle de Genève, les Mémoires de la Société de physique et d'histoire naturelle de Genève, les Annales des sciences naturelles, etc.

156. — MATEJKO (Jean, Baptiste, Aloïs), ✳

Élu, le 21 novembre 1874, associé étranger de l'Académie des Beaux-Arts.

Né à Cracovie (Pologne autrichienne), le 30 juillet 1838. — Peintre. — 1873. *Correspondant de l'Institut.* — Mort à Cracovie, le 31 octobre 1893.

Œuvres principales. — 1858. Charles Gustave devant le tombeau du roi Ladislas. — 1859. Sigismond III accordant les privilèges de la noblesse aux professeurs de l'Université de Cracovie. — 1860. Empoisonnement de la reine Bona. — 1865. Skarga prêchant devant la cour du roi Sigismond. — 1867. La diète de Pologne en 1772. — 1870. L'union de Lublin. Portrait du roi Étienne Batory. — 1874. Étienne Batory devant Pskow. — 1875. Baptême de la cloche Sigismond. — 1879. La bataille de Grunwald. — 1883. Jean Sobieski délivrant Vienne. — 1884. Albert, duc de Prusse, prêtant serment de fidélité au roi Sigismond. — 1887. Vision de Jeanne d'Arc, au moment de son entrée à Reims.

157. — MOTLEY (John, Lothrop).

Élu, le 15 janvier 1876, associé étranger de l'Académie des Sciences morales et politiques.

Né à Dorchester, État de Massachusetts (États-Unis), le 15 avril 1814. — 1836. Avocat. — 1841. Secrétaire de la légation des États-Unis à Saint-Pétersbourg. — 1860. *Correspondant de l'Institut.* — 1861 à 1867. Ministre des États-Unis à Vienne. — 1869-1870. Ministre des États-Unis à Londres. — Mort à Kingston-Russell (Angleterre), le 29 mai 1877.

Ouvrages. — 1839. Les espérances de Morton, roman. — 1841. Merrymount, roman. — 1856. Histoire de l'établissement de la république des Pays-Bas, 4 vol. Histoire de l'union néerlandaise, depuis la mort de Guillaume le Taciturne jusqu'à l'assemblée de Dort. — 1874. Vie et mort de Jean de Barnevelt.

158. — MINGHETTI (Marco), G. C. ✳

Élu, le 15 janvier 1876, associé étranger de l'Académie des Sciences morales et politiques.

Né à Bologne (États de l'Église), le 8 novembre 1818. — 1847. Ministre des Finances. — 1848. Ministre des Travaux publics. — 1848. Député à l'Assemblée romaine. — 1848. Capitaine d'état-major. — 1859-1860. Secrétaire général du Ministère des Affaires étrangères. — 1860. Député de Bologne. — 1860. Ministre de l'Intérieur. — 1863. Président du Conseil, Ministre des Finances. — 1864. *Correspondant de l'Institut.* — 1868. Ambassadeur à Londres. — 1869. Ministre de l'Agriculture. — 1873 à 1876. Président du Conseil, Ministre des Finances. — Mort à Rome, le 10 décembre 1886.

Ouvrages. — 1862. De l'organisation administrative du royaume d'Italie. — 1863. Des rapports de l'économie publique avec la morale et le droit. — 1877. Les dames italiennes dans les beaux-arts au xvie et au xviie siècles. — 1878. L'Église et l'État.

Une notice sur sa vie a été lue par M. Zeller, dans la séance de l'Académie des Sciences morales et politiques du 5 février 1887.

. . .

159. — BAËR (Charles, Ernest de).

Élu, le 24 avril 1876, associé étranger de l'Académie des Sciences.

Né à Landgut-Piep (Russie), le 17 février 1792. — 1858. *Correspondant de l'Institut.* — Professeur de zoologie à la Faculté de Médecine de Kœnigsberg. — Mort à Dorpat (Russie), le 16 novembre 1876.

Ouvrages. — Histoire du développement des animaux. Du développement des poissons et des monstres à double corps. *De ovi Mammalium et hominis genesi.* — Études sur l'empire russe et les pays avoisinants de l'Asie.

160. — GORRESIO (Gaspare), C. ✳

Élu, le 30 juin 1876, associé étranger de l'Académie des Inscriptions et Belles-Lettres.

Né à Bagnasco (Piémont), le 20 juin 1808. — 1832. Professeur d'histoire à l'Académie militaire de Turin. Professeur de langue et de littérature sanscrites à l'Université de Turin. — Conservateur de la Bibliothèque de Turin. — 1856. *Correspondant de l'Institut.* — Mort à Turin, le 19 mai 1891.

Ouvrages. — Ramâyâna, poème sanscrit de Valmici, traduction avec notes, 10 vol. — Uttarakanda, version italienne.

161. — MADVIG (Jean, Nicolas), G. O. ✳

Élu, le 8 décembre 1876, associé étranger de l'Académie des Inscriptions et Belles-Lettres.

Né à Sevancke (Danemark), le 7 août 1804. — 1826. Professeur de philologie à l'Université de Copenhague. — 1829. Professeur de langue et de littérature latines à l'Université de Copenhague. — 1839. Député à la Diète nationale. — 1848. Ministre des Cultes. — 1851. Ministre de l'Instruction publique. — Mort à Copenhague, le 10 décembre 1886.

Ouvrages. — 1826. *Emendationes in Ciceronis libros philosophicos.* — 1828. *Ad Orellium Epistola critica de oratio num Verrinarum libria duobus extremis.* — 1828. *De Asconii Pediani in Ciceronis orationes Commentariis.* — 1833-34. *De emendatis orationibus pro Sestio et in Vatinium,* in-4. — 1834. *De Emendandis orationibus de provinciæ consulatu et pro L. Balbo,* in-4. — 1834-42. *Opuscula academica,* 2 vol. — 1836. *De Emendandis libria de Legibus,* in-4. — 1840. Coup d'œil sur les constitutions de l'antiquité. — 1842. Sur l'essence, le développement et la vie du langage. — 1870. Grammaire latine. — 1881-89. L'État romain, sa constitution et son administration. — 1884. Syntaxe de la langue grecque, principalement du dialecte attique.

162. — COBET (Charles, Gabriel).

Élu, le 8 décembre 1876, associé étranger de l'Académie des Inscriptions et Belles-Lettres.

Né à Paris, le 28 novembre 1813. — 1847. Professeur de philologie à l'Université de Leyde. — 1871. *Correspondant de l'Institut.* — Mort à Leyde (Pays-Bas), le 25 octobre 1889.

Ouvrages. — 1836. *Prosopographia Xenophontea.* — 1840. *Observationes criticæ in Platonis comici reliquias.* — 1854. *Variæ lectiones quibus continentur observationes criticæ inscriptores græcos.* — 1858. *Novæ lectiones.* — 1873. *Miscellanea philologica et critica.*

163. — ALCANTARA (S. M. Jean, Charles, Leopold, Salvador, Bibiano, François, Xavier, de Paule, Leocadio, Michel, Gabriel, Raphaël, Gonzague, DOM PEDRO II d'), G. C. ✸

Élu, le 25 juin 1877, associé étranger de l'Académie des Sciences.

Né à Rio-Janeiro (Brésil), le 2 décembre 1825. — 1831 à 1889. Empereur du Brésil. — 1879. *Correspondant de l'Institut.* — Mort à Paris, le 5 décembre 1891.

164. — KELVIN (Sir William THOMSON, Baron), G. O. ✸

Élu, le 3 décembre 1877, associé étranger de l'Académie des Sciences.

Né à Belfast (Irlande), le 26 juin 1824. — 1846. Professeur de philosophie naturelle à l'Université d'Édimbourg. — 1866. Chevalier. — 1890. Président de la Société royale de Londres. — 1892. Pair du Royaume-Uni et Baron.

Ouvrages. — Électro-statique et magnétisme. Études sur les mathématiques et la physique, 3 vol. Conférence et discours populaires, 3 vol. Philosophie naturelle, 2 vol. — Mémoires présentés à la Société royale de Londres, à la Société royale d'Edimbourg et à l'Académie des sciences. — Collaboration au *Philosophical Magazine*, etc.

165. — EMERSON (Ralph, Waldo).

Élu, le 29 décembre 1877, associé étranger de l'Académie des Sciences morales et politiques.

Né à Boston (États-Unis), le 25 mai 1803. — Mort à New-York, le 27 avril 1882.

Ouvrages. — 1837. L'homme pensant. — 1839. La nature, in-12. — 1841. La méthode de la nature et l'homme réformateur, 2 vol. in-12. — 1844. Leçons sur les réformateurs de la Nouvelle-Angleterre. — 1847. Poèmes, in-12. — 1849. Les représentants de l'humanité, in-12. — 1851. Essais de philosophie américaine, in-12. — 1856. Esquisses anglaises, in-12. — 1860. Le guide de la vie. — 1864. Les lois de la vie. — 1865. Oraison funèbre du président Lincoln. Essai sur la nature, avec une étude sur la vie et les principes d'Émerson, in-12. — 1870. Société et solitude. — 1871. Le Parnasse, choix de poésies. — Articles insérés dans la Revue de Paris.

166. — HÜBNER (le Comte Joseph, Alexandre de), G. O. ✸

Élu, le 29 décembre 1879, associé étranger de l'Académie des Sciences morales et politiques.

Né à Vienne (Autriche), le 26 novembre 1811. — 1833. Attaché au Ministère des Affaires étrangères. — 1841 à 1844. Secrétaire de légation à Lisbonne. — 1844 à 1848. Chargé d'affaires près des cours d'Anhalt, de Schwarzbourg et de Reuss et consul général en Saxe. — 1848-1849. Directeur de la section politique du Ministère des Affaires étrangères. — 1853. Conseiller intime de l'Empereur. — 1854. Baron. — 1856 à 1859. Ambassadeur en France. — 1859. Ambassadeur à Naples. — 1859. Ministre de la police. — 1865 à 1868. Ambassadeur à Rome. — 1879. Membre de la Chambre des Seigneurs. — 1888. Comte. — Mort à Vienne, le 30 juillet 1892.

Ouvrages. — 1870. Sixte-Quint, 3 vol. — 1873. Promenade autour du monde, 2 vol. — 1880. Discours à la délégation cisleithanienne. — 1886. A travers l'empire britannique, 2 vol. — 1887. L'incendie du paquebot « La France ». — 1891. Une année de ma vie.

167. — FERSTEL (le Chevalier Henri de).

Élu, le 15 octobre 1881, associé étranger de l'Académie des Beaux-Arts.

Né à Vienne (Autriche), le 7 juillet 1828. — Architecte. Professeur à l'École Polytechnique de Vienne. — 1879. *Correspondant de l'Institut.* — Mort à Grinzing, le 14 juillet 1883.

Œuvres principales. — L'église de Bielefeld. La bourse de Vienne. Le musée d'art et d'industrie de Vienne. L'université de Vienne.

168. — MILLAIS (Sir John Everet), O. ✳

Élu, le 4 mars 1882, associé étranger de l'Académie des Beaux-Arts.

Né à Southampton, comté de Hants (Angleterre), le 8 juin 1829. — 1863. Membre de l'Académie royale. — 1885. Baronnet.

Œuvres principales. — 1850. Le Sauveur. Ferdinand attiré par Ariel. — 1852. Marianne. La fille du bûcheron. Le huguenot. Ophélie. — 1853. L'ordre de mise en liberté. Le royaliste proscrit. — 1855. La délivrance. — 1856. La conclusion de la paix. Feuilles d'automne. L'enfant du régiment. — 1857. Le souvenir du passé. Sir Isumbrus. — 1858. L'hérétique. — 1860. La vallée du repos. Fleurs de printemps. — 1861. Le Brunswicker noir. — 1863. Mon premier sermon. — 1864. Mon second sermon. Charley est mon chéri. — 1865. Jeanne d'Arc. Les Romains quittant la Grande-Bretagne. — 1867. Le sommeil. Le réveil. Jephté. — 1868. Les sœurs. Rosalinde et Célia. Stella. Les pèlerins. Saint Paul. Souvenir de Velasquez. — 1869. La femme du joueur. Vanessa. La fin du chapitre. Le songe de l'aurore. — 1870. Une inondation. Le chevalier errant. L'enfance de Raleigh. Le denier de la veuve. — 1871. Josué combattant Amalec. Somnambule. Oui ou non. — 1872. Courant vers la rivière. Courant vers la mer. — 1873. Les anciens jours. Lalla Roukh. — 1874. Sapins d'Écosse. L'image de la santé. Le passage du nord-ouest. Encore un moment. Songe d'un jour. — 1875. Le bord de la lande. La couronne d'amour. Non ! — 1876. Le fruit défendu. A travers les montagnes. — 1877. Cavalier de la garde. Oui ! Portraits de Tennyson et de Carlisle. — 1878. Les princes à la tour. Un lys de Jersey. L'été de la Saint-Martin. Une bonne résolution. La fiancée de Lamermoor. — 1879. Portrait de M. Gladstone. — 1800. Portrait de M. Bright. — 1881. Cendrillon. Portrait de lord Beaconsfield. — 1882. Le cardinal Newmann. — 1883. Une grande dame. Portrait de lord Salisbury. Ne m'oubliez pas. — 1887. Clémence. Les lilas. Portrait de lord Roseberry. — 1890. On voit la lune et pourtant ce n'est pas la nuit.

169. — VELA (Vincenzo), O. ✳

Élu, le 27 mai 1882, associé étranger de l'Académie des Beaux-Arts.

Né à Ligornetto, canton du Tessin (Suisse), en 1823. — Sculpteur. — 1870. *Correspondant de l'Institut.* — Mort à Ligornetto, le 3 octobre 1891.

Œuvres principales. — La Prière. Spartacus. L'Espérance. La Résignation. Harmonie en pleurs. La France et l'Italie. Les derniers jours de Napoléon Ier. Christophe Colomb et l'Amérique. La Douleur. Le Printemps. Le Christ ressuscitant la fille de Jaïre. Guillaume Tell, etc.

170. — BUNSEN (Robert, Wilhelm, Eberhard), O. ✳

Élu, le 26 décembre 1882, associé étranger de l'Académie des Sciences.

Né à Gœttingue (Hanovre), le 13 mars 1811. — 1836. Professeur à l'Institut Polytechnique de Cassel. — 1838. Professeur à l'Université de Marbourg. — 1841. Directeur de l'Institut de chimie de Marbourg. — 1851. Professeur à l'Université de Breslau. — 1852. Professeur de chimie à l'Université de Heidelberg.

Ouvrages. — 1830. *Descriptio hygrometrorum.* — 1837. L'hydrate de fer, contrepoison de l'arsenic blanc et de l'acide arsénieux. — 1858. Méthodes gazométriques. — 1859. Théorie chimique de la combustion de la poudre. — S. d. Analyses chimiques des sources de Bade. — Collaboration aux Annales de chimie.

171. — MAMIANI della ROVERE de SANT'ANGELO (le Comte Terenzio).

Élu, le 28 avril 1883, associé étranger de l'Académie des Sciences morales et politiques.

Né à Pesaro (États de l'Église), le 18 septembre 1800. — 1848. Membre du gouvernement provisoire de Bologne. — 1848. Ministre de l'Intérieur. — 1848. Ministre des Affaires étrangères des États de l'Église. — 1856. Professeur de philosophie à l'Université de Turin. — 1856. Député de Gênes. — 1860. Ministre de l'Instruction publique du royaume d'Italie. — 1861 à 1865. Ministre plénipotentiaire en Grèce. — 1865 à 1867 Ministre plénipotentiaire en Suisse. — 1869. *Correspondant de l'Institut.* — Mort à Rome, le 21 mai 1885.

Ouvrages. — 1832. Hymnes sacrés. — 1835. Du renouvellement de la philosophie italienne. Nouvelles poésies. — 1838. Six lettres à l'abbé Rosmini. — 1841. Bibliothèque poétique italienne, in-32. De l'anthologie. — 1842. Poètes du moyen âge. — 1843. Poésies complètes. — 1845. Mario Pagano, ou de l'immortalité, dialogue. — 1846. Dialogues de science élémentaire. — 1849. Lettre au pape Pie IX, in-fol. — 1851. Sur la papauté. — 1862. Des traités de 1815 et d'un nouveau droit européen, in-12. — 1869. Les méditations cartésiennes renouvelées au XIXᵉ siècle. — 1876. Compendium de philosophie. — 1877. De la psychologie de Kant. — 1880. La religion de l'avenir. Critique de la révélation. Philosophie de la réalité. — S. d. De l'impossibilité d'une science absolue. De l'usage de la métaphysique dans les sciences physiques. Origine, nature et constitution de la souveraineté.

Une notice sur sa vie a été lue par M. Geffroy, dans la séance de l'Académie des Sciences morales et politiques du 4 juillet 1885.

172. — MAINE (Sir Henry, James, Sumner).

Élu, le 28 avril 1883, associé étranger de l'Académie des Sciences morales et politiques.

Né à Londres (Angleterre), en 1822. — 1847 à 1854. Professeur royal de droit civil à l'Université de Cambridge. — 1850. Avocat. — 1854. Professeur de jurisprudence à Middle Temple. — 1862 à 1869. Membre Jurisconsulte du Conseil du gouvernement des Indes. — 1871. Membre du Conseil du Secrétaire d'État des Indes. — 1871 à 1878. Professeur de jurisprudence à l'Université d'Oxford. — 1873. Bencher de Middle Temple. — 1877. Maître de Trinity Hall à Cambridge. — 1881. *Correspondant de l'Institut.* — 1886. Professeur de droit international à l'Université de Cambridge. Membre de la Société royale. — Mort à Cannes (Alpes-Maritimes), le 3 février 1888.

Ouvrages. — 1856. Le droit romain et l'éducation juridique. — 1859. L'origine des espèces. — 1861. L'ancienne législation. — 1871. Les communautés villageoises en Orient et en Occident. — 1875. Histoire des anciennes Institutions. — 1883. Les anciennes lois et coutumes. — 1885. Le gouvernement populaire.

Une notice sur sa vie a été lue par M. Dareste, dans la séance de l'Académie des Sciences morales et politiques du 3 novembre 1888.

173. — MERCURI (Paolo), ✱

Élu, le 27 octobre 1883, associé étranger de l'Académie des Beaux-Arts.

Né à Rome (États de l'Église), le 20 avril 1804. — Professeur de gravure à l'Académie des Beaux-

Arts à Rome. Membre de l'Académie de Saint-Luc. — 1869. *Correspondant de l'Institut*. — Mort à Bucharest, le 30 avril 1884.

Œuvres principales. — 1834. Les moissonneurs. — 1838. Sainte Amélie. — 1839. La Pia. — 1845. La Vierge (Raphaël). — 1846. Le Tasse. Christophe Colomb. — 1848. Mme de Maintenon. -

---

174. — SILVA (Joachim, Pessidonie, Narcizo da), O. ✳

Élu, le 3 novembre 1883, associé étranger de l'Académie des Beaux-Arts.

Né à Lisbonne (Portugal), le 17 mai 1806. — Architecte du Roi. Membre de l'Académie de Lisbonne. — 1874. *Correspondant de l'Institut.*

Ouvrages. — 1834. *Memoria acerca do ensino das Bellas Artes.* — 1838. *O. quo foi e e' architectura e o que aprendem os architectos fora de Portugal*, in-8. — S. d. *Compendio de Sterzotomia e' Perspectiva. Miscellanea recreativa.*

---

175. — LEIGHTON (Sir Frederic), C. ✳

Élu, le 12 juillet 1884, associé étranger de l'Académie des Beaux-Arts.

Né à Scarborough, comté de York (Angleterre), le 3 décembre 1830. — 1864. Associé de l'Académie royale. — 1869. Membre de l'Académie royale. — 1873. *Correspondant de l'Institut.* — 1878. Président de l'Académie royale. — 1878. Chevalier. — 1886. Baronnet.

Œuvres principales. — 1847. Cimabue rencontrant Giotto. — 1851. Mort de Brunelleschi. — 1855. La réconciliation des Montaigus et des Capulets. Novella. La Vierge de Cimabue portée à S. Maria Novella. — 1856. Le triomphe de la musique. — 1858. Le pêcheur et la sirène. La sainte mort de Juliette. — 1859. Pavonia. Namia. Heures radieuses. — 1860. Capri. Le soleil levant. — 1861. Paolo et Francesca. Un rêve. Paganos. — 1862. L'odalisque. L'étoile de Bethléem. Les sœurs. Michel-Ange assistant son serviteur mourant. Un duo. Échos de la mer. — 1863. Jésabel et Achab. Jeune fille portant des fruits. Jeune fille nourrissant des paons. Tireur à l'arbalète. — 1864. Dante en exil. Orphée et Eurydice. Heures dorées. — 1865. David. Une mère avec son enfant. La prière de la veuve. Hélène à Troie. L'église Saint-Marc. — 1866. La lune de miel du peintre. La fiancée de Syracuse. — 1867. Pastorale. Danseuse espagnole. Cadix. Joueur d'osselets. Mère romaine. Toilette de Vénus. — 1868. Ariane abandonnée. Acmé et Septime. Actéon. Le signe de David à Jonathas. — 1869. Saint Jérôme. Dédale et Icare. Électre sur la tombe d'Agamemnon. Hélios et Rhodos. — 1870. Femme des bords du Nil. Hercule arrachant à la mort le corps d'Alceste. Jeunes filles grecques ramassant des galets. Cléobule donnant des leçons à sa fille Cleobulina. — 1872. Après vêpres. La lune d'été. Un condottiere. — 1873. Tressant une couronne. Les Arts de la paix. — 1874. Jardin maure. Souvenir de Grenade. Le vieux Damas. Une jongleuse antique. Clytemnestre épiant le retour d'Agamemnon. — 1875. Intérieur de la grande mosquée de Damas. Jeune Vénitienne. Frondeur chassant les oiseaux pendant la moisson. — 1876. Daphnephoria. Teresina. Paolo. — 1877. La leçon de musique. L'étude. — 1878. Nausicaa. Serafina. Dévidant l'écheveau. — 1879. Biondina. Catherine. Élie au désert. Amarilla. Nerucia. — 1880. Un baiser de sœur. Iostephané. La lumière du harem. Psamathe. Crenaia. — 1881. Élisée ressuscitant le fils de la Sunamite. Idylle. Viola et Bianca. Les murmures. — 1882. Rêves de jeune fille. Fiancés. Phryné à Eleusis. Antigone. Melittion. — 1883. La danse. Vestale. Petits chats. Souvenirs. — 1884. Letty. Cymon et Iphigénie. — 1885. Phébé. La musique. — 1887. Héro et Léandre. — 1888. Captive. Andromaque. — 1889. Jeunes filles grecques jouant à la balle. — 1890. Solitude. La poétesse tragique. Le bain de Psyché. — 1891. Le retour de Perséphone. Persée et Andromède. Athlète luttant contre un serpent. — 1892. « Et la mer rendit les morts qu'elle avait engloutis. » Jeune fille à la fontaine. Le jardin des Hespérides. Une bacchante. Cestie. — 1893. Le Frigidarium. Au revoir. Atalante. Rizpaii. — 1894. Sommeil d'été. L'esprit de la gloire. Fatidica. A la fenêtre. Le bracelet.

Sculpture: Monuments funèbres du major Sutherland, de Lady Charlotte Greville et de Browning (à Florence).

---

176. — ROSA (Pietro, Andrea), ✳

Élu, le 17 octobre 1885, associé étranger de l'Académie des Beaux-Arts.

Né à Rome (États de l'Église), le 10 novembre 1810. — Architecte. Conservateur du palais des Césars. Sénateur. — 1863. *Correspondant de l'Institut.* — Mort à Rome, le 15 août 1891.

Ouvrages. — Carte topographique de l'ancien Latium. — Articles insérés dans les Annales de l'Institut archéologique de Rome.

177. — NAVILLE (Jules, Ernest), ✳

Élu, le 3 avril 1886, associé étranger de l'Académie des Sciences morales et politiques.

Né à Chancy (Suisse), le 13 décembre 1816. — 1839. Licencié en théologie. — 1844 à 1848. Professeur d'histoire de la philosophie à l'Académie de Genève. — 1849 à 1857. Directeur d'un gymnase libre. — 1860-1861. Professeur d'apologétique à l'Académie de Genève. — 1865. *Correspondant de l'Institut.*

Ouvrages. — 1839. Du sacerdoce dans l'Église chrétienne. — 1844. Mémoire sur le livre du chancelier Bacon : *De dignitate et augmentis scientiarum.* — 1857. Maine de Biran ; sa vie et ses pensées, in-12. — 1859. Étude sur l'œuvre de saint Thomas d'Aquin. — 1861. La vie éternelle, in-12. — 1863. Le Campo Santo de Pise ou le scepticisme. — 1864. Les élections de Genève. — 1865. Le Père céleste. — 1868. Le problème du mal. Le devoir, in-18. — 1869. Les adversaires de la philosophie. — 1871. La question électorale en Europe et en Amérique. La réforme électorale en France, in-12. — 1873. L'école chrétienne et l'école laïque, in-12. Les progrès de la réforme électorale en 1873. — 1876. Les progrès de la réforme électorale en 1874 et en 1875. — 1878. Le Christ. L'Église romaine et la liberté des cultes. — 1880. La logique de l'hypothèse. — 1883. La physique moderne. — 1885. Les progrès de la représentation proportionnelle. — 1887. La philosophie et la religion, in-16. — 1890. Le libre arbitre. — 1891. La science et le matérialisme, in-12. La condition sociale des femmes, in-16.

178. — CANTU (Cesare), ✳

Élu, le 22 décembre 1886, associé étranger de l'Académie des Sciences morales et politiques.

Né à Brio (Milanais), le 5 décembre 1804. — Maître de grammaire. Professeur libre de littérature. — 1860. Député au Parlement. — 1869. *Correspondant de l'Institut.* — 1872. Directeur des Archives d'État de la Lombardie. — Mort à Milan, le 5 mars 1895.

Ouvrages. — 1828. Poème sur les guerres de la ligue lombarde contre Frédéric Barberousse, in-12. — 1832. Histoire de la Lombardie au XVIIᵉ siècle. — 1837. Histoire universelle, 24 vol. — 1845. Histoire des Italiens, 6 vol. — 1851. Histoire de cent ans (1750-1850), 3 vol. in-12. — 1854. Lectures morales instructives et religieuses pour le premier âge, in-18. — 1856. Documents sur l'histoire universelle, 9 vol. in-16. — 1861. Margherita Pusterla, in-18. — 1865. L'origine de la langue italienne. Les hérétiques d'Italie, 3 vol. — 1867. L'Église et l'État. — 1872. Histoire de l'indépendance de l'Italie, 3 vol. — 1873. Les Italiens illustres, 3 vol. — 1879. Les trente dernières années, continuation de l'histoire universelle. — 1885. Alessandro Manzoni : souvenirs, 2 vol. Beccaria et le droit pénal, in-8. Correspondance des diplomates de la république et du royaume d'Italie (1796-1814). — S. d. Commentaire sur les fiancés de Manzoni. Histoire de Côme et de son diocèse. Histoire des littératures grecque, latine et italienne. — Collaboration à l'*Enciclopedia storica popolare*, à la *Grande Illustrazione del Lombardo-Veneto* et à la *Collana di storie et memorie.*

179. — RAWLINSON (Sir Henry, Creswick).

Élu, le 25 février 1887, associé étranger de l'Académie des Inscriptions et Belles-Lettres.

Né à Chadlington, comté d'Oxford (Angleterre), le 11 avril 1810. — 1826 à 1833. Enseigne à l'armée des Indes. — 1833 à 1839. Officier au service de la Perse. — 1840 à 1842. Agent politique à Candahar. — 1843 à 1851. Consul à Bagdad. — 1844. *Correspondant de l'Institut.* — 1851 à 1856. Consul général à Bagdad. — 1856. Administrateur de la Compagnie des Indes. — 1856. Chevalier. — 1858. Membre du Conseil des Indes. — 1858. Lieutenant-Colonel. — 1858 et 1865 à 1869. Membre de la Chambre des communes. — 1859 à 1860. Ministre plénipotentiaire en Perse. — 1859. Major général. — 1878. Conservateur au British Museum. — 1891. Baronnet. — Mort à Londres, le 15 mars 1895.

Ouvrages. — 1846. Les inscriptions cunéiformes de Babylone et de l'Assyrie. — 1852. Précis de l'histoire de l'Assyrie. — 1854. Notes sur l'histoire ancienne de Babylone. — 1857. Les inscriptions cunéiformes de l'Asie occidentale, 5 vol. — 1875. L'Angleterre et la Russie en Orient.

180. — THONISSEN (Jean, Joseph), G. O. ✳

Élu, le 19 mars 1887, associé étranger de l'Académie des Sciences morales et politiques.

Né à Hasselt (Belgique), le 24 janvier 1816. — Avocat. Professeur de droit criminel à l'Université de Louvain. — 1863. Député de Hasselt. — 1869. *Correspondant de l'Institut.* — 1884. Ministre de l'Intérieur et de l'Instruction publique. — Mort à Louvain, le 17 août 1891.

Ouvrages. — 1850. Le socialisme et ses promesses, 2 vol. — 1851. Le socialisme dans le passé, 3 vol. — 1852. Le socialisme depuis l'antiquité jusqu'à la constitution française du 14 janvier 1852, 2 vol. — 1854. Principes d'économie politique. — 1855. La Belgique sous le règne de Léopold Ier. — 1860. Quelques considérations sur la théorie du progrès indéfini dans ses rapports avec l'histoire de la civilisation et les dogmes du christianisme, in-12. Léopold Ier. — 1861. Vie du comte de Mérode. — 1862. Vie du comte Ferdinand de Meeüs. — 1864. De la prétendue nécessité de la peine de mort. — 1868. Études sur l'organisation judiciaire. Les lois pénales et la procédure criminelle de l'Égypte ancienne. — 1869. Études sur l'histoire du droit criminel des peuples anciens, 2 vol. — 1873. Mélanges d'histoire, de droit et d'économie politique. — 1876. La constitution belge annotée. Le droit pénal de la république athénienne. — 1882. L'organisation judiciaire, le droit pénal et la procédure pénale de la loi salique. — 1885. Travaux préparatoires du code de procédure pénale.

181. — ANTOCOLSKI (Marc), ✳

Élu, le 3 mars 1888, associé étranger de l'Académie des Beaux-Arts.

Né à Vilna (Russie), le 21 octobre 1842. — Sculpteur. Membre de l'Académie des Beaux-Arts de Saint-Pétersbourg. — 1878. *Correspondant de l'Institut.*

Œuvres principales. — *Groupes et statues :* Le Christ. La Vierge. Le tailleur juif. Avare. Le baiser de Judas. Les Juifs massacrés par des inquisiteurs. Le tsar Yvan le Terrible. Le Christ devant le peuple. Pierre le Grand. La mort de Socrate. Le dernier soupir. L'enfant mort. Tête de saint Jean. Tête de Méphistophélès. L'empereur Alexandre II. Le grand-duc Nicolas. Monuments de Pierre le Grand à Peterhof et d'Alexandre II à Moscou.

182. — MIKLOSICH (Franz de).

Élu, le 20 avril 1888, associé étranger de l'Académie des Inscriptions et Belles-Lettres.

Né à Luttenberg (Styrie), le 20 novembre 1813. — Avocat à Vienne. — 1848. Député à la Diète autrichienne. — 1849. Professeur de langue et de littérature slaves à l'École supérieure de Vienne. — Mort à Vienne, le 7 mars 1890.

Ouvrages. — 1845. *Radices Linguæ Paleoslovenicæ.* — 1850. *Lexicon Linguæ Paleoslovenicæ.* — 1851. *Slavische Bibliothek.* — 1852-56. Grammaire comparée des langues slaves. — 1854. Formes de l'ancienne langue slave. — 1856. Langue des Bulgares. — Éditions et collections savantes (*Vitæ sanctorum, monumenta Serbica*), etc.

183. — REEVE (Henry).

Élu, le 5 mai 1888, associé étranger de l'Académie des Sciences morales et politiques.

Né à Norwich, comté de Norfolk (Angleterre), le 9 septembre 1813. — 1837 à 1887. Secrétaire du Comité judiciaire du Conseil privé. — 1865. *Correspondant de l'Institut.*

Ouvrages. — 1838. Graphidei. — 1871. La France royale et républicaine, 2 vol. — Publication des Mémoires de Henri Greville. — Collaboration à la Revue d'Edimbourg. Articles sur les arts en Italie

184. — LAYARD (Sir Henry, Austen).

Élu, le 15 novembre 1889, associé étranger de l'Académie des Inscriptions et Belles-Lettres.

Né à Paris, le 5 mars 1817. — 1849 à 1852. Attaché d'ambassade à Constantinople. — 1852 à 1857 et 1860 à 1870. Membre de la Chambre des communes. — 1852 et 1861 à 1866. Sous-Secrétaire d'État des Affaires étrangères. — 1854. *Correspondant de l'Institut.* — 1855. Lord-Recteur de l'Université d'Aberdeen. — 1868-1869. Premier Commissaire des Travaux et Bâtiments publics. — 1869 à 1877. Ministre plénipotentiaire en Espagne. — 1877 à 1880. Ambassadeur à Constantinople. — 1878. Grand-Croix de l'ordre du Bain. — Mort à Londres, le 6 juillet 1894.

Ouvrages. — 1849. Les monuments de Ninive. Ninive et ses ruines. — 1853. Ninive et Babylone. Découverte des ruines de Ninive et de Babylone. — 1887. Premières aventures.

185. — CURTIUS (Ernst).

Élu, le 15 novembre 1889, associé étranger de l'Académie des Inscriptions et Belles-Lettres.

Né à Lubeck (Allemagne), le 2 septembre 1814. — Professeur à l'Université de Berlin. — 1845-1850. Précepteur du prince Frédéric-Guillaume. — Membre de l'Académie des Sciences de Berlin. — 1869. *Correspondant de l'Institut.*

Ouvrages. — 1842. *De Portubus Athenarum.* — 1843. *Anecdota Delphica. Inscriptiones Atticæ duodecim.* — 1844. L'acropole d'Athènes. — 1846. Naxos. — 1851. *Peloponesus,* 2 vol. — 1855. Considérations pour servir à l'histoire des voies grecques. Les Ioniens avant l'émigration ionienne. — 1859. Mémoires sur les inscriptions des sources et fontaines en Grèce. — 1872. Histoire de la topographie de l'Asie Mineure. — 1874. Éphèse. — 1875. Antiquité et temps présent. — 1876. La plastique des Grecs. — 1880. Histoire grecque, 5 vol.

186. — SICKEL (le Chevalier Théodore de).

Élu, le 7 février 1890, associé étranger de l'Académie des Inscriptions et Belles-Lettres.

Né à Aken-sur-l'Elbe (Prusse), le 18 décembre 1826. — 1857. Privat-Docent pour l'histoire et les sciences. — 1867. Professeur ordinaire et Directeur de l'Institut d'histoire autrichienne à Vienne. — 1884. Membre de la Chambre des seigneurs. — 1884. Chevalier. — 1887. *Correspondant de l'Institut.*

Ouvrages. — 1858. *Monumenta graphica medii ævi ex archivis et bibliotecis imperii Austriaci collecta,* 9 vol. — 1861. Contributions à la diplomatique, 6 vol. — 1862. *Acta regum et imperatorum Carolinarum,* 2 vol. — 1872. Histoire du concile de Trente. — 1875. Études sur Alcuin. — 1877. Sur les documents impériaux en Suisse. — 1883. Le privilège d'Othon Ier et l'Église romaine. — Collaboration aux Mémoires de l'Institut de l'histoire autrichienne.

---

187. — STOKES (Whitley).

Élu, le 1er mars 1891, associé étranger de l'Académie des Inscriptions et Belles-Lettres.

Né à Dublin (Irlande), le 28 février 1830. — 1864. Secrétaire du Conseil législatif des Indes. — 1877 à 1882. Membre du Conseil du Vice-Roi des Indes. — 1878. *Correspondant de l'Institut.*

Ouvrages. — 1860. Commentaires irlandais. — 1861. La passion de Notre-Seigneur. — 1862. Trois glossaires irlandais. Le drame de la passion. — 1863. La création du monde, mystère. — 1865. Les livres des lois hindoues. — 1868. Glossaire de Cornouailles. — 1870. La vision d'Adamnan. — 1872. La vie de saint Meriasek. Goidelica. — 1876. Les Heures de la moyenne Bretagne. — 1877. Homélies irlandaises. — 1882. La destruction de Troie. — 1883. Le Saltair-na-Kann. — 1887. Les anciennes glôses irlandaises à Wurzbourg et à Carlsruhe. Les codes anglo-indiens. La vie de saint Patrick. — 1888. Le calendrier d'OEngus. — 1890. Les vies des saints d'après le livre de Lismore. — 1894. *Urkeltischer Sprachsnatz.* — Mémoires publiés dans la Revue celtique, les Transactions de la Société philosophique, le folk-lore, etc.

---

188. — ASCOLI (Graziadio, Isaïa).

Élu, le 13 novembre 1891, associé étranger de l'Académie des Inscriptions et Belles-Lettres.

Né à Gorice (Autriche), le 16 juillet 1829. — Professeur de philologie à l'Académie de Milan. — 1877. *Correspondant de l'Institut.* — 1889. Sénateur du royaume d'Italie.

Ouvrages. — 1850. Études orientales et linguistiques, 2 vol. — 1870. Phonologie comparée du sanscrit, du grec et du latin. — 1885. Lettres glottologiques.

---

189. — ALMA TADEMA (Laurence), O. ✳

Élu, le 26 décembre 1891, associé étranger de l'Académie des Beaux-Arts.

Né à Dronryp (Pays-Bas), le 8 janvier 1836. — 1862. Membre de l'Académie des Beaux-Arts d'Amsterdam. — 1873. Naturalisé Anglais. — 1879. Membre de l'Académie royale de Londres. — 1881. *Correspondant de l'Institut.*

Œuvres principales. — 1866. Entrée d'un théâtre romain. Agrippine au tombeau de Germanicus. Danse romaine. — 1867. La momie. Tarquin le Superbe. — 1868. La sieste. Phidias et les marbres d'Elgin. Le marché aux fleurs. Un amateur romain. — 1869. La danse pyrrhique. Un nègre. Le convalescent. Un cabaret. — 1870. Un jongleur. Les vendanges. Un empereur romain. — 1871. Une fête intime. Faïence grecque. — 1872. Reproche. Momie romaine. L'improvisateur. Une halte. La mort du premier-né. Vin grec. Le dîner. — 1873. La sieste. Les cerises. La pêche. — 1874. Joseph intendant de Pharaon. Une galerie de sculpture. Une galerie de peinture. L'automne. Bons amis. Sur les marches du Capitole. — 1875. La galerie de sculpture. Une audience d'Agrippa. Après la danse. Cléopâtre. — 1877. Les quatre saisons. Entre la crainte et l'espérance. — 1878. Un modèle de sculpture. Un message d'amour. — 1879. Une cordiale bienvenue. Au cours de l'eau. Fête de Pomone. Au temps de Constantin. — 1880. Fête de printemps. Pas à la maison. Frédégonde. — 1881. Sapho. — 1883. Le chemin du Temple. — 1884. L'empereur Hadrien visitant une poterie anglaise. — 1885. Une lecture d'Homère. — 1886. Apodyterium. — 1889. A l'autel de Vénus. Une offrande à Bacchus.

190. — FIORELLI (Giuseppe).

Élu, le 26 décembre 1891, associé étranger de l'Académie des Beaux-Arts.

Né à Naples (Deux-Siciles), le 8 juin 1823. — 1860. Inspecteur des antiquités. Professeur d'archéologie à l'Université de Naples. — 1875. Directeur général des musées du royaume et des fouilles de Rome. — 1865. Sénateur du royaume d'Italie. — 1866. *Correspondant de l'Institut.* — Vice-Président de l'Académie des Lincei.

Ouvrages. — 1853. Description des vases peints trouvés à Cumes, in-fol. *Inscriptionum oscarum apographa.* Journal des fouilles de Pompéi, 2 vol. — 1868. Catalogue du Musée national de Naples. Exposé des découvertes archéologiques faites en Italie de 1846 à 1866. — 1873. Les fouilles de Pompéi de 1861 à 1872. — 1875. Description de Pompéi. — 1876. Exposé des fouilles de monuments antiques, 11 vol.

191. — CALVO (Carlos), G. O. ✳

Élu, le 2 avril 1892, associé étranger de l'Académie des Sciences morales et politiques.

Né à Buenos-Ayres (République Argentine), le 26 février 1824. — 1852. Consul général à Montévidéo. — 1853 à 1858. Ministre près la République de l'Uruguay. — 1869. Député. — 1860 à 1864. Chargé d'affaires en France et en Grande-Bretagne. — 1869. *Correspondant de l'Institut.* — 1884. Envoyé extraordinaire et Ministre plénipotentiaire en Allemagne. — 1889. Accrédité près Sa Majesté l'Empereur de Russie et près Sa Majesté l'Empereur d'Autriche-Hongrie.

Ouvrages. — 1861. Histoire des progrès du droit des gens en Europe et en Amérique depuis la paix de Westphalie jusqu'à nos jours, 2 vol. — 1862-69. Recueil complet des traités, conventions, capitulations, armistices et autres actes diplomatiques de tous les États de l'Amérique latine, compris entre le golfe du Mexique et le cap Horn, depuis l'année 1493 jusqu'à nos jours, 11 vol. — 1864. Annales de la révolution de l'Amérique Latine. Une page de droit international, ou l'Amérique du Sud avant la science du droit des gens moderne. — 1870. Le droit international théorique et pratique précédé d'un exposé historique des progrès de la science du droit des gens, 2 vol. — 1874. Examen des trois règles de droit international, proposées dans le traité de Washington. — 1875. Étude sur l'émigration et la colonisation in-4. — 1885. Dictionnaire manuel de diplomatie et de droit international public et privé.

192. — HELMHOLTZ (Hermann, Ludwig, Ferdinand von), C. ✳

Élu, le 13 juin 1892, associé étranger de l'Académie des Sciences.

Né à Potsdam (Prusse), le 31 août 1821. Docteur en médecine et en philosophie. Professeur de physique à l'Université de Berlin. — 1870. *Correspondant de l'Institut.* — Mort à Berlin, le 8 septembre 1894.

Ouvrages. — 1867. Optique physiologique. — 1868. Théorie physiologique de la musique fondée sur l'étude des sensations auditives. — 1869. Mémoire sur la conservation de la force, précédé d'un exposé élémentaire de la transformation des forces naturelles. — S. d. Causes physiologiques de l'harmonie musicale. L'optique et la peinture.

193. — VAN BENEDEN (Pierre, Joseph).

Élu, le 18 juillet 1892, associé étranger de l'Académie des Sciences.

Né à Malines (Belgique), le 19 décembre 1809. — Docteur en médecine. Professeur à l'Université de Gand. Professeur de zoologie et d'anatomie comparée à l'Université de Louvain. — 1866. *Correspondant de l'Institut.* — Mort à Louvain, le 20 janvier 1894.

Ouvrages. — 1837. Anatomie du pneumodermon violaceum. — 1838. Mémoire sur l'argonaute. — 1839. Mémoire sur l'anatomie des genres tyale, cléodore et cuvierie. — 1858. Mémoire sur les vers intestinaux, in-4. — 1860. Iconographie des helminthes ou des vers parasites de l'homme, in-4. — 1863. Recherches sur les bitellodes et les trématodes marins, in-4, Recherches sur les bdellodes ou hirudinées, et les trématodes marins, in-4. — 1864. Sur une nouvelle espèce de zéphirus de la mer des Indes. Sur un dauphin nouveau et un ziphioïde rare. — 1865. Recherches sur les squalodons, in-4. — 1866. Recherches sur la faune littorale de Belgique: polypes, in-4. — 1867. Recherches sur les squalodons (ossements provenant du crag d'Anvers), in-4. — 1868-1877. Ostéographie des cétacés vivants et fossiles, in-fol. — 1875. Les commensaux et les parasites dans le règne animal. — 1877. Description des ossements fossiles des environs d'Anvers, 5 vol. in-4. — 1878. Ostéographie des cétacés vivants et fossiles. — 1889. Histoire naturelle des cétacés des mers de l'Europe. — S. d. Mémoire sur le *Limneus glutinosus.* Mémoire sur la cymbulia du Pérou. Mémoire sur un nouveau genre de mollusques, voisin des cymbulies du golfe de Naples. Manuel d'anatomie comparée.

194. — ARNETH (le Chevalier Alfred d').

Élu, le 14 janvier 1893, associé étranger de l'Académie des Sciences morales et politiques.

Né à Vienne (Autriche), le 10 juillet 1819. — 1840. Attaché aux Archives impériales. — 1860. Directeur adjoint des Archives. — 1862. Membre de l'Académie des Sciences de Vienne. — 1868. Directeur en chef des Archives de l'État. — 1876. *Correspondant de l'Institut.*

Ouvrages. — 1852. Vie du feld-maréchal Starkemberg. — 1858. Le prince Eugène de Savoie, 3 vol. — 1863. Les premières années du règne de Marie-Thérèse, 3 vol. — 1865. Marie-Thérèse et Marie-Antoinette. — 1866. Marie-Antoinette, Joseph II et Léopold II. — 1867. Correspondance de Marie-Thérèse et de Joseph II. — 1868. Beaumarchais et Sonnenfels. — 1869. Joseph II et Catherine de Russie. — 1870. Marie-Thérèse et la guerre de succession. — 1872. Joseph II et Léopold de Toscane, 2 vol. — 1873. Marie-Antoinette : correspondance secrète avec le comte de Mercy-Argenteau. — 1875. Marie-Thérèse et la guerre de Sept ans, 2 vol. — 1876. Les dernières années de Marie-Thérèse, 4 vol. — 1881. Lettres de Marie-Thérèse. — 1889. Correspondance secrète du comte de Mercy-Argenteau avec Joseph II et Kaunitz.

195. — LISTER (Sir Joseph).

Élu, le 6 mars 1893, associé étranger de l'Académie des Sciences.

Né à Upton, comté d'Essex (Angleterre), le 5 avril 1827. — 1852. Membre du collège royal des chirurgiens d'Angleterre. — 1855. Membre du collège royal des chirurgiens d'Édimbourg. — 1855. Professeur de chirurgie aux Universités de Glasgow, puis d'Édimbourg. — 1855. Membre de la Société royale de Londres. — 1865. Chirurgien extraordinaire de la Reine. — 1865 à 1892. Professeur de chirurgie clinique au King's College de Londres. — 1883. Baronnet.

Ouvrages. — 1858. Sur les premières périodes de l'inflammation. — 1882. Chirurgie antiseptique et théorie des germes. — Nombreux mémoires de physiologie, de pathologie et de chirurgie.

196. — NORDENSKIOLD (le Baron Nils, Adolf, Erik), C. ✳

Élu, le 12 juin 1893, associé étranger de l'Académie des Sciences.

Né à Helsingfors (Suède), le 18 novembre 1832. — 1858. Professeur de minéralogie à l'Université de Stockholm. Membre de la seconde Chambre suédoise. — 1859 à 1888. A fait plusieurs voyages de découverte vers le pôle Nord. — 1876. *Correspondant de l'Institut.* — 1880. Baron.

Ouvrages. — 1880. Lettres écrites du pôle Nord. — 1883. Voyage de la Véga autour de l'Asie et de l'Europe, 2 vol. — 1888. La seconde expédition suédoise au Groënland; l'Inlandsis et la côte orientale.

---

197. — HUNT (Richard, Morris), ✳

Élu, le 23 décembre 1893, associé étranger de l'Académie des Beaux-Arts.

Né à Battleborough (États-Unis), le 25 octobre 1827. — 1854. Inspecteur des travaux du Louvre à Paris. — 1882. *Correspondant de l'Institut.* — 1893. Président de l'Institut des architectes américains. — Mort à New-York, le 31 juillet 1895.

Œuvres principales. — 1875. Bourse du charbon et du fer à New-York. — 1876. Bibliothèque Lenox à New-York. Hôpital presbytérien. — 1882. Hôtel Vanderbilt, à New-York. — 1883. Monument de Yorktown. — 1885. Monument de la liberté à New-York. — 1887. Hôtels Morton, Rogers, O. Mills. — 1892. Maison de marbre à Newport. — 1893. Bâtiments de l'exposition de Chicago. — 1894. Hôtel de l'Académie de Westpoint. Église de la Trinité à New-York. — 1895. Hôtel Astor à New-York. Château de Biltmore (Caroline du Nord).

---

198. — PRADILLA de ORTIZ (Fanisco), ✳

Élu, le 10 novembre 1894, associé étranger de l'Académie des Beaux-Arts.

Né à Saragosse (Espagne), en 1847. — Peintre d'histoire. — 1891. *Correspondant de l'Institut.*

Œuvres principales. — Joanna la folle devant le tombeau de son mari. Un cours d'amour. La reddition de Grenade.

---

199. — WEBER (Albrecht Friedrich).

Élu, le 23 novembre 1894, associé étranger de l'Académie des Inscriptions et Belles-Lettres.

Né à Breslau (Prusse), le 17 février 1825. — Professeur de langue et littérature ancienne de l'Inde, à l'Université de Berlin. — 1865. *Correspondant de l'Institut.*

Ouvrages. — Whête Yarjundas, et études indiennes, etc.

---

200. — HELBIG (Wolfgang).

Élu, le 23 novembre 1894, associé étranger de l'Académie des Inscriptions et Belles-Lettres.

Né à Dresde (Saxe), le 2 février 1839. — Professeur au lycée Joachimsthal à Berlin, Secrétaire de l'Institut archéologique allemand à Rome. — 1887. *Correspondant de l'Institut.*

Ouvrages. — *Questiones scenicæ Romæ.* Les fresques des villes ensevelies par le Vésuve. Les fresques de la Campanie. Histoire de l'art dans l'ancienne Italie. L'épopée d'Homère expliquée par les monuments. Guide à travers les collections de l'antiquité classique à Rome, etc.

---

201. — WEIERSTRASS (Carl), ✳

Élu, le 25 février 1895, associé étranger de l'Académie des Sciences.

Né à Ostenfelde (Prusse), le 31 octobre 1816. — Professeur de mathématiques à l'Université de Berlin et à l'Institut militaire. — 1868. *Correspondant de l'Institut.*

Ouvrages. — Théorie des intégrales abéliennes. Sur l'intégration des différentielles algébriques à l'aide des logarithmes. Nouvelle solution des problèmes de rotation. Théorie des fonctions elliptiques, etc.

---

202. — MOMMSEN (Théodor), ✳

Élu, le 24 mai 1895, associé étranger de l'Académie des Inscriptions et Belles-Lettres.

Né à Garding (Danemark), le 30 novembre 1817. — 1848. Professeur aux Universités de Leipzig, de Zurich (1852), de Breslau (1854) et de Berlin (1858). — 1860. *Correspondant de l'Institut.* — 1874. Secrétaire perpétuel de l'Académie des Sciences de Berlin. — 1873 à 1882. Député.

Ouvrages. — 1843. *De Collegiis et Soldatis Romanorum.* — 1844. Les tribus romaines. — 1845. Études osques. — 1850. Les dialectes de la Basse-Italie. — 1851. *Corpus inscriptionum Latinarum.* — 1853. Histoire romaine, 6 vol. — *Polemii Silvii laterculus. Volusii Mæciani distributio partium.* — 1854. *Inscriptiones confœderationis Helveticæ Latinæ.* — 1855. Les droits des municipes romains. — 1860. Histoire de la monnaie chez les Romains. — 1865. *Res gestæ divi Augusti*, etc. Édition du Digeste et du *Corpus juris civilis.*

---

203. — FRANKLAND (Edward).

Élu, le 27 mai 1895, associé étranger de l'Académie des Sciences.

Né à Churchtown (Irlande), le 18 janvier 1825. — Professeur au collège des Ingénieurs civils de Putney, au collège d'Owen à Manchester et à l'hôpital Saint-Barthélemy à Londres. — 1866. *Correspondant de l'Institut.* — Professeur de chimie à l'École royale des Mines.

Ouvrages. — Recherches sur les radicaux organiques, sur les eaux potables et les eaux vannes. M. Frankland est l'auteur de la découverte des combinaisons organo-métalliques (zinc-éthyle, zinc-méthyle), etc.

---

204. — NEWCOMB (Simon).

Élu, le 17 juin 1895, associé étranger de l'Académie des Sciences.

Né à Wallace (Nouvelle-Écosse), le 12 mars 1835. — Professeur à l'École de Marine. Astronome à l'Observatoire de Washington. — 1874. *Correspondant de l'Institut.*

Ouvrages. — 1860. Variations séculaires des astéroïdes. — 1861. Action des planètes sur la lune. — 1863. Tables de la planète Neptune. — 1865. Notre politique financière pendant la rébellion du Sud. — 1867. Recherches sur la parallaxe du soleil. — 1873. Tables de la planète Uranus. — 1874. Intégrales du mouvement planétaire. — 1878. Recherches sur le mouvement de la lune. Astronomie populaire. — 1886. Principes d'économie politique. — Articles insérés dans divers recueils scientifiques et dans la North American Review.

---

205. — CASTELAR (Emilio).

Élu, le 22 juin 1895, associé étranger de l'Académie des Sciences morales et politiques.

Né à Madrid (Espagne), le 8 septembre 1832. — 1860. Professeur d'histoire et de philosophie à l'Université de Madrid. — 1869. Député aux Cortès. — 1873. Ministre des Affaires étrangères, Président du Conseil, Chef du pouvoir exécutif de la République. — 1894. *Correspondant de l'Institut.*

Ouvrages. — 1855. Ernest, nouvelle. — 1856. Don Alfonso de Sabio. — 1857. La sœur de charité. Lucain, sa vie et son poème. — 1858. Idées démocratiques. — 1859. Collection d'articles politiques et littéraires. La civilisation dans les cinq premiers siècles du christianisme, 2 vol. — 1870. Questions politiques et sociales, 3 vol. — 1871. Discours politiques et parlementaires, 2 vol. — 1873. Vie de Byron. — 1874. Mélanges de religion, d'art et de politique. La religion, l'art et la nature en Italie, 2 vol. — 1875. Études historiques sur le moyen âge. La formule du progrès. Histoire du mouvement républicain en Europe, 2 vol. Réflexions sur la politique européenne, 2 vol. — 1876. Souvenirs d'Italie. — 1880. Essais littéraires. — 1881. La Russie contemporaine. — 1883. Tragédies de l'histoire.

ORDRE DE SUCCESSION

DES ASSOCIÉS ÉTRANGERS

ACADÉMIE DES INSCRIPTIONS		ACADÉMIE DES SCIENCES	
ET BELLES-LETTRES			

I	**V**	**I**	**V**
1801. Ch. Heyne.	1803. J. Rennell.	1802. Banks.	1802. Pallas.
1814. Wilkins.	1831. Colebrooke.	1820. Gauss.	1812. Werner.
1836. Hermann.	1837. Haughton.	1855. W. Herschel.	1817. Piazzi.
1849. Lobeck.	1849. Wilson.	1872. Sir J. Airy.	1826. A. P. de Candolle.
1860. Cureton.	1860. Lassen.	1892. van Beneden.	1842. OErsted.
1864. de Witte.	1876. Gorresio.	1895. Frankland.	1852. Mitscherlich.
1889. Curtius.	1891. Ascoli.		1864. Wöhler.
			1882. de Bunsen.
II	**VI**	**II**	
1802. Klopstock.	1803. Niebuhr.	1802. Maskelyne.	**VI**
1804. de Dalberg.	1819. Wolf.	1811. Jenner.	1803. Cavendish.
1820. Ouwaroff.	1825. Creuzer.	1823. Wollaston.	1810. A. de Humboldt.
1855. Carl Ritter.	1858. Welcker.	1829. Olbers.	1860. Ehrenberg.
1859. Borghesi.	1869. Max Muller.	1840. Bessel.	1877. dom Pedro d'Alcan-
1860. Gerhard.		1846. Jacobi.	tara.
1867. Ritschl.	**VII**	1851. Tiedemann.	1892. von Helmholtz.
1876. Madvig.	1803. Ch. J. Fox.	1861. Liebig.	1895. Newcomb.
1887. Sir H. Rawlinson.	1814. Wyttenbach.	1873. Wheatstone.	
1895. Mommsen.	1820. Heeren.	1876. de Baer.	**VII**
	1842. Maï.	1877. Lord Kelvin.	1803. de Rumford.
III	1854. Peyron.		1814. J. Watt.
1803. Wieland.	1871. Amari.	**III**	1819. Davy.
1817. Morelli.	1889. Sir H. Layard.	1802. Priestley.	1830. Dalton.
1820. Sestini.	1894. Helbig.	1803. Klaproth.	1844. Faraday.
1833. Böttiger.		1817. Scarpa.	1868. Sir R. Murchison.
1835. Jacobs.		1833. Brown.	1872. Agassiz.
1847. Grimm.	**VIII**	1859. R. Owen.	1874. A.-L. de Candolle.
1863. Pertz.	1803. Wilford.	1893. Sir J. Lister.	1893. Nordenskiold.
1876. Cobet.	1825. W. de Humboldt.		
1890. de Sickel.	1835. de Hammer Purg-	**IV**	**VIII**
	stall.	1802. F. Herschel.	1803. Volta.
IV	1857. Bopp.	1822. Berzélius.	1827. Young.
1803. Jefferson.	1867. de Rossi.	1849. Brewster.	1830. Blumenbach.
1831. Böck.	1894. Weber.	1868. Kummer.	1840. de Buch.
1867. Fleischer.		1895. Weierstrass.	1854. Dirichlet.
1888. Miklosich.			1860. Plana.
1891. W. Stokes.			1864. de la Rive.
			1874. Tchébichef.
			1895. *Place vacante.*

ACADÉMIE DES BEAUX-ARTS

—

ACADÉMIE DES SCIENCES

MORALES ET POLITIQUES

I

1801. HAYDN.
1809. PAISIELLO.
1820. ANTOLINI.
1841. COCKERELL.
1863. DONALDSON.
1885. ROSA.
1891. FIORELLI.

II

1802. CANOVA.
1823. ALVAREZ.
1832. RAUCH.
1858. RITSCHELL.
1862. de HESS.
1863. KAULBACH.
1874. MATEJKO.
1893. HUNT.
1895. *Place vacante.*

III

1802. CALDERARI.
1805. MARVUGLIA.
1823. SCHINKEL.
1841. de KLENZE.
1864. STÜLER.
1865. STRACK.
1881. de FERSTEL.
1883. da SILVA.

IV

1803. APPIANI.
1820. CAMUCINI.
1844. OVERBECK.
1870. GALLAIT.
1888. ANTOKOLSKI.

V

1803. R. MORGHEN.
1834. MEYERBEER.
1864. VERDI.

VI

1803. SERGEL.
1823. LONGHI.
1832. TOSCHI.
1854. FELSING.
1883. MERCURI.
1884. Sir F. LEIGHTON.

VII

1803. GUGLIELMI.
1805. SALIERI.
1830. CAMBRAY-DIGNY.
1843. CANINA.
1856. MERCADANTE.
1873. GEVAERT.

VIII

1803. B. WEST.
1823. ROSSINI.
1869. DUPRÉ.
1882. Sir J. MILLAIS.

IX

1823. THORWALDSEN.
1844. TENERANI.
1870. DRAKE.
1882. VELA.
1891. ALMA TADEMA.

X

1823. ZINGARELLI.
1838. CORNELIUS.
1867. SCHNORR DE CAROLS-
    FELD.
1873. MADRAZO.
1894. PRADILLA.

I

1801. Th. JEFFERSON.
1833. Lord BROUGHAM.
1869. Comte SCLOPIS.
1883. Comte MAMIANI DELLA
    ROVERE.
1886. L. NAVILLE.

II

1802. J. RENNELL.
1833. ANCILLON.
1838. HALLAM.
1860. RANKE.
1886. CANTU.
1895. CASTELAR.

III

1802. NIEBUHR.
1833. LIVINGSTON.
1837. de SAVIGNY.
1865. RAUMER.
1876. MOTLEY.
1877. EMERSON.
1883. Sir H. MAINE.
1888. H. REEVE.
1895. *Place vacante.*

IV

1802. de RUMFORD.
1833. de SISMONDI.
1843. MAC CULLOCH.
1865. GLADSTONE.

V

1802. Ch. FOX.
1833. MALTHUS.
1835. de SCHELLING.
1855. BRANDIS.
1869. TRENDELENBURG.
1872. QUÉTELET.
1876. MINGHETTI.
1887. THONISSEN.
1892. CALVO.

VI

1803. WILFORD.
1857. MACAULAY.
1864. GROTE.
1872. Lord STANHOPE.
1877. de HUBNER.
1893. d'ARNETH.

LISTE ALPHABÉTIQUE

DES ASSOCIÉS ÉTRANGERS

Les chiffres indiquent les numéros des Notices biographiques.

ASSOCIÉS NON RÉSIDANTS ET CORRESPONDANTS

1. — Dotteville (l'Abbé Jean, Henri, Desmercières, dit).

Élu, le 13 février 1796, associé non résidant de la Classe de Littérature et Beaux-Arts (section de Grammaire). Nommé, en 1803, correspondant de la Classe d'Histoire et de Littérature ancienne.

Né à Palaiseau (Seine-et-Oise), le 22 décembre 1716. — Mort à Versailles, le 26 octobre 1807. — Prêtre de l'Oratoire. Professeur au collège de Juilly.

Auteur de traductions de Salluste, de Tite-Live et de Plaute.

2. — Marmontel (Jean, François).

Élu, le 13 février 1796, associé non résidant de la Classe de Littérature et Beaux-Arts (section de Grammaire).

Né à Bort (Corrèze), le 11 juillet 1723. — Mort à Habboville (Eure), le 31 décembre 1799. — Membre et Secrétaire perpétuel de l'ancienne Académie française. Historiographe de France. Membre du Conseil des Anciens.

Auteur de : Contes moraux, les Incas, Histoire de la régence. Éléments de littérature, Histoire d'un père, Poèmes et opéras.

3. — Féraud (l'Abbé Jean, François).

Élu, le 13 février 1796, associé non résidant de la Classe de Littérature et Beaux-Arts (section de Grammaire). Exclu, en 1799, pour non résidence en France.

Né à Marseille, le 17 avril 1725. — Mort, dans la même ville, le 8 février 1807.

Auteur du Dictionnaire grammatical et du Dictionnaire critique de la langue française.

4. — Laurencin (le Comte Jean, Espérance, Blandine de).

Élu, le 13 février 1796, associé non résidant de la Classe de Littérature et Beaux-Arts (section de Grammaire). Nommé, en 1803, correspondant de la Classe d'Histoire et de Littérature ancienne.

Né à Chabeuil (Drôme), le 17 janvier 1733. — Mort à Lyon, le 21 janvier 1812. — Capitaine de cavalerie.

Auteur de : la Mort du Juste, Palémon, la Vie champêtre, et de plusieurs autres poèmes.

5. — Brunck (Richard, François, Philippe).

Élu, le 13 février 1796, associé non résidant de la Classe de Littérature et Beaux-Arts (section des Langues anciennes). Nommé, en 1803, correspondant de la Classe d'Histoire et de Littérature ancienne.

Né à Strasbourg, le 30 décembre 1729. — Mort, dans la même ville, le 12 juin 1803. — Commissaire des guerres.

Auteur de : *Analecta poetarum Græcorum*, et de plusieurs éditions d'auteurs grecs et latins.

6. — Lemonnier (l'Abbé Guillaume, Antoine).

Élu, le 13 février 1796, associé non résidant de la Classe de Littérature et Beaux-Arts (section de Langues anciennes).

Né à Saint-Sauveur-sur-Douve (Manche), le 17 janvier 1723. — Mort à Paris, le 4 avril 1797. — Chapelain de la Sainte-Chapelle. Bibliothécaire de la Bibliothèque du Panthéon.

Auteur de fables, contes et épîtres, et de traductions de Térence et de Perse.

7. — Sabathier (François).

Élu, le 13 février 1796, associé non résidant de la Classe de Littérature et Beaux-Arts (section des Langues anciennes). Nommé, en 1803, correspondant de la Classe d'Histoire et de Littérature ancienne.

Né à Condom (Gers), le 31 octobre 1735. — Mort à Châlons (Marne), le 11 mars 1807. — Professeur au collège de Châlons-sur-Marne.

Auteur de : Essai sur l'origine de la puissance temporelle des papes, Dictionnaire pour l'intelligence des auteurs classiques grecs et latins, Manuel des enfants ou maximes des hommes illustres de Plutarque, Mœurs, coutumes et usages des anciens peuples, Recueil de dissertations sur divers sujets de l'histoire de France, Les exercices du corps chez les anciens.

8. — Ruffin (Pierre, Jean, Marie).

Élu, le 13 février 1796, associé non résidant de la Classe de Littérature et Beaux-Arts (section des Langues anciennes). Nommé, en 1803, correspondant de la Classe d'Histoire et de Littérature ancienne, et, en 1816, correspondant de l'Académie des Inscriptions et Belles-Lettres.

Né à Salonique (Turquie), le 17 août 1742. — Mort à Constantinople, le 19 février 1824. — Interprète du roi à l'ambassade de France en Turquie. Premier secrétaire d'ambassade.

✪ Schweighæuser.

Élu, le 13 février 1796, associé non résidant de la Classe de Littérature et Beaux-Arts (section des Langues anciennes). — Voir Membres libres, n° 24.

✪ François de Neufchâteau.

Élu, le 13 février 1796, associé non résidant de la Classe de Littérature et Beaux-Arts (section de Poésie). — Voir Membres titulaires, n° 155.

9. — Pieyre (Pierre, Alexandre).

Élu, le 13 février 1796, associé non résidant de la Classe de Littérature et Beaux-Arts (section de Poésie). Nommé, en 1803, correspondant de la Classe d'Histoire et de Littérature ancienne et, en 1816, correspondant de l'Académie des Inscriptions et Belles-Lettres.

Né à Nîmes (Gard), le 30 avril 1752. — Mort à Paris, le 30 juin 1830. — Précepteur du duc de Chartres. Secrétaire des commandements de la princesse Adélaïde.

Auteur de : les Amis à l'épreuve, le Garçon de cinquante ans, l'Intrigue anglaise, Orgueil et vanité, la Veuve mère, et de quelques autres comédies.

10. — Bérenger (Laurent, Pierre).

Élu, le 13 février 1796, associé non résidant de la Classe de Littérature et Beaux-Arts (section de Poésie). Nommé, en 1803, correspondant de la Classe d'Histoire et de Littérature ancienne et, en 1816, correspondant de l'Académie des Inscriptions et Belles-Lettres.

Né à Riez (Basses-Alpes), le 28 novembre 1749. — Mort à Lyon, le 26 septembre 1822. — Professeur de rhétorique à Orléans. Censeur royal. Inspecteur de l'Académie de Lyon.

Auteur de : la Morale en action.

✳ Legouvé.

Élu, le 13 février 1796, associé non résidant de la Classe de Littérature et Beaux-Arts (section de Poésie). — Voir Membres titulaires, n° 161.

11. — Palissot de Montenoy (Charles).

Élu, le 13 février 1796, associé non résidant de la Classe de Littérature et Beaux-Arts (section de Poésie). Nommé, en 1803, correspondant de la Classe d'Histoire et de Littérature ancienne.

Né à Nancy, le 3 février 1730. — Mort à Paris, le 15 juin 1814. — Administrateur de la Bibliothèque Mazarine.

Auteur de: les Dunciade, poème; Mémoire sur la littérature française; Histoire des premiers siècles de Rome et de nombreuses comédies.

12. — Oberlin (Jérémie, Jacques).

Élu, le 13 février 1796, associé non résidant de la Classe de Littérature et Beaux-Arts (section d'Antiquités et Monuments). Nommé, en 1803, correspondant de la Classe d'Histoire et de Littérature ancienne.

Né à Strasbourg, le 7 août 1735. — Mort, dans la même ville, le 10 octobre 1806. — Professeur à l'Université. Directeur du gymnase de Strasbourg.

Auteur de Jungendorum marium fluviorumque omnis œvi molimina, de plusieurs dissertations savantes, et d'éditions d'auteurs classiques.

13. — Guys (Pierre, Augustin).

Élu, le 13 février 1796, associé non résidant de la Classe de Littérature et Beaux-Arts (section d'Antiquités et Monuments).

Né à Marseille, le 2 août 1721. — Mort à Zante (îles Ioniennes), le 18 août 1799.

Auteur de : Voyage littéraire de la Grèce, Voyage d'Italie, Marseille ancienne et moderne, et de nombreux mémoires et opuscules.

II.   16

14. — Fauvel (Louis, François, Sébastien).

Élu, le 13 février 1796, associé non résidant de la Classe de Littérature et Beaux-Arts (section d'Antiquités et Monuments). Nommé, en 1803, correspondant de la Classe d'Histoire et de Littérature ancienne et, en 1816, correspondant de l'Académie des Inscriptions et Belles-Lettres.

Né à Clermont (Oise), le 14 septembre 1753. — Mort à Smyrne (Turquie d'Asie), le 12 mars 1838. — Sous-Commissaire des relations commerciales, puis Vice-Consul de France à Athènes.

Auteur de : Mémoires sur les ruines d'Athènes, et de travaux insérés dans le Magasin encyclopédique ; collaborateur du Manuel d'archéologie de Starck.

15. — Gibelin (Esprit, Antoine).

Élu, le 13 février 1796, associé non résidant de la Classe de Littérature et Beaux-Arts (section d'Antiquités et Monuments). Nommé, en 1803, correspondant de la Classe d'Histoire et de Littérature ancienne.

Né à Aix (Bouches-du-Rhône), le 17 août 1739. — Mort, dans la même ville, le 23 décembre 1814.

Auteur des fresques de l'École de médecine de Paris et de mémoires insérés dans les recueils de l'Institut.

16. — Lacour (Pierre).

Élu, le 13 février 1796, associé non résidant de la Classe de Littérature et Beaux-Arts (section de Peinture). Nommé, en 1803, correspondant de la Classe des Beaux-Arts.

Né à Bordeaux, le 15 avril 1745. — Mort, dans la même ville, le 28 janvier 1814. — Directeur de l'École de peinture de Bordeaux.

Œuvres principales. — Saint Paulin. Le bon Samaritain. La fuite de Loth. La visitation. L'ambassade de Sully à Londres.

17. — Lens (André, Cornélie).

Élu, le 13 février 1796, associé non résidant de la Classe de Littérature et Beaux-Arts (section de Peinture). Nommé, en 1803, correspondant de la Classe des Beaux-Arts et, en 1816, correspondant de l'Académie des Beaux-Arts.

Né à Anvers, le 31 mars 1739. — Mort à Bruxelles, le 30 mars 1822. — Professeur à l'Académie d'Anvers.

Auteur de : Le costume des peuples de l'antiquité d'après les monuments, Essai sur le bon goût en peinture.

18. — Bardin (Jean).

Élu, le 13 février 1796, associé non résidant de la Classe de Littérature et Beaux-Arts (section de Peinture). Nommé, en 1803, correspondant de la Classe des Beaux-Arts.

Né à Montbard (Côte-d'Or), le 31 octobre 1732. — Mort à Orléans, le 6 octobre 1809. — Membre de l'Académie de peinture et de sculpture. Directeur de l'École des Beaux-Arts d'Orléans.

Œuvres principales. — Tullie faisant passer son char sur le corps de son père. Sainte Catherine. Sainte Thérèse. Andromaque. Le massacre des innocents.

19. — Forty (Jean, Joseph).

Élu, le 13 février 1796, associé non résidant de la Classe de Littérature et Beaux-Arts (section de Peinture).

Né à Marseille, en 1744. — Mort, dans la même ville, le 24 décembre 1800. — Membre de l'Académie royale de peinture. Professeur de dessin à l'école de Marseille et Conservateur du Musée.

Œuvres principales. — Les frères de Joseph rapportant sa robe. Désintéressement d'Épaminondas. Un vieil ermite. Jacob reconnaissant la robe de Joseph. Lisimaque et Philippe égorgés dans les bras d'Arsinoë. Austérité des mœurs romaines.

✣ Prud'hon.

Élu, le 13 *février* 1796, *associé non résidant de la Classe de Littérature et Beaux-Arts (section de Peinture). — Voir Membres titulaires, n°* 320.

20. — Giroust (Jean, Antoine, Théodore).

Élu, le 13 *février* 1796, *associé non résidant de la Classe de Littérature et Beaux-Arts (section de Peinture). Nommé, en* 1803, *correspondant de la Classe des Beaux-Arts et, en* 1816, *correspondant de l'Académie des Beaux-Arts.*

Né à Bussy-Saint-Georges (Seine-et-Marne), le 10 novembre 1753. — Mort à Mitry (même département), le 9 juillet 1817. — Membre de l'Académie royale de peinture et de sculpture.

Œuvres principales. — David condamnant à mort l'Amalécite. Œdipe à Colonne. Saint François d'Assise. Le Christ. Sainte Thérèse. Mlle d'Orléans. Sainte Félicité exhortant son fils au martyre. Sainte Godelive. Eponine et Sabinus.

21. — Caffarelli du Falga (Louis, Marie, Joseph, Maximilien).

Élu, le 13 *février* 1796, *associé non résidant de la Classe des Sciences morales et politiques (section d'Analyse des sensations et des idées).*

Né au Falga (Haute-Garonne), le 13 février 1756. — Mort à Saint-Jean d'Acre (Syrie), le 27 avril 1799. — Général du génie. Amputé d'une jambe en 1795. Mort de ses blessures.

✣ de Tracy.

Élu, le 18 *février* 1796, *associé non résidant de la Classe des Sciences morales et politiques (section d'Analyse des sensations). — Voir Membres titulaires, n°* 233.

22. — Desèze (Paul, Victor), O. ✻

Élu, le 18 *février* 1796, *associé non résidant de la Classe des Sciences morales et politiques (section d'Analyse des sensations et des idées). Nommé, en* 1803, *correspondant de la Classe d'Histoire et de Littérature ancienne et, en* 1816, *correspondant de l'Académie des Inscriptions et Belles-Lettres.*

Né à Bordeaux, le 15 décembre 1754. — Mort à Bordeaux, le 1er avril 1830. — Député de Bordeaux à l'Assemblée constituante. Professeur d'histoire à l'École centrale de la Gironde, puis à la Faculté des Lettres de Bordeaux. Doyen de la même Faculté. Recteur de l'Académie de Bordeaux. Inspecteur général honoraire de l'Université.

Auteur de : Recherches physiologiques, De la sensibilité, Quelques idées sur l'éducation publique, Essai historique, philosophique et critique sur le peuple hébreu.

✣ La Romiguière.

Élu, le 18 *février* 1796, *associé non résidant de la Classe des Sciences morales et politiques (section d'Analyse des sensations). — Voir Membres titulaires, n°* 436.

23. — Jacquemont (Frédéric, François, Venceslas).

Élu, le 18 février 1796, associé non résidant de la Classe des Sciences morales et politiques (section d'Analyse des sensations et des idées). Nommé, en 1803, correspondant de la Classe d'Histoire et de Littérature ancienne et, en 1816, correspondant de l'Académie des Inscriptions et Belles-Lettres. Rentré, en 1832, à l'Académie des Sciences morales et politiques (section de Philosophie).

Né à Hesdin (Pas-de-Calais), le 28 septembre 1757. — Mort à Paris, le 9 novembre 1836. Membre du Tribunat, Chef de division à l'administration de l'Instruction publique.

Auteur d'un traité de philosophie.

24. — Boichot (Guillaume).

Élu, le 18 février 1796, associé non résidant de la Classe de Littérature et Beaux-Arts (section de Sculpture). Nommé, en 1803, correspondant de la Classe des Beaux-Arts.

Né à Chalon (Saône-et-Loire), le 30 août 1735. — Mort à Paris, le 9 décembre 1814. — Membre de l'Académie royale de peinture et de sculpture.

Œuvres principales. — Maître-autel de l'église de Montmartre. Bas-relief du porche du Panthéon. Saint-Roch. Hercule assis. Bas-relief de l'arc du Carrousel.

25. — Breton (Luc, François).

Élu, le 18 février 1796, associé non résidant de la Classe de Littérature et Beaux-Arts (section de Sculpture).

Né à Besançon, le 6 octobre 1731. — Mort, dans la même ville, le 22 février 1800.

Œuvres principales. — Saint André (Rome). Anges adorateurs (Besançon). Descente de croix (Besançon). Tombeau des La Baume (Nîmes), etc.

26. — Van Poucke (Charles, François).

Élu, le 18 février 1796, associé non résidant de la Classe de Littérature et Beaux-Arts (section de Sculpture). Nommé, en 1803, correspondant de la Classe des Beaux-Arts.

Né à Dixmude (Belgique), le 17 juillet 1740. — Mort à Gand, le 12 novembre 1809. — Professeur de sculpture à l'Académie de Gand.

Œuvres principales. — La Vierge donnant l'habit de pèlerin à saint Julien. Saint Pierre et saint Paul (cathédrale de Gand). Mausolée de Gérard van Eersel, de Jacques Palfyn, de Robert Caïmo, etc. Chaire de l'église Saint-Jacques de Gand. Dieu le Père (cathédrale de Bruges). Maître-autel de l'église Saint-Martin à Ypres, etc.

27. — Chinard (Joseph).

Élu, le 18 février 1796, associé non résidant de la Classe de Littérature et Beaux-Arts (section de Sculpture). Nommé, en 1803, correspondant de la Classe des Beaux-Arts.

Né à Lyon, le 12 février 1756. — Mort, dans la même ville, le 9 mai 1813. — Professeur à l'École de Lyon.

Œuvres principales. — Andromède et Persée. Statues de l'arc du Carrousel. La Paix (Marseille). Déjanire (Lyon). L'Amour et Psyché. Bustes de Napoléon, Mme Récamier, Desaix, etc.

28. — Blaise (Barthélemy).

Élu, le 18 février 1796, associé non résidant de la Classe de Littérature et Beaux-Arts (section de Sculpture). Nommé, en 1803, correspondant de la Classe des Beaux-Arts et, en 1816, correspondant de l'Académie des Beaux-Arts.

Né à Lyon, en 1738. — Mort à Paris, le 2 avril 1819. — Agréé de l'Académie royale de peinture et de sculpture.

Œuvres principales. — Saint Étienne. Saint Jean (cathédrale de Lyon). Mausolée de Vergennes (N.-D. de Versailles). Buste de Frédéric II. Jules Romain. Nicolas Poussin.

29. — Renaud.

Élu, le 18 février 1796, associé non résidant de la Classe de Littérature et Beaux-Arts (section de Sculpture). Nommé, en 1803, correspondant de la Classe des Beaux-Arts et, en 1816, correspondant de l'Académie des Beaux-Arts.

Né à Beire-le-Chatel (Côte-d'Or), en 1756. — Mort à Marseille, en 1817. — Grand Prix de Rome.

Œuvres principales. — Apollon du Belvédère. Prométhée. Milon de Crotone. Cariatides. Bustes de Cl. Hoin, etc.

☆ Paris.

Élu, le 18 février 1796, associé non résidant de la Classe de Littérature et Beaux-Arts (section d'Architecture). — Voir Membres titulaires, n° 92.

☆ Heurtier.

Élu, le 18 février 1796, associé non résidant de la Classe de Littérature et Beaux-Arts (section d'Architecture). — Voir Membres titulaires, n° 173.

30. — Combes (Louis, Guy).

Élu, le 18 février 1796, associé non résidant de la Classe de Littérature et Beaux-Arts (section d'Architecture). Nommé, en 1803, correspondant de la Classe des Beaux-Arts et, en 1816, correspondant de l'Académie des Beaux-Arts.

Né à Podensac (Gironde), en 1754. — Mort à Bordeaux, le 7 mars 1818. — Architecte. Grand Prix de Rome.

Œuvre principale. — Dépôt de mendicité de Bordeaux.

31. — Crucy (Mathurin de).

Élu, le 18 février 1796, associé non résidant de la Classe de Littérature et Beaux-Arts (section d'Architecture). Nommé, en 1803, correspondant de la Classe des Beaux-Arts et, en 1816, correspondant de l'Académie des Beaux-Arts.

Né à Nantes, le 22 février 1749. — Mort à Chantenay (Loire-Inférieure), le 7 novembre 1826.

Œuvres principales. — Construction de la salle de spectacle, de la Bourse et de plusieurs autres édifices de Nantes.

32. — Foucherot (Jacques).

Élu, le 10 février 1796, associé non résidant de la Classe de Littérature et Beaux-Arts (section d'Architecture). Nommé, en 1803, correspondant de la Classe des Beaux-Arts.

Né à Dijon, le 5 février 1846. — Mort à Tonnerre (Yonne), le 16 septembre 1813. — Ingénieur en chef des Ponts et Chaussées.

A dirigé la construction d'une partie du canal de Bourgogne.

33. — Beck (Franz).

Élu, le 18 février 1796, associé non résidant de la Classe de Littérature et Beaux-Arts (section de Musique et Déclamation). Nommé, en 1803, correspondant de la classe des Beaux-Arts.

Né à Mannheim (duché de Bade), le 15 février 1723. — Mort à Bordeaux, le 31 décembre 1809.

Auteur de symphonies, d'un *Stabat*, de quatuors, de sonates, et de Pandore, mélodrame lyrique.

34. — Giroust (François).

Élu, le 18 février 1796, associé non résidant de la Classe de Littérature et Beaux-Arts (section de Musique et Déclamation).

Né à Paris, le 9 avril 1730. — Mort à Versailles, le 28 avril 1799. — Maître de chapelle et Surintendant de la musique du Roi.

Auteur de Téléphe (op.), du Passage de la mer Rouge (oratorio), et de beaucoup de motets.

35. — Moreau (Henri).

Élu, le 18 février 1796, associé non résidant de la Classe de Littérature et Beaux-Arts) (section de Musique et Déclamation). Nommé, en 1803, correspondant de la Classe des Beaux-Arts.

Né à Liège (Belgique), le 16 juillet 1728. — Mort, dans la même ville, le 3 novembre 1803. Maître de chapelle de la collégiale de Saint-Paul à Liège.

Œuvres principales. — Chants de Noël.
Auteur de l'Harmonie mise en pratique et de Nouveaux principes d'harmonie.

✞ Préville.

Élu, le 18 février 1796, associé non résidant de la Classe de Littérature et Beaux-Arts (section de Musique). — Voir Membres titulaires, n° 95.

36. — Molé (Louis, François, dit Dalinville).

Élu, le 18 février 1796, associé non résidant de la Classe de Littérature et Beaux-Arts (section de Musique et Déclamation).

Né à Paris, le 4 octobre 1732. — Mort à Paris, le 26 octobre 1801.

Acteur de la Comédie-Française de 1758 à 1770.

37. — Caillot (Joseph).

Élu, le 18 février 1796, associé non résidant de la Classe de Littérature et Beaux-Arts (section de Musique et Déclamation).

Né à Paris, le 20 janvier 1733. — Mort à Paris, le 30 septembre 1816. — Acteur de la Comédie-Italienne et de l'Opéra-Comique.

38. — Sicart.

Élu, le 18 février 1796, associé non résidant de la Classe des Sciences morales et politiques (section d'Analyse des sensations et des idées).

Professeur au Collège de Marseille.

(Toutes les recherches faites, à plusieurs reprises et de divers côtés, n'ont pas réussi à faire découvrir les prénoms de M. Sicart, non plus que les dates de sa naissance et de son décès. Il a été remplacé, à l'Institut, le 25 janvier 1801.)

39. — Labène (Jean, Gervais).

Élu, le 24 février 1796, associé non résidant de la Classe des Sciences morales et politiques (section de Morale). Nommé, en 1803, correspondant de la Classe d'Histoire et de Littérature ancienne et, en 1816, correspondant de l'Académie des Inscripṭ..ṣ et Belles-Lettres.

Né à Agen, le 17 juin 1764. — Mort à Paris, le 23 janvier 1844.

Auteur de : le Poète patriote aux confédérés nationaux, ode ; De l'éducation dans les grandes républiques.

40. — Roussel (Pierre).

Élu, le 24 février 1796, associé non résidant de la Classe des Sciences morales et politiques (section de Morale).

Né à Ax (Ariège), le 29 septembre 1742. — Mort à Châteaudun (Eure-et-Loir), le 19 septembre 1802. — Docteur en médecine.

Auteur de : Système physique et moral de la femme.

41. — Ricard (l'Abbé Dominique).

Élu, le 24 février 1796, associé non résidant de la Classe des Sciences morales et politiques (section de Morale).

Né à Toulouse, le 23 mars 1741. — Mort à Paris, le 28 janvier 1803. — Professeur de rhétorique au collège d'Auxerre. Traducteur des œuvres complètes de Plutarque.

42. — Villeterque (Alexandre, Louis de).

Élu, le 24 février 1796, associé non résidant de la Classe des Sciences morales et politiques (section de Morale). Nommé, en 1803, correspondant de la Classe d'Histoire et de Littérature ancienne).

Né à Ligny (Meuse), le 31 juillet 1759. — Mort à Paris, le 8 avril 1811. — Capitaine de cavalerie.

Auteur de : Essais dramatiques, Les veillées philosophiques et Lettres athéniennes.

43. — Crevecœur (Guillaume, Michel, Jean, dit Saint-John de).

Élu, le 24 février 1796, associé non résidant de la Classe des Sciences morales et politiques (section de Morale). Nommé, en 1803, correspondant de la Classe d'Histoire et de Littérature ancienne.

Né à Caen, en 1731. — Mort à Sarcelles (Seine-et-Oise), le 15 novembre 1813. — Consul de France à New-York.

Auteur de : Lettres d'un cultivateur américain et de : Voyage dans la haute Transylvanie.

---

44. — Ferlus (l'Abbé François).

Élu, le 24 février 1796, associé non résidant de la Classe des Sciences morales et politiques (section de Morale). Nommé, en 1803, correspondant de la Classe d'Histoire et de Littérature ancienne.

Né à Castelnaudary (Aude), le 15 mai 1748.— Mort à Sorèze (Tarn), le 11 juin 1812. — Religieux de la congrégation de Saint-Maur. Professeur de philosophie.

Auteur de : Projet d'éducation nationale, et de plusieurs drames et opéras.

---

45. — Legrand-Delaleu (Louis, Auguste).

Élu, le 24 février 1796, associé non résidant de la Classe des Sciences morales et politiques (section de Science sociale et Législation). Nommé, en 1803, correspondant de la Classe d'Histoire et de Littérature ancienne et, en 1816, correspondant de l'Académie des Inscriptions et Belles-Lettres.

Né à Nouvion (Aisne), le 18 mai 1755. — Mort à Laon, le 13 juin 1819. — Professeur de Législation à l'École Centrale de l'Aisne.

Auteur de : Dissertation sur l'ostracisme et le pétalisme, et de Recherches sur l'administration de la justice criminelle et sur le jury.

---

46. — Houard (David).

Élu, le 24 février 1796, associé non résidant de la Classe des Sciences morales et politiques (section de Science sociale et Législation).

Né à Dieppe (Seine-Inférieure), le 26 février 1725. — Mort à Abbeville (Somme), le 15 décembre 1802. — Associé de l'ancienne Académie des Inscriptions.

Auteur de : Anciennes lois des Français conservées dans les coutumes anglaises, et du Dictionnaire de la coutume de Normandie.

✷ Ramond.

Élu, le 24 février 1796, associé non résidant de la Classe des Sciences morales et politiques (section de Science sociale). — Voir Membres titulaires, n° 175.

---

47. — Raimond (Julien).

Élu, le 24 février 1796, associé non résidant de la Classe des Sciences morales et politiques (section de Science sociale et Législation).

Né à Saint-Domingue, vers 1740. — Mort au Cap français, le 12 août 1802. Membre de la Société des Sciences, Arts et Belles-Lettres de Saint-Domingue.

✷ Bigot de Préameneu.

Élu, le 24 février 1796, associé non résidant de la Classe des Sciences morales et politiques (section de Science sociale). — Voir Membres titulaires, n° 166.

48. — Grouvelle (Philippe, Antoine).

Élu, le 24 février 1796, associé non résidant de la Classe des Sciences morales et politiques (section de Science sociale et Législation). Nommé, en 1803, correspondant de la Classe d'Histoire et de Littérature ancienne.

Né à Paris, le 27 février 1757. — Mort à Varennes (Seine-et-Oise), le 3 octobre 1806. — Secrétaire du prince de Condé. Ministre de France en Danemark. Membre du Corps législatif.

Auteur de : Mémoires historiques sur les templiers, De l'autorité de Montesquieu dans la révolution présente, etc.

49. — Gallois (Jean, Antoine, Gauvin).

Élu, le 24 février 1796, associé non résidant de la Classe des Sciences morales et politiques (section d'Économie politique). Nommé, en 1803, correspondant de la Classe d'Histoire et de Littérature ancienne et, en 1816, correspondant de l'Académie des Inscriptions et Belles-Lettres.

Né à Aix (Bouches-du-Rhône), le 17 janvier 1761. — Mort à Paris, le 6 juillet 1828. — Membre et Président du Tribunat. Membre du Corps législatif. Conseiller-Maître à la Cour des Comptes.

Auteur de : Le retour de l'âge d'or, de plusieurs traductions et de poésies.

50. — Forbonnais (François, Véron de).

Élu, le 24 février 1796, associé non résidant de la Classe des Sciences morales et politiques (section d'Économie politique).

Né au Mans, le 3 octobre 1722. — Mort à Paris, le 20 septembre 1800. — Inspecteur général des Monnaies. Secrétaire du contrôleur général des Finances.

Auteur de : Considérations sur les finances d'Espagne et de France, Éléments du commerce, Recherches sur les finances de la France.

51. — Roume de Saint-Laurent (Philippe, Rose).

Élu, le 24 février 1796, associé non résidant de la Classe des Sciences morales et politiques (section d'Économie politique). Nommé, en 1803, correspondant de la Classe d'Histoire et de Littérature ancienne.

Né à La Grenade (Antilles), en 1743. — Mort à Paris, le 29 septembre 1804. — Commissaire-ordonnateur de l'île de Tobago, puis Commissaire du Directoire exécutif à Saint-Domingue.

Auteur de divers écrits sur les questions coloniales.

✳ Garnier.

Élu, le 24 février 1796, associé non résidant de la Classe des Sciences morales et politiques (section d'Économie politique). — Voir Académiciens libres, n° 25.

52. — Duvillard de Durand (Emmanuel, Étienne).

Élu, le 24 février 1796, associé non résidant de la Classe des Sciences morales et politiques (section d'Économie politique). Nommé, en 1803, correspondant de la Classe d'Histoire et de Littérature ancienne et, en 1816, correspondant de l'Académie des Inscriptions et Belles-Lettres.

Né à Genève, le 2 avril 1755. — Mort à Paris, le 11 avril 1832. — Membre du Corps législatif, de 1799 à 1802.

Auteur de : Recherches sur les rentes, Tables de mortalité, etc.

---

53. — Diannyère (Antoine).

Élu, le 24 février 1796, associé non résidant de la Classe des Sciences morales et politiques (section d'Économie politique).

Né à Moulins, le 26 janvier 1762. — Mort à Guéret, le 5 septembre 1802. — Docteur en médecine.

Auteur de : Rêves d'un bon citoyen sur les lois, Essai d'arithmétique politique, les Mœurs du temps passé, etc.

---

54. — Koch (Christophe, Guillaume).

Élu, le 24 février 1796, associé non résidant de la Classe des Sciences morales et politiques (section d'Histoire). Nommé, en 1803, correspondant de la Classe d'Histoire et de Littérature ancienne.

Né à Bouxwiller (Bas-Rhin), le 9 mai 1737. — Mort à Strasbourg, le 25 octobre 1813. — Professeur de droit à Strasbourg. Député à l'Assemblée législative. Membre du Tribunat. Recteur de l'Université de Strasbourg.

Auteur de : Tableau des révolutions de l'Europe, Histoire des traités de paix, etc.

---

55. — Gautier de Sibert (Edme).

Élu, le 24 février 1796, associé non résidant de la Classe des Sciences morales et politiques (section d'Histoire).

Né à Tonnerre (Yonne), le 23 novembre 1725. — Mort, dans la même ville, le 13 février 1797. — Membre de l'ancienne Académie des Inscriptions.

Auteur de : Variations de la monarchie française; Vies des empereurs Tite, Antonin et Marc-Aurèle; Histoire des ordres de Saint-Lazare de Jérusalem et du Mont-Carmel.

---

56. — Gudin de la Brenellerie (Paul, Philippe).

Élu, le 24 février 1796, associé non résidant de la Classe des Sciences morales et politiques (section d'Histoire). Nommé, en 1803, correspondant de la Classe d'Histoire et de Littérature ancienne.

Né à Paris, le 6 juin 1738, résidant à Avallon (Yonne). — Mort à Paris, le 26 février 1812.

Auteur de : Histoire des comices de Rome, des Etats généraux de France et du parlement d'Angleterre, etc.

✸ Garnier.

Élu, le 24 février 1796, associé non résidant de la Classe des Sciences morales et politiques (section d'Histoire). — *Voir Membres titulaires, n° 192.*

✸ Gaillard.

Élu, le 24 février 1796, associé non résidant de la Classe des Sciences morales et politiques (section d'Histoire). — *Voir Membres titulaires, n° 195.*

57. — Papon (l'Abbé Jean, Pierre).

Élu, le 24 février 1796, associé non résidant de la Classe des Sciences morales et politiques (section d'Histoire).

Né à Puget-Théniers (Alpes-Maritimes), le 3 janvier 1734. — Mort à Paris, le 15 janvier 1803. Professeur de rhétorique à Marseille. Bibliothécaire de la ville de Marseille.

Auteur de l'Histoire de Provence et de l'Histoire de la Révolution française.

---

58. — Beauchamp (Joseph).

Élu, le 24 février 1796, associé non résidant de la Classe des Sciences morales et politiques (section de Géographie).

Né à Vesoul, le 29 juin 1752. — Mort à Nice, le 19 novembre 1801. — Membre de l'expédition d'Égypte.

A fait plusieurs voyages en Orient, dont les résultats sont insérés au Journal des savants.

---

59. — Bourgoing (le Baron Jean, François de), C. ✳

Élu, le 24 février 1796, associé non résidant de la Classe des Sciences morales et politiques (section de Géographie). Nommé, en 1803, correspondant de la Classe des Sciences.

Né à Nevers, le 20 novembre 1748. — Mort à Carlsbad (Bohème), le 20 juillet 1811. — Ministre plénipotentiaire de France en Espagne, en Danemark, en Suède et en Saxe.

Auteur de : Tableau de l'Espagne moderne, Mémoires sur Pie VI, et de plusieurs traductions.

---

60. — Verdun de la Crenne (le Marquis Jean, René, Antoine).

Élu, le 24 février 1796, associé non résidant de la Classe des Sciences morales et politiques (section de Géographie). Nommé, en 1803, correspondant de la Classe des Sciences.

Né à Aucey (Manche), le 5 avril 1741. — Mort à Versailles, le 13 août 1805. — Lieutenant des vaisseaux du Roi. Membre de l'Académie de marine de Brest.

Auteur de : Voyage fait par ordre du Roi, en 1771 et 1772, sur la frégate la Flore, en diverses parties de l'Europe, de l'Afrique et de l'Amérique.

61. — Arçon (Jean, Claude, Éléonore, Le Michaud d').

Élu, le 24 février 1796, associé non résidant de la Classe des Sciences morales et politiques (section de Géographie).

Né à Pontarlier (Doubs), le 18 novembre 1733. — Mort à Auteuil (Seine), le 1er juillet 1800. — Ingénieur militaire.

Auteur de : Correspondance sur l'art militaire, Considérations sur les fortifications, Correspondance sur l'art de la guerre, etc.

---

62. — Granchain (Guillaume, Jacques, Constant, de Liberge de).

Élu, le 24 février 1796, associé non résidant de la Classe des Sciences morales et politiques (section de Géographie). Nommé, en 1803, correspondant de la Classe des Sciences.

Né à Granchain (Eure), le 9 février 1744. — Mort au même lieu, le 18 juin 1805. — Capitaine des vaisseaux du Roi. Major *général* d'escadre. Directeur général des ports et arsenaux, au Ministère de la Marine.

A accompli de nombreuses expéditions maritimes avec Lapérouse, Verdun de la Crenne, Borda, etc. — Auteur de : Observation de l'éclipse de 1780 faite à Newport, Rhode Island, Observation sur une éclipse de lune et de soleil.

---

63. — Barthélemy (le Marquis François de), G. O. ✳

Élu, le 24 février 1796, associé non résidant de la Classe des Sciences morales et politiques (section de Géographie). Exclu de l'Institut, en 1797, en vertu de la loi de déportation.

Né à Aubagne (Bouches-du-Rhône), le 20 octobre 1747. — Mort à Paris, le 3 avril 1830. — Ministre plénipotentiaire en Suisse. Membre du Directoire. Sénateur. Pair de France.

Auteur de : Correspondance diplomatique.

· 64. — Montucla (Jean, Étienne).

Élu, le 28 février 1796, associé non résidant de la Classe des Sciences (section de Mathématiques).

Né à Lyon, le 5 septembre 1725. — Mort à Versailles, le 19 décembre 1799. — Secrétaire de l'Intendance à Grenoble. Premier commis des Bâtiments de la couronne et Censeur royal.

Auteur de : Histoire des mathématiques.

---

65. — Arbogast (Louis, François, Antoine).

Élu, le 28 février 1796, associé non résidant de la Classe des Sciences (section de Mathématiques).

Né à Mutzig (Bas-Rhin), le 24 octobre 1759. — Mort à Strasbourg, le 8 avril 1803. — Recteur de l'Université de Strasbourg. Membre de l'Assemblée législative et de la Convention nationale.

Auteur de : Calcul des dérivations.

---

66. — Duval Le Roy (Nicolas, Claude, Le Roy du Val, dit).

Élu, le 28 février 1796, associé non résidant de la Classe des Sciences (section de Mathématiques). Nommé, en 1803, correspondant de la Classe des Sciences (section de Géométrie).

Né à Bayeux (Calvados), le 14 juillet 1731. — Mort à Brest (Finistère), le 6 décembre 1810. — Professeur aux Écoles royales de Navigation.

Auteur de : Éléments de navigation, et de : Traité d'optique.

---

67. — Lallemant (Nicolas de Conteray de).

Élu, le 28 février 1796, associé non résidant de la Classe des Sciences (section de Mathématiques). Nommé, en 1803, correspondant de la même Classe (section de Géométrie) et, en 1816, correspondant de l'Académie des Sciences.

· Professeur de mathématiques à Reims. Examinateur d'admission à l'École des Ponts et Chaussées. Collaborateur de la Bibliothèque des Thereuticographes.

---

68. — Tédenat (Pierre).

Élu, le 28 février 1796, associé non résidant de la Classe des Sciences (section de Mathématiques). Nommé, en 1803, correspondant de la même Classe (section de Géométrie) et, en 1816, correspondant de l'Académie des Sciences.

Né à Saint-Geniez (Aveyron), le 6 avril 1755. — Mort, au même lieu, le 4 novembre 1832. — Professeur au lycée de Rodez. Proviseur du même lycée. Recteur de l'Académie de Nîmes.

Auteur de: Leçons de géométrie, Cours de mathématiques, Leçons d'arithmétique et d'algèbre, Précis de géométrie appliquée à l'arpentage, etc.

✣ Lévêque.

Élu, le 28 février 1796, associé non résidant de la Classe des Sciences (section de Mathématiques).
— Voir Membres titulaires, nº 171.

✣ Sané.

Élu, le 28 février 1796, associé non résidant de la Classe des Sciences (section des Arts mécaniques).
— Voir Membres titulaires, nº 228.

69. — Clouet (Louis).

Élu, le 28 février 1796, associé non résidant de la Classe des Sciences (section des Arts mécaniques).

Né à Singly (Ardennes), le 11 novembre 1751. — Mort à Cayenne, le 4 juin 1801. — Professeur à Mézières. Directeur de l'établissement métallurgique de Doigny.

Mémoires insérés dans les Annales de chimie et le Journal des mines.

70. — Marescot (le Marquis Armand, Samuel de), G. C. ✵

Élu, le 28 février 1796, associé non résidant de la Classe des Sciences (section des Arts mécaniques).
Nommé, en 1803, correspondant de la première Classe (section de Mécanique) et, en 1816, correspondant de l'Académie des Sciences.

Né à Tours, le 1er mars 1758. — Mort à Chalay (Loir-et-Cher), le 5 novembre 1832. — Général de division et Premier Inspecteur général du Génie. Pair de France.

Auteur de : Relation des principaux sièges depuis 1792.

71. — Groignard (Antoine).

Élu, le 28 février 1796, associé non résidant de la Classe des Sciences (section des Arts mécaniques).

Né à Solliès-Pont (Var), le 4 février 1727. — Mort à Paris, le 26 juillet 1799. — Capitaine de vaisseau. Ingénieur général de la marine.

A construit les premiers bassins de Toulon et de Brest.

72. — Paucton (Alexis, Jean, Pierre).

Élu, le 28 février 1796, associé non résidant de la Classe des Sciences (section des Arts mécaniques).

Né à La Barroche-Gondouin (Mayenne), le 10 février 1732. — Mort à Paris, le 15 juin 1798. — Professeur de mathématiques à Strasbourg.

Auteur de : Métrologie des anciens peuples et des modernes, et de : Théorie des lois de la nature.

73. — Forfait (Pierre, Alexandre, Laurent), C. ✻

Élu, le 28 février 1796, associé non résidant de la Classe des Sciences (section des Arts mécaniques). Nommé, en 1803, correspondant de la Classe des Sciences.

Né à Rouen, le 2 avril 1752. — Mort, dans la même ville, le 9 novembre 1807. — Ingénieur de la marine. Député à l'Assemblée législative. Ministre de la Marine. Conseiller d'État. Préfet maritime au Havre et à Gênes.

Auteur de : Traité de la mâture des vaisseaux.

---

74. — Darquier (Augustin).

Élu, le 28 février 1796, associé non résidant de la Classe des Sciences (section d'Astronomie).

Né à Toulouse, le 23 novembre 1718. — Mort, dans la même ville, le 18 janvier 1802. — Correspondant de l'ancienne Académie des Sciences.

Auteur de: Éléments de géométrie, Lettres cosmologiques, Lettres sur l'astronomie pratique, Observation sur l'éclipse du soleil du 24 juin 1778, Observations astronomiques faites à Toulouse, Uranographie ou contemplation du ciel.

---

75. — Dangos (le Chevalier Jean, Auguste).

Élu, le 28 février 1796, associé non résidant de la Classe des Sciences (section d'Astronomie). Nommé, en 1803, correspondant de la même Classe et, en 1816, correspondant de l'Académie des Sciences.

Né à Tarbes, le 13 mai 1744. — Mort, dans la même ville, le 23 septembre 1833. — Chevalier de Malte et Correspondant de l'Académie royale des Sciences.

Auteur de: Observations sur la réfraction terrestre, sur la variation diurne et périodique du baromètre, sur la mesure de la hauteur par le baromètre. A découvert une comète, à Malte, en 1784.

---

76. — Duc-La Chapelle (Anne, Jean, Paschal, Chrysostome).

Élu, le 28 février 1796, associé non résidant de la Classe des Sciences (section d'Astronomie). Nommé, en 1803, correspondant de la même Classe.

Né à Montauban, le 27 janvier 1765. — Mort, dans la même ville, le 8 octobre 1814. — Maire de Montauban.

Auteur de : Métrologie française.

---

77. — Saint-Jacques Silvabelle (Guillaume de).

Élu, le 28 février 1796, associé non résidant de la Classe des Sciences (section d'Astronomie).

Né à Marseille, le 18 janvier 1722. — Mort, dans la même ville, le 10 février 1801. — Directeur de l'Observatoire de Marseille.

Auteur de: Méthode de la perspective linéaire, et de plusieurs travaux sur l'astronomie.

---

78. — Flaugergues (Honoré).

Élu, le 28 février 1796, associé non résidant de la Classe des Sciences (section d'Astronomie). Nommé, en 1803, correspondant de la même Classe, et, en 1816, correspondant de l'Académie des Sciences.

Né à Viviers (Ardèche), le 16 mai 1755.— Mort, dans la même ville, le 26 novembre 1830. — Juge de paix à Viviers.

Auteur de nombreux mémoires sur l'astronomie.

---

79. — Thulis (Jacques, Joseph, Claude).

Élu, le 28 février 1796, associé non résidant de la Classe des Sciences (section. d'Astronomie). Nommé, en 1803, correspondant de la même Classe.

Né à Marseille, le 6 juin 1748. — Mort, dans la même ville, le 25 janvier 1810. — Directeur adjoint et ensuite Directeur de l'Observatoire de Marseille.

A fait un grand nombre d'observations sur les comètes, qui ont été publiées dans la *Monatliche Correspondenz* de Zach et dans la Connaissance des temps. On lui doit, en outre, une série régulière d'observations météorologiques poursuivies pendant vingt années.

---

80. — Montgolfier (Jacques, Étienne).

Élu, le 28 février 1796, associé non résidant de la Classe des Sciences (section de Physique expérimentale.)

Né à Vidalon (Ardèche), le 7 janvier 1745. — Mort à Serrières (Ardèche), le 2 août 1799. — Correspondant de l'ancienne Académie des Sciences. Collaborateur de son frère, pour l'invention des ballons et du bélier hydraulique.

---

81. — Loysel (Pierre).

Élu, le 28 février 1796, associé non résidant de la Classe des Sciences (section de Physique expérimentale). Nommé, en 1803, correspondant de la même Classe (section de Physique générale).

Né à Saint-James (Manche), le 5 avril 1751. — Mort à Paris, le 29 juin 1813. — Régisseur de l'Enregistrement et du Domaine royal.

Auteur de: Précis historique sur le système des poids et mesures et des monnaies de la république, Essai sur l'art de la verrerie, etc.

---

82. — Sonolet (Hector).

Élu, le 28 février 1796, associé non résidant de la Classe des Sciences (section de Physique). Rayé de la liste des correspondants, en 1803, pour cause de résidence à Paris.

Né à Sainte-Maure (Indre-et-Loire), en 1764. — Mort à Paris, en 1815. — Commissaire des Guerres.

Inventeur d'une machine à tisser.

---

83. — Ratte (Étienne, Hyacinthe, de), ✳

Élu, le 28 février 1796, associé non résidant de la Classe des Sciences (section de Physique expérimentale). Nommé, en 1803, correspondant de la même Classe.

Né à Montpellier, le 1er septembre 1722. — Mort, dans la même ville, le 15 août 1805. — Secrétaire perpétuel de la Société des Sciences de Montpellier. Conseiller à la Cour des aides. Collaborateur de l'Encyclopédie.

84. — Sigaud-Lafond (Joseph, Aignan).

Élu, le 28 février 1796, associé non résidant de la Classe des Sciences (section de Physique expéri-mentale). Nommé, en 1803, correspondant de la même Classe (section de Physique générale).

Né à Bourges, le 5 janvier 1730. — Mort, dans la même ville, le 26 janvier 1810. — Professeur au collège Louis-le-Grand. Proviseur du lycée de Bourges.

Auteur de : Dictionnaire de physique et de plusieurs autres ouvrages.

✿ Cassini.

Élu, le 28 février 1796, associé non résidant de la Classe des Sciences (section de Chimie). — Voir Membres titulaires, n° 101.

✿ Chaptal.

Élu, le 28 février 1796, associé non résidant de la Classe des Sciences (section de Chimie). — Voir Membres titulaires, n° 158.

85. — Baumé (Antoine).

Élu, le 28 février 1796, associé non résidant de la Classe des Sciences (section de Chimie). Nommé, en 1803, correspondant de la même Classe.

Né à Senlis (Oise), le 26 février 1728. — Mort à Paris, le 13 octobre 1804. — Pharmacien et chimiste.

Auteur de : Traité de chimie expérimentale et raisonné, et de : Éléments de pharmacie théorique et pratique.

86. — Séguin (Armand, Jean, François, Ségouin, dit).

Élu, le 28 février 1796, associé non résidant de la Classe des Sciences (section de Chimie). Nommé, en 1803, correspondant de la même Classe et, en 1816, correspondant de l'Académie des Sciences.

Né à Paris, le 15 mars 1767. — Mort à Paris, le 23 janvier 1835. — Grand Industriel. Directeur de tanneries.

Auteur de : Aperçus sur la situation financière de la France en 1819 et années suivantes, Aux créanciers compris dans l'arriéré, De l'avenir financier des contribuables sous l'aspect de la diminution de leur fortune à l'achèvement de la libération de nos rentes actuellement en circulation, et proposition d'un nouveau mode de médication à administrer dans cet état de choléra morbus financier, Barême des contribuables ou de l'égale répar-tition de la contribution foncière entre les quatre-vingt-six départements de la France, Barême des placements dans l'emprunt de 40 millions de la ville de Paris, et position financière sous l'aspect de généralité et de spécia-lité des capitalistes qui y concourront ; Bilan du financier de la France et de l'accroissement et du décroissement du chiffre de sa colonne passive, suivant la direction qui sera donnée à notre puissance amortissante, causes de la dernière erreur de M. le Président du Conseil ; Combinaison financière ayant pour but de diminuer de moitié l'impôt sur le sel, Coup d'œil sur l'emprunt projeté pour satisfaire à l'exigence des besoins du budget de 1832, Sur la manière de tanner les cuirs, Sur les emprunts et l'amortissement, Des finances de la France, Les courses de chevaux, Des systèmes suivis dans l'administration des finances, Régulateur des rentiers, Rêves d'améliora-tions administratives et financières, Plan de suppression de l'impôt des boissons, etc., etc.

87. — Mons (Jean, Baptiste, Van).

Élu, le 28 février 1796, associé non résidant de la Classe des Sciences (section de Chimie). Nommé, en 1803, correspondant de la même Classe et, en 1816, correspondant de l'Académie des Sciences.

Né à Bruxelles, le 11 novembre 1765. — Mort à Louvain (Belgique), le 6 septembre 1842. — Professeur à l'École Centrale de Bruxelles, puis à l'Université de Louvain.

Auteur de : Principes de la chimie antiphlogistique, Principes de chimie philosophique, Annales générales des sciences physiques.

---

88. — Nicolas (Pierre, François).

Élu, le 28 février 1796, associé non résidant de la Classe des Sciences (section de Chimie). Nommé, en 1803, correspondant de la même Classe et, en 1816, correspondant de l'Académie des Sciences.

Né à Saint-Mihiel (Meuse), le 26 décembre 1743. — Mort à Caen, le 18 avril 1816. — Professeur de philosophie à Grenoble, et de chimie à Nancy, puis à Caen.

Auteur d'un Cours de chimie théorico-pratique, et principal rédacteur du Nouveau Dictionnaire universel de médecine.

✳ Chaussier.

Élu, le 28 février 1796, associé non résidant de la Classe des Sciences (section de Chimie). — Voir Membres titulaires, n° 348.

---

89. — Valmont de Bomare (Jacques, Christophe).

Élu, le 5 mars 1796, associé non résidant de la Classe des Sciences (section d'Histoire naturelle et Minéralogie). Nommé, en 1803, correspondant de la même Classe.

Né à Rouen, le 20 novembre 1731. — Mort à Paris, le 24 août 1807. — Pharmacien.

Auteur d'un Traité de minéralogie et d'un Dictionnaire universel d'histoire naturelle.

---

90. — Schreiber (Johann, Gottfried), ✳

Élu, le 5 mars 1796, associé non résidant de la Classe des Sciences (section d'Histoire naturelle et Minéralogie). Nommé, en 1803, correspondant de la même Classe et, en 1816, correspondant de l'Académie des Sciences.

Né à Roberschau (Saxe), le 5 août 1746 ; naturalisé Français. — Mort à Grenoble, le 10 mai 1827. — Directeur de la mine d'argent d'Allemont. Directeur de l'École des Mines de Pescy. Inspecteur général des Mines.

Auteur de : La religion de l'être raisonnable jouissant de sa liberté dans sa vie sociale, Nécessité d'une bonne éducation pour le bonheur de la société et de l'homme, Traité sur la science de l'exploitation des mines part théorie et pratique, et de nombreux mémoires.

---

91. — Dupuget (le Comte Edme, Jean, Antoine).

Élu, le 5 mars 1796, associé non résidant de la Classe des Sciences (section d'Histoire naturelle et Minéralogie).

Né à Joinville (Haute-Marne), le 16 septembre 1742. — Mort à Paris, le 14 avril 1801. — Maréchal de camp d'artillerie. Sous-Gouverneur du Dauphin.

Auteur de : Coup d'œil sur la physique minéralogique des Antilles.

92. — Giroud.

Élu, le 5 mars 1796, associé non résidant de la Classe des Sciences (section d'Histoire naturelle et Minéralogie).

Né à Saint-Domingue, vers 1730. — Mort au même lieu, le 15 avril 1798.

Auteur de : Sur la fabrication du jayet, Sur le speiss, Sur la fusion du sulfure de plomb, Sur la terre alumineuse de Royat, Sur une mine de fer en sable des environs de Naples, Sur le produit de la distillation de la houille ; et de mémoires insérés dans le Journal des mines.

---

93. — Patrin (Eugène, Louis, Melchior).

Élu, le 5 mars 1796, associé non résidant de la Classe des Sciences (section d'Histoire naturelle et Minéralogie). Nommé, en 1803, correspondant de la même Classe.

Né à Mornant (Rhône), le 3 avril 1742. — Mort à Saint-Vallier (Rhône), le 15 août 1815. — Député à la Convention nationale.

Auteur d'une Relation de voyage aux monts Altaï, et d'une Histoire naturelle des minéraux.

✲ Sage.

Élu, le 5 mars 1796, associé non résidant de la Classe des Sciences (section d'Histoire naturelle). — Voir Membres titulaires, n° 172.

94. — Le Monnier (Louis, Guillaume).

Élu, le 5 mars 1796, associé non résidant de la Classe des Sciences (section de Botanique et Physique végétale).

Né à Paris, le 27 juin 1727. — Mort à Montreuil (Seine-et-Oise), le 7 septembre 1799. — Membre de l'ancienne Académie des Sciences. Professeur au Jardin des plantes. Premier médecin du Roi.

Auteur de : Leçons de physique expérimentale, et d'Observations sur l'histoire naturelle.

---

95. — Villar (Dominique).

Élu, le 5 mars 1796, associé non résidant de la Classe des Sciences (section de Botanique et Physique végétale). Nommé, en 1803, correspondant de la même Classe.

Né à Villar (Hautes-Alpes), le 14 novembre 1745. — Mort à Strasbourg, le 20 juin 1814. — Médecin en chef de l'hôpital de Grenoble. — Professeur à la Faculté de Médecine de Strasbourg.

Auteur de : Histoire naturelle des plantes du Dauphiné, Des principes de médecine et de chirurgie, etc.

---

96. — Gouan (Antoine), ✳

Élu, le 5 mars 1796, associé non résidant de la Classe des Sciences (section de Botanique et Physique végétale). Nommé, en 1803, correspondant de la même Classe et, en 1816, correspondant de l'Académie des Sciences.

Né à Montpellier, le 15 novembre 1733. — Mort dans la même ville, le 1er septembre 1821. — Directeur du Jardin Botanique de Montpellier. Médecin de l'Hôpital militaire. Professeur à la Faculté de Médecine.

Auteur de : *Hortus regius Monspeliensis*, et de : Matière médicale.

97. — Gérard (Louis).

Élu, le 5 mars 1796, associé non résidant de la Classe des Sciences (section de Botanique et Physique végétale). Nommé, en 1803, correspondant de la même Classe et, en 1816, correspondant de l'Académie des Sciences.

Né à Cotignac (Var), le 16 juillet 1733. — Mort au même lieu, le 10 novembre 1819. — Docteur en médecine.

Auteur de la *Flora Galloprovincialis.*

98. — Picot-Lapeyrouse (le Baron Philippe).

Élu, le 5 mars 1796, associé non résidant de la Classe des Sciences (section de Botanique et Physique végétale). Nommé, en 1803, correspondant de la même Classe et, en 1816, correspondant de l'Académie des Sciences.

Né à Toulouse, le 20 octobre 1744. — Mort dans la même ville, le 18 octobre 1818. — Naturaliste. Inspecteur des Mines. Professeur d'histoire naturelle à l'École centrale de la Haute-Garonne. Maire de Toulouse.

Auteur de : Description de plusieurs nouvelles espèces d'orthocératites et ostracites, Flore des Pyrénées avec descriptions, notes, critiques et observations; Histoire abrégée des plantes des Pyrénées, Monographie des saxifrages, Réflexions sur les lycées, Tables méthodiques des mammifères et des oiseaux observés dans le département de la Haute-Garonne, Traité sur les mines de fer et les forges du comté de Foix, et de plusieurs mémoires.

✿ Palisot de Beauvois.

Élu, le 5 mars 1796, associé non résidant de la Classe des Sciences (section de Botanique). — Voir Membres titulaires, n° 224.

✿ Broussonet.

Élu, le 5 mars 1796, associé non résidant de la Classe des Sciences (section d'Anatomie). — Voir Membres titulaires, n° 63.

99. — Hermann (Jean).

Élu, le 5 mars 1796, associé non résidant de la Classe des Sciences (section d'Anatomie et Zoologie).

Né à Barr (Bas-Rhin), le 31 décembre 1738. — Mort à Strasbourg, le 4 octobre 1800. — Professeur à l'École de Médecine de Strasbourg.

Auteur de : Coup d'œil sur le tableau de la nature, etc.

100. — Bruguières (Jean, Guillaume).

Élu, le 5 mars 1796, associé non résidant de la Classe des Sciences (section d'Anatomie et Zoologie).

Né à Montpellier, en 1750. — Mort à Ancône (États de l'Église), le 1er octobre 1798.

Auteur d'une Histoire naturelle des vers et d'une Relation d'un voyage en Asie.

101. — Laumonier (Jean-Baptiste, Philippe, Nicolas, René).

Élu, le 5 mars 1796, associé non résidant de la Classe des Sciences (section d'Anatomie et Zoologie). Nommé, en 1803, correspondant de la même Classe, et, en 1816, correspondant de l'Académie des Sciences.

Né à Lisieux (Calvados), le 30 juillet 1749. — Mort à Rouen, le 20 janvier 1818. — Chirurgien-Major de l'hôpital de Metz, puis Chirurgien en chef de l'Hôtel-Dieu de Rouen. Professeur d'anatomie et de chirurgie à l'École de Médecine de Rouen.

Auteur de : Mémoire sur la possibilité de l'amputation de la matrice, Sur la nécrose des os, Essai physiologique sur la nutrition, Aperçu mécanique sur la nutrition, Sur l'union de l'homme moral et de l'homme physique, Sur les maladies de l'ovaire.

102. — Flandrin (Pierre).

Élu, le 5 mars 1796, associé non résidant de la Classe des Sciences (section d'Anatomie et Zoologie).

Né à Lyon, le 12 septembre 1752. — Mort dans la même ville, le 14 avril 1796. — Correspondant de l'ancienne Académie des Sciences. Professeur à l'École vétérinaire d'Alfort.

Auteur de : Précis de la connaissance du cheval, Traité sur l'éducation des bêtes à laine, Instructions sur les maladies des animaux domestiques, etc.

✳ Latreille.

Élu, le 5 mars 1796, associé non résidant de la Classe des Sciences (section d'Anatomie). — Voir Membres titulaires, nº 274.

✳ Percy.

Élu, le 5 mars 1796, associé non résidant de la Classe des Sciences (section de Médecine). — Voir Membres titulaires, nº 227.

103. — Bonté (Pierre, Joseph, Marie).

Élu, le 5 mars 1796, associé non résidant de la Classe des Sciences (section de Médecine et Chirurgie). Nommé, en 1803, correspondant de la même Classe.

Né à Coutances (Manche), le 8 avril 1730. — Mort dans la même ville, le 2 août 1806. — Docteur en médecine de la Faculté de Montpellier. Médecin de l'hôpital de Coutances.

Auteur de : Travaux sur la colique végétale, les Spécifiques reconnus en médecine, la Phtisie pulmonaire, a Colique du Poitou.

104. — Sabatier (Antoine, Chaumont).

Élu, le 5 mars 1796, associé non résidant de la Classe des Sciences (section de Médecine et Chirurgie).

Né à Paris, en 1740. — Mort à Brest, le 1er février 1798. — Directeur général du service de Santé de la marine, à Brest. Membre du Comité de Santé à Paris.

Auteur de divers mémoires sur des questions médicales.

105. — Saucerotte (Nicolas).

Élu, le 5 mars 1796, associé non résidant de la Classe des Sciences (section de Médecine et Chirurgie). Nommé, en 1803, correspondant de la même Classe.

Né à Lunéville (Meurthe), le 10 juin 1741. — Mort dans la même ville, le 15 janvier 1814. — Directeur du service de santé à l'armée du Nord, membre du Conseil de santé des armées.

Auteur de : Mélanges de chirurgie.

106. — Lombard (Claude, Antoine).

Élu, le 5 mars 1796, associé non résidant de la Classe des Sciences (section de Médecine et Chirurgie). Nommé, en 1803, correspondant de la même Classe.

Né à Dôle (Jura), le 17 août 1741. — Mort à Montmagny (Seine-et-Oise), le 15 avril 1811. — Chirurgien de l'Hôpital militaire de Strasbourg.

Auteur d'un Cours de chirurgie pratique, d'une Clinique chirurgicale, et de divers mémoires.

107. — Barailon (Jean, François).

Élu, le 5 mars 1796, associé non résidant de la Classe des Sciences (section de Médecine et Chirurgie). Nommé, en 1803, correspondant de la même Classe.

Né à Viersat (Creuse), le 12 janvier 1743. — Mort à Chambon (Creuse), le 14 mars 1816. — Député à la Convention. Membre du Conseil des Cinq-Cents et du Conseil des Anciens. Président du Corps législatif.

Auteur de divers mémoires sur la médecine et sur la géographie.

108. — Rougier de la Bergerie (le Baron Jean-Baptiste).

Élu, le 5 mars 1796, associé non résidant de la Classe des Sciences (section d'Économie rurale et Art vétérinaire). Nommé, en 1803, correspondant de la même Classe et, en 1816, correspondant de l'Académie des Sciences.

Né à Bonneuil (Indre), le 21 décembre 1762. — Mort à Paris, le 13 septembre 1836. — Député à l'Assemblée législative. Préfet de l'Yonne.

Auteur d'un Traité d'agriculture pratique, d'un Traité de poésie géorgique, de l'Histoire de l'agriculture française, de Considérations générales sur l'histoire, etc.

109. — Préaudau de Chemilly (Eugène, Claude).

Élu, le 5 mars 1796, associé non résidant de la Classe des Sciences (section d'Économie rurale et Art vétérinaire).

Né à Paris en 1738. — Noyé, dans le Morin, à Saint-Martin-les-Voulangis (Seine-et-Marne), le 12 août 1797. — Propriétaire-Agriculteur.

Auteur d'études sur l'économie rurale.

110. — Lamerville (le Vicomte Jean, Marie, Heurtault de).

Élu, le 5 mars 1796, associé non résidant de la Classe des Sciences (section d'Économie rurale et Art vétérinaire). Nommé, en 1803, correspondant de la même Classe.

Né à Rouen, le 19 août 1740. — Mort à La Périsse (Cher), le 15 décembre 1810. — Officier de marine. Député à l'Assemblée nationale. Membre et Président du Conseil des Cinq-Cents.

Auteur d'observations sur les bêtes à laine, d'observations sur le partage des biens communaux, de fables philosophiques, etc.

111. — Michaux (André).

Élu, le 5 mars 1796, associé non résidant de la Classe des Sciences (section d'Économie rurale et Art vétérinaire).

Né à Versailles, le 7 mars 1746. — Mort à Madagascar, le 23 novembre 1802. — A rempli de longues missions scientifiques.

Auteur de l'Histoire des chênes de l'Amérique septentrionale.

112. — Lafosse (Philibert, Étienne).

Élu, le 5 mars 1796, associé non résidant de la Classe des Sciences (section d'Économie rurale et Art vétérinaire). Nommé, en 1803, correspondant de la même Classe et, en 1816, correspondant de l'Académie des Sciences.

Né à Paris, le 24 mars 1738. — Mort à Paris, le 13 mai 1820. — Médecin vétérinaire.

Auteur de : Cours d'hippiatrique et de Dictionnaire raisonné d'hippiatrique.

113. — Chabert (Philibert), ✳

Élu, le 5 mars 1796, associé non résidant de la Classe des Sciences (section d'Économie et Art vétérinaire). Nommé, en 1803, correspondant de la même Classe.

Né à Lyon, le 6 janvier 1737. — Mort à Alfort (Seine), le 8 septembre 1814. — Professeur à l'École d'Alfort. Directeur et inspecteur général des Écoles vétérinaires.

Auteur de Traités du charbon, des maladies venimeuses, de la gale et des dartres.

114. — Chanorier (Jean).

Élu, le 25 septembre 1797, associé non résidant de la Classe des Sciences (section d'Économie rurale et Art vétérinaire). Nommé, en 1803, correspondant de la même Classe.

Né à Lyon, le 15 novembre 1746. — Mort à Croissy (Seine-et-Oise), le 29 mai 1806. — Agriculteur, propriétaire du troupeau de bêtes à laine de race pure d'Espagne, à Croissy.

Auteur de : Du drap fabriqué avec les toisons du troupeau de race pure d'Espagne.

115. — Gaudin (l'Abbé Jacques).

Élu, le 25 septembre 1797, associé non résidant de la Classe des Sciences morales et politiques (section de Morale). Nommé, en 1803, correspondant de la Classe d'Histoire et de Littérature ancienne.

Né aux Sables-d'Olonne (Vendée), le 17 août 1735. — Mort à La Rochelle, le 30 décembre 1810. — Vicaire général. Député à l'Assemblée législative. Bibliothécaire de La Rochelle.

Auteur d'un voyage en Corse, d'un Essai sur la législation de la Perse et de diverses traductions.

116. — Geoffroy (Estienne, Louis).

Élu, le 24 avril 1798, associé non résidant de la Classe des Sciences (section d'Anatomie et Zoologie). Nommé, en 1803, correspondant de la même Classe.

Né à Paris, le 2 octobre 1725. — Mort à Chéry-Chartreuve (Aisne), le 12 août 1810. — Docteur en médecine.

Auteur de : Histoire des insectes des environs de Paris, Traité des coquilles des environs de Paris, Dissertation sur l'ouïe, etc.

✷ Cassini.

Élu, le 24 avril 1798, associé non résidant de la Classe des Sciences (section de Physique). — Voir Membres titulaires, n° 101.

✷ Olivier.

Élu, le 24 janvier 1799, associé non résidant de la Classe des Sciences (section d'Anatomie). — Voir Membres titulaires, n° 167.

---

117. — Barthez (Paul, Joseph), ✷.

Élu, le 25 mars 1799, associé non résidant de la Classe des Sciences (section de Médecine et Chirurgie). Nommé, en 1803, correspondant de la même Classe.

Né à Montpellier (Hérault), le 25 mars 1799. — Mort à Paris, le 15 octobre 1806. — Médecin du duc d'Orléans. Conseiller à la Cour des aides. Conseiller d'État. Médecin consultant de Napoléon Ier.

Auteur de : Nouveaux éléments de la science de l'homme, Mécanique des mouvements, Traité des maladies goutteuses.

---

118. — Leclerc (Jean-Baptiste).

Élu, le 25 mars 1799, associé non résidant de la Classe de Littérature et Beaux-Arts (section de Grammaire). Nommé, en 1803, correspondant de la Classe d'Histoire et de Littérature ancienne et, en 1816, correspondant de l'Académie des Inscriptions et Belles-Lettres.

Né à Angers, le 29 février 1756. — Mort à Chalonnes (Maine-et-Loire), le 16 novembre 1826. — Député à l'Assemblée nationale et à la Convention. Membre et président du Conseil des Cinq-Cents. Membre et président du Corps législatif.

Auteur de : Poésies pastorales, Idylles et contes champêtres, Éponine et Sabinus, poème, etc.

✷ Gillet de Laumont.

Élu, le 25 mars 1799, associé non résidant de la Classe des Sciences (section d'Histoire naturelle). — Voir Membres libres, n° 16.

---

119. — Jurine (Louis).

Élu, le 24 mai 1799, associé non résidant de la Classe des Sciences (section d'Anatomie et Zoologie). Nommé, en 1803, correspondant de la même Classe et, en 1816, correspondant de l'Académie des Sciences.

Né à Genève, le 6 février 1751. — Mort, dans la même ville, le 24 octobre 1819. — Docteur en médecine.

Auteur de : Méthode de classer les hyménoptères et les diptères, Histoire générale des monocles, etc.

---

120. — Lescallier (le Baron Daniel), C. ✷

Élu, le 24 mai 1799, associé non résidant de la Classe des Sciences morales et politiques (section de Géographie). Nommé, en 1803, correspondant de la Classe des Sciences et, en 1816, correspondant de l'Académie des Sciences.

Né à Lyon, le 4 novembre 1743. — Mort à Paris, le 14 mai 1822. — Ordonnateur à la Guyane. Préfet maritime à Lorient. Gouverneur de la Guadeloupe. Conseiller d'État.

Auteur de: Bases de l'administration maritime, Dissertation sur l'origine de la boussole, Exposé des moyens de mettre en valeur et d'administrer la Guyane, Notions sur la culture des terres basses dans la Guyane, Traité pratique de gréement des vaisseaux, Vocabulaire des termes de marine anglais-français et français-anglais, Voyage en Angleterre, en Russie et en Suède.

121. — Crouzet (Pierre).

Élu, le 24 mai 1799, associé non résidant de la Classe de Littérature et Beaux-Arts (section de Grammaire). Nommé, en 1803, correspondant de la Classe d'Histoire et de Littérature ancienne

Né à Saint-Vast-en-Chaussée (Somme), le 15 novembre 1753. — Mort à Paris, le 1er janvier 1811. — Principal du collège de Montaigu. Directeur du prytanée de Saint-Cyr. Proviseur du lycée Charlemagne.

Auteur de : La liberté (poème), Fortunas (drame), et d'autres poésies.

122. — Demoustier (Charles, Albert).

Élu, le 24 mai 1799, associé non résidant de la Classe de Littérature et Beaux-Arts (section de Poésie).

Né à Villers-Cotterets (Aisne), le 11 mars 1760. — Mort à Villers-Cotterets, le 2 mars 1801.

Auteur de: Lettres à Émilie sur la mythologie, Cours de morale, Opuscules, et de plusieurs poèmes et comédies.

123. — Niewport (le Vicomte Charles, François, Ferdinand, Antoine, Le Prud'homme, d'Hailly de).

Élu, le 23 juillet 1799, associé non résidant de la Classe des Sciences (section de Mathématiques). Nommé, en 1803, correspondant de la même Classe (section de Géométrie) et, en 1816, correspondant de l'Académie des Sciences.

Né à Paris, le 13 janvier 1746. — Mort à Bruxelles, le 20 août 1827. — Chambellan du roi des Pays-Bas et membre des États généraux. Curateur de l'Université de Louvain.

Auteur de : Essai sur la théorie du raisonnement, Mélanges mathématiques, ou Mémoires sur différents sujets de mathématiques, Mémoire sur l'intégrabilité des équations différentielles d'un ordre quelconque et entre un nombre quelconque de variables, Un peu de tout ou amusements d'un sexagénaire, et de nombreux mémoires.

124. — Welter (Jean, Joseph).

Élu, le 23 juillet 1799, associé non résidant de la Classe des Sciences (section de Chimie). Nommé, en 1803, correspondant de la même Classe et, en 1816, correspondant de l'Académie des Sciences.

Né à Rédange (Moselle), le 3 mai 1763. — Mort à Paris, le 6 juillet 1852. — Chimiste. Collaborateur de Gay-Lussac. A inventé plusieurs appareils.

Auteur de Mémoires insérés dans les Annales de physique et de chimie.

125. — Senebier (Jean).

Élu, le 27 septembre 1799, associé non résidant de la Classe des Sciences morales et politiques (section d'Histoire). Nommé, en 1803, correspondant de la Classe d'Histoire et de Littérature ancienne.

Né à Genève, le 6 mai 1742. — Mort dans la même ville, le 22 juillet 1809. — Pasteur protestant. Bibliothécaire de la ville de Genève.

Auteur de: Essai sur l'art d'observer, De l'influence de la lumière solaire, Histoire littéraire de Genève, etc.

126. — Belin de Ballu (Jean, Nicolas).

Élu, le 25 septembre 1799, associé non résidant de la Classe de Littérature et Beaux-Arts (section de Langues anciennes). Nommé, en 1803, correspondant de la Classe d'Histoire et de Littérature ancienne.

Né à Paris, le 28 février 1753. — Mort à Saint-Pétersbourg, le 8 août 1815. — Conseiller à la Cour des monnaies. Directeur du prytanée de Saint-Cyr. Professeur à l'Université de Karkow (Russie).

Auteur de : Histoire de l'éloquence chez les Grecs, et de traductions des œuvres de Lucien, Euripide et Appien.

---

127. — Boucher de Crevecœur (Jules, Armand, Guillaume).

Élu, le 25 janvier 1800, associé non résidant de la Classe des Sciences (section de Botanique et Physique végétale). Nommé, en 1803, correspondant de la même Classe (section de Botanique) et, en 1816, correspondant de l'Académie des Sciences).

Né à Paray-le-Monial (Saône-et-Loire), le 26 juillet 1757. — Mort à Abbeville (Somme), le 24 novembre 1844. — Directeur des douanes à Abbeville.

Auteur de : La Flore d'Abbeville.

✿ de Gérando.

Élu, le 26 mars 1800, associé non résidant de la Classe des Sciences morales et politiques (section d'Analyse des sensations). — Voir Membres titulaires, n° 215.

✿ Biot.

Élu, le 25 mai 1800, associé non résidant de la Classe des Sciences (Section de mathématiques). — Voir Membres titulaires, n° 204.

---

128. — Dumas (Charles, Louis).

Élu, le 24 juillet 1800, associé non résidant de la Classe des Sciences (section d'Anatomie et Zoologie). Nommé, en 1803, correspondant de la même Classe.

Né à Lyon, le 8 avril 1765. — Mort à Montpellier, le 3 avril 1813. — Docteur en médecine. Professeur à la Faculté de Montpellier. Recteur de l'Académie de Montpellier.

Auteur de : Principes de physiologie et de : Doctrine des maladies chroniques.

---

129. — Massa (Ruffino, Castus).

Élu, le 24 juillet 1800, associé non résidant de la Classe des Sciences morales et politiques (section de Science sociale et Législation). Nommé, en 1803, correspondant de la Classe d'Histoire et de Littérature ancienne et, en 1816, correspondant de l'Académie des Inscriptions et Belles-Lettres.

Né à Menton (Alpes-Maritimes), le 4 septembre 1742. — Mort à Nice, le 28 octobre 1829. — Podestat de Menton, puis auditeur de la Rote criminelle de Gênes. Podestat de la République de Lucques. Maire de Menton. Député des Alpes-Maritimes à la Convention nationale. Commissaire extraordinaire dans les Alpes-Maritimes. Membre du Conseil des Cinq-Cents. Vice-Président du Tribunal civil de Nice.

Auteur de divers travaux sur le droit, de notes sur les œuvres de Beccaria et de Dell'abuso de' litigi.

130. — Blaze (Henri, Sébastien).

Élu, le 25 juillet 1800, associé non résidant de la Classe de Littérature et Beaux-Arts (section de Musique et Déclamation). Nommé, en 1803, correspondant de la Classe des Beaux-Arts et, en 1816, correspondant de l'Académie des Beaux-Arts.

Né à Cavaillon (Vaucluse), le 15 février 1763. — Mort, au même lieu, le 11 mai 1833. — Notaire à Avignon.

Auteur de Sémiramis (op.), d'une messe, d'un requiem, de sonates et de duos pour harpe et violon.

---

131. — Bonnet-Beauval (Jean, François).

Élu, le 25 juillet 1800, correspondant de la Classe de Littérature et Beaux-Arts (section de Musique et Déclamation). Nommé, en 1803, correspondant de la Classe des Beaux-Arts et, en 1816, correspondant de l'Académie des Beaux-Arts.

Né à Paris, en 1752. — Mort à Limoges, le 4 juin 1827. — Compositeur de musique.

Auteur de : Colin et Colette, les Amants ridicules, les Deux Jaloux, les Curieux punis, la Fête de l'arquebuse.

---

132. — Prévost (Pierre).

Élu, le 25 janvier 1801, associé non résidant de la Classe des Sciences morales et politiques (section d'Analyse des sensations et des idées). Nommé, en 1803, correspondant de la Classe d'Histoire et de Littérature ancienne et, en 1816, correspondant de l'Académie des Inscriptions et Belles-Lettres. Rentré, en 1832, à l'Académie des Sciences morales et politiques (section de Philosophie).

Né à Genève, le 3 mars 1751. — Mort, dans la même ville, le 8 avril 1839. — Avocat. Professeur de philosophie et de physique. Membre du Conseil représentatif de Genève.

Auteur de : l'Économie des gouvernements anciens et modernes, d'Essais de philosophie, d'un Traité de physique mécanique et de nombreuses traductions.

---

133. — Romme (Nicolas, Charles).

Élu, le 25 janvier 1801, associé non résidant de la Classe des Sciences morales et politiques (section de Géographie). Nommé, en 1803, correspondant de la Classe des Sciences.

Né à Riom (Puy-de-Dôme), le 8 décembre 1745. — Mort à Rochefort (Charente-Inférieure), le 14 mars 1805. — Professeur de navigation à Rochefort.

Auteur de : l'Art de la mâture, l'Art de la voilure, l'Art de la marine, Dictionnaire de la marine française, Dictionnaire de la marine anglaise, Tableau des vents et des marées.

---

134. — Morel (Pierre).

Élu, le 24 février 1801, associé non résidant de la Classe de Littérature et Beaux-Arts (section de Grammaire).

Né à Lyon, en 1723. — Mort dans la même ville, en 1812. — Procureur à l'élection.

Auteur de : Traité du participe présent, Traité des périodes, et collaborateur du Journal grammatical.

135. — Sepmanville (le Baron François, Cyprien, Antoine, Lieudé de).

Élu, le 25 mai 1801, associé non résidant de la Classe des Sciences. Nommé, en 1803, correspondant de la même Classe et, en 1816, correspondant de l'Académie des Sciences (section d'Astronomie).

Né à Roman (Eure), le 2 février 1762. — Mort dans la même ville, le 28 janvier 1817. — Contre-Amiral. Maire d'Evreux.

Auteur de : Manuel du marin, Travaux géographiques, etc.

---

136. — Boinvilliers (Jean, Étienne, Judith, Forestier, dit).

Élu, le 27 septembre 1801, associé non résidant de la Classe de Littérature et Beaux-Arts (section de Grammaire). Nommé, en 1803, correspondant de la Classe d'Histoire et de Littérature ancienne et, en 1816, correspondant de l'Académie des Inscriptions et Belles-Lettres.

Né à Versailles, le 3 juillet 1764. — Mort à Ourscamp (Oise), le 30 avril 1830. — Professeur au collège de Beauvais. Censeur des lycées de Rouen et d'Orléans. Inspecteur de l'Académie de Douai.

Auteur de : Grammaire raisonnée de la langue française, Grammaire latine, et de plusieurs dictionnaires et traductions.

---

137. — Masson (Charles, François, Philibert).

Élu, le 27 septembre 1801, associé non résidant de la Classe de Littérature et Beaux-Arts (section de Poésie). Nommé, en 1803, correspondant de la Classe d'Histoire et de Littérature ancienne.

Né à Blamont (Doubs), le 22 janvier 1761. — Mort à Coblentz (Rhin-et-Moselle), le 3 juin 1807. — Major de la garde impériale de Russie. Secrétaire général de la préfecture du département de Rhin-et-Moselle.

Auteur de : Cours mémorial de géographie ; Elmine, conte moral ; Mémoires secrets sur la Russie ; les Helvétiens, poème ; la Nouvelle Astrée.

---

138. — Riboud (Thomas, Philibert), ✳

Élu, le 27 septembre 1801, associé non résidant de la Classe de Littérature et Beaux-Arts (section d'Antiquités et Monuments). Nommé, en 1803, correspondant de la Classe d'Histoire et de Littérature ancienne et, en 1816, correspondant de l'Académie des Inscriptions et Belles-Lettres.

Né à Bourg, le 24 octobre 1755. — Mort à Jasseron (Ain), le 6 août 1835. — Procureur du Roi à Bourg. Procureur général syndic de l'Ain. Membre du Conseil des Cinq-Cents. Président à la Cour impériale de Lyon.

Auteur de : Étrennes littéraires, Moyens de subvenir aux besoins publics, et de plusieurs ouvrages sur le département de l'Ain.

---

139. — Vidal (Jacques).

Élu, le 24 avril 1802, associé non résidant de la Classe des Sciences (section d'Astronomie). Nommé, en 1803, correspondant de la même Classe et, en 1816, correspondant de l'Académie des Sciences.

Né à Mirepoix (Ariège), le 30 mars 1747. — Mort dans la même ville, le 2 janvier 1819 (frappé par une attaque d'apoplexie pendant qu'il observait une comète). — Ingénieur du Languedoc. Propriétaire de l'Observatoire de Mirepoix, puis Directeur de l'Observatoire de Toulouse.

Doué d'une vue exceptionnelle, ce fut l'astronome qui a le plus observé Mercure ; on lui doit aussi des observations d'étoiles très australes, et un mémoire sur le passage de Mercure le 4 mai 1786.

✵ Coquebert de Montbret.

Élu, le 24 avril 1802, associé non résidant de la Classe des Sciences morales et politiques (section de Géographie). — Voir Membres libres, n° 26.

140. — Pictet (Marc, Auguste) ✵

Élu, le 25 mai 1802, associé non résidant de la Classe des Sciences (section de Physique expérimentale). Nommé, en 1803, correspondant de la même Classe (section de Physique générale) et, en 1816, correspondant de l'Académie des Sciences.

Né à Genève, le 23 juillet 1752. — Mort, dans la même ville, le 19 avril 1825. — Considéré comme Français, Genève étant, en 1802, le chef-lieu du département du Léman. Professeur à l'Université de Genève. Membre du Tribunat. Inspecteur général de l'Université. Fondateur de la revue dite Bibliothèque Britannique ou de Genève.

141. — Larive (Jean, Mauduit de).

Élu, le 25 mai 1802, associé non résidant de la Classe de Littérature et Beaux-Arts (section de Musique et Déclamation). Nommé, en 1803, correspondant de la Classe des Beaux-Arts et, en 1816, correspondant de l'Académie des Beaux-Arts.

Né à La Rochelle, le 6 décembre 1744. — Mort à Montlignon (Seine-et-Oise), le 30 avril 1827. — Acteur du Théâtre-Français. Lecteur du roi Joseph.

Auteur de Réflexions sur l'art théâtral et d'un Cours de déclamation.

142. — Traullé (Laurent, Joseph).

Élu, le 28 décembre 1802, associé non résidant de la Classe de Littérature et Beaux-Arts (section d'Antiquités et Monuments). Nommé, en 1803, correspondant de la Classe d'Histoire et de Littérature ancienne et, en 1816, correspondant de l'Académie des Inscriptions et Belles-Lettres.

Né à Abbeville (Somme), le 23 septembre 1758. — Mort, dans la même ville, le 10 octobre 1829. — Procureur du Roi.

Auteur de divers travaux d'archéologie.

143. — Harless (Gottlieb, Christoph).

Élu, le 29 avril 1803, correspondant de la Classe d'Histoire et de Littérature ancienne.

Né à Culmbach (Bavière), le 21 juin 1740. — Mort à Erlangen, le 2 novembre 1815. — Professeur au gymnase de Cobourg. Bibliothécaire de la ville d'Erlangen.

Auteur de : *Introductio in historiam linguæ Græcæ, Introductio in notitiam litteraturæ Romanæ, Vitæ philologorum*, etc.

144. — Marini (l'Abbé Gaëtano).

Élu, le 29 avril 1803, correspondant de la Classe d'Histoire et de Littérature ancienne.

Né à San-Arcangelo (États de l'Église), le 18 décembre 1742. — Mort à Paris, le 17 mai 1815. — Préfet des archives du Saint-Siège.

Auteur de : *Degli archiatri pontifici, gli atti e monumenti di fratelli Arvall, papiri diplomatici.*

145. — Guignes (Chrétien, Louis, Joseph de).

Élu, le 6 mai 1803, correspondant de la Classe d'Histoire et de Littérature ancienne et, le 16 janvier 1804, correspondant de la Classe des Sciences. — Nommé, en 1816, correspondant de l'Académie des Sciences (section de Géographie et Navigation) et de l'Académie des Inscriptions et Belles-Lettres ; considéré comme démissionnaire de cette dernière Académie, en 1839, comme résidant à Paris, mais resté correspondant de l'Académie des Sciences.

Né à Paris, le 20 août 1759. — Mort à Paris, le 9 mars 1845. — Consul de France à Canton.

Auteur de : Planisphère céleste chinois, Voyage à Pékin, Dictionnaire chinois-français-latin.

✿ Boissy d'Anglas.

Élu, le 6 mai 1803, correspondant de la Classe d'Histoire et de Littérature ancienne. — Voir Membres titulaires, n° 210.

146. — Akerblad (Johan, David).

Élu, le 20 mai 1803, correspondant de la Classe d'Histoire et de Littérature ancienne. Nommé, en 1816, correspondant de l'Académie des Inscriptions et Belles-Lettres.

Né à Stockholm (Suède), en 1763. — Mort à Rome, le 8 février 1819. — Secrétaire d'ambassade en Turquie, chargé d'affaires de Suède en France.

Auteur de : *Inscriptionis phæniciæ nova interpretatio*, l'Inscription de Rosette, les Inscriptions de Venise, etc.

147. — Paolino (Bartolomeo, Weszdin, Jean, Philippe, dit).

Élu, le 20 mai 1803, correspondant de la Classe d'Histoire et de Littérature ancienne.

Né à Hof (Autriche), le 25 avril 1748. — Mort à Rome, le 7 mai 1806. — Missionnaire et vicaire apostolique à Malabar. Consulteur de l'Index et inspecteur du collège de la Propagation de la Foi.

Auteur de : *Shidharubam seu grammatica Sanscrivana, Systema Brahmanicum liturgicum mythologicum et civile, centum adagia Malaburica, Musei Borgiani Velitris codices Avenses, Siamici, etc. India orientalis christiana, Vicarana seu Grammatica Indica nova, cum dictionario.*

✿ Lévêque de Pouilly.

Élu, le 3 juin 1803, correspondant de la Classe d'Histoire et de Littérature ancienne. — Voir Membres libres, n° 1.

148. — Faulcon (Marie, Félix), ✿

Élu, le 3 juin 1803, correspondant de la Classe d'Histoire et de Littérature ancienne. Nommé, en 1816, correspondant de l'Académie des Inscriptions et Belles-Lettres.

Né à Poitiers, le 14 août 1758. — Mort, dans la même ville, le 31 janvier 1843. — Conseiller au présidial de Poitiers. Membre de l'Assemblée constituante et du Conseil des Cinq-Cents. Président du Corps législatif. Doyen de la Faculté de Droit de Poitiers.

Auteur de : Pot-pourri national, le Robespierrisme, poème, Opinion sur le divorce, Mélanges législatifs, historiques et politiques.

149. — Levrier (Antoine, Joseph).

Élu, le 17 juin 1803, correspondant de la Classe d'Histoire et de Littérature ancienne. Nommé, en 1816, correspondant de l'Académie des Inscriptions et Belles-Lettres.

Né à Meulan (Seine-et-Oise), le 5 avril 1756. — Mort à La Morflanc (Ain), le 30 avril 1823. — Lieutenant général au bailliage de Meulan. Président à la Cour impériale d'Amiens.

Auteur de : Chronologie des comtes de Vexin, des comtes de Genevois, Mémoires sur les états généraux.

---

150. — Delandine (Antoine, François).

Élu, le 17 juin 1803, correspondant de la Classe d'Histoire et de Littérature ancienne. Nommé, en 1816, correspondant de l'Académie des Inscriptions et Belles-Lettres.

Né à Lyon, le 6 mars 1756. — Mort, dans la même ville, le 5 mai 1820. — Avocat au Parlement de Dijon. Député à l'Assemblée nationale. Professeur à l'École Centrale du Rhône. Bibliothécaire de la ville de Lyon.

Auteur de : L'Enfer des peuples anciens, Histoire des états généraux, les Prisons de Lyon, Mémoires bibliographiques et littéraires.

---

151. — Carelli (Francesco).

Élu, le 23 juillet 1803, correspondant de la Classe des Beaux-Arts.

Né à Conversano (royaume de Naples), en 1758. — Mort à Naples, en 1832. — Inspecteur général des postes. Administrateur de l'Instruction publique du royaume de Naples.

Auteur de : Dissertation sur l'origine de l'architecture sacrée.

---

152. — Agincourt (Jean-Baptiste, Louis, Georges, Seroux d').

Élu, le 23 juillet 1803, correspondant de la Classe des Beaux-Arts.

Né à Beauvais (Oise), le 5 avril 1730. — Mort à Rome, le 24 septembre 1814. — Fermier général sous Louis XV.

Auteur de : Histoire de l'art par les monuments, Recueil de sculptures antiques en terre cuite.

---

153. — Reichardt (Johann, Friedrich).

Élu, le 23 juillet 1803, correspondant de la Classe des Beaux-Arts.

Né à Kœnigsberg (Prusse), le 25 novembre 1752. — Mort à Halle, le 27 juin 1814. — Maître de chapelle du roi de Prusse. Directeur de l'Opéra italien de Berlin.

Auteur de : Andromède (op.), Tamerlan (op.), Brennus (op.), l'Île sonnante (op.) et Rosamonde (op.).

---

154. — Framery (Nicolas, Estienne).

Élu, le 30 juillet 1803, correspondant de la Classe des Beaux-Arts.

Né à Rouen, le 25 mars 1745. — Mort à Paris, le 26 novembre 1810.

Auteur de : La sorcière (op.) et de plusieurs opéras-comiques, de parodies, de poésies lyriques, traducteur du Tasse et de l'Arioste.

155. — Lesage (Georges, Louis).

Élu, le 12 septembre 1803, correspondant de la Classe des Sciences.

Né à Genève, le 13 juin 1724. — Mort, dans la même ville, le 9 novembre 1803. — Docteur en médecine. Professeur de sciences à Genève.

Auteur de : Dissertation sur l'électricité appliquée à la transmission des nouvelles.

156. — Luc (Jean, André de).

Élu, le 12 septembre 1803, correspondant de la Classe des Sciences. Nommé, en 1816, correspondant de l'Académie des Sciences (section de Physique générale).

Né à Genève, le 8 février 1727. — Mort à Windsor (Angleterre), le 7 novembre 1817. — Membre du Conseil de Genève. Lecteur de la reine d'Angleterre. Professeur à l'Université de Gœttingue.

Auteur de : Théorie des baromètres et des thermomètres, Lettres sur les montagnes, Nouvelles idées sur la météorologie, Traité de géologie, Voyages géologiques.

157. — Borda d'Oro (Jacques, François de).

Élu, le 28 novembre 1803, correspondant de la Classe des Sciences.

Né à Dax (Landes), le 25 mai 1718. — Mort à Oro, le 4 janvier 1804. — Président du Présidial de Dax. Lieutenant général de la Sénéchaussée.

Auteur de nombreux travaux scientifiques inédits, dont les manuscrits sont conservés aux archives de la Société de Borda à Dax.

158. — Cotte (l'Abbé Louis).

Élu, le 28 novembre 1803, correspondant de la Classe des Sciences (section de Physique générale).

Né à Laon, le 20 octobre 1740. — Mort à Montmorency, le 4 octobre 1815. — Curé de Montmorency. Conservateur de la Bibliothèque du Panthéon.

Auteur de : Traité de météorologie, Manuel d'histoire naturelle, Leçons de physique, Leçons d'agriculture, Leçons d'histoire naturelle, etc.

159. — Jars (Gabriel).

Élu, le 28 novembre 1803, correspondant de la Classe des Sciences (section de Minéralogie).

Né à Lyon, le 17 décembre 1729. — Mort à Écully (Rhône), le 2 octobre 1808. — Inspecteur général des Mines.

Auteur de : Voyages métallurgiques de 1774 à 1801.

160. — Sonnerat (Pierre).

Élu, le 28 novembre 1803, correspondant de l'Académie des Sciences (section de Botanique).

Né à Lyon, le 18 août 1748. — Mort à Paris, le 31 mars 1814. — Voyageur.

Auteur de : Voyages à la Nouvelle-Guinée, Voyages aux Indes Orientales et en Chine.

161. — Cossigny (Joseph, François, Charpentier de).

Élu, le 28 novembre 1803, correspondant de la Classe des Sciences (section de Botanique).

Né à Palma (Ile de France), en 1730. — Mort à Paris, le 28 mars 1809. — Député de l'Ile de France.

Auteur de : Essai sur la fabrication de l'indigo, Voyage à Canton, Voyage au Bengale, De la plantation des cannes à sucre.

162. — Melander Hjelm (Daniel).

Élu, le 28 novembre 1803, correspondant de la Classe des Sciences (section d'Astronomie).

Né à Stockholm, le 29 octobre 1726. — Mort, dans la même ville, le 8 janvier 1810. — Professeur d'astronomie à l'Université d'Upsal. Secrétaire perpétuel de l'Académie des Sciences de Stockholm.

Auteur de : Théories de la lune, *De atmosphera tellurem ambiante, Meditatio de machinatione hujus mundi, Fundamenta astronomiæ.*

163. — Duvaucel (Charles).

Élu, le 28 novembre 1803, correspondant de la Classe des Sciences. Nommé, en 1816, correspondant de l'Académie des Sciences (section d'Astronomie).

Né à Paris, le 5 avril 1734. — Mort à Évreux, le 3 mai 1820. — Maire d'Évreux.

Auteur de Mémoires de mathématiques et de physique et de nombreux calculs astronomiques.

164. — Ortega (Casimiro, Gomez).

Élu, le 28 novembre 1803, correspondant de la Classe des Sciences (section de Botanique).

Né à Madrid, en 1730. — Mort, dans la même ville, en 1810. — Professeur au jardin botanique de Madrid.

Auteur de: *Commentarius de cicuta, Tabulæ botanicæ, Historia natural de la Malagueta, Curso elemental de botanica.*

165. — Swinden (Johannès, Hendrikus Van).

Élu, le 28 novembre 1803, correspondant de la Classe des Sciences. Nommé, en 1816, correspondant de l'Académie des Sciences (section de Physique générale).

Né à La Haye, le 8 juin 1746. — Mort à Amsterdam, le 9 mars 1823. — Professeur à l'Université de Franeker. Professeur de physique et de mathématiques à Amsterdam.

Auteur de : Analogie de l'électricité et du magnétisme, Deux lettres sur les grands hivers et celui de 1709 en particulier, Observations sur le froid rigoureux du mois de janvier 1776, Méthode de Krafft, pour réduire la distance apparente de deux astres à la distance vraie, et de nombreux mémoires.

166. — Poczobut (l'Abbé Martin, Odlanicky).

Élu, le 28 novembre 1803, correspondant de la Classe des Sciences (section d'Astronomie).

Né à Sloncanka (Russie), le 30 octobre 1728. — Mort à Dunabourg, le 8 février 1810. — Recteur de l'Université de Wilna.

Auteur de travaux astronomiques réunis en 34 vol.

167. — Sigorgne (l'Abbé Pierre).

Élu, le 28 novembre 1803, correspondant de la Classe des Sciences (section de Physique générale).

Né à Rembecourt (Meuse), le 25 octobre 1719.—Mort à Mâcon, le 10 novembre 1809.—Professeur de philosophie au collège du Plessis. Vicaire général de Mâcon.

Auteur de : Institutions newtoniennes, De la cause de l'ascension et de la suspension des liqueurs dans les tuyaux, Institutions leibnitiennes, etc.

168. — Fabre (Jean, Antoine).

Élu, le 28 novembre 1803, correspondant de la classe des Sciences. Nommé, en 1816, correspondant de l'Académie des Sciences (section de Mécanique).

Né à Saint-André (Basses-Alpes), le 19 août 1748. — Mort à Draguignan, le 31 janvier 1834. — Ingénieur hydraulique de Provence.

Auteur de : Essai sur la théorie des torrents et des rivières, contenant les moyens les plus simples d'en empêcher les ravages ; Essai sur la manière la plus avantageuse de construire les machines hydrauliques et en particulier les moulins à blé ; Mémoire sur l'irrigation artificielle de la Provence ; Traité sur la théorie et la pratique du nivellement.

169. — Palassou (Pierre, Bernard).

Élu, le 28 novembre 1803, correspondant de la Classe des Sciences. Nommé, en 1816, correspondant de l'Académie des Sciences (section de Minéralogie).

Né à Oloron (Basses-Pyrénées), le 5 juin 1745. — Mort à Ogenne (même département), le 9 avril 1830.

Auteur de : Description des voyages de Mᵐᵉ la duchesse d'Angoulême dans les Pyrénées, Mémoires pour servir à l'histoire naturelle des Pyrénées et des pays adjacents, Notice sur la ville et le château de Pau ; Observations pour servir à l'histoire naturelle et civile de la vallée d'Aspe, d'une partie de la Basse-Navarre et des pays circonvoisins.

170. — Genet (Edmond, Charles).

Élu, le 28 novembre 1803, correspondant de la Classe des Sciences. Nommé, en 1816, correspondant de l'Académie des Sciences (section de Géographie et Navigation).

Né à Versailles, le 8 janvier 1763. — Mort à Schodack (États-Unis), le 14 juillet 1834. — Secrétaire d'Ambassade. Chargé d'affaires en Russie. Ministre de France aux États-Unis.

Auteur de : Histoire d'Eric, roi de Suède ; Recherches sur l'ancien peuple finois.

171. — Degaulle (Jean-Baptiste).

Élu, le 28 novembre 1803, correspondant de la Classe des Sciences (section de Géographie et Navigation).

Né à Attigny (Marne), le 5 juillet 1732. — Mort à Honfleur (Calvados), le 13 avril 1810. — Ingénieur de la marine. Professeur d'hydrographie au Havre.

Auteur de: Construction du sillomètre, Moyens de vérifier la hauteur du soleil, Nouveau calendrier perpétuel, et de beaucoup de cartes.

172. — Marum (Martin, Van).

Élu, le 28 novembre 1803, correspondant de la Classe des Sciences. Nommé, en 1816, correspondant de l'Académie des sciences (section de Physique générale).

Né à Groningue (Hollande), le 20 mars 1750. — Mort à Haarlem, le 26 décembre 1837. —

II.   20

Directeur du cabinet d'histoire naturelle de la Société hollandaise des Sciences. Bibliothécaire du Muséum de Teyler, à Haarlem.

Auteur de : Description d'une très grande machine électrique placée dans le Muséum de Teyler à Haarlem et des expériences faites au moyen de cette machine.

173. — Blagden (Sir Charles).

Élu, le 16 janvier 1804, correspondant de la Classe des Sciences. Nommé, en 1816, correspondant de l'Académie des Sciences (section de Physique générale).

Né à Londres, le 17 avril 1748. — Mort à Arcueil (Seine), le 26 mars 1820. — Médecin des armées anglaises.

Auteur de : Nombreux mémoires dans les Transactions philosophiques, de recherches sur la chaleur, sur la glace, etc.

174. — Trembley (Jean).

Élu, le 16 janvier 1804, correspondant de la Classe des Sciences ; démissionnaire le 2 juillet 1804.

Né à Genève, le 4 juin 1749. — Mort au Mas-d'Agenais (Lot-et-Garonne), le 18 septembre 1811. — Avocat, Membre des Académies des Sciences de Berlin et de Saint-Pétersbourg.

Auteur de : Considérations sur l'état présent du christianisme, Essai sur la trigonométrie sphérique, Essai sur les préjugés, Exposition de quelques points de la doctrine des principes de Lambert, Mémoire pour servir à l'histoire de la vie de Ch. Bonnet, et de nombreux mémoires.

175. — Genty (Louis).

Élu, le 16 janvier 1804, correspondant de la Classe des Sciences. Nommé, en 1816, correspondant de l'Académie des Sciences (section de Géométrie).

Né à Ermenonville (Seine-et-Oise), le 5 octobre 1743. — Mort à Orléans, le 22 septembre 1817. — Professeur de philosophie au collège d'Orléans. Député du Loiret à l'Assemblée nationale et à l'Assemblée législative. Professeur de mathématiques à l'École centrale d'Orléans. Proviseur du lycée d'Orléans.

Auteur de : *Arbor philosophica*, Des moyens de détruire la mendicité, Du luxe considéré dans ses rapports avec le gouvernement, Influence de la découverte de l'Amérique sur le bonheur du genre humain, L'influence de Fermat sur son siècle.

176. — Landriani (le Comte Marsiglio).

Élu, le 16 janvier 1804, correspondant de la Classe des Sciences. Nommé, en 1816, correspondant de l'Académie des Sciences (section de Chimie).

Né à Milan, vers 1745. — Mort à Vienne (Autriche), en 1827. — Professeur de physique expérimentale à l'Université de Milan.

Auteur de : l'Utilité des conducteurs électriques, et de divers mémoires scientifiques.

177. — Dumont de Courset (le Baron Georges, Louis, Marie).

Élu, le 16 janvier 1804, correspondant de la Classe des Sciences. Nommé, en 1816, correspondant de l'Académie des Sciences (section d'Économie rurale).

Né à Courset (Pas-de-Calais), le 16 septembre 1746. — Mort, au même lieu, le 3 juin 1824. — Capitaine de cavalerie.

Auteur de : l'Agriculture du Bourbonnais, la Météorologie du cultivateur, le Botaniste cultivateur,

178. — Buat (le Comte Pierre, Louis, Georges du).

Élu, le 16 janvier 1804, correspondant de la Classe des Sciences (section de Géométrie).

Né à Tortisambert (Calvados), le 23 avril 1734. — Mort à Vieux-Condé (Nord), le 17 octobre 1809. — Colonel du génie. Brigadier. Directeur des fortifications de Lille.

Auteur de : Sur le relief et le défilement des ouvrages de fortification, Principes d'hydraulique et de prodyna. mique, Vie de Salomon, Abrégé de fortifications, Notes sur l'imprimerie, Notions d'astronomie, Variétés mathématiques.

179. — Suvée (Joseph, Benoît), ✻

Élu, le 20 janvier 1804, correspondant de la Classe des Beaux-Arts.

Né à Bruges (Belgique), le 3 janvier 1743. — Mort à Rome, le 9 février 1807. — Grand Prix de Rome. Membre de l'Académie royale de Peinture. Directeur de l'Académie de France à Rome.

Œuvres principales. — Descente du Saint-Esprit. Adoration des mages. Naissance de la Vierge. Mort de Coligny (Louvre). Saint François de Sales et sainte Chantal (Versailles). Cornélie et ses enfants. Vestale (Louvre). Retour de Tobie (Louvre).

180. — Saint-Ours (Jean, Pierre).

Élu, le 20 janvier 1804, correspondant de la Classe des Beaux-Arts.

Né à Genève, le 4 avril 1752. — Mort dans la même ville, le 6 avril 1809. — Grand Prix de Rome.

Œuvres principales. — Enlèvement des Sabines (Louvre). David et Abigaïl (Genève). L'Amour et Psyché (Genève). Les Jeux Olympiques (Genève). Homère (Genève). Le tremblement de terre (Genève).

181. — Leblond (Jean-Baptiste).

Élu, le 23 janvier 1804, correspondant de la Classe des Sciences (section d'Économie rurale et Art vétérinaire).

Né à Toulongeon (Saône-et-Loire), le 2 décembre 1747. — Mort à Mazille (Nièvre), le 14 août 1815. — Docteur en médecine. Commissaire du Roi à la Guyane.

Auteur de : Observations sur la fièvre jaune, Voyage aux Antilles et à l'Amérique méridionale, Description de la Guyane française, Observations sur le platine.

182. — Bernard (Pons, Joseph).

Élu, le 23 janvier 1804, correspondant de la Classe des Sciences (section d'Astronomie).

Né à Trans (Var), le 16 janvier 1748. — Mort, au même lieu, le 29 janvier 1816. — Professeur de mathématiques. Directeur de l'observatoire de Marseille.

Auteur de : Nouveaux principes hydrauliques, Les étangs sont-ils plus nuisibles qu'utiles? De l'emploi de la houille, Des engrais que fournit la Provence, etc.

183. — Crell (Lorenz, Florenz, Friedrich de).

Élu, le 23 janvier 1804, correspondant de la Classe des Sciences (section de Chimie).

Né à Helmstadt (Bade), le 21 janvier 1745. — Mort à Gœttingue (Hanovre), le 7 juin 1816. — Professeur au collège de Brunswick. Professeur de médecine à l'Académie de Gœttingue.

Auteur de : La décomposition de l'acide boracique ou sel sédatif.

184. — Simmons (Samuel, Foart).

Élu, le 23 janvier 1804, correspondant de la Classe des Sciences (section de Médecine et Chirurgie).

Né à Sandwich (Angleterre), en 1750. — Mort à Londres, le 23 avril 1813. — Docteur en médecine.

Auteur de : L'anatomie du corps humain.

185. — Thunberg (Carl, Peter).

Élu, le 23 janvier 1804, correspondant de la Classe des Sciences. Nommé, en 1816, correspondant de l'Académie des Sciences (section de Botanique).

Né à Jœnkoping (Suède), le 11 novembre 1743. — Mort à Tunaberg, le 8 août 1828. — Professeur de botanique à l'Université d'Upsal.

Auteur de : *Flora Japonica* et de : Voyage au Japon.

186. — Bugge (Thomas).

Élu, le 23 janvier 1804, correspondant de la Classe des Sciences (section d'Astronomie).

Né à Copenhague (Danemark), le 12 octobre 1740. — Mort, dans la même ville, le 15 janvier 1815. — Professeur à l'Université de Copenhague. Directeur de l'observatoire de Copenhague.

Auteur de : Astronomie sphérique et théorique, Principes des mathématiques transcendantes, Méthode de lever des cartes.

187. — Gosse (Henri, Albert).

Élu, le 23 janvier 1804, correspondant de la Classe des Sciences (section de Chimie).

Né à Genève, le 28 mai 1753. — Mort, dans la même ville, le 1er février 1816. — Pharmacien.

Auteur de nombreuses expériences et découvertes ; a publié des observations sur les maladies des ouvriers doreurs et des chapeliers, Fondateur de la Société de physique et d'histoire naturelle de Genève.

✠ Proust.

Élu, le 23 janvier 1804, correspondant de la Classe des Sciences. — Voir Membres titulaires, n° 295.

188. — Cagnoli (Antonio).

Élu, le 23 janvier 1804, correspondant de la Classe des Sciences (section d'Astronomie).

Né à Zante, le 29 septembre 1743. — Mort à Vérone, le 6 août 1816. — Secrétaire de légation à Madrid. Professeur à l'École militaire de médecine.

Auteur de : Méthode pour trouver la situation de l'équateur d'une planète, *Trigonometria plana e sferica*, Méthode pour calculer les longitudes, *Notizie astronomiche*, etc.

189. — Reboul (Henri, Paul, Irénée).

Élu, le 23 janvier 1804, correspondant de la Classe des Sciences. Nommé, en 1816, correspondant de l'Académie des Sciences (section de Minéralogie).

Né à Pézenas (Hérault), le 22 janvier 1763. — Mort dans la même ville, le 18 février 1839. —

Député à l'Assemblée législative. Administrateur de la Lombardie. Agent des finances de la république romaine.

Auteur de : Analyse politique de la révolution française et de la charte de 1830, Géologie descriptive et historique, Géologie de la période quaternaire.

190. — Mendoza y Rios (José).

Élu, le 23 janvier 1804, correspondant de la Classe des Sciences.

Né à Séville, en 1763. — Mort à Brighton (Angleterre), le 2 mars 1816.

Auteur de : Recherches sur les solutions des principaux problèmes de l'astronomie nautique.

✿ Gauss.

Élu, le 23 janvier 1804, correspondant de la Classe des Sciences. — Voir Associés étrangers, n° 44.

191. — Wiebeking (Carl, Friedrich de).

Élu, le 23 janvier 1804, correspondant de la Classe des Sciences. Nommé, en 1816, correspondant de l'Académie des Sciences (section de Mécanique).

Né à Wollin (Prusse), le 25 juillet 1762. — Mort à Munich, le 29 mai 1842. — Ingénieur hydraulicien du grand-duché de Berg. Inspecteur d'architecture du grand-duché de Hesse-Darmstadt. Conseiller intime. Directeur général des Ponts et Chaussées de Bavière.

Auteur de : l'Architecture hydraulique, théorique et pratique, Documents pour l'architecture des ponts et des routes, l'Architecture civile théorique et pratique, De la nature ou des propriétés des cours d'eau, Analyse des monuments de l'antiquité.

✿ Piazzi.

Élu, le 30 janvier 1804, correspondant de la Classe des Sciences. — Voir Associés étrangers, n° 38.

✿ de Humboldt.

Élu, le 6 février 1804, correspondant de la Classe des Sciences. — Voir Associés étrangers, n° 30.

✿ Klaproth.

Élu, le 6 février 1804, correspondant de la Classe des Sciences. — Voir Associés étrangers, n° 25).

✿ Werner.

Élu, le 6 février 1804, correspondant de la Classe des Sciences. — Voir Associés étrangers, n° 32.

192. — Boissieu (Jean, Jacques de).

Élu, le 11 février 1804, correspondant de la Classe des Beaux-Arts.

Né à Lyon, le 29 novembre 1736. — Mort, dans la même ville, le 1er mars 1810. — Graveur à l'eau-forte.

Œuvres principales. — Paysages. Porte de Venise. Les petits maçons. Vues d'Italie. Reproduction des tableaux de Ruysdaël et d'autres maîtres flamands.

193. — Porporati (Carlo, Antonio).

Élu, le 11 février 1804, correspondant de la Classe des Beaux-Arts.

Né à Volvera (États Sardes). — Mort à Turin, le 16 juin 1816. — Ingénieur géographe.

Auteur de nombreuses gravures : Charles-Emmanuel III, la petite Fille au chien (Greuze), Suzanne au bain (Santerre), le Bain de Léda (Corrège), etc.

194. — Jacquin (le Baron Nicolaas, Josephus).

Élu, le 20 février 1804, correspondant de la Classe des Sciences. Nommé, en 1816, correspondant de l'Académie des Sciences (section de Botanique).

Né à Leyde (Hollande), le 16 février 1727. — Mort à Vienne, le 24 octobre 1817. — Professeur de botanique à l'Université de Vienne. Conseiller des Mines et des Monnaies.

Auteur de : *Selectarum stirpium Americanarum historia, Observationes botanicæ, Miscellanea Icones plantarum rariorum.*

✵ La Rochefoucauld.

Élu, le 20 février 1804, correspondant de la Classe des Sciences. — Voir Membres libres, n° 29.

✵ Scarpa.

Élu, le 2 avril 1804, correspondant de la Classe des Sciences. — Voir Associés étrangers, n° 37.

195. — Fouquet (Henri).

Élu, le 2 avril 1804, correspondant de la Classe des Sciences.

Né à Montpellier, le 31 juillet 1727. — Mort dans la même ville, le 10 octobre 1806. — Secrétaire général de l'intendance du Roussillon. Professeur à la Faculté de médecine de Montpellier.

Auteur de : *De fibræ natura*, Essai sur le pouls, *De corpore cribroso Hippocratis, Prælectiones medicæ, De morbis convulsivis æsophagii, De diabetà.*

196. — Rega (Filippo).

Élu, le 5 mai 1804, correspondant de la Classe des Beaux-Arts. Nommé, en 1816, correspondant de l'Académie des Beaux-Arts.

Né à Chieti (Deux-Siciles), le 26 août 1761. — Mort à Naples, le 7 décembre 1833. — Graveur de camées et de pierres dures. Membre de l'Académie de Naples. Directeur du cabinet de gravure de la Monnaie. Professeur de gravure sur pierres dures à l'Institut royal des Beaux-Arts.

Œuvres principales. — Portraits des princesses de Butura et de Scilla, du roi Murat et de la reine Caroline, tête de Jupiter, etc.

197. — Fabre (le Baron François, Xavier).

Élu, le 5 mai 1804, correspondant de la Classe des Beaux-Arts. Nommé, en 1816, correspondant de l'Académie des Beaux-Arts.

Né à Montpellier, le 1er avril 1766. — Mort, dans la même ville, le 12 mars 1837. — Grand Prix de Rome.

Œuvres principales. — Nabuchodonosor. Mort de Milon de Crotone. Philoctète à Lemnos. Suzanne et les vieillards. Saül. Madeleine. Jugement de Pâris. Œdipe à Colonne. La mort de Narcisse. Saint Jean au désert. Mort de Philopœmen.

198. — Thévenard (le Comte Antoine, Jean, Marie), G. O. ✲

Élu, le 7 mai 1804, correspondant de la Classe des Sciences (section de Mécanique).

Né à Saint-Malo, le 7 décembre 1733. — Mort à Paris, le 9 février 1815. — Chef d'escadre. Vice-amiral. Ministre de la marine. Préfet maritime à Toulon. Sénateur. Pair de France.

Auteur de Mémoires relatifs à la marine, en 4 vol.

199. — Oriani (le Comte Barnaba), ✲

Élu, le 2 juillet 1804, correspondant de la Classe des Sciences. Nommé, en 1816, correspondant de l'Académie des Sciences (section d'Astronomie).

Né à Garegnano (Lombardie), le 17 juillet 1752. — Mort à Milan, le 12 novembre 1832. — Prêtre. Directeur de l'observatoire de Milan. Sénateur.

Auteur de : Trigonométrie sphéroïdique, Traité d'astronomie et de sphère, Opuscules astronomiques, et de nombreux travaux insérés dans les Éphémérides astronomiques de Milan.

200. — Villers (Charles, François, Dominique de).

Élu, le 14 septembre 1804, correspondant de la Classe d'Histoire et de Littérature ancienne.

Né à Boulay (Meurthe), le 4 novembre 1765. — Mort à Gœttingue (Hanovre), le 26 février 1815. — Officier d'artillerie émigré. Professeur de littérature à l'Université de Gœttingue.

Auteur de : Essai sur l'esprit et l'influence de la réformation, Principes fondamentaux de la philosophie transcendante.

201. — Scrofani (l'Abbé Francesco, Saverio).

Élu, le 14 septembre 1804, correspondant de la Classe d'Histoire et de Littérature ancienne. Nommé en 1816, correspondant de l'Académie des Inscriptions et Belles-Lettres.

Né à Modica (Sicile), le 21 novembre 1756. — Mort à Palerme, le 7 mars 1835. — Surintendant général de l'agriculture et du commerce à Venise. Directeur de la statistique du royaume de Naples.

Auteur de : Tous ont tort, Essai sur le commerce en général des nations de l'Europe, la Vraie richesse de la campagne, Voyage en Grèce, Sur la valeur et la transmission des immeubles en Europe, la Guerre des esclaves, Mémoires d'économie politique.

202. — Schnürrer (Christian, Friedrich).

Élu, le 14 septembre 1804, correspondant de la Classe d'Histoire et de Littérature ancienne. Nommé, en 1816, correspondant de l'Académie des Inscriptions et Belles-Lettres.

Né à Cannstadt (Wurtemberg), le 28 octobre 1742. — Mort à Stuttgart, le 9 novembre 1822. — Professeur à l'Université de Tubingue.

Auteur de : Éclaircissements sur l'histoire de la réformation ecclésiastique et sur celle des savants de Wurtemberg.

✲ Zingarelli.

Élu, le 23 mars 1805, correspondant de la Classe des Beaux-Arts. — *Voir Associés étrangers, n° 54.*

203. — Rossi (Giovanni, Gherardo de).

Élu, le 23 mars 1805, correspondant de la Classe des Beaux-Arts. Nommé, en 1816, correspondant de l'Académie des Beaux-Arts.

Né à Rome, le 12 mars 1754. — Mort, dans la même ville, le 27 mars 1827. — Directeur de l'Académie des Beaux-Arts de Portugal à Rome.

Auteur de : Comédies, *Scherzi poetici e pittorici*, *Favole*, *Dell'influenza della religione sulle belle arti*, Épigrammes, *Madrigali ed epitaffi*, *Novelle*, etc.

204. — Ommeganck (Balthasar, Paul).

Élu, le 23 mars 1805, correspondant de la Classe des Beaux-Arts. Nommé, en 1816, correspondant de l'Académie des Beaux-Arts.

Né à Anvers, le 26 décembre 1755. — Mort dans la même ville, le 18 janvier 1826. — Peintre.

Auteur d'un grand nombre de paysages avec animaux.

205. — Tagliafichi (Emmanuele, Andrea).

Élu, le 13 juillet 1805, correspondant de la Classe des Beaux-Arts.

Né à Gênes, le 16 juin 1739. — Mort, dans la même ville, le 16 juillet 1811. — Architecte. Correspondant de l'ancienne Académie royale d'architecture. Directeur de l'Académie des Beaux-Arts de Gênes.

Auteur de diverses restaurations et de constructions de maisons particulières.

206. — Rosaspina (Francesco).

Élu, le 13 juillet 1805, correspondant de la Classe des Beaux-Arts. Nommé, en 1816, correspondant de l'Académie des Beaux-Arts.

Né à Montescudolo (États de l'Église), le 2 janvier 1763. — Mort à Bologne, le 2 septembre 1841. — Graveur en taille douce. Membre du Conseil des Anciens et des comices de Lyon. Professeur de gravure et directeur de l'Académie Clémentine à Bologne.

A gravé près de six cents planches, d'après les tableaux de la Pinacothèque de Bologne, notamment la Danse des enfants d'après l'Albane, etc.

207. — Péron (François).

Élu, le 14 octobre 1805, correspondant de la Classe des Sciences (section d'Anatomie et Zoologie).

Né à Cérilly (Allier), le 22 août 1775. — Mort, au même lieu, le 14 décembre 1810. — Engagé volontaire, réformé pour blessures.

Auteur de : Voyage de découverte aux terres australes et de sept mémoires insérés dans les Annales du Muséum d'histoire naturelle.

208. — Zach (le Baron Franz, Xaver de).

Élu, le 14 octobre 1805, correspondant de la Classe des Sciences. Nommé, en 1816, correspondant de l'Académie des Sciences (section d'Astronomie).

Né à Presbourg (Autriche), le 4 juin 1754. — Mort à Paris, le 26 août 1832. — Général au service de l'Autriche et du duc de Saxe-Gotha. Directeur de l'observatoire du mont Seeberg.

Auteur de : Correspondance pour les progrès de la géographie et de l'astronomie, Éphémérides géographiques.

✠ Blumenbach.

Élu, le 14 octobre 1805, correspondant de la Classe des Sciences. — Voir Associés étrangers, n° 62.

209. — Pécheux (Laurent).

Élu, le 19 octobre 1805, correspondant de la Classe des Beaux-Arts. Nommé, en 1816, correspondant de l'Académie des Beaux-Arts.

Né à Lyon, en 1727. — Mort à Turin, le 1er juillet 1821. — Peintre. Professeur à l'École de Turin et directeur de l'Académie des Beaux-Arts.

Œuvres principales. — Plafond de la bibliothèque royale de Turin, Fresques de l'église Saint-Dominique à Turin, Le retour de Régulus, La captivité de Régulus, La réunion des sculptures modernes, et de nombreux tableaux conservés à Pise, à Parme et à la villa Borghèse à Rome.

210. — Vassali-Eandi (l'Abbé Antonio, Maria).

Élu, le 4 novembre 1805, correspondant de la Classe des Sciences. Nommé, en 1814, correspondant de l'Académie des Sciences (section de Physique générale).

Né à Turin, le 30 juin 1761. — Mort, dans la même ville, le 5 juillet 1825. — Professeur de physique à l'Université de Turin. Secrétaire perpétuel de l'Académie des sciences du Piémont. Directeur du Musée d'histoire naturelle et de l'Observatoire de Turin.

Auteur de : Les paratonnerres chez les anciens Romains, *Elementa physicæ et geometriæ*, Lettres sur le galvanisme, etc.

211. — Fabbroni (le Baron Giovanni, Valentino, Mattia).

Élu, le 4 novembre 1805, correspondant de la Classe des Sciences. Nommé, en 1816, correspondant de l'Académie des Sciences (section de Chimie).

Né à Florence, le 10 février 1752. — Mort, dans la même ville, le 17 décembre 1822. — Professeur à l'Université de Pise. Directeur du musée de Florence. Député au Corps législatif. Maître des requêtes au Conseil d'État.

Auteur de : *Del Bombice e del bisso degli antichi, Methodo della pittura encausta, Discussione di alcuni argomenti popolari, Economia agraria dei Chinesi, La Statera filippica, etc.*

212. — Klein (le Chevalier Anton de).

Élu, le 22 novembre 1805, correspondant de la Classe d'Histoire et de Littérature ancienne.

Né à Molsheim (Alsace), en 1748. — Mort à Mannheim (duché de Bade), le 5 décembre 1810. — Professeur de poésie et de philosophie à Mannheim. Conseiller intime du duc des Deux-Ponts. Conseiller de justice de l'Électeur du Palatinat. Administrateur de l'Académie des Beaux-Arts à Dusseldorf.

Auteur de : Vies et portraits des grands hommes de l'Allemagne, Galerie historique des illustres Germains depuis Arminius jusqu'à nos jours, Athenor (poème), Dictionnaire du dialecte du Palatinat.

213. — Bast (Frédéric, Jacques).

Élu, le 22 novembre 1805, correspondant de la Classe d'Histoire et de Littérature ancienne.

Né à Bouxwiller (Bas-Rhin), le 6 mars 1771. — Mort à Paris, le 3 novembre 1811. — Attaché à la légation de Hesse, à Paris.

Auteur de: *Antoninus Liberalis Parthenius Aristenete* et de notes et dissertations paléographiques.

214. — Maine de Biran (Marie, François, Pierre, Gonthier), O. ✳

Élu, le 22 novembre 1805, correspondant de la Classe d'Histoire et de Littérature ancienne. Nommé, en 1816, correspondant de l'Académie des Inscriptions et Belles-Lettres.

Né à Gratteloup (Dordogne), le 29 novembre 1766. — Mort à Paris, le 20 juillet 1824. — Garde du corps. Membre du Conseil des Cinq-Cents. Membre du Corps législatif. Conseiller d'État. Député.

Auteur de : OEuvres philosophiques (4 vol.) et œuvres inédites (3 vol.).

215. — Rayneval (Joseph, Mathias, Gérard de).

Élu, le 22 novembre 1805, correspondant de la Classe d'Histoire et de Littérature ancienne.

Né à Massevaux (Haut-Rhin), le 25 février 1736. — Mort à Paris, le 30 décembre 1812. — Secrétaire d'Ambassade. Résident et Consul à Dantzig. Premier commis aux Affaires étrangères. Conseiller d'État.

Auteur de : Institutions du droit public de l'Allemagne, Institutions du droit de la nature des gens, De la liberté des mœurs.

✳ Morelli.

Élu, le 9 mai 1806, correspondant de la Classe d'Histoire et de Littérature ancienne. — Voir Associés étrangers, n° 36.

216. — Semini (l'Abbé Prospero).

Élu, le 9 mai 1806, correspondant de la Classe d'Histoire et de Littérature ancienne.

Né à Sestri di Ponente (Piémont), en 1742. — Mort à Gênes, le 5 juin 1806. — Religieux de l'ordre des Augustins déchaussés. Professeur d'histoire à l'Université de Gênes.

Auteur de : Le commerce des Génois dans les échelles du Levant du xᵉ au xvᵉ siècle.

✳ Miot de Melito.

Élu, le 27 septembre 1806, correspondant de la Classe d'Histoire et de Littérature ancienne. — Voir Membres libres, n° 54.

217. — Vincens-Saint-Laurent (Jacques).

Élu, le 13 février 1807, correspondant de la Classe d'Histoire et de Littérature ancienne. Nommé, en 1816, correspondant de l'Académie des Inscriptions et Belles-Lettres.

Né à Nîmes, le 9 janvier 1756. — Mort à Paris, le 6 mai 1825. — Commissaire ordonnateur en chef de l'armée des Alpes. Député du Gard.

Auteur de la Traduction du Manuel historique du système politique des États de l'Europe et de leurs colonies depuis la découverte des deux Indes, et de nombreux mémoires.

✳ Fauris-Saint-Vincens.

Élu, le 13 février 1807, correspondant de la Classe d'Histoire et de Littérature ancienne. — Voir Membres libres, n° 23.

✿ Mirbel.

Élu, le 13 mars 1807, correspondant de la Classe d'Histoire et de Littérature ancienne. — Voir Membres titulaires, n° 234.

✿ Brongniart.

Élu, le 23 mars 1807, correspondant de la Classe d'Histoire et de Littérature ancienne. — Voir Membres titulaires, n° 293.

218. — Schröter (Johann, Hieronymus).

Élu, le 23 mars 1807, correspondant de la Classe des Sciences (section d'Astronomie).

Né à Erfurt (Prusse), le 30 août 1745. — Mort, dans la même ville, le 29 août 1816. — Docteur en droit. Inspecteur supérieur à Lilienthal, où il installa un observatoire.

Auteur d'observations sur Mercure, Vénus, la Lune, Mars, et sur de nombreuses comètes ; Contribution aux nouvelles découvertes astronomiques, Étude sur les taches du soleil, Fragments de Sélénotopographie, Remarques sur les montagnes et sur la rotation de Vénus, Nouvelles études astronomiques, Observation des comètes de 1807 et de 1811 et de nombreux mémoires et observations insérés dans les *Philosophical Transactions*, dans les publications de la Société des Naturalistes de Berlin, etc.

219. — Hapel la Chênaye (Thomas, Luce, Augustin).

Élu, le 30 mars 1807, correspondant de la Classe des Sciences.

Né à Argentan (Orne), le 2 avril 1760. — Mort à la Guadeloupe, le 14 mai 1808. — Chimiste. Secrétaire de la Chambre d'agriculture à la Guadeloupe.

Auteur de : Observations sur l'analyse de la salive du cheval, Observations météorologiques faites à la Guadeloupe sur l'extraction du sucre perfectionné, Nouveau procédé pour le terrage du sucre, Sur les trachées du bananier.

✿ Thibault.

Élu, le 27 juin 1807, correspondant de la Classe des Beaux-Arts. — Voir Membres titulaires, n° 287.

✿ Le Thière.

Élu, le 27 juin 1807, correspondant de la Classe des Beaux-Arts. — Voir Membres titulaires, n° 233.

✿ Mollevaut.

Élu, le 11 décembre 1807, correspondant de la Classe d'Histoire et de Littérature ancienne. — Voir Membres titulaires, n° 306.

220. — Correa de Serra (Jose, Francesco).

Élu, le 11 décembre 1807, correspondant de la Classe d'Histoire et de Littérature ancienne. Nommé, en 1816, correspondant de l'Académie des Inscriptions et Belles-Lettres.

Né à Serpa (Portugal), le 5 juin 1751. — Mort à Caldas da Rainha, le 11 septembre 1823. — Secrétaire perpétuel de l'Académie de Lisbonne. Ministre plénipotentiaire aux États-Unis.

Auteur de : Collection de Traités inédits sur l'histoire du Portugal et de nombreux mémoires insérés dans le Magasin encyclopédique, les Archives littéraires de l'Europe, etc.

221. — Reuilly (le Baron Jean, Jacques, Racault de), ✽

Élu, le 11 décembre 1807, correspondant de la Classe d'Histoire et de Littérature ancienne.

Né à Soissons (Aisne), en 1777. — Mort à Pise, le 22 février 1810. — Auditeur au Conseil d'État. Maître des requêtes. Préfet de l'Arno.

Auteur de: Voyage en Crimée, Description du Thibet, Des Monnaies de Crimée, Relations commerciales de l'Inde avec l'Europe.

222. — Murr (Christoph, Gottlieb de).

Élu, le 11 décembre 1807, correspondant de la Classe d'Histoire et de Littérature ancienne.

Né à Nuremberg (Bavière), le 6 août 1733. — Mort, dans la même ville, le 8 avril 1811. — Directeur des douanes à Nuremberg.

Auteur de: *De re diplomatica Frederici* II, Essai sur les tragiques grecs, Bibliothèque de peinture et de sculpture, Antiquités d'Herculanum, etc.

✽ Jenner.

Élu, le 20 juin 1808, correspondant de la Classe des Sciences (section de Médecine). — Voir Associés étrangers, n° 31.

✽ Watt.

Élu, le 20 juin 1808, correspondant de la Classe des Sciences (section de Mécanique). — Voir Associés étrangers, n° 33.

223. — Saussure (Nicolas, Théodore de).

Élu, le 20 juin 1808, correspondant de la Classe des Sciences. Nommé, en 1816, correspondant de l'Académie des Sciences (section de Chimie).

Né à Genève, le 14 octobre 1767. — Mort, dans la même ville, le 18 mars 1845. — Membre du Conseil représentatif de Genève.

Auteur de: Recherches chimiques sur la végétation et d'un grand nombre de mémoires insérés dans divers Recueils scientifiques.

✽ Bory de Saint-Vincent.

Élu, le 20 juin 1808, correspondant de la Classe des Sciences (section d'Anatomie). — Voir Membres libres, n° 53.

✽ Morel-Vindé.

Élu, le 27 juin 1808, correspondant de la Classe des Sciences (section d'Économie rurale). — Voir Membres titulaires, n° 365.

224. — Rousseau (Jean, Baptiste, Louis, Joseph).

Élu, le 7 octobre 1808, correspondant de la Classe d'Histoire et de Littérature ancienne. Nommé, en 1816, correspondant de l'Académie des Inscriptions et Belles-Lettres.

Né sur le coche d'Auxerre, le 15 décembre 1780. — Mort à Marseille, le 23 février 1821. — Consul de France à Bassora. Consul général à Alep, à Bagdad et à Tripoli.

Auteur de: Description du pachalik de la Perse ancienne et moderne, les Sectes du musulmanisme.

225. — Serna Santander (Carlos, Antonio de la).

Élu, le 7 octobre 1808, correspondant de la Classe d'Histoire et de Littérature ancienne.

Né à Colindres (Espagne), le 1er février 1752. — Mort à Bruxelles, le 23 novembre 1813. — Bibliothécaire du département de la Dyle.

Auteur de : Dictionnaire bibliographique du xve siècle, de quantité de catalogues de collections rares et d'images de bibliographie.

226. — Kirwan (Richard).

Élu, le 12 décembre 1808, correspondant de la Classe des Sciences (section de Chimie).

Né à Cloughballymore (Irlande), le 1er août 1735. — Mort à Dublin, le 22 juin 1812.

Auteur de: Éléments de minéralogie, de la Température de divers degrés de latitude, Expériences sur la strontiane, Essai sur le phlogistique et sur les acides, Essai de métaphysique, Logiques, Recherches sur l'hydrogène phosphoré.

✠ Cordier.

Élu, le 12 décembre 1808, correspondant de la Classe des Sciences (section de Minéralogie). — Voir Membres titulaires, n° 352.

✠ Yvart.

Élu, le 13 novembre 1809, correspondant de la Classe des Sciences (section d'Économie rurale). — Voir Membres titulaires, n° 271).

227. — Moitte (Alexandre).

Élu, le 25 novembre 1809, correspondant de la Classe des Beaux-Arts. Nommé, en 1816, corespondant de l'Académie des Beaux-Arts.

Né à Paris, le 15 septembre 1750. — Mort à Paris, le 15 février 1828. — Professeur de dessin aux écoles de cavalerie de Saint-Germain-en-Laye et de Fontainebleau. Peintre de paysages.

228. — Manlich (Johann, Christian).

Élu, le 25 novembre 1809, correspondant de la Classe des Beaux-Arts. Nommé, en 1816, correspondant de l'Académie des Beaux-Arts.

Né à Strasbourg, le 4 octobre 1740. — Mort à Munich, le 3 janvier 1822. — Peintre de la Cour et directeur de l'École des Beaux-Arts de Deux-Ponts, puis directeur des musées de Bavière.

Auteur de: Description de la galerie de Munich, Essai sur les usages, les vêtements et les armes des peuples de l'antiquité jusqu'à Constantin le Grand, Essai sur la doctrine du beau, le Coq d'Esculape ou la couche empoisonnée de l'Amour (poésie), etc.

229. — Meiners (Christoph).

Élu, le 1er décembre 1809, correspondant de la Classe d'Histoire et de Littérature ancienne.

Né à Warstade (Westphalie), le 31 juillet 1747. — Mort à Gœttingue, le 1er mai 1810. — Professeur de philosophie et Pro-Recteur de l'Université de Gœttingue.

Auteur de: Histoire des sciences chez les Grecs et les Romains, Histoire des doctrines morales, Tableau des mœurs au moyen âge et dans notre siècle, De la religion des Égyptiens, etc.

✿ Heeren.

Élu, le 1ᵉʳ décembre 1809, correspondant de la Classe d'Histoire et de Littérature ancienne.— Voir Associés étrangers, n° 46.

230. — Béthencourt y Molina (Augustin de).

Élu, le 5 décembre 1809, correspondant de la Classe des Sciences (section de Mécanique). Nommé, en 1816, correspondant de l'Académie des Sciences.

Né à Ténériffe (Espagne), en 1760. — Mort à Saint-Pétersbourg, le 26 juillet 1824. — Inspecteur général des routes et canaux en Espagne. Lieutenant général en Russie.

Auteur de : De la Force expansive de la vapeur, Nouveau système de navigation intérieure, Essai sur la composition des machines.

231. — Fiorillo (Johann, Dominik).

Élu, le 30 décembre 1809, correspondant de la Classe des Beaux-Arts. Nommé, en 1816, correspondant de l'Académie des Beaux-Arts.

Né à Hambourg, le 13 avril 1748. — Mort à Gœttingue, le 10 septembre 1821. — Professeur de dessin et de peinture à Gœttingue.

Auteur de : Histoire du dessin et de la peinture depuis la Renaissance, Opuscules artistiques, Histoire de la peinture et du dessin en Allemagne et dans les Pays-Bas.

232. — Odier (Louis).

Élu, le 22 janvier 1810, correspondant de la Classe des Sciences (section de Médecine et Chirurgie). Nommé, en 1816, correspondant de l'Académie des Sciences.

Né à Genève, le 17 mars 1748. — Mort, dans la même ville, le 13 avril 1817. — Docteur en médecine.

Auteur de : *Pharmacopea Genevensis*, De l'Inoculation de la vaccine, Des Moyens de purifier l'air, De la Fièvre, Des Poisons, Principes d'hygiène.

✿ de Cubières.

Élu, le 19 février 1810, correspondant de la Classe des Sciences (section d'Économie rurale).— Voir Membres libres, n° 15.

✿ Olbers.

Élu, le 26 février 1810, correspondant de la Classe des Sciences (section d'Astronomie). — Voir Associés étrangers, n° 59.

233. — Cotugno (Domenico).

Élu, le 9 avril 1810, correspondant de la Classe des Sciences (section de Médecine et de Chirurgie). Nommé, en 1816, correspondant de l'Académie des Sciences.

Né à Ruvo (Deux-Siciles), le 29 janvier 1736. — Mort à Naples, le 6 octobre 1822. — Professeur à l'Université de Naples. Premier médecin du Roi.

Auteur de : *De Humanæ aquæductibus auris internæ, De Ischiade nervosa, De Sedibus variolarum syntagma.*

234. — Burney (Charles).

Élu, le 28 avril 1810, correspondant de la Classe des Beaux-Arts.

Né à Shrewsbury (Angleterre), le 7 avril 1726. — Mort à Londres, le 12 avril 1814. — Organiste de l'hôpital de Chelsea.

Auteur de : Histoire générale de la musique, Mémoires sur Métastase, Vie de Hændel. — A composé quelques concertos.

✿ Antolini.

Élu, le 28 avril 1810, correspondant de la Classe des Beaux-Arts. — Voir Associés étrangers, n° 43.

235. — Harding (Carl, Ludwig).

Élu, le 5 novembre 1810, correspondant de la Classe des Sciences (section d'Astronomie). Nommé, en 1816, correspondant de l'Académie des Sciences.

Né à Lauenbourg (Allemagne), le 29 septembre 1765. — Mort à Gœttingue, le 15 juillet 1834. — Professeur d'astronomie à l'Université de Gœttingue. Conseiller aulique.

Auteur de : *Atlas novus cœlestis* et de divers mémoires insérés dans les Recueils scientifiques.

236. — Provençal (Jean, Michel).

Élu, le 5 novembre 1810, correspondant de la Classe des Sciences (section d'Anatomie et Zoologie). Nommé, en 1816, correspondant de l'Académie des Sciences.

Né à Cagnes (Var), le 3 juin 1781. — Mort à Montpellier, le 8 avril 1845. — Professeur de zoologie à la Faculté des sciences de Montpellier.

Auteur de mémoires insérés dans divers recueils scientifiques.

237. — Krusenstern (le Baron Adam, Ivan de).

Élu, le 12 novembre 1810, correspondant de la Classe des Sciences (section de Géographie et de Navigation). Nommé, en 1816, correspondant de l'Académie des Sciences.

Né à Haggud (Russie), le 8 novembre 1770. — Mort à Revel, le 12 août 1846. — Vice-Amiral. Sous-Directeur du corps des Cadets de la marine.

Auteur de : Voyage autour du monde, Vocabulaire des peuples d'Asie et d'Amérique, Matériaux pour l'hydrographie du grand Océan, Atlas de l'océan Pacifique.

✿ de Candolle.

Élu, le 19 novembre 1810, correspondant de la Classe des Sciences (section de Botanique). — Voir Associés étrangers, n° 57.

238. — Valperga di Caluso (Tomaso).

Élu, le 30 novembre 1810, correspondant de la Classe d'Histoire et de Littérature ancienne.

Né à Turin, le 22 décembre 1837. — Mort dans la même ville, le 1ᵉʳ avril 1815. — Professeur à l'Université de Turin. Directeur de l'Observatoire et Président de l'Académie de Turin.

Auteur de : *Litteraturæ Copticæ documenta, Grammatica Hebraïca, della poesia*, etc.

✣ **Sestini**.

Élu, le 30 novembre 1810, correspondant de la Classe d'Histoire et de Littérature ancienne. — Voir Associés étrangers, n° 45.

239. — Choron (Alexandre, Étienne).

Élu, le 5 janvier 1811, correspondant de la Classe des Beaux-Arts. Nommé, en 1816, correspondant de l'Académie des Beaux-Arts.

Né à Caen, le 21 octobre 1772. — Mort à Paris, le 29 juin 1834. — Directeur de l'Opéra.

Auteur de : Principes de composition, Dictionnaire des musiciens, et de compositions musicales.

240. — Brugnone (Giovanni).

Élu, le 8 avril 1811, correspondant de la Classe des Sciences (section d'Économie rurale et Art vétérinaire). Nommé, en 1816, correspondant de l'Académie des Sciences.

Né à Ricaldone (Piémont), le 27 août 1741. — Mort à Turin, le 3 mars 1818. — Directeur de l'École vétérinaire et professeur à l'Université de Turin. Directeur des Haras.

Auteur de : La Medicina veterinaria, Delle razze dei Cavalli, Ippoiatria, Bometria, etc.

241. — Petit (Marc, Antoine).

Élu, le 10 juin 1811, correspondant de la Classe des Sciences (section de Médecine et de Chirurgie).

Né à Lyon, le 3 novembre 1766. — Mort à Villeurbane, le 7 juillet 1811. — Chirurgien en chef de l'hôpital de Lyon.

Auteur de : Essai sur la médecine du cœur, Onan (poème), Collections d'observations cliniques.

242. — Eichhorn (Johann, Gottfried).

Élu, le 2 août 1811, correspondant de la Classe d'Histoire et de Littérature ancienne. Nommé, en 1816, correspondant de l'Académie des Inscriptions et Belles-Lettres.

Né à Dœrrenzimmern (Wurtemberg), le 16 octobre 1752. — Mort à Gœttingue, le 25 juin 1827. — Professeur de langues orientales à l'Université d'Iéna. Conseiller privé du Hanovre.

Auteur de : Histoire du commerce des Indes orientales, *De antiquiis historiæ Arabicæ monumentis*, Répertoire des littératures biblique et orientale, Introduction à l'Ancien et au Nouveau Testament, etc.

243. — Corancez (Louis, Alexandre, Olivier de), ✳

Élu, le 2 août 1811, correspondant de la Classe d'Histoire et de Littérature ancienne. Nommé, en 1816, correspondant de l'Académie des Inscriptions et Belles-Lettres.

Né à Paris, le 23 septembre 1776. — Mort à Asnières (Seine), le 3 juillet 1832. — Consul général à Alger et à Smyrne.

Auteur de : Histoire des Wahabis, Mémoire sur la solution générale des équations, Itinéraire de l'Asie Mineure.

244. — Fourcade (Paschal, Thomas).

Élu, le 2 août 1811, correspondant de la Classe d'Histoire et de Littérature ancienne.

Né à Pau, le 2 juin 1768. — Mort à Salonique, le 10 septembre 1813. — Consul de France à Saint-Jean-d'Acre, puis à la Canée et à Sinope.

Auteur de divers travaux d'archéologie.

245. — Sartorius de Waltershausen (le Baron Georg, Friedrich, Christoph).

Élu, le 2 août 1811, correspondant de la Classe d'Histoire et de Littérature ancienne. Nommé, en 1816, correspondant de l'Académie des Inscriptions et Belles-Lettres.

Né à Cassel, le 25 août 1766. — Mort à Gœttingue, le 23 août 1828. — Professeur de philosophie à l'Université de Gœttingue. Membre de l'Assemblée des États de Hanovre.

Auteur de : Histoire de la guerre des paysans allemands, Manuel d'économie politique, Histoire de la Ligue hanséatique, des Éléments de la richesse nationale, le Gouvernement des Ostrogoths en Italie, Histoire des commencements de la Hanse.

✢ Hammer Purgstall.

Élu, le 6 décembre 1811, correspondant de la Classe d'Histoire et de Littérature ancienne. — Voir Associés étrangers, n° 76.

✢ Artaud.

Élu, le 6 décembre 1811, correspondant de la Classe d'Histoire et de Littérature ancienne. — Voir Membres libres, n° 55.

246. — Kraijenhoff (le Baron Cornelius, Rudolphus, Theodorus).

Élu, le 9 décembre 1811, correspondant de la Classe des Sciences (section de Géographie et Navigation). Nommé, en 1816, correspondant de l'Académie des Sciences.

Né à Nimègue (Hollande), le 2 juin 1758. — Mort dans la même ville, le 24 novembre 1840. — Lieutenant général. Gouverneur d'Amsterdam.

Auteur de : Recueil des observations hydrographiques et topographiques faites en Hollande, Précis historique des opérations géodésiques et astronomiques faites en Hollande pour servir de base à la topographie de cet État.

247. — Paoli (Pietro).

Élu, le 9 décembre 1811, correspondant de la Classe des Sciences (section de Géométrie). Nommé, en 1816, correspondant de l'Académie des Sciences.

Né à Livourne, en 1759. — Mort à Pise, le 21 février 1839. — Consulteur royal. Surintendant des études du grand-duché de Toscane.

Auteur de Recherches hydrauliques.

248. — Sömmering (Samuel, Thomas de).

Élu, le 9 décembre 1811, correspondant de la Classe des Sciences (section d'Anatomie et Zoologie). Nommé, en 1816, correspondant de la Classe des Sciences.

Né à Thorn (Prusse), le 25 janvier 1775. — Mort à Francfort-sur-le-Mein, le 2 mars 1830. — Docteur en médecine.

Auteur de : la Structure du corps humain, *Icones oculi humani*, De l'effet nuisible des corsets, Figures des organes des sens.

249. — Mascagni (Paolo).

Élu, le 9 décembre 1811, correspondant de la Classe des Sciences (section de Médecine et de Chirurgie).

Né à Castelletto (Toscane), le 5 février 1755. — Mort à Florence, le 19 octobre 1815. — Professeur d'anatomie à l'Université de Pise, puis à celle de Florence.

Auteur de *Vasorum lymphaticorum historia, Anatomia universa.*

250. — Thomassin (Jean, François).

Élu, le 16 décembre 1811, correspondant de la Classe des Sciences (section de Médecine et Chirurgie). Nommé, en 1816, correspondant de l'Académie des Sciences.

Né à Rochefort-sur-Nenon (Jura), le 1er septembre 1750. — Mort à Besançon, le 25 mars 1828. — Chirurgien major. Premier Chirurgien de l'hôpital militaire de Neufbrisach. Chirurgien en chef de l'hôpital de Besançon.

Auteur de : Description abrégée des muscles avec la nouvelle nomenclature, Dissertation sur l'extraction des corps étrangers des plaies, Dissertation sur la pustule maligne, Dissertation sur le charbon malin de Bourgogne ; Observations intrachirurgicales pleines de remarques curieuses et d'événements singuliers ; Observations sur quelques points de la structure de l'œil, etc.

251. — Bürg (Johann, Tobias).

Élu, le 1er juin 1812, correspondant de la Classe des Sciences (section d'Astronomie). Nommé, en 1816, correspondant de l'Académie des Sciences.

Né à Vienne (Autriche), le 24 décembre 1766. — Mort à Wiesenau, le 25 novembre 1834. — Professeur au lycée de Klagenfurth. Astronome à l'Observatoire de Vienne.

Auteur de Mémoires insérés dans divers recueils scientifiques.

252. — Möll (le Baron Karl, Ehrenbert de).

Élu, le 23 novembre 1812, correspondant de la Classe des Sciences (section de Minéralogie). Nommé, en 1816, correspondant de l'Académie des Sciences.

Né à Thalgau (Autriche), le 21 décembre 1760. — Mort à Augsbourg, le 1er février 1838. — Directeur de la Chambre des finances de l'évêque de Salzbourg. Membre de la régence épiscopale. Membre de l'Académie des Sciences de Munich.

Auteur de plusieurs Mémoires sur la minéralogie. Sa correspondance a été publiée en quatre volumes.

253. — Linde (Samuel, Bogumil).

Élu, le 18 décembre 1812, correspondant de la Classe d'Histoire et de Littérature ancienne. Nommé, en 1816, correspondant de l'Académie des Inscriptions et Belles-Lettres.

Né à Thorn (Prusse), le 28 avril 1771. — Mort à Varsovie, le 15 août 1847. — Professeur à l'Université de Dresde. Recteur du lycée et bibliothécaire de l'Université de Varsovie.

Auteur de : Dictionnaire de la langue polonaise en 6 vol. in-4, Traité des lois et coutumes de la Lithuanie.

254. — Wilken (Friedrich).

Élu, le 18 décembre 1812, correspondant de la Classe d'Histoire et de Littérature ancienne. Nommé, en 1816, correspondant de l'Académie des Inscriptions et Belles-Lettres.

Né à Ratzeburg (Allemagne), le 23 mai 1777. — Mort à Berlin, le 24 décembre 1840. — Professeur d'histoire à l'Université de Heidelberg. Directeur de la Bibliothèque royale et professeur à l'Université de Berlin. Historiographe de Prusse. Conseiller intime.

Auteur de : *Rerum ab Alexio I°, Joanne Manuele et Alexio II Comnenis Romanorum Byzantinorum imperatoribus gestarum libri IV, De bellorum Cruciatorum ex Abulfeda historiis, Institutiones ad fundamenta linguæ Persicæ,* Histoire des croisades, *Rerum ab Alexio I, Joanne Manuele et Alexio II Byzantinæ Imperatoribus gestarum commentatio,* Histoire des bibliothèques de Heidelberg, Histoire de la bibliothèque de Berlin, Abrégé de l'histoire d'Allemagne.

255. — Grabert de Hemsö (Jacob).

Élu, le 18 décembre 1812, correspondant de la Classe d'Histoire et de Littérature ancienne. Nommé, en 1816, correspondant de l'Académie des Inscriptions et Belles-Lettres.

Né à Gannarfve de Hemsœ (île de Gottland), le 7 mai 1776. — Mort à Florence, le 29 novembre 1847. — Consul de Suède à Gênes, à Tanger et à Tripoli. Bibliothécaire du Palais Pitti et chambellan du grand-duc de Toscane.

Auteur de : Conjectures sur les Huns, Essai sur les Skaldes, Doutes sur les bohémiens, Essai sur la régence d'Alger, Speccho del imperio di Marocco.

256. — Mustoxidi (Andrea).

Élu, le 18 décembre 1812, correspondant de la Classe d'Histoire et de Littérature ancienne Nommé, en 1816, correspondant de l'Académie des Inscriptions et Belles-Lettres.

Né à Corfou, en 1785. — Mort au même lieu, le 30 juillet 1860. — Directeur de l'instruction publique en Grèce.

Auteur de : Histoire de Corcyre, Illustrazione Corcyrese, Fragments inédits des auteurs grecs, De la cession de Parga.

�֍ Freycinet.

Élu, le 22 mars 1813, correspondant de la Classe des Sciences (section de Géographie). Voir Membres titulaires, n° 377.

257. — Landon (Charles, Paul), ✳

Élu, le 28 août 1813, correspondant de la Classe des Beaux-Arts. Nommé, en 1816, correspondant de l'Académie des Beaux-Arts.

Né à Nonant (Orne), le 12 octobre 1760. — Mort à Paris, le 5 mars 1826. — Conservateur du musée du Louvre.

Auteur de : Annales du musée et de l'école moderne des beaux-arts, Paysages et tableaux de genre, Vies et œuvres des peintres les plus célèbres, Description de Paris, etc.

258. — Cicognara (le Comte Francesco, Leopoldo).

Élu, le 25 septembre 1813, correspondant de la Classe des Beaux-Arts. Nommé, en 1816, correspondant de l'Académie des Beaux-Arts.

Né à Ferrare (États de l'Église), le 25 novembre 1767. — Mort à Venise, le 5 mars 1834. —

Ministre de la République Cisalpine à Turin. Conseiller d'État. Président de l'Académie des Beaux-Arts de Venise.

Auteur de : Mémoires sur les littérateurs et les artistes ferrarais, Histoire de la sculpture, les Édifices de Venise, les Chefs-d'œuvre de Canova.

---

259. — Baillou (le Chevalier Giovanni de).

Élu, le 19 novembre 1813, correspondant de la Classe d'Histoire et de Littérature ancienne. Nommé, en 1816, correspondant de l'Académie des Inscriptions et Belles-Lettres.

Né à Livourne, le 25 août 1758. — Mort à Florence, le 27 juin 1819. — Géographe du duché de Toscane. — Commissaire pour l'établissement du système métrique en Toscane.

Auteur de la carte du Grand-Duché, et de : Études sur la métrologie antique et moderne, Dissertation sur les mesures des Hébreux, des Grecs et des Romains, Tables de comparaison des mesures métriques, les Voyages de Marco Polo, etc.

✣ Choiseul-Daillecourt.

Élu, le 19 novembre 1813, correspondant de la Classe d'Histoire et de Littérature ancienne. — Voir Membres titulaires, n° 331.

✣ Sismondi.

Élu, le 19 novembre 1813, correspondant de la Classe d'Histoire et de Littérature ancienne. — Voir Associés étrangers, n° 72.

---

260. — Home (Sir Everard).

Élu, le 6 décembre 1813, correspondant de la Classe des Sciences (section d'Anatomie et Zoologie). Nommé, en 1816, correspondant de l'Académie des Sciences.

Né à Hull (Angleterre), le 6 mai 1756. — Mort à Londres, le 31 août 1832. — Chirurgien de l'hôpital de Chelsea. Professeur au Collège royal. Membre de la Société royale. Baronnet.

Auteur de : Dissertation sur les propriétés du pus, Traitement des rétrécissements de l'urèthre et de l'œsophage, Traitement des ulcères des jambes, Lectures sur l'anatomie pratique.

---

261. — Huber (François).

Élu, le 6 décembre 1813, correspondant de la Classe des Sciences (section d'Anatomie et Zoologie). Nommé, en 1816, correspondant de l'Académie des Sciences.

Né à Genève, le 2 juillet 1750. — Mort à Lausanne, le 22 octobre 1831. — Naturaliste (devenu aveugle).

Auteur de : Nouvelles observations sur les abeilles, Recherches sur l'influence de l'air et des gaz par rapport à la germination.

✣ Davy.

Élu, le 13 décembre 1813, correspondant de la Classe des Sciences (section de Chimie). — Voir Associés étrangers, n° 40.

262. — Lacour (Pierre).

Élu, le 2 avril 1814, correspondant de la Classe des Beaux-Arts. Nommé, en 1816, correspondant de l'Académie des Beaux-Arts.

Né à Bordeaux, le 16 mars 1778. — Mort dans la même ville, le 17 avril 1859. — Professeur et Directeur de l'École de peinture de Bordeaux.

Auteur de : Tombeaux antiques de saint Médard, Monuments des sculpteurs anciens et modernes, la Gironde, le Mont-Dore, Essai sur les hiéroglyphes égyptiens, etc.

263. — Verdier (Timothée, Lecussan).

Élu, le 2 avril 1814, correspondant de la Classe des Beaux-Arts. Nommé, en 1816, correspondant de l'Académie des Beaux-Arts.

Né à Lisbonne, en 1756. — Mort dans la même ville, le 11 novembre 1831. — Négociant.

Auteur de nombreux mémoires publiés dans la collection de l'Académie de Lisbonne.

264. — Gillies (John).

Élu, le 22 juillet 1814, correspondant de la Classe d'Histoire et de Littérature ancienne. Nommé, en 1816, correspondant de l'Académie des Inscriptions et Belles-Lettres.

Né à Brechin (Écosse), le 18 janvier 1747. — Mort à Londres, le 18 février 1836. — Historiographe royal pour l'Écosse. Membre de la Société royale de Londres.

Auteur de: Histoire de la Grèce, Histoire universelle d'Alexandre à Auguste, Frédéric de Prusse et Philippe de Macédoine.

265. — Du Bois-Aymé (Jean, Marie, Joseph), ✳

Élu, le 22 juillet 1814, correspondant de la Classe d'Histoire et de Littérature ancienne. Nommé, en 1816, correspondant de l'Académie des Inscriptions et Belles-Lettres.

Né à Pont-de-Beauvoisin (Isère), le 22 décembre 1779. — Mort à Meylan (Isère), le 25 mars 1846. Ingénieur des Ponts et Chaussées.

Auteur de : Description de la Babylone d'Égypte, Description d'Héliopolis, les Ruines du Delta, les Anciennes branches du Nil, le Séjour des Hébreux en Égypte et leur fuite dans le désert, les Anciennes limites de la mer Rouge, les Tribus arabes des déserts d'Égypte, Voyage dans l'intérieur du Delta, De la justice criminelle en Toscane.

266. — Champollion-Figeac (Jacques, Joseph), ✳

Élu, le 22 juillet 1814, correspondant de la Classe d'Histoire et de Littérature ancienne. Nommé, en 1816, correspondant de l'Académie des Inscriptions et Belles-Lettres. Considéré comme démissionnaire le 11 janvier 1839, comme résidant à Paris.

Né à Figeac, le 5 octobre 1778. — Mort à Fontainebleau (Seine-et-Marne), le 9 mai 1867. — Professeur à la Faculté des Lettres de Grenoble. Conservateur des manuscrits de la Bibliothèque impériale. Professeur à l'École des Chartes.

Auteur de : Antiquités de Grenoble ; Recherches sur les patois de la France, Annales des Lagides, Résumé de chronologie générale, l'Égypte ancienne et moderne, Paléographie universelle, Traité d'archéologie.

267. — Jay (Louis, Joseph).

Élu, le 20 août 1814, correspondant de la Classe des Beaux-Arts. Nommé, en 1816, correspondant de l'Académie des Beaux-Arts.

Né à Saint-Hilaire-de-la-Côte (Isère), le 8 mars 1755. — Mort à Vienne (Isère), le 17 janvier 1836. — Peintre. Fondateur et Conservateur du Musée de Grenoble. Professeur de dessin à l'École centrale de l'Isère.

☆ Artaud de Montor.

Élu, le 3 septembre 1814, correspondant de la Classe des Beaux-Arts. — Voir Membres libres, n° 39.

☆ Dupin.

Élu, le 28 novembre 1814, correspondant de la Classe des Sciences (section de Mécanique). — Voir Membres titulaires, n° 335.

268. — Ferrer (Jose, Joaquim de).

Élu, le 28 novembre 1814, Correspondant de la Classe des Sciences (Section d'astronomie). Nommé, en 1816, correspondant de l'Académie des Sciences.

Né à La Havane vers 1772. — Mort à Bilbao (Espagne), en 1818. — Officier supérieur de la marine espagnole.

A passé plusieurs années dans les Antilles et dans l'Amérique du Nord, pour faire des déterminations géographiques qui ont été publiées, ainsi que des observations d'étoiles et de comètes, faites de 1807 à 1811, dans la connaissance des temps, dans les Mémoires de la Société astronomique et dans les Mémoires de la Société philomathique d'Amérique. On lui doit en outre : Sur la constance de la parallaxe équatoriale de la lune, Sur la parallaxe du soleil d'après les observations du passage de Vénus en 1769.

269. — Swartz (Olof).

Élu, le 5 décembre 1814, correspondant de la Classe des Sciences (section de Botanique). Nommé, en 1816, correspondant de l'Académie des Sciences.

Né à Norkœping (Suède), le 21 septembre 1760. — Mort à Stockholm, le 19 septembre 1818. — Professeur d'Histoire naturelle à l'Institut médico-chirurgical de Stockholm.

Auteur de : *Prodromus floræ Indicæ, Observationes botanicæ, Flora Indiæ occidentalis, Lichenes Americani, Adnotationes botanicæ.*

☆ Brown.

Élu, le 12 décembre 1814, correspondant de la Classe des Sciences (section de Botanique).—Voir Associés étrangers, n° 68.

270. — Viborg (Erich, Nissen).

Élu, le 12 décembre 1814, correspondant de la Classe des Sciences (section d'Économie rurale et Art vétérinaire). Nommé, en 1816, correspondant de l'Académie des Sciences.

Né à Bredsted (Danemark), le 5 avril 1759. — Mort à Copenhague, le 25 septembre 1822. — Professeur à l'École vétérinaire de Copenhague et Directeur de l'École. Inspecteur général des sables mouvants. Conseiller d'État.

Auteur de : Influence du sable mouvant, Recueil de dissertations pour les médecins vétérinaires et pour les économes, Livre élémentaire de l'histoire naturelle, Collection de traités sur l'art vétérinaire, Guide pour soigner les étalons, les poulinières et les poulains.

271. — Rigaud de l'Isle (Louis, Michel).

Élu, le 12 décembre 1814, correspondant de la Classe des Sciences (section d'Économie rurale et Art vétérinaire). Nommé, en 1816, correspondant de l'Académie des Sciences.

Né à Crest (Drôme), le 4 septembre 1761. — Mort à Grenoble, le 4 juin 1826. — Engagé volontaire. Officier du Génie. Député de l'Isère.

Auteur de : Les causes de l'insalubrité de l'air, Mémoires sur les engrais.

272. — Delpech (Jacques, Mathieu), ✳

Élu, le 19 décembre 1814, correspondant de la Classe des Sciences (section de Médecine et de Chirurgie). Nommé, en 1816, correspondant de l'Académie des Sciences.

Né à Toulouse, le 2 octobre 1777. — Assassiné à Montpellier, le 29 octobre 1832. — Professeur à la Faculté de Médecine de Montpellier.

Auteur de : Sur la pourriture d'hôpital, Précis des maladies dites chirurgicales, Chirurgie clinique, De l'orthomorphie, Traité du choléra.

273. — Frank (Johann, Peter).

Élu, le 19 décembre 1814, correspondant de la Classe des Sciences (section de Médecine et Chirurgie). Nommé, en 1816, correspondant de l'Académie des Sciences.

Né à Rodalbers (Bavière), le 19 mars 1745. — Mort à Vienne, le 24 avril 1821. — Professeur d'anatomie aux universités de Gœttingue, de Pavie et de Vienne. Archiâtre impérial de Russie.

Auteur de : Système de police médicale, Médecine pratique, l'Art de traiter les maladies.

Tiedemann.

Élu, le 26 décembre 1814, correspondant de la Classe des Sciences (section d'Anatomie).—Voir Associés étrangers, n° 99.

274. — Rever (l'Abbé Marie, François, Gilles).

Élu, le 13 janvier 1815, correspondant de la Classe d'Histoire et de Littérature ancienne. Nommé, en 1816, correspondant de l'Académie des Inscriptions et Belles-Lettres.

Né à Dol (Ille-et-Vilaine), le 8 avril 1753. — Mort à Conteville (Eure), le 12 novembre 1828. — Procureur-Syndic de l'Eure. Député à l'Assemblée législative. Conservateur de la Bibliothèque d'Évreux.

Auteur de : Mémoires sur les ruines du vieil Évreux, et de plusieurs ouvrages sur les antiquités de la Bretagne et de la Normandie.

275. — Rousseau (Pierre).

Élu, le 28 janvier 1815, correspondant de la Classe des Beaux-Arts. Nommé, en 1816, correspondant de l'Académie des Beaux-Arts.

Né à Nantes, en 1750. — Mort à Paris, en 1829. — Architecte. Inspecteur du château de Fontainebleau.

Œuvres principales. — Halle aux grains d'Amiens, hôpital Saint-Charles, théâtre, palais de la Légion d'honneur à Paris, église de Saint-Germain-en-Laye.

✪ Castellan.

Élu, le 28 janvier 1815, correspondant de la Classe des Beaux-Arts. — Voir Membres titulaires, n° 282.

✪ De la Rue.

Élu, le 13 février 1815, correspondant de la Classe des Beaux-Arts. — Voir Membres libres, n° 44.

✪ Dureau de la Malle.

Élu le 8 décembre 1815, correspondant de la Classe d'Histoire et de Littérature ancienne. — Voir Membres titulaires, n° 211.

276. — Spencer Stanhope (John).

Élu, le 8 décembre 1815, correspondant de la Classe d'Histoire et de Littérature ancienne. Nommé, en 1816, correspondant de l'Académie des Inscriptions et Belles-Lettres.

Né à Londres, le 27 mai 1787 (remplacé, par erreur, en 1841). — Mort à Londres, le 7 novembre 1873. — Archéologue.

Auteur de : Olympia, Topographie de la bataille de Platée, Esquisses topographiques de Mégalopolis, Tanagra, Aulis et Eretria.

277. — Valsamachi (le Chevalier Demetrius).

Élu, le 8 décembre 1815, correspondant de la Classe d'Histoire et de Littérature ancienne. Nommé, en 1816, correspondant de l'Académie des Inscriptions et Belles-Lettres.

Né à Céphalonie, en 1789. — Mort à Corfou, le 13 janvier 1870. — Archéologue.

Auteur de : Discours sur l'origine de la poésie dramatique des Grecs, Note sur la république des sept Iles, présentée au congrès de Vienne.

278. — Salt (Henry).

Élu, le 8 décembre 1815, correspondant de la Classe d'Histoire et de Littérature ancienne. Nommé, en 1816, correspondant de l'Académie des Inscriptions et Belles-Lettres.

Né à Lichfield (Angleterre), en 1775. — Mort au Caire, le 30 octobre 1827. — Consul d'Angleterre à Alexandrie.

Auteur de : Voyage en Abyssinie, Essai sur les hiéroglyphes.

279. — Reichenbach (Georg de).

Élu, le 11 décembre 1815, correspondant de la Classe des Sciences (section de Mécanique). Nommé, en 1816, correspondant de l'Académie des Sciences.

Né à Durlach (duché de Bade), le 24 août 1772. — Mort à Munich, le 21 mai 1826. — Lieutenant d'artillerie. Chef de l'administration des Ponts et Chaussées de Bavière. Conseiller supérieur des routes et des salines.

A introduit de nombreuses améliorations dans la fabrication des armes et dans l'exploitation des hauts fourneaux et forges de la Bavière.

280. — Swanberg (Jöns).

Élu, le 11 décembre 1815, correspondant de la Classe des Sciences (section d'Astronomie). Nommé, en 1816, correspondant de l'Académie des Sciences.

Né à Neder-Kalix (Suède), le 6 juillet 1771. — Mort à Upsal, le 15 janvier 1851. — Maître en philosophie. Docteur ès sciences. Professeur à l'Université d'Upsal. Astronome et secrétaire de l'Académie de Stockholm.

Auteur de : Enudatio enumerationis linearum tertii ordinis Newtonianæ, Figura verticalium in ellipsoide determinata, Linearum atque superficiorum theoria analytica exposita, Theoria motuum ellipticorum, Perspectivum principia projectionum analytica exposita, Euclidea proportionum doctrina explicatior facta, In solutionem æquationum algebraicarum disquisitiones, Disquisitiones arithmeticæ, De momento inertiæ rectæ circa rectam convolvensis, Exposition des opérations faites en Laponie pour la détermination d'un arc du méridien en 1801-1803, etc.

281. — Orfila (Matheo, Jose, Buenaventura), C. ✤

Élu, le 11 décembre 1815, correspondant de la Classe des Sciences (section de Médecine et Chirurgie). Nommé, en 1816, correspondant de l'Académie des Sciences.

Né à Mahon (Minorque), le 24 avril 1787; naturalisé Français en 1818. — Mort à Paris, le 12 mars 1853. — Professeur à la Faculté de Médecine de Paris et doyen de la Faculté. Médecin du Roi.

Auteur de: Éléments de chimie, des Exhumations juridiques, Traité de médecine légale, Traité de toxicologie.

282. — Callisen (Heinrich).

Élu, le 18 décembre 1815, correspondant de la Classe des Sciences (section de Médecine et Chirurgie). Nommé, en 1816, correspondant de l'Académie des Sciences.

Né à Preetz (Holstein), le 11 mai 1740. — Mort à Copenhague, le 5 février 1824. — Professeur à l'Université de Copenhague. Directeur de l'Académie de chirurgie. Médecin du Roi. Conseiller d'État.

Auteur de : Systema chirurgiæ hodiernæ et de plusieurs mémoires insérés dans divers recueils.

✤ de Buch.

Élu, le 26 décembre 1815, correspondant de la Classe des Sciences (section de Minéralogie). — Voir Associés étrangers, n° 83.

283. — Ménard de la Groye (François, Jean, Baptiste).

Élu, le 26 décembre 1815, correspondant de la Classe des Sciences (section de Minéralogie). Nommé, en 1816, correspondant de l'Académie des Sciences.

Né au Mans, le 2 mai 1775. — Mort à Saint-Samson (Sarthe), le 30 septembre 1827.

Auteur de : Notes et mémoires insérés dans les Annales du Muséum d'histoire naturelle.

✿ **Thévenin.**

Élu, le 20 avril 1816, correspondant de l'Académie des Beaux-Arts. — Voir Membres titulaires, n°367.

284. — Pond (John).

Élu, le 14 octobre 1816, correspondant de l'Académie des Sciences (section d'Astronomie).

Né à Londres, en 1767. — Mort à Blackheath (Angleterre), le 7 septembre 1836. — Astronome royal.

Auteur du catalogue des étoiles et de divers mémoires insérés dans les Recueils scientifiques, traducteur du Système du monde de La Place.

✿ **Bessel.**

Élu, le 14 octobre 1816, correspondant de l'Académie des Sciences. — Voir Associés étrangers, n°84.

285. — Mudge (William).

Élu, le 14 octobre 1816, correspondant de l'Académie des Sciences (section d'Astronomie).

Né à Plymouth, en 1762. — Mort à Londres, le 16 avril 1820. — Major général d'artillerie. Lieutenant-Gouverneur de l'Institut de Woolwich.

Auteur de : Comptes rendus de la mesure d'un arc du méridien entre Dunmore et Clifton, Exposé d'observations faites de 1784 à 1809.

286. — Michaux (André, François), ✱

Élu, le 18 novembre 1816, correspondant de l'Académie des Sciences (section d'Économie rurale).

Né à Versailles, le 16 août 1770. — Mort à Vauréal (Seine-et-Oise), le 23 octobre 1855. — Docteur en médecine. Chargé de missions scientifiques en Amérique.

Auteur de : Naturalisation des arbres fruitiers d'Amérique, Voyage à l'ouest des monts Alleghanys, Histoire des arbres fruitiers de l'Amérique septentrionale.

287. — Bracy-Clark.

Élu, le 18 novembre 1816, correspondant de l'Académie des Sciences (section d'Économie rurale).

Né à Londres, en 1770. — Mort à Londres, le 16 décembre 1860. — Vétérinaire.

Auteur de recherches sur la construction du sabot du cheval et sur la ferrure.

288. — Lowenörn (Poul).

Élu, le 25 novembre 1816, correspondant de l'Académie des Sciences (section de Géographie et Navigation).

Né à Copenhague, le 11 août 1751. — Mort dans la même ville, le 16 mars 1826. — Capitaine de frégate au service de la France de 1778 à 1782. Contre-Amiral de la marine danoise. Directeur du dépôt des cartes maritimes. A fait plusieurs expéditions au Groenland.

A publié beaucoup de cartes maritimes et a contribué à l'amélioration de l'éclairage et du balisage des côtes.

✿ Moreau de Jonnès.

Élu, le 25 novembre 1816, correspondant de l'Académie des Sciences (section de Géographie).— Voir Membres libres, n° 77.

289. — Fleuriau de Bellevue (Louis, Benjamin).

Élu, le 2 décembre 1816, correspondant de l'Académie des Sciences (section de Minéralogie).

Né à La Rochelle, le 23 février 1761. — Mort à Lyon, le 8 janvier 1849.

Auteur de : Notice sur la température d'un puits artésien entrepris en 1829 à La Rochelle, Mémoire sur l'état physique de la Charente-Inférieure, et de nombreux mémoires.

✿ Wollaston.

Élu, le 2 décembre 1816, correspondant de l'Académie des Sciences (section de Chimie).— Voir Associés étrangers, n° 48.

✿ Dalton.

Élu, le 2 décembre 1816, correspondant de l'Académie des Sciences (section de Chimie).— Voir Associés étrangers, n° 60.

✿ Berzélius.

Élu, le 2 décembre 1816, correspondant de l'Académie des Sciences (section de Chimie). — Voir Associés étrangers, n° 47.

290. — Lasalle (Achille, Étienne, Gigault de), ✵

Élu, le 23 septembre 1817, correspondant de l'Académie des Beaux-Arts.

Né à Paris, le 25 février 1772. — Mort à Paris, le 25 septembre 1855. — Conseiller référendaire à la Cour des Comptes. Préfet de la Haute-Marne.

Auteur de : Voyage pittoresque en Sicile.

291. — Serangeli (Gioachino).

Élu, le 23 septembre 1817, correspondant de l'Académie des Beaux-Arts.

Né à Rome, en 1770. — Mort à Turin, le 10 janvier 1852. — Peintre.

Œuvres principales. — La fuite en Égypte. Orphée et Eurydice. Naissance de Vénus. Orphée suppliant. Napoléon passant une revue. Napoléon et Alexandre à Tilsitt. Mort d'Alceste. Psyché et ses sœurs. Pyrrhus enlève Polyxène. Sophocle, etc.

292. — Bucourt (Philippe, Louis de).

Élu, le 23 septembre 1817, correspondant de l'Académie des Beaux-Arts.

Né à Paris, le 13 février 1755. — Mort à Paris, le 22 septembre 1832. — Peintre.

Œuvres principales.— Le gentilhomme bienfaisant. L'Instruction villageoise. Le Juge de village. La Consultation redoutée. La Feinte caresse. L'Incendie. Le Colin-Maillard. Procession de village. Le Lendemain de noces. Trait d'humanité de Louis XVI.

293. — Kramp (Chrétien), ✳

Élu, le 1ᵉʳ décembre 1817, correspondant de l'Académie des Sciences (section de Géométrie).

Né à Strasbourg, le 10 juillet 1760. — Mort dans la même ville, le 13 mars 1826. — Professeur à l'École centrale de la Roër. Doyen de la Faculté des Sciences de Strasbourg.

Auteur de : Histoire de l'aérostatique, Cristallographie du règne minéral, Traité de la fièvre, Analyse des réfractions astronomiques et terrestres, etc.

294. — Lamouroux (Jean, Vincent, Félix).

Élu, le 1ᵉʳ décembre 1817, correspondant de l'Académie des Sciences (section d'Anatomie et Zoologie).

Né à Agen, le 3 mai 1779. — Mort à Caen, le 26 mai 1825. — Professeur d'histoire naturelle à la Faculté des Sciences de Caen.

Auteur de : Les Espèces nouvelles de fucus, le Blé Lammas, les Polypiers coralligènes flexibles, Cours de géographie physique, les Aras bleus, etc.

295. — Lambton (William).

Élu, le 15 décembre 1817, correspondant de l'Académie des Sciences (section d'Astronomie).

Né à Calcutta, en 1748. — Mort à Hingham-ghaut (Indes), le 20 janvier 1823. — Lieutenant-colonel au service de la Compagnie des Indes. Directeur général des opérations trigonométriques.

Auteur de plusieurs mémoires insérés dans les Annales de la Société royale et de la Société asiatique.

296. — Lindenau (le Baron Bernhard, August de).

Élu, le 15 décembre 1817, correspondant de l'Académie des Sciences (section d'Astronomie).

Né à Altenbourg (Saxe), le 11 juin 1780. — Mort dans la même ville, le 21 mai 1854. — Directeur de l'Observatoire d'Altenbourg.

Auteur de : Tables barométriques pour faciliter le calcul des nivellements et des mesures de hauteur, Tables de Mars, Correspondance astronomique.

297. — Bonpland (Aimé, Jacques, Alexandre, Goujaud, dit), ✳

Élu, le 15 décembre 1817, correspondant de l'Académie des Sciences (section de Botanique).

Né à La Rochelle, le 29 août 1773. — Mort à Corrientes (Amérique du Sud), le 11 mai 1858. — Chirurgien de la marine. Intendant de la Malmaison. Professeur d'histoire naturelle à Buenos-Ayres.

Auteur de : Plantes équinoxiales, Monographie des mélastomées, Les plantes rares de Navarre. Collaboration à la relation des voyages de Humboldt.

298. — Gregory (James).

Élu, le 22 décembre 1817, correspondant de l'Académie des Sciences (section de Médecine et Chirurgie).

Né à Aberdeen (Écosse), en 1753. — Mort à Édimbourg, le 2 avril 1821. — Professeur de médecine à l'Université d'Édimbourg.

Auteur de : De morbis cœli mutatione medendis, Conspectus medicinæ theoricæ, Essais philosophiques et littéraires, Premiers éléments de la pratique de la médecine.

✻ **Young.**

Élu, le 5 janvier 1818, correspondant de l'Académie des Sciences (section de Physique). — *Voir Associés étrangers, n° 58.*

299. — Brisbane Mac Dougall (le Baron Thomas).

Élu, le 23 novembre 1818, correspondant de l'Académie des Sciences (section d'Astronomie).

Né à Bishoptown (Écosse), le 22 juillet 1773. — Mort à Brisbane (Écosse), le 31 janvier 1860. — Major général d'infanterie. Gouverneur de la Nouvelle-Galles du Sud. Baronnet.

Auteur de : Catalogue des étoiles de Brisbane, Mémoires insérés dans les *Transactions* de la Société royale d'Édimbourg.

300. — Kunth (Carl, Sigismund).

Élu, le 23 novembre 1818, correspondant de l'Académie des Sciences (section de Botanique).

Né à Leipzig, le 18 juin 1788. — Mort à Berlin, le 22 mars 1850. — Professeur de botanique à l'Université de Berlin et Vice-Directeur du jardin botanique.

Auteur de : *Flora Berolinensis,* Description des plantes du Nouveau Monde, les Mimosées et autres plantes légumineuses, les Graminées de l'Amérique du Sud, Manuel de Botanique.

301. — Smith (Sir James, Edward).

Élu, le 23 novembre 1818, correspondant de l'Académie des Sciences (section de Botanique).

Né à Norwich (Angleterre), le 2 décembre 1759. — Mort dans la même ville, le 17 mars 1828. — Fondateur et premier président de la Société Linnéenne. Professeur à l'Institution royale.

Auteur de : *Plantarum icones ineditæ,* Botanique anglaise, *Spicilegium botanicum,* Résumé d'un voyage sur le continent, *Flora Britannica,* Botanique exotique.

302. — Hubert (Jean, Baptiste), O. ✻

Élu, le 30 novembre 1818, correspondant de l'Académie des Sciences (section de Mécanique).

Né à Chauny (Aisne), le 1er mai 1781. — Mort à Rochefort, le 22 septembre 1845. — Ingénieur des constructions navales.

Auteur de : Détail de construction des machines du Sphinx, Instruction sur la conduite des machines à vapeur marines, Table de proportion des câbles en fer.

✻ **Maï.**

Élu, le 5 février 1819, correspondant de l'Académie des Inscriptions. — *Voir Associés étrangers, n° 88.*

✻ **Cousinery.**

Élu, le 5 février 1819, correspondant de l'Académie des Inscriptions. — *Voir Membres libres, n° 41.*

✻ **Pouqueville.**

Élu, le 5 février 1819, correspondant de l'Académie des Inscriptions. — *Voir Membres titulaires, n° 387.*

✢ **Du Trochet.**

Élu, le 1ᵉʳ mars 1819, correspondant de l'Académie des Sciences (section d'Anatomie). — Voir Membres titulaires, n° 425.

303. — Dunal (Félix, Michel), ✳

Élu, le 12 avril 1819, correspondant de l'Académie des Sciences (section de Botanique).

Né à Montpellier, le 24 octobre 1789. — Mort dans la même ville, le 29 juillet 1856. — Doyen de la Faculté de Médecine de Montpellier.

Auteur de : Histoire naturelle, médicale et économique des Solanum et des genres qui ont été confondus avec eux, Monographie de la famille des Annonacées, Mémoire sur le traitement curatif du choléra épidémique, et de plusieurs autres mémoires.

304. — Desormes (Charles, Bernard).

Élu, le 5 juillet 1819, correspondant de l'Académie des Sciences (section de Chimie).

Né à Dijon, le 3 juin 1777. — Mort à Verberie (Oise), le 30 août 1862. — Répétiteur à l'École polytechnique. Directeur de la manufacture de Verberie (Oise). — Député à l'Assemblée constituante de 1848.

Auteur de plusieurs travaux insérés dans les recueils de l'Académie des sciences.

305. — Bruniva (Michèle, Francesco).

Élu, le 8 novembre 1819, correspondant de l'Académie des Sciences (section d'Économie rurale).

Né à Pignerol (Piémont), le 15 mai 1761. — Mort à Piscina, le 27 octobre 1834. — Professeur de pathologie à l'Université de Turin.

Auteur de : les Insectes qui ravagent les récoltes, de l'Inflammation des poumons, des Maladies des bœufs, du Vaccin, de la Lithotritie, de la Fabrication de la bière.

306. — Kater (Henry).

Élu, le 6 décembre 1819, correspondant de l'Académie des Sciences (section d'Astronomie).

Né à Bristol (Angleterre), le 16 avril 1777. — Mort à Londres, le 26 avril 1835. — Officier au service de la Compagnie des Indes. Membre de la Société royale de Londres.

Auteur de : De la lumière du télescope Cassegrian, Traité de mécanique, et de plusieurs mémoires insérés dans les *Philosophical Transactions*.

307. — Rudolphi (Carl, Asmund).

Élu, le 13 décembre 1819, correspondant de l'Académie des Sciences (section d'Anatomie et Zoologie).

Né à Stockholm, le 14 juin 1771. — Mort à Berlin, le 29 novembre 1832. — Professeur à l'Université de Berlin. Directeur du Muséum d'anatomie.

Auteur de : *Observationes circa vermes intestinales*, Mémoires anatomico-physiologiques, Anatomie des plantes, *Entozoorum historia naturalis*, Principes de physiologie.

308. — Bérard (Jacques, Étienne), O. ✲

Élu, le 20 décembre 1819, correspondant de l'Académie des Sciences (section de Chimie).

Né à Montpellier, le 12 octobre 1789. — Mort dans la même ville, le 10 juin 1869. — Doyen de la Faculté de Médecine de Montpellier.

Auteur de travaux sur la terre de Salinelle, sur le muriate d'étain, sur les carbonates et sous-carbonates alcalins, sur l'eau contenue dans la soude fondue, sur les oxalates et les suroxalates alcalins, sur les propriétés des rayons de la lumière solaire, sur la maturation des fruits, sur les usines à gaz, sur les moyens d'arrêter le développement de la muscardine.

✲ Saint-Hilaire.

Élu, le 27 décembre 1819, correspondant de l'Académie des Sciences (section de Botanique). — Voir Membres titulaires, n° 407.

309. — Leslie (John).

Élu, le 30 octobre 1820, correspondant de l'Académie des Sciences (section de Physique générale).

Né à Largo (Écosse), le 16 avril 1766. — Mort à Coates (Écosse), le 3 novembre 1832. — Professeur de mathématiques, puis de sciences naturelles à l'Université d'Édimbourg.

Auteur de : Essai sur la nature du calorique, Cours de mathématiques, Éléments de philosophie naturelle, Analyse géométrique.

310. — Brinkley (John).

Élu, le 4 décembre 1820, correspondant de l'Académie des Sciences (section d'Astronomie).

Né à Woodbrige (Angleterre), en 1763. — Mort à Dublin, le 13 décembre 1835. — Professeur d'astronomie à l'Université de Dublin. Président de la Société royale d'Irlande. Évêque protestant de Cloyne.

Auteur de : Éléments d'astronomie.

311. — Böhnenberger (Johnan, Gottlieb, Friedrich de).

Élu, le 4 décembre 1820, correspondant de l'Académie des Sciences (section d'Astronomie).

Né à Simmozheim (Wurtemberg), le 5 juin 1765. — Mort à Tubingue, le 19 avril 1831. — Astronome à l'Observatoire de Tubingue. Docteur en philosophie et professeur d'astronomie et de mathématiques à l'Université de Tubingue.

A publié un grand nombre de Mémoires sur l'astronomie et la physique dans les *Tübinger Blætter für Naturwissenschaften und Arzneikunde*, les *Zeitschrift für Astronomie und Verwandte Wissenschaften*, dans la *Monatliche Correspondenz* de Zach et dans le *Jahrbuch* de Bode. On a encore de lui : Astronomie, Observations sur les dénominations géographiques, Principes d'analyse supérieure. — A inventé le Pendule à réversion, et une Méthode de réduction des Observations méridiennes.

312. — Thær (Albrecht, Daniel).

Élu, le 18 décembre 1820, correspondant de l'Académie des Sciences (section d'Économie rurale).

Né à Celle (Hanovre), le 14 mai 1752. — Mort à Mœglein (Prusse), le 26 octobre 1828. — Créateur de l'établissement agricole de Celle et de l'Institut pratique de Mœglin.

Auteur de : Introduction à l'étude de l'Économie rurale en Angleterre, Principes raisonnés d'agriculture, Description des nouveaux instruments d'agriculture.

313. — Aubuisson de Voisins (Jean, François d'), O. ✳

Élu, le 5 février 1821, correspondant de l'Académie des Sciences (section de Minéralogie).

Né à Toulouse, le 19 avril 1769. — Mort dans la même ville, le 20 août 1841. — Ingénieur en chef des Mines. Secrétaire perpétuel de l'Académie de Toulouse.

Auteur de : Considérations sur l'autorité royale en France et sur les Administrations locales, Des mines de Freyberg en Saxe et de leur exploitation, Observations sur les mines et les mineurs de Rourcié, et sur l'administration de ces mines, Nouvelle théorie de la formation des filons, Traité de géognosie, Mouvement de l'eau dans les tuyaux de conduite, Traité d'hydraulique. et de nombreux mémoires.

314. — Pfaff (Johann, Friedrich).

Élu, le 12 mars 1821, correspondant de l'Académie des Sciences (section de Géométrie).

Né à Stuttgart (Wurtemberg), le 22 décembre 1765. — Mort à Halle, le 20 avril 1825. — Professeur de mathématiques aux Universités de Helmstædt et de Halle.

Auteur de : *Commentatio de artibus et occasibus siderum, Disquisitiones analyticæ, Observationes ad Euleri institutiones calculi integralis,* etc.

315. — Lislet-Geoffroy (Jean-Baptiste).

Élu, le 7 mai 1821, correspondant de l'Académie des Sciences (section de Géographie et Navigation).

Né à l'Ile de la Réunion, le 23 août 1755. — Mort à l'Ile Maurice, le 8 février 1836. — Capitaine du génie, puis ingénieur hydrographe.

Auteur de : Cartes des Iles de France et de la Réunion, Carte des Séchelles, Carte de Madagascar, Voyage à Sainte-Luce.

316. — Mauduit (Antoine, François).

Élu, le 21 juillet 1821, correspondant de l'Académie des Beaux-Arts. Nommé correspondant honoraire, le 17 décembre 1842.

Né à Paris, le 10 août 1775. — Mort à Paris, le 27 décembre 1854. — Architecte de l'empereur de Russie, Alexandre Ier. Secrétaire de l'Académie de France à Rome.

Auteur de : Découvertes dans la Troade. — A construit le grand théâtre et l'église Saint-Isaac, à Saint-Pétersbourg.

317. — Perne (François, Louis).

Élu, le 21 juillet 1821, correspondant de l'Académie des Beaux-Arts.

Né à Paris, en 1772. — Mort à Laon, le 26 mai 1832. — Professeur adjoint, puis inspecteur du Conservatoire de musique et de déclamation.

Auteur de : Exposition de la scméiographie des Grecs, la Mélodie des troubadours, etc.

318. — Cochet (Claude, Ennemond, Balthazar).

Élu, le 21 juillet 1821, correspondant de l'Académie des Beaux-Arts.

Né à Lyon, le 6 janvier 1760. — Mort dans la même ville, le 14 mars 1835. — Grand Prix de Rome pour l'architecture. Professeur à l'École des Beaux-Arts de Lyon.

Auteur de : Muséum astronomique, géologique et zoologique ; Compte rendu des travaux de l'Académie de Lyon.

319. — Maunoir (Jean, Pierre).

Élu, le 3 septembre 1821, correspondant de l'Académie des Sciences (section de Médecine et Chirurgie).

Né à Genève, le 26 octobre 1768. — Mort dans la même ville, le 16 janvier 1861. — Chirurgien, Professeur d'anatomie à l'Académie de Genève.

Auteur de : l'Organisation de l'iris ; Mémoires sur les amputations, sur l'hydrocèle du cou, etc.

320. — Paulet (Jean, Jacques).

Élu, le 22 octobre 1821, correspondant de l'Académie des Sciences (section de Médecine et Chirurgie).

Né à Anduze (Gard), le 27 avril 1740. — Mort à Fontainebleau, le 4 août 1826. — Docteur en médecine.

Auteur de : Recherches sur les maladies épizootiques, Traité des champignons, Histoire de la petite vérole, Anti-magnétisme, Flore et faune de Virgile.

321. — Chateauvieux (Jacob, Frédéric, Lullin de).

Élu, le 10 décembre 1821, correspondant de l'Académie des Sciences (section d'Économie rurale).

Né à Genève, le 10 mai 1772. — Mort dans la même ville, le 24 septembre 1841. — Membre du Conseil des Deux-Cents. Conseiller d'État et premier Syndic de Genève.

Auteur de : Expériences sur la culture des terres.

322. — Raffeneau-Delile (Alyre), ✳

Élu, le 17 décembre 1821, correspondant de l'Académie des Sciences (section de Botanique).

Né à Versailles, le 23 janvier 1778. — Mort à Montpellier, le 5 juillet 1850. — Membre de l'Institut du Caire. Professeur de botanique à la Faculté de Médecine de Montpellier.

Auteur de : la Consomption pulmonaire, Effets de l'upas tieuté et des divers strychnos, les Plantes d'Afrique, la Flore d'Égypte.

323. — Dodwell (Edward).

Élu, le 21 décembre 1821, correspondant de l'Académie des Inscriptions et Belles-Lettres.

Né à Londres, en 1767. — Mort à Rome, le 14 mai 1832.

Auteur de : Voyage classique et topographique en Grèce, Vues et description des constructions cyclopéennes ou pélasgiques de Grèce et d'Italie.

324. — Stempkowsky (Josef de).

Élu, le 28 décembre 1821, correspondant de l'Académie des Inscriptions et Belles-Lettres.

Né à Odessa (Russie), en 1775. — Mort à Kertch, le 18 décembre 1832. — Colonel au service de la Russie.

Auteur d'une notice sur les médailles de Rhadaméadis, roi inconnu du Bosphore cimmérien, et de découvertes faites en Tauride en 1820, etc.

325. — Bodin (Jean, François).

Élu, le 28 décembre 1821, correspondant de l'Académie des Inscriptions et Belles-Lettres.

Né à Angers, le 26 septembre 1776. — Mort à Launay (Maine-et-Loire), le 5 février 1829. — Receveur particulier à Saumur. Député de Maine-et-Loire.

Auteur de : Recherches historiques sur Saumur et le haut Anjou, Recherches historiques sur Angers et le bas Anjou.

326. — Le Carpentier (Charles, Jacques, François).

Élu, le 5 janvier 1822, correspondant de l'Académie des Beaux-Arts.

Né à Pont-Audemer (Eure), le 22 juin 1744. — Mort à Rouen, le 22 septembre 1822. — Professeur à l'École des Beaux-Arts de Rouen.

Auteur de : Galerie des peintres célèbres, Essai sur le paysage, Itinéraire de Rouen.

327. — Benvenuti (Pietro).

Élu, le 12 janvier 1822, correspondant de l'Académie des Beaux-Arts.

Né à Arezzo (Toscane), le 8 janvier 1769. — Mort à Florence, le 3 février 1844.

Œuvres principales. — Judith (cathédrale d'Arezzo). La Justice et la Paix (évêché). Le Cœur de Jésus (Sienne). La Samaritaine (Montale). Le salon d'Hercule (palais Pitti à Florence). Coupole de la chapelle des Médicis (Florence).

328. — Richard (Fleury, François).

Élu, le 12 janvier 1822, correspondant de l'Académie des Beaux-Arts.

Né à Lyon, le 25 février 1777. — Mort à Ecully (Rhône), le 14 mars 1852. — Peintre.

Œuvres principales. — Sainte Blandine. Valentine de Milan pleurant son mari. Charles VII. François Iᵉʳ. Vert-Vert. L'atelier du peintre. Le corps de Henri IV exposé à Saint-Denis. Mˡˡᵉ de la Vallière. Saint Louis et sa mère. Marie Stuart. Mort de saint Paul. Gil Blas. Gabrielle d'Estrées. Mᵐᵉ Élisabeth. La duchesse de Montmorency. Tanneguy-Duchâtel. Le Tasse et Montaigne. La chartreuse de Saint-Bruno. Comminge et Adelaïde à La Trappe. Charles VII chez Agnès Sorel, etc.

329. — Schwerz (Johann, Nepomuk de).

Élu, le 18 avril 1822, correspondant de l'Académie des Sciences (section d'Économie rurale).

Né à Coblentz (Prusse), le 11 juin 1759. — Mort dans la même ville, le 11 février 1844. — Directeur de l'Institut wurtembergeois d'expériences et d'instruction agricole.

Auteur de : Assolements et culture des plantes de l'Alsace, Préceptes d'agriculture pratique. Culture des plantes à grains farineux ou Céréales et plantes à cosses, Culture des plantes fourragères, Manuel de l'agriculteur commerçant.

330. — Schweighæuser (Jean, Geoffroy).

Élu, le 25 novembre 1822, correspondant de l'Académie des Inscriptions et Belles-Lettres.

Né à Strasbourg, le 2 janvier 1776. — Mort, dans la même ville, le 14 mars 1844. — Professeur adjoint à la Faculté des Lettres de Strasbourg. Professeur au séminaire protestant. Bibliothécaire de la ville.

Auteur de : les Antiquités d'Alsace.

✠ Oersted.

Élu, le 9 juin 1823, correspondant de l'Académie des Sciences (section de Physique). — *Voir Associés étrangers, n° 87.*

331. — Braconnot (Henry).

Élu, le 15 septembre 1823, correspondant de l'Académie des Sciences (section de Chimie).

Né à Commercy (Meuse), le 29 mai 1780. — Mort à Nancy, le 13 janvier 1855. — Professeur d'histoire naturelle et Directeur du Jardin des plantes de Nancy.

Auteur de nombreux mémoires insérés dans divers recueils scientifiques.

332. — Hatchett (Charles).

Élu, le 15 septembre 1823, correspondant de l'Académie des Sciences (section de Chimie).

Né à Londres, le 2 janvier 1765. — Mort à Londres, le 10 mars 1847. — Membre de la Société royale de Londres.

Auteur de : Des propriétés de la substance métallique dite columbium, De l'emploi du prussiate de cuivre dans la peinture ; Expériences et observations sur les alliages de l'or, sur l'analyse de la pyrite, sur le bitume, sur une substance artificielle ayant les propriétés du tan.

333. — Stromeyer (Friedrich).

Élu, le 22 septembre 1823, correspondant de l'Académie des Sciences (section de Chimie).

Né à Gœttingue (Hanovre), le 2 août 1776. — Mort dans la même ville, le 18 août 1835.

Auteur de : *Historiæ vegetabilium geographicæ specimen, De arragonite ejusque differentia a spatho calcareo rhomboïdali chemica.*

✠ Faraday.

Élu, le 22 septembre 1823, correspondant de l'Académie des Sciences (section de Chimie). — *Voir Associés étrangers, n° 93.*

334. — Gaujal (le Baron Marc, Antoine de), O. ✳

Élu, le 28 novembre 1823, correspondant de l'Académie des Inscriptions et Belles-Lettres. Considéré comme démissionnaire, à cause de sa résidence à Paris, en 1839.

Né à Montpellier, le 28 janvier 1772. — Mort à Vias (Hérault), le 16 février 1856. — Député. Premier président des cours de Limoges et de Montpellier. Conseiller à la Cour de cassation.

Auteur de : les Habitants primitifs de la Gaule Cisalpine, Essais historiques sur le Rouergue, Histoire du Rouergue, Essai sur les langues modernes.

335. — Frœhn (Christian, Martin).

Élu, le 28 novembre 1823, correspondant de l'Académie des Inscriptions et Belles-Lettres.

Né à Rostock (Mecklenbourg-Schwerin), le 4 juin 1782. — Mort à Saint-Pétersbourg, le 16 août 1851. — Professeur à l'Université de Kazan. Directeur du musée asiatique de Saint-Pétersbourg. Conseiller d'État.

Auteur de : Description de médailles inédites, *Numophylacium orientale, Pototianum*, et d'un grand nombre de catalogues et de mémoires de numismatique.

336. — Fodera (Michele).

Élu, le 15 décembre 1823, correspondant de l'Académie des Sciences (section de Médecine et Chirurgie).

Né à Girgenti (Sicile), le 30 avril 1793. — Mort à Palerme, le 30 août 1848. — Docteur en médecine.

Auteur de : Histoire de quelques doctrines médicales, Recherches expérimentales sur l'absorption et l'exhalaison, Recherches sur l'action de plusieurs substances sur le système nerveux, Recherches sur les sympathies et sur les phénomènes nerveux, Du rapport des contractions musculaires avec la respiration et la circulation.

✠ Granet.

Élu, le 27 décembre 1823, correspondant de l'Académie des Beaux-Arts. — Voir Membres titulaires, n° 417.

✠ Ingres.

Élu, le 27 décembre 1823, correspondant de l'Académie des Beaux-Arts. — Voir Membres titulaires, n° 371.

337. — Dannecker (Johann, Heinrich de).

Élu, le 10 janvier 1824, correspondant de l'Académie des Beaux-Arts.

Né à Stuttgart (Wurtemberg), le 15 octobre 1758. — Mort dans la même ville, le 8 décembre 1841. — Professeur de sculpture à l'Académie de Stuttgart.

Œuvres principales. — Jeune fille pleurant son oiseau. Sapho. Schiller. Gluck. Ariane. La muse tragique. L'Amour et Psyché. Lavater. Statue colossale du Christ.

338. — Boisserée (Sulpiz).

Élu, le 17 janvier 1824, correspondant de l'Académie des Beaux-Arts.

Né à Cologne, le 3 août 1783. — Mort à Bonn, le 2 mai 1854. — Conservateur général des monuments plastiques de la Bavière.

Auteur de : Les monuments d'architecture du Bas-Rhin, Le temple de Saint Graal, Vues, plans et coupes de la cathédrale de Cologne; Notice sur la collection de tableaux des frères Boisserée.

339. — Moreau (Charles).

Élu, le 17 janvier 1824, correspondant de l'Académie des Beaux-Arts.

Né à Paris, en 1759. — Mort à Vienne (Autriche), le 3 novembre 1840. — Peintre.

Œuvres principales. — Hector arrachant Pâris des bras d'Hélène. La mort de Virginie. Le lit funèbre d'Atala, etc.

340. — Gasse (Luigi, Sylvestro).

Élu, le 17 janvier 1824, correspondant de l'Académie des Beaux-Arts.

Né à Naples, le 8 août 1778. — Mort dans la même ville, le 11 novembre 1833. — Architecte.

Œuvres principales. — Promenade de la villa Reale à Naples. Bourse de Naples. Observatoire de Capo di Monte.

341. — Muller (Johann, Gotthard de).

Élu, le 24 janvier 1824, correspondant de l'Académie des Beaux-Arts.

Né à Bernhausen (Wurtemberg), le 14 mai 1747. — Mort à Stuttgart, le 14 mars 1830. — Graveur. Directeur de l'École de gravure de Stuttgart.

Œuvres principales. — Louis XVI. Bacchus. Erigone. Saint Jérome. Loth et ses filles. La vierge à la Chaise (Raphaël). Sainte Cécile (Dominiquin). Sainte Catherine (Léonard de Vinci).

342. — Mattei (l'Abbé Francesco, Stanislao).

Élu, le 24 janvier 1824, correspondant de l'Académie des Beaux-Arts.

Né à Bologne, le 10 février 1750. — Mort dans la même ville, le 12 mai 1825. — Maître de chapelle de San-Petronio. Directeur du lycée de musique. Membre de l'Institut d'Italie.

Auteur de : *Principi di musica, Pratica d'accompagnamento*, et d'une quantité très considérable de morceaux de musique religieuse.

343. — Fossombroni (le Comte Vittorio).

Élu, le 6 septembre 1824, correspondant de l'Académie des Sciences (section de Mécanique).

Né à Arezzo (Toscane), le 15 septembre 1754. — Mort à Florence, le 13 avril 1844. — Inspecteur des biens de l'ordre militaire de San Stefano. Surintendant du Service hydraulique. Ministre des Affaires étrangères. Membre de la Commission des Finances.

Auteur de : *Sur la distribution des alluvions, Sur le principe de la vélocité virtuelle, Essai sur l'assainissement des marais Pontins*, et de nombreux mémoires.

344. — Jaubert de Passa (François, Jacques), ✳

Élu, le 3 janvier 1825, correspondant de l'Académie des Sciences (section d'Économie rurale).

Né à Passa (Pyrénées-Orientales), le 24 avril 1785. — Mort à Perpignan, le 16 septembre 1856. — Officier de dragons. Auditeur au Conseil d'État. Préfet des Pyrénées-Orientales.

Auteur de : *Voyage en Espagne ou recherches sur les arrosages, Essai sur les Gitanos, Recherches sur les arrosages chez les peuples anciens*, etc.

345. — Mathieu de Dombasle (Christophe, Joseph, Alexandre), ✳

Élu, le 14 février 1825, correspondant de l'Académie des Sciences (section d'Économie rurale).

Né à Nancy, le 26 février 1777. — Mort dans la même ville, le 27 décembre 1843. — Directeur de la ferme expérimentale et de l'Institut agricole de Roville.

Auteur de : *Observations sur la fabrication du sucre de betterave, De la distillation des graines et des pommes de terre, l'Agriculture pratique raisonnée, Annales agricoles*, etc.

346. — Revoil (Pierre, Henri).

Élu, le 20 août 1825, correspondant de l'Académie des Beaux-Arts.

Né à Lyon, le 13 juin 1776. — Mort à Paris, le 19 mars 1842. Peintre.

Œuvres principales. — L'anneau de Charles V. La convalescence de Bayard. Marie Stuart. François Ier armant chevalier son petit-fils.

347. — Schlick (Benjamin, Gotthold), ✳

Élu, le 20 août 1825, correspondant de l'Académie des Beaux-Arts (section d'Architecture).

Né à Copenhague, le 6 septembre 1796. — Mort à Paris, le 24 septembre 1872. — Architecte. Chambellan du duc de Lucques.

Auteur d'un traité sur les salles de théâtre et de nombreuses aquarelles de Pompéi et de Naples. A restauré le théâtre de Carlsruhe, celui des Variétés, à Paris, et plusieurs autres salles.

348. — Boguet (Nicolas, Didier), ✳

Élu, le 20 août 1825, correspondant de l'Académie des Beaux-Arts.

Né à Chantilly (Oise), le 18 février 1755. — Mort à Rome, le 1er avril 1839. — Peintre.

Œuvres principales. — Vue du lac de Némi. Le port d'Ancône. La reine Andovare précipitée dans un torrent. Le lac d'Albano. Le campo Vaccino. Vue de San-Vito. La villa Aldobrandini à Frascati. Le champ de bataille de Rivoli. Le passage du Pô sous Plaisance. La prise d'Ancône, etc.

349. — Desmarest (Anselme, Gaëtan).

Élu, le 22 août 1825, correspondant de l'Académie des Sciences (section d'Anatomie et Zoologie).

Né à Paris, le 6 mars 1784. — Mort à Alfort, le 4 juin 1838. — Professeur à l'École vétérinaire d'Alfort.

Auteur de : Mémoires insérés dans le Journal de physique, le Journal des Mines, les Mémoires de la Société d'histoire naturelle et les Annales des sciences.

350. — Encke (Johann, Franz).

Élu, le 19 décembre 1825, correspondant de l'Académie des Sciences (section d'Astronomie).

Né à Hambourg, le 23 septembre 1791. — Mort à Spandau, le 26 août 1865. — Lieutenant d'artillerie. Directeur de l'Observatoire de Berlin. Secrétaire perpétuel de l'Académie des Sciences de Berlin.

Auteur de : Sur l'orbite de la comète de 1680, Annuaire astronomique, Travaux de l'observatoire de Berlin.

✳ Brewster.

Élu, le 26 décembre 1825, correspondant de l'Académie des Sciences (section de Physique). — Voir Associés étrangers, n° 96.

351. — Seebeck (Ivan, Thomas).

Élu, le 26 décembre 1825, correspondant de l'Académie des Sciences (section de Physique générale).

Né à Revel (Russie), le 9 avril 1770. — Mort à Berlin, le 10 décembre 1831.

Auteur de : Polarisation magnétique des métaux et des terres par l'inégalité de la température, De l'action des rayons colorés sur un mélange de gaz oxi-muriatique et de gaz hydrogène, et de nombreux travaux sur le magnétisme et le galvanisme.

352. — Bröndsted (Peter, Oluf).

Élu, le 3 mars 1826, correspondant de l'Académie des Inscriptions et Belles-Lettres.

Né à Horsens (Danemark), le 17 novembre 1780. — Mort à Copenhague, le 26 juin 1842.

Auteur de : Voyages dans la Grèce, accompagnés de recherches archéologiques, et suivis d'un aperçu sur toutes les entreprises scientifiques qui ont eu lieu en Grèce depuis Pausanias jusqu'à nos jours.

353. — Warden (David, Bailie).

Élu, le 3 avril 1826, correspondant de l'Académie des Sciences (section de Géographie et Navigation).

Né à Ballycastle (Irlande). — Mort à Paris, le 9 octobre 1845. — Secrétaire de la légation américaine à Paris. Consul général et chargé d'affaires des États-Unis à Paris.

Auteur de : Notice sur le président Jackson, *Bibliotheca Americana*, et de plusieurs mémoires.

354. — Brunel (Sir Marc, Isambert), ✻

Élu, le 2 octobre 1826, correspondant de l'Académie des Sciences (section de Mécanique).

Né à Hacqueville (Eure), le 25 avril 1769. — Mort à Londres, le 12 décembre 1849. — Marin, puis Ingénieur. Membre et Président de la Société royale de Londres.

Inventeur de la machine pour fabriquer les poulies, de la machine autographe, de la scie circulaire, de la machine à remorquer; Constructeur du tunnel sous la Tamise, à Londres.

✻ Plana.

Élu, le 2 octobre 1826, correspondant de l'Académie des Sciences (section de Géométrie). — Voir Associés étrangers, n° 115.

355. — Hufeland (Christoph, Wilhelm).

Élu, le 30 octobre 1826, correspondant de l'Académie des Sciences (section de Médecine et Chirurgie).

Né à Langensalza (Prusse), le 27 août 1762. — Mort à Berlin, le 25 août 1836. — Médecin du Roi de Prusse. Professeur à l'Université de Berlin. Conseiller d'État. Directeur de l'Académie militaire de Médecine.

Auteur de : Traitement des maladies scrofuleuses, Macrobiotique ou l'art de prolonger la vie, Système de médecine pratique, Histoire de la santé, etc.

356. — Blane (Sir Gilbert).

Élu, le 30 octobre 1826, correspondant de l'Académie des Sciences (section de Médecine et Chirurgie).

Né à Blanefield (Écosse), le 29 août 1749. — Mort à Londres, le 27 juin 1834. — Médecin en chef de la flotte. Directeur du service médical britannique.

Auteur de : Les moyens les plus efficaces pour préserver la santé des marins, Lettres sur les quarantaines, La vaccination, Choix de dissertations sur la science médicale.

357. — Girou de Buzareingues (Louis, François, Charles), ✻

Élu, le 18 décembre 1826, correspondant de l'Académie des Sciences (section d'Économie rurale).

Né à Saint-Geniez (Aveyron), le 1er mai 1773. — Mort à Buseins (Aveyron), le 21 juillet 1856. — Engagé dans le génie maritime. Volontaire pendant la première campagne d'Italie. Agronome.

Auteur d'un très grand nombre d'écrits sur l'agriculture, l'anatomie, la physiologie animale, la physiologie végétale, la physique, la météorologie, la philosophie, la morale, l'éducation, la politique et l'économie sociale.

358. — Martius (Karl, Friedrich, Philipp de).

Élu, le 29 décembre 1826, correspondant de l'Académie des Sciences (section de Botanique).

Né à Erlangen (Bavière), le 17 avril 1794. — Mort à Munich, le 13 décembre 1868. — Docteur en médecine. Professeur à l'Université de Munich. Secrétaire perpétuel de l'Académie des Sciences de Bavière.

Auteur de : Voyage dans le Brésil, *Nova genera et species plantarum, Icones plantarum cryptogamicarum, Genera et species palmarum, Flora Brasiliensis,* Leçons sur l'histoire naturelle, etc.

359. — Scoresby (le Révérend William).

Élu, le 3 janvier 1827, correspondant de l'Académie des Sciences (section de Géographie et Navigation).

Né à Whitby (Angleterre), le 5 octobre 1789.— Mort à Torquay, le 21 mars 1857. — Navigateur. Membre de la Société royale d'Angleterre. Curé de l'Église des Marins à Liverpool. Vicaire de Bradford.

Auteur de : Tableau des régions arctiques, Journal d'un voyage à la pêche de la baleine dans le Nord, avec des recherches et des découvertes sur les côtes du Groenland faites en 1822, et de nombreux mémoires.

360. — Golbéry (Marie, Philippe, Aimé de), O. ✳

Élu, le 20 avril 1827, correspondant de l'Académie des Inscriptions et Belles-Lettres.

Né à Colmar, le 1ᵉʳ mai 1786. — Mort à Kientzheim (Haut-Rhin), le 5 juin 1854. — Procureur impérial. Conseiller à la cour de Colmar. Député du Haut-Rhin. Procureur général à Besançon.

Auteur de : Antiquités de l'Alsace, Histoire de la Suisse et du Tyrol; Traducteur de Niebuhr et de Schlosser.

361. — Du Ponceau (Étienne, Louis).

Élu, le 20 avril 1827, correspondant de l'Académie des Inscriptions et Belles-Lettres.

Né à Saint-Martin-de-Ré (Charente-Inférieure), le 3 juin 1760. — Mort à Philadelphie, le 1ᵉʳ avril 1844. — Capitaine dans l'armée des États-Unis. Attorney. Fondateur de l'Académie de jurisprudence de Philadelphie.

Auteur de : Coutumes des Berbers d'Afrique, Exposé de la constitution des États-Unis, Système grammatical des langues indiennes, De la nature du système chinois d'écriture.

✳ Cambray-Digny.

Élu, le 14 juillet 1827, correspondant de l'Académie des Beaux-Arts.— Voir Associés étrangers, n° 61.

362. — Ponce (Nicolas), ✳

Élu, le 14 juillet 1827, correspondant de l'Académie des Beaux-Arts.

Né à Paris, le 12 mars 1746. — Mort à Paris, le 21 mars 1831. — Graveur.

Auteur de Mélanges sur les Beaux-Arts. A illustré les œuvres de Voltaire, de J.-J. Rousseau, de l'Arioste de Berquin, et le livre des illustres Français.

363. — Chauvin (Pierre, Athanase), ✳

Élu, le 14 juillet 1827, correspondant de l'Académie des Beaux-Arts.

Né à Paris, le 13 juin 1774. — Mort à Rome, le 7 octobre 1832. — Peintre.

Œuvres principales. — Soleil levant. Environs de Rheingrafenstein. Salines de Kreuznach. Cascades de Tivoli. La villa d'Este. Salerne. Environs de Bénévent. La Cava. La grotte de Pouzzoles. Charles VIII entrant à Aquapendente. Les Fourches Caudines. La campagne de Rome. Le lac de Varese. Le couvent des capucins de Gensano. Couvent de Grotta-Ferrata. Villa de Mécène à Tivoli. La vallée de Narni. Saint-Pierre de Rome, etc.

---

364. — Nibby (Antonio).

Élu, le 21 juillet 1827, correspondant de l'Académie des Beaux-Arts.

Né à Rome, le 4 octobre 1792. — Mort à Rome, le 29 décembre 1839. — Professeur d'archéologie au grand Collège de Rome et à l'Académie de France. Fondateur de l'Académie du Tibre.

Auteur de : La Grecia di Pausania, Sul foro romano e la via sacra, Viaggio antiquario ne contorni di Roma, Elementi di archeologia, Album di Roma, etc.

---

365. — Réattu (Jacques).

Élu, le 21 juillet 1827, correspondant de l'Académie des Beaux-Arts.

Né à Arles (Bouches-du-Rhône), le 11 juin 1760. — Mort dans la même ville, le 7 avril 1823. — Peintre d'histoire.

Œuvres principales. — Daniel fait arrêter les accusateurs de Suzanne. Décoration du grand théâtre de Marseille. Apollon et les Muses. L'histoire de saint Paul, etc.

---

366. — Saint-Mesmin (Charles, Balthasar, Julien, Fevret de).

Élu, le 11 août 1827, correspondant de l'Académie des Beaux-Arts.

Né à Dijon, le 12 mars 1770. — Mort dans la même ville, le 23 juin 1852. — Enseigne aux gardes françaises. Rentré dans l'armée en 1814. Retraité comme Lieutenant-Colonel. Conservateur du musée de Dijon.

Auteur de : Notice sur le musée de Dijon, Sur les cachets d'oculistes romains, Sur les monuments de l'ancienne Chartreuse de Dijon.

---

367. — Conybeare (William, Daniel).

Élu, le 31 décembre 1827, correspondant de l'Académie des Sciences (section de Minéralogie).

Né à Londres, le 7 juin 1787. — Mort à Itchenstoke (Angleterre), le 12 août 1857. — Membre de la Société royale et de la Société géologique de Londres.

Auteur de : Esquisse de la géologie de l'Angleterre et du pays de Galles et étude comparative sur la structure des pays étrangers, Examen des phénomènes de la géologie ayant un rapport avec les idées théoriques, Les Progrès, l'État actuel et l'Avenir de la science géologique.

✳ Mitscherlich.

Élu, le 31 décembre 1827, correspondant de l'Académie des Sciences (section de Minéralogie). — Voir Associés étrangers, n° 100.

II.   25

368. — Ivory (James).

Élu, le 7 janvier 1828, correspondant de l'Académie des Sciences (section de Géométrie).

Né à Dundee (Écosse), en 1765. — Mort à Londres, le 21 septembre 1842. — Professeur de mathématiques et de physique à Dundee. Professeur de mathématiques au collège militaire de Harlow.

Auteur de nombreux écrits insérés dans les Transactions philosophiques et le Magasin philosophique.

369. — Arfvedsson (Johann, August).

Élu, le 22 janvier 1828, correspondant de l'Académie des Sciences (section de Chimie).

Né à Skagersholm (Suède), le 12 janvier 1792. — Mort à Hedensœ, le 28 octobre 1841. — Professeur à l'Université d'Upsal. Ingénieur des Mines. Membre de l'Académie des Sciences de Suède.

Auteur de : Analyse des minéraux de la mine d'Utö contenant de l'alcali fixe, Sur les oxydes de manganèse, Recherches sur l'uranium, Sur la décomposition des sulfates métalliques par l'hydrogène, Analyse de la lave du Vésuve. — A découvert le lithium.

370. — Link (Heinrich, Friedrich).

Élu, le 22 décembre 1828, correspondant de l'Académie des Sciences (section de Botanique).

Né à Hildesheim (Hanovre), le 2 février 1769. — Mort à Berlin, le 1er janvier 1851. — Professeur d'histoire naturelle aux Universités de Rostock, de Breslau et de Berlin. Directeur du Jardin des plantes de Berlin.

Auteur de : Introduction à la Connaissance géologique des minéraux, Annales d'histoire naturelle, *Philosophiæ botanicæ prodromus*, Philosophie naturelle, Anatomie et physiologie des plantes, Flore portugaise.

✿ Gaudichaud.

Élu, le 22 décembre 1828, correspondant de l'Académie des Sciences (section d'Économie rurale). — Voir Membres titulaires, n° 483.

371. — Barlow (Peter).

Élu, le 29 décembre 1828, correspondant de l'Académie des Sciences (section de Physique générale).

Né à Norwich (Angleterre), le 13 octobre 1776. — Mort à Woolwich, le 1er mars 1862. — Professeur à l'Académie militaire de Woolwich.

Auteur de : Recherches sur la théorie des nombres, Nouvelles tables mathématiques des attractions magnétiques, Sur la force des bois de construction, Des machines et des manufactures de la Grande-Bretagne, Des matériaux.

✿ de Gasparin.

Élu, le 11 mai 1829, correspondant de l'Académie des Sciences (section d'Économie rurale). — Voir Membres titulaires, n° 516.

372. — Meckel (Johann, Friedrich).

Élu, le 31 août 1829, correspondant de l'Académie des Sciences (section de Médecine et Chirurgie).

Né à Halle (Prusse), le 17 octobre 1781. — Mort à Halle, le 31 octobre 1833. — Professeur d'anatomie et de physiologie à l'Université de Halle.

Auteur de : Système d'anatomie comparée, Manuel de l'anatomie de l'homme, *Tabulæ anatomico-pathologicæ*, *Descriptio monstrorum*.

✣ Jacobi.

Élu, le 8 février 1830, correspondant de l'Académie des Sciences (section de Géométrie). — *Voir Associés étrangers, n° 94.*

✣ Herschel.

Élu, le 8 février 1830, correspondant de l'Académie des Sciences (section d'Astronomie). — *Voir Associés étrangers, n° 105.*

373. — Penchaud (Michel, Robert).

Élu, le 17 avril 1830, correspondant de l'Académie des Beaux-Arts.

Né à Poitiers, le 24 décembre 1772. — Mort à Paris, le 22 décembre 1832. — Architecte et archéologue.

A construit, à Marseille, le lazaret, l'hôpital de l'île de Ratonneau, l'arc de triomphe de la porte d'Aix, et, à Aix, le palais de justice.

374. — Brüloff (Alexandre).

Élu, le 17 avril 1830, correspondant de l'Académie des Beaux-Arts.

Né à Saint-Pétersbourg, en 1800. — Mort dans la même ville, le 21 janvier 1877. — Architecte. Professeur à l'Académie des Beaux-Arts de Saint-Pétersbourg.

Œuvres principales. — Théâtre de Michaïlow. Église Évangélique de Saint-Pierre. Observatoire de l'Académie des sciences. Restauration du Palais d'hiver de Saint-Pétersbourg.

375. — Debret (Jean, Baptiste).

Élu, le 17 avril 1830, correspondant de l'Académie des Beaux-Arts. Nommé, en 1842, correspondant honoraire.

Né à Paris, le 18 avril 1768, mort à Paris, le 11 juin 1848. — Ingénieur des Ponts et Chaussées. Professeur de dessin à l'École Polytechnique.

Œuvres principales. — Aristomène. Érasistrate soignant Antiochus. Napoléon saluant les blessés autrichiens. La première distribution des croix d'honneur. Andromède et Persée. Décoration du palais royal de Rio-Janeiro. Auteur de : Voyage pittoresque au Brésil.

✣ Meyerbeer.

Élu, le 17 avril 1830, correspondant de l'Académie des Beaux-Arts. — *Voir Associés étrangers, n° 74.*

376. — Hummel (Johann, Nepomuk).

Élu, le 17 avril 1830, correspondant de l'Académie des Beaux-Arts.

Né à Presbourg (Autriche), le 14 novembre 1778. — Mort à Weimar, le 17 octobre 1837. — Maître de chapelle de la cour de Wurtemberg et de Weimar.

Auteur de : la Vincende d'amore (op.), Mathilde de Guise (op.), Maison à vendre (op.), le Retour de l'Empereur (op.), Hélène et Pâris (ballet), de plusieurs pantomimes et de quantité de morceaux de musique d'église et de musique instrumentale.

377. — Dufour (Jean, Marie, Léon).

Élu, le 26 avril 1830, correspondant de l'Académie des Sciences (section d'Anatomie et Zoologie).

Né à Saint-Sever (Landes), le 10 avril 1780. — Mort dans la même ville, le 18 avril 1865. — Docteur en médecine.

Auteur de : Relation de voyage dans les montagnes Maudites, Recherches anatomiques et physiologiques sur les hémiptères, Propriétés des végétaux et leur application à l'alimentation, Nombreux travaux insérés dans les Mémoires de l'Institut, les Annales du Muséum, les Annales des sciences physiques, etc.

✡ Rauch.

Élu, le 28 avril 1830, correspondant de l'Académie des Beaux-Arts. — Voir Associés étrangers, n° 65.

---

378. — Pistrucci (Benedetto).

Élu, le 28 avril 1830, correspondant de l'Académie des Beaux-Arts.

Né à Bologne (États de l'Église), en 1782. — Mort à Englefield (Angleterre), le 16 septembre 1855. — Graveur de la Monnaie de Londres. Ingénieur en chef et médailliste du Roi.

Œuvres principales. — Monnaies des règnes de Georges III et Georges IV; Bataille de Waterloo, Georges IV, le duc d'York, Wellington, Couronnement de la reine Victoria.

---

379. — Wallich (Nathaniel).

Élu, le 31 mai 1830, correspondant de l'Académie des Sciences (section de Botanique).

Né à Copenhague, le 28 janvier 1787. — Mort à Londres, le 3 mai 1854. — Directeur du Jardin botanique de Calcutta.

Auteur de : *Flora Indica, Tentamen floræ Nepalensis, Plantæ Asiaticæ rariores.*

---

380. — Quoy (Jean, René, Constant), C. ✱

Élu, le 31 mai 1830, correspondant de l'Académie des Sciences (section d'Anatomie et Zoologie).

Né à Maillé (Vendée), le 10 novembre 1790. — Mort à Rochefort (Charente-Inférieure), le 4 juillet 1869. — Médecin de la marine à Rochefort. Premier Médecin en chef de la marine à Toulon. Inspecteur général du service de santé de la marine.

Auteur d'articles insérés dans la Revue des Deux Mondes.

---

381. — Gergonne (Joseph, Diez).

Élu, le 21 juin 1830, correspondant de l'Académie des Sciences (section de Géométrie).

Né à Nancy, le 19 juin 1771. — Mort à Montpellier, le 4 avril 1859. — Professeur de mathématiques à l'École centrale de Nîmes. Fondateur des Annales mathématiques.

Auteur de nombreux Mémoires.

✡ De la Rive.

Élu, le 6 décembre 1830, correspondant de l'Académie des Sciences. — Voir Associés étrangers, n° 129.

✧ de Villeneuve-Bargemont.

Élu, le 4 mars 1831, correspondant de l'Académie des Inscriptions et Belles-Lettres. — Voir Membres libres, n° 63.

382. — Matter (Jacques), O. ✳

Élu, le 4 mars 1831, correspondant de l'Académie des Inscriptions et Belles-Lettres.

Né à Alt-Eckendorf (Bas-Rhin), le 31 mai 1791. — Mort à Strasbourg, le 22 juin 1864. — Professeur au collège de Strasbourg. Inspecteur d'Académie. Inspecteur général des Bibliothèques. Conseiller de l'Université.

Auteur de : Histoire du gnosticisme, Histoire de l'école d'Alexandrie, Histoire universelle de l'Église chrétienne De l'influence des mœurs sur les lois et des lois sur les mœurs, Histoire des doctrines morales, De l'état de l'Allemagne, Philosophie de la religion.

✧ Böttiger.

Élu, le 4 mars 1831, correspondant de l'Académie des Inscriptions et Belles-Lettres. — Voir Associés étrangers, n° 67.

383. — Leake (William, Martin).

Élu, le 4 mars 1831, correspondant de l'Académie des Inscriptions et Belles-Lettres.

Né à Londres, en 1777. — Mort à Brighton (Angleterre), le 10 janvier 1860. — Lieutenant-Colonel d'artillerie.

Auteur de : Recherches en Grèce, Topographie d'Athènes, Journal d'un voyage dans l'Asie Mineure, Voyages en Morée, Voyages dans la Grèce du Nord, *Numismata Hellenica.*

✧ Peyron.

Élu, le 4 mars 1831, correspondant de l'Académie des Inscriptions et Belles-Lettres. — Voir Associés étrangers, n° 102.

✧ Spontini.

Élu, le 2 avril 1831, correspondant de l'Académie des Beaux-Arts. — Voir Membres titulaires, n° 511.

384. — Gambart (Jean, Félix, Adolphe).

Élu, le 28 novembre 1831, correspondant de l'Académie des Sciences (section d'Astronomie).

Né à Cette (Hérault), le 14 mai 1800. — Mort à Paris, le 23 juillet 1836. — Directeur de l'Observatoire de Marseille.

A découvert plusieurs comètes et a consigné de nombreuses observations dans la Connaissance des temps,

385. — Schumacher (Heinrich, Christian).

Élu, le 28 novembre 1831, correspondant de l'Académie des Sciences (section d'Astronomie).

Né à Bransted (Danemark), le 3 septembre 1780. — Mort à Altona, le 28 décembre 1850. — Astronome. Professeur à l'Université de Dorpat. Directeur de l'Observatoire de Mannheim.

Fondateur du journal *Astronomische Nachrichten*. A publié des Annuaires astronomiques.

✲ Ehrenberg.

Élu, le 19 *décembre* 1831, *correspondant de l'Académie des Sciences (section d'Anatomie).— Voir Associés étrangers, n°* 116.

---

386. — Gesenius (Friedrich, Heinrich, Wilhelm).

Élu, le 13 *janvier* 1832, *correspondant de l'Académie des Inscriptions et Belles-Lettres.*

Né à Nordhausen (Prusse), le 3 février 1786. — Mort à Halle, le 23 octobre 1842. — Professeur de théologie à l'Université de Halle.

Auteur de : Essai sur la langue maltaise, Dictionnaire hébreu-chaldéen, Grammaire hébraïque, Histoire de la langue hébraïque, le Prophète Isaïe, *Thesaurus philologicus criticus linguæ Hebræ et Chaldæ Veteris Testamenti*, De la langue et de l'écriture himjaritiques.

---

387. — Weiss (Charles), O. ✲

Élu, le 20 *janvier* 1832, *correspondant de l'Académie des Inscriptions et Belles-Lettres.*

Né à Besançon, le 15 janvier 1779. — Mort dans la même ville, le 11 février 1866. — Bibliothécaire de la ville de Besançon.

Éditeur des papiers d'État du cardinal de Granvelle et de la Biographie universelle.

---

388. — Rose (Gustav).

Élu, le 23 *janvier* 1832, *correspondant de l'Académie des Sciences (section de Minéralogie).*

Né à Berlin, le 18 mars 1798. — Mort à Berlin, le 15 juillet 1873. — Professeur de minéralogie à l'Université de Berlin.

Auteur de : Voyage aux monts Oural et Altaï et à la mer Caspienne ; Du feldspath, de l'albite et de l'amorthite ; Traité de cristallographie, le Système minéral cristallo-chimique.

---

389. — Mayer (Johann, Simon).

Élu, le 15 *décembre* 1832, *correspondant de l'Académie des Beaux-Arts.*

Né à Mendorf (Bavière), le 14 juin 1763. — Mort à Bergame, le 2 décembre 1845. — Directeur de l'Institut musical de Bergame.

Auteur de Médée et de plusieurs autres opéras.

---

390. — Navez (François, Joseph).

Élu, le 15 *décembre* 1832, *correspondant de l'Académie des Beaux-Arts.*

Né à Charleroi (Belgique), le 16 novembre 1787. — Mort à Bruxelles, le 11 octobre 1869. — Premier Professeur de peinture à l'Académie royale des Beaux-Arts de Bruxelles et Directeur de l'Académie.

Œuvres principales. — Agar au désert (m. de Bruxelles). Isaac et Rébecca (m. de La Haye). L'Assomption (église Sainte-Gudule). Mariage de la Vierge (Amsterdam). Le prophète Samuel (Harlem). Le Sommeil de Jésus (palais de Laeken). Athalie et Joas. Vert-Vert, à Nantes. La Femme adultère.

---

391. — Roques (Guillaume, dit Joseph), ✻

Élu, le 15 décembre 1832, correspondant de l'Académie des Beaux-Arts.

Né à Toulouse, en 1757. — Mort dans la même ville, le 28 décembre 1847. — Directeur de l'École de dessin et de peinture de Montpellier.

Œuvres principales. — Mort de Lucrèce. L'Amour et Psyché. Combat de Lonato. Tombeau d'Amyntas. Communion du duc d'Angoulême. Bergers de la vallée de Campan. Marat dans sa baignoire. Le Paralytique. L'Histoire de la Vierge, etc.

392. — Abadie (Paul), ✻

Élu, le 15 décembre 1832, correspondant de l'Académie des Beaux-Arts.

Né à Bordeaux, le 22 juillet 1783. — Mort dans la même ville, le 3 décembre 1868. — Architecte diocésain et architecte de la ville d'Angoulême.

A construit le palais de justice, la préfecture, l'abattoir, la prison et le portail de l'église Saint-André.

393. — Valz (Jean, Élie, Benjamin), ✻

Élu, le 17 décembre 1832, correspondant de l'Académie des Sciences (section d'Astronomie).

Né à Nîmes, le 28 mai 1787. — Mort à Marseille, le 22 février 1867. — Professeur d'astronomie à Nîmes et à Montpellier. Directeur de l'Observatoire de Marseille.

Auteur de plusieurs Mémoires insérés dans divers recueils scientifiques.

✻ Libri.

Élu, le 31 décembre 1832, correspondant de l'Académie des Sciences (section de Géométrie). — Voir Membres titulaires, n° 452.

394. — Quaranta (Bernardo).

Élu, le 18 janvier 1833, correspondant de l'Académie des Inscriptions et Belles-Lettres.

Né à Naples, le 24 février 1796. — Mort à La Barra, le 21 septembre 1867. — Professeur d'archéologie et de littérature grecque à l'Université de Naples. Contrôleur du museo Borbonico.

Auteur de : Inscriptions découvertes à Pompéi, le Cadran solaire de Pompéi, les Mythes de Dédale et Icare, la Charité grecque, Candélabres en bronze trouvés à Nocera, L'Averne, le Lucrin, Misène, Cumes, Baïa et la grotte de Pouzzoles, d'après Strabon, Peintures de vases antiques, le Mystagogue, Guide général du musée royal Bourbon, Trésor de vases d'argent découverts à Naples.

395. — Millingen (James).

Élu, le 18 janvier 1833, correspondant de l'Académie des Inscriptions et Belles-Lettres.

Né à Londres, le 18 janvier 1774. — Mort à Londres, le 1ᵉʳ octobre 1845. — Archéologue.

Auteur de : Peintures antiques de vases grecs, Monuments anciens de l'art grec, dans les principales collections de la Grande-Bretagne.

396. — Jouannet (François, Victor).

Élu, le 18 janvier 1833, correspondant de l'Académie des Inscriptions et Belles-Lettres.

Né à Rennes, le 31 décembre 1765. — Mort à Bordeaux, le 18 avril 1845. — Professeur au collège de Périgueux. Conservateur de la Bibliothèque de Bordeaux.

Auteur de : Statistique du département de la Gironde, Voyage de deux Anglais dans le Périgord, Lettres sur les antiquités du Périgord.

---

397. — Caumont (Arcisse de), O. ✳

Élu, le 18 janvier 1833, correspondant de l'Académie des Inscriptions et Belles-Lettres.

Né à Bayeux (Calvados), le 28 août 1802. — Mort à Caen, le 15 avril 1873. — Fondateur de la Société linnéenne de Normandie et de la Société pour la conservation des objets d'art.

Auteur de : Cours d'antiquités monumentales, Histoire de l'art dans l'ouest de la France, Histoire de l'architecture religieuse militaire et civile au moyen âge, Statistique monumentale du Calvados.

✳ Hermann.

Élu, le 18 janvier 1833, correspondant de l'Académie des Inscriptions et Belles-Lettres. — Voir Associés étrangers, n° 78.

---

398. — Labus (Giovanni).

Élu, le 18 janvier 1833, correspondant de l'Académie des Inscriptions et Belles-Lettres.

Né à Brescia (Lombardie), le 10 avril 1775. — Mort à Milan, le 6 décembre 1853. — Archéologue.

Auteur de: les Monuments antiques découverts à Brescia, Fastes de l'Église dans la vie des saints, les Principales Églises de l'Europe, le Musée de l'Académie de Mantoue, l'Ancienne voie romaine du Simplon.

---

399. — Struve (Friedrich, Georg, Wilhelm de).

Élu, le 18 février 1833, correspondant de l'Académie des Sciences (section d'Astronomie).

Né à Altona (Danemark), le 15 avril 1793. — Mort à Saint-Pétersbourg, le 23 novembre 1864. — Directeur de l'Observatoire de Dorpat, puis de Poulkova. Conseiller d'État ordinaire de Russie.

Auteur de: *Observationes dorpatenses, Catalogus novum stellarum duplicium*, Étude sur la voie lactée et la distance des étoiles fixes, De la dilatation de la glace, etc.

---

400. — Cooper (Astley, Paston).

Élu, le 11 mars 1833, correspondant de l'Académie des Sciences (section de Médecine et Chirurgie).

Né à Brooke (Angleterre), le 23 août 1768. — Mort à Londres, le 12 février 1841. — Chirurgien du Roi. Professeur de chirurgie à l'hôpital Saint-Thomas.

Auteur de: Leçons de chirurgie pratique, Traité des maladies des mamelles, Des hernies congénitales, crurales et ombilicales, Des fractures et des luxations.

---

401. — Vicat (Louis, Joseph), C. ✳

Élu, le 25 mars 1833, correspondant de l'Académie des Sciences (section de Mécanique).

Né à Nevers, le 31 mars 1786. — Mort à Grenoble, le 10 avril 1861. — Ingénieur en chef des Ponts et Chaussées. Doté, par une loi de 1843, d'une récompense nationale.

Auteur de: Des Mortiers et des Ciments calcaires, Des Ponts suspendus, Notes, Rapports et Mémoires insérés aux Annales des ponts et chaussées et aux Annales de physique et de chimie.

402. — Nobili (Leopoldo).

Élu, le 1er avril 1833, correspondant de l'Académie des Sciences (section de Physique générale).

Né à Trassilico (duché de Modène), en 1784. — Mort à Florence, le 17 août 1835. — Professeur de physique à l'Académie de Florence.

Auteur de plusieurs travaux sur l'électricité et le magnétisme, réunis en deux volumes, sous le titre de *Memorie ed Istrumenti.*

403. — Hansteen (Christoph).

Élu, le 8 avril 1833, correspondant de l'Académie des Sciences (section de Physique générale).

Né à Christiania (Norvège), le 26 septembre 1784. — Mort dans la même ville, le 15 avril 1873. Professeur de mathématiques au collège de Friedricksbourg et à l'Université de Christiania.

Auteur de : Recherches de magnétisme terrestre, Traité de géométrie, Traité de mécanique.

✵ Dirichlet.

Élu, le 6 mai 1833, correspondant de l'Académie des Sciences (section de Géométrie). — Voir Associés étrangers, n° 101.

404. — Lesson (René, Primevère), ✵

Élu, le 13 mai 1833, correspondant de l'Académie des Sciences (section d'Anatomie et Zoologie).

Né à Rochefort (Charente-Inférieure), le 20 mars 1794. — Mort dans la même ville, le 28 avril 1849. — Premier pharmacien en chef de la marine. Professeur de chimie à l'École navale de médecine de Rochefort.

Auteur de : Manuel de mammalogie, Manuel d'ornithologie, Voyage autour du monde sur la Coquille, Histoire naturelle des oiseaux-mouches, Manuel d'histoire naturelle médicale, Histoire naturelle de l'expédition de la Thétis, Mœurs et instincts des animaux, Nouveau Tableau du règne animal.

405. — Jacobson (Ludwig, Levin).

Élu, le 27 mai 1833, correspondant de l'Académie des Sciences (section d'Anatomie et Zoologie).

Né à Copenhague, le 10 janvier 1783. — Mort dans la même ville, le 29 août 1843. — Professeur de chimie à l'Académie de Copenhague.

Auteur de : Le système veineux des reptiles, D'un organe des mammifères, *De anastomosi nervorum novo in aure detecta,* etc. Inventeur du lithoclaste.

✵ Duvernoy.

Élu, le 3 juin 1833, correspondant de l'Académie des Sciences (section d'Anatomie). — Voir Membres libres, n° 75.

✵ Thierry.

Élu, le 23 novembre 1833, correspondant de l'Académie des Sciences morales (section d'Histoire). — Voir Membres titulaires, n° 524.

✵ Hallam.

Élu, le 23 novembre 1833, correspondant de l'Académie des Sciences morales (section d'Histoire). — Voir Associés étrangers, n° 81.

406. — Rotteck (Carl, Vinceslaüs, Rodecker de).

Élu, le 23 novembre 1833, correspondant de l'Académie des Sciences morales et politiques (section d'Histoire).

Né à Fribourg (duché de Bade), le 18 juin 1775. — Mort dans la même ville, le 25 novembre 1840. — Professeur d'histoire à l'Université de Fribourg. Conseiller aulique. Député.

Auteur de : Histoire universelle (12 vol.), Musée historique pour tous les États, Manuel du droit naturel et des sciences politiques, Recueil d'opuscules historiques et politiques, Manuel d'économie politique.

407. — Toullier (Charles, Bonaventure, Marie).

Élu, le 30 novembre 1833, correspondant de l'Académie des Sciences morales et politiques (section de Législation).

Né à Dol (Ille-et-Vilaine), le 21 janvier 1752. — Mort à Rennes, le 19 septembre 1835. — Professeur de droit civil et doyen de la Faculté de Rennes.

Auteur de : Le droit civil français, selon l'ordre du Code (9 vol.).

408. — Proudhon (Jean, Baptiste, Victor), ✳

Élu, le 30 novembre 1833, correspondant de l'Académie des Sciences morales et politiques (section de Législation).

Né à Chanans (Doubs), le 1er février 1758. — Mort à Dijon, le 20 novembre 1838. — Professeur de droit civil et doyen de la Faculté de Dijon.

Auteur de : Cours de législation et de jurisprudence, Sur l'état des personnes, Traité des droits d'usufruit, d'usage, etc. (9 vol.), Du domaine public (5 vol.), Du domaine de propriété (3 vol.).

✳ Savigny.

Élu, le 30 novembre 1833, correspondant de l'Académie des Sciences morales (section de Législation). — Voir Associés étrangers, n° 79.

409. — Grenier (le Baron Jean), ✳

Élu, le 14 décembre 1833, correspondant de l'Académie des Sciences morales et politiques (section de Législation).

Né à Brioude (Haute-Loire), le 16 septembre 1753. — Mort à Riom, le 30 janvier 1841. — Membre du Conseil des Cinq-Cents, du Tribunat et du Corps législatif. Procureur général, puis premier président de la Cour de Riom. Pair de France.

Auteur de : Essai sur l'adoption, Traité des donations et testaments, Traité de l'adoption, Traité des hypothèques.

410. — Romagnosi (Giovanni, Domenico, Gregorio, Giuseppe).

Élu, le 14 décembre 1833, correspondant de l'Académie des Sciences morales et politiques (section de Législation).

Né à Salso-Maggiore (duché de Parme), le 11 décembre 1761. — Mort à Milan, le 8 juin 1835. — Professeur de droit aux Universités de Parme, de Pise et de Milan.

Auteur de : Origine du droit pénal, Introduction à l'histoire du droit public universel, Projet de code de procédure, Journal de jurisprudence universelle, De la Conduite et de la Distribution des eaux, suivant les législations anciennes et modernes.

411. — Storch (Henri, Frédéric).

Élu, le 14 décembre 1833, correspondant de l'Académie des Sciences morales et politiques (section d'Économie politique).

Né à Riga (Russie), le 18 février 1766. — Mort à Saint-Pétersbourg, le 1er novembre 1835. — Professeur à l'École des Cadets de Saint-Pétersbourg. Conseiller aulique. Vice-Président de l'Académie des Sciences.

Auteur de : Observations recueillies pendant un voyage en France, Principes généraux des belles-lettres, Tableau de l'Empire de Russie au XVIIIe siècle, Cours d'économie politique.

✿ Passy.

Élu, le 14 décembre 1833, correspondant de l'Académie des Sciences morales (section d'Économie politique). — Voir Membres titulaires, n° 497.

412. — Meyér (Jacob, Daniel).

Élu, le 14 décembre 1833, correspondant de l'Académie des Sciences morales et politiques (section de Législation).

Né à Arnheim (Pays-Bas), le 15 septembre 1780. — Mort à Amsterdam, le 6 décembre 1834. — Juge d'instruction à Arnheim. Conseiller général du département du Zuiderzée. Avocat à Amsterdam.

Auteur de : *Dubia de doctrina Thomæ Pagneii*, Du principe fondamental de l'intérêt; Esprit, origine et progrès des institutions judiciaires des principaux pays d'Europe.

413. — Orioli (Francesco).

Élu, le 15 décembre 1833, corespondant de l'Académie des Sciences morales et politiques (section d'Histoire).

Né à Viterbe (États de l'Église), le 18 mars 1783. — Mort à Rome, en 1857. — Professeur à Rome.

Auteur de : Alcuni fatti sulle alquante parole (exposte in sei lunghissimi articoli).

414. — Muller (Carl, Ottfried).

Élu, le 15 décembre 1833, correspondant de l'Académie des Sciences morales et politiques (section d'Histoire).

Né à Bries-sur-Oder (Prusse), le 28 août 1797. — Mort à Castriz (Grèce), le 31 juillet 1840. — Professeur d'archéologie, puis d'histoire et de philosophie à l'Université de Gœttingue.

Auteur de : Archomène et les Minyens, Les Doriens, Prolégomènes d'une mythologie scientifique, Les Macédoniens, Les Étrusques, Manuel d'archéologie et d'art, Histoire de la littérature de la Grèce ancienne.

✿ de Schelling.

Élu, le 4 janvier 1834, correspondant de l'Académie des Sciences morales (section de Philosophie). — Voir Associés étrangers, n° 75.

415. — Schleiermacher (Friedrich, Daniel, Ernst).

Élu, le 4 janvier 1834, correspondant de l'Académie des Sciences morales et politiques (section de Philosophie).

Né à Breslau (Prusse), le 21 novembre 1768. — Mort à Berlin, le 12 février 1834. — Professeur de théologie et de philosophie à l'Université de Halle. Pasteur de la Trinité à Berlin.

Auteur de sermons, d'écrits historiques et philosophiques et d'une traduction de Platon.

416. — Esquirol (Jean, Étienne, Dominique).

Élu, le 4 janvier 1834, correspondant de l'Académie des Sciences morales et politiques (section de Philosophie).

Né à Toulouse, le 3 février 1772. — Mort à Paris, le 12 décembre 1840. — Médecin de l'hôpital de la Salpêtrière. Médecin en chef de la maison de Charenton. Inspecteur général de l'instruction publique.

Auteur de : Des établissements d'aliénés en France ; Les maladies mentales considérées sous les rapports médical, hygiénique et médico-légal.

417. — Prichard (James, Cowles).

Élu, le 4 janvier 1834, correspondant de l'Académie des Sciences morales et politiques (section de Philosophie).

Né à Ross (Angleterre), le 11 février 1786. — Mort à Londres, le 22 décembre 1848. — Médecin de l'hôpital Saint-Pierre, à Bristol.

Auteur de : Recherches sur l'histoire physique de l'espèce humaine, Histoire naturelle de l'homme, Analyse de la mythologie égyptienne, De l'origine de la langue celte, Les Maladies du système nerveux, Des diverses formes de la folie.

418. — Mill (James).

Élu, le 4 janvier 1834, correspondant de l'Académie des Sciences morales et politiques (section d'Économie politique).

Né à Montrose (Écosse), le 6 avril 1773. — Mort à Londres, le 23 juin 1836. — Secrétaire financier de la Compagnie des Indes.

Auteur de : Histoire des Indes britanniques, Essais, Éléments d'économie politique, Analyse des phénomènes de l'esprit.

✿ Mac-Culloch.

Élu, le 4 janvier 1834, correspondant des Sciences morales (section d'Économie politique). — Voir Associés étrangers, n° 89.

419. — Saulnier (Sébastien, Louis).

Élu, le 4 janvier 1834, correspondant de l'Académie des Sciences morales et politiques (section d'Économie politique).

Né à Nancy, le 28 février 1790. — Mort à Orléans, le 23 octobre 1835. — Préfet en 1815 (Cent-Jours) et en 1830. — Fondateur de la *Revue Britannique*.

420. — Morogues (le Baron Marie, Pierre, Sébastien, Bigot de).

Élu, le 4 janvier 1834, correspondant de l'Académie des Sciences morales et politiques (section d'Économie politique).

Né à Orléans, le 5 avril 1776. — Mort dans la même ville, le 15 juin 1840. — Ingénieur des Mines. Pair de France.

Auteur de: Influence de la forme du gouvernement, La noblesse constitutionnelle, politique, religieuse et philosophique, Politique basée sur la morale. — A dirigé la publication du Cours complet d'agriculture et a inséré plusieurs mémoires dans les Annales des mines.

421. — Pölitz (Carl, Heinrich, Ludwig).

Élu, le 4 janvier 1834, correspondant de l'Académie des Sciences morales et politiques (section d'Économie politique).

Né à Ernstthal (Saxe), le 17 août 1772. — Mort à Leipzig, le 27 février 1838. — Professeur de morale et d'histoire à l'École des Cadets, à Dresde. Professeur de philosophie à Leipzig. Professeur de droit naturel à Wittenberg. Censeur des écrits économiques et politiques.

Auteur de : Die Staats-wissenchaften in Lichte unser zeit (5 vol.), et d'un grand nombre d'articles.

✸ Gerhard.

Élu, le 10 janvier 1834, correspondant de l'Académie des Inscriptions. — Voir Associés étrangers, n° 117.

422. — Pommeuse (Michel, Louis, François, Huerne de).

Élu, le 25 janvier 1834, correspondant de l'Académie des Sciences morales et politiques (section de Morale).

Né à Paris, le 14 février 1765. — Mort à Paris, le 25 juin 1840. — Député de Seine-et-Marne de 1815 à 1827.

Auteur de : Les canaux navigables et la navigation de la France et de l'Angleterre, Des colonies agricoles et de leurs avantages, Recherches sur un moyen de crédit public pour terminer les canaux, Des marais et des moyens de les assainir.

423. — Fellenberg (Philippe, Emmanuel de).

Élu, le 25 janvier 1834, correspondant de l'Académie des Sciences morales et politiques (section de Morale).

Né à Berne, le 27 juin 1771. — Mort à Hofwil (Suisse), le 21 novembre 1844. — Landamann de Berne.

Fondateur de l'Institut agricole, de l'Institut des pauvres, de l'Institut des jeunes nobles, de l'Institut normal.

424. — Ordinaire (Jean, Jacques), ✸

Élu, le 25 janvier 1834, correspondant de l'Académie des Sciences morales et politiques (section de Morale).

Né à Besançon, le 27 décembre 1770. — Mort dans la même ville, le 31 janvier 1843. — Professeur de grammaire générale à l'École centrale du département du Doubs. Proviseur du lycée. Recteur de l'Académie de Besançon.

Auteur de : Exposition du système d'études suivi dans l'établissement de M. Morin, Méthode pour l'enseignement des langues, Racines grecques classées dans l'ordre de leurs désinences.

425. — Chalmers (Thomas).

Élu, le 25 janvier 1834, correspondant de l'Académie des Sciences morales et politiques (section de Morale).

Né à Anstruther (Écosse), le 17 mars 1780. — Mort à Morningside, le 31 mai 1847. — Ministre presbytérien. Professeur de philosophie morale à l'Université de Saint-Andrews.

Ses œuvres forment 5o volumes. Les principales sont : Preuves et autorité de la révélation chrétienne, la Révélation en accord avec l'astronomie, Sermons, etc.

426. — Bergery (Claude, Lucien), O. ✳

Élu, le 25 janvier 1834, correspondant de l'Académie des Sciences morales et politiques (section de Morale).

Né à Orléans, le 8 janvier 1787. — Mort à Tincry (Meurthe), le 18 avril 1863. — Capitaine d'artillerie. Professeur à l'École de Metz.

A publié un grand nombre de traités élémentaires formant une encyclopédie populaire.

427. — Klüber (Johann, Ludwig).

Élu, le 25 janvier 1834, correspondant de l'Académie des Sciences morales et politiques (section de Législation).

Né à Thann (Bavière), le 10 novembre 1762. — Mort à Francfort-sur-le-Mein, le 16 février 1837. — Professeur à l'Université de Heidelberg.

Auteur de : Essai sur la juridiction féodale, Petite bibliothèque de jurisprudence, Actes du congrès de Vienne 8 vol.), Le droit public et la confédération germanique, Le droit des gens de l'Europe, Traités et observations historiques, politiques et juridiques.

428. — Julius (Nicolaus, Heinrich).

Élu, le 25 janvier 1834, correspondant de l'Académie des Sciences morales et politiques (section de Morale).

Né à Altona (Danemark), le 3 octobre 1783. — Mort à Hambourg, le 20 juillet 1862. — Docteur en médecine.

Auteur de : État moral de l'Amérique du Nord, Annuaire des institutions pénitentiaires et améliiratrices, Leçons pour la connaissance des prisons, Du traitement des aliénés en Angleterre, etc.

429. — Austin (John).

Élu, le 25 janvier 1834, correspondant de l'Académie des Sciences morales et politiques (section de Législation).

Né à Nayland (Angleterre), le 3 mars 1790. — Mort à Weybridge, le 17 décembre 1859. — Officier d'infanterie. Avocat de l'Inner Temple. Professeur de jurisprudence à l'Université de Londres.

Auteur de : Détermination du Domaine de la jurisprudence, Conférences sur la philosophie de la loi positive.

✿ de Beaujour.

Élu, le 10 mai 1834, correspondant de l'Académie des Sciences morales et politiques (section d'Économie politique. — Voir Membres libres, n° 56.

430. — Lemoyne-Saint-Paul (Paul), ✱

Élu, le 17 mai 1834, correspondant de l'Académie des Beaux-Arts.

Né à Paris, le 6 juillet 1784. — Mort à Bordeaux, le 29 mai 1873. — Professeur de sculpture à l'Académie de France à Rome.

Œuvres principales. — Jeune fille jouant avec un enfant. Galathée sur un Dauphin. Bacchante et faune. L'Espérance. Sainte Juliette. Médée. La nymphe Echo. Jeune femme sur une tombe.

431. — Lasinio (Carlo).

Élu, le 17 mai 1834, correspondant de l'Académie des Beaux-Arts.

Né à Trévise (Italie), le 10 février 1729. — Mort à Pise, le 26 mars 1838. — Graveur.

Œuvres principales. — L'Etruria pittrice (40 pl.). Œuvres de Benozzo Gozzoli (20 pl.). Job. La Cène (Giotto). Saint Pierre (F. Lippi). Le jugement dernier et le triomphe de la mort (Orcagna). Collection des portraits des évêques de Toscane.

✿ Overbeck.

Élu, le 17 mai 1834, correspondant de l'Académie des Beaux-Arts. — Voir Associés étrangers, n° 91.

432. — Valadier (Giuseppe).

Élu, le 17 décembre 1834, correspondant de l'Académie des Beaux-Arts.

Né à Rome, le 14 avril 1762. — Mort dans la même ville, le 2 février 1839. — Architecte.

Œuvres principales. — Restauration de l'église de San Lorenzo in Damaso, à Rome. Façade de l'église des saints Apôtres. Façade de Saint-Pantaléon, etc.

433. — Daussoigne-Méhul (Joseph).

Élu, le 17 décembre 1834, correspondant de l'Académie des Beaux-Arts.

Né à Givet (Ardennes), le 24 juin 1790. — Mort à Liège (Belgique), le 10 mars 1875. — Grand Prix de Rome. Directeur du Conservatoire de Liège.

Auteur de : Robert Guiscard (op.), Le faux inquisiteur (drame lyrique), Aspasie (op.), Les deux Salons (op.).

✿ Texier.

Élu, le 17 décembre 1834, correspondant de l'Académie des Beaux-Arts. — Voir Membres libres, n° 88.

434. — Robert (Louis, Léopold).

Élu, le 27 décembre 1834, correspondant de la Classe des Beaux-Arts.

Né à La Chaux-de-Fonds (Suisse), le 13 mai 1794. — Mort à Venise, le 20 mars 1835. — Peintre.

Œuvres principales. — L'improvisateur napolitain (Louvre). Le chevrier des Apennins. L'ermite de Saint-Nicolas. Fille d'Ischia. Pèlerine portant son enfant mourant. Le retour de la fête de la madonne de l'Arc (Louvre). Les pifferari à Rome. Les moissonneurs dans les marais Pontins (Louvre). Le départ des pêcheurs. L'Adriatique (Louvre).

435. — Dugès (Antoine, Louis).

Élu, le 26 janvier 1835, correspondant de l'Académie des Sciences (section d'Anatomie et Zoologie).

Né à Landrecies (Nord), le 19 décembre 1797. — Mort à Montpellier, le 1ᵉʳ mai 1838. — Professeur à la Faculté de Médecine de Montpellier.

Auteur de : Recherches sur les maladies des enfants nouveau-nés, Essai sur la nature de la fièvre, De l'inflammation et des névroses, Manuel d'obstétrique, Du mal vertébral de Pott, Physiologie comparée de l'homme et des animaux, Traité pratique des maladies de l'utérus.

✠ Airy.

Élu, le 5 février 1835, correspondant de l'Académie des Sciences (section d'Astronomie). — Voir Associés étrangers, n° 147.

436. — Bonafous (Matthieu).

Élu, le 9 février 1835, correspondant de l'Académie des Sciences (section d'Économie rurale).

Né à Lyon, le 7 mars 1793. — Mort à Paris, le 23 mars 1852. — Directeur de l'Institut agronomique de Turin.

Auteur de : Traité sur le maïs, Traité sur le riz, Traité des mûriers et des vers à soie, Observations et expériences agricoles, De l'usage du chlorure de calcium, Excursion dans le pays de Gruyères, etc.

437. — Panizza (Bartolomeo).

Élu, le 16 février 1835, correspondant de l'Académie des Sciences (section de Médecine et Chirurgie).

Né à Vicence (Vénétie), le 15 août 1785. — Mort à Pavie, le 17 avril 1867. — Docteur en médecine. Professeur à l'Université de Pavie.

Auteur de : Observations anthropozootomiques, et physiologiques, in-fol.; Recherches expérimentales sur les nerfs, Des maladies vénériennes, De la glande parotide, Articles dans les Mémoires de l'Institut lombard des sciences, des lettres et des arts.

438. — Reiffenberg (le Baron Frédéric, Auguste, Ferdinand, Thomas de).

Élu, le 27 février 1865, correspondant de l'Académie des Inscriptions et Belles-Lettres.

Né à Mons (Belgique), le 14 novembre 1795. — Mort à Saint-Josse-ten-Node, le 18 avril 1850. — Lieutenant d'infanterie. Professeur à l'Université de Louvain, puis à celle de Liège. Conservateur de la Bibliothèque royale de Bruxelles.

Auteur de : Archives philologiques, Archives historiques des Pays-Bas, Histoire de l'ordre de la Toison d'or, Documents pour servir à l'histoire des provinces de Namur, de Hainaut et de Luxembourg, etc.

439. — Prunelle (Clément, Victor, François, Gabriel), ✳

Élu, le 20 avril 1835, correspondant de l'Académie des Sciences (section de Médecine et Chirurgie).

Né à La Tour-du-Pin (Isère), le 22 juin 1777. — Mort à Vichy (Allier), le 20 août 1853. — Professeur à la Faculté de Médecine de Montpellier. Maire de Lyon. Député de l'Isère. Inspecteur des eaux de Vichy.

Auteur de : Fragments pour servir à l'histoire de la médecine, De l'influence de la médecine sur la renaissance des lettres, De la médecine légale et de la médecine politique, De l'enseignement de la médecine et de la chirurgie.

440. — Bretonneau (Pierre, Fidèle), O. ✳

Élu, le 8 juin 1835, correspondant de l'Académie des Sciences (section de Médecine et Chirurgie).

Né à Saint-Georges-sur-Cher (Loir-et-Cher), le 3 avril 1778. — Mort à Paris, le 18 février 1862. — Médecin en chef de l'hôpital de Tours.

Auteur de : Utilité de la compression dans les inflammations de la peau, Des inflammations spéciales du tissu muqueux, Médication curative de la fièvre intermittente, Traitement de la coqueluche.

441. — Treviranus (Ludolf, Christian).

Élu, le 15 juin 1835, correspondant de l'Académie des Sciences (section de Botanique).

Né à Brême, le 10 septembre 1779. — Mort à Bonn, le 6 mai 1864. — Professeur de sciences naturelles à Brême et à Breslau. Professeur de botanique à l'Université de Bonn et directeur du Jardin des Plantes de Bonn.

Auteur de : Physiologie des plantes, De la structure intérieure des plantes; Collaborateur du Journal de physiologie et des Mélanges anatomiques et physiologiques.

442. — Melloni (Macedonio).

Élu, le 3 août 1835, correspondant de l'Académie des Sciences (section de Physique générale).

Né à Parme, le 11 avril 1798. — Mort à Portici, le 11 août 1854. — Professeur de physique à l'Université de Parme. Réfugié en France et professeur au collège de Dôle.

Auteur de : la Thermocrose, Mémoire sur l'identité des radiations lumineuses, calorifiques et chimiques vibrées par le soleil et les sources terrestres, et de plusieurs travaux insérés dans les Annales de physique et de chimie.

✳ de Klenze.

Élu, le 5 décembre 1835, correspondant de l'Académie des Beaux-Arts. — Voir Associés étrangers, n° 85.

443. — Wilkie (David).

Élu, le 5 décembre 1835, correspondant de l'Académie des Beaux-Arts.

Né à Cults (Écosse), le 18 novembre 1785. — Mort à Gibraltar, le 1er juin 1841. — Peintre du Roi. Membre de l'Académie royale.

Œuvres principales. — Les politiques de village, Enfants cherchant des rats, le Violoniste aveugle, le Jeune messager.

444. — Raimbach (Abraham).

Élu, le 5 décembre 1835, correspondant de l'Académie des Beaux-Arts.

Né à Londres, en 1776. — Mort dans la même ville, le 17 janvier 1843. — Graveur.

II.   27

Œuvres principales. — Les politiques de village. Le jour de la vente. Le saute-ruisseau. Le colin-maillard. La saisie. Le bedeau. La mère et l'enfant (d'après Wilkie). — A publié des mémoires.

✣ Donaldson.

Élu, le 12 décembre 1835, correspondant de l'Académie des Beaux-Arts. — Voir Associés étrangers, n° 124.

✣ Cornelius.

Élu, le 12 décembre 1835, correspondant de l'Académie des Beaux-Arts. — Voir Associés étrangers, n° 82.

445. — Du Queylar (Hughes, Jean, François, Paul).

Élu, le 12 décembre 1835, correspondant de l'Académie des Beaux-Arts.

Né à Digne, le 31 octobre 1771. — Mort à Valmousse (Bouches-du-Rhône), le 1ᵉʳ mars 1845. — Peintre.

Œuvres principales. — Ossian chantant l'hymne funèbre d'une jeune fille. Danaë exposé sur les flots. Bélisaire. Minos jugeant les ombres. Les Héros grecs tirant au sort les captifs de Troie. Sainte famille. Bacchus élevé par les nymphes. Pâris et Hélène. Archimède. Bélisaire demandant l'aumône. Artémise buvant les cendres de son époux. Mort de Phocion. Trajan distribuant les sceptres de l'Asie.

✣ Quetelet.

Élu, le 14 décembre 1835, correspondant de l'Académie des Sciences morales (section d'Économie politique). — Voir Associés étrangers, n° 149.

446. — Munster (le Comte Adolphus de).

Élu, le 23 décembre 1835, correspondant de l'Académie des Inscriptions et Belles-Lettres.

Né à Londres, le 16 février 1794. — Mort dans la même ville, le 20 mars 1842. — Major général. Pair d'Angleterre. Membre du Conseil privé. Aide de camp de la Reine.

Auteur de : Journal d'un voyage à travers l'Inde, et de divers mémoires.

447. — Humbert (Jean).

Élu, le 23 décembre 1835, correspondant de l'Académie des Inscriptions et Belles-Lettres.

Né à Genève, le 30 mars 1792. — Mort dans la même ville, le 19 septembre 1851. — Professeur d'arabe à l'Académie de Genève.

Auteur de : Anthologie arabe, Les poètes élégiaques français, De l'utilité de la langue arabe, *Arabica chrestomathia, Arabica analecta inedita.*

448. — Lagoy (le Marquis Louis, Roger, Xavier de Meyran de).

Élu, le 23 décembre 1835, correspondant de l'Académie des Inscriptions et Belles-Lettres.

Né à Saint-Remy (Bouches-du-Rhône), le 14 juillet 1790. — Mort à Aix, le 16 avril 1860.

Auteur de : Essai sur les médailles antiques de Cunobellus, roi de la Grande-Bretagne, in-4; Description de quelques médailles inédites de Massilia, de Glanum, des Cœnicenses et des Auscilis; Notice sur l'attribution de quelques médailles des Gaules, Explication de quelques médailles des rois goths d'Italie etc., découvertes dans le midi de la France, Essai de monographie d'une série de médailles gauloises d'argent imitées de deniers consulaires avec type des Dioscures, Recherches numismatiques sur l'armement et les instruments de guerre des Gaulois. — Auteur de nombreux articles insérés dans la Revue de numismatique.

449. — Hoffmann (Johann, Gottfried).

Élu, le 26 décembre 1835, correspondant de l'Académie des Sciences morales et politiques (section d'Économie politique).

Né à Breslau (Prusse), le 19 juillet 1765. — Mort à Berlin, le 12 novembre 1847. — Professeur d'économie politique à l'Université de Kœnigsberg. Conseiller d'État. Directeur du service de la statistique à Berlin.

Auteur de : L'intérêt de l'homme et du citoyen et le système des corporations, Le territoire et la population de la Prusse, Le système monétaire, Des rentes foncières, La science de la monnaie, La science des impôts, Des rapports entre le gouvernement et les citoyens.

450. — Berlier (le Comte Théophile) C. ✳.

Élu, le 2 avril 1836, correspondant de l'Académie des Sciences morales et politiques (section de Législation).

Né à Dijon, le 1ᵉʳ février 1761. — Mort dans la même ville, le 12 septembre 1844. — Député à la Convention. Membre du Comité de Salut public. Membre du Conseil des Cinq-Cents. Conseiller d'État. Banni de France comme régicide. Rentré en 1830.

Auteur de : Précis historique de l'ancienne Gaule, Collaborateur de l'Encyclopédie moderne.

451. — Arbanère (Etienne, Gabriel).

Élu, le 2 avril 1836, correspondant de l'Académie des Sciences morales et politiques (section d'Histoire).

Né à Cette (Hérault), le 6 juin 1784. — Mort à Tonneins (Lot-et-Garonne), le 8 mars 1858. — Maire de Tonneins.

Auteur de : Tableau des Pyrénées françaises contenant une description complète de cette chaîne de montagnes et de ses principales vallées depuis la Méditerranée jusqu'à l'Océan; Analyse de l'histoire asiatique et de l'histoire grecque; Vellina, ou les scènes et l'esprit des salons; Les champs au printemps, Analyse de l'histoire romaine, Études sur l'histoire universelle.

452. — Delacroix (Nicolas) O. ✳.

Élu, le 9 avril 1836, correspondant de l'Académie des Sciences morales et politiques (section d'Économie politique).

Né à Montblainville (Meuse), le 11 décembre 1785. — Mort à Valence (Drôme), le 7 juillet 1843. — Député de la Drôme. Maire de Valence.

Auteur de : Essai sur la statistique l'histoire et les antiquités du département de la Drôme, Des conseils de préfecture.

453. — Jacob (William).

Élu, le 9 avril 1836, correspondant de l'Académie des Sciences morales et politiques (section d'Économie politique).

Né à Londres, en 1795. — Mort à Londres, en 1864.

Auteur de : Renseignements sur l'agriculture et le commerce des grains dans le nord de l'Europe.

454. — Baily (Francis).

Élu, le 21 novembre 1836, correspondant de l'Académie des Sciences (section d'Astronomie).

Né à Newburg (Angleterre), le 28 avril 1774. — Mort à Londres, le 30 août 1844. — Fondateur et Président de la Société astronomique de Londres.

Auteur de : Tables pour l'achat et le renouvellement des annuités ; Doctrine des intérêts, des annuités et des assurances ; Catalogue des étoiles.

†† Cockerell.

Élu, le 10 décembre 1836, correspondant de l'Académie des Beaux-Arts. — *Voir Associés étrangers, n° 86.*

455. — Anderloni (Pietro).

Élu, le 10 décembre 1836, correspondant de l'Académie des Beaux-Arts.

Né à Santa Eufemia (Lombardie), le 12 octobre 1784. — Mort à Milan, le 13 octobre 1849. — Graveur. Directeur de l'École de gravure de Milan.

Œuvres principales. — La Vierge (Raphaël), la Vision d'Ezéchiel (Raphaël), la Fille de Jethro (N. Poussin), la Femme adultère (Titien).

456. — Taurel (André, Benoît, Barreau-).

Élu, le 10 décembre 1836, correspondant de l'Académie des Beaux-Arts.

Né à Paris, le 6 septembre 1794. — Mort à Amsterdam, le 11 février 1859. — Graveur. Grand Prix de Rome.

Œuvres principales. — Sextus Pompée, J.-B. Rousseau, Molière, le Tasse, Guillaume Ier et Guillaume II des Pays-Bas, Nicolas Ier de Russie.

457. — Hombres-Firmas (le Baron Louis, Auguste d'), ✳

Élu, le 26 décembre 1836, correspondant de l'Académie des Sciences (section d'Économie rurale).

Né à Alais (Gard), le 4 juin 1776. — Mort dans la même ville, le 5 mars 1857. — Agronome.

Auteur de : Recueil de proverbes météorologiques et agronomiques ; Mémoires et observations de physique, de météorologie, d'agriculture et d'histoire naturelle.

458. — Crazannes (le Baron Jean, César, Marie, Alexandre Chaudruc de), O. ✳

Élu, le 20 janvier 1837, correspondant de l'Académie des Inscriptions et Belles-Lettres.

Né à Crazannes (Charente-Inférieure), le 21 juillet 1782. — Mort à Castelsarrazin (Tarn-et-Garonne), le 15 août 1862. — Sous-préfet. Maître des requêtes au Conseil d'État.

Auteur de : Les médailles du règne de Napoléon, Sur la liberté de la presse, Sur l'Université, Antiquités de la Charente-Inférieure, Annuaire administratif du Tarn-et-Garonne, Lettres sur l'archéologie.

459. — Santarem (le Vicomte Manuel, Francesco de Barros y Souza).

Élu, le 20 janvier 1837, corrrespondant de l'Académie des Inscriptions et Belles-Lettres.

Né à Lisbonne, le 18 novembre 1790. — Mort à Paris, le 17 janvier 1856. — Ministre plénipotentiaire. Ministre d'État. Ministre des Affaires étrangères. Réfugié en France après la chute de dom Miguel.

Auteur de : Tableau des relations politiques et diplomatiques du Portugal, Institutions des colonies anglaises, Améric Vespuce, Découverte des pays de la côte occidentale d'Afrique, Histoire de la cosmographie au moyen âge, etc.

460. — La Sagra (Ramon de), ✻

Élu, le 21 janvier 1837, correspondant de l'Académie des Sciences morales et politiques (section d'Économie politique).

Né à La Corogne (Espagne), le 8 avril 1798. — Mort à Madrid, le 25 mai 1871. — Directeur du Jardin botanique de la Havane. Professeur d'économie sociale à l'Athénée de Madrid. Député aux Cortès.

Auteur de : Histoire de l'île de Cuba, Cinq mois aux États-Unis, L'instruction primaire en Belgique et en Hollande, Leçons d'économie sociale, Organisation du travail, La banque du peuple, Les partis en Espagne, etc.

461. — Beaufort (Sir Francis).

Élu, le 23 janvier 1837, correspondant de l'Académie des Sciences (section de Géographie et Navigation).

Né à Flower-Hill (Irlande), le 7 mai 1774. — Mort à Brighton (Angleterre), le 10 décembre 1857. — Contre-Amiral. Inspecteur du service d'hydrographie.

Auteur de : La Caramanie.

462. — Stassart (le Baron Goswin, Joseph, Augustin de), G. O. ✻

Élu, le 28 janvier 1837, correspondant de l'Académie des Sciences morales et politiques (section de Morale).

Né à Malines (Belgique), le 2 septembre 1780. — Mort à Bruxelles, le 10 octobre 1854. — Auditeur au Conseil d'État. Préfet de Vaucluse. Membre des États généraux des Pays-Bas. Président du Sénat de Belgique. Ministre plénipotentiaire à Turin.

Auteur de : Idylles, Pensées de Circé, Fables.

463. — Dunlop (James).

Élu, le 30 janvier 1837, correspondant de l'Académie des Sciences (section d'Astronomie).

Né en Écosse, en 1790. — Mort à Paramatta (Nouvelle Hollande), en 1848. — Directeur de l'Observatoire de Paramatta.

Auteur de : Catalogue des nébuleuses et des groupes d'étoiles, Observations avec la boussole, Place approximative de 253 étoiles doubles et triples. A découvert deux comètes et a observé beaucoup de nébuleuses et d'étoiles doubles australes.

464. — Carlini (Francesco), ✻

Élu, le 13 février 1837, correspondant de l'Académie des Sciences (section d'Astronomie).

Né à Milan, le 8 janvier 1783. — Mort à Badeort-Crodo (Italie), le 29 août 1862. — Docteur en philosophie. Aide astronome, puis Directeur de l'Observatoire de Milan. Membre, puis Président de l'Institut Lombard.

Auteur de : De la réfraction astronomique ; Sur les planètes Cérès, Vesta, Pallas et Junon ; Observations sur la longueur du pendule simple faite au mont Cenis, Divers mémoires sur la théorie de la Lune, Des lois apparentes de la distribution des corps, Du système solaire, Des tables du Soleil ; Auteur de nombreux mémoires insérés dans les éphémérides de Milan.

465. — Smyth (William, Henry).

Élu, le 20 février 1837, correspondant de l'Académie des Sciences (section d'Astronomie).

Né à Londres, le 21 janvier 1788. — Mort à Aylesbury, le 9 septembre 1865. — Amiral.

Auteur de : Atlas de la Sicile, Carte de Sardaigne. Sketch of the present state of the island of Sardina, Cycle of celestial objects, for the use of naval military and private astronomers, The Mediterranean : a memory physical historical and nautical.

466. — Wessenberg (l'Abbé Ignaz, Heinrich, Carl, Baron d'Ampringen de).

Élu, le 9 juin 1837, correspondant de l'Académie des Sciences morales et politiques (section de Morale).

Né à Dresde, le 4 novembre 1774. — Mort à Constance (grand-duché de Bade), le 9 août 1860. — Vicaire général du diocèse de Constance. Membre de la première Chambre des États de Bade.

Auteur de : Des fonctions de ceux qui ont charge d'âmes, De la réforme des universités allemandes, L'éducation élémentaire du peuple, Les grands conciles du xv⁰ et du xvi⁰ siècle.

✻ Brandis.

Élu, le 17 juin 1837, correspondant de l'Académie des Sciences morales (section de Philosophie). — Voir Associés étrangers, n° 104.

467. — Heusde (Philippus, Wilhelmus Van).

Élu, le 22 juillet 1837, correspondant de l'Académie des Sciences morales et politiques (section de Philosophie).

Né à Rotterdam (Hollande), le 17 juin 1778. — Mort à Gand (Belgique), le 28 juillet 1839. — Professeur d'éloquence et d'histoire à l'Université d'Utrecht.

Auteur de : Specimen criticum in Platonum, Initia philosophiæ Platonicæ, la Nature et l'utilité d'une éducation supérieure, l'École de Socrate, Lettres sur la philosophie, l'École de Polybe.

468. — Thibaut (Anton, Friedrich, Justus).

Élu, le 22 juillet 1837, correspondant de l'Académie des Sciences morales et politiques (section de Législation).

Né à Hameln (Hanovre), le 4 janvier 1774. — Mort à Heidelberg, le 28 mars 1840. — Professeur de droit aux Universités de Kiel et d'Iéna.

Auteur de : Essai sur quelques parties de la théorie du droit, Théorie de l'interprétation logique du droit romain, De la possession et de la prescription, Système du droit des Pandectes, Sur la pureté de la musique, etc.

469. — Hugo (Gustav).

Élu, le 22 juillet 1837, correspondant de l'Académie des Sciences morales et politiques (section de Législation).

Né à Lörrach (Bade), le 23 novembre 1764. — Mort à Gœttingue, le 15 septembre 1844. — Professeur de droit à l'Université de Gœttingue.

Auteur de : Cours de droit civil, Le droit naturel considéré comme philosophie du droit positif, Histoire du droit romain, Chrestomathie du droit romain, Histoire du droit depuis Justinien.

470. — Ritter (August, Heinrich).

Élu, le 20 janvier 1838, correspondant de l'Académie des Sciences morales et politiques (section de Philosophie).

Né à Zerbst (Anhalt-Dessau), le 21 novembre 1791. — Mort à Gœttingue, le 3 février 1869. — Professeur de philosophie aux Universités de Berlin, de Kiel et de Gœttingue.

Auteur de : Formation du philosophe par l'histoire de la philosophie, Histoire de la philosophie ionienne, Histoire de la philosophie de Pythagore, Histoire générale de la philosophie, La connaissance de Dieu dans le monde, Traité sur le mal.

471. — Littrow (Josef, Johann de).

Élu, le 22 janvier 1838, correspondant de l'Académie des Sciences (section d'Astronomie).

Né à Bischof-Teinitz (Autriche), le 13 mars 1781. — Mort à Vienne, le 30 novembre 1840. — Professeur d'astronomie à l'Université de Kazan. Directeur de l'Observatoire de Vienne.

Auteur de : Astronomie théorique et pratique, Méthode de calculer les rentes viagères, les Assurances sur la vie, Chorographie, Les merveilles du ciel, Les masses nébuleuses, Les étoiles doubles.

472. — Pinheiro-Ferreira (Sylvestre).

Élu, le 3 février 1838, correspondant de l'Académie des Sciences morales et politiques (section de Législation).

Né à Lisbonne, le 31 décembre 1769. — Mort dans la même ville, en 1847. — Professeur de philosophie à l'Université de Coïmbre. Chargé d'affaires à Berlin. Ministre des Affaires étrangères.

Auteur de : Essai sur la psychologie, Cours de droit public, Principes de droit constitutionnel.

✿ Raumer.

Élu, le 3 février 1838, correspondant de l'Académie des Sciences morales (section d'Histoire). — Voir Associés étrangers, n° 131.

473. — Marianini (Stefano, Giovanni).

Élu, le 30 juillet 1838, correspondant de l'Académie des Sciences (section de Physique générale).

Né à Zeme (Lombardie), le 5 janvier 1790. — Mort à Modène, le 9 juin 1866. — Président de la Société italienne des sciences.

Auteur de : Expériences électrométriques, Mémoires de physique expérimentale, Mémoires sur l'électricité d'un fluide à un autre, sur l'Action magnétisante des courants électriques, des Paralysies guéries par l'électricité voltaïque, des Fontaines à écoulement variable et intermittent, etc.

474. — Mohl (Hugo).

Élu, le 17 septembre 1838, correspondant de l'Académie des Sciences (section de Botanique).

Né à Stuttgart (Wurtemberg), le 8 avril 1805. — Mort à Tubingue, le 1er avril 1872. — Professeur à l'Université et Directeur du Jardin botanique de Tubingue.

Auteur de : Recherches sur les plantes grimpantes, Anatomie et physiologie des plantes, Micrographie, Anatomie et physiologie de la cellule végétale.

475. — Bréauté (Éléonore, Suzanne, Nell de).

Élu, le 12 novembre 1838, correspondant de l'Académie des Sciences (section d'Astronomie).

Né à Rouen, le 29 juin 1794. — Mort à La Chapelle du Bourgay (Seine-Inférieure), le 3 février 1855. — Conseiller général du département de la Seine-Inférieure et Président du Comice agricole de l'arrondissement de Dieppe.

A vu le premier la comète de 1823. A publié des observations astronomiques et météorologiques et une note sur la vérification des glaces d'horizons artificiels, dans les comptes rendus de l'Académie des sciences.

476. — Amati (Carlo).

Élu, le 15 décembre 1838, correspondant de l'Académie des Beaux-Arts.

Né à Monza (Lombardie), le 14 juin 1776. — Mort à Milan, le 23 mai 1852. — Architecte. Professeur à l'Académie des Beaux-Arts de Milan.

Auteur de : Les antiquités de Milan, Apologie de Vitruve, Observations sur l'usage de placer des modillons sur les frontispices, Mémoire sur les colonnes romaines de San Lorenzo, les Ordres d'architecture d'après Bavozzi da Vigno, Projet d'une nouvelle église dédiée à saint Charles Borromée, Règles du clair-obscur en architecture. — A construit l'église de Santa Maria dei Servi à Milan.

477. — Finelli (Carlo).

Élu, le 15 décembre 1838, correspondant de l'Académie des Beaux-Arts.

Né à Carrare (Italie), en 1780. — Mort à Rome, le 8 septembre 1853. — Sculpteur.

Œuvres principales. — Mars enfant. Junon. L'Amour au papillon. Mars. L'Amour en colère. Le discobole. Hébé. Petite bergère. Vénus. Les trois heures. Le triomphe de César (Vatican). Raphaël. Saint Maurice. L'ange du jugement dernier. Saint Michel archange.

478. — Schadow-Godenhauss (le Baron Friedrich, Wilhelm).

Élu, le 15 décembre 1838, correspondant de l'Académie des Beaux-Arts.

Né à Berlin, le 6 septembre 1789. — Mort à Dusseldorf, le 19 mars 1862. — Professeur de peinture à l'Académie de Berlin, puis à celle de Dusseldorf.

Œuvres principales. — Mignon. Les quatre évangélistes (Berlin). Les vierges sages et les vierges folles (Francfort). La source de vie. Assomption (Aix-la-Chapelle). Le Paradis, le Purgatoire et l'Enfer.

479. — Galluppi (le Baron Pasquale).

Élu, le 29 décembre 1838, correspondant de l'Académie des Sciences morales et politiques (section de Philosophie).

Né à Tropea (royaume de Naples), en 1770. — Mort à Naples, le 13 décembre 1846. — Professeur de philosophie à l'Université de Naples.

Auteur de : Essai sur la connaissance, Éléments de philosophie, Lettres philosophiques, Philosophie de la volonté, Considérations philosophiques sur l'idéalisme transcendental et sur le rationalisme absolu, Leçons de logique et de métaphysique, Histoire de la philosophie, Éléments de théologie naturelle.

✵ Giraud.

Élu, le 29 décembre 1838, correspondant de l'Académie des Sciences morales (section de Législation). — Voir Membres titulaires, n° 532.

480. — Lingard (l'Abbé John).

Élu, le 5 janvier 1839, correspondant de l'Académie des Sciences morales et politiques (section d'Histoire générale et philosophique).

Né à Winchester (Angleterre), le 5 février 1771. — Mort à Hornby, le 13 juillet 1851.

Auteur de : Traités sur divers sujets relatifs aux principes des catholiques, Histoire et antiquités de l'Église anglo-saxonne, Histoire d'Angleterre depuis l'invasion des Romains jusqu'en 1688, Instructions sur la doctrine et le culte de l'Église catholique.

✵ Owen.

Élu, le 4 février 1839, correspondant de l'Académie des Sciences (section d'Anatomie). — Voir Associés étrangers, n° 112.

481. — Gerville (Charles, Alexis, Adrien, Duhérissier de).

Élu, le 8 mars 1839, correspondant de l'Académie des Inscriptions et Belles-Lettres.

Né à Gerville (Manche), le 19 septembre 1769. — Mort à Valognes, le 26 juillet 1853. — Archéologue et naturaliste. Membre du Conseil général de la Manche.

Auteur de : les Fossiles du département de la Manche, le pays des Unelli, les Villes et les voies romaines du Cotentin, les Antiquités mérovingiennes de Valognes, Lettres sur la communication entre les deux Bretagnes.

✵ de la Saussaye.

Élu, le 8 mars 1839, correspondant de l'Académie des Inscriptions.— Voir Membres titulaires n° 562.

✵ de Saulcy.

Élu, le 8 mars 1839, correspondant de l'Académie des Inscriptions. — Voir Membres titulaires, n° 536.

✳ Borghesi.

Élu, le 15 mars 1839, correspondant de l'Académie des Inscriptions. — *Voir Associés étrangers, n° 113.*

482. — Prinsep (James).

Élu, le 15 mars 1839, correspondant de l'Académie des Inscriptions et Belles-Lettres.

Né à Londres, le 29 août 1799. — Mort en mer, sur l'Océan, le 22 avril 1840. — Directeur de la Monnaie aux Indes. Secrétaire de la Société asiatique. Éditeur du Journal de la Société asiatique, dans lequel il a inséré plusieurs travaux.

483. — Micali (Giuseppe).

Élu, le 15 mars 1839, correspondant de l'Académie des Inscriptions et Belles-Lettres.

Né à Livourne (Toscane), en 1780. — Mort à Florence, le 27 mars 1844. — Archéologue.

Auteur de : l'Italie avant la domination des Romains.

✳ Agassiz.

Élu, le 8 avril 1839, correspondant de l'Académie des Sciences (section d'Anatomie). — *Voir Associés étrangers, n° 148.*

484. — Deville (Jean, Achille), ✳

Élu, le 12 avril 1839, correspondant de l'Académie des Inscriptions et Belles-Lettres.

Né à Paris, le 19 janvier 1799. — Mort à Alençon (Orne), le 9 janvier 1875. — Receveur des Contributions directes. Conservateur du Musée archéologique de Rouen.

Auteur de : l'Abbaye de Saint-Georges de Rocherville, Histoire du Château-Gaillard, Tombeaux de la cathédrale de Rouen, Histoire des sires de Tancarville, Histoire du château d'Arques, etc.

485. — Le Glay (André, Joseph, Ghislain), ✳

Élu, le 12 avril 1839, correspondant de l'Académie des Inscriptions et Belles-Lettres.

Né à Arleux (Nord), le 29 octobre 1785. — Mort à Lille, le 14 mars 1863. — Docteur en médecine. Bibliothécaire de la ville de Cambrai. Archiviste du département du Nord.

Auteur de : Mélanges historiques et littéraires, Anecdotes historiques, Maximilien Iᵉʳ et Marguerite d'Autriche, Glossaire de l'ancien Cambrésis, Vies des saints, etc.

486. — La Fontenelle de Vaudoré (Armand, Désiré de), ✳

Élu, le 12 avril 1839, correspondant de l'Académie des Inscriptions et Belles-Lettres.

Né à Saint-Jouin-de-Milly (Deux-Sèvres), le 24 avril 1784. — Mort à Poitiers, le 12 février 1847. — Procureur impérial à La Rochelle. Conseiller à la cour royale de Poitiers.

Auteur de : Histoire d'Olivier de Clisson, Vie de Duplessis-Mornay, Ph. de Commines en Poitou, les Arts et Métiers à Poitiers, les Chroniques fontenaisiennes, Histoire des ducs d'Aquitaine et des comtes de Poitou.

487. — Ideler (Christian, Ludwig).

Élu, le 19 avril 1839, correspondant de l'Académie des Inscriptions et Belles-Lettres.

Né à Gross-Brese (Prusse), le 21 septembre 1766. — Mort à Berlin, le 10 août 1846. — Professeur d'astronomie à l'Université de Berlin.

Auteur de : Les observations astronomiques des anciens, Origine et signification des noms des étoiles, Manuel de chronologie mathématique et technique, La chronologie des Chinois, etc.

✵ Welcker.

Élu, le 19 avril 1839, correspondant de l'Académie des Inscriptions. — Voir Associés étrangers, n° 111.

✵ Grimm.

Élu, le 19 avril 1839, correspondant de l'Académie des Inscriptions. — Voir Associés étrangers, n° 95.

488. — Geel (Jacobus).

Élu, le 19 avril 1839, correspondant de l'Académie des Inscriptions et Belles-Lettres.

Né à Amsterdam, le 12 novembre 1789. — Mort à Scheveningen (Hollande), le 11 novembre 1862. — Professeur à l'Académie et Bibliothécaire de la ville de Leyde.

Auteur de : Historia critica sophistarum græcorum, Bibliotheca critica nova, Anecdota Hemsterhusiana, etc.

✵ Chasles.

Élu, le 6 mai 1839, correspondant de l'Académie des Sciences (section de Géométrie). — Voir Membres titulaires, n° 599.

489. — Buckland (William).

Élu, le 24 juin 1839, correspondant de l'Académie des Sciences (section de Minéralogie).

Né à Axminster (Angleterre), le 12 mars 1784. — Mort à Londres, le 14 août 1856. — Ministre protestant. Professeur de minéralogie et de géologie à l'Université d'Oxford. Doyen de Westminster. Président de la Société de géologie.

Auteur de : les Rapports de la géologie et de la religion expliqués, Reliquiæ diluvianæ, la Structure des Alpes, la Géologie et la Minéralogie dans leurs rapports avec la théologie naturelle.

490. — Berbrugger (Louis, Adrien), ✲

Élu, le 30 août 1839, correspondant de l'Académie des Inscriptions et Belles-Lettres.

Né à Paris, le 11 mai 1801. — Mort à Mustapha-Supérieur (Algérie), le 2 juillet 1869. — Secrétaire du maréchal Clausel et du maréchal Valée.

Auteur de : l'Expédition de Mascara, Voyage au camp d'Abd-el-Kader, la grande Kabylie sous les Romains, Projet d'exploration des oasis algériennes, l'Algérie historique, pittoresque et monumentale, Négociations avec Abd-el-Kader, etc.

491. — Floquet (Pierre, Amable), ✻

Élu, le 3o août 1839, correspondant de l'Académie des Inscriptions et Belles-Lettres.

Né à Rouen, le 9 juillet 1797. — Mort à Formentin (Calvados), le 3 août 1881. — Greffier en chef de la Cour d'appel de Rouen.

Auteur de : Histoire du parlement de Normandie, Histoire du privilège de Saint-Romain, Anecdotes normandes, Études sur Bossuet, etc.

492. — Fresnel (Fulgence).

Élu, le 6 septembre 1839, correspondant de l'Académie des Inscriptions et Belles-Lettres.

Né à Mathieu (Calvados), le 15 avril 1795. —Mort à Bagdad (Turquie d'Asie), le 3o novembre 1855, — Consul à Djeddah.

Auteur de : Lettres sur l'histoire des Arabes avant l'islamisme, Explication des inscriptions himyarites, et de nombreux mémoires insérés dans le Journal asiatique.

✻ Tenerani.

Élu, le 3o novembre 1839, correspondant de l'Académie des Beaux-Arts. — Voir Associés étrangers, n° 92.

493. — Serradifalco (le Duc Domenico lo Faso Pietra Santa de), C. ✻

Élu, le 3o novembre 1839, correspondant de l'Académie des Beaux-Arts.

Né à Palerme, le 21 octobre 1783. — Mort à Florence, le 16 février 1863.

Auteur de : Les antiquités de la Sicile, La cathédrale de Monreale et les églises normandes en Sicile, etc.

✻ Cassina.

Élu, le 3o novembre 1839, correspondant de l'Académie des Beaux-Arts. — Voir Associés étrangers, n° 90.

494. — Azeglio (le Marquis Roberto, Tapparelli d'), O. ✻

Élu, le 3o novembre 1839, correspondant de l'Académie des Beaux-Arts.

Né à Turin, le 2 octobre 1798. — Mort dans la même ville, le 23 décembre 1862. — Sénateur du royaume de Piémont.

Auteur de : Études historiques et archéologiques sur l'art du dessin, Notices sur les tableaux du musée de Turin, Portraits d'hommes illustres faits par des peintres célèbres.

495. — Hamilton (Sir William).

Élu, le 25 janvier 1840, correspondant de l'Académie des Sciences morales et politiques (section de Philosophie).

Né à Glasgow, le 8 mars 1788. — Mort à Cambridge (Angleterre), le 6 mars 1866. — Professeur d'histoire, puis de métaphysique à l'Université d'Edimbourg.

Auteur de : Fragments de philosophie, Discussions sur la philosophie, la littérature et l'éducation.

✢ **Pertz.**

Élu, le 7 février 1840, correspondant de l'Académie des Inscriptions. — Voir Associés étrangers,
n° 123.

---

496. — Avellino (Francesco, Maria).

Élu, le 7 février 1840, correspondant de l'Académie des Inscriptions et Belles-Lettres.

Né à Naples, le 16 août 1788. — Mort dans la même ville, le 9 janvier 1850. — Professeur à
l'Université de Naples. Directeur du Museo Borbonico.

Auteur de: *In Ariadnes Auguste nummum commentarius*, Journal de numismatique, *Opusculi diversi*, etc.

---

497. — Greppo de Montellier (l'Abbé Jean, Gabriel, Honoré).

Élu, le 7 février 1840, correspondant de l'Académie des Inscriptions et Belles-Lettres.

Né à Lyon, le 3 septembre 1788. — Mort à Belley (Ain), le 22 septembre 1863. — Vicaire général de Belley.

Auteur de: Description d'une médaille inédite de Pescennius Niger, Essai sur le système hiéroglyphique de
M. Champollion le Jeune, Trois Mémoires relatifs à l'histoire ecclésiastique des premiers siècles; Mémoire sur
les voyages de l'empereur Hadrien, et sur les médailles qui s'y rapportent ; Dissertation sur les lazaires de
l'empereur Sévère Alexandre, et de nombreux mémoires.

---

498. — Bérard (Auguste), C. ✳

Élu, le 22 juin 1840, correspondant de l'Académie des Sciences (section de géographie et Navi-
gation).

Né à Montpellier, le 24 février 1796. — Mort à Toulon, le 6 octobre 1852. — Contre-Amiral.

Auteur de: Description nautique des côtes de l'Algérie.

---

499. — Parry (Sir William, Edward).

Élu, le 6 juillet 1840, correspondant de l'Académie des Sciences (section de Géographie et Navi-
gation).

Né à Bath (Angleterre), le 19 décembre 1790. — Mort à Ems (Allemagne), le 7 juillet 1855. —
Contre-Amiral. Directeur du service des Bâtiments à vapeur. Vice-Gouverneur de l'hôpital de Greenwich. A fait plusieurs expéditions scientifiques.

Auteur de: Quatre expéditions au pôle nord.

✢ **Lallemand.**

Élu, le 26 octobre 1840, correspondant de l'Académie des Sciences (section de Médecine). — Voir
Membres titulaires, n° 567.

---

500. — Puvis (Marc-Antoine).

Élu, le 30 novembre 1840, correspondant de l'Académie des Sciences (section d'Économie rurale).

Né à Cuiseaux (Saône-et-Loire), le 26 octobre 1776. — Mort à Paris, le 29 juillet 1851. — Officier d'artillerie. Député de l'Ain.

Auteur de : Voyage agronomique en Beaujolais, Forez et Limagne; Essai sur la marne, De l'agriculture du Gâtinais, de la Sologne et du Berri, De l'emploi de la chaux en agriculture, Des moyens d'amender le sol, Des étangs et de leur construction, Traité des amendements, etc.

501. — Porter (Georges, Richardson).

Élu, le 23 janvier 1841, correspondant de l'Académie des Sciences morales et politiques (section d'Économie politique).

Né à Londres, le 15 juin 1794. — Mort à Tunbridge Wells (Angleterre), le 3 septembre 1852. — Secrétaire du Conseil du Commerce (*Board of Trade*).

Auteur de : les Progrès de la nation, dans ses relations sociales et commerciales; Géographie de la Grande-Bretagne, Erreurs populaires, la Fabrication de la porcelaine et du verre, la Culture de la canne à sucre, etc.

✿ de Villeneuve-Bargemont.

Élu, le 23 janvier 1841, correspondant de l'Académie des Sciences morales (section d'Économie politique). — Voir Membres titulaires, n° 564.

502. — Mittermaïer (Carl, Joseph, Anton).

Élu, le 23 janvier 1841, correspondant de l'Académie des Sciences morales et politiques (section de Législation).

Né à Munich, le 5 août 1787. — Mort à Heidelberg, le 28 août 1867. — Professeur de droit aux Universités de Bonn, puis de Heidelberg. Membre et président de l'Assemblée nationale badoise.

Auteur de : Manuel de procédure criminelle; la Procédure civile allemande comparée avec celle de Prusse et de France ; Cours de droit privé allemand, Théorie de la preuve dans la procédure criminelle, Situation de l'Italie, la Procédure orale, le Système pénal de l'Angleterre et des États-Unis, etc.

✿ Ranke.

Élu, le 23 janvier 1841, correspondant de l'Académie des Sciences morales (section d'Histoire). — Voir Associés étrangers, n° 114.

✿ Lassen.

Élu, le 5 février 1841, correspondant de l'Académie des Inscriptions. — Voir Associés étrangers, n° 118.

503. — Kosegarten (Johann, Gottfried, Ludwig).

Élu, le 5 février 1841, correspondant de l'Académie des Inscriptions et Belles-Lettres.

Né à Alten-Kirchen (Prusse), le 10 septembre 1792. — Mort à Greifswalde, le 18 août 1860. — Professeur de littérature orientale à l'Université d'Iéna, puis à celle de Greifswald.

Auteur de : *Commentatio de prisca Ægyptiorum litteratura, Chrestomathia Arabica,* les Monuments de la Poméranie, *Codex Pomeraniæ diplomaticus.*

504. — Gaisford (Thomas).

Élu, le 5 février 1841, correspondant de l'Académie des Inscriptions et Belles-Lettres.

Né à Ifort (Angleterre), le 22 décembre 1779. — Mort à Oxford, le 2 juin 1855. — Professeur de littérature grecque à l'Université d'Oxford. Conservateur de la Bibliothèque Bodléienne.

A publié des éditions d'auteurs grecs et latins, un Manuel d'étymologie et une édition de l'histoire ecclésiastique de Théodoret.

505. — Ross (Ludwig).

Élu, le 13 février 1841, correspondant de l'Académie des Beaux-Arts.

Né à Horst (Danemark), le 22 juillet 1806. — Mort à Halle, le 6 août 1859. — Conservateur des antiquités du Péloponèse. Professeur d'archéologie à l'Université d'Athènes, puis à celle de Halle.

Auteur de : Description de l'Acropole, Voyage dans les îles grecques de la mer Égée, les Voyages du roi de Grèce, Manuel de l'archéologie des arts, *Inscriptiones ineditæ*, le Théséion et le temple de Mars à Athènes, Dissertations archéologiques, etc.

506. — Estève (Rafaël).

Élu, le 13 février 1841, correspondant de l'Académie des Beaux-Arts.

Né à Madrid, vers 1790. — Mort dans la même ville, le 1er octobre 1847. — Graveur.

Œuvre principale. — Moïse frappant le rocher (Murillo).

507. — Nicolini (Nicolo).

Élu, le 6 mars 1841, correspondant de l'Académie des Sciences morales et politiques (section de Législation).

Né à Chieti (Deux-Siciles), le 30 septembre 1772. — Mort à Naples, le 4 mars 1857. — Professeur de droit à l'Université de Naples. Ministre de la Justice. Président de la Cour suprême.

508. — Vyse (Richard, William, Howard).

Élu, le 3 juillet 1841, correspondant de l'Académie des Beaux-Arts.

Né à Londres, le 25 juillet 1784. — Mort à Stoke, le 8 juin 1853. — Major général. Membre du Parlement pour Beverley, puis pour Horniton. Haut Shériff du Comté de Buckingham. Amateur d'art.

509. — Bartolini (Lorenzo).

Élu, le 10 décembre 1841, correspondant de l'Académie des Beaux-Arts.

Né à Savignano (États de l'Église), le 7 janvier 1777. — Mort à Florence, le 20 janvier 1850. — Sculpteur.

Œuvres principales. — Buste colossal de Napoléon (Louvre), Statue de Napoléon. La Charité, Hercule et Lycas. Armina. Nymphe [...] rno. La Nymphe au Scorpion. Bustes de Méhul, de Rossini, de Chérubini, etc.

510. — Fogelberg (Bengt, Erland).

Élu, le 11 décembre 1841, correspondant de l'Académie des Beaux-Arts.

Né à Gotteborg (Danemark), le 8 août 1786. — Mort à Trieste (Autriche), le 20 décembre 1854. Sculpteur.

Œuvres principales. — Mercure endormant Argus. Odin. Thor. Balder. Amour à la coquille. Hébé. Baigneuse. Vénus. Apollon Citharède. Psyché. Paris. Burger-Jall. Gustave-Adolphe. Charles XIII. Charles-Jean XIV, etc.

---

511. — Tieck (Christian, Friedrich).

Élu, le 29 décembre 1841, correspondant de l'Académie des Beaux-Arts.

Né à Berlin, le 14 août 1776. — Mort à Berlin, le 14 juin 1851. — Professeur à l'Académie des Arts et Directeur du musée de Sculpture à Berlin.

Œuvres principales. — Gœthe. Brentano. Voss. Guillaume d'Orange. Frédéric Barberousse. Maurice de Saxe. Charles X de Suède. Wallenstein. Ruyter. Lessing. Érasme. Grotius. Herder.

---

512. — Navarrete (Martin, Fernandez de), C. ✱

Élu, le 15 janvier 1842, correspondant de l'Académie des Sciences morales et politiques (section d'Histoire).

Né à Abalos (Espagne), le 9 novembre 1765. — Mort à Madrid, le 8 octobre 1844. — Capitaine de frégate. Directeur du Dépôt hydrographique de Madrid. Membre du Conseil d'amirauté.

Auteur de : Traité d'orthologie, Vie de Cervantes, Collection des voyages et découvertes des marins espagnols depuis le xvᵉ siècle, De la part prise par les Espagnols aux guerres d'outre-mer et aux croisades, Histoire de la navigation et des sciences qui s'y rattachent.

---

513. — Girardin (Jean, Pierre, Louis), O. ✱

Élu, le 24 janvier 1842, correspondant de l'Académie des Sciences (section d'Économie rurale)..

Né à Paris, le 16 novembre 1803. — Mort à Rouen, le 20 mai 1884. — Professeur à l'École d'agriculture de Rouen. Professeur de chimie et doyen de la Faculté des Sciences de Lille.

Auteur de : Minéralogie appliquée aux sciences chimiques, Leçons de chimie, Considérations sur les volcans, Mémoires de chimie appliquée, Traité d'agriculture, etc.

---

514. — Omalius d'Halloy (Jean, Baptiste, Julien d').

Élu, le 18 avril 1842, correspondant de l'Académie des Sciences (section de Minéralogie).

Né à Liège (Belgique), le 16 février 1783. — Mort à Bruxelles, le 15 janvier 1875. — Gouverneur de la province de Namur. Conseiller d'État. Membre et Vice-Président du Sénat.

Auteur de : Description géologique des pays situés entre le Pas-de-Calais et le Rhin, Éléments de géologie, Histoire naturelle inorganique, Géologie de la Belgique, Précis de géologie, etc.

✱ Bouillier.

Élu, le 23 avril 1842, correspondant de l'Académie des Sciences morales (section de Philosophie). —
Voir Membres titulaires, n° 835.

---

515. — Wheaton (Henry).

Élu, le 30 avril 1842, correspondant de l'Académie des Sciences morales et politiques (section de Législation).

Né à Providence (États-Unis), le 27 novembre 1785. — Mort à Roxbury, le 11 mars 1848.

Auteur de : La littérature scandinave, Histoire des progrès du droit des gens en Europe et en Amérique depuis la paix de Westphalie jusqu'à nos jours, Histoire des peuples du Nord ou des Danois et des Normands, depuis les temps les plus reculés jusqu'à la conquête de l'Angleterre, par Guillaume de Normandie, et du royaume des Deux-Siciles par les fils de Tancrède de Hauteville; Éléments du droit international.

516. — Burdin (Claude), O. ✳

Élu, le 9 mai 1842, correspondant de l'Académie des Sciences (section de Mécanique).

Né à Lepin (Savoie), le 18 mai 1788. — Mort à Clermont-Ferrand, le 12 novembre 1873.— Ingénieur civil.

Auteur de : Considérations générales sur les machines en mouvement, La turbine hydraulique à axe vertical, Sur l'air chaud considéré comme moteur, Sur la substitution de l'air chaud à la vapeur dans les machines, Sur l'ajutage conique, De la navigation sous-marine, et d'autres mémoires insérés dans les Annales des mines.

517. — Rio (Andres, Manuel del).

Élu, le 9 mai 1842, correspondant de l'Académie des Sciences (section de Minéralogie).

Né à Madrid, le 10 novembre 1765. — Mort à Mexico, le 23 mars 1849. — Professeur de minéralogie à l'Université de Mexico.

A découvert diverses espèces nouvelles, au Mexique.

518. — Forbes (James, David).

Élu, le 30 mai 1842, correspondant de l'Académie des Sciences (section de Physique générale).

Né à Édimbourg, le 20 avril 1809. — Mort à Édimbourg, le 31 décembre 1868. — Naturaliste. Professeur de physique à l'Université d'Édimbourg.

Auteur de : Voyage dans les Alpes de la Savoie, Expériences sur la température de la terre, La Norvège et ses glaciers, Mémoire sur la théorie des glaciers.

✳ Wheatstone.

Élu, le 6 juin 1842, correspondant de l'Académie des Sciences (section de Physique). — Voir Associés étrangers, n° 153.

519. — Bonucci (Carlo).

Élu, le 11 juin 1842, correspondant de l'Académie des Beaux-Arts (section d'Architecture).

Né à Naples, le 24 novembre 1799. — Mort dans la même ville, en 1871. — Architecte et archéologue. — Directeur des fouilles de Pompéi.

A découvert la grande mosaïque de Pompéi et la nécropole de Cumes. Auteur de : Description de Pompéi.

520. — Haldat du Lys (Charles, Nicolas, Alexandre), ✳

Élu, le 13 juin 1842, correspondant de l'Académie des Sciences (section de Physique générale).

Né à Bourmont (Haute-Marne), le 24 décembre 1770. — Mort à Nancy, le 26 novembre 1852. — Chirurgien militaire. Professeur de sciences physiques au lycée de Nancy. Inspecteur d'Académie. Directeur de l'École de Médecine de Nancy.

Auteur de : Recherches sur l'encre ; Traité philosophique, historique et critique du magnétisme ; L'effort considéré dans son influence générale sur la vie, etc.

✻ Liebig.

Élu, le 4 juillet 1842, correspondant de l'Académie des Sciences (section de Chimie). — Voir Associés étrangers, n° 120.

521. — Petit (Jean, Marc, Alexis, Frédéric), ✻

Élu, le 22 août 1842, correspondant de l'Académie des Sciences (section d'Astronomie).

Né à Muret (Haute-Garonne), le 16 juillet 1810. — Mort à Toulouse, le 27 novembre 1865. — Directeur de l'Observatoire de Toulouse. Professeur à la Faculté des Sciences de cette ville.

Auteur de : Annales de l'Observatoire de Toulouse, Traité d'astronomie pour les gens du monde.

522. — Wright (Thomas).

Élu, le 30 décembre 1842, correspondant de l'Académie des Inscriptions et Belles-Lettres.

Né à Cardiff (Angleterre), le 21 avril 1810. — Mort à Londres, le 24 décembre 1877. — Fondateur de la *Camden Society* et de la *British archeological Institution.*

Auteur de : Coup d'œil sur les progrès de la littérature anglo-saxonne en Angleterre. A publié beaucoup de documents anciens inédits : L'ancienne poésie anglaise, Les anciens mystères, Anciens traités populaires, *Reliquiæ antiquæ*, etc.

523. — Cavedoni (l'Abbé Venanzio, Celestino).

Élu, le 30 décembre 1842, correspondant de l'Académie des Inscriptions et Belles-Lettres.

Né à Levizzano (duché de Modène), le 17 mai 1795. — Mort à Modène, le 26 novembre 1865. — Conservateur du Cabinet des médailles de Modène. — Bibliothécaire de la ville. Professeur de numismatique à l'Université de Modène :

Auteur de : Essai sur les médailles des familles romaines, *Numismatica biblica*, Réfutation des principales erreurs de la Vie de Jésus de Renan.

✻ de Witte.

Élu, le 30 décembre 1842, correspondant de l'Académie des Inscriptions. — Voir Associés étrangers, n° 130.

524. — Wachsmuth (Ernst, Wilhelm, Gottlieb).

Élu, le 30 décembre 1842, correspondant de l'Académie des Inscriptions et Belles-Lettres.

Né à Hildesheim (Hanovre), le 3 février 1786. — Mort à Leipzig, le 23 janvier 1866. — Professeur aux Universités de Halle, de Kiel et de Leipsig.

Auteur de : Histoire ancienne de l'Empire romain, Essai d'une théorie de l'histoire, Antiquités helléniques, Traits principaux de l'histoire générale des peuples et des États, Histoire des mœurs européennes, Histoire générale de la civilisation, Histoire des partis politiques, etc.

525. — Boré (l'abbé Eugène), ✻

Élu, le 30 décembre 1842, correspondant de l'Académie des Inscriptions et Belles-Lettres.

Né à Angers, le 15 août 1809. — Mort à Paris, le 5 mai 1878. — Voyageur, chargé de missions en Orient.

Auteur de : Le couvent de Saint-Lazare à Venise ou Histoire succincte de l'ordre des méchitaristes arméniens, suivie de renseignements sur la langue, la littérature, l'histoire religieuse et la géographie de l'Arménie; Correspondance et mémoires d'un voyageur en Orient, Articles insérés dans l'Univers pittoresque et le Journal asiatique (Question des lieux saints).

✻ Kaulbach.

Élu, le 31 décembre 1842, correspondant de l'Académie des Beaux-Arts. — Voir Associés étrangers, n° 122.

526. — Donizetti (Gaetano), ✻

Élu, le 31 décembre 1842, correspondant de l'Académie des Beaux-Arts.

Né à Bergame (Lombardie), le 25 septembre 1798. — Mort dans la même ville, le 8 avril 1848. — Professeur au collège royal de musique de Naples. Maître de chapelle de l'empereur d'Autriche.

Œuvres principales. — Anna Bolena. L'Elisire d'amore. Lucrezia Borgia. Lucia di Lamermoor. Poliuto. La Fille du régiment. La Favorite. Maria Padilla. Linda di Chamounix. Don Pasquale. Maria di Rohan. Enrico di Borgogna. Elisabeth à Kenilworth. Gianni di Calais. Il furioso, Parisina. Torquato Tasso. Rosamunde d'Inghilterra. Belisario. Roberto d'Evreux. Elisabeth. Sgnanarelle. Rita. Catarina. Cornaro. Marino Faliero. Don Sébastien, etc.

527. — Jesi (Samuele), ✻

Élu, le 31 décembre 1842, correspondant de l'Académie des Beaux-Arts.

Né à Milan, en 1789. — Mort à Florence, le 17 janvier 1853. — Graveur.

Œuvres principales. — Agar (Guerchin). Saint Jean et saint Étienne (fra Bartolomeo). La Vierge à la vigne (Raphaël). Léon X (Raphaël), etc.

528. — Geijer (Erik, Gustaf).

Élu, le 28 janvier 1843, correspondant de l'Académie des Sciences morales et politiques (section d'Histoire).

Né à Ransaeter (Suède), le 12 janvier 1783. — Mort à Upsal, le 23 avril 1847. — Professeur d'histoire à l'Université d'Upsal.

Auteur de : Annales du royaume de Suède, Histoire du peuple suédois, Sur l'histoire de l'homme, Histoire de Gustave III, Un mot sur la question religieuse du temps.

529. — Hansen (Peter, Andreas).

Élu, le 20 février 1843, correspondant de l'Académie des Sciences (section d'Astronomie).

Né à Fondern (Danemark), le 8 décembre 1795. — Mort à Gotha, le 28 mars 1874. — Directeur de l'Observatoire de Seeberg.

Auteur de : Méthode pour observer avec le micromètre objectif, Recherches sur les perturbations de Jupiter et de Saturne, Calcul des perturbations absolues dans les ellipses d'excentricités et d'inclinaisons quelconques.

530. — Senior (Nassau, William).

Élu, le 4 mars 1843, correspondant de l'Académie des Sciences morales et politiques (section d'Économie politique).

Né à Uffington (Angleterre), le 26 septembre 1790. — Mort à Londres, le 4 juin 1864. — Professeur d'Économie politique à l'Université d'Oxford.

Auteur de : Conférences sur l'économie politique, Principes fondamentaux de l'économie politique, Exposé des lois sur le paupérisme, etc.

531. — Rose (Heinrich).

Élu, le 13 mars 1843, correspondant de l'Académie des Sciences (section de Chimie).

Né à Berlin, le 6 août 1795. — Mort à Berlin, le 27 janvier 1864. — Professeur de chimie à l'Université de Kiel.

Auteur de : Manuel de chimie analytique, etc.

532. — Dietrichstein-Proskau-Leslie (le Comte Moritz de).

Élu, le 22 avril 1843, correspondant de l'Académie des Beaux-Arts.

Né à Vienne, le 19 février 1775. — Mort à Vienne, le 27 août 1864. — Gouverneur du duc de Reichstadt. Conseiller aulique. Grand Chambellan de l'Empereur. Directeur des théâtres impériaux. Préfet de la Bibliothèque impériale.

533. — Campana di Cavelli (le Marquis Giovanni, Pietro).

Élu, le 22 avril 1843, correspondant de l'Académie des Beaux-Arts. — Rayé de la liste, par décision de l'Académie du 29 décembre 1858.

Né à Rome, en 1811. — Collectionneur.

A réuni les objets d'art acquis en 1861 par la France, et qui forment, au Louvre, le musée Campana.

534. — Botta (Paul, Émile), C. ✳

Élu, le 22 décembre 1843, correspondant de l'Académie des Inscriptions et Belles-Lettres.

Né à Turin, le 6 décembre 1802. — Mort à Tripoli de Barbarie, le 29 mars 1870. — Consul de France à Alexandrie et à Mossoul. Consul général à Tripoli.

Auteur de : Relation d'un voyage dans l'Yémen, Monuments de Ninive découverts par P.-E. Botta, 5 vol. in-fol.

535. — Babbage (Charles).

Élu, le 3 février 1844, correspondant de l'Académie des Sciences morales et politiques (section d'Économie politique).

Né à Londres, le 26 décembre 1792. — Mort à Londres, le 21 octobre 1871. — Professeur de mathématiques à l'Université de Cambridge.

Auteur de : Traité de l'économie des machines et des manufactures, Des jeux de hasard, Application de l'analyse à la recherche des théorèmes sur les lieux géométriques, La mesure des hauteurs par le baromètre, L'application des machines à calculer, Tables logarithmiques, Des diverses institutions d'assurances sur la vie, etc.

536. — Robiquet (François, Guillaume).

Élu, le 3 février 1844, correspondant de l'Académie des Sciences morales et politiques (section d'Économie politique).

Né à Rennes, le 2 février 1777. — Mort dans la même ville, le 26 février 1845. — Ingénieur des Ponts et Chaussées.

Auteur de : Recherches historiques et statistiques sur la Corse.

---

537. — Guerry (André, Michel), ✻

Élu, le 10 février 1844, correspondant de l'Académie des Sciences morales et politiques (section de Morale).

Né à Tours, le 24 décembre 1802. — Mort à Paris, le 9 avril 1866. — Avocat.

Auteur de : Statistique comparée de l'état d'instruction et du nombre des crimes en France, Rapport des phénomènes météorologiques avec la mortalité, la Fréquence du pouls chez les aliénés, Essai sur la statistique morale de la France, etc.

---

538. — Vilmorin (Pierre, Philippe, André, Lévêque de).

Élu, le 19 février 1844, correspondant de l'Académie des Sciences (section d'Économie rurale).

Né à Paris, le 19 novembre 1776. — Mort aux Barres (Loiret), le 21 mars 1862. — Agriculteur,

Auteur de : Album Vilmorin, Fleurs rustiques annuelles et vivaces, Légumes et plantes fourragères, peintes d'après nature ; Description des plantes potagères, avec un dictionnaire synonymique de leurs noms vulgaires français et de leurs noms étrangers ; Les fleurs de pleine terre, comprenant la description et la culture des fleurs annuelles vivaces et bulbeuses de pleine terre ; Instruction pour les semis de fleurs de pleine terre, avec l'indication de leur couleur, époque de floraison, culture, etc. Rédacteur du Bon Jardinier.

---

539. — Canino (le Prince Charles, Lucien, Jules, Laurence, Bonaparte de) O. ✻

Élu, le 18 mars 1844, correspondant de l'Académie des Sciences (section d'Anatomie et Zoologie).

Né à Paris, le 24 mai 1803. — Mort à Paris, le 29 juillet 1857.

Auteur de : Ornithologie américaine, Essai d'une classification des animaux, Iconographie de la faune italique, Catalogue des mammifères européens, Conspectus systematum, Conspectus generum avium.

---

540. — Brodie (Sir Benjamin Collins).

Élu, le 18 mars 1844, correspondant de l'Académie des Sciences (section de Médecine et Chirurgie).

Né à Winterslow (Angleterre), le 9 juin 1783. — Mort à Broome-Park, le 21 octobre 1862. — Chirurgien de l'Hôpital Saint-Georges à Londres. Chirurgien des rois Georges IV et Guillaume IV et de la reine Victoria.

Auteur de : Recherches sur l'influence de la chaleur animale, Observations sur les modes d'action des poissons végétaux, De l'influence des nerfs sur les maladies de l'estomac, Observations sur les maladies des articulations, Recherches physiologiques.

---

541. — Hamilton (William, Rowan).

Élu, le 1er avril 1844, correspondant de l'Académie des Sciences (section de Géométrie).

Né à Dublin, le 4 août 1806. — Mort à Dunsing, le 2 septembre 1865. — Membre de l'Association britannique. Président de l'Académie royale d'Irlande.

Auteur de nombreux mémoires sur les mathématiques.

✢ Murchison.

Élu, le 14 juillet 1844, correspondant de l'Académie des Sciences (section de Minéralogie). — Voir Associés étrangers, n° 138.

542. — Lautard (Jean, Baptiste).

Élu, le 20 décembre 1844, correspondant de l'Académie des Inscriptions et Belles-Lettres.

Né à Puget-Théniers (Alpes-Maritimes), le 10 août 1778. — Mort à Marseille, le 5 octobre 1855. — Docteur en médecine. Secrétaire perpétuel de l'Académie des Sciences de Marseille. Médecin en chef de l'Hôpital des aliénés.

Auteur de : Histoire de l'Académie de Marseille, La maison des fous de Marseille : essai historique et statistique sur cet établissement ; Lettres archéologiques sur Marseille.

543. — Cadalvène (Edouard, Pierre, Marie).

Élu, le 20 décembre 1844, correspondant de l'Académie des Inscriptions et Belles-Lettres.

Né à Carcassonne, le 24 août 1800. — Mort à Paris, le 13 décembre 1852.

Auteur de : Recueil de médailles grecques inédites.

544. — Laplane (Jean, Aimé, Edouard de).

Élu, le 20 décembre 1844, correspondant de l'Académie des Inscriptions et Belles-Lettres.

Né à Virail (Basses-Alpes), le 11 juin 1774. — Mort à Sisteron, le 2 janvier 1870. — Ancien magistrat.

Auteur de : Essai sur l'histoire municipale de la ville de Sisteron, État et progrès de la société au xvᵉ siècle, Origine et révolutions des noms de famille en Provence, Histoire de Sisteron, tirée de ses archives.

545. — Secchi (l'abbé Gianpietro).

Élu, le 20 décembre 1844, correspondant de l'Académie des Inscriptions et Belles-Lettres.

Né à Sabbione (duché de Modène), le 15 juillet 1798. — Mort à Rome, le 10 mai 1856. — Professeur de littérature grecque et romaine au collège de la Sapienza. — Bibliothécaire du Collège romain.

Auteur de : Bataille des noms et des verbes, le Musarico Antonino, Monuments inédits de sépultures de familles grecques.

✢ Rawlinson.

Élu, le 20 décembre 1844, correspondant de l'Académie des Inscriptions. — Voir Associés étrangers, n° 179.

✵ Schnorr.

Élu, le 4 janvier 1845, correspondant de l'Académie des Beaux-Arts. — Voir Associés étrangers, n° 134.

---

546. — Schadow (Johann, Gottfried).

Élu, le 4 janvier 1845, correspondant de l'Académie des Beaux-Arts.

Né à Berlin, le 20 mai 1764. — Mort dans la même ville, le 27 janvier 1850.— Sculpteur du Roi. Directeur de l'Académie des Beaux-Arts de Berlin.

Œuvres principales. — Persée et Andromède. Luther. Frédéric II. Monuments de Frédéric-Alexandre et de Blücher, La Reine Louise de Prusse. Nymphe au repos. Quadrige de la porte de Brandebourg. Réveil d'une jeune fille, etc. — Auteur de : Les monuments conservés à Wittemberg, Traité des os et des muscles, Idées sur l'art, etc.

---

547. — Chelard (André, Hippolyte, Jean-Baptiste).

Élu, le 4 janvier 1845, correspondant de l'Académie des Beaux-Arts.

Né à Paris, le 1er février 1759. — Mort à Weimar, le 12 février 1861. — Grand Prix de Rome. Maître de chapelle du grand-duc de Saxe-Weimar.

Œuvres principales. — Le Casa da vendere (op.). Macbeth (op.). Minuit (op.). L'étudiant (op.-c.). Le combat d'Hermann (op.).

---

548. — Castelbarco (le Comte Cesare, Visconti, Simonetta de).

Élu, le 4 janvier 1845, correspondant de l'Académie des Beaux-Arts.

Né à Milan, le 30 novembre 1782. — Mort à Milan, le 28 août 1860. — Poète et compositeur de musique.

Auteur de : Poésies, sonnets et tragédies ; Les sept paroles du Sauveur, Vengeur et Rédempteur, Symphonies, etc.

---

549. — Girard (l'Abbé Grégor).

Élu, le 18 janvier 1845, correspondant de l'Académie des Sciences morales et politiques (section de Morale).

Né à Fribourg (Suisse), le 17 septembre 1765. — Mort dans la même ville, le 6 mars 1850. — Religieux cordelier. Préfet de l'École primaire de Fribourg.

Auteur de : Cours éducatif de langue maternelle, Organisation d'une maison de travail, Grammaire des campagnes, Cours de philosophie, Parallèle entre la philosophie et la physique, etc.

✵ Solopis.

Élu, le 25 janvier 1845, correspondant de l'Académie des Sciences morales (section de Législation). — Voir Associés étrangers, n° 142.

---

550. — Warnkönig (Leopold, August).

Élu, le 25 janvier 1845, correspondant de l'Académie des Sciences morales et politiques (section de Législation).

Né à Bruchsal (grand-duché de Bade), le 1er août 1794. — Mort à Stuttgart (Wurtemberg), le 19 août 1860. — Professeur aux universités de Liège, de Louvain, de Gand et de Tubingue. Membre du Conseil privé du royaume de Wurtemberg.

Auteur de : *Institutiones sive elementorum juris Romani libri sex*, Le droit fondé sur un principe rationnel, *Commentarii juris Romani privati*, La législation belge au moyen âge, Histoire de la Flandre et du droit flamand, Philosophie du droit, Histoire de la France et du droit français, etc.

551. — Prescott (William, Hickling).

Élu, le 1er février 1845, correspondant de l'Académie des Sciences morales et politiques (section d'Histoire).

Né à Salem (États-Unis), le 4 mai 1796. — Mort à Boston, le 28 janvier 1859.

Auteur de : Histoire de Ferdinand et d'Isabelle, Histoire de la conquête du Mexique, Histoire de la conquête du Pérou, Histoire de Philippe II, Mélanges biographiques et critiques, Essais critiques, etc.

552. — Santini (l'Abbé Giovanni).

Élu, le 24 mars 1845, correspondant de l'Académie des Sciences (section d'Astronomie).

Né à Caprese (Toscane), le 30 janvier 1786. — Mort à Padoue, le 26 juin 1877. — Recteur de l'Université de Padoue et professeur d'astronomie.

Auteur de : Arithmétique décimale, Éléments d'astronomie, Logarithmes et trigonométrie, Problèmes d'optique, etc.

553. — Lestiboudois (Gaspard, Thémistocle), C. ✳

Élu, le 31 mars 1845, correspondant de l'Académie des Sciences (section de Botanique).

Né à Lille, le 12 août 1797. — Mort à Paris, le 22 novembre 1876. — Docteur en médecine. Député du Nord. Professeur à la Faculté des Sciences de Paris. Conseiller d'État.

Auteur de : Études sur l'anatomie et la physiologie des végétaux, Des colonies sucrières et des sucreries indigènes, Économie pratique des nations, Voyage en Algérie.

554. — Séguin (Marc), O. ✳

Élu, le 23 juin 1845, correspondant de l'Académie des Sciences (section de Mécanique).

Né à Annonay (Ardèche), le 20 avril 1786. — Mort dans la même ville, le 24 février 1875.

Auteur de : Mémoire sur le chemin de fer de Saint-Étienne à Lyon, De l'influence des chemins de fer et de l'art de les tracer et de les construire, etc.

555. — Müller (Johann).

Élu, le 4 août 1845, correspondant de l'Académie des Sciences (section d'Anatomie et Zoologie).

Né à Coblentz (Prusse), le 14 juillet 1801. — Mort à Berlin, le 28 avril 1858. — Professeur de physiologie aux Universités de Bonn et de Berlin.

Auteur de : *De respiratione fœtus*, Recherches de physiologie sur le sens de la vue, Éléments de physiologie, Éléments de pathologie générale, Histoire de la formation des parties sexuelles, Manuel de la physiologie de l'homme, Des visions fantastiques, etc.

556. — Laurent (Auguste), ✳

Élu, le 11 août 1845, correspondant de l'Académie des Sciences (section de Chimie).

Né à la Folie (Haute-Saône), le 14 novembre 1807. — Mort à Paris, le 15 avril 1853. — Professeur de chimie à la Faculté des Sciences de Bordeaux. Essayeur à la Monnaie de Paris. Conseil technique du Ministère de la Guerre.

Auteur de : Théorie des radicaux dérivés, Méthode de chimie, Mémoire sur les séries napthtaliques et stilbitiques, et de nombreux mémoires insérés dans les Annales de chimie et de physique.

✳ Wöhler.

Élu, le 18 août 1845, correspondant de l'Académie des Sciences (section de Chimie). — Voir Associés étrangers, n° 127.

---

557. — Eytelwein (Johann, Albrecht).

Élu, le 5 janvier 1846, correspondant de l'Académie des Sciences (section de Mécanique).

Né à Francfort-sur-le-Mein, le 31 décembre 1764. — Mort à Berlin, le 18 août 1848. — Lieutenant d'artillerie. Membre du Conseil des Bâtiments à Berlin.

Auteur de : Comparaison des poids et mesures des États prussiens, Démonstration pratique d'architecture hydraulique, Manuel de la mécanique des corps solides et de l'hydraulique, Statique des corps solides, Principes d'analyse géométrique, Manuel de perspective. A construit les ports de Memel, de Pillau et de Swinemünde.

✳ Ritter.

Élu, le 9 janvier 1846, correspondant de l'Académie des Inscriptions. — Voir Associés étrangers, n° 106.

✳ de Petigny.

Élu, le 23 janvier 1846, correspondant de l'Académie des Inscriptions. — Voir Membres libres, n° 80.

---

558. — Bastiat (Frédéric).

Élu, le 24 janvier 1846, correspondant de l'Académie des Sciences morales et politiques (section d'Économie politique).

Né à Bayonne (Basses-Pyrénées), le 29 juin 1801. — Mort à Rome, le 24 décembre 1850. — Juge de paix. Député à l'Assemblée constituante et à l'Assemblée législative.

Auteur de : Cobden et la Ligue, Sophismes économiques, Protectionnisme et communisme, Paix et liberté, Harmonies économiques.

---

559. — Lafarelle (François, Félix de).

Élu, le 24 janvier 1846, correspondant de l'Académie des Sciences morales et politiques (section d'Économie politique).

Né à Anduze (Gard), le 17 mai 1800. — Mort à Nîmes, le 18 février 1872. — Ancien magistrat. Député du Gard.

Auteur de : Du progrès social au profit des classes populaires, Histoire des institutions municipales de Nîmes, Plan d'une réorganisation disciplinaire des classes industrielles, Études sur l'industrie de la soie, Du régime répressif et pénitentiaire des principaux États.

560. — Grimaldi de Pietracatella (le Marquis Giuseppe, Ceva), G. C. ✳

Élu, le 24 janvier 1846, correspondant de l'Académie des Sciences morales et politiques (section d'Économie politique).

Né à Naples, le 8 septembre 1776. — Mort à Naples, le 20 mai 1862. — Gouverneur de la province d'Aquila. Préfet à Potenza et à Lecce. Surintendant des Archives du royaume. Ministre de l'Intérieur.

Auteur de : Itinéraire de Naples à Lecce et dans la province de la terre d'Otrante, Sur la réforme des poids et mesures, Considérations sur les droits d'entrée des livres étrangers, Considérations sur les travaux publics de la Sicile, Sur la conversion des rentes publiques.

✳ Mercadante.

Élu, le 24 janvier 1846, correspondant de l'Académie des Beaux-Arts. — Voir Associés étrangers, n° 107.

561. — Fabris (Giuseppe de).

Élu, le 24 janvier 1846, correspondant de l'Académie des Beaux-Arts.

Né à Noventa di Piave (Vénétie), en 1790. — Mort à Rome, le 22 août 1860. — Sculpteur.

Œuvres principales. — Milon de Crotone attaqué par un lion. Vénus et Cupidon. Hector et Andromaque. Monuments du cardinal Fontana, de Canova (Venise) et du Tasse, etc.

562. — Franklin (Sir John).

Élu, le 26 janvier 1846, correspondant de l'Académie des Sciences (section de Géographie et Navigation).

Né à Spilsby (Angleterre), le 16 avril 1786. — Disparu, vers le Pôle Nord, le 11 juin 1847. — Capitaine de vaisseau. Gouverneur de la Tasmanie.

563. — Démidoff de San Donato (le Prince Anatole), C. ✳

Élu, le 9 février 1846, correspondant de l'Académie des Sciences (section de Géographie et Navigation).

Né à Moscou, le 24 mars 1813. — Mort à Paris, le 29 avril 1870.

Auteur de : Voyage dans la Russie méridionale et la Crimée.

✳ Sédillot.

Élu, le 16 mars 1846, correspondant de l'Académie des Sciences (section de Médecine). — Voir Membres titulaires, n° 800.

564. — Panofka (Theodor).

Élu, le 23 décembre 1846, correspondant de l'Académie des Inscriptions et Belles-Lettres.

Né à Breslau (Prusse), le 25 février 1801. — Mort à Berlin, le 20 juin 1856. — Professeur à l'Université de Breslau.

Auteur de: le Musée Bartoldiano, Antiquités de Naples, Musée Blacas, Scènes de la vie antique, Grecques et Grecs d'après l'antique, et de nombreux travaux insérés dans les Mémoires de l'Académie royale de Berlin.

565. — Fontanier (Victor), ✳

Élu, le 23 décembre 1846, correspondant de l'Académie des Inscriptions et Belles-Lettres.

Né à Saint-Flour (Cantal), le 23 septembre 1796. — Mort à Civita-Vecchia (États de l'Église), le 26 mai 1857. — Consul de France à Singapour.

Auteur de : Voyage en Orient, Voyage dans l'Inde et le golfe Persique par la mer Rouge, Voyage dans l'archipel Indien.

566. — Lebesgue (Victor, Amédée), ✳

Élu, le 8 février 1847, correspondant de l'Académie des Sciences (section de Géométrie).

Né à Grandvilliers (Oise), le 2 octobre 1791. — Mort à Bordeaux, le 10 juin 1875. — Professeur à la Faculté des Sciences de Bordeaux.

Auteur de : Exercices d'analyse numérique, Extraits, commentaires et recherches relatifs à l'analyse indéterminée et à la théorie des nombres, Introduction à la théorie des nombres.

567. — Willm (Joseph).

Élu, le 13 février 1847, correspondant de l'Académie des Sciences morales et politiques (section de Philosophie).

Né à Heiligenstein (Bas-Rhin), le 10 octobre 1792. — Mort à Strasbourg, le 7 février 1853. — Inspecteur de l'Académie de Strasbourg.

Auteur de: Lectures allemandes, Morceaux choisis de littérature allemande, Lectures françaises pour les écoles primaires supérieures, Choix de poésies, Dictionnaire classique français-allemand et allemand-français, Histoire de la philosophie allemande depuis Kant jusqu'à Hégel, Essai sur l'éducation du peuple ou sur les moyens d'améliorer les écoles primaires populaires et le sort des instituteurs.

568. — Kuhlmann (Charles, Frédéric), C. ✳

Élu, le 5 avril 1847, correspondant de l'Académie des Sciences (section d'Économie rurale).

Né à Colmar, le 22 mai 1803. — Mort à Lille, le 27 janvier 1881. — Président de la Chambre de Commerce et Directeur de la Monnaie de Lille.

Auteur de: Expériences chimiques et agronomiques, Expériences sur les engrais, Application des silicates alcalins solubles au durcissement des pierres calcaires poreuses, à la peinture et à l'impression.

569. — Graham (Thomas).

Élu, le 5 juillet 1847, correspondant de l'Académie des Sciences (section de Chimie).

Né à Glasgow, le 20 décembre 1805. — Mort à Londres, le 16 septembre 1869. — Président de la Société chimique de Londres. Professeur de chimie à l'Université de la même ville.

Auteur de : Traité de chimie organique.

---

570. — Eichhoff (Frédéric, Gustave), ✳

Élu, le 24 décembre 1847, correspondant de l'Académie des Inscriptions et Belles-Lettres.

Né au Havre (Seine-Inférieure), le 17 août 1799.— Mort à Melun, le 20 mai 1875. — Bibliothécaire de la reine Marie-Amélie. Professeur à la Faculté des Lettres de Lyon. Inspecteur général de l'instruction publique.

Auteur de : Études grecques sur Virgile, Parallèle des langues de l'Europe et de l'Inde, Histoire de la langue et de la littérature des Slaves, Dictionnaire des racines allemandes, De l'origine des Scythes et des Slaves, Poésie lyrique des Indiens, Étude sur Ninive, etc.

✳ Wilson.

Élu, le 24 décembre 1847, correspondant de l'Académie des Inscriptions. — Voir Associés étrangers, n° 98.

✳ Lobeck.

Élu, le 24 décembre 1847, correspondant de l'Académie des Inscriptions. — Voir Associés étrangers, n° 97.

---

571. — Petitti (le Comte Carlo, Ilarione).

Élu, le 15 janvier 1848, correspondant de l'Académie des Sciences morales et politiques (section de Morale).

Né à Turin, le 30 octobre 1790. — Mort à Turin, le 10 avril 1850. — Intendant d'Asti, puis de Coni. Conseiller d'État. Sénateur.

Essai sur la bonne administration de la mendicité, De la condition des prisons et des moyens de l'améliorer, Les chemins de fer italiens, Nécessité d'une réforme des impôts, Histoire du jeu de la loterie.

---

572. — Rosmini-Serbati (l'Abbé Antonio).

Élu, le 22 janvier 1848, correspondant de l'Académie des Sciences morales et politiques (section de Philosophie).

Né à Roveredo (Tyrol), le 25 mars 1787. — Mort à Stresa (Piémont), le 1er juillet 1855. — Fondateur et général de l'Institut de la Charité. Ministre de l'Instruction publique des États de l'Église.

Auteur de : Essai sur la félicité, De l'éducation, De la divine Providence, Principes de la science morale, Les cinq plaies, Philosophie de la politique, Traité de la conscience, Anthropologie, Philosophie du droit, Théodicée, Psychologie, Introduction à la philosophie, Rénovation de la philosophie.

---

573. — Walter (Ferdinand).

Élu, le 22 janvier 1848, correspondant de l'Académie des Sciences morales et politiques (section de Législation).

Né à Wetzlar (Prusse), le 30 novembre 1794. — Mort à Bonn, le 15 juillet 1880. — Professeur de droit à l'Université de Bonn. Membre de la Chambre des députés de Prusse.

Auteur de : Leçons de droit canon, *Corpus juris Germanici antiqui*, Histoire du droit romain jusqu'à Justinien, Histoire du droit allemand, Système général de droit privé allemand.

574. — Bancroft (Georges).

Élu, le 22 janvier 1848, correspondant de l'Académie des Sciences morales et politiques (section d'Histoire).

Né à Worcester (États-Unis), le 3 octobre 1800. — Mort à Washington, le 17 janvier 1891. — Professeur à l'Université d'Harward. Receveur des douanes. Ministre de la marine. Ministre des États-Unis en Angleterre.

Auteur de : Histoire des États-Unis depuis la découverte de l'Amérique, Histoire de la révolution d'Amérique, Poésies, Mélanges.

575. — Calamatta (Luigi, Antonio, Giuseppe), O. ✻

Élu, le 22 janvier 1848, correspondant de l'Académie des Beaux-Arts.

Né à Civita-Vecchia (États de l'Église), le 21 juin 1802. — Mort à Milan, le 8 mars 1869. — Graveur.

Œuvres principales. — Le vœu de Louis XIII (Ingres). Françoise de Rimini (A. Scheffer). La vision d'Ézéchiel (Raphaël). La Paix (Raphaël). Joconde (L. de Vinci). La Cenci (Guido Reni). La Madone de Foligno (Raphaël), etc.

576. — Bendemann (Eduard).

Élu, le 22 janvier 1848, correspondant de l'Académie des Beaux-Arts.

Né à Berlin, le 3 décembre 1811. — Mort à Dusseldorf, le 28 décembre 1889. — Professeur de peinture à l'Académie des arts de Dresde. Directeur de l'Académie de Dusseldorf.

Œuvres principales. — La douleur des Juifs. Deux jeunes filles à la fontaine. Jérémie sur les ruines de Jérusalem. La moisson. Le berger et la bergère. La fille du prince serbe. Décoration du château royal de Dresde.

577. — Moseley (le Révérend Henry).

Élu, le 6 mars 1848, correspondant de l'Académie des Sciences (section de Mécanique).

Né à Londres, en 1801. — Mort dans la même ville, le 26 janvier 1872. — Membre de la Société royale de Londres.

Auteur de : La stabilité dynamique et les oscillations des corps flottants, Recherches sur la théorie des machines.

578. — Spohr (Ludwig).

Élu, le 27 janvier 1849, correspondant de l'Académie des Beaux-Arts.

Né à Brunswick, le 5 avril 1784. — Mort à Cassel, le 22 octobre 1859. — Maître de chapelle à Vienne et à Cassel.

Œuvres principales. — Alruna (op.). Le duel des amants (op.). Faust (op.). Zémire et Azor (op.). Jessonda (op.). L'esprit des montagnes (op.). Pietro von Albano (op.). L'alchimiste (op.). Les croisés (op.). — Auteur de nombreux oratorios, symphonies, quatuors, sonates, etc.

579. — Deslongchamps (Jacques, Amand, Eudes).

Élu, le 10 décembre 1849, correspondant de l'Académie des Sciences (section d'Anatomie et Zoologie).

Né à Caen, le 16 janvier 1794. — Mort à Caen, le 18 janvier 1867. — Naturaliste.

Auteur de : Résumé des observations et des mémoires adressés à la Société d'agriculture de Caen relativement à la destruction du puceron lanigère, et de nombreuses dissertations consignées dans les mémoires de la Société linnéenne de Normandie, etc.

580. — Pouchet (Félix, Archimède), ✳

Élu, le 17 décembre 1849, correspondant de l'Académie des Sciences (section d'Anatomie et Zoologie).

Né à Rouen, le 26 août 1800. — Mort dans la même ville, le 6 décembre 1872. — Professeur d'histoire naturelle au Muséum et à l'École de médecine de Rouen.

Auteur de : Histoire naturelle de la famille des Solanées, Zoologie classique, Anatomie et physiologie des mollusques, Théorie positive de l'ovulation spontanée, Traité de botanique appliquée, Hétérogénie ou Traité de la génération spontanée, Recherches sur les animaux ressuscitants.

581. — Grotefend (Georg, Friedrich).

Élu, le 28 décembre 1849, correspondant de l'Académie des Inscriptions et Belles-Lettres.

Né à Münden (Hanovre), le 9 juin 1775. — Mort à Hanovre, le 15 décembre 1853. — Recteur du gymnase de Francfort-sur-le-Mein et du lycée de Hanovre.

Auteur de : Explication de l'écriture cunéiforme, Grande grammaire latine, Remarques sur la géographie et l'histoire de l'Italie ancienne, Construction et destruction des édifices de Nemrod, Histoire du collège de Hanovre, etc.

✳ Bopp.

Élu, le 28 décembre 1849, correspondant de l'Académie des Inscriptions. — Voir Associés étrangers, n° 108.

✳ Martin.

Élu, le 19 janvier 1850, correspondant de l'Académie des Sciences morales (section de Philosophie). — Voir Membres titulaires, n° 785.

582. — Königswarter (Lodewijk, Johannes), ✳

Élu, le 26 janvier 1850, correspondant de l'Académie des Sciences morales et politiques (section de Législation).

Né à Amsterdam (Pays-Bas), le 12 mars 1814 ; naturalisé Français en 1848. — Mort à Paris, le 6 décembre 1878,

Auteur de : Législation des peuples anciens et modernes, Sur les enfants nés hors mariage, Développement de la société humaine, Histoire de l'organisation de la famille en France, Sources et monuments du droit français antérieurs au xvᵉ siècle, etc.

583. — Geefs (Guillaume).

Élu, le 7 décembre 1850,.correspondant de l'Académie des Beaux-Arts.

Né à Anvers (Belgique), le 10 septembre 1806. — Mort à Bruxelles, le 10 mai 1860. — Premier Sculpteur du roi.

Auteur de : Monument du comte de Mérode (Sainte-Gudule), Léopold I⁰ʳ, Françoise de Rimini, Statues de Rubens (Anvers), de Grétry (Liège), Saint Hubert, le Lion amoureux, etc.

✠ Rietschel.

Élu, le 7 décembre 1850, correspondant de l'Académie des Beaux-Arts. — Voir Associés étrangers, nº 110.

584. — Visconti (Pietro, Ercole), O. ✳

Élu, le 7 décembre 1850, correspondant de l'Académie des Beaux-Arts.

. Né à Rome, le 13 juin 1803. — Mort à Rome, le 5 octobre 1880. — Commissaire des antiquités. — Professeur à l'Académie de France à Rome.

Auteur d'un grand nombre de travaux insérés dans les Mémoires de l'Académie pontificale d'archéologie. A dirigé les fouilles d'Ostie et celles des catacombes.

585. — Azéma-Montgravier (Michel, Auguste, Martin, Agénor), ✳

Élu, le 27 décembre 1850, correspondant de l'Académie des Inscriptions et Belles-Lettres.

Né à Béziers (Hérault), le 23 octobre 1805. — Mort à Montpellier, le 14 septembre 1863. — Chef d'escadron d'artillerie.

Auteur de : Mémoire sur l'occupation de la Mauritanie par les Romains, Excursions archéologiques d'Oran à Tlemcen, etc.

586. — Roulez (Joseph, Emmanuel, Ghislain).

Élu, le 27 décembre 1850, correspondant de l'Académie des Inscriptions et Belles-Lettres.

Né à Nivelle (Belgique), le 6 février 1806. — Mort à Gand, le 16 mars 1878. — Professeur à l'Université de Gand et Recteur de la même Université.

Auteur de : Cours d'antiquités romaines, et de travaux insérés dans les Annales de l'Institut archéologique de Rome et dans le Messager des sciences historiques.

587. — Rangabé (Alexandre, Rhitzio).

Élu, le 27 décembre 1850, correspondant de l'Académie des Inscriptions et Belles-Lettres.

Né à Constantinople, le 25 décembre 1810. — Mort à Athènes, le 25 janvier 1892. — Conseiller aux ministères de l'Instruction publique et de l'Intérieur de Grèce. Directeur de l'Imprimerie royale. Professeur d'archéologie à l'Université d'Athènes. Député. Ministre des relations extérieures.

Auteur de : Antiquités helléniques, Tournée archéologique en Arcadie, le Théâtre d'Hérode Atticus, etc.

588. — Hodgson (Brian, Houghton).

Élu, le 27 décembre 1850, correspondant de l'Académie des Inscriptions et Belles-Lettres.

Né à Lower-Beech (Angleterre), le 1er février 1800. — Mort à Alderney-Grange (Angleterre), le 23 mai 1894. — Résident britannique aux Indes.

Auteur de : Essais sur la langue, la Littérature et la Religion du Népaul et du Thibet ; Essais divers sur des questions indiennes.

589. — Dieterici (Carl, Friedrich, Wilhelm).

Élu, le 1er février 1851, correspondant de l'Académie des Sciences morales et politiques (section d'Économie politique).

Né à Berlin, le 23 août 1790. — Mort dans la même ville, le 30 juillet 1859. — Conseiller intime supérieur. Professeur d'économie politique à l'Université de Berlin. Directeur du Bureau de statistique de Prusse.

Auteur de : Statistique des principaux objets de commerce et de consommation en Prusse, La richesse de la nation prussienne, Les Vaudois, Documents sur les universités prussiennes, Du travail et du capital, etc.

590. — Whately (Richard).

Élu, le 8 février 1851, correspondant de l'Académie des Sciences morales et politiques (section de Morale).

Né à Londres, le 1er février 1787. — Mort à Dublin, le 8 octobre 1863. — Professeur d'économie politique à l'Université d'Oxford. Archevêque protestant de Dublin. Pair d'Irlande.

Auteur de : Introduction à l'étude de l'économie politique, Leçons sur la monnaie, Leçons de logique, Leçons sur le raisonnement, Essai sur les caractères du christianisme, le Royaume du Christ, etc.

591. — Lieber (Franz).

Élu, le 8 février 1851, correspondant de l'Académie des Sciences morales et politiques (section de Morale).

Né à Berlin, le 18 mars 1800. — Mort à New-York, le 3 octobre 1872. — Professeur d'histoire et de philosophie politique à l'Université de Colombie (Caroline du Sud).

Auteur de : Morale politique, Du gouvernement constitutionnel, Mon séjour en Grèce, Ivresse et Volupté, Encyclopédie américaine, l'Étranger en Amérique, Justice et Liberté, etc.

592. — Florez-Estrada (Alvaro de).

Élu, le 29 mars 1851, correspondant de l'Académie des Sciences morales et politiques (section d'Économie politique).

Né à Pola de Somiedo (Espagne), en 1769. — Mort à Novena, le 16 décembre 1853. — Procureur général de la principauté des Asturies. Député. Sénateur.

Auteur de : Cours d'économie politique, Introduction à la guerre de l'Indépendance, Examen des discussions de l'Amérique avec sa métropole, Parallèle du clergé protestant et du clergé d'Espagne, Projet d'une constitution politique de l'Espagne, Le tribun du peuple espagnol, Traité de droit public.

593. — Blume (Carl, Ludwig).

Élu, le 7 avril 1851, correspondant de l'Académie des Sciences (section de Botanique).

Né à Brunswick, le 9 juin 1796. — Mort à Leyde, le 3 février 1862.

Auteur de : Les orchidées de Java, *Enumeratio plantarum Javæ*; *Flora Javæ, Chloranthæ et Loranthæ*; *Museum botanicum Lugduno Batavum, De novis quibusdam plantarum famillis expositio, Rumphia sive commentationes botanicæ*, Collection des orchidées de l'archipel Indien et du Japon, etc.

✢ de Candolle.

Élu, le 21 avril 1851, correspondant de l'Académie des Sciences (section de Botanique). — Voir Associés étrangers, n° 155.

594. — Argelander (Friedrich, Wilhelm, August).

Élu, le 28 avril 1851, correspondant de l'Académie des Sciences (section d'Astronomie).

Né à Memel (Prusse), le 21 mars 1799. — Mort à Bonn, le 17 février 1875. — Directeur des Observatoires d'Abo et de Helsingfors. Professeur d'astronomie à l'Université de Bonn.

Auteur de : Observations de l'observatoire de Bonn, *Uranometria nova*.

595. — Hind (John, Russell).

Élu, le 5 mai 1851, correspondant de l'Académie des Sciences (section d'Astronomie).

Né à Nottingham (Angleterre), le 12 mai 1823. — Secrétaire de la Société royale astronomique de Londres.

Auteur de : Traité du système solaire, Manuel d'astronomie, Éléments d'algèbre. A découvert trois comètes et de nombreuses planètes.

596. — Bond (William, Cranch).

Élu, le 12 mai 1851, correspondant de l'Académie des Sciences (section d'Astronomie).

Né à Portland (États-Unis), le 15 septembre 1789. — Mort à Cambridge (États-Unis), en 1862. — Directeur de l'Observatoire astronomique du Collège de Harward.

Auteur de mémoires publiés dans les Annales d'astronomie.

✢ Moquin-Tandon.

Élu, le 12 mai 1851, correspondant de l'Académie des Sciences (section de Botanique). — Voir Membres titulaires, n° 618.

597. — Freytag (Georg, Wilhelm, Friedrich).

Élu, le 26 décembre 1851, correspondant de l'Académie des Inscriptions et Belles-Lettres.

Né à Lunebourg (Hanovre), le 19 septembre 1788. — Mort à Bonn, le 16 novembre 1861. — Professeur de langues orientales à l'Université de Bonn.

Auteur de : *Lexicon Arabico-Latinum, Selecta ex historia Halebi, Chrestomathia Arabica*, L'art de la versification arabe, Grammaire de la langue hébraïque, etc.

598. — Gazzera (Costanzo).

Élu, le 26 décembre 1851, correspondant de l'Académie des Inscriptions et Belles-Lettres.

Né à Côme (Lombardie), le 19 mars 1778. — Mort à Turin, le 5 mai 1859. — Bibliothécaire de l'Université de Turin. Secrétaire perpétuel de l'Académie des Sciences morales, historiques et philosophiques du Piémont. Secrétaire de l'Académie des Sciences de Turin.

Auteur de : les Monuments hiéroglyphiques du musée de Turin, Observations sur Pétrarque, le Château de Bodincomogo, les Patrons et les clients dans la colonie Giula Augusta Usellis, les Monnaies antiques de Ceva et de Incisa, Mémoires historiques des Tizzoni, comtes de Desana, les Anciennes Inscriptions antiques du Piémont.

599. — Wichmann (Ludwig, Wilhelm).

Élu, le 10 janvier 1852, correspondant de l'Académie des Beaux-Arts.

Né à Potsdam (Prusse), en 1785. — Mort à Berlin, le 27 juin 1859. — Professeur de sculpture et membre du Sénat de l'Académie de Berlin.

Œuvres principales. — Le prince de Hesse. Hégel. Sontag. Kaulbach. Saint-Michel. Groupes de l'Opéra de Berlin. Statues du pont du château de Berlin. Bas-reliefs de l'hôpital Saint-Nicolas, etc.

600. — Plateau (Joseph, Antoine, Ferdinand).

Élu, le 2 février 1852, correspondant de l'Académie des Sciences (section de Physique générale).

Né à Bruxelles, le 14 octobre 1801. — Mort à Gand, le 15 septembre 1883. — Professeur de physique et d'astronomie à l'Université de Gand.

Auteur de nombreux mémoires publiés dans les Annales de physique et de chimie, le Philosophical magazine, les Mémoires de l'Académie royale de Belgique, etc.

601. — Fairbairn (William), ✳

Élu, le 11 mai 1852, correspondant de l'Académie des Sciences (section de Mécanique).

Né à Kelso (Écosse), le 19 février 1789. — Mort à Manchester, le 18 août 1874. — Ingénieur. Membre de la Société royale de Londres.

Auteur de : Le fer, son histoire, ses propriétés et ses différents procédés de fabrication; Fonte, fer et tôle ; De l'application de la fonte, du fer et de la tôle dans les constructions; Recherches expérimentales sur la résistance et les diverses propriétés de la fonte de fer.

602. — Ross (Sir James, Clark), C. ✳.

Élu, le 21 juin 1852, correspondant de l'Académie des Sciences (section de Géographie et Navigation).

Né à Londres, le 15 avril 1800. — Mort à Londres, le 3 avril 1862. — Capitaine de vaisseau.

A dirigé plusieurs expéditions au pôle Nord.

603. — Temminck (Coenraad, Jacobus).

Élu, le 28 juin 1852, correspondant de l'Académie des Sciences (section d'Anatomie et Zoologie).

Né à Amsterdam, le 31 mars 1778. — Mort à Leyde, le 30 janvier 1858. — Naturaliste. Directeur du Musée d'histoire naturelle du royaume des Pays-Bas, à Amsterdam.

Auteur de : Monographies de mammalogie, Manuel d'ornithologie ou tableau systématique des oiseaux qui se trouvent en Europe, précédé d'une analyse du système général d'ornithologie et suivi d'une table alphabétique des espèces, Coup d'œil général sur les possessions néerlandaises dans l'Inde archipélagique, Esquisses zoologiques sur la côte de Guinée, Histoire naturelle des oiseaux d'Europe.

✣ d'Abbadie.

Élu, le 19 juillet 1852, correspondant de l'Académie des Sciences (section de Géographie). — Voir Membres titulaires, n° 741.

604. — Lottin (Victor, Charles), ✻

Élu, le 22 novembre 1852, correspondant de l'Académie des Sciences (section de Géographie et Navigation).

Né à Paris, le 26 octobre 1795. — Mort à Versailles, le 18 février 1858. — Lieutenant de vaisseau.

A pris part au voyage autour du monde de Dumont d'Urville, sur l'Astrolabe, à l'expédition de la Recherche, au Groenland, à celle de la Coquille, et a publié une partie des relations de ces voyages. Auteur d'une notice sur les aurores boréales et d'articles insérés dans les Annales maritimes.

605. — Noël des Vergers (Marie, Joseph, Adolphe), ✻

Élu, le 31 décembre 1852, correspondant de l'Académie des Inscriptions et Belles-Lettres.

Né à Paris, le 2 juin 1804. — Mort à Nice, le 2 janvier 1867. — Vice-Président de la Société asiatique.

Auteur de : l'Abyssinie et l'Arabie, la Vie de Mahomet, l'Histoire de l'Afrique sous la dynastie des Aghlabites et de la Sicile sous la domination musulmane, l'Étrurie et les Étrusques, Essai sur Marc-Aurèle.

606. — Bonnefond (Jean, Claude), ✻

Élu, le 15 janvier 1853, correspondant de l'Académie des Beaux-Arts.

Né à Lyon, le 27 mars 1796. — Mort à Lyon, le 27 juin 1860. — Directeur de l'École de peinture de Lyon.

Œuvres principales. — Les petits Savoyards. Le maréchal ferrant. La chambre à louer. Scènes militaires. Bergères dans la campagne de Rome. Les saintes huiles, etc. Auteur de : l'État actuel de la peinture en France.

✣ Gallait.

Élu, le 15 janvier 1853, correspondant de l'Académie des Beaux-Arts. — Voir Associés étrangers, n° 144.

607. — Martin-Beaulieu (Marie, Désiré).

Élu, le 15 janvier 1853, correspondant de l'Académie des Beaux-Arts.

Né à Paris, le 11 avril 1791. — Mort à Niort, le 21 décembre 1863. — Grand Prix de Rome. Fondateur de la Société philharmonique de Niort et de l'Association musicale de l'Ouest.

A composé un requiem, plusieurs messes, cantates et oratorios, et un opéra (Anacréon).

✢ de Hess.

Élu, le 15 janvier 1853, correspondant de l'Académie des Beaux-Arts. — Voir Associés étrangers, n° 121.

✢ Macaulay.

Élu, le 5 février 1853, correspondant de l'Académie des Sciences morales et politiques (section d'Histoire). — Voir Associés étrangers, n° 109.

608. — Tooke (Thomas), O. ✻

Élu, le 12 février 1853, correspondant de l'Académie des Sciences morales et politiques (section d'Économie politique).

Né à Saint-Pétersbourg, en 1774. — Mort à Londres, le 26 février 1858. — Directeur et président de plusieurs sociétés industrielles. Membre de la Société royale de Londres.

Auteur de : Pensées et détails sur les hauts et les bas prix de 1793 à 1822, De l'état de la circulation fiduciaire, La Monarchie en France, son origine, ses progrès et sa chute.

609. — Lindley (John).

Élu, le 21 mars 1853, correspondant de l'Académie des Sciences (section d'Économie rurale).

Né à Catton (Angleterre), le 5 février 1799. — Mort à Chiswick, le 1er novembre 1865. — Professeur de botanique au collège de l'Université de Londres. Secrétaire de la Société d'horticulture.

Auteur de : Le royaume végétal, Introduction à l'étude de la botanique, Système rationnel de botanique, Flore médicale, Flore fossile de la Grande-Bretagne; Histoire des roses, Pomologie anglaise, etc.

✢ Bunsen.

Élu, le 11 avril 1853, correspondant de l'Académie des Sciences (section de Chimie). — Voir Associés étrangers, n° 170.

610. — Fournet (Victor), ✻

Élu, le 18 avril 1853, correspondant de l'Académie des Sciences (section de Minéralogie).

Né à Paris, le 15 mai 1801. — Mort à Lyon, le 8 janvier 1869. — Directeur des mines de Pontgibaud. Professeur de géologie à la Faculté des Sciences de Lyon.

A publié des mémoires et notices insérés dans les Annales de chimie et de physique, les Annales des mines, les Comptes rendus de l'Académie des sciences, etc.

611. — La Bêche (Henry, Thomas de).

Élu, le 25 avril 1853, correspondant de l'Académie des Sciences (section de Minéralogie).

Né à Londres, le 10 février 1796. — Mort dans la même ville, le 13 avril 1855. — Directeur du service géologique de la Grande-Bretagne.

Auteur de : Manuel de géologie, Géologie du Devonshire, Sur la température des lacs de la Suisse, Géologie des côtes de France, Géologie de la Jamaïque, Classification des roches européennes, Formation des roches du pays de Galles et du sud-ouest de l'Angleterre, Flore du système silurien, Des charbons propres à la navigation à vapeur, etc.

612. — Pierre (Joachim, Isidore), O. ❋

Élu, le 2 mai 1853, correspondant de l'Académie des Sciences (section d'Économie rurale).

Né à Buno-Bonnevaux (Seine-et-Oise), le 14 novembre 1812. — Mort à Caen, le 7 novembre 1881. — Professeur de chimie générale et de chimie agricole à la Faculté des Sciences de Caen. Doyen de la Faculté.

Auteur de : Chimie agricole, Manuel de l'analyse des terres, Études d'agronomie et de physiologie végétales, Les substances alimentaires, Recherches sur les propriétés physiques des liquides, Études sur la culture des céréales, Des plantes fourragères et des plantes industrielles, De l'emploi du sel sur les terres, Sur le développement du blé, Sur les engrais de mer, Sur le drainage, Recherches agronomiques, Sur l'acide sulfureux, Sur le thé de foin, Recherches sur divers sujets d'agronomie et de chimie appliquée à l'agriculture.

613. — Zanth (Carl, Ludwig de), ❋

Élu, le 17 décembre 1853, correspondant de l'Académie des Beaux-Arts.

Né à Breslau (Prusse), le 6 août 1796. — Mort à Stuttgart, le 3 octobre 1857. — Architecte.

A construit le château royal de la Wilhelma à Cannstad, près Stuttgart, etc.

❋ Felsing.

Élu, le 17 décembre 1853, correspondant de l'Académie des Beaux-Arts. — Voir Associés étrangers, nᵒ 103.

614. — Pittakis (Cyriaque).

Élu, le 17 décembre 1853, correspondant de l'Académie des Beaux-Arts.

Né à Athènes, en 1799. — Mort dans la même ville, le 10 novembre 1863. — Ephore général des antiquités.

Auteur de : L'ancienne Athènes et de l'Ephemeris archéologique.

615. — Minervini (Giulio), ❋

Élu, le 20 janvier 1854, correspondant de l'Académie des Inscriptions et Belles-Lettres.

Né à Naples, le 9 août 1819. — Mort dans la même ville, le 22 novembre 1891. — Inspecteur des musées nationaux. Professeur de littérature grecque à l'Université de Naples. Bibliothécaire de l'Université.

Auteur de : Maisons et monuments de Pompéi, Inscriptions du musée Borbonico, Monuments antiques de la collection Barone. A publié plusieurs traductions d'auteurs anciens et modernes.

616. — Angelini (Tito), ❋

Élu, le 21 janvier 1854, correspondant de l'Académie des Beaux-Arts.

Né à Naples, le 14 mai 1806. — Mort dans la même ville, le 20 février 1878. — Professeur de sculpture à l'Académie des Beaux-Arts et directeur de l'École de dessin de Naples.

Œuvres principales. — La duchesse d'Aumale. Ferdinand II. Télémaque abandonnant Eucharis. Amour brisant son arc. La Foi. L'Espérance. Sapho. La religion. Mercadante. Statue monumentale de Catane, etc.

---

617. — Bartholmess (Christian, Jean, Guillaume), ✳

Élu, le 11 février 1854, correspondant de l'Académie des Sciences morales et politiques (section de Philosophie).

Né à Schweighausen (Bas-Rhin), le 26 février 1815. — Mort à Nuremberg, le 26 août 1856. — Professeur de philosophie au séminaire protestant de Strasbourg.

Auteur de : Le grand Beausobre et ses amis ou la Société française à Berlin entre 1685 et 1740, Histoire critique des doctrines religieuses de la philosophie moderne, Histoire philosophique de l'Académie de Prusse depuis Leibnitz jusqu'à Schelling, Huet, évêque d'Avranches ou le scepticisme théologique, Il y a, Sauveur et Sauveur, Jordano Bruno.

---

618. — Carbuccia (Jean, Luc, Sébastien, Bonaventure), O. ✳

Élu, le 20 février 1864, correspondant de l'Académie des Inscriptions et Belles-Lettres.

Né à Bastia (Corse), le 14 juillet 1808. — Mort à Gallipoli (Turquie), le 17 juillet 1854. — Général de brigade d'infanterie.

Auteur de plusieurs mémoires archéologiques sur l'Algérie.

---

619. — Steiner (Jacob).

Élu, le 20 mars 1854, correspondant de l'Académie des Sciences (section de Géométrie).

Né à Utzensdorf (Suisse), le 18 mars 1796. — Mort à Berne, le 1er avril 1863. — Professeur à l'Université de Berlin.

Auteur de soixante-six mémoires sur la géométrie et les mathématiques, qui ont été rassemblés et publiés en 1881, par M. Weierstrass.

---

620. — Coste (Xavier, Pascal), O. ✳

Élu, le 24 juin 1854, correspondant de l'Académie des Beaux-Arts.

Né à Marseille, le 29 novembre 1787. — Mort dans la même ville, le 8 février 1879. — Architecte du vice-roi d'Égypte. Attaché à la légation de France en Perse.

Auteur de : l'Architecture arabe, Voyage en Perse, Carte de la basse Égypte. A construit la forteresse d'Aboukir, le canal Mamoudieh, etc.

---

621. — Schimper (Guillaume, Philippe), O. ✳

Élu, le 24 juillet 1854, correspondant de l'Académie des Sciences (section de Botanique).

Né à Dossenheim (Bas-Rhin), le 8 janvier 1808. — Mort à Strasbourg, le 20 mars 1880. — Voyageur et naturaliste. Gouverneur du district de Antitcha en Abyssinie.

Auteur de : Voyage en Algérie.

---

622. — Michel (Francisque, Xavier), ✳

Élu, le 20 décembre 1854, correspondant de l'Académie des Inscriptions et Belles-Lettres.

Né à Lyon, le 18 février 1809. — Mort à Paris, le 18 mai 1887. — Professeur de littérature étrangère à la Faculté des Lettres de Bordeaux.

Auteur de : Histoire des races maudites de la France et de l'Espagne, le Livre d'or des métiers, Histoire des tissus de soie au moyen âge. A publié un grand nombre d'anciens textes inédits et plusieurs traductions d'ouvrages anglais.

---

623. — Polain (Mathieu, Lambert), ✳

Élu, le 29 décembre 1854, correspondant de l'Académie des Inscriptions et Belles-Lettres.

Né à Liège (Belgique), le 25 juin 1808. — Mort dans la même ville, le 4 avril 1872. — Professeur à l'Université de Liège.

Auteur de : Esquisses historiques de l'ancien pays de Liège, Liège pittoresque, Récits historiques, Henri de Dinant, Histoire de l'ancien pays de Liège, de la Souveraineté des évêques de Liège. A publié une collection de chroniques originales relatives à l'histoire de Liège.

---

624. — Wappers (le Baron Gustaf), O. ✳

Élu, le 30 décembre 1854, correspondant de l'Académie des Beaux-Arts.

Né à Anvers (Belgique), le 23 août 1803. — Mort dans la même ville, le 5 décembre 1874. — Premier peintre du Roi. Directeur de l'Académie des Beaux-Arts d'Anvers.

Œuvres principales. — Le dévouement des bourgmestres de Leyde. Le Christ au tombeau. Les adieux de Charles Iᵉʳ. La tentation de saint Antoine. La Saint-Barthélemy. Geneviève de Brabant. Christophe Colomb. Supplice d'Anne de Boleyn. Défense de l'île de Rhodes (Versailles), etc.

---

625. — Boissieu (Jean, Jacques, Marie, Alphonse de).

Élu, le 19 janvier 1855, correspondant de l'Académie des Inscriptions et Belles-Lettres.

Né à Lyon, le 10 décembre 1807. — Mort dans la même ville, le 29 décembre 1886. — Archéologue.

Auteur de : Inscriptions antiques de Lyon, De l'excommunication, Ainay, son autel, son amphithéâtre, ses martyrs, etc.

---

626. — Haussmann (Johann, Friedrich, Ludwig).

Élu, le 19 février 1855, correspondant de l'Académie des Sciences (section de Minéralogie).

Né à Hanovre, le 22 février 1782. — Mort à Gœttingue, le 26 décembre 1859. — Inspecteur général des mines et salines de Westphalie. Professeur à l'Université de Gœttingue. Conseiller intime.

Auteur de : Manuel de minéralogie, Recherches sur la cristallographie, Recherches sur les mines de l'Allemagne septentrionale, Voyage dans les pays scandinaves, Recherches sur les formes de la nature inanimée, De la formation du Harz, etc.

---

627. — Malaguti (Faustinus, Jovita, Marianus), C. ✳

Élu, le 5 mars 1855, correspondant de l'Académie des Sciences (section de Chimie).

Né à Crespellano-Pragatto (États de l'Église), le 15 février 1802. — Naturalisé Français, le 5 octobre 1840. — Mort à Rennes, le 26 avril 1878. — Chimiste à la manufacture de Sèvres. Professeur de chimie à la Faculté des Sciences de Rennes et doyen de la Faculté.

Auteur de : Leçons de chimie agricole, De l'association de l'argent aux minéraux métalliques, Leçons élémentaires de chimie, etc.

628. — Bonnet (Amédée), ✳

Élu, le 23 avril 1855, correspondant de l'Académie des Sciences (section de Médecine).

Né à Ambérieux (Ain), le 19 mars 1809. — Mort à Lyon, le 2 décembre 1858. — Professeur de clinique externe à l'École de médecine de Lyon.

Auteur de : Traité des sections tendineuses et musculaires dans le strabisme, Traité des maladies des articulations, De la lithotritie, Des services rendus par la médecine aux sciences naturelles, Traité de thérapeutique des maladies articulaires, De l'oisiveté de la jeunesse dans les classes riches, Traité de la cautérisation, etc.

629. — Delezenne (Charles, Édouard, Joseph), ✳

Élu, le 4 juin 1855, correspondant de l'Académie des Sciences (section de Physique générale).

Né à Lille, le 4 octobre 1776. — Mort dans la même ville, le 20 août 1866. — Professeur de mathématiques au collège de Lille.

Auteur de : Sur la constitution et la suspension des nuages, Sur l'acoustique musicale, Sur les phénomènes d'induction, Sur l'induction électrique par la terre (cerceau de Delezenne), Sur les paratonnerres, Sur le fluide électrique dans la pile de Volta, Sur le galvanisme, Sur l'aréométrie, Sur le nombre des modes musicaux, Sur la polarisation, Sur les piles sèches, Sur la formule de la corde vibrante, Sur la transposition, et d'autres mémoires insérés dans les Archives de l'électricité, les Mémoires de la Société scientifique de Lille, le Journal de physique, etc.

630. — Hall (Marshall).

Élu, le 3 décembre 1855, correspondant de l'Académie des Sciences (section de Médecine).

Né à Basford (Angleterre), en 1790. — Mort à Brighton, le 11 août 1857. — Membre des Sociétés royales de Londres et d'Édimbourg.

Auteur de : Aperçu du système spinal ou de la série des actions réflexes dans leurs applications à la physiologie, à la pathologie et spécialement à l'épilepsie.

631. — Chenavard (Antoine, Marie), ✳

Élu, le 15 décembre 1855, correspondant de l'Académie des Beaux-Arts.

Né à Lyon, le 4 mars 1787. — Mort à Lyon, le 29 décembre 1883. — Architecte du département du Rhône. Professeur à l'École des Beaux-Arts de Lyon.

A construit le grand théâtre de Lyon, les tours de l'église Saint-Vincent à Châlons-sur-Saône, l'église Saint-Étienne à Roanne, la cathédrale de Belley, les églises de Oyonnax et de Saint-Vincent de Reims. A restauré la préfecture du Rhône, etc. Auteur de : Lyon sous la domination romaine, Voyage en Grèce et dans le Levant, Recueil de compositions architecturales, etc.

632. — Haidinger (Wilhelm).

Élu, le 24 décembre 1855, correspondant de l'Académie des Sciences (section de Minéralogie).

Né à Vienne (Autriche), le 5 février 1795. — Mort dans la même ville, le 19 mars 1871. — Conseiller des mines. Professeur de minéralogie. Directeur en chef de l'Institut géologique d'Autriche.

Auteur de : Manuel de minéralogie déterminative, De l'arrangement des molécules dans les cristaux, Le minimum d'élévation des nuages d'orage, les Lignes d'interférence du mica, Carte géognostique de la monarchie autrichienne, etc.

---

633. — Coussemaker (Edouard, Edmond, Henri de), ✻

Élu, le 28 décembre 1855, correspondant de l'Académie des Inscriptions et Belles-Lettres.

Né à Bailleul (Nord), le 19 avril 1805. — Mort à Lille, le 11 janvier 1876. — Juge au tribunal de Dunkerque. Membre du Conseil général du Nord.

Auteur de : Mémoire sur Hucbald et ses traités de musique, Histoire de l'harmonie au moyen âge, Chants populaires des Flamands de France.

---

634. — Wolf (Ferdinand Joseph) ✻.

Élu, le 28 décembre 1855, correspondant de l'Académie des Inscriptions et Belles-Lettres.

Né à Vienne (Autriche), le 8 décembre 1796. — Mort dans la même ville, le 18 février 1866. — Conservateur de la Bibliothèque Impériale à Vienne.

Auteur de : Recherches sur l'histoire littéraire du Castillan, *Floresta de rimas modernas castillanas, Rosa de romances,* Recherches sur la bibliographie des cancioneros, *De la comedia famosa de la reina Maria,* de Lope de Vega, etc.

✿ Cureton.

Élu, le 28 décembre 1855, correspondant de l'Académie des Inscriptions et Belles-Lettres. — Voir Associés étrangers, n° 119.

---

635. — Mandel (Eduard) ✻.

Élu, le 28 décembre 1855, correspondant de l'Académie des Beaux-Arts.

Né à Berlin, le 15 février 1810. — Mort à Berlin, le 20 octobre 1882. — Professeur de gravure à l'Académie de Berlin.

Œuvres principales. — Le guerrier et sa fille. Loreley. Le berger italien. Van Dyck. Le Titien. Charles Iᵉʳ (Van Dyck). La madone de Colonna (Raphaël). Le Christ pleurant sur Jérusalem (A. Scheffer).

---

636. — Tappan (Henry).

Élu, le 2 février 1856, correspondant de l'Académie des Sciences morales et politiques (section de Philosophie).

Né aux États-Unis, en 1810. — Mort à Detroit (États-Unis), le 15 novembre 1881. — Professeur de philosophie à l'Université de New-York. Président de l'Université de Michigan.

Auteur de : la Doctrine de la volonté dans ses rapports avec la conduite et la responsabilité morale, Du libre arbitre, Traité de logique, L'éducation universitaire, Un pas du nouveau monde dans l'ancien, etc.

---

637. — Cibrario (le Comte Giovanni, Antonio, Luigi), G. O. ✻

Élu, le 9 février 1856, correspondant de l'Académie des Sciences morales et politiques (section d'Économie politique).

Né à Turin, le 23 février 1802. — Mort dans la même ville, le 1ᵉʳ octobre 1870. — Ministre des affaires étrangères du Piémont.

Auteur de : Histoire des princes de Savoie, l'Économie politique au moyen âge, Histoire de la monarchie de Savoie, l'Artillerie de 1300 à 1700, Histoire de Turin, Livre de nouvelles, Souvenirs d'une mission auprès de Charles Albert, etc.

638. — Ducpétiaux (Édouard).

Élu, le 16 février 1856, correspondant de l'Académie des Sciences morales et politiques (section de Morale).

Né à Bruxelles, le 29 juin 1804. — Mort dans la même ville, le 21 juillet 1868. — Inspecteur général des prisons et établissements de bienfaisance.

Auteur de : Des caisses d'épargne, De la réforme pénitentaire, De la condition physique et morale des ouvriers, Enquête sur la condition des classes ouvrières, Des écoles de réforme, Du paupérisme des Flandres, Des colonies agricoles, etc.

639. — Guyon (Jean, Louis, Geneviève), C. ✳

Élu, le 25 février 1856, correspondant de l'Académie des Sciences (section de Médecine).

Né à Albert (Somme), le 5 avril 1794. — Mort à Paris, le 23 août 1870. — Chirurgien en chef de l'armée d'Afrique. Médecin inspecteur du service de santé.

Auteur de : Traitement de la fièvre jaune, le Choléra en Pologne, les Maladies des Antilles et de l'Afrique, etc.

640. — Ostrogradski (Michel).

Élu, le 3 mars 1856, correspondant de l'Académie des Sciences (section de Géométrie).

Né à Puschénna (Russie), le 24 septembre 1801. — Mort à Pultava, le 1er janvier 1862. — Conseiller privé de l'empire russe. Membre de l'Académie impériale des Sciences de Saint-Pétersbourg. Docteur en philosophie de l'Université de Helsingfors. Inspecteur général des études à l'École militaire.

Auteur de : Sur les déplacements instantanés des systèmes assujettis à des conditions variables, Considérations sur l'enseignement, Sur les différents points d'analyse, Sur une intégrale qui se rencontre dans le calcul de l'attraction des sphéroïdes, Sur les intégrales définies, Sur la théorie de la chaleur, Sur la propagation des ondes, Sur l'intégration des fractions rationnelles, Sur le calcul des variations des intégrales multiples, Sur la méthode des approximations successives, Sur le calcul des fonctions génératrices, Sur les moments des forces, et d'un grand nombre de mémoires publiés dans le Recueil de l'Académie des sciences de Saint-Pétersbourg.

641. — Wrangell (le Baron Ferdinand, Louis de).

Élu, le 17 mars 1856, correspondant de l'Académie des Sciences (section de Géographie).

Né à Pleskow (Russie), le 29 décembre 1796. — Mort à Saint-Pétersbourg, le 3 juin 1870. — Vice-Amiral. Gouverneur des colonies russes d'Amérique. Directeur des forêts de la marine.

Auteur de : Voyage à la mer Glaciale, etc.

642. — Gerhardt (Charles, Frédéric).

Élu, le 21 avril 1856, correspondant de l'Académie des Sciences (section de Chimie).

Né à Strasbourg, le 21 août 1816. — Mort dans la même ville, le 19 août 1856. — Professeur de chimie à la Faculté des Sciences de Montpellier, puis à celle de Strasbourg.

Auteur de : Traité de chimie organique, Précis d'analyse chimique qualitative.

✿ **Kastner.**

Élu, le 20 décembre 1856, correspondant de l'Académie des Beaux-Arts. — Voir Membres libres, n° 97.

---

643. — Hooker (Sir William, Jackson).

Élu, le 22 décembre 1856, correspondant de l'Académie des Sciences (section de Botanique).

Né à Exeter (Angleterre), en 1785. — Mort à Kew, le 12 août 1865. — Professeur de botanique à l'Université de Glasgow. Directeur des jardins de Kew.

Auteur de : Un tour en Irlande : *Flora Scotica, Exotic flora, Flora borealis Americana, British flora, la Victoria regia, Icones plantarum, Kew gardens.*

✿ **Gorresio.**

Élu, le 26 décembre 1856, correspondant de l'Académie des Inscriptions et Belles-Lettres. — Voir Associés étrangers, n° 160.

---

644. — Stiévenart (Jean, François), ✽

Élu, le 26 décembre 1856, correspondant de l'Académie des Inscriptions et Belles-Lettres.

Né à Commercy (Meuse), le 24 novembre 1794. — Mort à Paris, le 18 mai 1860. — Professeur de littérature grecque aux Facultés des Lettres de Strasbourg et de Dijon. Doyen de la Faculté des Lettres de Dijon.

Auteur de : Considérations sur les dieux d'Homère, Examen des comédies d'Aristophane, Étude sur le comique Eupolis, Idée du théâtre de Ménandre et de nombreuses traductions.

---

645. — Gayangos (Pascual de).

Élu, le 26 décembre 1856, correspondant de l'Académie des Inscriptions et Belles-Lettres.

Né à Séville (Espagne), le 21 juin 1809. — Interprète au Ministère des Affaires étrangères. Professeur à l'Université de Madrid.

Auteur de : Histoire des dynasties mahométanes d'Espagne.

---

646. — Whewell (William).

Élu, le 14 février 1857, correspondant de l'Académie des Sciences morales et politiques (section de Philosophie).

Né à Lancastre (Angleterre), le 24 mai 1794. — Mort à Cambridge, le 6 mars 1866. — Professeur de minéralogie, puis de philosophie morale à l'Université de Cambridge. Maître de Trinity College.

Auteur de : Éléments de morale, Conférences sur la morale systématique, Conférences sur l'histoire de la philosophie morale en Angleterre, *De jure belli et pacis,* Des principes de l'éducation universitaire en Angleterre, Astronomie et physique considérées dans leurs rapports avec la théologie naturelle, etc.

---

647. — Mohl (Robert).

Élu, le 21 février 1857, correspondant de l'Académie des Sciences morales et politiques (section de Législation).

Né à Stuttgart (Wurtemberg), le 17 août 1799. — Mort à Berlin, le 5 novembre 1875. — Professeur d'économie politique à l'Université de Tubingue, puis à celle de Heidelberg. Conseiller d'État. Député. Ministre de la Justice.

Auteur de : Indications historiques sur les mœurs des étudiants de Tubingue, Droit public du royaume de Wurtemberg, La responsabilité des ministres, Le système de la justice préventive, La science de la police d'après les principes de l'état légal, Histoire et littérature de l'économie politique.

648. — Tegoborski (Ludwik de).

Élu, le 4 avril 1857, correspondant de l'Académie des Sciences morales et politiques (section de Politique).

Né à Varsovie, en 1793. — Mort à Saint-Pétersbourg, le 11 avril 1857. — Maître des requêtes. Consul général. Ministre plénipotentiaire. Membre du Conseil privé.

Auteur de : L'instruction publique en Autriche, Des finances et du crédit public de l'Autriche, Coup d'œil sur le commerce de l'Autriche, Études sur les forces productives de la Russie, Essai sur les conséquences éventuelles des découvertes de gîtes aurifères en Californie.

649. — Peters (Christian, August, Friedrich).

Élu, le 13 avril 1857, correspondant de l'Académie des Sciences (section d'Astronomie).

Né à Hambourg, le 7 septembre 1806. — Mort à Altona, le 8 mai 1880. — Directeur de l'Observatoire à Altona, puis à Kiel. Professeur d'astronomie à l'Université de Kiel.

Auteur de nombreux travaux insérés dans les Nouvelles astronomiques et dans les Mémoires de l'Académie de Saint-Pétersbourg.

650. — Adams (John, Couch).

Élu, le 20 avril 1857, correspondant de l'Académie des Sciences (section d'Astronomie).

Né à Launceston (Angleterre), le 5 juin 1819. — Mort à Cambridge, le 21 janvier 1892. — Astronome. Professeur de mathématiques à l'Université de Cambridge.

Auteur de travaux considérables sur la planète Neptune.

651. — Colmeiro (Manuel)

Élu, le 9 mai 1857, correspondant de l'Académie des Sciences morales et politiques (section d'Histoire).

Né à Santiago (Espagne), le 1er juin 1818. — Mort à Madrid, le 11 août 1894. — Professeur d'économie politique à l'Université de Madrid.

Auteur de : Traité de droit administratif espagnol, Le moyen de remédier à la subdivision de la propriété foncière, Traité d'économie politique éclectique, etc.

652. — Secchi (l'Abbé Angelo), O. ✻

Élu, le 11 mai 1857, correspondant de l'Académie des Sciences (section d'Astronomie).

Né à Reggio (duché de Modène), le 29 juin 1818. — Mort à Rome, le 26 février 1878. — Religieux de la Compagnie de Jésus. Professeur de physique et directeur de l'Observatoire du Collège romain.

Auteur de : Le Soleil : exposé des découvertes modernes sur la structure de cet astre, L'unité des forces physiques, Les étoiles, et de plus de 3oo mémoires insérés dans divers recueils scientifiques.

653. — Chevandier de Valdrôme (Jean, Pierre, Eugène, Napoléon), C. ✸

Élu, le 11 mai 1857, correspondant de l'Académie des Sciences (section d'Économie rurale).

Né à Saint-Quirin (Meurthe), le 15 août 1810. — Mort à Paris, le 2 décembre 1878. — Député de la Meurthe. Ministre de l'Intérieur.

Auteur de divers Mémoires sur la chimie, l'histoire naturelle et la sylviculture.

654. — Matteucci (Carlo).

Élu, le 18 mai 1857, correspondant de l'Académie des Sciences (section de Physique générale).

Né à Forli (Italie), le 20 juin 1811. — Mort à Ardenza, le 20 juin 1868. — Professeur de physique à l'Université de Pise. Directeur des lignes télégraphiques. Sénateur.

Auteur de : Cours de physique, Manuel de télégraphie, Traité des phénomènes électro-physiologiques.

✸ Reiset.

Élu, le 25 mai 1857, correspondant de l'Académie des Sciences (section d'Économie rurale). — Voir Membres titulaires, n° 936.

655. — Thuret (Gustave, Adolphe).

Élu, le 8 juin 1857, correspondant de l'Académie des Sciences (section de Botanique).

Né à Paris, le 23 mai 1817. — Mort à Nice, le 10 mai 1875. — Attaché d'ambassade à Constantinople. Naturaliste.

Auteur de : Les organes locomoteurs des spores des algues, Du mode de reproduction du Nostoc verrucosum, Les anthéridies des fougères, Les zoospores des algues et les anthéridies des cryptogames, Recherches sur la fécondation des fucacées, La fécondation des floridées, Études phycologiques, Notes algologiques.

✸ Stüler.

Élu, le 19 décembre 1857, correspondant de l'Académie des Beaux-Arts. — Voir Associés étrangers, n° 126.

656. — Herculano de Carvalho e Aranjo (Alexander).

Élu, le 22 janvier 1858, correspondant de l'Académie des Inscriptions et Belles-Lettres.

Né à Lisbonne, le 28 mai 1810. — Mort dans la même ville, le 13 septembre 1877. — Député. Bibliothécaire du Roi.

Auteur de : Histoire du Portugal, Histoire de l'origine et de l'établissement de l'inquisition en Portugal, et de plusieurs volumes de romans et de poésies.

657. — Dinaux (Arthur, Martin), ✸

Élu, le 22 janvier 1858, correspondant de l'Académie des Inscriptions et Belles-Lettres.

Né à Valenciennes (Nord), le 8 septembre 1795. — Mort à Montataire (Oise), le 15 mai 1864.

Auteur de : Bibliographie cambrésienne, Les trouvères cambrésiens, Les trouvères de la Flandre et du Tournaisis, Les trouvères artésiens. Éditeur d'anciens textes sur l'histoire locale.

658. — Everett (Edward).

Élu, le 23 janvier 1858, correspondant de l'Académie des Sciences morales et politiques (section de Politique).

Né à Dorchester (États-Unis), le 11 avril 1794. — Mort à Boston, le 15 janvier 1865. — Professeur à l'Université de Harward. Membre du Congrès. Gouverneur de l'État de Massachusetts. Ministre des États-Unis en Angleterre.

Auteur de : Importance de l'éducation pratique et des connaissances utiles, Défense du christianisme, Discours et allocutions sur divers sujets.

659. — Bodinier (Guillaume), ✳

Élu, le 6 février 1858, correspondant de l'Académie des Beaux-Arts.

Né à Angers, le 9 février 1795. — Mort à Angers, le 25 août 1872. — Peintre. Directeur du musée d'Angers.

Œuvres principales. — Vue des bords du Tibre. L'Angélus, etc.

660. — Fichte (Immanuel, Hermann).

Élu, le 6 février 1858, correspondant de l'Académie des Sciences morales et politiques (section de Philosophie).

Né à Iéna (Saxe-Weimar), le 18 juillet 1797. — Mort à Tubingue (Wurtemberg), le 8 août 1879. — Professeur de philosophie aux Universités de Bonn et de Tubingue.

Auteur de : Principes préparatoires à la théologie, Du caractère de la philosophie moderne, Rapports de la religion avec la philosophie, L'idée de la personnalité après la mort, Des conditions du théisme spéculatif, Principes d'un système de philosophie, La philosophie de l'avenir, les Doctrines philosophiques sur le droit, Traité de la communauté ou science sociale, Anthropologie, Histoire critique de la psychologie, etc.

✳ Grote.

Élu, le 20 février 1858, correspondant de l'Académie des Sciences morales et politiques (section d'Histoire). — Voir Associés étrangers, n° 125.

661. — Sedgwick (Adam).

Élu, le 24 mai 1858, correspondant de l'Académie des Sciences (section de Minéralogie).

Né à Dent (Angleterre), en 1785. — Mort à Cambridge, le 27 janvier 1873. — Professeur de géologie à l'Université de Cambridge.

Auteur de : Classification des roches paléozoïques de l'Angleterre et de divers mémoires.

662. — Rau (Karl, Heinrich).

Élu, le 26 juin 1858, correspondant de l'Académie des Sciences morales et politiques (section d'Économie politique).

Né à Erlangen (Bavière), le 23 novembre 1792. — Mort à Heidelberg, le 18 mars 1870. — Professeur aux Universités d'Erlangen et de Heidelberg. Conseiller intime et Membre de la Chambre haute du grand-duché de Bade.

Auteur de : Traité d'économie politique, Du luxe, De la suppression des maîtrises et jurandes, Vues d'économie politique, Précis de la science camérale, Histoire de la charrue, etc.

663. — Du Châtellier (Armand, René, Maufras).

Élu, le 17 juillet 1858, correspondant de l'Académie des Sciences morales et politiques (section de Morale).

Né à Quimper, le 7 avril 1797. — Mort à Cernuy (Finistère), le 27 avril 1885.

Auteur de : Essai sur les salaires, Du commerce et de l'administration, Histoire de la révolution dans l'ancienne Bretagne, Du pays de Galles et des origines de notre histoire, L'Inde antique, La représentation provinciale en Bretagne.

Une notice sur sa vie a été lue par M. Geffroy, dans la séance de l'Académie des Sciences morales et politiques du 30 mai 1885.

664. — Durocher (Joseph, Marie, Élisabeth), ✳

Élu, le 29 novembre 1858, correspondant de l'Académie des Sciences (section de Minéralogie).

Né à Rennes, le 31 mai 1817. — Mort à Rennes, le 3 décembre 1860. — Ingénieur des Mines. Professeur de géologie et de minéralogie à la Faculté des Sciences de Rennes.

Auteur de : Recherches sur les roches et les minéraux des îles Feroë, Voyage en Scandinavie et en Laponie, etc.

665. — Leber (Jean, Michel, Constant, ✳

Élu, le 18 décembre 1858, correspondant de l'Académie des Sciences morales et politiques (section de Politique).

Né à Orléans, le 8 mai 1780. — Mort dans la même ville, le 22 décembre 1859. — Chef de bureau au Ministère de l'Intérieur.

Auteur de : Des cérémonies du sacre dans l'ancienne monarchie, Histoire critique du pouvoir municipal, De l'état de la presse de François Iᵉʳ à Louis XIV. — Éditeur de la collection des meilleures dissertations, notices et traités relatifs à l'histoire de France.

✳ Baer (Charles, Ernest de).

Elu, le 20 décembre 1858, correspondant de l'Académie des Sciences (section d'Anatomie). — Voir Associés étrangers, nº 159.

✳ Max Müller.

Élu, le 24 décembre 1858, correspondant de l'Académie des Inscriptions et Belles-Lettres. — Voir Associés étrangers, nº 141.

666. — Lepsius (Karl, Reichard).

Élu, le 24 décembre 1858, correspondant de l'Académie des Inscriptions et Belles-Lettres.

Né à Naumburg (Prusse), le 20 décembre 1813. — Mort à Berlin, le 15 juillet 1884. — Professeur à l'Université de Berlin.

Auteur de: La philosophie appliquée aux recherches de linguistique, Monuments de l'Égypte et de l'Éthiopie. Chronologie des Égyptiens, Lettres sur l'Égypte et la presqu'île du Sinaï, Alphabet de linguistique universelle, etc.

✠ de Tessan.

Élu, le 27 décembre 1858, correspondant de l'Académie des Sciences (section de Géographie). — Voir Membres titulaires, n° 686.

667. — Cherbuliez (Antoine, Élisée).

Élu, le 29 janvier 1859, correspondant de l'Académie des Sciences morales et politiques (section d'Économie politique).

Né à Genève, le 29 juillet 1797. — Mort à Zurich, le 9 mars 1869. — Professeur d'économie politique et de droit public à l'Université de Genève. Membre du grand Conseil et de l'Assemblée Constituante.

Auteur de: Théorie des garanties constitutionnelles, De la démocratie en Suisse, Richesse et Pauvreté, Simples notions de l'ordre social, Études sur les causes de la misère, etc.

668. — Bluntschli (Johann, Caspar).

Élu, le 12 février 1859, correspondant de l'Académie des Sciences morales et politiques (section de Législation).

Né à Zurich (Suisse), le 7 mai 1808. — Mort à Heidelberg, le 21 octobre 1881. — Membre du grand Conseil de Zurich. Conseiller d'État. Membre du Directoire fédéral. Professeur à la Faculté de droit de Zurich.

Auteur de: Traité de la succession d'après le droit romain, Histoire de la ville et du pays de Zurich, Les systèmes modernes des juristes allemands, Les cantons d'Uri, de Schwitz et d'Unterwald, Histoire de la république de Zurich, Le droit politique général, etc.

669. — Martinez de la Rosa (Francisco), G. C. ✳

Élu, le 12 février 1859, correspondant de l'Académie des Sciences morales et politiques (section d'Histoire).

Né à Grenade (Espagne), le 10 mars 1789. — Mort à Madrid, le 7 février 1862. — Membre des Cortès. Président du Conseil des ministres. Ambassadeur à Rome et à Paris. Président du Conseil d'État. Secrétaire perpétuel de l'Académie d'Espagne.

Auteur de: L'esprit du siècle (10 vol.), Œuvres littéraires (5 vol.), Œuvres lyriques et romans.

670. — Carus (Carl, Gustav).

Élu, le 14 février 1859, correspondant de l'Académie des Sciences (section d'Anatomie).

Né à Leipzig, le 3 janvier 1789. — Mort à Dresde, le 28 juillet 1869. — Directeur de la clinique d'accouchement et professeur à l'Académie médico-chirurgicale de Dresde. Médecin du Roi. Conseiller d'État.

Auteur de : Essai sur le système des nerfs et sur le cerveau, Traité de gynécologie, Tableaux d'anatomie comparée, Principes d'anatomie comparée et de physiologie, Principes de cranioscopie, Leçons sur la psychologie, L'Angleterre et l'Écosse, etc.

671. — Ridolfi (le Marquis Cosimo).

Élu, le 28 mars 1859, correspondant de l'Académie des Sciences (section d'Économie rurale).

Né à Florence, le 20 novembre 1794. — Mort à Florence, le 5 mars 1865. — Directeur de la Monnaie à Florence. Fondateur de l'Institut agronomique de Meleto. Ministre de l'Instruction publique et Président du Conseil. Ministre de Toscane en France et en Angleterre.

Auteur de nombreux mémoires insérés au Journal d'agriculture et dans l'Anthologie italienne.

672. — Renault (Thomas, Eugène, Éloi), O. ✿

Élu, le 4 avril 1859, correspondant de l'Académie des Sciences (section d'Économie rurale).

Né à Saint-Ouen-l'Aumône (Seine-et-Oise), le 11 février 1805. — Mort à Bologne, le 27 mai 1863. — Professeur de clinique et de médecine opératoire à l'École vétérinaire d'Alfort. Directeur de la même École. Inspecteur des Écoles vétérinaires.

Auteur de : Traité du javart cartilagineux, La Gangrène traumatique, et de mémoires insérés dans le Recueil de médecine vétérinaire pratique.

673. — Dareste de la Chavanne (Antoine, Élisabeth, Cléophas), O. ✿

Élu, le 9 avril 1859, correspondant de l'Académie des Sciences morales et politiques (section d'Histoire).

Né à Paris, le 25 octobre 1820. — Mort dans la même ville, le 6 août 1882. — Professeur d'histoire aux Facultés des Lettres de Grenoble et de Lyon. Recteur des Académies de Nancy et de Lyon.

Auteur de : Éloge de Turgot, Histoire de l'administration en France depuis Philippe-Auguste, Histoire des classes agricoles en France depuis saint Louis, Histoire de France depuis les origines jusqu'à nos jours.

674. — Hofmann (August, Wilhelm).

Élu, le 11 avril 1859, correspondant de l'Académie des Sciences (section de Chimie).

Né à Giessen (Prusse), le 8 avril 1818. — Mort à Berlin, le 5 mai 1892. — Professeur de chimie à l'Université de Bonn, à l'École des Mines de Londres et à l'Université de Berlin.

Auteur de : Introduction à l'étude de la chimie, Souvenirs du passé de Berlin. A découvert l'aniline (Violet Hofmann) et a publié de nombreux mémoires dans les recueils scientifiques.

675. — Dujardin (Félix), ✿

Élu, le 25 avril 1859, correspondant de l'Académie des Sciences (section d'Anatomie).

Né à Tours, le 5 avril 1801. — Mort à Rennes, le 8 avril 1860. — Professeur de minéralogie à la Faculté des Sciences de Toulouse. Professeur de botanique et de zoologie à la Faculté de Rennes.

Auteur de : Observations sur les rhizopodes, Histoire naturelle des zoophytes, Histoire naturelle des helminthes, Manuel de l'observateur au microscope, Flore d'Indre-et-Loire, Promenades d'un naturaliste, etc.

676. — Virchow (Rudolf).

Élu, le 30 mai 1859, correspondant de l'Académie des Sciences (section de Médecine).

Né à Schiefelbein (Prusse), le 13 octobre 1821. — Professeur d'anatomie pathologique aux Universités de Wurzbourg et de Berlin. Directeur de l'Institut pathologique. Député. Recteur de l'Université de Berlin.

Auteur de : Phlébite, thrombose, embolie et leucohémie ; La fièvre typhoïde en Silésie, Les pigments pathologiques hématoïdes, Le cancer, Le choléra, La scrofule, La tuberculose, La fièvre typhoïde, La pathologie cellulaire, Le tissu conjonctif, Trichimasis, La vie et la maladie, L'alimentation et le bien-être, Pathologie des tumeurs, La liberté de la science dans l'état moderne.

677. — Lecoq (Henri), ✳

Élu, le 6 juin 1859, correspondant de l'Académie des Sciences (section de Botanique).

Né à Avesnes (Nord), le 11 avril 1802. — Mort à Clermont-Ferrand, le 4 août 1871. — Professeur à l'École préparatoire de médecine et directeur du Jardin botanique de Clermont-Ferrand.

Auteur de : Minéralogie appliquée aux sciences, Précis de botanique, Traité des plantes fourragères, Remarques sur l'horticulture, Études sur la géographie botanique de l'Europe, Géographie physique et météorologique, Géologie et hydrographie, Des glaciers et des climats, Description pittoresque de l'Auvergne.

678. — Keller (Joseph), ✳

Élu, le 10 décembre 1859, correspondant de l'Académie des Beaux-Arts.

Né à Linz (Prusse), le 17 mars 1815. — Mort à Dusseldorf, le 30 mai 1873. — Professeur de gravure à Dusseldorf.

Œuvres principales. — Les Évangélistes (Overbeck). Roland. Madone. Le Christ avec sa mère (A. Scheffer). La Trinité (Raphaël). La dispute du Saint-Sacrement (Raphaël). Les Vierges sages et les Vierges folles. La mort de Frédéric II. Roland délivrant Isabelle. Jésus-Christ au tombeau et les saintes femmes (A. Scheffer).

✳ Verdi.

Élu, le 10 décembre 1859, correspondant de l'Académie des Beaux-Arts. — Voir Associés étrangers, n° 128.

679. — Conti (Carlo).

Élu, le 10 décembre 1859, correspondant de l'Académie des Beaux-Arts.

Né à Arpino (Deux-Siciles), le 14 octobre 1797. — Mort à Naples, le 10 juin 1868. — Compositeur de musique.

Œuvres principales. — Le truppe in Franconia. La Pace desiderata. Misantropia et pentimento, Il Trionfo della giustizia. L'innocenza in periglio. Gli aragonesi in Napoli, Alexi, l'Olympiade, l'Audacia fortunata, etc.

680. — Mussini (Luigi), ✳

Élu, le 10 décembre 1859, correspondant de l'Académie des Beaux-Arts.

Né à Berlin, le 24 décembre 1817. — Mort à Sienne (Italie), le 10 juin 1888. — Directeur de l'Académie des Beaux-Arts de Sienne.

Œuvres principales. — Laurent de Médicis et les platoniciens. La Mort de Néron. Les Ilotes. Façade de la cathédrale de Vienne. — Auteur de: Di Scritti d'arte, recueil de lettres.

✲ Madrazo.

Élu, le 10 décembre 1859, correspondant de l'Académie des Beaux-Arts. — Voir Associés étrangers, n° 151.

681. — Clodt-Jurgensburg (le Baron Peter).

Élu, le 10 décembre 1859, correspondant de l'Académie des Beaux-Arts.

Né à Saint-Pétersbourg, le 29 mai 1805. — Mort dans la même ville, le 8 novembre 1867. — Officier d'artillerie. Professeur de sculpture à l'Académie des Beaux-Arts de Saint-Pétersbourg.

Œuvres principales. — Quadrige de la porte de Moscou. Statues de la grande place de Saint-Pétersbourg, etc.

682. — Denis (Prosper, Sylvain).

Élu, le 12 décembre 1859, correspondant de l'Académie des Sciences (section de Médecine).

Né à Commercy (Meuse), le 28 janvier 1799. — Mort à Toul, le 3 juillet 1863. — Docteur en médecine.

Auteur de: Recherches d'anatomie et de physiologie pathologique, Sur plusieurs maladies des enfants nouveau-nés, Mémoires sur trois genres différents de cas rares dans l'ordre physiologico-pathologique ; Recherches expérimentales sur le sang humain considéré à l'état sain, faites pour déterminer les modifications auxquelles est sujette, dans l'économie, la composition de cette humeur, et apprécier les phénomènes physiologiques qui s'y rapportent ; Études chimiques, physiologiques et médicales faites de 1835 à 1840 sur les matières albumineuses, etc.

✲ Amari.

Élu, le 23 décembre 1859, correspondant de l'Académie des Inscriptions et Belles-Lettres. — Voir Associés étrangers, n° 146.

683. — Bunsen (le Baron Christian, Carl, Josias de).

Élu, le 23 décembre 1859, correspondant de l'Académie des Inscriptions et Belles-Lettres.

Né à Corbach (Waldeck), le 25 août 1791. — Mort à Bonn, le 28 novembre 1860. — Ministre de Prusse à Rome et à Berne. Ambassadeur en Angleterre.

Auteur de : *De Jure Atheniensium hœreditario,* Sur les droits constitutionnels des duchés de Schleswig et de Holstein, La constitution de l'Église, De l'avenir, Les Basiliques de Rome chrétienne, Du rôle de l'Égypte dans l'histoire du monde, Les signes du temps, etc.

✲ Motley.

Élu, le 25 février 1860, correspondant de l'Académie des Sciences morales et politiques (section d'Histoire). — Voir Associés étrangers, n° 157.

684. — Mill (John, Stuart).

Élu, le 28 avril 1860, correspondant de l'Académie des Sciences morales et politiques (section d'Économie politique).

Né à Londres, le 20 mai 1806. — Mort à Londres, le 8 mai 1873. — Membre du Conseil de la Compagnie des Indes.

Auteur de : Système de logique, Essais d'économie politique, Principes d'économie politique, La liberté.

---

685. — Roscher (Wilhelm).

Élu, le 28 avril 1860, correspondant de l'Académie des Sciences morales et politiques (section d'Économie politique).

Né à Hanovre, le 21 octobre 1817. — Mort à Leipzig, le 4 juin 1894. — Professeur d'économie politique aux Universités de Gœttingue et de Leipsig.

Auteur de : la Vie et les travaux de Thucydide, Considérations sur le socialisme et le communisme, Précis d'un cours des sciences économiques et administratives, De la cherté des grains, Histoire de l'économie politique en Angleterre, etc.

✿ Tchébichef.

Élu, le 28 mai 1860, correspondant de l'Académie des Sciences (section de Géométrie). — Voir Associés étrangers, n° 154.

---

686. — Rathke (Martin, Heinrich).

Élu, le 4 juin 1860, correspondant de l'Académie des Sciences (section d'Anatomie).

Né à Dantzig, le 25 août 1793. — Mort à Kœnigsberg, le 15 septembre 1860. — Docteur en médecine. Professeur et Directeur du musée de zoologie et d'astronomie de Kœnigsberg.

Auteur de : Recherches sur la formation des écrevisses, Histoire du développement et de la formation de l'homme et des animaux, Essai sur l'histoire des animaux, Recherches sur le développement des tortues, *De animalium crustaceorum generatione.*

✿ Kummer.

Élu, le 4 juin 1860, correspondant de l'Académie des Sciences (section de Géométrie). — Voir Associés étrangers, n° 139.

---

687. — Nordmann (Alexander de).

Élu, le 18 juin 1860, correspondant de l'Académie des Sciences (section d'Anatomie).

Né à Ruotzensalmi (Russie), le 24 mai 1803. — Mort à Helsingfors, le 25 juin 1866. — Professeur de zoologie à l'Université d'Helsingfors. Conseiller d'État de l'Empire russe.

Auteur de : Mémoires micrographiques sur l'histoire naturelle des animaux invertébrés, Contribution à la connaissance du système osseux de la Rhytina Stelleri, Paléontologie de la Russie méridionale, *Symbolæ ad monographica staphylinorum,* Sur une forme gigantesque de la moule commune.

---

688. — Lancrenon (Jacques, Ferdinand), ✿

Élu, le 10 novembre 1860, correspondant de l'Académie des Beaux-Arts.

Né à Lods (Doubs), le 11 mars 1794. — Mort dans la même ville, le 4 août 1874. — Peintre.

Œuvres principales. — Tobie rendant la vue à son père. La Paix, la Justice et l'Abondance. Alphée et Aréthuse. Jeune fille allant au Scamandre. Enfant jouant avec son chien, etc.

689. — Simonis (Eugène).

Élu, le 10 novembre 1860, correspondant de l'Académie des Beaux-Arts.

Né à Liège (Belgique), le 11 juillet 1810. — Mort à Bruxelles, le 11 juillet 1882. — Sculpteur. Membre de l'Académie royale de Belgique.

Œuvres principales. — Mausolée du chapelain Triest (Sainte-Gudule). Godefroy de Bouillon (place Royale à Bruxelles). Innocence (m. de Bruxelles). Pepin d'Héristal (palais des Chambres). Le bambin malheureux, etc.

✣ Daubrée.

Élu, le 12 novembre 1860, correspondant de l'Académie des Sciences. — Voir Membres titulaires, n° 688.

690. — Bekker (Emmanuel).

Élu, le 28 décembre 1860, correspondant de l'Académie des Inscriptions et Belles-Lettres.

Né à Berlin, le 21 mai 1785. — Mort dans la même ville, le 7 juin 1871. — Professeur de littérature grecque à l'Université de Berlin.

Auteur de : *Anecdota Græca, Corpus inscriptionum Græcarum;* collaborateur du *Corpus scriptorum historiæ Byzantinæ.* Éditeur de plusieurs classiques grecs et latins.

✣ Mommsen (Theodor), ✱

Élu, le 28 décembre 1860, correspondant de l'Académie des Inscriptions et Belles-Lettres. — Voir Associés étrangers, n° 202.

691. — Mortreuil (Jean, Anselme, Bernard).

Élu, le 28 décembre 1860, correspondant de l'Académie des Inscriptions et Belles-Lettres.

Né à Perpignan, le 1er janvier 1806. — Mort à Marseille, le 15 mai 1876. — Avocat.

Auteur de : Histoire du droit byzantin ou du droit romain dans l'empire d'Orient, depuis la mort de Justinien jusqu'à la prise de Constantinople en 1453 ; l'Hôpital Sainte-Marthe : monographie.

✣ de Rossi.

Élu, le 28 décembre 1860, correspondant de l'Académie des Inscriptions et Belles-Lettres. — Voir Associés étrangers, n° 137.

692. — Weil (Gustav).

Élu, le 28 décembre 1860, correspondant de l'Académie des Inscriptions et Belles-Lettres.

Né à Sultzbourg (grand-duché de Bade), le 24 avril 1808. — Mort à Fribourg, le 30 août 1889. — Professeur de langues orientales à l'Université de Heidelberg.

Auteur de : La littérature poétique des Arabes, Le prophète Mohammed, Introduction historique et critique au Coran, Histoire des kalifes, Légendes bibliques des Musulmans ; Traduction des Mille et une nuits, des Colliers d'or, etc.

693. — Benfey (Theodor).

Élu, le 25 janvier 1861, correspondant de l'Académie des Inscriptions et Belles-Lettres.

Né à Nœrten (Prusse), le 22 janvier 1809. — Mort à Gœttingue, le 26 juin 1881. — Professeur de langue sanscrite et de grammaire comparée à l'Université de Gœttingue.

Auteur de : Les noms des mois de quelques peuples anciens, Des rapports entre la langue égyptienne et les racines sémitiques, Les inscriptions cunéiformes persanes, Études sur le Zend, Manuel de la langue sanscrite. A publié diverses traductions.

694. — Diez (Friedrich, Christian).

Élu, le 25 janvier 1861, correspondant de l'Académie des Inscriptions et Belles-Lettres.

Né à Giessen (Hesse-Darmstadt), le 15 mars 1794. — Mort à Bonn, le 29 mai 1876. — Professeur à l'Université de Bonn.

Auteur de : les Vieilles romances espagnoles, Éléments de la connaissance de la poésie romantique, Essai sur les cours d'amour, La poésie des troubadours, Grammaire des langues romanes, Vieux monuments de langue romane, Dictionnaire des langues romanes, Vies et œuvres des troubadours, etc.

695. — Birch (Samuel).

Élu, le 25 février 1861, correspondant de l'Académie des Inscriptions et Belles-Lettres.

Né à Londres, le 3 novembre 1813. — Mort dans la même ville, le 29 décembre 1885. — Conservateur des antiquités et des collections ethnographiques au British Museum.

Auteur de : Galerie des antiquités, Catalogue des vases grecs, Introduction à l'étude des hiéroglyphes, Histoire de la poterie ancienne, et de nombreux mémoires sur la numismatique, l'ethnographie et les antiquités.

✿ Stanhope (lord).

Élu, le 27 avril 1861, correspondant de l'Académie des Sciences morales et politiques (section d'Histoire. — Voir Associés étrangers, n° 150.

696. — Bernard (Honoré, Gabriel), C. ✻

Élu, le 15 juillet 1861, correspondant de l'Académie des Sciences (section de Mécanique).

Né à Saint-Benoît-du-Sault (Indre), le 24 décembre 1789. — Mort au même lieu, le 10 août 1866. — Inspecteur général des Ponts et Chaussées. Professeur de travaux maritimes à l'École des Ponts et Chaussées.

A surveillé ou dirigé les travaux du port de Flessingue, du pont de Bordeaux, du pont de Nans-sous-S inte-Anne (Doubs), du port maritime et de l'arsenal de Toulon, de l'hôpital de Saint-Mandrier.

697. — Givry (Alexandre, Pierre), O. ✻

Élu, le 15 juillet 1861, correspondant de l'Académie des Sciences (section de Géographie).

Né à Paris, le 29 septembre 1785. — Mort dans la même ville, le 6 mars 1867. — Ingénieur géographe de la marine.

Auteur de : Éclaircissements sur les positions géographiques déterminées en 1821, 1822 et 1823 sur les côtes de l'Amérique méridionale ; Résumé des opérations hydrographiques faites en 1818 et 1819 pendant la campagne de la corvette la Bayadère et du brick le Favori, Pilote français, Instructions nautiques (Partie des côtes de France comprise entre les casquets et la pointe de Barbleuf, environs de Cherbourg).

698. — Purkyne (Jana).

Élu, le 22 juillet 1861, correspondant de l'Académie des Sciences (section d'Anatomie).

Né à Libochowitz (Autriche), le 17 décembre 1787. — Mort à Prague, le 28 juillet 1869. — Professeur de pathologie et de physiologie aux Universités de Breslau et de Prague.

Auteur de : *Topology of the senses*, Sur la formation de l'œuf dans la poule, Sur le rhizopode, Sur la respiration, Expériences sur l'ouïe, Distribution des amphibies, Études microscopiques sur le système nerveux, Sur les sens en général, Distribution des espèces foliacées de Bohème en Europe, et de nombreux mémoires insérés dans les recueils scientifiques d'Allemagne.

699. — Lütke (le Comte Frédéric, Benjamin de), G. O. ✻

Élu, le 29 juillet 1861, correspondant de l'Académie des Sciences (section de Géographie et Navigation).

Né à Saint-Pétersbourg, le 17 septembre 1797. — Mort dans la même ville, le 20 août 1882. — Amiral. Préfet maritime de Revel et de Cronstadt. Aide de camp de l'Empereur. Conseiller d'État. Président de l'Académie des Sciences.

Auteur de: Quatre voyages dans les mers polaires, Voyage autour du monde sur la corvette la Seniavine, Les marées périodiques dans le grand Océan boréal et dans la mer Blanche.

700. — Bache (Alexandre, Dallas).

Élu, le 12 août 1861, correspondant de l'Académie des Sciences (section de Géographie).

Né à Philadelphie (États-Unis), le 19 juillet 1806. — Mort à Newport, le 17 février 1867. — Professeur de physique et de chimie à l'Université de Pennsylvanie. Principal de la Haute École de Philadelphie. Surintendant de l'exploration des côtes. Président de la Société philosophique américaine.

✻ Gervais.

Élu, le 12 août 1861, correspondant de l'Académie des Sciences (section d'Anatomie). — Voir Membres titulaires, n° 813.

701. — Tchihatchef (Pierre, Alexandre de), ✻

Élu, le 19 août 1861, correspondant de l'Académie des Sciences (section de Géographie).

Né à Gatchina (Russie), en 1815. — Mort à Florence, le 13 octobre 1890. — Attaché d'ambassade. Gentilhomme ordinaire de la chambre de l'Empereur.

Auteur de : l'Asie Mineure, description physique, statistique et archéologique, et de nombreux mémoires insérés dans divers recueils scientifiques.

✻ Fleischer.

Élu, le 20 décembre 1861, correspondant de l'Académie des Inscriptions et Belles-Lettres. — Voir Associés étrangers, n° 135.

702. — Maréchal (Nicolas, Laurent, Charles), O. ✳

Élu, le 28 décembre 1861, correspondant de l'Académie des Beaux-Arts.

Né à Metz, le 28 février 1801. — Mort à Bar-le-Duc, le 17 janvier 1887. — Peintre verrier.

Œuvres principales. — Vitraux de la cathédrale de Metz, du palais de l'Industrie à Paris, de Saint-Vincent-de-Paul (Paris), de Sainte-Clotilde (Paris), des cathédrales de Cambrai, Troyes et Limoges, etc.

703. — Aligny (Charles, Félix, Théodore, Caruelle, dit d'), ✳

Élu, le 28 décembre 1861, correspondant de l'Académie des Beaux-Arts.

Né à Chaumes (Nièvre), le 24 janvier 1798. Mort à Lyon, le 24 février 1871. — Peintre.

Œuvres principales. — Daphnis et Chloé. Le massacre des druides. Les carrières de Fontainebleau. Prométhée. La campagne de Rome. Les bergers de Virgile. L'hydre de Lerne. Le bon Samaritain. Bacchus enfant. La tarentelle. L'Acropole d'Athènes, etc.

704. — Lyell (Sir Charles).

Élu, le 20 janvier 1862, correspondant de l'Académie des Sciences (section de Minéralogie).

Né à Kinnordy (Écosse), le 14 novembre 1797. — Mort à Londres, le 22 février 1875. — Professeur de géologie au King's College de Londres. Président de la Société de géologie.

Auteur de : Principes de géologie, Excursions dans l'Amérique du Nord, Seconde Visite aux États-Unis.

✳ Damour.

Élu, le 21 avril 1862, correspondant de l'Académie des Sciences (section de Minéralogie). — Voir Membres libres, n° 131.

✳ Robert.

Élu, le 19 décembre 1862, correspondant de l'Académie des Inscriptions et Belles-Lettres. — Voir Membres libres, n° 114.

✳ Dupré.

Élu, le 20 décembre 1862, correspondant de l'Académie des Beaux-Arts. — Voir Associés étrangers, n° 140.

705. — Waagen (Gustav, Friedrich).

Élu, le 20 décembre 1862, correspondant de l'Académie des Beaux-Arts.

Né à Hambourg, le 11 février 1794. — Mort à Copenhague, le 15 juin 1868. — Conservateur du musée de Berlin. — Professeur d'histoire de l'art à l'Université de Berlin.

Auteur de : les Momies de la collection de Munich, Les peintres Hubert et Jean Van Eyck, Œuvres et artistes en Angleterre et à Paris, Œuvres et artistes en Allemagne, les Trésors d'art de la Grande-Bretagne.

706. — Fonseca (Antonio, Manuel de), ✳

Élu, le 20 décembre 1862, correspondant de l'Académie des Beaux-Arts.

Né à Lisbonne, le 25 septembre 1796. — Peintre royal. Professeur à l'Académie des Beaux-Arts de Lisbonne.

Œuvres principales. — La mort d'Albuquerque. Énée sauvant son père. Jésus au milieu des docteurs. Portraits des rois Ferdinand et Pedro V. Portrait équestre de don Auguste.

---

707. — Pye (John).

Élu, le 20 décembre 1862, correspondant de l'Académie des Beaux-Arts.

Né à Birmingham, le 7 novembre 1782. — Mort à Londres, le 6 février 1874. — Graveur.

Œuvres principales. — La villa de Pope (Turner). Temple d'Égine. Châteaux d'Hardrawfall et de Wycliffe, Forteresse d'Ehrenbreitstein, etc. — Auteur de : Histoire des beaux-arts en Angleterre.

✡ Ritschl.

Élu, le 26 décembre 1862, correspondant de l'Académie des Inscriptions et Belles-Lettres. — Voir Associés étrangers, n° 136.

---

708. — Martins (Charles, Frédéric), O. ✻

Élu, le 9 février 1863, correspondant de l'Académie des Sciences (section d'Économie rurale).

Né à Paris, le 6 février 1806. — Mort à Montpellier, le 8 mars 1889. — Professeur de botanique à la Faculté des Sciences de Montpellier.

Auteur de : Délimitation des régions végétales sur les montagnes du continent, Cours complet de météorologie, Météorologie et Botanique de la France, De la tératologie végétale, Terrains superficiels de la vallée du Pô, le Jardin des plantes de Montpellier, et de nombreux mémoires insérés dans divers recueils.

---

709. — Vibraye (le Marquis Guillaume, Marie, Paul, Louis, Hurault de).

Élu, le 23 février 1863, correspondant de l'Académie des Sciences (section d'Économie rurale).

Né à Paris, le 28 juillet 1809. — Mort à Cheverny (Loir-et-Cher), le 14 juillet 1878. — Président de la Société d'agriculture de Loir-et-Cher.

S'est livré à d'importants travaux sylvicoles et agronomiques. — Auteur de : Observations sur la pisciculture, Sur le reboisement des montagnes, etc.

---

710. — Bouisson (Étienne, Frédéric), O. ✻

Élu, le 23 mars 1863, correspondant de l'Académie des Sciences (section de Médecine).

Né à Mauguio (Hérault), le 14 juin 1813. — Mort à Montpellier, le 26 mai 1884. — Professeur aux Facultés de Médecine de Strasbourg et de Montpellier.

Auteur de : Traité de la méthode anesthésique, De la bile, Des vices de conformation de l'anus et du rectum, etc.

---

711. — Ehrmann (Charles, Henri), O. ✻

Élu, le 30 mars 1863, correspondant de l'Académie des Sciences (section de Médecine).

Né à Strasbourg, le 15 septembre 1792. — Mort dans la même ville, le 19 juin 1878. — Professeur à la Faculté de Médecine de Strasbourg.

Auteur de : Structure des artères : leurs propriétés, leurs fonctions et leurs altérations organiques. Compte rendu des travaux anatomiques exécutés à l'amphithéâtre de la faculté de médecine de Strasbourg, Musée anatomique de la Faculté de médecine de Strasbourg, Histoire des polypes du larynx.

712. — Cayley (Arthur).

Élu, le 13 avril 1863, correspondant de l'Académie des Sciences (section d'Astronomie).

Né à Richmond (Angleterre), le 16 août 1821. — Professeur de mathématiques à l'Université de Cambridge.

Auteur de : Recherches analytiques sur le problème de Malfatti, Théorie de la transformation géométrique, et de nombreux mémoires sur les mathématiques transcendantes.

713. — Mac Lear (Thomas).

Élu, le 20 avril 1863, correspondant de l'Académie des Sciences (section d'Astronomie).

Né à Stewartstown (Irlande), le 17 mars 1794. — Mort au Cap de Bonne-Espérance, le 14 juillet 1879. — Membre de la Société royale d'astronomie. Directeur de l'Observatoire du Cap, de 1833 à 1870.

A fait un très grand nombre d'observations méridiennes, publiées dans les Mémoires de la Société royale d'astronomie et dans les Bulletins mensuels. Auteur de : Détermination de la parallaxe du Centaure, Résultats des observations météorologiques faites au cap de Bonne-Espérance.

714. — Schönbein (Christian, Friedrich).

Élu, le 20 avril 1863, correspondant de l'Académie des Sciences (section de Chimie).

Né à Metzinger (Wurtemberg), le 18 octobre 1799. — Mort à Sauersberg, le 29 août 1868. — Professeur de chimie et de physique à l'Université de Bâle. Membre du grand Conseil et de l'Administration municipale de Bâle.

Auteur de : L'action du fer sur l'oxygène, Documents pour la chimie physique, De la production de l'ozone Sur la combustion lente ou rapide des corps dans l'air atmosphérique.

715. — Fitzroy (Robert).

Élu, le 4 mai 1863, correspondant de l'Académie des Sciences (section de Géographie et Navigation).

Né à Ampton (Angleterre), le 5 juillet 1805. — Mort à Londres, le 30 avril 1865. — Contre-Amiral. Membre du Parlement. Gouverneur de la Nouvelle-Zélande. Directeur du service météorologique.

Auteur de récits de voyages sur les côtes de l'Amérique du Sud, et d'un Traité de météorologie.

716. — Fraccaroli (Innocenzo).

Élu, le 23 mai 1863, correspondant de l'Académie des Beaux-Arts (section de Sculpture).

Né à Castel-Rotto (Vénétie), en 1808. — Mort à Milan, le 18 avril 1882. — Professeur de sculpture à l'Académie de Florence.

Œuvres principales. — David lançant la fronde, Massacre des Innocents, Monument de Charles Emmanuel II, Achille et Pentésilie, Eve avant le péché, Cyparisse pleurant son cerf, Sainte Marie-Madeleine, Descente de croix, Achille blessé, Dédale attachant les ailes d'Icare, Atala, etc.

717. — Kiss (August, Carl, Éduard).

Élu, le 23 mai 1863, correspondant de l'Académie des Beaux-Arts (section de Sculpture).

Né à Pless (Prusse), le 11 octobre 1801. — Mort à Berlin, le 24 mars 1865. — Sculpteur.

Œuvres principales. — Amazone luttant contre une panthère (Berlin). Frédéric le Grand (Breslau). Frédéric-Guillaume III. Saint Michel terrassant le dragon. Saint Georges, etc.

718. — Kouzmine (Roman).

Élu, le 23 mai 1863, correspondant de l'Académie des Beaux-Arts (section d'Architecture).

Né à Saint-Pétersbourg, le 1er octobre 1812. — Mort dans la même ville, le 19 novembre 1867. — Conseiller d'État actuel. Professeur d'architecture à l'Académie des Beaux-Arts et membre de l'Académie.

Œuvres principales. — Restauration du forum de Trajan. Cathédrale à Gatchina. Reconstruction du palais de Gatchina. Église grecque à Saint-Pétersbourg. Maison Outine. Chapelle du Jardin d'été. Église russe à Paris.

⚜ Waddington.

Élu, le 20 juin 1863, correspondant de l'Académie des Sciences morales et politiques (section de Philosophie). — Voir Membres titulaires, n° 969.

719. — Tolstoy (le Comte Théodore Pétrovich de), C. ✻

Élu, le 20 juin 1863, correspondant libre de l'Académie des Beaux-Arts.

Né à Saint-Pétersbourg, le 10 février 1783. — Mort dans la même ville, le 27 avril 1873. — Professeur de sculpture à l'Académie de Saint-Pétersbourg.

Œuvres principales. — L'Odyssée (bas-relief). Morphée. Médaille de la guerre de 1812 et de celle de Hongrie en 1849, etc.

720. — Keiser (Nicaise de), O. ✻

Élu, le 20 juin 1863, correspondant de l'Académie des Beaux-Arts (section de Peinture).

Né à Santvliet (Belgique), le 26 août 1813. — Mort à Anvers, le 16 juillet 1887. — Peintre.

Œuvres principales. — Christ en croix. Bataille de Courtrai. Bataille de Woringen. Calvaire. Saint Dominique. Bataille des éperons d'or. Charles-Quint en méditation. L'antiquaire. Bataille de Senef. Sainte Élisabeth, etc.

721. — Olfers (le baron Ignaz Werner Maria d').

Élu, le 20 juin 1863, correspondant libre de l'Académie des Beaux-Arts.

Né à Munster (Prusse), le 30 août 1793. — Mort à Berlin, le 23 avril 1871. — Secrétaire et Conseiller de légation au Brésil, en Portugal et en Suisse. Conseiller au Ministère des Cultes. Directeur général des musées de Berlin.

Auteur de plusieurs travaux sur l'histoire naturelle. A dirigé la publication des œuvres de Frédéric II.

722. — Valldemosa (Francesco, Frontera de).

Élu, le 11 juillet 1863, correspondant de l'Académie des Beaux-Arts (section de Composition musicale).

Né à Palma (Espagne), en 1815. — Mort au même lieu, le 11 février 1893. — Maître de chapelle de la Reine. Directeur du Conservatoire de musique de Madrid.

Auteur de : Traité ou nouveau système des clés musicales.

---

723. — Gaspari (Gaetano).

Elu, le 11 juillet 1863, correspondant de l'Académie des Beaux-Arts (section de Composition musicale).

Né à Bologne (États de l'Église), le 14 mars 1807. — Mort dans la même ville, le 31 mars 1881. — Professeur au lycée musical de Bologne.

Œuvres principales. — *Miserere. Ave Maria.* Messe en si bémol. — Auteur de : Recherches, documents et mémoires sur l'art musical à Bologne.

---

724. — Gilles (Florent, Antoine de).

Élu, le 18 juillet 1863, correspondant libre de l'Académie des Beaux-Arts.

Né à Genève, le 3 février 1800. — Mort à Lubeck, le 17 novembre 1865. — Précepteur du grand-duc Alexandre de Russie. Directeur de la section d'antiquités, de la Bibliothèque impériale de l'Ermitage et de la collection d'armes de Tsarskœ-Selo. Conseiller d'État de l'Empire russe.

Auteur de : Les antiquités du Bosphore cimmérien ; Lettres sur le Caucase et la Crimée ; Notice sur le musée de Tsarskœ-Sélo, renfermant la collection d'armes de S. M. l'empereur ; Le musée de l'ermitage impérial : notice sur la formation de ce musée et description des différentes collections qu'il renferme avec introduction historique sur l'ermitage de Catherine II ; Lettre à M. Langlois sur une monnaie attribuée à Oled, roi de Nowgorod ; A la mémoire de l'impératrice Alexandra-Feodorowna.

---

725. — Politi (Raffaële).

Élu, le 18 juillet 1863, correspondant libre de l'Académie des Beaux-Arts.

Né à Syracuse (Sicile), le 2 septembre 1783. — Mort à Agrigente, le 10 octobre 1870. — Peintre. Conservateur des antiquités d'Agrigente. Consul général de Bavière.

Auteur de : Anciens monuments d'Agrigente, Le voyageur et le cicérone à Agrigente, et de quarante notices ou mémoires sur des monuments ou des objets trouvés à Agrigente.

---

726. — Duclaux (Antoine, Jean, Martin), ✳

Élu, le 25 juillet 1863, correspondant de l'Académie des Beaux-Arts (section de Peinture).

Né à Lyon, le 26 juillet 1783. — Mort dans la même ville, le 21 mars 1868. — Peintre.

Œuvres principales. — Intérieur de manège. Don Quichotte. Église de village. Halte d'artistes. Cour d'auberge. Combat de taureaux. Chevaux en liberté. Le relai de la diligence. Convoi escorté par des chasseurs à cheval. Vue de la porte Morand.

---

727. — Favre (Pierre, Antoine), ✳

Élu, le 27 juillet 1863 correspondant de l'Académie des Sciences (section de Chimie).

Né à Lyon, le 20 février 1813. — Mort à Marseille, le 17 février 1880. — Docteur en médecine et ès sciences physiques. Agrégé de la Faculté de Médecine de Paris. Professeur à la Faculté des Sciences de Besançon. Doyen de la Faculté des Sciences de Marseille.

Auteur de : Sur l'équivalence et la transformation des forces chimiques, Sur l'équivalent du zinc, Sur la mannite et l'acide lactique, Recherches sur les courants hydro-électriques, Recherches thermo-chimiques, Sur la dissociation cristalline, Sur la composition de la sueur de l'homme.

728. — Mazel (Jean, Zacharie), O. ✻

Élu, le 21 novembre 1863, correspondant libre de l'Académie des Beaux-Arts.

Né à Pholen (Pays-Bas), le 27 juillet 1892. — Mort à La Haye, le 10 octobre 1884. — Lieutenant du génie, puis conseiller de légation. Secrétaire général du Ministère des Affaires étrangères. Directeur du Musée royal de peinture de La Haye.

Auteur de nombreux dessins et eaux-fortes.

729. — Jeanron (Philippe, Auguste), ✻

Élu, le 21 novembre 1863, correspondant libre de l'Académie des Beaux-Arts.

Né à Boulogne (Pas-de-Calais), le 10 mai 1808. — Mort à Comborn (Corrèze), le 8 avril 1877. — Peintre. Directeur des musées du Louvre de 1848 à 1850.

Œuvres principales. — Les petits patriotes. Halte de contrebandiers. Les ouvriers en grève. Les forgerons de la Corrèze. Bohémienne. La fuite en Égypte. Suzanne au bain. Raphaël et la Fornarina. Le Tintoret et sa fille. Le Phénicien et l'esclave, etc. — Auteur de : Histoire de l'école française, L'origine et les progrès de l'art, etc.

730. — Neumann (Franz, Ernst).

Élu, le 30 novembre 1863, correspondant de l'Académie des Sciences (section de Géométrie).

Né à Mellen (Prusse), le 11 novembre 1798. — Professeur de physique à l'Université de Kœnigsberg. Conseiller intime.

Auteur de : Théorie du magnétisme, Courants électriques, Élasticité, et de nombreux mémoires sur les cristaux, la Théorie de la lumière, la Chaleur, les Courants d'induction, etc.

✿ Rosa.

Élu, le 5 décembre 1863, correspondant libre de l'Académie des Beaux-Arts. — Voir Associés étrangers, n° 176.

731. — Nyström (Per, Axel).

Élu, le 5 décembre 1863, correspondant de l'Académie des Beaux-Arts (section d'Architecture).

Né à Stockholm, le 23 février 1793. — Mort dans la même ville, le 31 décembre 1868. — Architecte du Roi de Suède et de la ville de Stockholm. Professeur à l'Académie des Beaux-Arts.

A construit le monument de Gustave II, à Upsal, celui d'Ansgar à Bjorkœ, le Palais épiscopal de Lund, etc.

732. — Sylvester (James, Joseph), ✻

Élu, le 7 décembre 1863, correspondant de l'Académie des Sciences (section de Géométrie).

Né à Londres, le 3 septembre 1814. — Professeur de physique aux Universités de Virginia et de Maryland (États-Unis), puis à l'Université d'Oxford.

Auteur de travaux d'algèbre supérieur, insérés dans les Recueils scientifiques, Inventeur du plagiographe et d'autres instruments de géométrie.

733. — Guerrier de Dumast (le Baron Auguste, Prosper, François), ✳

Élu, le 11 décembre 1863, correspondant de l'Académie des Inscriptions et Belles-Lettres.

Né à Nancy, le 26 février 1796. — Mort dans la même ville, le 26 janvier 1883. — Sous-Intendant militaire.

Auteur de : La Maçonnerie, Appel aux Grecs ; Chio, la Grèce et l'Europe, la Navarre et l'Espagne, Foi et lumière, Philosophie de l'histoire de Lorraine, Fleurs de l'Inde, Le pour et le contre, Sur la résurrection des provinces, etc.

734. — Westergaard (Niels, Ludwig).

Élu, le 11 décembre 1863, correspondant de l'Académie des Inscriptions et Belles-Lettres.

Né à Copenhague, le 27 décembre 1815. — Mort dans la même ville, le 10 septembre 1878. — Professeur de sciences orientales à l'Université de Copenhague. Membre de l'Assemblée constituante.

Auteur de : *Radices Sanscritæ*, Formulaire sanscrit, La lecture du sanscrit et d'une édition du Zend-Avesta, etc.

735. — Tarbé (Louis, Hardouin, Prosper).

Élu, le 11 décembre 1863, correspondant de l'Académie des Inscriptions et Belles-Lettres.

Né à Paris, le 24 août 1809. — Mort à Reims, le 13 janvier 1871. — Substitut près du Tribunal de Reims.

Auteur de : Les sépultures de l'église Saint-Remi, Trésors des églises de Reims, Notre-Dame de Reims, Reims, ses rues et ses monuments, Recherches sur l'histoire du langage et des patois de la Champagne, la Vie et les œuvres de Pigalle, Travail et salaire. — Éditeur de la collection des poètes de la Champagne antérieurs au XVIᵉ siècle.

✿ Mariette.

Élu, le 11 décembre 1863, correspondant de l'Académie des Inscriptions et Belles-Lettres. — Voir Membres titulaires, n° 855.

736. — Lawrence (William).

Élu, le 21 décembre 1863, correspondant de l'Académie des Sciences (section de Médecine).

Né à Cirencester (Angleterre), le 20 juillet 1783. — Mort à Londres, le 5 juillet 1867. — Professeur de médecine opératoire au collège des Chirurgiens de Londres. Médecin de l'hôpital Saint-Barthélemy.

Auteur de : Introduction à l'anatomie comparée, Leçons de physiologie, Manuel d'anatomie comparée, Descriptions anatomico-chirurgicales, Traité des maladies vénériennes de l'œil, Traité des hernies, etc.

737. — Demolombe (Jean, Charles, Florent), C. ✳

Élu, le 23 janvier 1864, correspondant de l'Académie des Sciences morales et politiques (section de Législation).

Né à La Fère (Aisne), le 22 juillet 1804. — Mort à Caen, le 21 février 1887. — Professeur de droit civil à la Faculté de Caen. Doyen de la Faculté. Bâtonnier de l'ordre des avocats près la Cour de Caen. Nommé Conseiller à la Cour de cassation : n'a pas accepté ces fonctions.

Auteur de : Cours de code Napoléon.

Une notice sur sa vie a été lue par M. Gréard, dans la séance de l'Académie des Sciences morales et politiques du 26 novembre 1887.

738. — Parade (Louis, François, Adolphe), O. ✳

Élu, le 25 janvier 1864, correspondant de l'Académie des Sciences (section d'Économie rurale).

Né à Ribeauvillé (Haut-Rhin), le 11 février 1802. — Mort à Amélie-les-Bains, le 29 octobre 1864. — Directeur de l'École forestière de Nancy. Conservateur des forêts.

Auteur de : Cours de culture.

739. — Demetz (Frédéric, Auguste), O. ✳

Élu, le 6 février 1864, correspondant de l'Académie des Sciences morales et politiques (section de Morale).

Né à Paris, le 12 juin 1796. — Mort à la Colonie de Mettray, le 2 novembre 1873. — Conseiller à la Cour de Paris. Fondateur de la Colonie de Mettray.

Auteur de : Projet d'établissement d'une maison de refuge pour les prévenus acquittés à leur sortie de prison, Lettre sur le système pénitentiaire, Rapport sur les pénitenciers des États-Unis.

740. — Chadwick (Edwin).

Élu, le 13 février 1864, correspondant de l'Académie des Sciences morales et politiques (section de Morale).

Né à Longsigth (Angleterre), le 24 janvier 1800. — Mort à Richmond-Hill, le 5 juillet 1890. — Avocat. Membre de plusieurs commissions royales d'enquête sur l'assistance publique.

Auteur de rapports, de mémoires et d'articles publiés dans diverses revues.

✳ Minghetti.

Élu, le 13 février 1864, correspondant de l'Académie des Sciences morales et politiques (section d'Économie politique). — Voir Associés étrangers, n° 158.

741. — Kervyn de Lettenhove (le Baron Joseph, Marie, Bruno, Constantin).

Élu, le 20 février 1864, correspondant de l'Académie des Sciences morales et politiques (section d'Histoire).

Né à Saint-Michel (Belgique), le 17 août 1817. — Mort au même lieu, le 2 avril 1891.

Auteur de : Histoire de Flandre. — Éditeur des Chroniques de Froissart, des Chroniques des comtes de Flandre, des Mémoires de Jean de Dadizule, etc.

Une notice sur sa vie a été lue par M. Aucoc, dans la séance de l'Académie des Sciences morales du 21 novembre 1891.

✿ Doniol.

Élu, le 20 février 1864, correspondant de l'Académie des Sciences morales et politiques (section d'Histoire). — Voir Membres libres, n° 160.

742. — Stanley (Arthur, Penrhyn).

Élu, le 16 avril 1864, correspondant de l'Académie des Sciences morales et politiques (section d'Histoire).

Né à Alderley (Angleterre), le 13 décembre 1815. — Mort à Londres, le 18 juillet 1881. — Doyen de Westminster.

Auteur de : Histoire et essais sur l'époque des apôtres, Les épîtres aux Corinthiens, Sinaï et Palestine, Les trois Églises d'Irlande, Essais sur l'Église et l'État, Le symbole d'Athanase, Cours sur l'histoire de l'Église d'Orient, Cours sur l'histoire de l'Église juive, Cours sur l'histoire de l'Église d'Ecosse.

743. — Gintrac (Élie), O. ✳

Élu, le 23 mai 1864, correspondant de l'Académie des Sciences (section de Médecine).

Né à Bordeaux, le 9 novembre 1791. — Mort dans la même ville, le 10 décembre 1877. — Professeur de clinique interne et Directeur de l'École de Médecine de Bordeaux.

Auteur de : Recherches sur la cyanose ou maladie bleue, Diagnostic des affections des organes thoraciques, Observations de médecine clinique et d'anatomie pathologique, De l'influence de l'hérédité sur la production de la surexcitation nerveuse, Cours de pathologie interne et de thérapie médicale.

744. — Magnus (Heinrich, Gustav).

Élu, le 13 juin 1864, correspondant de l'Académie des Sciences (section de Physique générale).

Né à Berlin, le 2 mai 1802. — Mort dans la même ville, le 4 avril 1870. — Membre de l'Académie des Sciences de Berlin. Professeur de technologie et de physique à l'université de Berlin.

Auteur de : Sur la déviation des projectiles. — A découvert plusieurs acides.

✿ Strack.

Élu, le 9 juillet 1864, correspondant de l'Académie des Beaux-Arts. — Voir Associés étrangers, n° 133.

745. — Benedict (Sir Julius).

Élu, le 13 août 1864, correspondant de l'Académie des Beaux-Arts (section de Composition musicale).

Né à Stuttgart (Wurtemberg), le 27 novembre 1804. — Mort à Londres, le 5 juin 1885. — Compositeur et Directeur d'orchestre.

Œuvres principales. — Ernesto et Giovinta (op.). Les Portugais à Goa (op.). Un an et un jour (op.). The gipsy's warning (op.). Lilly of Killarney (op.). Le fiancé de Venise (op.). Les assassins (op.), etc.

746. — Flotow (Friedrich, Ferdinand, Adolph de).

Élu, le 13 août 1864, correspondant de l'Académie des Beaux-Arts (section de Composition musicale).

Né à Tentendorf (Mecklenbourg), le 26 avril 1812. — Mort à Vienne, le 23 janvier 1883. — Compositeur. Intendant du théâtre de la cour à Schewerin.

Œuvres principales. — Pierre et Colombine (op.). Rob. Roy (op.). La duchesse de Guise (op.). Le naufrage de la Méduse (op.). Le forestier (op.). L'esclave de Camoëns (op). Alessandro Stradella (op.). L'âme en peine (op.). Albin (op.). Martha (op.).

747. — Lane (Edward, William).

Élu, le 16 décembre 1864, correspondant de l'Académie des Inscriptions et Belles-Lettres.

Né à Hereford (Angleterre), le 17 septembre 1801. — Mort à Londres, le 8 août 1877.

Auteur de travaux sur l'Égypte, Éditeur des Mille et une nuits et d'un lexique arabe-anglais en dix volumes.

748. — Cochet (l'Abbé Jean, Benoit, Désiré).

Élu, le 16 décembre 1864, correspondant de l'Académie des Inscriptions et Belles-Lettres.

Né à Sanvic (Seine-Inférieure), le 7 mars 1812. — Mort à Rouen, le 28 juin 1892. — Aumônier du lycée de Rouen.

Auteur de : Églises de l'arrondissement du Havre, de l'arrondissement de Dieppe et de l'arrondissement d'Yvetot; Etretat, son passé et son avenir; la Normandie souterraine; Sépultures gauloises, romaines, franques et normandes, etc.

749. — Vergnette-Lamotte (le Vicomte Gérard, Élisabeth, Alfred de), ✲

Élu, le 20 février 1865, correspondant de l'Académie des Sciences (section d'Économie rurale).

Né à Beaune (Côte-d'Or), le 5 juillet 1806. — Mort dans la même ville, le 28 mai 1886. — Ingénieur des Mines. Maire de Beaune.

Auteur de : Géologie des terrains en vigne de la Côte-d'Or, Application de la météorologie à l'agriculture, Viticulture et œnologie, Traité de viticulture, etc.

750. — Braun (Alexander).

Élu, le 20 mars 1865, correspondant de l'Académie des Sciences (section de Botanique).

Né à Ratisbonne (Bavière), le 10 mai 1805. — Mort à Berlin, le 27 mars 1877. — Professeur à l'École Polytechnique de Carlsruhe, au Jardin botanique de Fribourg et à celui de Berlin.

Auteur de : Considérations sur le rajeunissement dans la nature, Direction des courants de la sève dans les cellules des characées, La plante comme individu par rapport à l'espèce, Sur le chytridium, Sur la parthénogenèse chez les plantes, Les characées d'Afrique, etc.

✲ Naville.

Élu, le 1ᵉʳ avril 1865, correspondant de l'Académie des Sciences morales et politiques (section de Morale). — Voir Associés étrangers, n° 177.

751. — Weber (Wilhelm, Eduard).

Élu, le 3 avril 1865, correspondant de l'Académie des Sciences (section de Physique générale).

Né à Wittenberg (Saxe), le 24 octobre 1804. — Mort à Gœttingue, le 23 juin 1891. — Professeur de physique aux Universités de Gœttingue et de Leipzig.

Auteur de : Résultats des observations de la Société magnétique, Recherches sur la détermination des forces électro-dynamiques, le Mécanisme de la marche, etc.

✳ Reeve.

Élu, le 8 avril 1865, correspondant de l'Académie des Sciences morales et politiques (section de Législation). — Voir Associés étrangers, n° 183:

752. — Hofmeister (Friedrich, Wilhelm).

Élu, le 17 avril 1865, correspondant de l'Académie des Sciences (section de Botanique).

Né à Leipsig, le 18 mai 1824. — Mort à Lindenau, le 12 janvier 1877. — Professeur de botanique aux Universités de Heidelberg et de Tubingue.

Auteur de : Sur la formation de l'embryon des phanérogames, Manuel de botanique physiologique, Recherches comparées sur la germination et la fructification des cryptogames supérieurs et la formation des semences des conifères.

753. — Arrivabene (le Comte Giovanni).

Élu, le 22 avril 1865, correspondant de l'Académie des Sciences morales et politiques (section d'Économie politique).

Né à Mantoue (Vénétie), le 24 juin 1787. — Mort à Rome, le 11 janvier 1881.

Auteur de : Sur les sociétés de bienfaisance, Des moyens d'améliorer le sort des ouvriers, Situation économique de la Belgique. Traducteur de plusieurs ouvrages de Stuart Mill et de Senior.

754. — Fonblanque (Albany, William).

Élu, le 22 avril 1865, correspondant de l'Académie des Sciences morales et politiques (section d'Économie politique).

Né à Londres, en 1797. — Mort dans la même ville, le 12 octobre 1872. — Chef du service de la statistique au Conseil du commerce (*board of trade*).

Auteur de : L'Angleterre sous sept ministères successifs, Comment nous sommes gouvernés, et de nombreux articles dans le journal l'Examiner, dont il a été le directeur.

755. — Milman (le Révérend Henry, Hart).

Élu, le 29 avril 1865, correspondant de l'Académie des Sciences morales et politiques (section d'Histoire).

Né à Londres, le 10 février 1791. — Mort à Ascot, le 24 septembre 1868. — Professeur de poésie à l'Université d'Oxford. Recteur de Sainte-Marguerite à Londres. Doyen de Saint-Paul.

Auteur de : Histoire des Juifs, Histoire du christianisme, Vie de Gibbon, Histoire de l'Église latine, Frazio (tragédie), Samor (poème), Anne Boleyn (poème), le Martyr d'Antioche (poème), Balthazar (poème).

756. — Struve (Otto, Wilhelm), C. ✳

Élu, le 15 mai 1865, correspondant de l'Académie des Sciences (section d'Astronomie).

Né à Dorpat (Russie), le 7 mai 1819. — Astronome à l'Observatoire de Pulkowa. Conseiller d'État. Directeur des travaux astronomico-géodésiques de l'État-Major.

Auteur de plusieurs travaux insérés dans les Mémoires de l'Académie des sciences de Saint-Pétersbourg.

---

757. — Plantamour (Émile).

Élu, le 22 *mai* 1865, *correspondant de l'Académie des Sciences (section d'Astronomie).*

Né à Genève, le 14 mai 1815. — Mort dans la même ville, le 7 septembre 1882. — Professeur d'astronomie à l'Académie de Genève, et Directeur de l'Observatoire.

Auteur de : La comète Mauvais, Mesures hypsométriques dans les Alpes, Du climat de Genève, Expériences du pendule à réversion, Nivellement de précision de la Suisse, etc.

---

758. — Clausius (Rudolph, Julius, Emmanuel).

Élu, le 29 *mai* 1865, *correspondant de l'Académie des Sciences (section de Mécanique).*

Né à Koeslin (Prusse), le 2 janvier 1822. — Mort à Bonn, le 24 août 1888. — Professeur de physique aux Universités de Zurich, de Wurzbourg et de Bonn.

Auteur de : Essence de la chaleur comparée avec la lumière et le son, La fonction potentielle, Théorie mécanique de la chaleur, Introduction à la physique mathématique.

✡ Weber (Friedrich, Albrecht).

Élu, le 29 *décembre* 1865, *correspondant de l'Académie des Inscriptions et Belles-Lettres. — Voir Associés étrangers, n°* 199.

---

759. — Riemann (Georg, Friedrich, Bernhardt).

Élu, le 19 *mars* 1866, *correspondant de l'Académie des Sciences (section de Géométrie).*

Né à Bresselenz (Hanovre), le 17 septembre 1826. — Mort à Selasca (Piémont), le 20 juillet 1866. — Professeur à l'Université de Gœttingue.

Auteur de trente-trois mémoires sur les mathématiques, qui ont été rassemblés et publiés, en 1876, par R. Dedekind et H. Weber.

---

760. — Marès (Henri, Pierre, Louis), ✻

Élu, le 9 *avril* 1866, *correspondant de l'Académie des Sciences (section d'Économie rurale).*

Né à Châlon (Saône-et-Loire), le 18 janvier 1820. — Ingénieur des Arts et Manufactures. Membre du Conseil général de l'Hérault.

Auteur de : Valeur nutritive du marc de raisin et de la feuille de mûrier, La maladie de la vigne, Soufrage des vignes malades, Question du vinage, Le phylloxera, Les cépages principaux de la région méditerranéenne, etc.

---

761. — Hesse (Ludwig, Ferdinand).

Élu, le 21 *avril* 1866, *correspondant de l'Académie des Beaux-Arts (section d'Architecture).*

Né à Belgard (Prusse), le 23 janvier 1795. — Mort à Berlin, le 8 mai 1876. — Architecte du Gouvernement. Conseiller intime supérieur.

A construit l'église de Werder à Berlin, la Nouvelle Charité, l'École vétérinaire, l'hospice Elisabeth, les châteaux du Pfingstag et de l'Orangerie à Potsdam. A restauré les théâtres royaux et le palais royal de Berlin. — Auteur de : Description du château de Sans-Souci.

762. — Jerichau (Johan, Adolf).

Élu, le 21 avril 1866, correspondant de l'Académie des Beaux-Arts (section de Sculpture).

Né à Assens (Danemark), le 17 avril 1816. — Mort à Copenhague, le 21 juillet 1883. — Sculpteur.

Œuvres principales. — Le mariage d'Alexandre et de Roxane (palais royal de Copenhague). Hercule et Hébé. Pénélope. Chasseur dévoré par une lionne. Ascension, etc.

✠ Fiorelli.

Élu, le 5 mai 1866, correspondant libre de l'Académie des Beaux-Arts. — Voir Associés étrangers, n° 190.

763. — Newton (Sir Charles Thomas).

Élu, le 5 mai 1866, correspondant libre de l'Académie des Beaux-Arts.

Né à Ferney-Hall (Angleterre), le 13 septembre 1816. — Mort à Westgate, le 28 novembre 1894. — Vice-Consul à Mytilène. Consul à Rome. Conservateur des Antiquités grecques et romaines au British Museum. Professeur d'archéologie à l'Université de Londres.

Auteur de : Histoire des découvertes faites à Halicarnasse et Cnides, Voyages et découvertes en Orient, les Antiquités grecques et romaines du British Museum, Essais sur l'art et l'archéologie, Recueil des inscriptions grecques du British Museum.

764. — Marignac (Jean, Charles, Galissard de).

Élu, le 28 mai 1866, correspondant de l'Académie des Sciences (section de Chimie).

Né à Genève, le 24 avril 1817. — Mort dans la même ville, le 15 avril 1894. — Ingénieur des Mines. Professeur de chimie à l'Académie de Genève.

Auteur de : Poids atomiques du chlore, du potassium et de l'argent, Relations entre les propriétés physiques et la composition chimique des corps simples, Sur la déviation du plan d'oscillation du pendule, Sur la congélation et l'ébullition des hydrates de l'acide sulfurique, De la nature de l'ozone, etc.

765. — Hooker (Sir Joseph Dalton).

Élu, le 18 juin 1866, correspondant de l'Académie des Sciences (section de Botanique).

Né à Halesworth (Angleterre), le 30 juin 1817. Conservateur des jardins de Kew.

Auteur de : *Flora antarctica*, Flore de la Nouvelle-Zélande, Les rhododendrons de l'Himalaya, Les plantes de l'Himalaya, *Flora Tasmanica*, etc.

✠ Van Beneden.

Élu, le 25 juin 1866, correspondant de l'Académie des Sciences (section d'Anatomie). — Voir Associés étrangers, n° 193.

☩ **Frankland (Edward).**

Élu, le 2 juillet 1866, correspondant de l'Académie des Sciences (section de Chimie). — Voir Associés étrangers, n° 203.

766. — Lotze (Rudolf, Hermann).

Élu, le 21 juillet 1866, correspondant de l'Académie des Sciences morales et politiques (section de Philosophie).

Né à Bautzen (Saxe), le 21 mai 1817. — Mort à Berlin, le 1er juillet 1881. — Professeur de philosophie à l'Université de Gœttingue.

Auteur de : Métaphysique logique, l'Idée du beau, Les conditions du beau dans l'art, La pathologie et la thérapeutique considérées comme sciences mécaniques, Physiologie générale de la vie corporelle, Psychologie médicale.

☩ **Trendelenburg.**

Élu, le 21 juillet 1866, correspondant de l'Académie des Sciences morales et politiques (section de Philosophie). — Voir Associés étrangers, n° 143.

767. — Richards (Sir George, Henry).

Élu, le 3 décembre 1866, correspondant de l'Académie des Sciences (section de Géographie).

Né à Anthony (Angleterre), le 13 janvier 1820. — Amiral.

Auteur de la Topographie des mers de la Chine, des îles Falkland, du Rio de la Plata, de l'Australie, de la Nouvelle-Zélande, des îles Vancouver, etc.

768. — Dozy (Reinhart, Petrus, Anna).

Élu, le 28 décembre 1866, correspondant de l'Académie des Inscriptions et Belles-Lettres.

Né à Leyde (Hollande), le 21 février 1820. — Mort dans la même ville, le 30 avril 1883. — Professeur d'histoire à l'Université de Leyde.

Auteur de : Dictionnaire des noms des vêtements chez les Arabes, *Historia Abbadidarum*, Recherches sur l'histoire de l'Espagne pendant le moyen âge, et de plusieurs traductions d'ouvrages arabes.

769. — Henzen (Johann, Heinrich, Wilhelm), ✠

Élu, le 28 décembre 1866, correspondant de l'Académie des Inscriptions et Belles-Lettres.

Né à Brême, le 24 janvier 1816. — Mort à Rome, le 27 janvier 1887. — Secrétaire de l'Institut de correspondance archéologique à Rome. Membre de la Commission du *Corpus inscriptionum universale.*

A collaboré au Recueil d'Orelli et aux Musées du Rhin de Welcker.

☩ **Weil.**

Élu, le 26 décembre 1866, correspondant de l'Académie des Inscriptions et Belles-Lettres. — Voir Membres titulaires, n° 900.

✵ **Charton.**

Élu, le 2 février 1867, correspondant de l'Académie des Sciences morales et politiques (section de Morale). — Voir Membres libres, n° 130.

---

770. — Siebold (Karl, Theodor, Ernst de).

Élu, le 6 mai 1867, correspondant de l'Académie des Sciences (section d'Anatomie).

Né à Wurzbourg (Bavière), le 16 février 1804. — Mort à Munich, le 7 avril 1885. — Directeur de l'hôpital de Dantzig. Professeur de zoologie et d'anatomie à l'Université d'Erlangen, puis à celles de Fribourg et de Munich. Directeur du Cabinet zoologique de Munich.

Auteur de : Traité d'anatomie comparée des animaux invertébrés, Manuel de zootomie, et de nombreux mémoires insérés au Journal de zoologie scientifique.

---

771. — Plücker (Julius).

Élu, le 6 mai 1867, correspondant de l'Académie des Sciences (section de Géométrie).

Né à Elberfeld (Prusse), le 16 juillet 1801. — Mort à Bonn, le 21 mai 1868. — Professeur aux Universités de Bonn et de Halle et au Gymnase Frédéric-Guillaume de Berlin.

Auteur de : Développements de géométrie analytique, Théorie des courbes algébriques, Système de géométrie dans l'espace, Nouvelle géométrie dans l'espace, Recherches sur le magnétisme, L'électro-magnétisme, L'analyse spectrale des gaz et des vapeurs, etc.

---

772. — Pictet (François, Jules).

Élu, le 13 mai 1867, correspondant de l'Académie des Sciences (section d'Anatomie).

Né à Genève (Suisse), le 27 septembre 1809. — Mort dans la même ville, le 15 mars 1872. — Professeur de zoologie et d'anatomie comparée à l'Académie de Genève.

Auteur de : Recherches sur les phryganides, Histoire naturelle des insectes névroptères, Traité de paléontologie, Description des mollusques fossiles des environs de Genève, Matériaux pour la paléontologie suisse, Description des poissons fossiles du Liban, etc.

---

773. — Hirn (Gustave, Adolphe).

Élu, le 20 mai 1867, correspondant de l'Académie des Sciences (section de Physique générale).

Né à Logelbach (Haut-Rhin), le 21 août 1815. — Mort au même lieu, le 14 janvier 1890. — Physicien.

Auteur de : Recherches sur l'équivalent mécanique de la chaleur, Théorie mécanique de la chaleur, les Anneaux de Saturne, Propriétés optiques de la flamme, Conséquences philosophiques et métaphysiques de la thermodynamique, Analyse de l'univers, Étude sur une classe particulière de tourbillons, La musique et l'acoustique, Thermodynamique appliquée, La vie future et la science moderne, Constitution de l'espace céleste.

---

774. — Leys (le Baron Henry, Jean, Auguste), O. ✵

Élu, le 20 juillet 1867, correspondant de l'Académie des Beaux-Arts (section de Peinture).

Né à Anvers (Belgique), le 18 février 1815. — Mort dans la même ville, le 26 août 1869. — Peintre.

Œuvres principales. — La furie espagnole en 1576, Les chaperons blancs, Bohémienne avec un brigand.

Massacre des magistrats de Louvain en 1379. Intérieur d'un atelier. Fête de famille en Bretagne. Le bourgmestre Six chez Rembrandt. Le roi des Arbalétriers. Faust et Wagner. Franz Floris. Albert Durer à Anvers. Les trentaines de Bertal de Hasé. La promenade hors des murs. Le nouvel an en Flandre, etc.

775. — Conestabile (le Comte Giancarlo).

Élu, le 20 décembre 1867, correspondant de l'Académie des Inscriptions et Belles-Lettres.

Né à Pérouse (États de l'Église), le 2 janvier 1824. — Mort dans la même ville, le 21 juillet 1877. — Conservateur des antiquités du musée de Pérouse. Professeur d'archéologie.

Auteur de : Second Spicilegium de quelques monuments ; Écrits ou épigraphes des Étrusques dans les musées de Londres, de Berlin, de Manheim, de la Haye, de Paris et de Pérouse, et d'articles insérés dans la Revue archéologique, et les mémoires de la Société des antiquaires de France.

✢ d'Arbois de Jubainville.

Élu, le 20 décembre 1867, correspondant de l'Académie des Inscriptions et Belles-Lettres. — Voir Membres titulaires, n° 919.

776. — Spiegel (Friedrich, Ladwig, Ernst).

Élu, le 27 décembre 1867, correspondant de l'Académie des Inscriptions et Belles-Lettres.

Né à Kitzingen (Bavière), le 11 juillet 1820. — Professeur de langues orientales à l'Université d'Erlangen.

Auteur de : *Anecdota Palika, Chrestomathia Persica,* Introduction aux livres traditionnels des Parsis, Grammaire de l'ancienne langue bactrienne, Les anciennes inscriptions cunéiformes de la Perse, Antiquités éraniques, Grammaire comparée des anciennes langues éraniennes, Eran ou entre l'Indus et le Tigre.

777. — Jahn (Otto).

Élu, le 27 décembre 1867, correspondant de l'Académie des Inscriptions et Belles-Lettres.

Né à Kiel (Holstein), le 16 juin 1813. — Mort à Gœttingue, le 9 septembre 1869. — Professeur d'archéologie et de philologie à l'Université de Greifswald, puis à celle de Leipsig. Directeur du Musée archéologique de Leipsig.

Auteur de plusieurs dissertations insérées dans la Gazette archéologique, et d'une étude sur Mozart ; Éditeur de plusieurs ouvrages classiques.

✢ Miklosich.

Élu, le 27 décembre 1867, correspondant de l'Académie des Inscriptions et Belles-Lettres. — Voir Associés étrangers, n° 182.

778. — Perkins (Charles, Callahan).

Élu, le 25 novembre 1868, correspondant libre de l'Académie des Beaux-Arts.

Né à Boston (États-Unis), le 1er mars 1823. — Mort dans la même ville, le 2 août 1886.

Auteur de : Les sculpteurs de Toscane, 2 vol. avec planches gravées par l'auteur, Ghiberti et son œuvre, etc.

✿ Weierstrass (Carl).

Élu, le 21 décembre 1868, correspondant de l'Académie des Sciences (section de Géométrie). — Voir Associés étrangers, n° 201.

779. — Kronecker (Leopold).

Élu, le 28 décembre 1868, correspondant de l'Académie des Sciences (section de Géométrie).

Né à Liegnitz (Prusse), le 7 décembre 1823. — Mort à Berlin, le 27 décembre 1891. — Professeur de mathématiques à l'Université de Berlin.

Éditeur du Journal des mathématiques, dans lequel il a inséré de nombreux travaux sur l'algèbre supérieur, la haute analyse, la théorie des fonctions elliptiques et la théorie des nombres.

✿ Drake.

Élu, le 23 janvier 1869, correspondant de l'Académie des Beaux-Arts (section de Sculpture). — Voir Associés étrangers, n° 145.

780. — Podesti (Francesco).

Élu, le 6 février 1869, correspondant de l'Académie des Beaux-Arts (section de Peinture).

Né à Ancône (États de l'Église), le 26 mars 1800. — Mort à Rome, le 9 février 1895. — Professeur de peinture et Chancelier de l'Académie de Saint-Luc à Rome.

Œuvres principales. — Le siège d'Ancône sous Frédéric Barberousse. Le jugement de Salomon. Le martyre de saint Sébastien. Le souper d'Auguste. Raphaël montrant au cardinal Bembo son tableau de la Transfiguration. Proclamation du dogme de l'Immaculée-Conception. La mort de Henri II. Le Tasse à Ferrare.

781. — Livingstone (David).

Élu, le 15 février 1869, correspondant de l'Académie des Sciences (section de Géographie).

Né à Blantyre (Écosse), le 19 mai 1813. — Mort à Chitambo (Afrique), le 1er mai 1873. — Explorateur et Missionnaire en Afrique.

Auteur de : Voyages et recherches dans l'Afrique méridionale, Récit de l'exploration du Zambèse et de ses affluents, Dernier Journal relatant les explorations et les découvertes de 1866 à 1873.

782. — Périn (Charles, Henri, Xavier).

Élu, le 27 février 1869, correspondant de l'Académie des Sciences morales et politiques (section de Morale).

Né à Mons (Belgique), le 29 août 1815. — Professeur d'économie politique à l'Université de Louvain.

Auteur de : Les économistes, les socialistes et le christianisme ; Du progrès matériel et du renoncement chrétien ; De la richesse dans les sociétés chrétiennes, etc.

✿ Calvo.

Élu, le 27 février 1869, correspondant de l'Académie des Sciences morales et politiques (section de Législation). — Voir Associés étrangers, n° 191.

✵ Cantu.

Élu, le 27 février 1869, correspondant de l'Académie des Sciences morales et politiques (section d'Histoire). — Voir Associés étrangers, n° 178.

783. — Tissot (Claude, Joseph), ✳

Élu, le 27 février 1869, correspondant de l'Académie des Sciences morales et politiques (section de Philosophie).

Né à Les Fourgs (Doubs), le 26 novembre 1801. — Mort à Dijon, le 19 octobre 1876. — Professeur de philosophie à la Faculté des Lettres de Dijon.

Auteur de : Influence des dogmes du christianisme et du paganisme sur la morale, Parallèle du christianisme et du rationalisme, Cours de philosophie, De l'observation du dimanche, Éthique ou science des mœurs, Histoire de la philosophie, De la manie du suicide, Du morcellement du sol, Le droit pénal étudié dans ses sources, Méditations morales.

784. — Zeller (Eduard).

Élu, le 10 avril 1869, correspondant de l'Académie des Sciences morales et politiques (section de Philosophie).

Né à Kleinbottwar (Wurtemberg), le 22 janvier 1814. — Professeur aux Universités de Berne, de Marbourg, de Heidelberg et de Berlin.

Auteur de : Études sur Platon, La philosophie des Grecs, Le système théologique de Zwingle, Histoire des apôtres d'après les sources, l'Église et l'État, Histoire de l'Église chrétienne, Histoire de la philosophie allemande depuis Leibnitz, Frédéric le Grand philosophe, La légende de saint Pierre, etc.

✵ Thonissen.

Élu, le 24 avril 1869, correspondant de l'Académie des Sciences morales et politiques (section de Législation). — Voir Associés étrangers, n° 180.

785. — Caligny (le Marquis Anatole, François, Hüe de), ✳

Élu, le 3 mai 1869, correspondant de l'Académie des Sciences (section de Mécanique).

Né à Valognes (Manche), le 31 mai 1811. — Mort à Versailles, le 24 mars 1892.

Auteur de : Mémoires sur la fondation de l'ancien port de Cherbourg, Recherches théoriques et expérimentales sur les oscillations de l'eau et les machines hydrauliques, et d'un grand nombre d'expériences hydrauliques sur les mouvements de l'eau dans les tuyaux; Inventeur de plusieurs appareils basés sur ces observations, notamment de ceux qui ont servi au percement du mont Cenis.

✵ Mammiani della Rovere.

Élu, le 15 mai 1869, correspondant de l'Académie des Sciences morales et politiques (section de Philosophie). — Voir Associés étrangers, n° 171.

786. — Serrigny (Denis), ✳

Élu, le 15 mai 1869, correspondant de l'Académie des Sciences morales (section de Législation).

II.

36

Né à Savigny-sous-Beaune (Côte-d'Or), le 8 janvier 1800. — Mort à Dijon, le 19 octobre 1876. — Professeur de droit administratif à la Faculté de Dijon.

Auteur de : Traité de l'organisation, de la compétence et de la procédure en matière contentieuse administrative, Traité du droit public des Français, Questions et traités de droit administratif.

787. — Laveleye (Émile, Louis, Victor de), O. ✳

Élu, le 22 mai 1869, correspondant de l'Académie des Sciences morales et politiques (section d'Économie politique).

Né à Bruges (Belgique), le 5 avril 1822. — Mort à Flostoy (Belgique), le 2 janvier 1892. — Professeur d'économie politique à l'Université de Liège.

Auteur de : La langue et la littérature provençales, Histoire des rois francs, L'armée et l'enseignement, Le sénat belge, Questions contemporaines, L'enseignement obligatoire, La question de l'or, L'économie rurale de la Belgique, la Prusse et l'Autriche depuis Sadowa, Essai sur les formes de gouvernement dans les sociétés modernes, Des causes de guerre en Europe, De l'avenir des peuples catholiques, Du respect de la propriété privée en temps de guerre, L'Afrique centrale, etc.

Une notice sur sa vie a été lue par M. Picot, dans la séance de l'Académie des Sciences morales et politiques du 8 octobre 1892.

✳ Mercuri.

Élu, le 12 juin 1869, correspondant de l'Académie des Beaux-Arts (section de Gravure). — Voir Associés étrangers, n° 173.

788. — Chazallon (Antoine, Marie, Remi), O. ✳

Élu, le 5 juillet 1869, correspondant de l'Académie des Sciences (section de Géographie).

Né à Desaignes (Ardèche), le 7 janvier 1802. — Mort au même lieu, le 23 décembre 1872. — Ingénieur hydrographe. Député de l'Ardèche à l'Assemblée constituante.

Auteur de plusieurs mémoires insérés dans les Annales hydrographiques et les Annales maritimes et coloniales ; Inventeur du Morégraphe.

789. — Dessaignes (Victor), ✳

Élu, le 26 juillet 1869, correspondant de l'Académie des Sciences (section de Chimie).

Né à Vendôme (Loir-et-Cher), le 30 décembre 1800. — Mort dans la même ville, le 4 janvier 1885. — Avocat. Docteur en médecine.

Auteur de : Mémoires sur l'acide succinique, l'Acide aspartique, la Quercine, Sur deux nouveaux acides résultant des réactions de l'acide nitrotartrique, Régénération de l'acide hippurique, Sur la méthylanine, Sur deux acides organiques nouveaux, etc.

790. — Cornalia (Emilio, Baldassare, Maria).

Élu, le 23 août 1869, correspondant de l'Académie des Sciences (section d'Économie rurale).

Né à Milan, le 24 août 1825. — Mort dans la même ville, le 8 juin 1882. — Directeur du Muséum d'histoire naturelle de Milan et de l'École supérieure d'agronomie. Président de l'Institut lombard.

Auteur de : La nature exposée et décrite, Examen microscopique des semences, Les mammifères fossiles de la Lombardie, Le règne minéral. A découvert les corpuscules qui caractérisent la pébrine des vers à soie.

791. — Morey (Mathieu, Prosper), ✻

Élu, le 20 novembre 1869, correspondant de l'Académie des Beaux-Arts (section d'Architecture).

Né à Nancy, le 27 décembre 1805. — Mort dans la même ville, le 5 juillet 1886. — Grand Prix de Rome. Architecte de la ville de Nancy et du département de la Meurthe.

A achevé la colonne de la Grande Armée à Boulogne; a restauré l'église de Saint-Omer et a construit la basilique de Saint-Epvre et l'église Saint-Nicolas à Nancy. — Auteur de projets de restauration du forum de Trajan et de l'acropole d'Athènes, de mémoires sur les temples de Poestum et la cathédrale de Messine, et de nombreux travaux insérés dans les Mémoires de l'Académie de Stanislas.

792. — Pringsheim (Nathanael).

Élu, le 22 novembre 1869, correspondant de l'Académie des Sciences (section de Botanique).

Né à Wziesko (Prusse), le 30 novembre 1823. — Mort à Berlin, le 6 octobre 1894. — Professeur de botanique à l'Université d'Iéna.

Auteur de : Théorie de la cellule végétale, La fructification et la fécondation des algues.

793. — Herbert (John, Rogers).

Élu, le 11 décembre 1869, correspondant de l'Académie des Beaux-Arts (section de Peinture).

Né à Maldon (Angleterre), le 23 janvier 1810. — Mort à Londres, le 17 mars 1890. — Membre de l'Académie royale de peinture.

Œuvres principales. — Le rendez-vous. Haydée. La prière. Desdémone. Procession à Venise. Le signal. L'introduction du christianisme en Bretagne. Le Christ et la Samaritaine. Thomas More. Le procès des sept évêques. Jésus enfant. Saint Jean et Hérode. Le roi Lear. Décoration des salles du Parlement, etc.

794. — Rosalés (Éduardo), ✻

Élu, le 11 décembre 1869, correspondant de l'Académie des Beaux-Arts (section de Peinture).

Né à Madrid, le 4 novembre 1836. — Mort à Rome, en 1878. — Directeur de l'Académie espagnole des Beaux-Arts. Peintre.

Œuvres principales. — Isabelle la Catholique dictant son testament. Mort de Lucrèce.

✻ Curtius.

Élu, le 11 décembre 1869, correspondant de l'Académie des Inscriptions et Belles-Lettres. — Voir Associés étrangers, n° 185.

795. — Pott (August, Friedrich).

Élu, le 17 décembre 1869, correspondant de l'Académie des Inscriptions et Belles-Lettres.

Né à Nettelrede (Hanovre), le 14 novembre 1802. — Mort à Halle (Saxe), le 5 juillet 1887. — Professeur de philologie à l'Université de Halle.

Auteur de : Les langues indo-germaniques, Les Bohémiens en Europe et en Asie, De la méthode quinaire et ségésimale, Les noms propres et leur origine, De la différence des races humaines au point de vue philologique, Aperçu sur les rapports des langues des différents peuples.

796. — Mantellier (Jean, Philippe), ✳.

Élu, le 17 décembre 1869, correspondant de l'Académie des Inscriptions et Belles-Lettres.

Né à Trévoux (Ain), le 22 octobre 1810. — Mort dans la même ville, le 7 décembre 1884. — Premier Président de la cour d'Orléans. Secrétaire général du ministère de la justice. Conseiller à la Cour de Cassation.

Auteur de : La monnaie de Trévoux et de Dombes, Histoire de la communauté des marchands fréquentant la rivière de Loire, Les bronzes antiques de Neuvy-en-Sullias, Histoire du siège d'Orléans, etq.

✳ Von Helmholtz.

Élu, le 3 janvier 1870, correspondant de l'Académie des Sciences (section de Physique). — Voir Associés étrangers, n° 192.

797. — Mayer (Jules, Robert).

Élu, le 10 janvier 1870, correspondant de l'Académie des Sciences (section de Physique générale).

Né à Heilbronn (Wurtemberg), le 25 novembre 1814. — Mort dans la même ville, le 20 mars 1878. — Docteur en médecine.

Auteur de : Remarques sur l'équivalent mécanique de la chaleur, Le mouvement organique dans ses rapports avec l'échange de substance, Contribution à la dynamique du ciel, Le vide de Torricelli, Mécanique de la chaleur.

798. — Kirchhoff (Gustave, Robert), C. ✳

Élu, le 24 janvier 1870, correspondant de l'Académie des Sciences (section de Physique).

Né à Kœnigsberg (Prusse), le 12 mars 1794. — Mort à Heidelberg, le 17 octobre 1887. — Professeur de physique mathématique à l'Université de Berlin. Membre de l'Académie des Sciences de Prusse.

A établi les formules relatives à la transmission de l'onde électrique le long d'un fil. — Auteur de travaux sur la théorie électro-magnétique de la lumière.

799. — Naumann (Carl, Friedrich).

Élu, le 7 février 1870, correspondant de l'Académie des Sciences (section de Minéralogie).

Né à Dresde, le 30 mai 1797. — Mort dans la même ville, le 20 novembre 1873. — Professeur de cristallographie à l'Académie de Freiberg, puis de minéralogie à l'Université de Leipsig. Conseiller privé pour les mines.

Auteur de : Documents sur la Norvège, Essai de minéralogie, Éléments de cristallographie, Traité de minéralogie, Traité de cristallographie pure et appliquée, Commentaires de la carte géognostique de la Saxe, Traité de géognésie.

800. — Miller.

Élu, le 28 février 1870, correspondant de l'Académie des Sciences (section de Minéralogie).

Né à Llandovery (Pays de Galles), le 6 avril 1801. — Mort à Cambridge, le 20 mai 1880. — Professeur de minéralogie à l'Université de Cambridge.

Auteur de : Traité de cristallographie, Forme des cristaux du bicarbonate d'ammoniaque, Sur les cristaux de l'acide borique, Sur l'expansion des minéraux par la chaleur, Les cristaux de zinc, de soude, d'étain et de magnésium, Application de la géométrie à la cristallographie, et de nombreux Mémoires insérés dans divers recueils scientifiques.

801. — Schwind (le Chevalier Maurice Louis de).

Élu, le 12 mars 1870, correspondant de l'Académie des Beaux-Arts (section de Peinture).

Né à Vienne (Autriche), le 21 janvier 1804. — Mort à Munich, le 8 février 1871. — Professeur de peinture à l'Académie des Beaux-Arts de Munich.

Œuvres principales. — Décoration de la Chambre des États, des bâtiments académiques de Carlsruhe et du château de Wartbourg. La Fiancée de Kust. Le Rhin et ses affluents. La Légende de Cuno de Falkenstein. La Guerre des chanteurs. Le Matin des noces. La Rose. Cendrillon, etc.

✿ Vela.

Élu, le 12 mars 1870, correspondant de l'Académie des Beaux-Arts (section de Sculpture). — Voir Associés étrangers, n° 169.

802. — Wells (David).

Élu, le 28 mars 1870, correspondant de l'Académie des Sciences morales et politiques (section d'Économie politique).

Né à Springfield (États-Unis), le 17 juin 1827. — Professeur à l'École Lawrence. Président de la Commission des revenus des États-Unis.

Auteur de : Rapports sur les revenus des États-Unis, La manufacture du lin, La science familière, Connaissance des choses ordinaires, Éléments de physique, de chimie et de géologie, Nos charges et nos forces, Les récentes expériences financières des États-Unis, Notre Commerce maritime, etc.

803. — Holtzendorff (le Baron Joachim, Guillaume, François, Philippe de).

Élu, le 13 avril 1870, correspondant de l'Académie des Sciences morales et politiques (section de Morale).

Né à Bietmannsdorf (Bavière), le 14 octobre 1829. — Mort à Munich, le 5 février 1889. — Avocat. Professeur de droit aux Universités de Berlin et de Munich.

Auteur de : La juridiction française et ses résultats, La déportation comme moyen pénal, Le système pénitentiaire irlandais, La réforme des parquets en Allemagne, Principes de la politique, Encyclopédie de la science du droit, Manuel du droit pénal allemand, etc.

Une notice sur sa vie a été lue par M. Dareste, dans la séance de l'Académie des Sciences morales et politiques du 6 juin 1891.

804. — Joule (James, Prescott).

Élu, le 30 mai 1870, correspondant de l'Académie des Sciences (section de Physique générale).

Né à Salford (Angleterre), le 24 décembre 1818. — Mort dans la même ville, le 11 octobre 1889. — Membre de la Société royale de Londres. Président de la Société scientifique de Manchester.

Auteur de : Sur l'équivalent mécanique de la chaleur, Sur la production économique de l'effet mécanique par les forces chimiques, Sur la chaleur développée pendant l'électrolisation de l'eau, Sur l'effet thermal des fluides en motion, Recherches sur l'induction du magnétisme par les courants électriques, et d'autres travaux réunis et publiés par la Société de physique de Londres.

805. — Rokitansky (Charles).

Élu, le 13 juin 1870, correspondant de l'Académie des Sciences (section de Médecine).

Né à Kœniggratz (Bohême), le 19 février 1804. — Mort à Vienne (Autriche), le 23 juillet 1878. — Doyen de la Faculté de médecine de Vienne. Recteur des Universités de Prague et de Vienne.

Auteur d'un Manuel d'anatomie pathologique en 5 vol.

806. — Brandt (Jean, Frédéric de).

Élu, le 4 juillet 1870, correspondant de l'Académie des Sciences (section d'Anatomie).

Né à Jüterbog (Prusse), le 25 mai 1802. — Mort à Saint-Pétersbourg, le 15 juillet 1879. — Docteur en médecine. Professeur de zoologie et d'anatomie comparée à la Faculté de médecine de Saint-Pétersbourg.

Auteur de : Description des plantes vénéneuses qui croissent en Allemagne, Zoologie médicale, *Descriptiones et icones avium Russicarum*, Animaux vertébrés de la Sibérie occidentale, *Symbolæ Sirenoligicæ*, Les mammifères de la Russie, Diffusion du tigre, Les animaux vertébrés du Nord-Est de l'Europe, Classification des poissons, Le mammouth, L'élan, Cétacés fossiles et sous-fossiles d'Europe, Le rhinocéros.

807. — Lebert (Hermann), O. ✳

Élu, le 4 juillet 1870, correspondant de l'Académie des Sciences (section de Médecine).

Né à Breslau (Prusse), le 9 juin 1813. — Mort à Bex (Suisse), le 1ᵉʳ août 1878. — Professeur de clinique médicale aux Universités de Zurich et de Breslau.

Auteur de : Les eaux minérales de Lavey, Formation des organes de la circulation, Physiologie pathologique, Mémoires de chirurgie et de physiologie, Traité des maladies scrofuleuses et tuberculeuses, Traité des maladies cancéreuses, Traité d'anatomie pathologique, Manuel de médecine pratique, etc.

808. — Cherbonneau (Jacques, Auguste), ✳

Élu, le 29 juillet 1871, correspondant de l'Académie des Inscriptions et Belles-Lettres.

Né à La Chapelle-Blanche (Indre-et-Loire), le 28 août 1813. — Mort à Paris, le 11 décembre 1882. — Professeur d'arabe à Constantine. Directeur du Collège arabe d'Alger.

Auteur de : Anecdotes musulmanes, Lecture des manuscrits arabes, Éléments de la phraséologie française, Leçons de lecture arabe, Études sur Harisi et sur les califes abbassides, et de nombreuses traductions d'ouvrages arabes.

809. — Chabas (François, Joseph), ✳

Élu, le 29 juillet 1871, correspondant de l'Académie des Inscriptions et Belles-Lettres.

Né à Briançon (Hautes-Alpes), le 2 janvier 1817. — Mort à Versailles, le 17 mai 1882.

Auteur de : Inscriptions du règne de Seti Iᵉʳ, Le papyrus magique Harris, Mélanges égyptologiques, Les papyrus hiératiques de Berlin, Voyages en Syrie, en Phénicie et en Palestine au xivᵉ siècle avant notre ère, Les pasteurs en Égypte, Les études préhistoriques et la libre pensée, etc.

✳ Madvig.

Élu, le 29 juillet 1871, correspondant de l'Académie des Inscriptions et Belles-Lettres. — Voir Associés étrangers, n° 161.

810. — Beaurepaire (Charles, Marie de Robillard de), ✳

Élu, le 8 décembre 1871, correspondant de l'Académie des Inscriptions et Belles-Lettres.

Né à Avranches (Manche), le 24 mars 1828. — Archiviste du département de la Seine-Inférieure.

Auteur de : L'asile religieux dans l'empire romain et dans la monarchie française, Notes historiques sur le musée de Rouen, Les États de Normandie sous la domination anglaise, De l'administration de la Normandie, Cahiers des États de Normandie sous Henri IV, Louis XIII et Louis XIV, Corneille et sa fille, etc.

811. — Deschamps de Pas (Louis, François, Joseph), ✳

Élu, le 8 décembre 1871, correspondant de l'Académie des Inscriptions et Belles-Lettres.

Né à Saint-Omer (Pas-de-Calais), le 25 juin 1816. — Mort dans la même ville, le 1er mars 1890. — Ingénieur en chef des Ponts et Chaussées.

Auteur de : Pavage des églises avant le xve siècle, L'orfèvrerie du xiiie siècle, Sceaux des comtes d'Artois, Histoire sigillaire de Saint-Omer, Histoire monétaire des comtes de Flandre, Les établissements hospitaliers de Saint-Omer, Histoire de Saint-Omer.

✳ Cobet.

Élu, le 8 décembre 1871, correspondant de l'Académie des Inscriptions et Belles-Lettres. — Voir Associés étrangers, n° 162.

812. — Muir (John).

Élu, le 8 décembre 1871, correspondant de l'Académie des Inscriptions et Belles-Lettres.

Né à Glasgow (Écosse), le 5 février 1810. — Mort à Édimbourg, le 7 mars 1882. — Juge au tribunal du Bengale. Membre du Conseil des Indes.

Auteur de : Esquisse des arguments en faveur du christianisme, Examen des religions, Travaux des missionnaires dans le Nord des Indes; Origines, histoire, religion et institutions du peuple indien.

813. — David (l'abbé Armand).

Élu, le 1er avril 1872, correspondant de l'Académie des Sciences (section de Géographie).

Né à Espelette (Basses-Pyrénées), le 7 septembre 1826. — Prêtre lazariste, missionnaire en Chine.

Auteur de : Journal de mon troisième voyage dans l'empire chinois (les deux premiers voyages ont été publiés dans les archives du Muséum), Les oiseaux de la Chine, Des services rendus à la science par les missionnaires, etc.

814. — Ledieu (Constant, Alfred, Hector), O. ✳

Élu, le 1er avril 1872, correspondant de l'Académie des Sciences (section de Géographie).

Né à Abbeville (Somme), le 2 mars 1830. — Mort à Toulon, le 17 avril 1891. — Professeur à l'École d'hydrographie. Examinateur d'entrée et de sortie à l'École navale.

Auteur de : Traité des appareils à vapeur de navigation, Manuel du chauffeur, La rotative Behrens, Les nouvelles machines, Le bateau sous-marin, Le nouveau matériel naval.

✻ Fouillée.

Élu, le 4 mai 1872, correspondant de l'Académie des Sciences morales et politiques (section de Philosophie). — Voir Membres titulaires, n° 1033.

---

815. — Torrès-Caïcedo (José, Maria), G. O. ✳

Élu, le 4 mai 1872, correspondant de l'Académie des Sciences morales et politiques (section d'Économie politique).

Né à Bogota (Colombie), le 30 mars 1830. — Mort à Paris, le 26 septembre 1889. — Intendant des finances. Ministre plénipotentiaire du Venezuela en France.

Auteur de : Religion, patrie et amour; Essai sur les publicistes, poètes et littérateurs latino-américains, 2 vol.

---

816. — Farr (William).

Élu, le 4 mai 1872, correspondant de l'Académie des Sciences morales et politiques (section d'Économie politique).

Né à Henley (Angleterre), le 30 novembre 1807. — Mort à Londres, le 14 avril 1883. — Docteur en médecine. Directeur du Bureau de statistique de la population.

Auteur de : Rapports annuels sur la santé publique et sur les causes de décès; Rapports sur l'impôt sur les revenus, sur la situation financière des assurances sur la vie, etc.

---

817. — Scialoja (Antoine), G. O. ✳

Élu, le 4 mai 1872, correspondant de l'Académie des Sciences morales et politiques (section d'Économie politique).

Né à Geduccio (Deux-Siciles), le 30 juillet 1817. — Mort à Procida, le 14 octobre 1877. — Professeur d'économie politique à l'Université de Turin. Député. Ministre de l'Agriculture et du Commerce, puis des Finances.

Auteur de : Principes de l'économie sociale, Sur la propriété des produits de l'esprit et sur les moyens de la garantir, Industrie et protection, Traité d'économie sociale, Cours d'économie politique et de droit.

---

818. — Clément (Auguste, Édouard, Ambroise).

Élu, le 4 mai 1872, correspondant de l'Académie des Sciences morales et politiques (section d'Économie politique).

Né à Paris, le 27 mars 1805. — Mort à Saint-Étienne, le 19 novembre 1886. — Secrétaire de la mairie de Saint-Étienne.

Auteur de : Des nouvelles idées de réforme industrielle, Recherches sur les causes de l'indigence. — Collaborateur du Journal des économistes, du Dictionnaire d'économie politique, etc.

---

819. — Czoernig de Czernhausen (le Baron Charles), O. ✻

Élu, le 4 mai 1872, correspondant de l'Académie des Sciences morales et politiques (section d'Écono-mie politique).

Né à Czernhausen (Autriche), le 5 mai 1804. — Mort à Goritz, le 5 octobre 1889. — Directeur du Bureau de statistique de Vienne. Secrétaire de l'Empereur. Conseiller impérial. Directeur général de la comptabilité publique. Directeur des chemins de fer de l'État.

Auteur de : Description de Reichenbach et de Gablenz, La liberté du commerce à Venise, Histoire de la constitution municipale de la Lombardie, Esquisses italiennes, Tables statistiques de la monarchie autrichienne.

820. — Laurent (Jean, Émile), C. ✻

Élu, le 11 mai 1872, correspondant de l'Académie des Sciences morales et politiques (section de Morale).

Né à Bordeaux, le 10 août 1830. — Préfet du Tarn, de la Dordogne, de la Manche, du Doubs et du Calvados. Président du Conseil de préfecture de la Seine.

Auteur de : Les sociétés de secours mutuels, Le paupérisme et les associations de prévoyance, La liberté de l'imprimerie, La législation et l'administration des hôpitaux et hospices.

821. — Löven (Svenon, Louis).

Élu, le 22 juillet 1872, correspondant de l'Académie des Sciences (section d'Anatomie).

Né à Stockholm, le 6 janvier 1809. — Mort, dans la même ville, le 3 septembre 1895. — Professeur et Conservateur au musée royal de Stockholm.

Auteur de nombreux mémoires insérés dans les Annales des sciences naturelles, sur l'anatomie, la physiologie et les animaux marins inférieurs.

822. — Planchon (Jules, Émile), ✻

Élu, le 5 août 1872, correspondant de l'Académie des Sciences (section de Botanique).

Né à Ganges (Hérault), le 21 mars 1823. — Mort à Montpellier, le 8 avril 1888. — Conservateur de l'herbier du jardin de Kew (Angleterre). Professeur à l'Institut horticole de Gand. Professeur à l'École de médecine de Nancy et directeur de la même école.

Auteur de : Le phylloxera, Les vignes américaines, La truffe et les truffières artificielles, L'eucalyptus globulus, etc.

823. — Weddell (Hugues, Algernon), ✻

Élu, le 5 août 1872, correspondant de l'Académie des Sciences (section de Botanique).

Né à Painswick (Angleterre), le 22 juin 1819. — Mort à Poitiers, le 22 juillet 1877. — Voyageur naturaliste. Aide naturaliste au Muséum.

Auteur de : Histoire naturelle des quinquinas, Voyage dans le Sud de la Bolivie, *Floris Andina* ou essai d'une flore de la région alpine des Cordillères de l'Amérique du Sud, et de nombreux mémoires insérés dans les bulletins de la Société botanique, etc.

824. — Cavalcaselle (Jean, Baptiste).

Élu, le 17 août 1872, correspondant libre de l'Académie des Beaux-Arts.

Né à Legnano (Italie), le 22 janvier 1820. — Inspecteur du musée de Florence. Inspecteur central des antiquités et des beaux-arts du royaume d'Italie.

Auteur de : Histoire de l'ancienne peinture flamande, Nouvelle histoire de la peinture en Italie, du IIe au XVIe siècle, Vie du Titien, Vie de Raphaël.

825. — Viala de Sorbier (Gilbert, Hippolyte), ✻

Élu, le 19 octobre 1872, correspondant de l'Académie des Beaux-Arts (section d'Architecture).

Né à La Flèche (Sarthe), le 11 mars 1817. — Mort à Marseille, le 1er juillet 1878. — Architecte du département d'Oran.

A construit la maison d'arrêt à Oran, l'église Saint-Louis à Tlemcen, etc.

826. — Sarti (Antonio).

Élu, le 19 octobre 1872, correspondant de l'Académie des Beaux-Arts (section d'Architecture).

Né à Budrio (Frioul), le 18 octobre 1797. — Mort à Rome, le 24 septembre 1880. — Architecte. Professeur d'architecture à l'Académie de Saint-Luc et président à vie de la même Académie.

Auteur de : Basiliques de Rome illustrées, Leçons d'architecture théorique et pratique, et de nombreux mémoires, etc. A restauré le palais épiscopal de Subiaco et construit les palais Lozzano et Consalvi à Rome, la cathédrale de Terracine, le séminaire romain, la villa de Castel Porziano, etc.

827. — Thomas (Édouard).

Élu, le 3 janvier 1873, correspondant de l'Académie des Inscriptions et Belles-Lettres.

Né à Londres, le 31 décembre 1813. — Mort dans la même ville, le 10 février 1886. — Juge à Delhi (Indes). Juge supérieur des territoires de Sangar et de Nerbudda.

Auteur de : Époques de la dynastie Gupta, Numération indienne, Inscriptions, sceaux et monnaies sassaniens, Chronique des rois de Delhi, Anciens poids indiens, Essais sur les antiquités indiennes, etc.

✻ Leighton.

Élu, le 1er février 1873, correspondant de l'Académie des Beaux-Arts (section de Peinture). — Voir Associés étrangers, n° 175.

828. — Dauban (Jules, Joseph), ✻

Élu, le 1er février 1873, correspondant de l'Académie des Beaux-Arts (section de Peinture).

Né à Paris, le 31 mai 1822. — Directeur du Musée et de l'École des Beaux-Arts d'Angers.

Œuvres principales. — Louis XI présentant aux notables angevins Guillaume de Cérisay. Réception d'un étranger chez les trappistes (Luxembourg). Trappistes se donnant le baiser de paix. La mort du trappiste. Mme Roland allant au tribunal révolutionnaire. Frère Angelico. Résurrection de Lazare. La B. Marguerite-Marie.

✻ Matejko.

Élu, le 1er février 1873, correspondant de l'Académie des Beaux-Arts (section de Peinture). — Voir Associés étrangers, n° 156.

829. — Guffens (Égide, Godefroid).

Élu, le 15 février 1873, correspondant de l'Académie des Beaux-Arts (section de Peinture).

Né à Hasselt (Belgique), le 22 juillet 1823. — Peintre.

Œuvres principales. — Affranchissement de la commune de Hasselt. La destruction de Pompéi. Pausias et la bouquetière. La prière des trois sœurs. Blanche de Felsenstein. L'hymne mystique. Julie et sa mère. Lucrèce. Peintures murales de l'église Saint-Georges à Anvers. Arabe et sa femme. Rouget de l'Isle. Saint Hermann.

830. — Mulsant (Étienne), ✳

Élu, le 14 avril 1873, correspondant de l'Académie des Sciences (section d'Anatomie).

Né à Thézy (Rhône), le 2 mars 1797. — Mort à Lyon, le 4 novembre 1880. — Professeur d'histoire naturelle au lycée de Lyon et Bibliothécaire de la ville.

Auteur de : Lettres à Julie sur l'histoire naturelle, Histoire naturelle des coléoptères, Opuscules entomologiques, Cours d'histoire naturelle, Souvenirs d'un voyage en Allemagne.

831. — Didion (Isidore), C. ✳

Élu, le 21 avril 1873, correspondant de l'Académie des Sciences (section de Mécanique).

Né à Thionville (Moselle), le 22 mars 1798. — Mort à Nancy, le 4 janvier 1878. — Général d'artillerie. Professeur à l'École de Metz. Examinateur à l'École Polytechnique.

Auteur de plusieurs mémoires insérés dans la collection des Mémoires des savants étrangers de l'Académie des sciences.

832. — Leymerie (Alexandre, Félix, Gustave, Achille), ✳

Élu, le 21 avril 1873, correspondant de l'Académie des Sciences (section de Minéralogie).

Né à Paris, le 23 janvier 1801. — Mort à Toulouse, le 5 octobre 1878. — Professeur de minéralogie et de géologie à la Faculté des sciences de Toulouse.

Auteur de : Compte rendu des excursions et des séances de la Société géologique réunie extraordinairement dans les Pyrénées en 1862, Cours de minéralogie, Éléments de minéralogie et de géologie, comprenant la classification et la description des espèces minérales essentielles et des roches importantes, et une table explicative des fossiles, Esquisse géognostique des Pyrénées de la Haute-Garonne, Prodrome d'une carte géologique et d'une description de ce département, Mémoire sur le terrain tertiaire post-pyrénéen, Statistique géologique et minéralogique des départements de l'Aube et de l'Yonne, Cours de minéralogie, Statistique géologique du département de l'Aube.

833. — Dana (James, Dwight).

Élu, le 7 juillet 1873, correspondant de l'Académie des Sciences (section d'Anatomie).

Né à Utique (États-Unis), le 12 février 1813. — Mort à New-Haven, le 17 avril 1895. — Professeur de géologie et d'histoire naturelle à l'Université de Yale.

Auteur de : Rapports sur une exploration du grand Océan (zoophytes, géologie, crustacés), Manuel de géologie, Manuel de minéralogie, Le corail et les îles coralliennes, Histoire de la géologie, Les volcans des îles Hawaï.

834. — Steenstrup (Johannes, Japetus, Smith).

Élu, le 7 juillet 1873, correspondant de l'Académie des Sciences (section d'Anatomie).

Né à Vang (Danemark), le 8 mars 1813. — Professeur de zoologie à l'Université de Copenhague. Conseiller d'État.

Auteur de : Sur l'alternance générative, *Rhizochilus antipathum*, L'hermaphroditisme dans la nature, etc.

835. — Carpenter (William, Benjamin).

Élu, le 7 juillet 1873, correspondant de l'Académie des Sciences (section d'Anatomie).

Né à Exeter (Angleterre), le 29 octobre 1813. — Mort à Londres, le 10 novembre 1885. — Examinateur de physiologie. Professeur de jurisprudence médicale et Archiviste de l'Université de Londres.

Auteur de : Principes de physiologie générale et comparée, Principes de physiologie humaine, Usage et abus des liqueurs alcooliques, Le microscope et ses révélations, Principes de physiologie mentale, etc.

836. — Zinine (Nicolas).

Élu, le 24 novembre 1873, correspondant de l'Académie des Sciences (section de Chimie).

Né à Kachine (Russie), le 13 août 1814. — Mort à Saint-Pétersbourg, le 18 février 1880. — Professeur de chimie à l'Université de Kasan, puis à celle de Saint-Pétersbourg. Professeur à l'Académie de médecine de Saint-Pétersbourg. Conseiller privé.

Auteur de : Sur quelques dérivés de la désoxybenzoïne, De l'action du zinc sur les produits bromés et chlorés, sur les dérivés de l'épidène, sur l'oxylépidène, sur l'acide amarique, sur les couleurs d'aniline, sur le benzol, sur la benzoïne, et de mémoires insérés dans le Bulletin de l'Académie de Saint-Pétersbourg.

837. — Williamson (Alexander, William).

Élu, le 24 novembre 1873, correspondant de l'Académie des Sciences (section de Chimie).

Né à Handsworth (Angleterre), le 1er mai 1824. — Professeur de chimie au collège de l'Université de Londres. Secrétaire de la Société royale de Londres.

Auteur d'un Traité de chimie et de travaux sur l'éthérification, la théorie atomique, la composition des gaz, etc.

838. — Hanoteau (Louis, Joseph, Adolphe, Charles, Constance), C. ✳

Élu, le 19 décembre 1873, correspondant de l'Académie des Inscriptions et Belles-Lettres.

Né à Decize (Nièvre), le 12 juin 1814. — Général du génie.

Auteur de : Essai de grammaire kabyle, Notice sur des inscriptions en langue tamarck, Grammaire de la langue tamarck, Poésies populaires de la Kabylie du Jurjura, la Kabylie et les coutumes kabyles.

839. — Billet (Félix), ✳

Élu, le 22 décembre 1873, correspondant de l'Académie des Sciences (section de Physique générale).

Né à Fismes (Marne), le 15 septembre 1808. — Mort à Dijon, le 27 janvier 1882. — Professeur de physique et Doyen de la Faculté des sciences de Dijon.

Auteur de : Changement de volume des corps par le passage de l'état solide à l'état liquide, Constitution de la lumière polarisée, Les demi-lentilles d'interférence, Les dix-sept premiers arcs-en-ciel de l'eau, Traité d'optique physique, etc.

840. — Angstrom (Anders, Jonas).

Élu, le 22 décembre 1873, correspondant de l'Académie des Sciences (section de Physique générale).

Né à Medelpad (Suède), le 13 août 1814. — Mort à Upsal, le 21 juin 1874. — Professeur de physique et recteur de l'Université d'Upsal. Secrétaire de la Société royale des Sciences.

Auteur de: Recherches sur le spectre solaire, Travaux sur la chaleur, le Magnétisme, l'Optique, les Aurores boréales, etc.

---

841. — Lockyer (Joseph, Norman).

Élu, le 29 décembre 1873, correspondant de l'Académie des Sciences (section d'Astronomie).

Né à Rugby (Angleterre), le 17 mai 1836. — Professeur d'astronomie à l'Université de Cambridge.

Auteur de: Leçons d'astronomie, Études de physique solaire, Le spectroscope et ses applications, Le premier livre d'astronomie, Études d'analyse spectrale, L'aspect des étoiles dans le présent et dans le passé, etc.

---

842. — Roche (Édouard, Albert), ✠

Élu, le 29 décembre 1873, correspondant de l'Académie des Sciences (section d'Astronomie).

Né à Montpellier, le 17 octobre 1820. — Mort dans la même ville, le 18 avril 1883. — Professeur de mathématiques à la Faculté des Sciences de Montpellier.

Auteur de: Théorie des phénomènes cométaires, Les atmosphères des corps célestes, Les offuscations du soleil et les météores cosmiques, La constitution du système solaire, La formule barométrique, etc.

---

843. — Huggins (William).

Élu, le 19 janvier 1874, correspondant de l'Académie des Sciences (section d'Astronomie).

Né à Londres, le 7 février 1824. — Professeur d'astronomie à l'Université de Cambridge.

Auteur de: Analyse spectrale des corps célestes, et de plusieurs travaux insérés dans les *Philosophical Transactions.*

☆ Newcomb (Simon).

Élu, le 19 janvier 1874, correspondant de l'Académie des Sciences (section d'Astronomie). — Voir Associés étrangers, n° 204.

☆ Tisserand.

Élu, le 2 février 1874, correspondant de l'Académie des Sciences (section d'Astronomie). — Voir Membres titulaires, n° 854.

---

844. — Fortuny (Mariano, José, Maria).

Élu, le 14 mars 1874, correspondant de l'Académie des Beaux-Arts (section de Peinture).

Né à Reus (Espagne), le 11 juin 1838. — Mort à Rome, le 21 novembre 1874. — Peintre.

Œuvres principales. — Un mariage à la vicaria de Madrid. Le charmeur de serpents. Le choix du modèle. Le marchand de tapis du Maroc. Le Kief, etc.

---

845. — Molinari (Gustave, Henri de).

Élu, le 28 mars 1874, correspondant de l'Académie des Sciences morales et politiques (section d'Économie politique).

Né à Liège (Belgique), le 3 mars 1819. — Professeur d'économie politique au Musée royal de l'industrie belge à Bruxelles, et à l'Institut supérieur du commerce d'Anvers.

Auteur de : Études économiques, Les soirées de la rue Saint-Lazare, Cours d'économie politique, L'abbé de Saint-Pierre, De l'enseignement obligatoire, Questions d'économie politique et de droit public, Lettres sur la Russie, Les clubs rouges pendant le siège de Paris, Le mouvement socialiste en 1870, Lettres sur les États-Unis, L'évolution économique du xixᵉ siècle, L'Irlande et le Canada, La morale économique.

846. — Newmark (William).

Élu, le 28 mars 1874, correspondant de l'Académie des Sciences morales et politiques (section d'Économie politique)

Né à Thirsk, comté de York (Angleterre), le 28 janvier 1820. — Mort à Torquay, le 23 mars 1882. — Actuaire. Directeur de Banque. Secrétaire et Président de la Société de statistique de Londres. Membre de la Société royale de Londres.

Auteur d'un très grand nombre d'articles sur les banques, la circulation fiduciaire et le commerce, et de la continuation de l'ouvrage de Cooke.

847. — Aubertin (Charles, Nicolas), ✳

Élu, le 11 avril 1874, correspondant de l'Académie des Sciences morales et politiques (section de Morale).

Né à Saint-Dizier (Haute-Marne), le 24 décembre 1815. — Professeur de littérature française à la Faculté de Dijon. Recteur des Académies de Clermont, Poitiers et Nancy.

Auteur de : Étude sur les rapports entre Sénèque et saint Paul, L'esprit public au xviiiᵉ siècle, Les origines de la langue et de la poésie française, Histoire de la langue et de la littérature française au moyen âge, etc.

848. — Salmon (Charles, Auguste), O. ✳

Élu, le 11 avril 1874, correspondant de l'Académie des Sciences morales et politiques (section de Morale).

Né à Bitche (Meurthe), le 27 février 1805. — Mort à Hatton-Chatel (Meuse), le 26 décembre 1892. — Député de la Meurthe. Conseiller à la Cour de Metz. Premier Président de la Cour de Douai. Conseiller à la Cour de cassation. Sénateur de la Meuse.

Auteur de : Conférences sur les devoirs des instituteurs primaires, Questions de morale pratique, De la construction des maisons d'école, Le comte de Serre, Les devoirs des hommes.

849. — Ollier (Louis, Xavier, Édouard, Léopold), C. ✳

Élu, le 18 mai 1874, correspondant de l'Académie des Sciences (section de Médecine).

Né aux Vans (Ardèche), le 2 décembre 1830. — Chirurgien en chef de l'Hôtel-Dieu de Lyon. Professeur de clinique chirurgicale à la Faculté mixte de Lyon.

Auteur de: Moyens de favoriser la reproduction des os, Production artificielle des os, Des résections des grandes articulations, De l'occlusion inamovible des plaies, Traitement de l'éléphantiasis du nez, Traité de la régénération des os, Traité des résections et des opérations conservatrices.

850. — Kokscharow (Nicolas de).

Élu, le 25 mai 1874, correspondant de l'Académie des Sciences (section de Minéralogie).

Né à Tomsk (Russie), le 5 décembre 1818. — Mort à Saint-Pétersbourg, le 2 janvier 1893. — Professeur de minéralogie et Directeur de l'École des mines de Russie. Général du génie.

Auteur de plusieurs mémoires insérés dans les Annales de Poggendorff, notamment sur les métaux découverts par lui : le bagrationite et le cancrinite.

---

851. — Studer (Bernard), ✳

Élu, le 8 juin 1874, correspondant de l'Académie des Sciences (section de Minéralogie).

Né à Buren (Suisse), le 21 août 1794. — Mort à Berne, le 2 mai 1887. — Professeur de géologie à l'Académie de Berne.

Auteur de : Carte géologique de la Suisse, Les Alpes occidentales de la Suisse, Géologie de la Suisse, Traité de géographie mathématique, Traité de géographie physique, Histoire de la géographie physique de la Suisse, Index de la pétrographie et de la stratigraphie de la Suisse.

---

852. — Tholozan (Joseph, Désiré), C. ✳

Élu, le 8 juin 1874, correspondant de l'Académie des Sciences (section de Médecine).

Né à Diego-Gracia (île Maurice), le 9 octobre 1820. — Médecin militaire principal de première classe. Professeur agrégé au Val-de-Grâce.

Auteur de : Une épidémie de peste en Mésopotamie, De la genèse du choléra dans l'Inde, Histoire de la peste bubonique au Caucase, Les trois dernières épidémies du Caucase, etc.

---

853. — Magaud (Dominique, Antoine, Jean, Baptiste).

Élu, le 12 décembre 1874, correspondant de l'Académie des Beaux-Arts (section de Peinture).

Né à Marseille, le 4 août 1817. — Directeur de l'École des Beaux-Arts de Marseille.

Œuvres principales. — Environs de Marseille. Massacre des Innocents. Chrétiens en prison. Femmes à la fontaine. Saint Bonaventure et saint Thomas d'Aquin. Démence de Charles VII. Magiciens turcs. Dante au Purgatoire. Les échevins de Marseille pendant la peste. Saint Bernard prêchant la croisade à Vézelay. Diogène, etc.

---

854. — Weber (Frédéric), ✳

Élu, le 12 décembre 1874, correspondant de l'Académie des Beaux-Arts (section de Gravure).

Né à Bâle (Suisse), le 10 septembre 1813. — Mort dans la même ville, le 18 février 1882. — Graveur.

Œuvres principales. — Marie de Bourgogne. Adélaïde d'Orléans. La princesse de Lamballe. L'Impératrice Joséphine (David). Napoléon et le roi de Rome. Holbein. Jules Romain. Les gitanos. L'Italienne à la fontaine. Jeune Suissesse. La Vierge au linge (Raphaël). La Laïs corinthienne. La Bella Visconti (Raphaël). La Madone de Lugano (Luini). L'Amour sacré et l'Amour profane (Titien).

---

855. — Calmels (Anatole, Célestin).

Élu, le 12 décembre 1874, correspondant de l'Académie des Beaux-Arts (section de Sculpture).

Né à Paris, le 26 mars 1822. — Sculpteur.

Œuvres principales. — Gutenberg. Denis Papin. Psyché. Calypso. Saint Clément. L'Industrie. Masséna. Ballanche. Géricault. Naissance de la Vierge. La Présentation au temple, etc.

✿ **Da Silva.**

Élu, le 12 décembre 1874, correspondant de l'Académie des Beaux-Arts (section d'Architecture). — *Voir Associés étrangers, n° 174.*

856. — Swerts (Jean, Eugène, Emmanuel).

Élu, le 12 décembre 1874, correspondant de l'Académie des Beaux-Arts (section de Peinture).

Né à Anvers (Belgique), le 25 décembre 1820. — Mort à Bruxelles, le 20 août 1879. — Directeur de l'École des Beaux-Arts de Prague.

Auteur de grandes peintures monumentales, notamment de celles de l'ancienne Bourse d'Anvers, de l'Église Saint-Louis à Malines, etc.

857. — Danguin (Jean, Baptiste), ✳

Élu, le 12 décembre 1874, correspondant de l'Académie des Beaux-Arts (section de Gravure).

Né à Frontenas (Rhône), le 3 mai 1823. — Mort à Paris, le 17 mars 1894. — Graveur. Professeur à l'École des Beaux-Arts de Lyon.

Œuvres principales. — L'Ascension (Perugin). Idylle (Bouguereau). La Maîtresse du Titien (Titien). L'ensevelissement du Christ (A. del Sarto). Saint Sébastien (Raphaël). La danse des Muses (Mantegna). Vierge (L. de Vinci), etc.

858. — Broch (Ole, Jacob), O. ✳

Élu, le 11 janvier 1875, correspondant de l'Académie des Sciences (section de Mécanique).

Né à Frederickstad (Norvège), le 14 janvier 1814. — Mort à Sèvres (Seine-et-Oise), le 5 février 1889. — Professeur à l'École militaire et à l'Université de Christiania. Gouverneur de la Banque. Directeur des chemins de fer. Député. Ministre de la marine et des postes.

Auteur de : Manuel de trigonométrie, Manuel de mécanique, Géométrie plane, Annuaires statistiques de la Norvège, le Royaume de Norvège et le peuple norvégien, etc.

859. — Engerth (Édouard de), O. ✳

Élu, le 6 février 1875, correspondant de l'Académie des Beaux-Arts (section de Peinture).

Né à Pless (Prusse), le 13 mai 1818. — Directeur de l'Académie de Prague. Directeur de l'Académie des Beaux-Arts et Conservateur du musée du Belvédère à Vienne.

Œuvres principales. — Aman et Esther. Combat de Ladislas contre Acus. Joseph expliquant des songes. Couronnement de Rudolphe de Habsbourg. Manfred après la bataille de Bénévent. Le prince Eugène. François-Joseph couronné roi de Hongrie. Peintures de l'Opéra de Vienne, etc.

860. — Winne (Lieven de), ✳

Élu, le 6 février 1875, correspondant de l'Académie des Beaux-Arts (section de Peinture).

Né à Gand (Belgique), le 21 janvier 1821. — Mort à Ixelles, le 13 mai 1880. — Peintre de portraits.

Œuvres principales. — Léopold Ier roi des Belges (m. de Bruxelles). Le comte et la comtesse de Flandre. M. Sandfow. M. Frère Orban. M. Guilberg. Saint François d'Assise en extase, etc.

✣ Dom Pedro d'Alcantara.

Élu, le 1er mars 1875, correspondant de l'Académie des Sciences (section de Géographie). — Voir Associés étrangers, n° 163.

861. — Boileau (Pierre, Prosper), O. ✽

Élu, le 22 mars 1875, correspondant de l'Académie des Sciences (section de Mécanique).

Né à Metz, le 19 février 1811. — Mort à Versailles, le 7 septembre 1891. — Chef d'escadron d'artillerie. Professeur de mécanique à l'École de Metz.

Auteur de : Introduction à l'étude de la mécanique pratique, Instruction pratique sur les sciences, Jaugeage des cours d'eau, Traité de la nature des eaux courantes, Notions nouvelles d'hydraulique, etc.

862. — Joly (Nicolas), ✽

Élu, le 27 mars 1875, correspondant de l'Académie des Sciences (section d'Anatomie).

Né à Toul (Meurthe), le 11 juillet 1812. — Mort à Toulouse, le 16 octobre 1885. — Professeur au lycée de Montpellier, puis à la Faculté des Sciences de Toulouse.

Auteur de : Recherches sur la girafe, Sur les vers à soie, Mémoire sur le lait des mammifères, Recherches sur la levure de bière, L'embryologénie de l'Axolotl du Mexique, L'homme avant les métaux, Grammaire allemande simplifiée, etc.

863. — Sabine (Sir Edward).

Élu, le 12 avril 1875, correspondant de l'Académie des Sciences (section de Géographie).

Né à Dublin, le 14 octobre 1788. — Mort à Londres, le 26 juin 1883. — Lieutenant général d'artillerie. Général d'armée. Vice-Président et Trésorier de la Société royale de Londres.

Auteur de : L'expédition du pendule, Variabilité de l'intensité magnétique sur divers points du globe, L'observatoire de Sainte-Hélène, Les formes cosmiques du magnétisme terrestre, et de plusieurs traductions d'ouvrages scientifiques.

864. — Rubinstein (Antoine, Grégoire), O. ✽

Élu, le 24 avril 1875, correspondant de l'Académie des Beaux-Arts (section de Composition musicale).

Né à Wechwotynetz (Russie), le 30 novembre 1829. — Mort à Peterhof, le 20 novembre 1894. — Directeur du Conservatoire de musique de Saint-Pétersbourg.

Œuvres principales. — Dimitri Donskoë (op.). Les chasseurs sibériens (op.). Féramors. La vengeance (op.). Toms le fou (op.). Les enfants de la bruyère (op.). Lalla Rookh (op.). Néron (op.). Les Macchabées. Le démon (op.). Le perroquet (op.). Le paradis perdu (oratorio). La tour de Babel.

865. — Bentham (Georges).

Élu, le 24 mai 1875, correspondant de l'Académie des Sciences (section de Botanique).

Né à Stoke (Angleterre), le 22 septembre 1800. — Mort à Londres, le 10 septembre 1884. — Secrétaire de la Société d'horticulture. Président de la Société Linnéenne.

Auteur de : *Labiatorum genera et species*, Manuel de la flore britannique, *Flora Honkongensis ; Flora Austrialensis, Genera plantarum ad exemplaria imprimis in herbariis Kewensibus servata definita.*

✶ **Dumont.**

*Élu, le 24 décembre 1875, correspondant de l'Académie des Inscriptions. — Voir Membres titulaires,
n° 904.*

866. — Tamizey de Larroque (Jacques, Philippe), ✱

Élu, le 24 décembre 1875, correspondant de l'Académie des Inscriptions et Belles-Lettres.

Né à Gontaud (Lot-et-Garonne), le 30 décembre 1828.

Auteur de : Salluste du Bartas, Florimond de Raymond, Histoire de la commune des Hautes-Vignes, Le prieuré de Sainte-Livrade, Le président de Ranconnet, Des récents travaux sur Massillon, Documents sur l'histoire de l'Agenais, L'abbé Boileau, Mazarinades inconnues. — Éditeur de plusieurs ouvrages.

✶ **Nordenskiold.**

*Élu, le 17 janvier 1876, correspondant de l'Académie des Sciences (section de Géographie). — Voir
Associés étrangers, n° 196.*

867. — Spottiswoode (William), O. ✱

Élu, le 27 mars 1876, correspondant de l'Académie des Sciences (section de Géométrie).

Né à Londres, le 11 janvier 1825. — Mort dans la même ville, le 27 juin 1883. — Examinateur à l'Université d'Oxford. Membre de la Société royale.

Auteur de: *Méditationes analyticæ*, La polarisation de la lumière, Voyage en Russie, et de nombreux mémoires sur la physique, les mathématiques, l'astronomie et l'ethnographie, etc.

868. — Borchardt (Carl, Wilhelm).

Élu, le 10 avril 1876, correspondant de l'Académie des Sciences (section de Géométrie).

Né à Berlin, le 22 février 1817. — Mort à Rudersdorf, le 27 juin 1880. — Professeur de mathématiques à l'Université de Berlin. Directeur du Journal des mathématiques pures et appliquées.

Auteur de travaux sur l'algèbre, l'Analyse et la Physique mathématique.

869. — Colladon (Jean, Daniel), O. ✱

Élu, le 8 mai 1876, correspondant de l'Académie des Sciences (section de Mécanique).

Né à Genève, le 15 décembre 1802. — Mort dans la même ville, le 30 juin 1893. — Professeur de mécanique à l'Université de Genève.

Auteur de: Les travaux mécaniques pour le percement du tunnel du Saint-Gothard, Considérations sur les forces motrices hydrauliques aux extrémités du tunnel du Saint-Gothard, et de plusieurs autres mémoires scientifiques.

870. — Saporta (le Marquis Louis, Charles, Joseph, Gaston de), ✱

Élu, le 26 juin 1876, correspondant de l'Académie des Sciences (section de Botanique).

Né à Saint-Zacharie (Var), le 23 juillet 1823. — Mort à Aix, le 28 janvier 1895. — Ancien Officier.

Auteur de : Flore de l'époque quaternaire, Caractère de l'ancienne végétation polaire, Algues, Fougères, Équicétacées, Characées, La végétation du sud-est de la France, Les végétaux fossiles de Meximieux, Plantes fossiles des Arkoses de Brive, Les phanérogames, etc.

---

871. — Allmer (Louis, Christophe, Auguste), ✳

Élu, le 22 décembre 1876, correspondant de l'Académie des Inscriptions et Belles-Lettres.

Né à Paris, le 14 juillet 1814. — Conservateur du Musée archéologique de Lyon.

Auteur de : Inscriptions antiques et du moyen âge de Vienne en Dauphiné; Antiquités du quartier de Trion à Lyon; Les gestes du dieu Auguste, d'après les inscriptions du temple d'Ancyre; Inscriptions antiques du musée de Lyon, etc.

---

872. — Dorn (Johannes, Albrecht, Bernhard).

Élu, le 22 décembre 1876, correspondant de l'Académie des Inscriptions et Belles-Lettres.

Né à Shewerfeld (Saxe-Cobourg), le 11 mars 1805. — Mort à Saint-Pétersbourg, le 30 mai 1881. — Professeur à l'Université de Charkow, puis à l'Institut oriental de Saint-Pétersbourg. Conservateur de la Bibliothèque impériale et Directeur du Musée asiatique.

Auteur de : Observations sur la langue des Afghans, Invasion des vieux Russes dans le Tabaristan, et de plusieurs traductions d'ouvrages orientaux.

---

873. — Poole (Reginald, Stuart).

Élu, le 22 décembre 1876, correspondant de l'Académie des Inscriptions et Belles-Lettres.

Né à Londres, le 27 février 1832. — Mort à Londres, le 10 février 1895. — Conservateur du département des médailles au British Museum. Gouverneur du Collège de l'Université de Londres.

Auteur de : Catalogue des médailles et pièces de monnaies grecques, romaines, orientales et anglaises, 19 vol.; Médailles et pièces de Ptolémée; Médailles et pièces des Shahs de Perse; Monnaies suisses; Les villes d'Égypte, etc.

---

874. — Fabretti (Ariondante), ✳

Élu, le 22 décembre 1876, correspondant de l'Académie des Inscriptions et Belles-Lettres.

Né à Pérouse (États de l'Église), le 1er octobre 1816. — Mort à Turin, le 15 septembre 1894. — Directeur du Musée des antiques, et professeur d'archéologie à l'Université de Turin. Sénateur.

Auteur de : Biographie des capitaines de l'Ombrie, Chronique et histoire de la ville de Pérouse, *Corpus inscriptionum Italicarum antiquioris ævi*, Le musée d'antiquités de Turin, Les fouilles de Carru, La prostitution à Pérouse au xive et au xve siècles, Documents d'histoire pérugienne, etc.

✳ Tissot.

Élu, le 22 décembre 1876, correspondant de l'Académie des Inscriptions. — Voir Membres libres, n° 137.

✳ Port.

Élu, le 22 décembre 1876, correspondant de l'Académie des Inscriptions. — Voir Membres libres, n° 152.

---

875. — Vazquez-Queipo (don Vincente).

Élu, le 22 décembre 1876, correspondant de l'Académie des Inscriptions et Belles-Lettres.

Né à Lusio (Espagne), le 17 février 1804. — Mort à Madrid, le 11 mars 1893. — Procureur fiscal à Cuba. Sénateur d'Espagne.

Auteur de : Cuba, ses ressources, son administration, sa population; Essai sur les systèmes métriques et monétaires des anciens peuples; Tables des logarithmes vulgaires.

876. — Mussafia (Adolf).

Élu, le 22 décembre 1876, correspondant de l'Académie des Inscriptions et Belles-Lettres.

Né à Spalato (Autriche), le 15 février 1834. — Professeur de langue et de littérature romanes à l'Université de Vienne. Conservateur des manuscrits de la Bibliothèque de Vienne.

Auteur de : Histoire de la langue romane, Les anciennes poésies françaises de Saint-Marc de Venise, Les sources du Dolopathos, Les légendes de Marie au moyen âge, La prise de Pampelune, Macaire, etc.

877. — Chaignet (Anthelme, Édouard), O. ✳

Élu, le 23 décembre 1876, correspondant de l'Académie des Sciences morales et politiques (section de Philosophie).

Né à Paris, le 9 décembre 1819. — Professeur de littérature ancienne et Doyen de la Faculté des Lettres de Poitiers. Recteur de l'Académie de Poitiers.

Auteur de : Les principes de la science du beau, De la psychologie de Platon, Les formes du chœur dans la tragédie grecque, Vie de Socrate, Vie et écrits de Platon, Pythagore et la philosophie pythagoricienne, Philosophie de la science du langage, La psychologie d'Aristote, Histoire de la psychologie des Grecs, etc.

878. — Charles (Émile, Auguste), O. ✳

Élu, le 23 décembre 1876, correspondant de l'Académie des Sciences morales et politiques (section de Philosophie).

Né à Valenciennes (Nord), le 13 mars 1831. — Proviseur du lycée de Douai. Professeur au lycée Louis-le-Grand. Recteur des Académies de Clermont, de Montpellier, de Douai et de Lyon.

Auteur de : Lectures de philosophie, Éléments de philosophie, Éléments de métaphysique; Roger Bacon, sa vie et ses doctrines, etc.

879. — Saripolos (Nicolas, Jean).

Élu, le 23 décembre 1876, correspondant de l'Académie des Sciences morales et politiques (section de Législation).

Né à Larnaca (Turquie), le 25 mars 1817. — Mort à Athènes, le 18 décembre 1887. — Professeur de droit à l'Université d'Athènes. Député et avocat.

Auteur de : Traité de droit constitutionnel, Traité de droit international, Traité de législation criminelle, *Pro Græcia*; Le passé, le présent et l'avenir de la Grèce, etc.

Une notice sur sa vie a été lue par M. Gréard, dans la séance de l'Académie des Sciences morales et politiques du 15 décembre 1888.

880. — Caillemer (Exupère), O. ✳

Élu, le 23 décembre 1876, correspondant de l'Académie des Sciences morales et politiques (section de Législation).

Né à Saint-Lô, le 23 novembre 1837. — Professeur aux Facultés de droit de Grenoble et de Lyon. Doyen de la Faculté de Lyon.

Auteur de : Institutions d'Athènes au siècle de Démosthènes, Lettres de change et contrats d'assurance, Le crédit foncier à Athènes, La propriété littéraire à Athènes, Le droit civil dans les provinces anglo-normandes au XIIᵉ siècle, etc.

---

881. — Dameth (Claude, Marie, Henri).

Élu, le 23 décembre 1876, correspondant de l'Académie des Sciences morales et politiques (section d'Économie politique).

Né à Paray-le-Monial (Saône-et-Loire), le 26 septembre 1812. — Mort à Genève, le 1ᵉʳ août 1884. — Professeur au collège Louis-le-Grand, puis à l'Académie de Genève.

Auteur de: Notions de science sociale, La fondation des cités industrielles, Le juste et l'utile, La liberté du titre des matières d'or et d'argent, Introduction à l'étude de l'économie politique, Le socialisme de la chaire, Les banques publiques d'émission, Le mouvement socialiste et l'économie politique, La question sociale, Bases naturelles de l'économie sociale, etc.

✠ d'Arneth.

Élu, le 30 décembre 1876, correspondant de l'Académie des Sciences morales et politiques (section d'Histoire générale et philosophique). — Voir Associés étrangers, nº 194.

---

882. — Gachard (Louis, Prosper).

Élu, le 30 décembre 1876, correspondant de l'Académie des Sciences morales et politiques (section d'Histoire).

Né à Paris, le 12 mars 1800. — Mort à Bruxelles, le 24 décembre 1885. — Archiviste général du royaume de Belgique.

Auteur de: Analectes belgiques, Documents sur la révolution de 1830, Extraits des registres des Consaux de Tournay, Les troubles de Gand sous Charles V, Les bollandistes et leurs travaux, Inventaire des archives du royaume, Don Carlos et Philippe II, La Belgique sous Philippe V, Actes des états généraux des Pays-Bas, Analectes historiques, Les archives du Vatican, La bibliothèque de Madrid et de l'Escurial, etc.

Une notice sur sa vie a été lue par M. Geffroy, dans la séance de l'Académie des Sciences morales et politiques du 9 janvier 1886.

---

883. — Lory (Charles), ✻

Élu, le 12 février 1877, correspondant de l'Académie des Sciences (section de Minéralogie).

Né à Nantes, le 30 juillet 1823. — Mort à Grenoble, le 1ᵉʳ mai 1889. — Professeur de géologie et Doyen de la Faculté des Sciences de Grenoble.

Auteur de: Essai géologique sur les montagnes de la Grande-Chartreuse, Carte géologique du Dauphiné, Carte géologique de la Savoie, Description géologique du Dauphiné, etc.

---

884. — Soulza-Holstein (le Marquis François-de-Borgia, Pierre, Marie, Antoine de).

Élu, le 23 juin 1877, correspondant libre de l'Académie des Beaux-Arts.

Né à Paris, le 20 avril 1838. — Mort à Lisbonne, le 3 février 1879. — Docteur en droit. Gentilhomme de la Chambre du Roi. Vice-Inspecteur de l'Académie des Beaux-Arts de Lisbonne.

Auteur de : L'ancienne école portugaise de peinture, Vie de la reine Maria-Pia, Le comte Ugolino, Catalogue de la galerie des beaux-arts de Lisbonne, L'école de Sagres et les traditions de l'infant don Henri.

885. — Godron (Dominique, Alexandre), O. ✳

Élu, le 2 juillet 1877, correspondant de l'Académie des Sciences (section de Botanique).

Né à Hayange (Moselle), le 25 mars 1807. — Mort à Nancy, le 16 août 1880. — Recteur de l'Académie de Montpellier. Professeur d'histoire naturelle et Doyen de la Faculté des Sciences de Nancy.

Auteur de : Flore de Lorraine, Monographie des rubus, Catalogue des plantes cellulaires de la Meurthe, Flore de France, *Florula juvenalis*, De l'espèce et des races dans les êtres organisés, Les populations lorraines, Géographie botanique de la Lorraine, Zoologie de la Lorraine, Des origines ethnologiques des populations prussiennes.

✳ Cailletet.

Élu, le 17 décembre 1877, correspondant de l'Académie des Sciences (section de Minéralogie). — Voir Membres libres, n° 143.

✳ Ascoli.

Élu, le 28 décembre 1877, correspondant de l'Académie des Inscriptions et Belles-Lettres. — Voir Associés étrangers, n° 188.

886. — Whitney (William, Dwight).

Élu, le 28 décembre 1877, correspondant de l'Académie des Inscriptions et Belles-Lettres.

Né à Northampton (États-Unis), le 9 février 1827. — Mort à New-Haven (Connecticut), le 16 juin 1894. — Professeur de philologie à Yale-College. Bibliothécaire de la Société orientale de Boston.

Auteur de : Le langage, Étude sur le langage, Études orientales et de linguistique, La vie du langage, Grammaire allemande, anglaise, sanscrite et française, et de nombreuses éditions savantes d'ouvrages orientaux.

887. — Olivecrona (Samuel, Rodolphe, Detler, Kanut d').

Élu, le 29 décembre 1877, correspondant de l'Académie des Sciences morales et politiques (section de Morale).

Né à Marssvik (Suède), le 7 octobre 1817. — Professeur de droit à l'Université d'Upsal. Recteur de la même Université. Conseiller à la Cour suprême. Membre de la Diète.

Auteur de : Caractère du délit de vol, De la communauté de biens entre époux, Le droit suédois en matière de faillites, De la peine de mort, Des causes de la récidive, etc.

888. — Worms (Émile), ✳

Élu, le 29 décembre 1877, correspondant de l'Académie des Sciences morales et politiques (section d'Économie politique).

Né à Frisange (Luxembourg), de parents français, le 23 mars 1838. — Professeur de droit à la Faculté de Rennes.

Auteur de : Histoire commerciale de la Ligue hanséatique, Les sociétés par actions et les opérations de bourse,

Théorie et pratique de la circulation monétaire et fiduciaire, Sociétés humaines et privées, L'Allemagne économique, Les écarts législatifs, De la liberté d'association, De la propriété consolidée, Les attentats à l'honneur, etc.

889. — Cialdi (Alexandre).

Élu, le 11 mars 1878, correspondant de l'Académie des Sciences (section de Géographie).

Né à Civita-Vecchia (États de l'Église), le 9 avril 1807. — Mort à Rome, le 22 juin 1882. —
Capitaine de vaisseau. Ministre de la marine du Saint-Siège. Président de l'Académie des Lincei.

Auteur de : Relation de deux voyages exécutés par la marine des États romains, Du navire à vapeur, Traité
pour la construction des ports dans la Méditerranée, Fanaux et signes du littoral et des ports, etc.

890. — Duval-Jouve (Joseph), ✳

Élu, le 25 mars 1878, correspondant de l'Académie des Sciences (section de Botanique).

Né à Boissy-Lambreville (Eure), le 7 août 1810. — Mort à Montpellier, le 25 août 1883. — Professeur de philosophie. Ancien principal du collège de Grasse. Inspecteur d'Académie à Strasbourg
et à Montpellier.

Auteur de : Bélemnites des terrains crétacés inférieurs des environs de Castellane, considérées géologique-
ment et zoologiquement, Traité de logique ou essai sur la théorie de la science, Études sur le pétiole des fougères, Histoire naturelle des esquisetum de France, Instruction morale, Essai à l'usage des écoles normales primaires, Des comparaisons histotaxiques et de leur importance dans l'étude critique des espèces végétales, Étude
anatomique des graminées, Étude histotaxique des Cyperus de France, De quelques juncus à feuilles cloison-
nées, Montpellier pendant la révolution, etc.

✳ Chauveau.

*Élu, le 6 mai 1878, correspondant de l'Académie des Sciences (section de Médecine). — Voir Acadé-
miciens titulaires, n° 951.*

891. — Lecoq de Boisbaudran (Paul, Émile, dit François), ✳

Élu, le 10 juin 1878, correspondant de l'Académie des Sciences (section de Chimie).

Né à Cognac (Charente), le 18 avril 1838.

Auteur de : Spectres lumineux et prismatiques destinés aux recherches de chimie minérale, et de mémoires
insérés dans les comptes rendus de l'Académie des sciences. A découvert le gallium.

892. — Scholander (Frédéric, Guillaume).

Élu, le 20 juillet 1878, correspondant de l'Académie des Beaux-Arts (section d'Architecture).

Né à Stockholm, le 23 juin 1816. — Mort dans la même ville, le 9 mai 1881. — Intendant des
monuments civils. Professeur d'architecture et Secrétaire perpétuel de l'Académie des Beaux-Arts.

Œuvres principales. — Musée de Gustave Wasa, Chapelle de Bernadotte, École polytechnique, Synagogue
de Stockholm, Restauration des châteaux de Stockholm, Calmar et Wadstena, etc.

893. — Wallace (Sir Richard), C. ✳

Élu, le 27 juillet 1878, correspondant libre de l'Académie des Beaux-Arts.

Né à Londres, le 26 juillet 1818. — Mort à Paris, le 20 juillet 1890. — Membre du Parlement
de Grande-Bretagne et d'Irlande.

894. — Gray (Asa).

Élu, le 29 juillet 1878, correspondant de l'Académie des Sciences (section de Botanique).

Né à Utica (États-Unis), le 18 novembre 1810. — Mort à New-York, le 31 janvier 1888. — Professeur d'histoire naturelle à l'Université de Cambridge (États-Unis). Régent de l'Institut smithonien.

Auteur de : Éléments de botanique, Flore de l'Amérique du Nord, *Genera borealia Americana illustrata*, Manuel de botanique pour les États de l'Amérique du Nord ; Botanique de l'expédition d'exploration des États-Unis.

895. — Monteverde (Jules), O. ✳

Élu, le 3 août 1878, correspondant de l'Académie des Beaux-Arts (section de Sculpture).

Né à Bistagno (Piémont), le 8 octobre 1837. — Professeur de sculpture à l'Académie des Beaux-Arts de Rome. Sénateur.

Œuvres principales. — Enfants jouant avec un chat, L'architecture, Enfant chassant un coq, Jenner expérimentant le vaccin sur son fils, Bellini, Thalberg, Franklin, Monument de Victor-Emmanuel.

✳ Antocolsky.

Élu, le 5 août 1878, correspondant de l'Académie des Beaux-Arts (section de Sculpture). — Voir Associés étrangers, n° 181.

896. — Darwin (Charles, Robert).

Élu, le 5 août 1878, correspondant de l'Académie des Sciences (section de Botanique).

Né à Shrewsbury (Angleterre), le 12 février 1809. — Mort à Londres, le 19 avril 1882.

Auteur de : Zoologie du voyage du vaisseau le « Beagle », Journal de recherches pour l'histoire naturelle et la zoologie, Monographie des cirripèdes, De l'origine des espèces par voie de sélection naturelle, De la fécondation des orchidées, De la variation des animaux et des plantes sous l'action de la domestication, La descendance de l'homme et la sélection sexuelle, L'expression de l'émotion chez l'homme et chez les animaux, Les plantes grimpantes, Les plantes insectivores, Effet de la fécondation croisée et de la fécondation directe dans le règne végétal, Les récifs de corail.

897. — Gade (Niels, Wilhelm).

Élu, le 16 novembre 1878, correspondant de l'Académie des Beaux-Arts (section de Composition musicale).

Né à Copenhague, le 22 octobre 1817. — Mort dans la même ville, le 21 décembre 1890. Maître de chapelle du Roi de Danemark.

Auteur de : Symphonies, Ouvertures, Sonates, Romances, Quintettes, Comalo (drame lyrique), les Nibelungen (drame lyrique), Écho d'Ossian, etc.

898. — Révoil (Henry, Antoine), O. ✳

Élu, le 16 novembre 1878, correspondant de l'Académie des Beaux-Arts (section d'Architecture).

Né à Aix (Bouches-du-Rhône), le 12 février 1820. — Architecte diocésain des Bouches-du-Rhône, du Var, de l'Hérault et du Gard.

Œuvres principales. — Restauration du cloître de Montmajour. Petit séminaire et chapelle des carmélites à Aix, Cathédrales de Montpellier et de Marseille. Auteur de : Architecture romane du midi de la France.

899. — Koumanoudis (Stephanos).

Élu, le 27 décembre 1878, correspondant de l'Académie des Inscriptions et Belles-Lettres.

Né à Athènes (Grèce). — Directeur du musée archéologique d'Athènes. Directeur de la revue l'Athenaion.

Auteur de : Les inscriptions funéraires de l'Attique.

900. — Wright (William).

Élu, le 27 décembre 1878, correspondant de l'Académie des Inscriptions et Belles-Lettres.

Né au Bengale (Indes), le 17 janvier 1830.— Mort à Cambridge (Angleterre), le 22 mai 1889. — Professeur d'arabe au collège de l'Université de Londres. Conservateur des manuscrits du British Museum. Professeur d'arabe à l'Université de Cambridge.

Auteur de : Les voyages d'Ibn Jubair, Analectes sur l'histoire et la littérature des Arabes d'Espagne, Grammaire de la langue arabe, Le Kamil-del-Mubarrad, *Contributions à la littérature apocryphe du Nouveau Testament,* Actes apocryphes des apôtres, Catalogue des manuscrits syriaques du *British Museum.*

✵ Whitley Stokes.

Élu, le 27 décembre 1878, correspondant de l'Académie des Inscriptions et Belles-Lettres. — Voir Associés étrangers, n° 187.

901. — Dezeimeris (Reinhold), ✤

Élu, le 27 décembre 1878, correspondant de l'Académie des Inscriptions et Belles-Lettres.

Né à Paris, le 11 avril 1835. — Conservateur de la Bibliothèque et Président de l'Académie de Bordeaux.

Auteur de : La Renaissance des lettres à Bordeaux au xvi° siècle, De l'emplacement de la ville d'Ausone, De l'Ebromaguir de saint Paulin, Sur l'auteur de Querolus, Leçons nouvelles et remarques sur le texte de divers auteurs, etc.

902. — Desjardins (Abel), O. ✤

Élu, le 27 décembre 1878, correspondant de l'Académie des Inscriptions et Belles-Lettres.

Né à Paris, en 1814. — Mort à Douai, le 21 juillet 1886. — Professeur aux Facultés de Dijon, de Caen et de Douai. Doyen de la Faculté des lettres de Douai.

Auteur de : Études sur saint Bernard, Vie de Jeanne d'Arc, L'esclavage dans l'antiquité, L'empereur Julien, Charles IX, Une congrégation générale des Cardinaux en 1595.

903. — Stephan (Jean, Marie, Édouard), ✤

Élu, le 24 février 1879, correspondant de l'Académie des Sciences (section d'Astronomie).

Né à Sainte-Pezenne (Deux-Sèvres), le 31 août 1837.— Professeur d'astronomie à la Faculté des Sciences et Directeur de l'Observatoire de Marseille.

Auteur de mémoires insérés dans les comptes rendus de l'Académie des sciences et les Annales de l'École normale. — A découvert une planète.

II.

904. — Abich (Guillaume, Germain).

Élu, le 7 avril 1879, correspondant de l'Académie des Sciences (section de Minéralogie).

Né à Berlin, le 11 décembre 1806. — Mort à Vienne, le 1er juillet 1886.

A fait de nombreux voyages scientifiques. — Auteur de : Observations géologiques sur le Vésuve et l'Etna, Géologie de la haute Arménie, Les eaux de la mer Caspienne, Recherches paléontologiques sur la Russie d'Asie, Étude géologique des montagnes du Caucase, de l'Arménie et du nord de la Perse, Structure et géologie du Daghestan.

905. — Lawes (Sir John, Bennett).

Élu, le 7 avril 1879, correspondant de l'Académie des Sciences (section d'Économie rurale).

Né à Rothamsted (Angleterre), le 28 décembre 1814.

S'est livré à de nombreuses expériences agricoles, a propagé l'emploi du phosphate de chaux, comme engrais. — Auteur de mémoires insérés dans le Recueil de la Société royale d'agriculture.

906. — Smith (John, Lawrence), ✸

Élu, le 21 avril 1879, correspondant de l'Académie des Sciences (section de Minéralogie).

Né à Charlestown (États-Unis), le 1er décembre 1818. — Mort à Louisville, le 12 octobre 1883. — Naturaliste et minéralogiste.

Auteur de : Méthode pour le dosage des alcalis dans les silicates, Étude des terres qui accompagnent l'oxyde de cérium, Travaux sur les météorites. A découvert cinq gisements d'émeri.

✸ Ferstel.

Élu, le 26 avril 1879, correspondant de l'Académie des Beaux-Arts (section d'Architecture). — Voir Associés étrangers, n° 167.

907. — Adda (le Marquis Gerolamo d').

Élu, le 26 avril 1879, correspondant libre de l'Académie des Beaux-Arts.

Né à Milan, le 19 octobre 1815. — Mort dans la même ville, le 10 septembre 1881. — Archéologue. Collectionneur et érudit.

Auteur de travaux sur les gravures de Léonard de Vinci, sur les dentelles, etc.

908. — Mac Cormick (Cyrus, Hall), O. ✸

Élu, le 5 mai 1879, correspondant de l'Académie des Sciences (section d'Économie rurale).

Né à Rockbridge-County (Virginie), le 15 février 1809. — Mort à Chicago, le 13 mai 1884.

Inventeur d'une machine à moissonner qui a obtenu la grande médaille d'or à l'Exposition universelle de 1878.

909. — Favre (Jean, Alphonse), ✸

Élu, le 12 mai 1879, correspondant de l'Académie des Sciences (section de Minéralogie).

Né à Genève (Suisse), le 30 mars 1815. — Mort dans la même ville, le 11 juillet 1890. — Professeur de géologie à l'Académie de Genève.

Auteur de : Recherches sur les anthracites des Alpes, Le mont Salève, Les terrains liasiques et keupériens de la Savoie, La structure du mont Blanc, Les anciens glaciers du Jura, Carte géologique et description géologique du canton de Genève, Recherches géologiques sur la Savoie, le Piémont et la Suisse autour du mont Blanc, etc.

910. — Oppolzer (le Baron Théodore d'), O. ✳

Élu, le 12 mai 1879, correspondant de l'Académie des Sciences (section d'Astronomie).

Né à Prague, le 26 octobre 1841. — Mort à Vienne, le 26 décembre 1886. — Professeur d'astronomie à l'Université de Vienne.

Auteur de : Sur la détermination des orbites des comètes et des planètes.

911. — Hall (Asaph).

Élu, le 19 mai 1879, correspondant de l'Académie des Sciences (section d'Astronomie).

Né à Goschen (États-Unis), le 15 octobre 1829. — Ouvrier charpentier, puis attaché à l'Observatoire de Washington.

A inséré, dans les publications astronomiques, des calculs d'orbites de petites planètes et de comètes, de nombreuses observations et des mémoires sur la parallaxe solaire, déduites d'observations équatoriales de Mars, et sur la question du milieu résistant.—Auteur d'une des plus remarquables découvertes astronomiques de notre époque, celle des satellites de Mars, faite en 1877, et de divers mémoires sur les transformations, sur les coordonnées dans la méthode des perturbations de Hansen, le mouvement des satellites, le déplacement de l'orbite d'un satellite, et de divers travaux insérés dans les Annales de l'Observatoire de Washington, l'Astronomical Journal, les Monthly Notices et les Astronomiche Nachrichten.

912. — Gylden (Jean, Auguste, Hugo), O. ✳

Élu, le 19 mai 1879, correspondant de l'Académie des Sciences (section d'Astronomie).

Né à Helsingfors (Suède), le 29 mai 1841.—Directeur de l'Observatoire de Stockholm, puis de celui de Gœttingue.

Auteur de: Recherches sur la constitution de l'atmosphère, Théorie des perturbations, Tables des développements numériques à employer dans le calcul des perturbations des comètes, Théorie expliquant la variation de lumière des étoiles variables, etc.

913. — Schiaparelli (Jean, Virginius).

Élu, le 2 juin 1879, correspondant de l'Académie des Sciences (section d'Astronomie).

Né à Savigliano (Piémont), le 5 mars 1835. — Directeur de l'Observatoire de Milan. Sénateur.

Auteur de : Relation entre les comètes et les étoiles filantes, Notes sur la théorie astronomique des étoiles filantes, Les sphères homocentriques d'Eudoxe, de Calliope et d'Aristote, Observations sur la planète Mars, Les étoiles doubles, Les précurseurs de Copernic dans l'antiquité.

914. — Huxley (Thomas, Henri).

Élu, le 2 juin 1879, correspondant de l'Académie des Sciences (section d'Anatomie).

Né à Ealing (Angleterre), le 4 mai 1825. — Mort à Eastbourne, le 27 juin 1895. — Professeur à l'École des Mines et au collège royal des chirurgiens de Londres. Professeur à l'Université d'Édimbourg. Recteur de l'Université d'Aberdeen. Président de la Société royale de Londres.

Auteur de : La place de l'homme dans la nature, Leçons d'anatomie comparée, Méthode et résultats, Darwiniana, Discours sur la biologie et la géologie, Les sciences et les essais sur l'éducation, La science et les traditions hébraïques, La science et les traditions chrétiennes, Leçons de physiologie, Les principes physiques de la vie, Anatomie comparée des animaux vertébrés, Hume, sa vie et ses travaux, L'écrevisse, Physiographie.

---

915. — Stokes (Sir George, Gabriel).

Élu, le 9 juin 1879, correspondant de l'Académie des Sciences (section de Physique générale).

Né à Skreen (Irlande), le 13 août 1819. — Professeur à l'Université de Cambridge et au musée de géologie de Londres. Président de la Société royale. Membre du Parlement pour l'Université de Cambridge.

Auteur d'importants travaux sur la réfrangibilité de la lumière.

---

916. — Donders (François, Cornelius).

Élu, le 9 juin 1879, correspondant de l'Académie des Sciences (section de Médecine).

Né à Tilbourg (Hollande), le 27 mai 1818. — Mort à La Haye, le 24 mars 1889. — Professeur de physiologie, d'histologie et d'opthalmologie à l'Université d'Utrecht.

Auteur de : Recherches micro-chimiques sur le tissu animal; Formes, combinaisons et fonctions du tissu primitif; Études du mouvement des yeux; L'astigmatisme et les verres cylindriques; Les anomalies de la réfraction de l'œil.

---

917. — Lissajous (Jules, Antoine), O. ✳

Élu, le 23 juin 1879, correspondant de l'Académie des Sciences (section de Physique générale).

Né à Versailles, le 4 mars 1822. — Mort à Plombières (Vosges), le 24 juin 1880. — Professeur de physique au lycée Saint-Louis. Recteur des Académies de Chambéry et de Besançon.

Auteur d'importants travaux sur l'acoustique, insérés dans les Annales de physique et de chimie, et dans les comptes rendus de l'Académie des sciences.

---

918. — Dausse (Marie, François, Benjamin), ✳

Élu, le 30 juin 1879, correspondant de l'Académie des Sciences (section de Mécanique).

Né à Grenoble, le 28 janvier 1801. — Mort dans la même ville, le 16 janvier 1890. — Ingénieur en chef des Ponts et Chaussées.

Auteur de : Sur les variations du niveau de la Seine, Sur le halage des bateaux sur les canaux, Essai sur la statistique des principales rivières de France, L'endiguement de l'Isère, La question du Tibre, La question de l'Isère à Grenoble.

---

919. — Schwann (Théodore).

Élu, le 21 juillet 1879, correspondant de l'Académie des Sciences (section de Médecine).

Né à Neuss (Prusse), le 7 décembre 1810. — Mort à Cologne, le 21 janvier 1882. — Professeur de physiologie aux Universités de Louvain et de Liège.

Auteur de : Recherches sur l'analogie de l'accroissement des animaux et des végétaux, Sur la nécessité de l'air pour le développement de l'œuf, Sur la texture des muscles, Sur les parois des vaisseaux capillaires, Sur la nature de la digestion, Sur la génération spontanée, Sur la fermentation et la putréfaction, Anatomie du corps humain.

920. — Palasciano (Ferdinand, Antoine, Léopold).

Élu, le 11 août 1879, correspondant de l'Académie des Sciences (section de Médecine).

Né à Capoue (Deux-Siciles), le 13 juin 1815. — Mort à Naples, le 28 novembre 1891. — Professeur de clinique chirurgicale à l'Université de Naples. Sénateur.

Auteur de : De l'état des artères consécutivement à leur constriction par des ligatures, Le muscle externe de la cuisse, Procédé pour l'extirpation des polypes naso-pharyngiens, Mémoires et observations sur la chirurgie pratique.

921. — Giovanni (l'abbé Vincenzo di).

Élu, le 6 décembre 1879, correspondant de l'Académie des Sciences morales et politiques (section de Philosophie).

Né à Salaparuta (Sicile), le 18 octobre 1832.— Professeur au lycée et au séminaire de Palerme, Professeur de philosophie à l'Université de Palerme.

Auteur de : État actuel des études philosophique en Sicile, Principes de philosophie primitive, Essai sur la philosophie de Miceli, Histoire de la philosophie en Sicile, Sophisme et bon sens, Chroniques siciliennes des xiiie et xive siècles, Philologie et littérature siciliennes, etc.

922. — Dumas (Michel), ✳

Élu, le 31 janvier 1880, correspondant de l'Académie des Beaux-Arts (section de Peinture).

Né à Lyon, le 18 juin 1812. — Mort dans la même ville, le 26 juin 1885. — Peintre.

Œuvres principales. — Séparation de saint Pierre et de saint Paul. Les Saintes Femmes au tombeau. *Mater dolorosa.* Les disciples d'Emmaüs. *Salvator mundi.* Glorification de saint Denis. Tentation de Jésus-Christ. Notre-Dame des Sept Douleurs, etc.

923. — Strohm (Jean).

Élu, le 7 février 1880, correspondant de l'Académie des Beaux-Arts (section d'Architecture).

Né à Saint-Pétersbourg, le 11 février 1823. — Mort dans la même ville, le 11 janvier 1888. — Conseiller d'État actuel. Professeur d'architecture à l'Académie des Beaux-Arts de Saint-Pétersbourg. Membre de l'Académie.

Œuvres principales. — École militaire à Kief. Théâtre à Kief. Hôpital Alexandre à Saint-Pétersbourg. Construction de l'église russe à Paris, d'après les projets de Kouzmine. A construit 27 maisons privées à Kief et à Saint-Pétersbourg.

924. — Chancel (Gustave, Charles, Bonaventure), O. ✳

Élu, le 7 juin 1880, correspondant de l'Académie des Sciences (section de Chimie).

Né à Loriol (Drôme), le 18 janvier 1822. — Mort à Montpellier, le 5 août 1890. — Professeur de chimie et doyen de la Faculté des sciences de Montpellier. Recteur de l'Académie de Montpellier.

Auteur de : Précis d'analyse chimique qualitative et quantitative, Sur le chauffage au gaz des laboratoires de chimie, et de Mémoires insérés dans les comptes rendus de l'Académie des sciences.

925. — Stas (Jean, Servais), ✳

Élu, le 14 juin 1880, correspondant de l'Académie des Sciences (section de Chimie).

Né à Louvain (Belgique), le 20 septembre 1813. — Mort à Bruxelles, le 13 décembre 1891. —

Professeur de chimie à l'École militaire de Bruxelles. Président de la Commission des poids et mesures. Commissaire des monnaies.

Auteur de : Recherches sur le poids atomique du carbone, Recherches médico-légales sur la nicotine, Recherches sur la phloridzine, Mémoire sur les types chimiques, Recherches sur les proportions chimiques, Recherches sur le chlorate et le bromure d'argent.

---

926. — Brioschi (François), C. ✲

Élu, le 6 décembre 1880, correspondant de l'Académie des Sciences (section de Géométrie).

Né à Milan, le 22 décembre 1824. — Professeur à l'Université de Padoue. Secrétaire général du Ministère de l'Instruction publique. Directeur de l'Institut technologique supérieur de Milan. Président de l'Académie dei Lincei. Sénateur.

Auteur de nombreux mémoires insérés dans le Giornale dell' Istituto Lombardo, il Politechnico et les nouvelles Annales de mathématiques.

---

927. — Abria (Jérémie, Joseph, Benoît), O. ✲

Élu, le 13 décembre 1880, correspondant de l'Académie des Sciences (section de Chimie).

Né à Limoges, le 19 mars 1811. — Mort à Bordeaux, le 4 avril 1892. — Professeur de physique et doyen de la Faculté des Sciences de Bordeaux.

Auteur de : L'utilité des hypothèses dans les sciences expérimentales, De la vitesse de la lumière dans les différents milieux, Démonstration des formules de Gauss relatives à l'action de deux aimants, Sur l'identité de la chaleur et de la lumière, Essai d'un exposé de la théorie d'une double réfraction, etc., etc.

✲ Clermont-Ganneau.

Élu, le 24 décembre 1880, correspondant de l'Académie des Inscriptions et Belles-Lettres. — Voir Membres titulaires, n° 981.

---

928. — De la Rue (Warren), C. ✲

Élu, le 27 décembre 1880, correspondant de l'Académie des Sciences (section d'Astronomie).

Né à Saint-Pierre (Guernesey), le 18 janvier 1815. — Mort à Londres, le 19 avril 1889. — Fabricant de papiers, physicien et astronome.

Auteur de : Recherches sur la physique du soleil, et de nombreux mémoires insérés dans les Recueils de diverses sociétés savantes.

---

929. — Sella (Quintino).

Élu, le 27 décembre 1880, correspondant de l'Académie des Sciences (section de Minéralogie).

Né à Mosso (Piémont), le 7 juillet 1827. — Mort à Biella, le 14 mars 1884. — Professeur de géométrie à l'Institut technique et à l'Université de Turin. Secrétaire général du Ministère de l'Instruction publique. Député. Ministre des finances.

Auteur de : La constitution géologique et les industries du pays de Bielle, Leçons de cristallographie, Condition de l'industrie des mines en Sardaigne.

930. — Gould (Benjamin, Apthorp).

Élu, le 3 janvier 1881, correspondant de l'Académie des Sciences (section d'Astronomie).

Né à Boston (États-Unis), le 27 septembre 1824. — Directeur de l'Observatoire à Albany, puis à Cordova.

Auteur de : Recherches sur l'orbite de la comète V, Découverte de la planète Neptune, Observations de l'expédition astronomique au Chili pour la détermination de la parallaxe solaire, Sur la longitude transatlantique, Statistique anthropologique de l'armée américaine.

931. — Heer (Oswald).

Élu, le 24 janvier 1881, correspondant de l'Académie des Sciences (section de Botanique).

Né à Niederutzwyl (Suisse), le 31 août 1839. — Mort à Lausanne, le 27 septembre 1883. — Naturaliste. Docteur en philosophie et en médecine. Professeur de botanique à l'Université et au Polytechnicon de Zurich.

Auteur de : Recherches sur le climat et la végétation du pays tertiaire, le Monde primitif de la Suisse, Contributions à la flore fossile du Portugal, les Coléoptères de la Suisse, Faune entomologique des formations tertiaires en Croatie, Flore tertiaire helvétique, Flore houillère de la Saxe, Flore miocène de la Baltique, Essai sur la flore crétacée, *Flora fossilis arctica*, La flore nivéale de la Suisse, Le climat et la végétation du pays tertiaire.

932. — Clos (Dominique), ✻

Élu, le 31 janvier 1881, correspondant de l'Académie des Sciences (section de Botanique).

Né à Sorèze (Tarn), le 25 mai 1821. — Docteur en médecine et ès sciences. Professeur de botanique à la Faculté des Sciences et Directeur du Jardin des Plantes de Toulouse.

Auteur de : Ébauche de la rhizotaxie ou de la disposition symétrique des radicelles sur la souche, Du collet dans les plantes, De la ramification des éléagnées, De l'élément prélimbaire dans la constitution morphologique de la feuille, La feuille florale et l'anthère, Étude des fluides des végétaux, Les graines au point de vue agricole, La botanique, ce qu'elle est, ce qu'elle devrait être.

✻ Alma Tadema.

Élu, le 26 février 1881, correspondant de l'Académie des Beaux-Arts (section de Peinture). — Voir Associés étrangers, n° 189.

933. — Carapanos (Constantin).

Élu, le 26 février 1881, correspondant libre de l'Académie des Beaux-Arts.

Né à Arta (Grèce), le 13 mars 1840. — Secrétaire d'ambassade: Député au parlement hellénique.

Auteur de : Dodone et ses ruines. A fait des fouilles importantes en Épire et a découvert les ruines de Dodone.

934. — Gasparin (Paul-Joseph de), ✻.

Élu, le 9 mai 1881, correspondant de l'Académie des Sciences (section d'Économie rurale).

Né à Orange (Vaucluse), le 13 février 1812. — Mort dans la même ville, le 8 mai 1893. — Ingénieur en chef des Ponts et Chaussées. Député des Bouches-du-Rhône.

Auteur de : Traité de la détermination des terres arables dans le laboratoire.

935. — Liszt (Franz), C. ✳

Élu, le 17 mai 1881, corespondant de l'Académie des Beaux-Arts (section de Composition musicale).

Né à Raiding (Hongrie), le 22 octobre 1811. — Mort à Bayreuth (Bavière), le 31 juillet 1886. — Pianiste et compositeur. Maître de chapelle et chambellan du grand-duc de Saxe-Weimar.

Œuvres principales. — Don Sanche ou le Château des amours (op.). Poèmes symphoniques. Faust. La Divine comédie. Messes solennelles, etc.

936. — Franel (Jean, Étienne, Henri, Aimé).

Élu, le 12 novembre 1881, correspondant de l'Académie des Beaux-Arts (section d'Architecture).

Né à Vevey (Suisse), le 24 mars 1824. — Mort à Genève, le 29 décembre 1885. — Architecte. Président de la Société des architectes suisses.

A construit la gare du chemin de fer de l'Ouest suisse, le grand hôtel de Vevey, l'hôtel Beaurivage, l'école de la Sure, l'école d'horlogerie à Genève, le monument du duc de Brunswick, etc.

937. — Bourgerel (Gustave, Alexandre).

Élu, le 12 novembre 1881, correspondant de l'Académie des Beaux-Arts (section d'Architecture).

Né à Rennes, le 17 septembre 1813. — Mort à Nantes, le 28 octobre 1882. — Architecte.

Œuvres principales. — Monument commémoratif du combat de Saint-Cast (Côtes-du-Nord). Hôtel de la préfecture, Musée d'histoire naturelle, Caisse d'épargne et église Sainte-Claire, à Nantes. Hôtels des sous-préfectures d'Ancenis et de Paimbœuf. Églises de Couéron et Vue (Loire-Inférieure). Chapelle de Bonne-Garde.

Ouvrages. — Fragments d'architecture et de sculpture.

938. — Massarani (Tullo), C. ✳

Élu, le 12 novembre 1881, correspondant libre de l'Académie des Beaux-Arts.

Né à Mantoue (Vénétie), le 4 février 1826. — Membre du Parlement italien. Député, puis sénateur du royaume d'Italie. Membre de l'Institut Lombard. Peintre et écrivain.

Auteur de : L'art et les artistes français en 1878, Quelques mots sur la défense de Venise, les Arts à Munich et à Nuremberg, Études de littérature et d'art, Études de politique et d'histoire, L'art à Paris, Théorie des arts au XIXe siècle, Le livre de Jade, Poèmes, Essais critiques, Charles Teuca et l'esprit de son temps, Délassements et veillées, César Correnti, sa vie et ses œuvres, L'odyssée de la femme, Ce qu'en pensait le docteur Lorenzi : confidences posthumes d'un honnête bourgeois.

Tableaux: Les Thermes d'Alexandrie. L'enfance en Grèce. Vie orientale. Message d'amour. Châtelaine et vassale. L'esclavage aux colonies.

939. — Boehtlingk (Otto).

Élu, le 30 décembre 1881, correspondant de l'Académie des Inscriptions et Belles-Lettres.

Né à Saint-Pétersbourg, le 30 mai 1815. — Conseiller d'État.

Auteur de : Huit livres de règles grammaticales, L'accent en langue sanscrite, Chrestomathie sanscrite, Dictionnaire de la langue sanscrite, La langue des Yakutes, Sentences indiennes.

940. — Sarzec (Gustave, Charles, Ernest Chocquin de), ✳

Élu, le 3o décembre 1881, correspondant de l'Académie des Inscriptions et Belles-Lettres.

Né à Sarzec (Vienne), le 11 août 1836. — Vice-consul à Massouah et à Bassora. Consul à Bagdad.

Auteur de: Découvertes en Chaldée, Un palais chaldéen, Le roi Dounghi à Tello, Les origines orientales de l'art, etc.

941. — Bugge (Elseus, Sophus).

Élu, le 3o décembre 1881, correspondant de l'Académie des Inscriptions et Belles-Lettres.

Né à Laurvig (Norvège), le 5 janvier 1833. — Professeur de philologie comparée à l'Université de Christiania.

Auteur de: Anciens chants populaires de la Norvège, Écrits norvégiens sur la Saga d'Inhold, Études sur l'ancienne Italie, Études sur l'origine des Sagas héroïques et mythologiques en Norvège, etc.

942. — Ducrocq (Théophile, Gabriel, Auguste), ✳

Élu, le 31 décembre 1881, correspondant de l'Académie des Sciences morales et politiques (section de Législation).

Né à Lille, le 24 août 1829. — Doyen de la Faculté de droit de Poitiers. Professeur à la Faculté de droit de Paris.

Auteur de: Cours de droit administratif, Traité des édifices publics, Études sur la loi municipale de 1884, Études de droit public, Études d'histoire financière et monétaire.

943. — Unger (Josef).

Élu, le 31 décembre 1881, correspondant de l'Académie des Sciences morales et politiques (section de Législation).

Né à Vienne (Autriche), le 2 juillet 1828. — Professeur aux Universités de Prague et de Vienne. Conseiller privé. Membre de la Chambre des seigneurs. Ministre sans portefeuille.

Auteur de: Système du droit privé autrichien, Situation juridique des détenteurs de lettres de change, Solution de la question hongroise, Le droit de succession autrichien, Système de droit autrichien, Recueil des arrêts civils de la cour suprême de Vienne.

✳ Maine.

Élu, le 31 décembre 1881, correspondant de l'Académie des Sciences morales et politiques (section de Législation). — Voir Associés étrangers, n° 172.

944. — Franck (Joseph).

Élu, le 29 avril 1882, correspondant de l'Académie des Beaux-Arts (section de Gravure).

Né à Bruxelles, le 26 juin 1825. — Mort à Saint-Josse-ten-Noode, le 13 janvier 1883. — Graveur.

Œuvres principales. — Une leçon de chant. Descente de croix. Paul et Virginie. La première culotte. Le Christ sur les genoux de sa mère (Van Dyck). Le berceau du guerrier. Le prisonnier (Gérôme), etc.

945. — Marionneau (Claude, Charles).

Élu, le 29 avril 1882, correspondant libre de l'Académie des Beaux-Arts.

Né à Bordeaux, le 18 août 1823. — Peintre et écrivain d'art.

Œuvres principales. — Les faucheurs de la Salmonière. Étang de Lacanau. Les lavandières du château Thibaud. L'abreuvoir de la Turmelière. Le pâtis de la Roberdière. — Auteur de : Description de l'église Saint-André, Bracassat et son œuvre, Le théâtre de Bordeaux, Les salons bordelais au xviiie siècle, Les ruines du château de Montaigne, etc.

946. — Demontzey (Gabriel, Louis, Prosper), O. ✳

Élu, le 22 mai 1882, correspondant de l'Académie des Sciences (section d'Économie rurale).

Né à Saint-Dié (Vosges), le 21 septembre 1831. — Inspecteur général des forêts.

A exécuté des travaux considérables de reboisement et d'extinction des torrents en Algérie, dans les Basses-Alpes, dans les départements de Vaucluse et des Bouches-du-Rhône. — Auteur d'un Traité pratique du reboisement et du gazonnement des montagnes.

947. — Jourdan (Alfred, Pierre, Bernard), ✳

Élu, le 27 mai 1882, correspondant de l'Académie des Sciences morales et politiques (section d'Économie politique).

Né à Fréjus (Var), le 19 juin 1823. — Mort à Eiclans (Var), le 16 août 1891. — Professeur de droit romain à la Faculté d'Aix. Professeur d'économie politique à la Faculté de Marseille.

Auteur de : Le droit français, ses règles fondamentales, ses rapports avec les principes de la morale, avec l'économie politique et avec l'utilité générale ; Études de droit romain, L'hypothèque, Cours analytique d'économie politique, Épargne et capital ou du meilleur emploi de la richesse, Exposé des principes fondamentaux de l'économie politique, Des rapports entre le droit et l'économie politique, Du rôle de l'État dans l'ordre économique.

Une notice sur sa vie a été lue par M. Aucoc, dans la séance de l'Académie des Sciences morales et politiques du 30 janvier 1892.

948. — Lallemand (Étienne, Alexandre), ✳

Élu, le 26 juin 1882, correspondant de l'Académie des Sciences (section de Physique générale).

Né à Toulouse, le 25 décembre 1816. — Mort à Poitiers, le 16 mars 1886. — Professeur à la Faculté des sciences de Montpellier. Doyen de la Faculté des Sciences de Poitiers.

Auteur de : Des actions électro-dynamiques produites par induction, De l'essence de thym, dite thymol, De l'illumination des corps transparents, etc.

949. — Geefs (Joseph, Germain).

Élu, le 25 novembre 1882, correspondant de l'Académie des Beaux-Arts (section de Sculpture).

Né à Anvers (Belgique), le 25 décembre 1808. — Mort dans la même ville, le 9 octobre 1885. — Sculpteur. Professeur à l'Académie royale d'Anvers.

Œuvres principales. — Le diable. Adonis partant pour la chasse. Beaudoin de Constantinople. Léopold Ier. André Vésale. Godefroi de Bouillon. Roland de Lassus. Adolphe de Nassau. La sainte famille.

950. — Zumbusch (le Chevalier Kaspar de).

Élu, le 25 novembre 1882, correspondant de l'Académie des Beaux-Arts (section de Sculpture).

Né à Herzebrock (Westphalie), le 23 novembre 1830. — Sculpteur et professeur à l'Académie royale des arts à Vienne.

Œuvres principales. — Monument du roi Maximilien II à Munich. Monument de *la Paix* à Augsbourg. Monument de Beethoven à Vienne. Monument de Marie-Thérèse à Vienne. Monument de Radetsky à Vienne.

951. — Haehnel (Ernest, Jules).

Élu, le 25 novembre 1882, correspondant de l'Académie des Beaux-Arts (section de Sculpture).

Né à Dresde, le 9 mars 1811. — Mort à Dresde, en 1894. — Professeur de sculpture à l'Académie des Beaux-Arts de Dresde.

Œuvres principales. — Bas-relief du théâtre de Dresde. Beethoven. Charles VI. Weber. Cornelius. Les quatre évangélistes. Les rois mages. Schwartzenberg. Leibnitz, etc.

952. — Jacoby (Louis).

Élu, le 25 novembre 1882, correspondant de l'Académie des Beaux-Arts (section de Gravure).

Né à Havelberg (Prusse), le 7 juin 1828. — Professeur de gravure à l'Académie des Beaux-Arts de Vienne. Administrateur de l'imprimerie impériale de Berlin.

Œuvres principales. — La bataille des Huns (Kaulbach). La tour de Babel (id.). La destruction de Jérusalem (id.). Lady Macbeth. L'école d'Athènes (Raphaël). L'empereur et l'impératrice d'Autriche, Cornelius, etc.

953. — Roth (Rudolf).

Élu, le 22 décembre 1882, correspondant de l'Académie des Inscriptions et Belles-Lettres.

Né à Stuttgart, le 3 avril 1821. — Mort à Tubingue, le 23 juin 1895. — Professeur de langues orientales et bibliothécaire en chef de l'Université de Tubingue.

Auteur de: Grand dictionnaire sanscrit, Essai sur la littérature et l'histoire du Véda, Idée de la destinée dans les sentences indiennes, Documents pour servir à l'histoire de l'université de Tubingue, etc.

954. — Robiou de la Tréhonnais (Félix, Marie, Louis, Jean).

Élu, le 29 décembre 1882, correspondant de l'Académie des Inscriptions et Belles-Lettres.

Né à Rennes, le 10 octobre 1818. — Mort dans la même ville, le 30 janvier 1894. — Professeur aux Lycées de Pontivy et de Laval. Professeur suppléant aux Facultés des Lettres de Strasbourg et de Nancy. Professeur de littérature grecque à la Faculté de Rennes.

Auteur de : Histoire ancienne des peuples d'Orient, Campagne de Vulso contre les Galates, Histoire des Gaulois d'Orient, Chefs-d'œuvre de l'art antique, Itinéraire des Dix-mille, Les classes populaires au moyen âge, Les populations rurales en France, L'économie politique de l'Égypte des Lagides, Questions homériques, Institutions de la Grèce antique, Institutions de l'ancienne Rome, etc.

955. — Bladé (Jean, François).

Élu, le 29 décembre 1882, correspondant de l'Académie des Inscriptions et Belles-Lettres.

Né à Lectoure (Gers), le 15 novembre 1827. — Ancien magistrat.

Auteur de: Coutumes municipales du département du Gers, Les chants héroïques des Basques, Contes et proverbes de l'Armagnac, L'origine des Basques, Contes populaires de l'Agenais, La vallée d'Andorre, Géographie 'uive, albigeoise et calviniste de la Gascogne, etc.

956. — Merlet (Lucien, Victor, Claude), ✻

Élu, le 29 décembre 1882, correspondant de l'Académie des Inscriptions et Belles-Lettres.

Né à Vannes, le 4 juin 1827. — Archiviste du département d'Eure-et-Loir.

Auteur de : Histoire des relations des Hurons du Canada avec Notre-Dame de Chartres, Robert de Gallardon, Dictionnaire topographique d'Eure-et-Loir, Cartulaire de l'abbaye de Notre-Dame-des-Vaux-de-Cernay, Cartulaire du chapitre de Notre-Dame de Chartres, Histoire de l'abbaye de Notre-Dame de Coulomb, Analyse des archives de Dreux, De l'instruction primaire avant 1789, etc.

957. — Fraikin (Charles-Auguste), ✺

Élu, le 24 février 1883, correspondant de l'Académie des Beaux-Arts (section de Sculpture).

Né à Herenthals (Belgique), le 14 juin 1817. — Mort à Schaerbeek, le 22 novembre 1893. — Sculpteur.

Œuvres principales. — Vénus à la colombe. Baigneuse surprise. Saint Paul. Les Muses. Apollon. L'Amour captif (m. de Bruxelles). L'Innocence. Berceau de l'Amour. Le piège. Le sommeil. Vénus Anadyomède (Palais-Royal). Cupidon. Fée des bois. Fée des eaux. Le triomphe de Bacchus. Amphitrite. La paix. Christ en croix. L'artiste.

958. — Limnander de Nieuwenhove (le Baron Armand, Marie, Guislain de), ✺

Élu, le 3 mars 1883, correspondant de l'Académie des Beaux-Arts (section de Composition musicale).

Né à Gand (Belgique), le 22 mai 1814. — Mort à Moignonville (Seine-et-Oise), le 14 août 1892.

Œuvres principales. — Les Monténégrins (op.-c.). Le château de Barbe-Bleue (op.-c.). Les Druides (op.). Maximilien ou le maître chanteur (op.). Yvonne (drame lyrique). La fin des moissons (symphonie). Messes. Stabat. Sonates. Quatuors, etc.

959. — Girardet (Paul), ✺

Élu, le 3 mars 1883, correspondant de l'Académie des Beaux-Arts (section de Gravure).

Né à Neuchâtel (Suisse), le 8 mars 1821. — Mort à Paris, le 26 février 1893. — Graveur.

Œuvres principales. — Gauthier de Châtillon défendant Zurich. Combat d'Héliopolis. Bataille de l'Isly. Bataille de Rivoli. Washington traversant le Delaware. La première messe en Kabylie (H. Vernet). Marie-Antoinette au tribunal révolutionnaire (P. Delaroche). Le colloque de Poissy. Une noce en Alsace. Le saltimbanque. L'appel des condamnés (Muller). L'Armada devant Plymouth. Le retour de la fête, etc.

960. — Ferri (Luigi).

Élu, le 12 mai 1883, correspondant de l'Académie des Sciences morales et politiques (section de Philosophie).

Né à Bologne (États de l'Église), le 15 juin 1826. — Mort à Rome, le 17 mars 1895. — Professeur de philosophie aux collèges de Châlons, d'Evreux, de Dieppe, de Blois et de Toulon. Inspecteur des Écoles secondaires du Piémont. Professeur à l'Institut supérieur de Florence. Doyen de la Faculté des Lettres de Rome.

Auteur de : Discours sur les rapports de la philosophie avec la liberté et avec la civilisation, Léonard de Vinci et la philosophie des arts, Le sens commun dans la philosophie, Sur la doctrine psychologique de l'association, L'enseignement supérieur en France, en Belgique et en Italie ; Essai sur l'histoire de la philosophie en Italie, La psychologie de l'association depuis Hobbes jusqu'à nos jours. — Directeur de la Revue : *Philosophie de la nouvelle école italienne.*

961. — Grad (Charles).

Élu, le 12 mai 1883, correspondant de l'Académie des Sciences morales et politiques (section d'Économie politique).

Né à Turckheim (Bas-Rhin), le 8 décembre 1842. — Mort à Logelbach, le 2 juillet 1890. — Manufacturier. Membre du Parlement allemand.

. Auteur de : Le foyer alsacien, L'Australie intérieure, La mission allemande au Soudan ; L'Alsace, sa situation et ses ressources ; Les chemins de fer d'Alsace-Lorraine ; Le peuple allemand, ses forces et ses ressources ; l'Alsace, le pays et ses habitants.

Une notice sur sa vie a été lue par M. Glasson, dans la séance de l'Académie des Sciences morales et politiques du 23 janvier 1892.

962. — Waitz (Georges).

Élu, le 26 mai 1883, correspondant de l'Académie des Sciences morales et politiques (section d'Histoire).

Né à Flensborg (Danemark), le 9 octobre 1813. — Mort à Berlin, le 25 mai 1886. — Professeur aux Universités de Kiel et de Gœttingue. Député.

Auteur de : Histoire de la constitution allemande, Histoire du Schleswig et du Holstein, Lubeck sous Wullenewer, La vie et la doctrine d'Ulfilas, L'ancien droit des Francs Saliens, Les empereurs allemands de Charles le Grand à Maximilien, etc. Éditeur des *Monumenta Germaniæ historia.*

Une notice sur sa vie a été lue par M. Zeller, dans la séance de l'Académie des Sciences morales et politiques du 22 décembre 1886.

963. — Belot (Émile, Joseph).

Élu, le 26 mai 1883, correspondant de l'Académie des Sciences morales et politiques (section d'Histoire).

Né à Montoire (Loir-et-Cher), le 24 septembre 1829. — Mort à Lyon, le 30 septembre 1886. — Professeur aux collèges de Blois, d'Orléans, de Vendôme, de Strasbourg et de Versailles. Professeur d'histoire à la Faculté des Lettres de Lyon.

Auteur de : Histoire des chevaliers romains.

Une notice sur sa vie a été lue par M. Geffroy, dans la séance de l'Académie des Sciences morales et politiques du 7 mai 1888.

964. — Flint (Robert).

Élu, le 30 juin 1883, correspondant de l'Académie des Sciences morales et politiques (section de Philosophie).

Né à Applegart (Écosse), le 14 mars 1838. — Professeur de morale à l'Université de Saint-André. Professeur de théologie à l'Université d'Édimbourg.

Auteur de : La philosophie de l'histoire en France, La philosophie de l'histoire en Allemagne, Le théisme, Les théories antithéistes, Les œuvres et les souvenirs de Vico, Histoire de la philosophie de l'histoire.

965. — Secrétan (Charles, Gabriel, Rodolphe), ✳

Élu, le 30 juin 1883, correspondant de l'Académie des Sciences morales et politiques (section de Philosophie).

Né à Lausanne (Suisse), le 19 janvier 1815. — Mort dans la même ville, le 21 janvier 1895. — Professeur de philosophie, puis de droit naturel à l'Université de Lausanne.

Auteur de : La philosophie de Leibnitz, L'âme et le corps, La philosophie de la liberté, Recherches de la méthode, Raison et Christianisme, Précis de philosophie, Le principe de la morale, Le droit de la femme, La civilisation et la croyance, Études sociales, Les droits de l'humanité, Mon utopie, etc.

966. — Gilbert (Joseph, Henry).

Élu, le 9 juillet 1883, correspondant de l'Académie des Sciences (section d'Économie rurale).

Né à Hull (Angleterre), le 1ᵉʳ août 1817. — Directeur du laboratoire de chimie de Rothamsted. Membre de la Société chimique et de la Société royale de Londres.

Auteur de nombreux travaux insérés dans les comptes rendus de la Société royale.

---

967. — Tautenhayn (Joseph).

Élu, le 15 décembre 1883, correspondant de l'Académie des Beaux-Arts (section de Gravure).

Né à Vienne (Autriche), le 5 mai 1837. — Premier Médailliste de la Monnaie de Vienne. Premier Graveur de l'Empereur. Professeur à l'Académie des Beaux-Arts de Vienne.

Œuvres principales. — Couronnement de François-Joseph. Le prince de Schwarzenberg. L'amiral Teghetoff. Le cardinal de Furstenberg. Mariage du prince Rodolphe. Noces d'argent de l'Empereur. Délivrance de Vienne par Sobieski. Maximilien empereur du Mexique. Combat des Lapithes et des Centaures. Statues d'Auguste, d'Alexandre, de Solon et de Lycurgue, etc.

---

968. — Cuypers (Pierre, Joseph, Hubert).

Élu, le 15 décembre 1883, correspondant de l'Académie des Beaux-Arts (section d'Architecture).

Né à Roermonde (Pays-Bas), le 16 mai 1827. — Architecte.

Œuvres principales. — Église de Wyck à Maëstricht. Église d'Eindhoven. Église de Bréda. Restauration de la cathédrale de Roermonde, de l'église de Rotterdam, de la cathédrale de Mayence, etc.

---

969. — Civiletti (Benedetto), ✳

Élu, le 15 décembre 1883, correspondant de l'Académie des Beaux-Arts (section de Sculpture).

Né à Palerme, le 1ᵉʳ octobre 1846. — Professeur à l'Académie de Bologne. Professeur à l'Académie des Beaux-Arts de Palerme.

Œuvres principales. — Kanaris à Chio. La jeunesse de Jules César. Le Christ à Jérusalem. La garde meurt mais ne se rend pas. Christ mort. Dante jeune. Archimède. Dogali. Statue équestre de Victor-Emmanuel, à Palerme.

---

970. — Dozon (Louis, Auguste, Henri), ✳

Élu, le 28 décembre 1883, correspondant de l'Académie des Inscriptions et Belles-Lettres.

Né à Châlons-sur-Marne, le 2 février 1822. — Mort à Versailles, le 31 décembre 1890. — Chancelier à Belgrade. Vice-Consul à Mostar et à Janina. Consul à Larnaca et à Salonique.

Auteur de : Les poésies populaires serbes, Les chants populaires bulgares, Manuel de la langue albanaise, Contes albanais, etc.

✳ La Borderie.

Élu, le 28 décembre 1883, correspondant de l'Académie des Inscriptions et Belles-Lettres. — Voir Membres libres, nᵒ 155.

---

971. — Gozzadini (Giovanni), O. ✳

Élu, le 28 décembre 1883, correspondant de l'Académie des Inscriptions et Belles-Lettres.

Né à Bologne (États de l'Église), le 15 octobre 1810. — Mort dans la même ville, le 25 août 1887. — Fondateur et Directeur du Musée archéologique de Bologne. Sénateur du royaume d'Italie.

Auteur de divers mémoires sur l'archéologie.

972. — Phillimore (Sir Robert, Joseph).

Élu, le 9 février 1884, correspondant de l'Académie des Sciences morales et politiques (section de Législation).

Né à Londres, le 5 novembre 1809. — Mort dans la même ville, le 4 février 1885. — Avocat. Conseil de la Reine. Membre du Parlement. Juge de la Cour d'amirauté, puis de la Cour suprême de justice. Membre du Conseil privé.

Auteur de : Réflexions sur le divorce, Du droit international maritime, la Russie et la Turquie, Droit ecclésiastique de l'Église anglicane, etc.

973. — Fawcett (Henry).

Élu, le 10 mai 1884, correspondant de l'Académie des Sciences morales et politiques (section d'Économie politique).

Né à Salisbury (Angleterre), en 1833. — Mort à Cambridge, le 6 novembre 1884. — Devenu, quoique frappé de cécité, Professeur d'économie politique à l'Université de Cambridge, Membre du Parlement, Maître général des postes et Membre du Conseil privé.

Auteur de : Manuel d'économie politique, Situation économique des laboureurs anglais, le Paupérisme, ses causes et ses remèdes, Essais et conférences sur des sujets d'économie politique et sociale, Discours sur les questions politiques du jour, etc.

974. — Duphot (Théodore, Michel, Jules, Henri).

Élu, le 22 mai 1884, correspondant de l'Académie des Beaux-Arts (section d'Architecture).

Né à Bordeaux, le 1er avril 1810. — Mort dans la même ville, le 23 novembre 1889. — Architecte.

Œuvres principales. — Caisse d'épargne de Bordeaux, Châteaux de Grenade, à Sainte-Salves, et de Virelade. Restauration des châteaux de Beychevelle, La Chesnaye-Latour, Lagrange et Certas. Hôtels de Curzay et Clossmann. Églises de Caudéran, de Portets, de Virelade et de Langon.

975. — Salmon (le Révérend George).

Élu, le 23 juin 1884, correspondant de l'Académie des Sciences (section de Géométrie).

Né à Dublin, le 25 septembre 1819. — Professeur de théologie à l'Université de Dublin.

Auteur de : Leçons d'algèbre supérieure, Traité de géométrie analytique, Traité de géométrie analytique à trois dimensions, Éléments de géométrie analytique, Traité de géométrie analytique (courbes, planes), L'algèbre supérieure moderne, Introduction au Nouveau Testament, etc.

976. — Hall (James).

Élu, le 15 juillet 1884, correspondant de l'Académie des Sciences (section de Minéralogie).

Né à Hingham (États-Unis), le 12 septembre 1811. — Directeur du Musée d'histoire naturelle de l'État du Wisconsin, à Albany.

Auteur de : Paléontologie de l'État de New-York, Géologie de l'État d'Iowa, etc.

977. — Corvo de Camoëns (Joao de Andrade), G. C., ✳

Élu, le 28 juillet 1884, correspondant de l'Académie des Sciences (section d'Économie rurale).

Né à Torres Novas (Portugal), le 30 janvier 1824. — Mort à Lisbonne, le 15 février 1890. — Professeur à l'École Polytechnique et à l'Institut agricole. Ministre plénipotentiaire en Espagne et en France. Ministre des Affaires étrangères.

Auteur de : Dona Maria Telles (drame), Um conto ao Seraó (comédie), O astrologo (drame), Un anno a corte (roman), Mémoire sur les vins de Madère, Rapport sur l'agriculture à l'exposition universelle de Paris, etc.

978. — Blancard (Louis), ✻

Élu, le 22 septembre 1884, correspondant de l'Académie des Inscriptions et Belles-Lettres.

Né à Marseille, le 22 septembre 1831. — Archiviste du département des Bouches-du-Rhône.

Auteur de : Iconographie des sceaux et bulles conservés dans la partie antérieure à 1790 des archives départementales des Bouches-du-Rhône, Des monnaies frappées en Sicile au xiii° siècle par les suzerains de Provence, Le besant d'or sarrazinas pendant les croisades, Étude comparée sur les monnaies d'or arabes et d'imitation arabe, frappées en Égypte et en Syrie aux xii° et xiii° siècles, suivi de la table des poids de 300 dinars fathimites dressée par H. Sauvaire ; Documents inédits sur le commerce de Marseille au moyen âge, édités intégralement ou analysés ; Essai sur les monnaies de Charles I°, comte de Provence, Sur les notations pondérables des patères d'Avignon et de Bernay et la livre romaine, Inventaire des archives départementales postérieures à 1789, Documents de la période révolutionnaire.

979. — Nadaillac (le Marquis Jean, François, Albert du Pouget de), ✻

Élu, le 26 décembre 1884, correspondant de l'Académie des Inscriptions et Belles-Lettres.

Né à Paris, le 16 juillet 1818. — Préfet des Basses-Pyrénées et d'Indre-et-Loire.

Auteur de : L'ancienneté de l'homme, Le premier homme et les temps préhistoriques, L'Amérique préhistorique, L'homme tertiaire, La période glaciaire, Les anciennes populations de la Colombie, Mœurs et monuments des peuples préhistoriques, La science et la politique, Le mouvement démocratique en Angleterre, etc.

980. — Israëls (Jozef), O. ✻

Élu, le 3 janvier 1885, correspondant de l'Académie des Beaux-Arts (section de Peinture).

Né à Groningue (Pays-Bas), le 27 janvier 1824. — Peintre.

Œuvres principales.— La maison tranquille. Les naufragés. Le berceau. Un orphelinat. Le vrai soutien. Les enfants de la mer. Les dormeuses. Préparatifs pour l'avenir. Intérieur d'un village. Les bons camarades. Seul au monde. L'anniversaire. Le dîner des savetiers. Les pauvres du village. Dialogue silencieux. La lutte pour l'existence. Quand on devient vieux. La petite garde-malade, etc.

981. — Comparetti (Dominique).

Élu, le 9 janvier 1885, correspondant de l'Académie des Inscriptions et Belles-Lettres.

Né à Rome, le 27 juin 1835. — Professeur de langue et littérature grecques, à l'Université de Pise. Professeur à l'Institut des hautes études de Florence.

Auteur de divers travaux de philologie et d'archéologie, et notamment du Musée italien d'antiquités classiques.

982. — Prestwich (Joseph).

Élu, le 26 janvier 1885, correspondant de l'Académie des Sciences (section de Minéralogie).

Né à Pensbury (Angleterre), le 12 mars 1812. — Professeur de géologie à l'Université d'Oxford.

Auteur de : Les ichtyolites de Gamrie, Géologie de Colebrook Dale, Les terrains tertiaires, Notre sol, Les couches aquifées des environs de Londres, Géologie physique et chimique, Géologie statigraphique et paléontologique, etc.

983. — Sirodot (Simon), ✻

Élu, le 16 février 1885, correspondant de l'Académie des Sciences (section de Botanique).

Né à Longeau (Haute-Marne), le 10 octobre 1825. — Professeur de sciences naturelles et Doyen de la Faculté des sciences de Rennes.

Auteur de : Observations microscopiques des graines de vers à soie, Organes et phénomènes de la fécondation dans le genre Lemanea, Les algues d'eau douce du genre Batrachospermum, les Algues de la famille des limnéacées, les Batrachospermes, etc.

984. — Grand'Eury (François, Cyrille), ✻

Élu, le 2 mars 1885, correspondant de l'Académie des Sciences (section de Botanique).

Né à Houdreville (Meurthe), le 9 mars 1839. — Professeur de mathématiques spéciales et de géométrie descriptive à l'École des Mines de Saint-Étienne.

Auteur de : Les terrains houillers du centre et du midi de la France, au point de vue paléontologique, Flore carbonifère de la Loire et du Centre, Formation des couches de houille et du terrain houiller, Géologie et paléontologie du bassin du Gard, etc.

985. — Wolf (Rudolff).

Élu, le 9 mars 1885, correspondant de l'Académie des Sciences (section d'Astronomie).

Né à Faellanden (Suisse), le 8 juillet 1816.— Mort à Zurich, le 6 décembre 1893. — Professeur au collège et à l'Université de Berne, puis au gymnase de Zurich, à l'École Polytechnique fédérale et à l'Université de Zurich.

Auteur de : Géométrie et problèmes, Manuel de mathématiques et de physique, Notices biographiques sur les savants suisses, Histoire de l'astronomie.

986. — Hannover (Adolphe).

Élu, le 16 mars 1885, correspondant de l'Académie des Sciences (section de Médecine).

Né à Copenhague, le 24 novembre 1814. — Mort dans la même ville, le 7 juillet 1894. — Professeur d'anatomie microscopique à l'Université de Copenhague.

Auteur de : Tableaux micrométriques, Recherches micrométriques sur le système nerveux des animaux, Sur l'Épithelioma, Anatomie, physiologie et pathologie de l'œil, De la construction et de l'emploi du microscope, la Rétine de l'homme et des vertébrés, le Cartilage primordial et son ossification.

987. — Lechartier (Georges, Vital), ✻

Élu, le 16 mars 1885, correspondant de l'Académie des Sciences (section d'Économie rurale).

Né à Paris, le 6 janvier 1837. — Professeur de chimie à la Faculté des Sciences de Rennes.

Auteur de : Analyse immédiate des minéraux, Sur la reproduction de la mimetes et de quelques chloradéniates, Reproduction des pyroxènes et des péridotes, Cours de chimie agricole, Agriculture théorique et pratique basée sur la chimie agricole.

988. — Nasse (Siegfried).

Élu, le 21 mars 1885, correspondant de l'Académie des Sciences morales et politiques (section d'Économie politique).

Né à Bonn (Allemagne), le 2 décembre 1829. — Mort, dans la même ville, le 4 janvier 1890. — Professeur d'économie politique à l'Université de Bonn.

Auteur de : Considérations sur les impôts prussiens, la Banque de Prusse, la Charité et la Prévoyance, et d'un grand nombre d'articles et mémoires.

989. — Du Puynode (Michel, Gustave, Pastoureau), ✻

Élu, le 21 mars 1885, correspondant de l'Académie des Sciences morales et politiques (section d'Économie politique).

Né à Verrières (Vienne), le 23 novembre 1817. — Attaché au Ministère de la Justice. Membre et Président du Conseil général de l'Indre.

II.

Auteur de : Études sur la propriété territoriale, Des lois du travail et des classes ouvrières, De l'esclavage et des colonies, Lettres économiques sur le prolétariat, De la monnaie, du crédit et de l'impôt, Voyage d'un économiste en Italie, Des lois du travail et de la population, Études sur les économistes, les Grandes crises financières de la France, etc.

990. — Paget (Sir James).

Élu, le 23 mars 1885, correspondant de l'Académie des Sciences (section de Médecine).

Né à Yarmouth (Angleterre), le 11 janvier 1814. — Professeur à l'Université de Londres et Vice-Chancelier de l'Université. Chirurgien ordinaire de la Reine et du prince de Galles. Baronet.

Auteur de : Catalogue du Musée pathologique du collège des chirurgiens, Résultats de l'usage du microscope, Leçons de pathologie chirurgicale, Leçons de clinique chirurgicale, et de divers mémoires insérés dans les *Transactions of the Royal Society*.

991. — Boissier (Edmond, Pierre).

Élu, le 20 avril 1885, correspondant de l'Académie des Sciences (section de Botanique).

Né à Genève, le 10 mai 1810. — Mort à Genève, le 25 septembre 1885.

Auteur de : Voyage botanique dans le midi de l'Espagne, *Elenchus plantarum novarum minusque cognitarum, Diagnosis plantarum orientalium novalium*, etc.

992. — Agardh (Jacob, Georg).

Élu, le 27 avril 1885, correspondant de l'Académie des Sciences (section de Botanique).

Né à Lund (Suède), le 8 décembre 1813. — Professeur de botanique à l'Institut de Lund.

Auteur de : *Algæ Maris Mediterranei et Adriatici, In systemata algarum hodierna adversaria, Species, genera et ordines algarum, Theoria systematis plantarum.*

993. — Aschehoùg (Thorkil, Halvorsen).

Élu, le 30 mai 1885, correspondant de l'Académie des Sciences morales et politiques (section de Législation).

Né à Id (Norvège), le 17 juin 1822. — Professeur de droit à l'Université de Christiania. Député. Juge extraordinaire de la Cour suprême. Membre de l'Assemblée législative.

Auteur de : Droit constitutionnel de la Norvège et du Danemark, Droit constitutionnel moderne, Droit public des royaumes unis de Suède et de Norvège, etc.

994. — Gosselet (Jules, Auguste, Alexandre), ✳

Élu, le 13 juillet 1885, correspondant de l'Académie des Sciences (section de Minéralogie).

Né à Cambrai (Nord), le 19 avril 1832. — Professeur de géologie et de minéralogie à la Faculté des Sciences de Lille.

Auteur de : Considérations générales sur la géologie, Cours élémentaire de botanique, Esquisse géologique du nord de la France, etc.

995. — Ibânez de Ibero (le marquis Charles), G. O. ✳

Élu, le 17 août 1885, correspondant de l'Académie des Sciences (section de Géographie).

Né à Barcelone (Espagne), le 14 avril 1825. — Mort à Nice, le 29 janvier 1891. — Général d'état-major. Fondateur et Directeur de l'Institut géographique et statistique de l'Espagne. Président de la Commission internationale du mètre.

Auteur de : Tableau géographique et statistique de l'Espagne, et de mémoires publiés dans divers recueils scientifiques.

996. — Deffès (Pierre, Louis).

Élu, le 12 décembre 1885, correspondant de l'Académie des Beaux-Arts (section de Composition musicale).

Né à Toulouse, le 24 juillet 1819. — Directeur du Conservatoire de musique de Toulouse.

Œuvres principales. — L'anneau d'argent. La clé des champs. Broskovano. Le café du roi. Les Bourguignonnes. Les croqueuses de pommes. Petit bonhomme vit encore. Les noces de Fernande. Le marchand de Venise. Messe solennelle, etc.

997. — Chenavard (Paul, Marc, Joseph), O. ✻

Élu, le 12 décembre 1885, correspondant de l'Académie des Beaux-Arts (section de Peinture).

Né à Lyon, le 9 décembre 1807. — Peintre.

Œuvres principales. — Le jugement de Louis XVI. Mirabeau répondant au marquis de Dreux-Brézé. Le déluge. La mort de Zoroastre. La guerre de Troie. La mort de Socrate. Le passage du Rubicon. La poésie italienne. Le siècle de Louis XIV. Auguste fermant le temple de Janus. Attila devant Rome. La mort de Caton et de Brutus. La naissance de Jésus-Christ. Martyre de saint Polycarpe.

998. — Fâche (René).

Élu, le 12 décembre 1885, correspondant de l'Académie des Beaux-Arts (section de Sculpture).

Né à Douai (Nord), le 23 novembre 1816. — Mort à Ribecourt (Oise), le 17 mars 1891. — Sculpteur. Professeur à l'Académie de Valenciennes.

Œuvres principales. — Saint Joseph portant l'enfant Jésus. Jésus entouré d'anges. Jean de Bologne. Saint Éloi. Sainte Barbe. Deux anges portant les tables de la loi. Saint Pierre recevant les clés. Saint Géry. Saint Aubert. Saint Wast. Saint Vindicien. Saint Martin donnant son manteau. La Foi et l'Espérance. Cariatides de l'hôtel de ville de Valenciennes. La Vierge. L'enfant à l'oiseau mort, etc.

999. — Geymüller (le baron Henry, Adolphe de).

Élu, le 19 décembre 1885, correspondant libre de l'Académie des Beaux-Arts.

Né à Vienne (Autriche), le 12 mai 1839. — Architecte.

Auteur de : les Projets primitifs pour la basilique de Saint-Pierre de Rome, Documents sur les thermes d'Agrippa, le Panthéon et les thermes de Dioclétien, les du Cerceau, leur vie et leur œuvre.

1000. — Reboul (Pierre, Edmond), ✻

Élu, le 25 janvier 1886, correspondant de l'Académie des Sciences (section de Chimie).

Né à Montpellier, le 13 février 1829. — Professeur de chimie et Doyen de la Faculté des Sciences à Besançon, puis à Marseille.

Auteur de : Recherches sur le bromure et le bromhydrate de voléryline, Sur le volylène, Sur les combinaisons des hydracides avec l'éthylène et le propylène, etc.

1001. — Denis (Jacques, François), ✻

Élu, le 20 mars 1886, correspondant de l'Académie des Sciences morales et politiques (section de Morale).

Né à Corbigny (Nièvre), le 11 février 1821. — Professeur de littérature française à l'Université de Turin. Professeur de littérature ancienne à la Faculté des Lettres de Caen.

Auteur de : Histoire des théories et des idées morales dans l'antiquité, Du sublime et des héros de Corneille, Politique de Fénelon, Philosophie d'Origène, Histoire de la comédie grecque, Du drame satirique, etc.

1002. — Moynier (Louis, Gabriel, Gustave), O. ✳

Élu, le 12 avril 1886, correspondant de l'Académie des Sciences morales et politiques (section de Morale).

Né à Genève, le 21 septembre 1826. — Président à vie du Comité international de la Croix-Rouge. Consul général de l'État du Congo à Genève.

Auteur de : les Institutions ouvrières de la Suisse, la Guerre et la Charité, Étude sur la convention de Genève; la Croix Rouge, son passé et son avenir; les Bureaux internationaux des unions universelles, etc.

1003. — Baeyer (Adolf de).

Élu, le 3 mai 1886, correspondant de l'Académie des Sciences (section de Chimie).

Né à Berlin, le 31 octobre 1835. — Professeur à l'Académie des Arts et Métiers et à l'Académie militaire de Berlin, puis à l'Université de Strasbourg. Professeur de chimie à l'Université de Munich.

Auteur de travaux sur l'action des aldéhydes et sur les phénols, et de la découverte de la coraléine, de l'iodine et de l'indol.

1004. — Terquem (Alfred), ✳

Élu, le 24 mai 1886, correspondant de l'Académie des Sciences (section de Physique générale).

Né à Metz, le 31 janvier 1831. — Mort à Lille, le 16 juillet 1887. — Professeur au lycée de Metz et à la Faculté des Sciences de Strasbourg.

Auteur de: Capillarité, la Science romaine à l'époque d'Auguste, Étude historique d'après Vitruve, Introduction à la physique expérimentale, et de plusieurs Mémoires sur l'acoustique et la chaleur.

1005. — Crova (André, Prosper, Paul), ✳

Élu, le 31 mai 1886, correspondant de l'Académie des Sciences (section de Physique générale).

Né à Perpignan, le 3 décembre 1853. — Professeur à la Faculté des Sciences et à l'École nationale d'agriculture de Montpellier. Docteur ès sciences.

Auteur de : Sur les lois de la force électrique des polarisations, Sur le pouvoir réducteur de l'hydrogène, Mesure de l'intensité calorifique des radiations solaires, Sur les spectrophotomètres, Des radiations émises par les corps incandescents, Sur les aberrations des prismes, Considérations théoriques sur les échelles de température et sur le coefficient de dilatation des gaz parfaits.

1006. — Pissis (Pierre, Joseph, Aimé), ✳

Élu, le 15 juin 1886, correspondant de l'Académie des Sciences (section de Géographie).

Né à Brioude (Haute-Loire), le 17 mai 1812. — Mort à Santiago, le 20 janvier 1889. — Chef de la Commission topographique du Chili.

A entrepris plusieurs voyages d'explorations au Brésil et au Chili. A consacré vingt-quatre années à lever la carte topographique du Chili. — Auteur de : la Géographie physique de la république du Chili.

1007. — Louvier (Antoine, Georges).

Élu, le 6 novembre 1886, correspondant de l'Académie des Beaux-Arts (section d'Architecture).

Né à Lyon, le 23 mai 1818. — Mort à Vichy, le 25 juin 1892. — Architecte en chef du département du Rhône et de la ville de Lyon.

Œuvres principales. — Hôtel de la préfecture à Lyon et asile d'aliénés de Brou.

1008. — Sgambati (Giovanni).

Élu, le 6 novembre 1886, correspondant de l'Académie des Beaux-Arts (section de Composition musicale).

Né à Trevi (États de l'Église), le 8 août 1843.—Professeur à l'Académie de Sainte-Cécile, à Rome. A composé de nombreux morceaux pour piano et pour orchestre, des mélodies, etc.

1009. — Melida (Arturo, Maria, Nicolas).

Élu, le 6 novembre 1886, correspondant de l'Académie des Beaux-Arts (section d'Architecture).

Né à Madrid, le 24 juillet 1849. — Architecte.

Œuvres principales. — Monument de Christophe Colomb, à Madrid. Installation de la section espagnole à l'exposition de Paris, en 1889.

1010. — Salinas (Antonino).

Élu, le 6 novembre 1886, correspondant libre de l'Académie des Beaux-Arts.

Né à Palerme (Sicile), le 19 novembre 1841. — Professeur d'archéologie à Palerme. Directeur du musée et des fouilles de Palerme.

Auteur de : Les monuments funéraires d'Athènes, Les anciennes monnaies de la Sicile, Les inscriptions de Céphalonie, Le château Vicori, Excursions archéologiques en Sicile, Le couvent de Saint-Philippe-de-Fragola, Description du musée de Palerme, Études historiques et archéologiques sur la Sicile.

1011. — Goëje (Michael, Jan de).

Élu, le 24 décembre 1886, correspondant de l'Académie des Inscriptions et Belles-Lettres.

Né à Dronryp (Pays-Bas), le 13 août 1836.—Professeur de langue arabe à l'Université de Leyde. Inspecteur des Écoles.

A publié plusieurs ouvrages arabes, avec traductions et glossaires, et des mémoires insérés dans la collection de l'Académie des sciences d'Amsterdam.

1012. — Bretschneider.

Élu, le 24 décembre 1886, correspondant de l'Académie des Inscriptions et Belles-Lettres.

Né en Courlande (Russie). — Médecin de la légation anglaise à Pékin.

Auteur de : Les voyageurs chinois en Occident au moyen âge, Rapports des Chinois avec les pays de l'Asie centrale et occidentale, Recherches historiques et archéologiques sur Pékin et ses environs, Géographie et histoire de l'Asie centrale et occidentale au moyen âge, Botanicon sinicon.

1013. — Chabaneau (Jean, Eugène, Camille).

Élu, le 24 décembre 1886, correspondant de l'Académie des Inscriptions et Belles-Lettres.

Né à Nontron (Dordogne), le 4 mars 1831. — Professeur de langue et littérature françaises du moyen âge à la Faculté des Lettres de Montpellier.

Auteur de : Histoire et théorie de la conjugaison française, Grammaire limousine, Comput en vers provençaux, Les Sorts des apôtres, Sainte Marie-Madeleine dans la littérature provençale, etc.

1014. — Menabrea de Valdora (le marquis Louis, Frédéric), G. C. ✳

Élu, le 7 février 1887, correspondant de l'Académie des Sciences (section d'Économie rurale).

Né à Chambéry, le 4 septembre 1809. — Lieutenant général. Député. Sénateur. Ministre de la marine. Président du Conseil et ministre des Affaires étrangères. Ambassadeur d'Italie en Angleterre et en France.

Auteur de : Le génie italien dans la campagne d'Ancône et la basse Italie, etc.

1015. — Leudet (Théodore, Émile).

Élu, le 14 février 1887, correspondant de l'Académie des Sciences (section de Médecine).

Né à Rouen, le 14 mars 1825. — Mort dans la même ville, le 5 mars 1887. — Directeur de l'École de médecine de Rouen et professeur de clinique médicale à la même école.

Auteur de : Étude clinique des troubles nerveux vasomoteurs survenant dans le cours des maladies chroniques, Recherches sur les troubles des nerfs périphériques et surtout des nerfs vasomoteurs consécutifs à l'asphyxie par la vapeur du charbon, Clinique médicale de l'hôtel-Dieu de Rouen, Étude clinique de la forme hyperesthésique de l'alcoolisme chronique et de sa relation avec les maladies de la moelle, Recherches cliniques sur l'étiologie, la curabilité et le traitement de la syphilis hépatique, Recherches sur l'alcoolisme, Sur la leucocythémie splénique, Sur les relations entre le diabète et la polyurie et les lésions intercraniennes, Sur la tuberculose, etc.

1016. — Barckhausen (Henri, Auguste), ✻

Élu, le 19 février 1887, correspondant de l'Académie des Sciences morales et politiques (section d'Histoire).

Né à Bordeaux, le 21 mai 1834. — Professeur à la Faculté de droit de Bordeaux. Préfet de la Gironde.

Auteur de : Registres des grands jours de Bordeaux, Préface du livre des privilèges, Statuts et règlements de l'ancienne université de Bordeaux, le Livre des coutumes, etc.

1017. — Klaczko (Julian).

Élu, le 19 février 1887, correspondant de l'Académie des Sciences morales et politiques (section d'Histoire).

Né à Wilna (Russie), le 6 novembre 1828. — Conseiller aulique de l'Empire d'Autriche. Membre du Reichsrath.

Auteur de : L'art polonais, Une annexion d'autrefois, La poésie polonaise, L'agitation militaire en Allemagne, Études de diplomatie contemporaine, Les préliminaires de Sadowa, Les deux chanceliers, Causeries florentines.

1018. — Babeau (Albert, Arsène), ✻

Élu, le 19 février 1887, correspondant de l'Académie des Sciences morales et politiques (section d'Histoire).

Né à Cambrai (Nord), le 14 mars 1835. — Conservateur du musée de Troyes.

Auteur de : Histoire de Troyes pendant la Révolution, L'instruction primaire avant 1789, Le village sous l'ancien régime, Collection de documents relatifs à Troyes et à la Champagne, La ville sous l'ancien régime, L'école de village pendant la Révolution, La vie rurale dans l'ancienne France, Les voyageurs en France depuis la Renaissance jusqu'à la Révolution, Les artisans et les domestiques d'autrefois, Les bourgeois d'autrefois, La vie militaire sous l'ancien régime, Paris en 1789, Le maréchal de Villars, etc.

1019. — Stubbs (William).

Élu, le 19 février 1887, correspondant de l'Académie des Sciences morales et politiques (section d'Histoire).

Né à Knaresborough (Angleterre), le 21 janvier 1825. — Professeur d'histoire à l'Université d'Oxford. Évêque anglican de Chester, puis d'Oxford. Membre de la Chambre des lords.

Auteur de : *Registrum sacrum Anglicanum, Council and ecclesiastical documents,* Chartes choisies et documents sur l'histoire constitutionnelle, Histoire constitutionnelle de l'Angleterre jusqu'à la mort de Richard III, les Premiers Plantagenets, Dix-sept conférences sur l'histoire moderne et du moyen âge, etc.

1020. — Houzeau (Auguste), ✳

Élu, le 21 février 1887, correspondant de l'Académie des Sciences (section d'Économie rurale).

Né à Elbeuf (Seine-Inférieure), le 3 mars 1829. — Docteur ès sciences. Directeur de la Station agronomique de la Seine-Inférieure. Professeur à l'École d'agriculture et président de la Société centrale d'agriculture de Rouen.

Auteur de travaux sur l'ozone et sur sa diffusion dans l'air de la campagne, Sur la composition et le mode de dosage de divers produits du sol et de certains éléments des eaux, Sur les blés d'Égypte, Sur les terreaux de Tantale, Sur le marc de pommes, Sur le dosage des principes fertilisants dans les engrais.

1021. — Ronot (Charles).

Élu, le 5 mars 1887, correspondant de l'Académie des Beaux-Arts (section de Peinture).

Né à Dijon, le 28 mai 1820. — Mort dans la même ville, le 18 janvier 1895. — Directeur de l'École des Beaux-Arts de Dijon.

Œuvres principales. — Christ à la colonne, Enfance du Christ.

1022. — Dechen (Ernst, Heinrich, Carl von), O. ✳

Élu, le 31 mai 1887, correspondant de l'Académie des Sciences (section de Minéralogie).

Né à Berlin, le 25 mars 1880. — Mort à Bonn, le 15 février 1889. — Ingénieur en chef des Mines. Professeur d'exploitation des Mines à Berlin.

Auteur de : Esquisses géologiques du pays du Rhin, Carte géologique de l'Allemagne, de l'Angleterre, de la France et des pays voisins, La chaîne de volcans du Voldereifel, Carte géologique de la province rhénane et de la Westphalie, Les espèces minérales et les minéraux utiles de l'empire allemand.

1023. — Vogt (Carl), ✳

Élu, le 27 juin 1887, correspondant de l'Académie des Sciences (section d'Anatomie).

Né à Giessen (Allemagne), le 5 juillet 1817. — Mort à Genève, le 5 mai 1895. — Professeur à l'Université de Giessen, puis à celle de Genève. Membre du Conseil fédéral et national de Genève.

Auteur de : Montagnes et Glaciers, Traité de géologie et des pétrifications, Lettres physiologiques, Océan et Méditerranée, Recherches sur les sociétés d'animaux, Scènes de la vie des bêtes, Science et superstition, Leçons sur l'homme, Leçons sur les animaux utiles et nuisibles, Les microcéphales ou hommes-singes, Les provenances des entozoaires de l'homme ; L'homme : sa place dans la création ; Les mammifères, Traité d'anatomie comparée.

1024. — Agassiz (Alexandre).

Élu, le 4 juillet 1887, correspondant de l'Académie des Sciences (section d'Anatomie).

Né à Neuchâtel (Suisse), le 17 décembre 1835. — Directeur de l'École de Penikese (État de New-York).

Auteur de : *North American Acelephæ ;* Embryologie des étoiles de mer ; History of Pornoria and Balano-glossus, etc.

1025. — Fabre (Jean, Henry), ✳

Élu, le 11 juillet 1887, correspondant de l'Académie des Sciences (section d'Anatomie).

Né à Saint-Léon (Aveyron), le 22 décembre 1823.

Auteur de : Recherches sur les tubercules de l'himantoglossum hircinum, Sur l'anatomie des organes reproducteurs des myriapodes, La secrétion urinaire chez les insectes, Leçons de chimie agricole, Souvenirs entomologiques.

1026. — Lépine (Jacques, Raphaël), ✳

Élu, le 11 juillet 1887, correspondant de l'Académie des Sciences (section de Médecine).

Né à Lyon, le 6 juillet 1848. — Professeur de clinique médicale à la Faculté de médecine de Lyon.

Auteur de : L'hémiplégie pneumonique, De la pneumonie caséeuse, De la localisation dans les maladies cérébrales, et de divers mémoires insérés dans la Revue de médecine.

1027. — Cotteau (Gustave, Honoré), ✳

Élu, le 18 juillet 1887, correspondant de l'Académie des Sciences (section d'Anatomie).

Né à Auxerre (Yonne), le 17 décembre 1818. — Mort dans la même ville, le 10 août 1894. — Juge honoraire au tribunal civil d'Auxerre. Secrétaire général de l'Institut des provinces.

Auteur de : Échinides nouveaux ou peu connus, Échinides de la Sarthe, de l'Yonne, des Pyrénées, de l'Aube, de la Normandie, de la Belgique, de l'île de Cuba, de la Lorraine ; Paléontologie française ; Le préhistorique en Europe, etc.

1028. — Scacchi (Archangelo).

Élu, le 25 juillet 1887, correspondant de l'Académie des Sciences (section de Minéralogie).

Né à Gravina (Deux-Siciles), le 9 février 1810. — Mort à Naples, le 10 janvier 1894. — Professeur de minéralogie et recteur de l'Université de Naples. Directeur du musée minéralogique de Naples. Sénateur.

Auteur de nombreux mémoires insérés dans les recueils scientifiques d'Italie.

1029. — Marion (Antoine, Fortuné), ✳

Élu, le 25 juillet 1887, correspondant de l'Académie des Sciences (section d'Anatomie).

Né à Aix (Bouches-du-Rhône), le 10 octobre 1846. — Professeur de zoologie à la Faculté des Sciences de Marseille et directeur du Muséum.

Auteur de : Observations sur l'ancienneté de l'homme dans les Bouches-du-Rhône, les Nomatoïdes non parasites marins, Plantes fossiles des calcaires marneux de Ronzon, État de la végétation à l'époque des marnes hœrsiennes de Gelinden, les Végétaux fossiles de Meximieux, L'évolution du monde végétal.

1030. — Wauters (Emile, Charles, Marie), O. ✳

Élu, le 22 octobre 1887, correspondant de l'Académie des Beaux-Arts (section de Peinture).

Né à Bruxelles, le 29 novembre 1846. — Peintre.

Œuvres principales. — Marie de Bourgogne implorant la grâce de ses ministres. La folie de Van der Goes (Musée de Bruxelles). Marie de Bourgogne jurant de respecter les privilèges de Bruxelles. Jean IV et les métiers de Bruxelles (Hôtel de Ville de Bruxelles). Vue du Caire (m. d'Anvers). Mᵐᵉ Somzée.

1031. — Le Breton (Louis, Gaston), ✳

Élu, le 22 novembre 1887, correspondant libre de l'Académie des Beaux-Arts.

Né à Rouen, le 22 novembre 1845. — Directeur des Antiquités de la Seine-Inférieure et du musée céramique de Rouen.

Auteur de nombreux travaux sur l'archéologie et les beaux-arts.

1032. — Lescarret (Jean, Baptiste), ✳

Élu, le 3 décembre 1887, correspondant de l'Académie des Sciences morales et politiques (section d'Économie politique).

Né à Saugnac-Muret (Landes), le 9 octobre 1818. — Secrétaire de la mairie de Bordeaux. Professeur d'économie politique à la Chambre de Commerce de Bordeaux.

Auteur de : Le morcellement du sol, Le dernier pasteur des Landes, Conférences sur l'économie politique, Entretiens sur l'écononomie sociale, Allégories sociales, Une idylle dans les montagnes, etc.

1033. — Evans (Sir John).

Élu, le 23 décembre 1887, correspondant de l'Académie des Inscriptions et Belles-Lettres.

Né à Burnham (Angleterre), le 17 novembre 1823. — Président de l'Institut géologique. Président de la Société royale de Londres.

Auteur de : Instruments de silex dans le diluvium, Petit album de l'âge de bronze de la Grande-Bretagne, L'âge de la pierre et l'âge du bronze; Instruments, armes et ornements de la Grande-Bretagne ; Les monnaies des anciens Bretons, etc.

1034. — Bühler (Johann, Georg).

Élu, le 23 décembre 1887, correspondant de l'Académie des Inscriptions et Belles-Lettres.

Né à Borstel (Hanovre), le 19 juillet 1837. — Professeur au collège Elphinstone de Bombay et inspecteur des écoles. Professeur de sanscrit à l'Université de Vienne.

Auteur de : Digeste des lois hindoues, d'éditions et de traductions d'ouvrages indiens.

✳ Helbig.

Élu, le 23 décembre 1887, correspondant de l'Académie des Inscriptions et Belles-Lettres. — Voir Associés étrangers, n° 200.

✳ Sickel.

Élu, le 23 décembre 1887, correspondant de l'Académie des Inscriptions et Belles-Lettres. — Voir Associés étrangers, n° 186.

1035. — Reboud (Victor, Constant), O. ✳

Élu, le 30 décembre 1887, correspondant de l'Académie des Inscriptions et Belles-Lettres.

Né à Izeaux (Isère), le 21 août 1821. — Mort à Saint-Marcellin, le 1ᵉʳ juin 1889. — Médecin major en Algérie. Fondateur de la Société archéologique de Constantine.

Auteur de Mémoires sur les inscriptions et les antiquités lybiques, puniques, grecques et romaines de l'Algérie.

1036. — Joret (Pierre, Louis, Charles, Richard).

Élu, le 30 décembre 1887, correspondant de l'Académie des Inscriptions et Belles-Lettres.

Né à Formigny (Calvados), le 14 octobre 1839. — Professeur au lycée de Chambéry et au lycée Charlemagne. Professeur de littérature étrangère à la Faculté des Lettres d'Aix.

Auteur de : Herder et la renaissance littéraire en Allemagne, Du c dans les langues romanes, Du changement de r en s dans les dialectes français, La littérature allemande au xviiiᵉ siècle, Le patois normand du Bessin Caractère et extension du patois normand, Des rapports intellectuels et littéraires de la France avec l'Allemagne, etc.

1037. — Chevalier (l'abbé Cyr, Ulysse, Joseph), ✳

Élu, le 30 décembre 1887, correspondant de l'Académie des Inscriptions et Belles-Lettres.

Né à Rambouillet (Seine-et-Oise), le 24 février 1841. — Chanoine de la cathédrale de Valence.

Auteur de : Collection des cartulaires dauphinois, Recueil de documents historiques sur le Dauphiné, Répertoire des sources historiques du moyen âge, etc.

1038. — Ferrand (Louis, Eugène, Joseph), O. ✳

Élu, le 7 janvier 1888, correspondant de l'Académie des Sciences morales et politiques (section de Législation).

Né à Limoges, le 4 mai 1827. — Préfet de la Haute-Savoie, de l'Aisne, du Calvados et d'Indre-et-Loire.

Auteur de : La propriété communale en France, Les landes de Gascogne, Les institutions administratives en France et à l'étranger, Les pays libres, etc.

1039. — Bogisic (Valtazar, Antoine, Pierre).

Élu, le 7 janvier 1888, correspondant de l'Académie des Sciences morales et politiques (section de Législation).

Né à Raguse (Dalmatie), le 20 décembre 1834. — Inspecteur général et conseiller scolastique. Professeur d'histoire des législations slaves à l'Université d'Odessa. Conseiller d'État actuel de Russie.

Auteur de : Les coutumes juridiques des Slaves, Recueil des coutumes juridiques des Sudslaves, Sianak ou parlamentum d'après le statut de Raguse et la coutume monténégrine, Code général des biens pour la principauté de Monténégro, etc.

1040. — Millardet (Pierre, Marie, Alexis), ✳

Élu, le 28 mai 1888, correspondant de l'Académie des Sciences (section de Botanique).

Né à Montmirey (Jura), le 3 décembre 1838. — Professeur de botanique à la Faculté des Sciences de Bordeaux.

Auteur de : Recherches sur le mouvement périodique de la sensitive, Le prothallium mâle des cryptogames vasculaires, Les vignes américaines, Essai sur le mildiou, La reconstitution des vignobles, Traitement du mildiou et du rot, etc.

1041. — Masters (Maxwel, Tylden).

Élu, le 4 juin 1888, correspondant de l'Académie des Sciences (section de Botanique).

Né à Cantorbéry (Angleterre), le 15 avril 1833. — Professeur à l'hôpital Saint-Georges. Examinateur à l'Université de Londres.

Auteur de : Tératologie végétale, Botanique pour les commençants, la Vie de la plante, Collaborateur de la flore de l'Afrique tropicale, La flore des Indes anglaises, La flore brésilienne.

1042. — Treub (Melchior), ✳

Élu, le 11 juin 1888, correspondant de l'Académie des Sciences (section de Botanique).

Né à Voorschoten (Pays-Bas), le 26 décembre 1851. — Naturaliste. Docteur ès sciences. Directeur du Jardin botanique de l'État, à Buitenzorg (Java).

Auteur de : Recherches sur les organes de la végétation du Selaginella Martensii Spring, Recherches sur la nature des lichens, Mémoire sur le méristème primitif de la racine des Monocotylédones, Note sur l'embryogénie des Orchidées, Nombreux mémoires insérés dans les annales du Buitenzorg.

1043. — Langley (Samuel).

Élu, le 2 juillet 1888, correspondant de l'Académie des Sciences (section d'Astronomie).

Né à Roxbury (États-Unis). — Secrétaire de l'Institut Smithsonian. Directeur de l'Observatoire d'Alleghany.

Auteur de : la Photosphère céleste, Sur la structure de la photosphère céleste, le bolomètre et l'énergie radiante, La distribution de la chaleur et de la lumière à la surface du disque, La distribution de l'énergie dans le spectre solaire normal, La couleur du soleil, etc. Auteur de l'appareil dit : le bolomètre, qui a donné des résultats de la plus haute importance.

1044. — Ferraz (Marin), ✳

Élu, le 8 décembre 1888, correspondant de l'Académie des Sciences morales et politiques (section de Philosophie).

Né à Ceyzérieu (Ain), le 25 mars 1820. — Professeur aux lycées de Bourges et de Strasbourg. Professeur de philosophie à la Faculté des Lettres de Lyon.

Auteur de : Psychologie de saint Augustin, Philosophie du devoir, Études sur la philosophie en France au XIXᵉ siècle, Histoire de la philosophie en France au XIXᵉ siècle, Nos devoirs et nos droits, Histoire de la philosophie pendant la Révolution.

1045. — Pobedonostzeff (Constantin, Petrovitch).

Élu, le 15 décembre 1888, correspondant de l'Académie des Sciences morales et politiques (section de Législation).

Né à Moscou, le 18 novembre 1827. — Professeur de droit à l'Université de Moscou. Sénateur. Membre du Conseil de l'Empire. Procureur en chef près le Saint-Synode.

Auteur de : Cours de droit civil russe, Essais sur l'histoire du servage en Russie, Matériaux et documents pour l'histoire de l'ancienne procédure en Russie, Histoire de l'Église orthodoxe jusqu'à l'époque de la séparation des Églises.

1046. — Stephen (Sir James, Fitzjames).

Élu, le 15 décembre 1888, correspondant de l'Académie des Sciences morales et politiques (section de Législation).

Né à Londres, le 3 mars 1829. — Mort à Ipswich, le 11 mars 1894. — Avocat. Conseil de la reine. Membre du Conseil du vice-roi des Indes. Juge de la Cour suprême de justice (section du Banc de la reine). Baronnet.

Auteur de : Exposé général de la loi criminelle d'Angleterre, La loi indienne sur le témoignage, Digeste de la loi anglaise de procédure criminelle, Histoire de la loi criminelle d'Angleterre, Histoire de Nuncomar et de l'accusation contre sir Elijah Impey, Horæ sabbaticæ, etc.

Une notice sur sa vie a été lue par M. le comte de Franqueville, dans la séance de l'Académie des Sciences morales et politiques du 13 juillet 1895.

1047. — Kremer (le baron Alfred de).

Élu, le 28 décembre 1888, correspondant de l'Académie des Inscriptions et Belles-Lettres.

Né à Penzing (Autriche), le 13 mars 1828. — Mort à Vienne, le 27 décembre 1889. — Professeur d'arabe à l'Université de Vienne. Consul au Caire et à Galatz. Consul général à Beyrouth. Ministre du Commerce.

Auteur de : La Syrie centrale et le Danube ; L'Égypte : recherches sur le pays et sur le peuple, Les sagas de l'Arabie méridionale, Histoire des idées dominantes de l'Islamisme, Histoire de la civilisation de l'Orient sous les califes, Description de l'Afrique septentrionale, Histoire des campagnes de Mahomet, etc.

1048. — Siemiradzki (Henri), ✳

Élu, le 19 janvier 1889, correspondant de l'Académie des Beaux-Arts (section de Peinture).

Né à Posen (Pologne), le 15 septembre 1843. — Peintre.

Œuvres principales. — Orgie romaine sous les Césars. La pécheresse. Le vendeur d'amulettes. L'entrée des Catacombes. L'élégie. Les torches vivantes de Néron. La danse des glaives. Le naufragé mendiant. Vase ou femme. Une caverne de pirates. Funérailles d'un prince slave au xᵉ siècle. L'Aurore. Le Christ chez Marie. Une résurrection. Fresques de l'église Saint-Sauveur à Moscou, etc.

1049. — Leenhoff (Ferdinand), ✳

Élu, le 19 janvier 1889, correspondant de l'Académie des Beaux-Arts (section de Sculpture).

Né à Zalt-Bommel (Pays-Pas), le 24 mai 1841. — Sculpteur et graveur.

Œuvres principales. — *Sculptures:* Mater dolorosa, Claudius civilis, Christ mort, Guerrier au repos, Biblis changée en source, Faune, Persée. *Gravures:* Intérieur de village, La fuite de Loth (Rubens), Les bons camarades, Jeune fille luttant contre l'Amour (Bouguereau), La France sous les Mérovingiens (Lehmann), Les pêcheurs (H. Leroux).

1050. — Teffé (le baron Antonio, Luiz de).

Élu, le 4 février 1889, correspondant de l'Académie des Sciences (section de Géographie).

Né à Rio-Janeiro (Brésil), le 9 mai 1837. — Contre-Amiral. Aide de camp de l'Empereur du Brésil. Directeur du service hydrographique.

A entrepris de longs voyages de découverte sur les principaux affluents de l'Amazone.

1051. — Arloing (Saturnin), O. ✳

Élu, le 1ᵉʳ juillet 1889, correspondant de l'Académie des Sciences (section d'Économie rurale).

Né à Cusset (Allier), le 3 janvier 1846. — Professeur aux Écoles vétérinaires de Toulouse et de Lyon. Professeur à la Faculté mixte de médecine et de pharmacie de Lyon.

Auteur de : Action du chloral, du chloroforme et de l'éther, Poils et ongles : leurs organes reproducteurs, L'enseignement de la physiologie, Le charbon bactérien, Cours d'anatomie générale et notions de technique hisologique, etc.

1052. — Suess (Édouard).

Élu, le 23 décembre 1889, correspondant de l'Académie des Sciences (section de Minéralogie).

Né à Londres, le 20 août 1831. — Professeur de géologie à l'Université de Vienne. Membre de la Diète de la Basse-Autriche. Député de Vienne au Parlement.

Auteur de : Le sol de la ville de Vienne, La formation des Alpes, L'avenir de l'or, La configuration de la terre, etc.

1053. — Pomel (Nicolas, Auguste), ✳

Élu, le 23 décembre 1889, correspondant de l'Académie des Sciences (section de Minéralogie).

Né à Issoire (Puy-de-Dôme), le 21 septembre 1821. — Ingénieur civil des Mines, Président du Conseil général et sénateur du département d'Oran. Directeur de l'École d'enseignement supérieur d'Alger.

Auteur de : Carte géologique de la province d'Oran, Vertébrés fossiles de la Loire et de l'Allier, Guide de minéralogie, de géologie et de paléontologie, Races indigènes de l'Algérie, Le Sahara, Paléontologie de la province d'Oran, La flore atlantique, etc.

1054. — Sauvaire (Henri, Joseph), ✳

Élu, le 27 décembre 1889, correspondant de l'Académie des Inscriptions et Belles-Lettres.

Né à Marseille, le 15 mars 1831. — Drogman à Beyrouth, Alexandrie, Jérusalem et Tanger. Consul à Madrid.

Auteur de : Droit musulman fetwas de Khayr-ed-din, Matériaux pour l'histoire de la numismatique et de la métrologie musulmane, Voyage en Espagne d'un ambassadeur marocain en 1690, et de plusieurs traductions.

1055. — Neubauer (Adolph).

Élu, le 27 décembre 1889, correspondant de l'Académie des Inscriptions et Belles-Lettres.

Né à Nagi-Bittse (Hongrie), le 12 mars 1832. — Sous-Bibliothécaire de la bibliothèque Bodléienne à Oxford. Répétiteur d'hébreu rabbinique.

Auteur de : Histoire de la lexicographie hébraïque, Traité de prosodie hébraïque, Géographie du Talmud Chronique samaritaine, Des dialectes parlés en Palestine au temps de Jésus-Christ, etc.

1056. — Bailly (François, Anatole), ✳

Élu, le 27 décembre 1889, correspondant de l'Académie des Inscriptions et Belles-Lettres.

Né à Orléans, le 17 décembre 1833. — Professeur aux lycées de Lyon et d'Orléans.

Auteur de : Manuel des racines grecques et latines, Grammaire grecque, Dictionnaire grec, Leçons de mots, Les mots latins et les mots grecs, Dictionnaire étymologique de la langue latine.

1057. — Radloff (Guillaume).

Élu, le 27 décembre 1889, correspondant de l'Académie des Inscriptions et Belles-Lettres.

Né à Berlin, le 17 janvier 1837. — Conseiller d'État actuel. Membre de l'Académie des sciences de Saint-Pétersbourg. Professeur de langue allemande à Barnaoul. Directeur des Écoles de l'arrondissement de Kazan. Directeur du Musée asiatique, anthropologique et ethnographique de l'Académie de Saint-Pétersbourg.

Auteur de : Essais sur la littérature populaire des races turques, De la Sibérie du Sud et de la steppe de Dzoungara, Les dialectes de l'Altaï proprement dit, Les inscriptions en turc ancien de la Mongolie, Travaux de l'expédition de l'Orchon en Mongolie, Atlas des antiquités de la Mongolie, La langue turque du Codex Comanicus, manuscrit de l'église Saint-Marc à Venise, Kudatku Bilik, manuscrit de la bibliothèque Impériale de Vienne, Kudatku Bilik de Jusuf Chass-Hadschib de Balasagun, Inscriptions funéraires syriennes-nestoriennes.

1058. — Yule (Sir Henry).

Élu, le 27 décembre 1889, correspondant de l'Académie des Inscriptions et Belles-Lettres.

Né aux Indes, en 1820. — Mort à Londres, le 28 décembre 1889. — Lieutenant dans l'armée du Bengale. Colonel du génie. Sous-Secrétaire du gouvernement des Indes. Membre du Conseil des Indes.

Auteur de : La fortification mise à la portée des officiers de l'armée et des personnes qui se livrent à l'étude de l'histoire militaire, Récit d'une mission du gouverneur général des Indes à la cour d'Ava en 1855, Le livre de Marco Polo, La vie du général Becher, Mémoires du capitaine Gilles, Glossaire anglo-indien.

1059. — Nauck (Auguste).

Élu, le 27 décembre 1889, correspondant de l'Académie des Inscriptions et Belles-Lettres.

Né à Auerstadt (Prusse), le 18 septembre 1822. — Mort à Ferioki (Russie), le 15 août 1892. — Professeur aux gymnases de Breslau et de Berlin. Professeur de littérature grecque à la Faculté des Lettres de Saint-Pétersbourg.

A publié plusieurs éditions critiques d'auteurs grecs.

1060. — Champoiseau (Charles, François, Noël), O. ❋

Élu, le 27 décembre 1889, correspondant de l'Académie des Inscriptions et Belles-Lettres.

Né à Tours, le 1ᵉʳ mai 1830. — Consul à La Canée, Bilbao, Bâle, Messine, Livourne, Galatz, et Turin. Consul général à Smyrne et à Naples.

A fait des fouilles importantes dans l'île de Samothrace.

1061. — Bodio (Luigi), O. ❋

Élu, le 18 janvier 1890, correspondant de l'Académie des Sciences morales et politiques (section d'Économie politique).

Né à Milan, le 12 octobre 1840. — Professeur d'économie politique à l'Institut technique de Milan. Directeur général du service de statistique du royaume d'Italie.

Auteur de : Le commerce extérieur terrestre et maritime de l'Italie, Les documents statistiques du royaume d'Italie, Des rapports de la statistique avec l'économie politique, Statistique des caisses d'épargne, De l'émigration, etc.

1062. — Stein (Lorenz von).

Élu, le 18 janvier 1890, correspondant de l'Académie des Sciences morales et politiques (section d'Économie politique).

Né à Eckernfoerde (Danemark), le 15 novembre 1815. — Mort à Vienne, le 24 septembre 1890. — Professeur de droit à l'Université de Kiel. Professeur d'économie politique à l'Université de Vienne.

Auteur de : Histoire de la procédure civile en Danemark, Le socialisme et le communisme en France, Histoire du mouvement socialiste en France depuis 1789, Histoire de France et du droit français, Système d'économie politique, L'argent et le crédit de l'Autriche, Traité d'économie populaire, Traité de la science des finances, Manuel de la science administrative, La femme dans le domaine de l'économie politique.

1063. — Beltrami (Eugène).

Élu, le 20 janvier 1890, correspondant de l'Académie des Sciences (section de Mécanique).

Né à Crémone (Lombardie), le 16 novembre 1835. — Professeur aux Universités de Bologne, de Pise, de Rome et de Pavie.

Auteur de : Sur la courbure de quelques lignes singulières, tracées dans une surface, Formules fondamentales de cinématique, Sur les couches du niveau électro-magnétique, et d'un grand nombre de mémoires insérés dans divers recueils scientifiques.

1064. — Legrand (Louis, Désiré), O. ❋

Élu, le 1ᵉʳ février 1890, correspondant de l'Académie des Sciences morales et politiques (section de Morale).

Né à Valenciennes (Nord), le 30 mars 1842. — Avocat. Sous-préfet. Député. Ministre plénipotentiaire aux Pays-Bas. Conseiller d'État.

Auteur de : Du divorce, Sénac de Meilhan et l'intendance du Hainaut sous Louis XVI, Le mariage et les mœurs en France, Les conditions du travail dans les Pays-Bas, etc.

1065. — Gilbert (Louis, Philippe).

Élu, le 3 février 1890, correspondant de l'Académie des Sciences (section de Mécanique).

Né à Beauraing (Belgique), le 7 février 1832. — Mort à Louvain, le 4 février 1892. — Professeur d'analyse à l'Université de Louvain.

Auteur de : Propriétés géométriques des mouvements plans, Recherches sur la diffraction de la lumière, Cours d'analyse infinitésimale, Théorie générale des lignes tracées sur une surface quelconque, Constitution physique du soleil, Cours de mécanique analytique, Géodésie de l'Ethiopie, l'Observatoire de Rome et ses travaux, l'Afrique inconnue, etc.

1066. — Soret (Jacques, Louis).

Élu, le 17 mars 1890, correspondant de l'Académie des Sciences (section de Physique générale).

Né à Genève, le 30 juin 1827. — Mort, dans la même ville, le 13 mai 1890. — Professeur de physique à l'Université de Genève.

Auteur de : Sur la polarisation rotatoire du quartz, Travaux sur l'électricité, Sur l'intensité des radiations du soleil et sur la température de cet astre, la Diffusion de la lumière, l'Illumination des corps transparents, la Polarisation atmosphérique, Observations des phénomènes des lacs et des glaciers des Alpes.

1067. — Amagat (Émile, Hilaire).

Élu, le 5 mai 1890, correspondant de l'Académie des Sciences (section de Physique générale).

Né à Saint-Satur (Cher), le 27 janvier 1841. — Docteur ès sciences physiques. Professeur aux lycées de Fribourg et d'Alençon, à l'École normale de Cluny et à la Faculté libre des Sciences de Lyon. Répétiteur à l'École polytechnique.

Auteur de : Recherches sur la dilatation et la compressibilité des gaz et des liquides, Étude de la dissociation, Mémoires sur l'élasticité et la dilatabilité des fluides jusqu'aux très hautes pressions, Sur l'élasticité des solides et la compressibilité du mercure, Expériences du puits Verpillaux et d'autres travaux sur la physique moléculaire, les changements d'état des gaz, etc.

1068. — Rayleigh (le baron John, William, Strutt).

Élu, le 10 mai 1890, correspondant de l'Académie des Sciences (section de Physique).

Né à Colchester (Angleterre), le 12 novembre 1842. — Pair du Royaume-Uni. Professeur de physique à l'Université de Cambridge et à l'Institut royal de Londres.

Auteur de : Théorie du son, La double réfraction, Théorie de la résonance, La loi des pressions gazeuses, les Lignes nodales, et de nombreux mémoires sur l'acoustique et l'électricité. A découvert, dans l'air, un nouveau gaz, dit argon.

1069. — Raoult (François, Marie), ✳

Élu, le 12 mai 1890, correspondant de l'Académie des Sciences (section de Physique générale).

Né à Fourmies (Nord), le 10 mai 1830. — Professeur de chimie et Doyen de la Faculté des Sciences de Grenoble.

Auteur de : Forces électro-motrices des éléments voltaïques, et de nombreux travaux et recherches sur la congélation et sur les tensions de vapeur des liquides volatils.

1070. — Durand (Pierre, Charles), ✳

Élu, le 24 mai 1890, correspondant de l'Académie des Beaux-Arts (section d'Architecture).

Né à Bordeaux, le 30 mai 1824. — Mort dans la même ville, le 22 janvier 1891. — Architecte.

Œuvres principales. — Grand établissement des néothermes de Cauterets. Faculté des sciences et des lettres de Bordeaux. Grille monumentale du parc de Bordeaux. Hôtel du Paty. Restauration de l'église de Notre-Dame-de-fin-des-Terres, à Soulac, Églises de Contras, de Saint-Laubès, de Sauveterre, d'Etaulins, etc.

1071. — Herkomer (Hubert), O. ✳

Élu, le 7 juin 1890, correspondant de l'Académie des Beaux-Arts (section de Peinture).

Né à Waal (Bavière), le 26 mai 1849. — Peintre.

Œuvres principales. — Les Invalides de Greenwich. La dame en noir. La dame en blanc. La dernière revue. La chapelle de la Charterhouse. Scènes de mœurs et paysages de Bavière.

1072. — Czartoryski (le prince Ladislas).

Élu, le 15 septembre 1890, correspondant libre de l'Académie des Beaux-Arts.

Né à Varsovie, le 6 juillet 1828. — Mort à Paris, le 23 juin 1894. — Propriétaire d'une importante collection d'œuvres d'art, à Varsovie.

1073. — Kern (Jean, Henri, Caspar).

Élu, le 26 décembre 1890, correspondant de l'Académie des Inscriptions et Belles-Lettres.

Né à Java, le 6 avril 1833. — Professeur à l'Athenæum de Maëstricht, au collège indien de Bénarès et à l'Université de Leyde.

Auteur de: Éclaircissements des caractères cunéiformes vieux persans, Commentaire de la *lex salica*, Grammaire hollandaise, Mélanges sur le bouddhisme dans l'Inde. A publié plusieurs éditions et traductions d'ouvrages indiens.

1074. — Wattenbach (Guillaume).

Élu, le 26 décembre 1890, correspondant de l'Académie des Inscriptions et Belles-Lettres.

Né à Ranzau (Schleswig), le 22 septembre 1819. — Professeur d'histoire aux Universités de Heidelberg et de Berlin.

Auteur de: Mémoires sur l'Église chrétienne en Bohême et en Moravie, Sources pour l'histoire de l'Allemagne au moyen âge, Guide de paléographie grecque, Guide de paléographie romaine, L'écriture au moyen âge, Histoire de la papauté, L'Algérie, Vacances en Espagne et en Portugal.

1075. — Delattre (l'Abbé Alfred, Louis).

Élu, le 26 décembre 1890, correspondant de l'Académie des Inscriptions et Belles-Lettres.

Né à Deville-lès-Rouen (Seine-Inférieure), le 26 juin 1850. — Chapelain de Saint-Louis de Carthage et directeur du Musée.

Auteur de : Les lampes chrétiennes de Carthage, Carthage et la Tunisie au point de vue archéologique, Inscriptions de Carthage, Archéologie chrétienne de Carthage. Les tombeaux puniques de Carthage, etc.

1076. — Schuchardt (Hugo, Ernst, Mario).

Élu, le 26 décembre 1890, correspondant de l'Académie des Inscriptions et Belles-Lettres.

Né à Gotha (Saxe-Gotha), le 4 février 1842. — Professeur aux Universités de Halle et de Gratz.

Auteur de : *De sermonis Romani plebei vocalis*, Le vocalisme du latin vulgaire, Sur les lois phonétiques, Le roman et le celtique, etc.

1077. — Bryce (James).

Élu, le 3 janvier 1891, correspondant de l'Académie des Sciences morales et politiques (section de Morale).

Né à Belfast (Irlande), le 10 mai 1838. — Professeur de droit à l'Université d'Oxford. Membre du Parlement. Sous-secrétaire d'État des affaires étrangères. Membre du Conseil privé. Chancelier du duché de Lancastre. Président du Board of trade (ministre du commerce).

Auteur de : Le Saint-Empire romain, La Transcaucasie et l'Ararat, La république américaine, etc.

1078. — Luçay (le Comte Charles, Hélion, Marie, Legendre de), ✳

Élu, le 10 janvier 1891, correspondant de l'Académie des Sciences morales et politiques (section d'Histoire).

Né à Paris, le 20 février 1831. — Maître des requêtes au Conseil d'État.

Auteur de: Les assemblées provinciales sous Louis XVI, Augy en Beauvaisis : son histoire, Le comté de Clermont en Beauvaisis, Les secrétaires d'État depuis leur institution jusqu'à Louis XVI, La crise agricole, Mélanges de finances et d'économie politique et rurale.

1079. — Conrad (Johannes, Ernst).

Élu, le 10 janvier 1891, correspondant de l'Académie des Sciences morales et politiques (section d'Économie politique).

Né à Borkau (Prusse), le 28 février 1839. — Professeur à l'Université d'Iéna et à l'Université de Halle. Conseiller privé.

Auteur de: Statistique de la production rurale, Recherches sur l'influence des professions sur la moralité; Les études universitaires en Allemagne. — Éditeur de l'Annuaire d'économie politique et de statistique.

1080. — Raffalovich (Arthur), O. ✳

Élu, le 10 janvier 1891, correspondant de l'Académie des Sciences morales et politiques (section d'Économie politique).

Né à Odessa (Russie), le 23 juin 1853. — Agent du Ministère des finances de Russie, à Paris. Conseiller d'État actuel.

Auteur de : Les finances de la Russie, La loi sur les Sociétés anonymes en Allemagne, Le Wurtemberg, Le monopole de l'alcool, Les logements de l'ouvrier et du pauvre, L'année économique, Le congrès monétaire, Les socialistes allemands, Le marché financier, etc.

1081. — Goschen (Georges, Joachim).

Élu, le 10 janvier 1891, correspondant de l'Académie des Sciences morales et politiques (section d'Économie politique).

Né à Londres, le 18 août 1831. — Membre du Parlement. Chancelier du duché de Lancastre. Chancelier de l'Échiquier. Conseiller privé. Premier lord de l'Amirauté.

Auteur de : Théorie des changes, Les taxes locales, Discours et adresses, etc.

1082. — Haller (Albin), ✳

Élu, le 12 janvier 1891, correspondant de l'Académie des Sciences (section de Chimie).

Né à Felleringen (Haut-Rhin), le 7 mars 1849. — Docteur ès sciences physiques. Agrégé à la Faculté de médecine de Nancy. Professeur à l'École supérieure de pharmacie de Nancy. Maître de conférences, puis professeur de chimie à la Faculté des sciences de Nancy. Directeur de l'Institut de chimie de la même ville.

Auteur de : Théorie générale des alcools, Contribution à l'étude du camphre et de ses dérivés, Influence des radicaux dits négatifs sur la fonction de certains groupements, Nomenclature et origine de certains groupes de composés azotés, L'industrie chimique à l'exposition de Chicago, Les acides méthéniques, La diphénylantrone, L'enseignement chimique à l'étranger, et de nombreux mémoires insérés dans les Comptes rendus de l'Académie des sciences, le Journal de chimie, etc. Collaborateur du Dictionnaire de chimie de Wurtz.

1083. — Geikie (Sir Archibald).

Élu, le 2 mars 1891, correspondant de l'Académie des Sciences (section de Minéralogie).

Né à Édimbourg, le 28 décembre 1835. — Directeur général du service géologique de la Grande-Bretagne. Professeur à l'Université d'Édimbourg.

Auteur de : Mouvements des glaciers d'Écosse, Les paysages de l'Écosse et la géologie physique. Sir R. Murchison et son temps, Carte géologique de l'Écosse, Esquisses géologiques concernant l'Angleterre et l'étranger, La géographie physique, La géologie.

1084. — Sire (Georges, Étienne).

Élu, le 9 mars 1891, correspondant de l'Académie des Sciences (section de Mécanique).

Né à Besançon, le 4 juin 1826. — Docteur ès sciences. Directeur et professeur de mécanique à l'École d'horlogerie, essayeur de la garantie à Besançon.

Auteur de : Travaux sur le gyroscope terrestre, Sur les rotations périmétriques. — Inventeur du pendule gyroscopique, du polytrope, du dévioscope, du gyroscope alternatif, des hygromètres à condensation, etc.

1085. — Serpa Pinto (Alexandre, Albert, da Rocha de), ✳

Élu, le 20 avril 1891, correspondant de l'Académie des Sciences (section de Géographie).

Né à La Polchras (Portugal), le 20 avril 1846. — Major d'infanterie. Consul général à Zanzibar. Député. Gouverneur général du Mozambique.

Auteur de : Comment j'ai traversé l'Afrique depuis l'Atlantique jusqu'à l'océan Indien à travers des régions inconnues.

1086. — Grimaldi (Albert, Honoré, Charles), G. C. ✳

Élu, le 27 avril 1891, correspondant de l'Académie des Sciences (section de Géographie).

Né à Paris, le 13 novembre 1846. — Prince souverain de l'État de Monaco. Lieutenant de vaisseau dans la marine française.

A fait plusieurs voyages maritimes d'exploration et a procédé à des sondages qui ont amené la découverte d'espèces inconnues d'animaux sous-marins.

1087. — Bibesco (le Prince Georges), G. O. ✳

Élu, le 23 mai 1891, correspondant de l'Académie des Sciences morales et politiques (section d'Histoire).

Né à Bucharest (Valachie), le 14 mars 1834. — Ancien Officier supérieur de l'armée française.

Auteur de : Reims, Belfort, Sedan; Histoire d'une frontière; Retraite des six mille; Politique, religion, duel; Avant, pendant, après; Le règne de Georges Demètre Bibesco.

1088. — Martenot (Jean, Baptiste), ✳

Élu, le 30 mai 1891, correspondant de l'Académie des Beaux-Arts (section d'Architecture).

Né à Saint-Seine-l'Abbaye (Côte-d'Or), le 26 juillet 1828. — Architecte de la ville de Rennes.

Œuvres principales. — Hôtel de ville de Rennes. Maisons de campagne et chapelles.

1089. — Balat (Alphonse, François, Hubert).

Élu, le 30 mai 1891, correspondant de l'Académie des Beaux-Arts (section d'Architecture).

Né à Gochenée (Belgique), le 15 mai 1818. — Mort à Ixelles, le 16 septembre 1895. — Architecte du roi des Belges. Membre de la Commission royale des monuments et du Conseil d'administration des musées de l'État.

Œuvres principales. — Transformation et agrandissement du Palais royal de Bruxelles, du palais de Laeken, du palais des Beaux-Arts à Bruxelles, du château de Presles, etc.

1090. — Polovtsoff (Alexandre).

Élu, le 30 mai 1891, correspondant de l'Académie des Sciences morales et politiques (section d'Histoire).

Né à Saint-Pétersbourg, le 31 mai 1832. — Sénateur. Secrétaire général du Conseil d'État. Fondateur et Secrétaire de la Société impériale d'histoire, dont il a dirigé les publications formant environ cent volumes.

1091. — Grieg (Edward, Hagerup).

Élu, le 20 juin 1891, correspondant de l'Académie des Beaux-Arts (section de Composition musicale).

Né à Bergen (Norvège), le 15 juin 1843. — Compositeur de musique.

Œuvres principales. — Tableaux poétiques. Humoresques. Pièces lyriques. Morceaux symphoniques. Sigur Jorsalfar (op.). Peer Gynt (op.).

✳ Pradilla de Ortiz.

Élu, le 20 juin 1891, correspondant de l'Académie des Beaux-Arts. — Voir Associés étrangers, n° 198.

1092. — Salmson (Jean, Jules, Bernard), ✳

Élu, le 20 juin 1891, correspondant de l'Académie des Beaux-Arts (section de Sculpture).

Né à Paris, le 9 janvier 1822. — Sculpteur. Directeur de l'École des arts industriels de Genève.

Œuvres principales. — La dévideuse. La Prudence. La Sensitive. Le jugement de Pâris. Phryné devant l'Aréopage. Laïs et Démosthène. Henri IV. Hændel. La première ascension de Saussure au Mont-Blanc. Chute des Titans. Cariatides du théâtre du Vaudeville à Paris.

1093. — Thompson (Edward, Maunde).

Élu, le 23 décembre 1891, correspondant de l'Académie des Inscriptions et Belles-Lettres.

Né à La Jamaïque, le 4 mai 1840. — Conservateur des manuscrits et Bibliothécaire en chef du British Museum, à Londres.

A publié des éditions des anciennes chroniques d'Angleterre.

1094. — Bayet (Charles, Marie, Adolphe, Louis), ✳

Élu, le 23 décembre 1891, correspondant de l'Académie des Inscriptions et Belles-Lettres.

Né à Liège (Belgique), le 25 mai 1849. — Naturalisé comme ayant pris part à la guerre pour la défense de la France. Membre des Écoles françaises de Rome et d'Athènes. Chargé de cours, puis professeur et doyen de la Faculté des Lettres de Lyon. Recteur de l'Académie de Lille.

Auteur de : Mission en Macédoine et au Mont Athos, *De titulis Allicæ Christianis commentatio epigraphica*, Recherches pour servir à l'histoire de la peinture et de la sculpture chrétiennes en Orient avant la querelle des iconoclastes, L'art bizantin, Précis d'histoire de l'art, Le voyage d'Etienne II en France, Les élections pontificales au viii° et au ix° siècles, La révolte des Romains sous Jean III, La fausse donation de Constantin.

1095. — Leemans (Conradus).

Élu, le 23 décembre 1891, correspondant de l'Académie des Inscriptions et Belles-Lettres.

Né à Zalt-Bœmel (Pays-Bas), le 28 avril 1809. — Mort à Leyde, le 14 octobre 1893. — Directeur et premier conservateur du Musée des antiques de Leyde.

Auteur de : Monuments égyptiens portant les légendes royales, Description des monuments égyptiens et des antiquités asiatiques et américaines du musée de Leyde, Antiquités romaines de Maëstricht, la Peinture des anciens, Boro-Boudour, dans l'île de Java.

1096. — Hirschfeld (Otto, Heinrich).

Élu, le 23 décembre 1891, corrrespondant de l'Académie des Inscriptions et Belles-Lettres.

Né à Pyritz (Prusse), le 4 novembre 1847. — Directeur des fouilles d'Olympe. Professeur d'archéologie à l'Université de Kœnigsberg.

Auteur de : *Tituli statuariorum sculptorumque Græcorum*, Athènes et Marsyas, *Kelænæ Apamea*, Pausanias et Olympia, Les fouilles d'Olympe, Tombeaux en Paphlagonie, etc.

1097. — Villey-Desmeserets (Edmond, Louis).

Élu, le 16 janvier 1892, correspondant de l'Académie des Sciences morales et politiques (section d'Économie politique).

Né à Caen, le 3 novembre 1848. — Professeur d'économie politique et doyen de la Faculté de droit de Caen.

Auteur de : Des actes de l'interdit postérieurs au jugement d'interdiction, Précis d'un cours de droit criminel, Du rôle de l'État dans l'ordre économique, La question sociale, Traité d'économie politique et de législation économique, La question des salaires, Théorie du code pénal, Leçons de droit criminel.

1098. — Considère (Armand, Gabriel), ✳

Élu, le 1er février 1892, correspondant de l'Académie des Sciences (section de Mécanique).

Né à Port-sur-Saône (Haute-Saône), le 8 juin 1841. — Ingénieur en chef des Ponts et Chaussées.

Auteur de : Recherches sur la poussée des terres, Sur la production de l'acier coulé, Sur les efforts dus à la dissimétrie des treillis, Sur les assemblages, Sur la limite d'élasticité des aciers.

1099. — Manen (Eugène, Léopold, Hippolyte, Marie), C. ✳

Élu, le 8 février 1892, correspondant de l'Académie des Sciences (section de Géographie).

Né à Toulouse, le 30 juillet 1829. — Ingénieur hydrographe en chef. Chef du service de l'hydrographie générale de la marine.

Auteur de : Reconnaissance de l'embouchure de la Gironde, etc.

1100. — Tillo (Alexis de).

Élu, le 15 février 1892, correspondant de l'Académie des Sciences (section de Géographie).

Né à Kiel (Russie), le 13 novembre 1839. — Lieutenant-général. Commandant la 37ᵉ division d'infanterie à Saint-Pétersbourg. Président de la Société de géographie.

Auteur de : Exploration de la province d'Orembourg, Différence de niveau entre la mer Caspienne et la mer d'Aral, Nivellement de la Sibérie entre les monts Oural et le lac Baïkal, Résultats du nivellement des chemins de fer russes, Cartes magnétiques de la Russie d'Europe.

1101. — Hellriegel (Hermann).

Élu, le 25 mars 1892, correspondant de l'Académie des Sciences (section d'Économie rurale).

Né à Mauritz (Saxe), le 21 octobre 1831. — Mort à Bernburg, le 15 octobre 1895.

Auteur de : Essai sur l'histoire de la germination des graines oléagineuses, Sur les vaporisations de l'eau par les plantes soutenues par divers engrais, Sur les parties composantes et la valeur du guano de poisson de la Prusse orientale, Sur l'assimilation de l'azote libre par les légumineuses, Quelques mots sur les terrains sablonneux, Recherches sur les engrais, la Scradella et deux espèces de raves, Quelques mots sur différents modes d'emploi du guano, De l'influence du poids spécifique de la graine sur la plante qui en sort.

1102. — Lanciani (Rodolfo, Amedeo).

Élu, le 30 avril 1892, correspondant libre de l'Académie des Beaux-Arts.

Né à Rome, le 1ᵉʳ janvier 1848. — Professeur à l'Université de la Sapience à Rome. Membre de la Commission d'archéologie.

Auteur de la Publication des plans de Rome antique, d'un Traité d'épigraphie, et de mémoires et articles insérés dans le Bolletino dei Scavi et dans le Bolletino e Rivista archeologica.

1103. — Burne-Jones (Edward), ✳

Élu, le 30 avril 1892, correspondant de l'Académie des Beaux-Arts (section de Peinture).

Né à Birmingham (Angleterre), le 20 août 1833. — Peintre.

Œuvres principales. — L'Annonciation. La Nativité. Le miroir de Vénus. Chant d'amour. *Laus Veneris* L'Espérance. La Foi. La sibylle de Delphes. Amour et Psyché. Pan et Psyché. Les six jours de la création. La résurrection. Les quatre Saisons. Merlin et Viviane. La queste du graal. Sir Galahad. Le sommeil d'Arthur. Briar Rose. Persée. Saint-Georges. La roue de la Fortune. L'escalier d'or. L'Amour parmi les ruines. L'adoration des Mages. Le festin de Pélée.

1104. — Amsler (Jacob).

Élu, le 30 mai 1892, correspondant de l'Académie des Sciences (section de Mécanique).

Né à Schinznach (Suisse), le 16 novembre 1823. — Professeur de mathématiques. Directeur technique de l'Association pour l'utilisation des forces motrices du Rhin, à Schaffhouse.

Inventeur du pluviomètre polaire et de trois types d'intégrateurs. — Auteur de travaux sur la transmission de la force par l'électricité. A donné une impulsion considérable à la construction mécanique en Suisse.

1105. — Lie (Marius, Sophus).

Élu, le 7 juin 1892, correspondant de l'Académie des Sciences (section de Géométrie).

Né à Nordfjordejdet (Norvège), le 17 décembre 1842. — Professeur à l'Université de Christiania.

Auteur de : Théorie des groupes de transformations. — Leçons sur les groupes continus. — Leçons sur les équations différentielles.

1106. — Auwers (Arthur).

Élu, le 27 juin 1892, correspondant de l'Académie des Sciences (section d'Astronomie).

Né à Gœttingue (Allemagne), le 14 septembre 1838. — Astronome aux observatoires de Kœnigsberg, de Gotha et de Berlin. Directeur de l'Observatoire de Postdam. Secrétaire perpétuel de l'Académie des sciences de Berlin.

Auteur de : Recherches sur les changements dans le mouvement propre des étoiles fixes, Observations des étoiles fixes de Greenwich, etc.

1107. — Rayet (Georges, Antoine, Pons), ✳

Élu, le 4 juillet 1892, correspondant de l'Académie des Sciences (section d'Astronomie).

Né à Bordeaux, le 12 décembre 1839. — Professeur d'astronomie à la Faculté des Sciences de Marseille, puis à celle de Bordeaux. Directeur de l'Observatoire de Bordeaux.

Auteur de : Les raies brillantes de l'atmosphère solaire et la constitution physique du soleil, Histoire des observations astronomiques d'Angleterre et d'Irlande, Recherches sur les cadrans solaires, Histoire des observations astronomiques d'Italie, Notes sur l'histoire de la photographie astronomique, etc.

1108. — Perrotin (Henri, Joseph, Anastase).

Élu, le 11 juillet 1892, correspondant de l'Académie des Sciences (section d'Astronomie).

Né à Saint-Loup (Tarn-et-Garonne), le 19 décembre 1845. — Attaché à l'Observatoire de Toulouse, puis astronome adjoint à l'Observatoire de Paris. Directeur de l'Observatoire de Nice.

A découvert, entre 1873 et 1878, six petites planètes. — Auteur d'observations sur les taches solaires, sur les satellites de Jupiter et de Saturne, sur les étoiles doubles et les planètes, spécialement sur la durée de rotation de Vénus, d'Uranus et de Neptune. A publié : Théorie de Vesta, Visites à différents observatoires d'Europe, et d'autres mémoires insérés dans les Annales de l'Observatoire de Nice, les comptes rendus de l'Académie des sciences, le Bulletin astronomique et les Astronomische Nachrichten.

1109. — Tchaïkovsky (Pierre).

Élu, le 26 novembre 1892, correspondant de l'Académie des Beaux-Arts (section de Composition musicale).

Né à Votkinsk (Russie), le 25 mai 1840. — Mort à Moscou, le 6 novembre 1893. — Professeur d'harmonie au Conservatoire de Saint-Pétersbourg.

Œuvres principales. — Le Voïevode (op.). Opritchnik (op.). Vakouta le forgeron (op.). Le lac des cygnes (ballet). Eugène Onéguine (drame lyrique). La pucelle d'Orléans. Mazeppa. La tempête. Roméo et Juliette. Francesca da Rimini (symphonie). Romances. Sérénades. Nocturnes. Chansons populaires russes.

1110. — Tobler (Adolf).

Élu, le 30 décembre 1892, correspondant de l'Académie des Inscriptions et Belles-Lettres.

Né à Hirzel (Suisse), le 24 mai 1835. — Professeur de langues romanes à l'Université de Berlin.

A édité d'anciens ouvrages français et allemands, et a collaboré à divers recueils littéraires allemands.

1111. — Grandmaison (Pierre, Charles, Armand, Loizeau de), ✳

Élu, le 30 décembre 1892, correspondant de l'Académie des Inscriptions et Belles-Lettres.

Né à Poitiers, le 27 mai 1824. — Archiviste du département d'Indre-et-Loire.

Auteur de : Dictionnaire héraldique, Le Baron et les religieux de Preuilly, Chronique de l'abbaye de Beaumont-lès-Tours, Tours archéologique, Chartes françaises de Touraine, Fragments de chartes du x⁰ siècle, Documents sur les états généraux du xv⁰ siècle, etc.

1112. — Pollock (Sir Frederick).

Élu, le 7 janvier 1893, correspondant de l'Académie des Sciences morales et politiques (section de Législation).

Né à Londres, le 10 décembre 1845. — Professeur de jurisprudence à l'Université d'Oxford et au collège de l'Université de Londres. Baronnet.

Auteur de : Digeste de la loi d'association, Principes des contrats en droit coutumier et en équité ; Spinoza, sa vie et sa philosophie ; Essais de jurisprudence, La législation agraire, La loi sur les dommages ; Introduction à l'histoire de la science de la politique, Essai sur la possession en droit coutumier.

1113. — Walker (Francis, Amasa), O. ✳

Élu, le 14 janvier 1893, correspondant de l'Académie des Sciences morales et politiques (section d'Économie politique).

Né à Boston (États-Unis), le 2 juillet 1840. — Professeur d'économie politique à l'Université de Hopkins. Surintendant du recensement. Président de la Société de statistique et de l'Association d'économie politique.

Auteur de : La question indienne, Atlas statistique des États-Unis, La question des salaires ; L'argent, le commerce et l'industrie ; La terre et son revenu, Économie politique ; Rapports annuels sur la statistique du commerce, de la navigation, de la population, etc.

1114. — Vallier (Frédéric, Marie, Emmanuel), ✳

Élu, le 30 janvier 1893, correspondant de l'Académie des Sciences (section de Mécanique).

Né à Versailles, le 25 décembre 1849. — Chef d'escadron d'artillerie.

Auteur de : Études sur les lois de la résistance de l'air, Principes de la balistique, Sur la compensation et la conduite des expériences, Balistique expérimentale, Balistique des nouvelles poudres, Balistique extérieure.

1115. — Kékulé (Friedrich, August).

Élu, le 20 février 1893, correspondant de l'Académie des Sciences (section de Chimie).

Né à Darmstadt (Hesse), le 7 septembre 1829. — Professeur à l'Université de Gand. Professeur de chimie et directeur de l'Institut de chimie à Bonn.

Auteur de : Traité de chimie organique ou de la chimie des combinaisons du carbone, Chimie des dérivés du benzole, etc.

1116. — Roscoë (Sir Henry, Enfield), O. ✳

Élu, le 20 mars 1893, correspondant de l'Académie des Sciences (section de Chimie).

Né à Londres, le 7 janvier 1833. — Professeur de chimie à l'Owen College de Manchester. Membre du Parlement.

Auteur de : Cours d'analyse spectrale, Leçons de chimie élémentaire, Traité de chimie, et de nombreux mémoires insérés dans les Philosophical Transactions.

1117. — Biot (Gustave, Joseph).

Élu, le 6 mai 1893, correspondant de l'Académie des Beaux-Arts (section de Gravure).

Né à Bruxelles, le 1ᵉʳ janvier 1833. — Graveur.

Œuvres principales. — Paysans flamands, Madonna della Scala (Corrège). Triomphe de Galatée (Raphaël). Le miroir. L'empereur d'Autriche. Boileau. L'Ascension. La reine des Belges.

1118. — Waterhouse (Alfred).

Élu, le 6 mai 1893, correspondant de l'Académie des Beaux-Arts (section d'Architecture).

Né à Liverpool (Angleterre), le 19 juillet 1830. — Architecte.

Œuvres principales. — Cour d'assises et prison de Manchester. Orphelinat des marins à Liverpool. Collège à Oxford. Collège à Cambridge. New University club, à Londres. Musée d'histoire naturelle, à Londres, etc.

1119. — Peter-Benoit (Léopold, Léonard).

Élu, le 6 mai 1893, correspondant de l'Académie des Beaux-Arts (section de Composition musicale).

Né à Harlebecke (Belgique), le 17 août 1834. — Directeur de l'École de musique d'Anvers.

Auteur de : Lucifer (oratorio), Ryn, La mort d'Abel, Iva, Le roi des Aulnes, Het dorp in't Gebergte, Le seize décembre, Lieder flamands, L'Escaut; L'Église militante, souffrante et triomphante; La guerre, Prométhée, Chants de la Lys, Les faucheurs, l'Amour mendiant.

1120. — Rowland (Henry, Augustin), ✤

Élu, le 8 mai 1893, correspondant de l'Académie des Sciences (section de Physique).

Né à Honesdale (États-Unis), le 27 novembre 1848. — Professeur de physique à l'Université Hopkins de Baltimore.

Auteur de : Sur les diverses déterminations de l'équivalent mécanique de la chaleur, etc.

1121. — Wiedemann (Gustave, Henri), O. ✤

Élu, le 23 mai 1893, correspondant de l'Académie des Sciences (section de Physique).

Né à Berlin, le 2 octobre 1826. — Professeur de chimie aux Universités de Bâle et de Leipzig.

Auteur de : La Science de l'électricité, Travaux sur le pouvoir conducteur électrique des cristaux, Révolution magnétique des surfaces de polarisation, L'endosmose électrique, La coïncidence de la conductibilité des métaux pour la chaleur et l'électricité.

1122. — Bichat (Ernest, Adolphe).

Élu, le 10 juillet 1893, correspondant de l'Académie des Sciences (section de Physique).

Né à Lunéville (Meurthe), le 17 septembre 1845. — Professeur aux lycées de Poitiers, de Versailles et Henri-IV. Professeur à la Faculté des Sciences de Nancy et doyen de la même Faculté.

Auteur de : Introduction à l'étude de l'électricité statique, et de travaux sur la polarisation rotatoire magnétique, l'induction, la méthode des coïncidences, la déperdition de l'électricité par convection, le dédoublement des composés optiquement inactifs par compensation, les phénomènes actino-électriques, l'influence de la pression sur la différence électrique, l'oscillation du plan de polarisation par la décharge d'une batterie, etc.

1123. — Ludwig (Carl).

Élu, le 17 juillet 1893, correspondant de l'Académie des Sciences (section de Médecine).

Né à Witzenhausen (Hesse), le 29 mars 1816. — Professeur de physiologie et directeur de l'Institut physiologique de Leipzig.

Auteur de : Travaux sur l'application de la méthode graphique à l'étude de la circulation du sang, Mesure de la vitesse du sang dans les vaisseaux, Des fonctions des glandes, De la secrétion urinaire.

1124. — Rollet (Martin, Pierre, Joseph), ✳

Élu, le 6 novembre 1893, correspondant de l'Académie des Sciences (section de Médecine).

Né à Lagnieu (Ain), le 12 novembre 1824. — Mort à Lyon, le 2 août 1894. — Chirurgien en chef de l'hospice de l'Antiquaille, à Lyon, et professeur d'hygiène à la Faculté de médecine.

Auteur de : Recherches sur la syphilis, Traité des maladies vénériennes, Nouvelles conjectures sur la maladie de Job, L'épidémie de fièvre typhoïde à Lyon, et de nombreux articles du Dictionnaire des sciences médicales.

1125. — Riggenbach (Nicolas), ✳

Élu, le 4 décembre 1893, correspondant de l'Académie des Sciences (section de Mécanique).

Né à Guebwiller (Haut-Rhin), le 21 mai 1817. — Ingénieur de la compagnie des chemins de fer de l'Ouest-Suisse. Administrateur du chemin de fer du Rigi.

Inventeur du système des chemins de fer à crémaillère du Rigi, de Arth-Goldau, du Brunig, de Prattigau, du Mont-Revard, du Rothorn, du Scheynige platt, de Lauterbrunnen à Grindenwald, etc., des funiculaires de Montreux, Gutsch, Giessbach, Beatenberg, etc.

1126. — Lecky (William, Edward, Hartpole).

Élu, le 23 décembre 1893, correspondant de l'Académie des Sciences morales et politiques (section d'Histoire.

Né à Newton-Park (Irlande), le 26 mars 1833.

Auteur de : Les directeurs de l'opinion publique en Irlande, Histoire des débuts et de l'influence de l'esprit de rationalisme en Europe ; Histoire de la morale en Europe, d'Auguste à Charlemagne ; Histoire de l'Angleterre au XVIIIᵉ siècle, etc.

1127. — Gomperz (Théodore).

Élu, le 29 décembre 1893, correspondant de l'Académie des Inscriptions et Belles-Lettres.

Né à Brunn (Autriche), le 29 mars 1832. — Professeur de philologie à l'Université et directeur du collège du régent, à Copenhague. Professeur de philologie classique à l'Université de Vienne.

Auteur de : Histoire de la philosophie grecque, Déchiffrement des passages de l'Hécalé de Callimaque, récemment retrouvés ; Études sur Euripide, Les tragiques grecs, Étude sur Ménandre, Notice sur les manuscrits d'Herculanum, Recherches sur l'officine des papyrus, Une lettre d'Épicure, Du moyen de retrouver l'écrit perdu de Denys sur l'imitation, Polystrate sur le mépris déraisonnable, Philodème sur le raisonnement, Études sur Aristote.

1128. — Naville (Édouard, Henry).

Élu, le 29 décembre 1893, correspondant de l'Académie des Inscriptions et Belles-Lettres.

Né à Genève, le 14 juin 1844. — Égyptologue.

Auteur de : Textes relatifs au mythe d'Orus, La littérature de l'ancienne Égypte, La litanie du soleil, Inscription historique de Pinodjem III.

1129. — Hamdy-Bey (Osman, Ibn, Edhem, Pacha, Zadèh), C. ✳

Élu, le 29 décembre 1893, correspondant de l'Académie des Inscriptions et Belles-Lettres.

Né à Constantinople, le 31 décembre 1842. — Directeur du musée impérial de Constantinople.

Auteur de : Fouilles de la nécropole de Saïda, in-fol.

II. 44

1130. — Lallemand (Léon, Frédéric).

Élu, le 13 janvier 1894, correspondant de l'Académie des Sciences morales et politiques (section de Morale).

Né à Paris, le 2 avril 1844. — Chef du bureau des Enfants assistés de la Seine, à l'administration de l'Assistance publique.

Auteur de : Histoire de la charité à Rome, Histoire des enfants abandonnés et délaissés, De l'assistance des classes rurales, Un péril social, l'Introduction de la charité légale, etc.

1131. — Pagnoul (Aimé).

Élu, le 22 janvier 1894, correspondant de l'Académie des Sciences (section d'Économie rurale).

Né à Estrée-Cauchie (Pas-de-Calais), le 19 mai 1822. — Professeur de physique et de chimie au collège d'Arras, puis directeur de la station agronomique du Pas-de-Calais.

Auteur de : Études sur les engrais, sur les sables phosphatés, sur l'analyse des terres arabes, sur l'œillette, sur le blé, et d'articles insérés dans le Bulletin de la station agronomique du Pas-de-Calais.

1132. — Vigne (Paul de), ✳

Élu, le 24 février 1894, correspondant de l'Académie des Beaux-Arts (section de Sculpture).

Né à Gand (Belgique), le 26 avril 1843. — Sculpteur. Grand Prix de Rome.

Œuvres principales. — Girasole. Plusieurs sculptures du Conservatoire et de l'hôtel de ville de Bruxelles. Monument de Van Houtte. Le triomphe du génie de l'art. Monument de Breidel et de Coninc (Bruges). L'Immortalité (m. de Bruxelles). Monument de l'abbé de Haerne (Courtrai).

1133. — Perrin (Sainte-Marie, Louis, Jean).

Élu, le 24 février 1894, correspondant de l'Académie des Beaux-Arts (section d'Architecture).

Né à Lyon, le 31 août 1835. — Architecte du gouvernement.

A construit et décoré la basilique de Notre-Dame de Fourvières à Lyon, les églises de Saint-Germain-au-Mont-d'Or, Grezieu-le-Marché, Saint-Héaud, Chaponost, Saint-Bel, les chapelles de Caluire, de Varombon, de Dortan, de Châtillon (Ain), la crypte de l'église Saint-Pothin à Lyon, le monastère des carmélites d'Oullins, celui des religieuses de l'adoration réparatrice, le petit séminaire de Saint-Godard, etc. — Auteur de : Peintres et architectes, Le beffroi de Fourvières, etc.

1134. — Cui (César).

Élu, le 24 février 1894, correspondant de l'Académie des Beaux-Arts (section de Composition musicale).

Né à Vilna (Russie), en 1835. — Général dans l'armée russe. Compositeur de musique.

Auteur de : Le fils du mandarin (op.-c.), Le prisonnier du Caucase (op.), Angelo (op.), William Ratcliff (op.), le Flibustier (op.) ; de la musique des poèmes de Richepin, de suites d'orchestres, marches, boléro, lieder, musique de piano, etc.

1135. — Blondlot (René, Prosper).

Élu, le 15 mai 1894, correspondant de l'Académie des Sciences (section de Physique).

Né à Nancy, le 3 juillet 1849. — Professeur à la Faculté des Sciences de Nancy.

Auteur de : Introduction à l'étude de la thermodynamique, Introduction à l'étude de l'électro-statique, et de recherches sur la capacité de polarisation voltaïque, sur la mesure de la différence du potentiel entre deux liquides, sur la détermination expérimentale de la vitesse de propagation des ondes électro-magnétiques, sur un nouveau procédé de transmission des ondulations électriques, sur la vitesse de propagation des ondulations électro-magnétiques, sur la détermination de la vitesse de propagation des ondes électriques, etc.

1136. — Cannizzaro (Stanislas).

Élu, le 11 juin 1894, correspondant de l'Académie des Sciences (section de Chimie).

Né à Palerme (Sicile), le 12 juillet 1826. — Professeur de chimie et directeur de l'Institut chimique de l'Université de Rome. Sénateur.

Auteur de la découverte de l'alcool burzitique et de plusieurs éthers mixtes ou composés de la cyanamide. Études sur la saintonine et ses dérivés, etc.

1137. — Macbeth (Robert, Walker).

Élu, le 10 novembre 1894, correspondant de l'Académie des Beaux-Arts (section de Gravure).

Né à Glasgow (Écosse), le 30 septembre 1848. — Graveur et peintre.

Œuvres principales. — Le Printemps. L'Automne. Les ramasseurs de champignons. Un jour de pluie. Le port de refuge. La charrue. Les baigneurs. Le lac de Marlow. Le marchand de poissons (Walker). Bacchus et Ariane. La Fécondité. Sainte Marguerite (Titien). Le joueur bariolé d'Hamelin. L'élixir d'amour (Prinwell). Les lances. Les illeuses. Alonzo Cano (Velasquez). L'inondation dans les marais. Le soulier rejeté. Son dernier sou. L'orage qui avance. La veille de Noël. Le vieux jardin (John Millais). La lune de la moisson. Symphonie pastorale. La fin du jour. Seulement une ondée (Georges Mason). Si la musique est la nourriture de l'amour, jouez-en (Orchardson).

1138. — Scalea (le Prince Francesco, Gauda, Spinelli de).

Élu, le 10 novembre 1894, correspondant libre de l'Académie des Beaux-Arts.

Né à Palerme (Sicile), le 13 septembre 1834. — Inspecteur général des monuments en Sicile. Sénateur du royaume d'Italie.

1139. — Vriendt (Albrecht de).

Élu, le 15 décembre 1894, correspondant de l'Académie des Beaux-Arts (section de Peinture).

Né à Gand (Belgique), le 6 décembre 1843. — Peintre d'histoire. Président du Corps académique et directeur de l'Académie royale des Beaux-Arts d'Anvers. — Professeur et directeur d'atelier, à l'Institut supérieur des Beaux-Arts.

Œuvres principales. — Jacqueline de Bavière implorant de Philippe le Bon la grâce de son mari (m. de Liège). Charles Quint à Yuste. Charles Quint enfant créé chevalier de la toison d'or. Comment ceux de Gand rendirent hommage à Charles Quint enfant (m. de Bruxelles). Le Pape Paul III contemplant le portrait de Luther (m. d'Anvers). Philippe le Bon jurant fidélité aux privilèges de la ville de Furnes (hôtel de ville de Furnes). Peintures murales à l'hôtel de ville de Bruges. La Vierge de Saint-Luc, à la cathédrale d'Anvers.

1140. — Gouvy (Théodore).

Élu, le 15 décembre 1894, correspondant de l'Académie des Beaux-Arts (section de Composition musicale).

Né à Goffontaine (Prusse Rhénane), le 3 juillet 1829. — Compositeur de musique.

Auteur de plusieurs œuvres de musique de chambre, plusieurs symphonies pour orchestre, une messe de Requiem, divers poèmes lyriques avec soli, chœurs et orchestre, dont : Antigone, Iphigénie, Électre, enfin de plusieurs œuvres pour piano seul.

1141. — Bertrand (Alexis).

Élu, le 22 décembre 1894, correspondant de l'Académie des Sciences morales et politiques (section de Philosophie).

Né à Chassey (Côte-d'Or), le 13 février 1850. — Agrégé de philosophie. Docteur ès lettres. Professeur aux lycées d'Auch, de Carcassonne et de Dijon. Professeur de philosophie à la Faculté des Lettres de Dijon, puis à celle de Lyon.

Auteur de : L'aperception du corps humain par la conscience, De immortalitate pantheistica, La psychologie de l'effort, Le séjour de Rabelais à Lyon, Lexique de philosophie, Science et psychologie, Principes de philosophie scientifique et de philosophie morale. A publié plusieurs éditions d'ouvrages philosophiques anciens et modernes.

✪ Castelar.

Élu, le 22 décembre 1894, correspondant de l'Académie des Sciences morales et politiques. — Voir Associés étrangers, n° 205.

1142. — Menger (Charles).

Élu, le 22 décembre 1894, correspondant de l'Académie des Sciences morales et politiques (section d'Économie politique).

Né en 1840, en Galicie. — Professeur d'économie politique à la Faculté de Droit de Vienne et au Séminaire d'économie nationale et de science financière de l'Université de Vienne.

Auteur de : Principes fondamentaux de la science économique, Recherches sur la méthode des sciences sociales et en particulier de l'économie politique, Les erreurs de l'école historique dans l'économie nationale allemande, Théorie du capital, Principes de classification des sciences économiques.

1143. — La Sicotière (Pierre, François, Léon, Duchesne de).

Élu, le 22 décembre 1894, correspondant de l'Académie des Sciences morales et politiques (section d'Histoire).

Né à Salframbert (Orne), le 3 février 1812. — Mort à Alençon, le 28 février 1895. — Bâtonnier des avocats d'Alençon. Député à l'Assemblée nationale de 1871. Sénateur de l'Orne.

Auteur de : Le département de l'Orne archéologique et pittoresque, Le roman historique, Le symbolisme religieux, Charlotte Corday, Les Cathelineau, La mort de Jean Chouan, René Thouar, Les faux Louis XVII, Louis de Frotté et les insurrections normandes, etc.

1144. — Saige (Gustave).

Élu, le 29 décembre 1894, correspondant de l'Académie des Inscriptions et Belles-Lettres

Né à Paris, le 20 août 1838. — Archiviste aux Archives nationales. Conseiller d'État et conservateur des archives de la principauté de Monaco.

Auteur de : Les Juifs du Languedoc antérieurement au XIVᵉ siècle, Journal des guerres civiles de Dubuisson-Aubenay de 1648 à 1652, Recueil de documents historiques relatifs à la principauté de Monaco depuis le XVᵉ siècle, Le protectorat espagnol à Monaco et les causes de sa rupture, Cartulaire de la Seigneurie de Fontenay-le-Marmion.

1145. — Mehren (Auguste, Ferdinand, Michel).

Élu, le 29 décembre 1894, correspondant de l'Académie des Inscriptions et Belles-Lettres.

Né à Elseneur (Danemark), le 6 avril 1822. — Professeur à l'Université de Copenhague.

Auteur de : La Syrie et la Palestine, La coupole de Melik-el-Aschraf-Aboul-Nassesz-Birsbay au Caire, Revue des monuments funéraires de Kerafat, Manuel de la cosmographie du moyen âge, La réforme de l'islamisme, Correspondance de Ibn Sabin avec Frédéric II, Traités mystiques d'Abou-ali-al-Hosaïn.

1146. — Kawadias (Panagiotis).

Élu, le 29 décembre 1894, correspondant de l'Académie des Inscriptions et Belles-Lettres.

Né à Céphalonie, le 2 mai 1850. — Éphore général des antiquités du royaume de Grèce.

A présidé aux fouilles d'Epidaure, au déblaiement de l'acropole d'Athènes et a créé le musée national. — Auteur de : Épidaure, et du catalogue du musée de sculpture d'Athènes.

1147. — Windisch (Ernst).

Élu, le 29 décembre 1894, correspondant de l'Académie des Inscriptions et Belles-Lettres.

Né à Dresde (Saxe), le 4 septembre 1844. — Professeur de sanscrit et de philologie aux Universités de Heidelberg et de Leipzig.

Auteur de : *De Hymnis Homericis majoribus*, Textes irlandais, Le drame indien, La Nyayabh ashyeb, Les Itivuttakam, et de nombreux mémoires insérés dans la Revue celtique, etc.

1148. — Bücheler (François).

Élu, le 29 décembre 1894, correspondant de l'Académie des Inscriptions et Belles-Lettres.

Né à Rheinberg (Prusse), le 3 juin 1837. — Professeur de philologie classique à l'Université de Bonn.

Auteur de travaux importants sur la langue latine, d'une édition de Pétrone, de l'anthologie des poèmes épigraphiques, *De Claudio Cœpore grammatico*, Précis de la déclinaison latine, *Academicorum philosophorum index Herculanensis, Pervigilium veneris liber Priapearum*, etc.

1149. — De Smedt (l'abbé Charles).

Élu, le 29 décembre 1894, correspondant de l'Académie des Inscriptions et Belles-Lettres.

Né à Gand (Belgique), le 6 avril 1833. — Religieux de la Compagnie de Jésus. Membre de la Société des Bollandistes.

Auteur de : *Analecta Bollandiana,* et de la publication des Gestes des évêques de Cambrai.

1150. — Richtofen (le Baron Ferdinand Freihew, von).

Élu, le 31 décembre 1894, correspondant de l'Académie des Sciences (section de Minéralogie).

Né à Karlsruhe (Silésie), le 5 mai 1833. — Attaché au service de la carte géologique d'Autriche.

Auteur de : Étude des roches trachytiques de la Hongrie et de la Transylvanie, Description géologique du Tyrol, Exploration géologique de la Chine entre Pékin, Outchang et Canton ; Carte géologique de la Chine orientale, Étude sur la distribution du charbon en Chine, La Chine : résultats des voyages et des études de cette contrée.

1151. — Matheron (Pierre, Philippe, Émile).

Élu, le 7 janvier 1895, correspondant de l'Académie des Sciences (section de Minéralogie).

Né à Marseille, le 18 octobre 1807.

Auteur de : Le genre hychnus, Essai sur la constitution géognostique des Bouches du Rhône, Catalogue des corps organisés fossiles de Provence, Les reptiles fossiles des dépôts fluvio-lacustres crétacés du bassin de Fuveau, Recherches géologiques sur les terrains tertiaires de la France occidentale.

1152. — Rondot (Cyr, François, Natalis), C. ✳

Élu, le 19 janvier 1895, correspondant libre de l'Académie des Beaux-Arts.

Né à Saint-Quentin (Aisne), le 23 mars 1821. — Délégué de la Chambre de commerce de Lyon à Paris. Président de section à la Commission permanente des valeurs de douane.

Auteur de : Sur les étoffes de laine françaises convenables pour la Chine, L'Archipel Indien et l'Afrique, Les plantes filamenteuses de la Chine, Du commerce d'exportation de la Chine, Sur l'industrie lainière de la Belgique en 1847, Statistique de l'industrie à Paris pour les années 1847 et 1848, Du vert de Chine et de la teinture en vert chez les Chinois, Le Musée d'art et d'industrie de Lyon, L'industrie de la soie, L'Enseignement nécessaire à l'industrie de la soie, Les graveurs du nom de Monterde et le monnayage du métal de cloche pur à Lyon, Les orfèvres à Lyon du xiv° au xviii° siècles, Les artistes et les maîtres de métier à Lyon au xix° siècle, L'art de la soie, Jacques Gauvain, Les peintres, Les peintres-verriers et les sculpteurs à Troyes du xiii° au xvi° siècle ; Claude Warin, graveur et médailleur ; Jacques Morel, sculpteur lyonnais ; Les protestants à Lyon au xvii° siècle ; Les potiers de terre italiens à Lyon au xvii° siècle, Les orfèvres de Troyes du xii° au xviii° siècle, Les Spirinx, graveurs à Lyon ; L'industrie de la soie en France.

1153. — Hergott (François, Joseph), ✳

Élu, le 21 janvier 1895, correspondant de l'Académie des Sciences (section de Médecine).

Né à Guebwiller (Haut-Rhin), le 12 septembre 1814. — Docteur en médecine. Professeur à la Faculté de médecine de Strasbourg, puis à celle de Nancy.

Auteur de travaux sur la présentation du fœtus, sur la cure de la fistule vésico-vaginale, sur la construction des gouttières en linge plâtré pour le traitement des fractures. Traducteur du traité des déviations utérines de Schultze et de l'Histoire de l'obstétrique de Siebold.

1154. — Backlund (Oskar).

Élu, le 17 juin 1895, correspondant de l'Académie des Sciences (section d'Astronomie).

Né à Stockholm, le 28 avril 1846. — Directeur de l'Observatoire central de Russie à Poulkova.

Auteur de : Théorie du mouvement de la comète d'Encke, Théorie des perturbations, Expédition géodésique dans le nord-est de la Russie, etc.

1155. — Kowalewski (Alexandre).

Élu, le 17 juin 1895, correspondant de l'Académie des Sciences (section d'Anatomie).

Né à Dunabourg (Russie), le 19 novembre 1840. — Professeur à l'Université d'Odessa. Membre de l'Académie de Saint-Pétersbourg.

Auteur de nombreux travaux sur l'embryologie.

1156. — Fuchs (Emmanuel, Lazarus).

Élu, le 24 juin 1895, correspondant de l'Académie des Sciences (section de Géométrie).

Né à Moschin (Prusse), le 5 mai 1833. — Professeur à l'Université de Berlin.

Auteur de travaux sur les équations différentielles linéaires, publiés dans le Journal de Crelle.

1157. — Nansen (Fridtjof).

Élu, le 24 juin 1895, correspondant de l'Académie des Sciences (section de Géographie).

Né à Bergen (Norvège). — Aide-Naturaliste au Muséum de Bergen.

A entrepris une expédition scientifique au Groenland.

1158. — Laveran (Charles, Louis, Alphonse), ✳

Élu, le 24 juin 1895, correspondant de l'Académie des Sciences (section de Médecine).

Né à Paris, le 18 juin 1845. — Docteur en médecine. Médecin militaire de 1re classe. Professeur à l'École du Val-de-Grâce, puis médecin en chef de l'hôpital militaire de Lille.

Auteur de : Traité des maladies et des épidémies de l'armée, Éléments de pathologie médicale, Traité des fièvres palustres, Les hématozoaires de l'homme et des animaux ; Études sur les oreillons, les abcès du foie et la dysenterie, la tuberculose aiguë des synoviales et le paludisme. Collaborateur de l'Encyclopédie des sciences médicales.

1159. — Schwarz (Hermann, Amandus).

Élu, le 1er juillet 1895, correspondant de l'Académie des Sciences (section de Géométrie).

Né à Hermsdorf (Silésie), le 25 janvier 1843.

Auteur de travaux sur la géométrie infinitésimale et l'analyse, Théorie des surfaces minima et des surfaces développables, De l'équation de Laplace à deux variables.

1160. — Müller (le Baron Ferdinand von).

Élu, le 1er juillet 1895, correspondant de l'Académie des Sciences (section de Botanique).

Né à Rostock (Mecklembourg), le 30 juin 1825. — Directeur du Jardin botanique de Melbourne. A entrepris des voyages d'exploration dans les colonies de Queensland et de la Nouvelle-Galles du Sud.

Auteur de : Les plantes de la colonie de Victoria, Catalogue systématique des plantes de l'Australie, Clef du système de la botanique de Victoria, Eucalyptographia.

1161. — Engelmann (Theodor, Wilhelm).

Élu, le 1er juillet 1895, correspondant de l'Académie des Sciences (section de Médecine).

Né à Leipzig (Saxe), le 14 novembre 1843. — Directeur de l'Institut physiologique d'Utrecht.

Auteur de : Études sur la physiologie générale des tissus dans le règne animal et dans le règne végétal, Histologie et physiologie des nerfs et des muscles, Perception de la lumière et des couleurs par les organismes simples.

1162. — Cohn (Ferdinand).

Élu, le 8 juillet 1895, correspondant de l'Académie des Sciences (section de Botanique).

Né à Breslau (Prusse), le 24 janvier 1828. — Professeur de botanique et directeur de l'Institut de physiologie végétale à l'Université de Breslau.

Auteur de recherches sur les algues, les champignons, l'Empusa muscæ, les diatomées, les eaux d'alimentation, l'influence de la lumière sur les plantes et les animaux microscopiques, l'organisation et le développement des bactéries, etc.

1163. — Ramsay (William).

Élu, le 15 juillet 1895, correspondant de l'Académie des Sciences (section de Chimie).

Né à Glasgow (Écosse), le 2 octobre 1852. — Professeur à l'University College de Londres.

A découvert, avec lord Rayleigh, l'argon et l'hélicon. — Auteur de : Moyens pratiques de déterminer la densité des liquides aux températures d'ébullition, Nouvelle méthode pour la détermination des tensions des vapeurs Méthodes pour obtenir des températures constantes, Propriétés thermiques de l'alcool et de l'acide acétique, Poids moléculaires des liquides et de travaux divers sur la thermo-chimie.

1164. — Flower (Sir William, Henry).

Élu, le 15 juillet 1895, correspondant de l'Académie des Sciences (section d'Anatomie).

Né à Stratford-sur-Avon (Angleterre), le 30 novembre 1831. — Directeur du Muséum d'histoire naturelle de South Kensington, à Londres.

Auteur de travaux sur l'anatomie comparée, l'homologie des parties du cerveau chez les divers vertébrés, le cerveau et la dentition des marsupiaux, le caractère du crâne des carnassiers, les grands mammifères de l'ordre des cétacés, l'anatomie de l'éléphant de mer, du chevroteau porte-musc, du protèle d'Afrique, etc.

1165. — Sabatier (Armand), ✳

Élu, le 15 juillet 1895, correspondant de l'Académie des Sciences (section d'Anatomie).

Né à Ganges (Hérault), le 14 janvier 1834. — Agrégé des Facultés de médecine. Professeur de zoologie et d'anatomie comparée à la Faculté des Sciences de Montpellier. Doyen de la Faculté.

Auteur de travaux sur l'anatomie de la moule commune, sur le cœur et la limitation centrale dans la série des vertébrés, sur la ceinture des membres antérieurs et postérieurs de la série des vertébrés, sur la spermatogenèse des crustacés disopodes, sur la mécanique de la respiration chez les tortues, etc. Créateur du laboratoire maritime de Cette.

1166. — Retzius (Gustave).

Élu, le 22 juillet 1895, correspondant de l'Académie des Sciences (section d'Anatomie).

Né à Stockholm, le 17 octobre 1842. — Professeur à l'Institut d'histologie. Professeur d'anatomie à la Faculté de médecine de Stockholm.

Auteur de travaux sur l'anatomie du système nerveux et des tissus conjonctifs, sur l'appareil de l'ouïe des vertébrés, sur le système nerveux des animaux inférieurs, et d'observations biologiques.

1167. — Bergh (Ludwig, Rudolph, Sophus).

Élu, le 29 juillet 1895, correspondant de l'Académie des Sciences (section d'Anatomie).

Né à Copenhague, le 15 octobre 1824. — Médecin du grand hôpital de Copenhague.

Auteur de travaux sur les mollusques nudibranches, dont il a fait connaître cinquante genres et plusieurs centaines d'espèces.

ORDRE DE SUCCESSION

ASSOCIÉS NON RÉSIDANTS & DES CORRESPONDANTS

ES tableaux qui suivent ont été établis de la façon suivante : Afin d'éviter la nécessité de faire une double liste, on a suivi l'ordre de succession depuis l'origine de l'Institut, sans distinguer entre les associés non résidants élus avant 1803 et les correspondants qui les ont remplacés à partir de cette dernière date.

Quoique l'Académie française n'ait pas de correspondants, on a dû logiquement lui attribuer les associés non résidants des sections de grammaire et de poésie de la Classe de Littérature et Beaux-Arts.

On a, en vertu de la même règle, fait rentrer dans la liste de l'Académie des Inscriptions et Belles-Lettres : 1° les associés non résidants de la section de Langues anciennes et de la section d'Antiquités et Monuments de la Classe de Littérature et Beaux-Arts (1795-1803) ; 2° les correspondants de la Classe d'Histoire et de Littérature ancienne (1803-1816) ; 3° les correspondants de l'Académie des Inscriptions et Belles-Lettres, élus depuis 1816. L'établissement de l'ordre de succession a d'ailleurs été rendu particulièrement difficile, par suite des changements survenus dans le nombre des correspondants, qui a été d'abord réduit de soixante à trente, puis porté à quarante et enfin à cinquante. Plusieurs sièges sont restés longtemps vacants, d'autres ont cessé d'exister, à mesure des décès des titulaires. Ces derniers ont été indiqués par un chiffre *bis*.

Pour l'Académie des Sciences, la liste comprend les associés non résidants de la première classe de l'Institut (1795-1803), les correspondants de la même classe pour la période de 1803 à 1816, enfin les correspondants élus depuis 1816. On doit rappeler que les élections qui ont eu lieu postérieurement à 1803, ont été faites sans préoccupation de spécialité, jusqu'au moment où l'arrêté du 6 juin 1808 a réparti les correspondants entre les diverses sections, en fixant le contingent désormais attribué à chacune d'elles. En outre, le nombre des sièges affectés à chaque section a été modifié par une

II. 45

décision de l'Académie en date du 22 décembre 1828, de sorte que plusieurs correspondants élus entre 1803 et 1828 ne figurent pas, d'une façon absolument exacte, dans leurs sections respectives.

Sur la liste de l'Académie des Beaux-Arts, se trouvent naturellement les associés non résidants des sections de Peinture, de Sculpture, d'Architecture et de Musique, de la Classe de Littérature et Beaux-Arts, puis, à partir de 1803, les correspondants de la classe des Beaux-Arts et, à partir de 1816, ceux de l'Académie des Beaux-Arts. Toutefois, il a été impossible d'établir d'une façon rigoureusement exacte la liste par sections. En effet, si à l'origine les associés non résidants avaient été répartis entre les sections, et si cette même division avait été conservée dans l'arrêté du 21 mars 1803, les élections furent faites, à partir de cette dernière date, sans aucun égard pour les spécialités. Ce fut seulement lorsque le décret du 25 avril 1863 eut fixé la part respective de chaque section que l'Académie établit un classement qui a toujours été suivi depuis lors. Voici comment on a cru devoir procéder pour l'établissement de la liste : on a placé, dans chaque section, les sièges qui y existent actuellement, et l'on est remonté jusqu'à l'origine de chacun d'eux, en reproduisant les noms de tous les titulaires successifs ; il n'y aura donc pas lieu de s'étonner si l'on trouve, pour la période antérieure à 1863, un peintre entre deux sculpteurs, un musicien après un architecte, etc.

En ce qui concerne enfin l'Académie des Sciences morales et politiques, on a compris dans la liste les associés non résidants de la deuxième classe de l'Institut (1795-1803) et les correspondants élus depuis le rétablissement de la compagnie.

ACADÉMIE FRANÇAISE

(Classe de Littérature et Beaux-Arts.)

SECTION DE GRAMMAIRE

1796. DOTTEVILLE.
»　MARMONTEL.
»　L'abbé FÉRAUD.
»　Comte de LAURENCIN.
»　François de NEUFCHATEAU.
1799. LECLERC.
»　CROUZET.
1801. MOREL.
»　BOINVILLIERS.

SECTION DE POÉSIE

1796. PIEYRE.
»　BÉRENGER.
»　LEGOUVÉ.
»　PALISSOT de MONTENOY.
1799. DEMOUSTIER.
1801. MASSON.

ACADÉMIE

DES INSCRIPTIONS & BELLES-LETTRES

I

1796. Brunck.
1807. Vincens Saint-Laurent.
1826. Brondsted.
1842. de Witte.
1864. Lane.
1876. Fabretti.
1894. Windisch.

I bis

1796. Le Monnier.
1803. Destutt de Tracy.
1810. Valperga di Caluso.
     Siège supprimé depuis 1815.

II

1796. Sabathier.
1809. Heeren.
1839. Berbrugger.
1869. Mantellier.
1884. de Nadaillac.

III

1796. Ruffin.
1827. de Golbéry.
1854. F. Michel.
1887. Joret.

IV

1796. J. Schweighæuser.
1819. Pouqueville.
1831. Peyron.
1854. Polain.
1873. Thomas.
1886. Bretschneider.

V

1799. Belin de Ballu.
1876. Mussafia.

VI

1796. Oberlin.
1808. J. Rousseau.
1832. Gesenius.
1842. Wachsmuth.
1866. Henzen.
1887. Helbig.
1894. de Smedt.

VII

1796. Guys.
1803. Desèze.
1831. de Villeneuve-Bargemont.
1840. Greppo de Montellier.
1863. Guerrier de Dumast.
1883. La Borderie.
1889. Champoiseau.

VIII

1796. Fauvel.
1839. La Saussaye.
1844. de Laplane.
1871. Cherbonneau.
1883. Dozon.
1891. Bayet.

IX

1796. Gibelin.
1815. Spencer Stanhope.
1841. Th. Gaisford.
1855. W. Cureton.
1861. Diez.
1876. Dorn.
1881. Boehtlingk.

X

1801. Riboud.
1835. Cte de Munster.
1842. Th. Wright.
1878. W. Stokes.
1891. Leemans.
1893. Ed. Naville.

XI

1802. Traullé.
1839. Borghesi.
1859. Amari.
1871. Muir.
1882. Roth.
1895. *Siège vacant.*

XII

1803. La Romiguière.
1833. Quaranta.
1867. Conestabile.
1877. Ascoli.
1891. Thompson.

XIII

1803. Jacquemont.
1837. de Crazannes.
1862. Charles Robert.
1871. R. de Beaurepaire.

XIII bis

1803. Degérando.
1807. Mollevaut.
     Siège supprimé depuis 1816.

XIV

1803. E.-P. Prévost.
1840. Pertz.
1863. Westergaard.
1878. Wright.
1889. Neubauer.

XV

1803. Labène.
1844. Lautard.
1855. de Coussemaker.
1876. Allmer.

XVI

1803. de Villeterque.
1812. Linde.
1850. Hodgson.
1894. Mehren.

XVII

1803. St-John de Crevecœur.
1814. J. Gillies.
1833. Hermann.
1837. de Santarem.
1856. de Gayangos.

XVII bis

1803. Ferlus.
1813. de Baillou.
     Siège supprimé depuis 1819.

XVIII

1803. Gaudin.
1811. de Hammer Purgstall.
1835. J. Humbert.
1851. C. Gazzera.
1859. de Bunsen.
1860. Mommsen.
1895. *Siège vacant.*

XIX

1803. Legrand-Delaleu.
1821. Dodwell.
1833. Millingen.
1846. Carl Ritter.
1855. Wolf.
1866. Dozy.
1883. Gozzadini.
1887. Sickel.
1890. Schuchardt.

XX

1803. Grouvelle.
1807. Correa de Serra.
1839. Géel.
1862. Ritschl.
1867. Jahn.
1869. Curtius.
1889. Nauck.
1893. Gomperz.

XX bis

1803. Massa.
1823. de Gaujal.
    Siège supprimé depuis 1856.

XXI

1803. Gallois.
1831. Matter.
1839. de Gerville.
1854. Carbuccia.
1855. de Boissieu.
1887. Reboud.
1889. Bailly.

XXII

1803. Roume de Saint-Laurent.
1807. de Reuilly.
1811. Eichhorn.
1839. Fresnel.
1856. Stiévenart.
1860. Germain.
1876. Tissot.
1880. Clermont-Ganneau.
1889. Sauvaire.

XXIII

1803. Garnier.
1819. Cousinery.
1831. Böttiger.
1834. Gerhard.
1861. Birch.
1886. de Goeje.

XXIV

1803. Duvillard de Durand.
1833. Jouannet.
1846. de Pétigny.
1850. Azema Montgravier.
1863. Tarbé.
1871. Deschamps de Pas.
1890. L'abbé Delattre.

XXV

1803. Koch.
1814. Du Boys-Aimé.
1846. Fontanier.
1858. Dinaux.
1864. Cochet.
1892. de Grandmaison.

XXV bis

1803. Gudin.
1813. Choiseul-Daillecourt.
    Siège supprimé depuis 1817.

XXVI

1803. Senebier.
1811. de Corancez.
1833. de Caumont.
1873. Hanoteau.

XXVII

1803. Dotteville.
1809. Meiners.
1811. Fourcade.
1815. Rever.
1832. Ch. Weiss.
1866. H. Weil.
1882. Merlet.

XXVIII

1803. de Laurencin.
1832. Wilken.
1841. Kosegarten.
1860. G. Weil.
1889. Radloff.

XXIX

1803. J. Leclerc.
1821. de Stempkowsky.
1835. de Reiffenberg.
1850. Roulez.
1878. Koumanoudis.

XXX

1803. Crouzet.
1811. Artaud.
1835. Mis de Lagoy.
1860. Mortreuil.
1876. C. Port.
1887. L'abbé Chevalier.

XXXI

1803. Morel.
1813. de Sismondi.
1839. de Saulcy.
1842. Eug. Boré.
1878. Dezeimeris.

XXXII

1803. Boinvilliers.
1831. Leake.
1860. Bekker.
1871. Cobet.
1876. Vasquez-Queipo.
1893. Hamdy-Bey.

XXXIII

1803. Pieyre.
1839. Prinsep.
1841. Lassen.
1861. Benfey.
1881. Bugge.

XXXIV

1803. Bérenger.
1822. Schweighœuser.
1844. Cadalvène.
1852. Noël des Vergers.
1867. d'Arbois de Jubainville.
1884. Blancard.

XXXIV bis

1803. Palissot de Montenoy.
1815. Dureau de la Malle.
    Siège supprimé depuis 1818.

XXXV

1803. Masson.
1810. Sestini.
1839. Floquet.
1881. de Sarzec.

XXXVI

1803. Harless.
1819. Maï.
1842. Cavedoni.
1865. Weber.
1894. Bücheler.

XXXVI bis

1803. Marini.
1815. Valsamachi.
1871. Madwig.
    Siège supprimé depuis 1886.

XXXVII

1803. de Guignes.
1839. Micali.
1844. Secchi.
1856. Gorresio.
1876. Poole.
1895. *Siège vacant.*

XXXVIII

1803. Boissy d'Anglas.
1807. Fauris Saint-Vincent.
1839. Grimm.
1847. Wilson.
1849. Grotefend.
1854. Layard.
1889. Yule.
1890. Wattenbach.

XXXIX

1803. Akerblad.
1821. Bodin.
1839. Deville.
1875. Dumont.
1882. Bladé.

XL

1803. Paolino.
1808. Serna Santander.
1815. Gervais de la Rue.
1833. La Bus.
1854. Minervini.
1891. Hirschfeld.

XLI

1803. Levêque de Pouilly.
1827. du Ponceau.
1844. Rawlinson.
1887. Evans.

XLII

1803. Faulcon.
1843. Botta.
1871. Chabas.
1882. Robiou.
1894. Saige.

XLIII

1803. Levrier.
1839. Leglay.
1863. Mariette.
1878. Desjardins.
1886. Chabaneau.

XLIV

1803. Delandine.
1839. La Fontenelle de Vaudoré.
1847. Eichhoff.
1875. Tamizey de Laroque.

XLIV *bis*

1804. de Villers.
1815. Salt.
Siège supprimé depuis 1827.

XLV

1804. Schnürrer.
1823. Fraehn.
1851. Freytag.
1861. Fleischer.
1867. Spiegel.

XLVI

1804. Scrofani.
1840. Avellino.
1850. Rangabé.
1892. Tobler.

XLVI *bis*

1805. de Klein.
1811. Sartorius.
Siège supprimé depuis 1828.

XLVII

1805. Bast.
1812. Grabert de Hemsö.
1847. Lobeck.
1849. Bopp.
1858. Herculano de Carvalho.
1877. Whitney.
1894. Kawadias.

XLVIII

1805. Maine de Biran.
1839. Ideler.
1846. Panofka.
1858. Max Müller.
1869. Pott.
1887. Bühler.

XLVIII *bis*

1805. G. de Rayneval.
1814. Champollion-Figeac.
Siège supprimé depuis 1867.

XLIX

1806. Morelli.
1839. Welcker.
1858. Lepsius.
1885. Comparetti.

L

1806. Semini.
1807. Murr.
1812. Mustoxidi.
1860. de Rossi.
1867. de Miklosich.
1888. Kremer.
1890. Kern.

ACADÉMIE DES SCIENCES

<table>
<tr><td colspan="2">SECTION I
GÉOMÉTRIE</td><td>SECTION II
MÉCANIQUE</td><td>SECTION III
ASTRONOMIE</td></tr>
</table>

SECTION I — GÉOMÉTRIE

I
1796. Montucla.
1800. Biot.
1804. Gauss.
1821. Pfaff.
1830. Gergonne.
1860. Tchébychef.
1876. Spottiswoode.
1884. Salmon.

II
1796. Arbogast.
1804. L. Genty.
1817. Kramp.
1826. Plana.
1860. Kummer.
1868. Weierstrass.
1895. Fuchs.

III
1796. Duval le Roy.
1811. Paoli.
1839. Chasles.
1854. Steiner.
1863. Sylvester.

IV
1796. Lallemant.
1830. Jacobi.
1847. Le Besgue.
1876. Borchardt.
1880. Brioschi.

V
1796. Tédenat.
1832. Libri.
1833. Dirichlet.
1856. Ostrogradski.
1863. Neumann.
1895. Schwarz.

VI
1796. P. Levêque.
1804. Cte du Buat.
1808. Niewport (d. n., section de Mécanique).
1828. Ivory.
1844. Hamilton.
1866. Riemann.
1867. Plucker.
1868. Kronecker.
1892. Lie.

SECTION II — MÉCANIQUE

I
1796. Sané.
1808. J. Watt.
1814. Ch. Dupin.
1818. J.-B. Hubert.
1846. Eytelwein.
1865. Clausius.
1890. Beltrami.

II
1796. Clouet.
1803. Fabre.
1842. Burdin.
1875. Broch.
1890. Gilbert.
1892. Amsler.

III
1796. Marescot.
1833. Vicat.
1861. Bernard.
1869. de Caligny.
1893. Vallier.

IV
1796. Groignard.
1804. Thévenard.
1815. de Reichenbach.
1826. Brunel.
1852. Fairbairn.
1875. Boileau.
1892. Considère.

V
1796. Paucton.
1799. Niewport.
1804. Wiebeking.
1848. Moseley.
1873. Didion.
1879. Dausse.
1891. Sire.

VI
1796. Forfait.
1809. de Bétancourt.
1824. Fossombroni.
1845. Marc Séguin.
1876. Colladon.
1893. Riggenbach.

SECTION III — ASTRONOMIE

I
1796. Darquier.
1802. Vidal.
1819. Kater.
1836. Baily.
1845. Santini.
1879. Asaph Hall.

II
1796. Dangos.
1838. Littrow.
1843. Hansen.
1879. Stephan.

III
1796. Duc La Chapelle.
1814. de Ferrer.
1818. Brisbane Macdougall.
1863. Cayley.
1895. Siège vacant.

IV
1796. Saint-Jacques Silvabelle.
1801. de Sepmanville.
1817. Lambton.
1825. Encke.
1873. Lockyer.

V
1796. Flaugergues.
1831. Gambart.
1837. Carlini.
1865. O.-W. Struve.

VI
1796. Thulis.
1810. Olbers.
1830. Herschell.
1857. Secchi.
1879. Gylden.

VII
1803. Melander Hjelm.
1811. Bürg.
1838. de Bréauté.
1857. Adams.
1892. Perrotin.

VIII

1803. Duvaucel.
1820. Brinkley.
1837. Dunlop.
1851. Argelander.
1879. Oppolzer.
1892. Auwers.

IX

1803. Poczobut.
1810. Harding.
1835. Airy.
1874. Tisserand.
1879. Schiaparelli.

X

1803. Lesage.
1804. Bernard.
1816. Pond.
1837. W.-H. Smith.
1873. Roche.
1888. Langley.

XI

1803. Borda d'Oro.
1804. Bugge.
1815. Swanberg.
1851. Bond.
1863. Mac Lear.
1880. de la Rue.
1892. Rayet.

XII

1804. Cagnoli.
1816. Bessel.
1842. Petit.
1874. Huggins.

XIII

1804. Piazzi.
1817. Lindenau.
1857. Peters.
1881. Gould.

XIV

1804. Oriani.
1833. Struve.
1865. Plantamour.
1885. R. Wolf.
1895. Backlund.

XV

1804. Fouquet.
1807. Schröter.
1816. Mudge.
1820. Böhnenberger.
1831. Schumacher.
1851. Hind.

XVI

1805. Zach.
1832. Valz.
1874. Newcomb.
Siège vacant.

SECTION IV

GÉOGRAPHIE ET NAVIGATION

I

1803. de Bourgoing.
1813. de Freycinet.
1826. Warden.
1846. Demidoff.
1872. Ledieu.
1892. Manen.

II

1803. Verdun de la Crenne.
1811. Kraijenhoff.
1840. Parry.
1856. de Wrangell.
1875. Dom Pedro d'Alcantara.
1878. Cialdi.
1885. Ibanez de Ibero.
1892. de Tillo.

III

1803. de Granchain.
1804. de Guignes.
1846. Franklin.
1861. de Lutke.
1886. Pissis.
1891. de Serpa Pinto.

IV

1803. Lescallier.
1821. Lislet-Geoffroy.
1837. Beaufort.
1861. Tchihatchef.
1891. Grimaldi, prince de Monaco.

V

1803. Romme.
1804. Mendoza y Rios.
1816. Moreau de Jonnès.
1852. d'Abbadie.
1872. A. David.

VI

1802. Coquebert de Montbret.
1816. Lowenörn.
1827. Scoresby.
1861. Bache.
1869. Livingstone.
1876. Nordenskiold.
1895. Nansen.

VII

1803. Genet.
1840. Bérard.
1852. Lottin.
1858. de Tessan.
1861. Givry.
1869. Chazallon.
1875. Sabine.
1889. de Teffé.

VIII

1803. Degaulle.
1810. de Krusenstern.
1852. Ross.
1863. Fitzroy.
1866. Richards.

SECTION V

PHYSIQUE GÉNÉRALE

I

1796. Montgolfier.
1802. Pictet.
1825. Brewster.
1852. Plateau.
1886. Terquem.
1890. Amagat.

II

1796. Loysel.
1842. Forbes.
1870. Kirchhoff.
1890. Rayleigh.

III

1796. Sonolet.
1803. Sigorgne.
1835. Melloni.
1857. Matteucci.
1870. Mayer.
1879. Lissajous.
1880. Abria.
1893. Bichat.

IV

1796. Ratte.
1804. de Humboldt.
1805. Vassali Eandi.
1825. Seebeck.
1833. Nobili.
1838. Marianini.
1870. von Helmholtz.
1894. Blondlot.

V

1796. SIGAUD-LAFOND.
1804. BLAGDEN.
1820. LESLIE.
1833. HANSTEEN.
1873. ANGSTRÖM.
1879. STOKES.

VI

1798. CASSINI.
1803. VAN MARUM.
1842. WHEATSTONE.
1873. BILLET.
1882. LALLEMAND.
1886. CROVA.

VII

1803. de LUC.
1818. YOUNG.
1828. BARLOW.
1864. MAGNUS.
1870. JOULE.
1890. SORET.
1893. ROWLAND.

VIII

1803. COTTE.
1830. de LA RIVE.
1865. WEBER.
1893. WIEDEMANN.

IX

1803. SWINDEN.
1823. OERSTED.
1842. HALDAT DU LYS.
1855. DELEZENNE.
1867. HIRN.
1890. RAOULT.

SECTION VI

CHIMIE

I

1796. CHAPTAL.
1799. WELTER.
1853. BUNSEN.
1886. REBOUL.

II

1796. BAUMÉ.
1804. KLAPROTH.
1805. FABBRONI.
1823. HATCHETT.
1847. GRAHAM.
1855. ZININ.
1880. STAS.
1893. KÉKULÉ.

II bis

1796. SÉGUIN.
Siège supprimé depuis 1835.

III

1796. MONS.
1843. ROSE.
1866. de MARIGNAC.
1894. CANNIZZARO.

IV

1796. NICOLAS.
1819. DESORMES.
1863. FAVRE.
1880. CHANCEL.
1891. HALLER.

V

1796. CHAUSSIER.
1823. BRACONNOT.
1856. GERHARDT.
1859. HOFFMANN.
1893. ROSCOË.

VI

1803. LANDRIANI.
1828. ARFVEDSSON.
1842. de LIEBIG.
1863. SCHÖNBEIN.
1869. DESSAIGNES.
1886. BAEYER.

VI bis

1804. GOSSE.
1816. DALTON.
1823. STROMEYER.
Siège supprimé depuis 1835.

VII

1804. de CRELL.
1816. WOLLASTON.
1823. FARADAY.
1845. LAURENT.
1855. MALAGUTI.
1878. LECOQ DE BOISBAUDRAN.

VII bis

1804. PROUST.
1816. BERZÉLIUS.
Siège supprimé depuis 1822.

VIII

1808. de SAUSSURE.
1845. WÖHLER.
1866. FRANKLAND.
1895. RAMSAY.

IX

1808. KIRWAN.
1813. DAVY.
1819. BÉRARD.
1873. WILLIAMSON.

SECTION VII

MINÉRALOGIE

I

1796. VALMONT de BOMARE.
1807. BRONGNIART.
1815. MÉNARD de LA GROYE.
1827. MITSCHERLICH.
1853. de LA BÊCHE.
1855. HAIDINGER.
1873. LEYMERIE.
1879. A. FAVRE.
1891. GEIKIE.

II

1796. SCHREIBER.
1827. CONYBEARE.
1858. DUROCHER.
1862. LYELL.
1879. SMITH.
1884. HALL.

III

1796. DUPUGET.
1804. REBOUL.
1839. BUCKLAND.
1858. SEDGWICK.
1874. de KOKSCHAROW.
1894. de RICHTHOFEN.

IV

1796. GIROUD.
1799. GILLET de LAUMONT.
1816. FLEURIAU de BELLEVUE.
1853. V. FOURNET.
1870. WILLER.
1880. SELLA.
1885. PRESTWICH.

V

1796. PATRIN.
1815. de BUCH.
1842. Omalius d'HALLOY.
1877. CAILLETET.
1885. GOSSELET.

VI

1796. SAGE.
1804. WERNER.
1812. de MÖLL.
1844. MURCHISON.
1870. NAUMANN.
1877. LORY.
1889. POMEL.

VII

1803. JARS.
1808. CORDIER.
1821. d'AUBUISSON de VOISINS.
1842. DEL RIO.
1855. HAUSSMANN.
1860. DAUBRÉE.
1862. DAMOUR.
1879. ABICH.
1887. VON DECHEN.
1889. SUESS.

VIII

1803. PALASSOU.
1832. ROSE.
1874. STUDER.
1887. SCACCHI.
1895. MATHERON.

SECTION VIII

BOTANIQUE

I

1796. LE MONNIER.
1800. BOUCHER de CREVECOEUR.
1845. LESTIBOUDOIS.
1877. GODRON.
1881. CLOS.

II

1796. VILLAR.
1814. SWARTZ.
1818. SMITH.
1828. GAUDICHAUD.
1838. MOHL.
1872. WEDDELL.
1878. DARWIN.
1885. SIRODOT.

III

1796. GOUAN.
1821. RAFFENEAU-DELILE.
1851. P. de CANDOLLE.
1875. BENTHAM.
1885. AGARDH.

II.

IV

1796. GÉRARD.
1819. P. de SAINT-HILAIRE.
1830. WALLICH.
1856. W. HOOKER.
1866. J. HOOKER.

V

1796. PICOT-LAPEYROUSE.
1818. KUNTH.
1851. BLUME.
1865. BRAUN.
1878. GRAY.
1888. MASTERS.

VI

1796. PALISSOT de BEAUVOIS.
1807. BRISSEAU-MIRBEL.
1819. DUNAL.
1857. THURET.
1876. de SAPORTA.
1895. COHN.

VII

1803. SONNERAT.
1814. BROWN.
1835. TREVIRANUS.
1865. HOFMEISTER.
1878. DUVAL-JOUVE.
1885. GRAND'EURY.

VIII

1803. de COSSIGNY.
1810. de CANDOLLE.
1826. MARTIUS.
1860. PRINGSHEIM.
1895. MULLER.

IX

1804. JACQUIN.
1817. BONPLAN.
1859. LECOQ.
1872. PLANCHON.
1888. TREUB.

X

1804. THUNBERG.
1828. LINK.
1851. MOQUIN-TANDON.
1854. SCHIMPER.
1881. HEER.
1885. E. BOISSIER.
1888. MILLARDET.

SECTION IX

ÉCONOMIE RURALE

I

1796. ROUGIER de la BERGERIE.
1836. d'HOMBRES-FIRMAS.
1859. RENAULT.
1864. PARADE.
1865. de VERGNETTE-LAMOTTE.
1887. HOUZEAU.

II

1796. PRÉAUDAU de CHEMILLY.
1797. CHANORIER.
1809. YVART.
1814. RIGAUD de l'ISLE.
1826. GIROU de BUZAREINGUES.
1857. REISET.
1887. MENABREA.

III

1796. LAMERVILLE.
1811. BRUGNONE.
1819. BUNIVA.
1835. BONAFOUS.
1853. PIERRE.
1882. DEMONTZEY.

IV

1796. A. MICHAUX.
1810. de CUBIÈRES.
1816. F. MICHAUX.
1857. CHEVANDIER.
1879. MAC CORMICK.
1884. CORVO.
1892. HELLRIEGEL.
1895. *Siège vacant.*

V

1796. LAFOSSE.
1820. THAER.
1829. A.-E.-P. de GASPARIN.
1840. PUVIS.
1853. LINDLEY.
1869. CORNALIA.
1883. GILBERT.

VI

1796. CHABERT.
1814. VIBORG.
1823. SCHWERZ.
1847. KUHLMANN.
1881. P.-J. de GASPARIN.
1894. PAGNOUL.

VII

1804. DUMONT de COURSET.
1825. JAUBERT de PASSA.
1859. RIDOLFI.
1866. MARÈS.

46

VIII

1804. LEBLOND.
1816. BRACY-CLARK.
1863. de VIBRAYE.
1879. LAWES.

IX

1804. le Duc de la ROCHEFOUCAULD.
1821. de CHATEAUVIEUX.
1842. GIRARDIN.
1885. LECHARTIER.

X

1807. HAPEL LA CHENAYE.
1808. de MOREL VINDÉ.
1825. MATHIEU de DOMBASLE.
1844. VILMORIN.
1863. MARTINS.
1889. ARLOING.

———

SECTION X

ANATOMIE ET ZOOLOGIE

I

1796. BROUSSONNET.
1799. OLIVIER.
1800. C.-L. DUMAS.
1813. HOME.
1833. JACOBSON.
1844. le Prince de CANINO.
1859. DUJARDIN.
1861. GERVAIS.
1875. JOLY.
1887. COTTEAU.
1895. KOWALEWSKI.

II

1796. HERMANN.
1805. BLUMENBACH.
1830. QUOY.
1873. MULSANT.
1887. AGASSIZ.

III

1796. BRUGUIÈRES.
1799. JURINE.
1819. RUDOLPHI.
1833. DUVERNOY.
1849. DESLONGCHAMPS.
1867. F.-J. PICTET.
1873. DANA.
1895. SABATIER.

IV

1796. LAUMONNIER.
1819. DU TROCHET.
1831. EHRENBERG.
1860. NORDMANN.
1867. de SIEBOLD.
1887. J.-H. FABRE.

V

1796. FLANDRIN.
1798. GEOFFROY.
1810. PROVENÇAL.
1845. MULLER.
1859. CARUS.
1870. BRANDT.
1887. CARL VOGT.
1895. RETZIUS.

VI

1796. LATREILLE.
1814. TIEDEMANN.
1852. TEMMINCK.
1858. de BAER.
1879. HUXLEY.
1895. BERGH.

VII

1804. SCARPA.
1817. LAMOUROUX.
1825. DESMAREST.
1839. AGASSIZ.
1873. STEENSTRUP.

VIII

1805. PÉRON.
1811. de SÖMMERING.
1830. DUFOUR.
1866. van BENEDEN.
1895. FLOWER.

IX

1808. BORY de SAINT-VINCENT.
1835. DUGÈS.
1839. OWEN.
1860. RATHKE.
1861. PURKINE.
1872. LOVEN.
1895. *Siège vacant.*

X

1803. ORTEGA.
1813. HUBER.
1833. LESSON.
1849. POUCHET.
1873. CARPENTIER.
1887. MARION.

———

SECTION XI

MÉDECINE ET CHIRURGIE

I

1796. PERCY.
1810. ODIER.
1817. GREGORY.
1821. MAUNOIR.
1863. BOUISSON.
1885. PAGET.

II

1796. BONTÉ.
1810. COTUGNO.
1823. FODERA.
1855. HALL.
1859. VIRCHOW.

III

1796. SABATIER.
1799. BARTHEZ.
1815. ORFILA.
1855. BONNET.
1859. P.-S. DENIS.
1864. GINTRAC.
1878. CHAUVEAU.
1887. LEUDET.
1887. LÉPINE.

IV

1796. SAUCEROTTE.
1814. DELPECH.
1833. COOPER.
1844. BRODIE.
1863. LAWRENCE.
1870. LEBERT.
1879. PALASCIANO.
1893. ROLLET.
1895. HERGOTT.

V

1796. LOMBARD.
1811. PETIT.
1811. THOMASSIN.
1829. MECKEL.
1835. PRUNELLE.
1856. GUYON.
1874. OLLIER.

VI

1796. BARAILON.
1826. HUFELAND.
1840. LALLEMAND.
1846. SÉDILLOT.
1874. THOLOZAN.

VII

1804. SIMMONS.
1814. FRANCK.
1821. PAULET.
1826. BLANC.
1835. BRETONNEAU.
1863. EHRMANN.
1879. DONDERS.
1893. LUDWIG.
1895. ENGELMANN.

VIII

1808. JENNER.
1811. MASCAGNI.
1815. CALLISEN.
1835. PANIZZA.
1870. ROKITANSKI.
1879. SCHWANN.
1885. HANOVER.
1895. LAVERAN.

ACADÉMIE DES BEAUX-ARTS

V

1804. Rega.
1839. le Duc de Serradifalco.
1863. de Fraccaroli.
1882. Geefs.
1885. Fache.
1891. Salmson.

VI

1806. Miot de Melito.
1836. Taurel.
1859. Clodt-Jurgensburg.
1878. Antokolsky.
1889. Leenhoff.

VII

1805. Rosaspina.
1838. Finelli.
1854. Angelini.
1878. Monteverde.

VIII

1863. Kiss.
1866. Jerichau.
1883. Civiletti.

SECTION III

ARCHITECTURE

I

1796. Boichot.
1815. Rousseau.
1830. Rauch.
1832. Abadie.
1867. Brülloff (d. n. — Voir Sculpture I).
1880. Strohm.
1895. le Comte de Suson.

II

1796. Paris.
1805. Pécheux.
1825. Revoil.
1842. Bonucci.
1872. Viala de Sorbier.
1878. Révoil.

III

1804. Saint-Ours.
1809. Manlich.
1823. Ingres.
1825. Schlick.
1874. da Silva.
1883. Cuypers.

IV

1804. Fabre.
1838. Amati.
1853. Zanth.
1857. Stuler.
1864. Strack.
1866. Hess.
1878. Scholander.
1881. Franel.
1886. Melida.

V

1805. Zingarelli.
1824. Boisserée.
1854. Coste.
1879. Ferstel.
1881. Bougerel.
1882. Hunt.
1894. Perrin.

VI

1824. Muller.
1835. de Klenze.
1841. Fogelberg.
1855. Chenavard.
1884. Duphot.
1890. Durand.
1891. Martenot.

VII

1824. Gasse.
1835. Donaldson.
1863. Nystrom.
1869. Morey.
1866. Louvier.
1893. Waterhouse.

VIII

1863. Kousmine.
1872. Sárti.
1891. Balat.
1895. *Siège vacant.*

SECTION IV

GRAVURE

I

1796. Lens.
1814. Artaud de Montor.
1834. Texier.
1845. de Castelbarco.
1862. Pye.
1874. Danguin.
1894. Macbeth.

II

1796. Combes.
1821. Mauduit.
1842. Donizetti.
1849. Spohr.
1859. Keller.
1874. Weber.
1882. Franck.
1883. Girardet.
1893. Biot.

III

1804. de Boissieu.
1810. Antolini.
1824. Ch. Moréau
1841. Estève.
1848. Calamatta.
1869. Mercuri.
1883. Tautenhayn.

IV

1805. Ommeganck.
1827. Réattu.
1834. Lasinio.
1855. Mandel.
1882. Jacoby.

SECTION V

COMPOSITION MUSICALE

I

1796. Forty.
1803. Carelli.
1832. Mayer.
1846. Mercadante.
1856. Kastner.
1859. Verdi.
1864. de Flotow.
1883. Limnander.
1892. Tchaikowsky.
1894. Cui.

II

1796. Van Poucke.
1809. Fiorillo.
1824. Dannecker.
1841. Tieck.
1852. Wichmann.
1859. Conti.
1878. Gade.
1891. Grieg.

III

1796. PRÉVILLE.
1800. BONNET-BEAUVAL.
1827. de SAINT-MESMIN.
1853. MARTIN-BEAULIEU.
1864. BENEDICT.
1885. DEFFÈS.

IV

1824. MATTEI.
1830. MEYERBEER.
1834. DAUSSOIGNE-MEHUL.
1875. RUBINSTEIN.
1894. GOUVY.

V

1863. de VALLDEMOSA.
1893. PETER-BENOIT.

VI

1863. GASPARI.
1881. LISTZ.
1886. SGAMBATI.

CORRESPONDANTS LIBRES

I

1796. BARDIN.
1809. A. MOITTE.
1830. DEBRET.

1842. JESI.
1853. FELSING.
1853. PITTAKIS.
1863. ROSA.
1885. de GEYMULLER.

II

1796. BECK.
1810. BURNEY.
1814. JAY.
1836. ANDERLONI.
1850. VISCONTI.
1881. CARAPANOS.

III

1796. MOREAU.
1807. THIBAULT.
1821. COCHET.
1835. RAIMBACH.
1843. de DIETRICHSTEIN.
1866. FIORELLI.
1862. LANCIANI.

IV

1805. G. de ROSSI.
1827. NIBBY.
1841. ROSS.
1862. WAAGEN.
1868. PERKINS.
1886. SALINAS.

V

1863. OLFERS.
1873. WALLACE.
1890. le Prince CZARTORYSKY.
1894. le Prince de SCALEA.

VI

1863. TOLSTOY.
1882. MARIONNEAU.

VII

1863. de GILLES.
1866. NEWTON.
1895. NATALIS RONDOT.

VIII

1863. POLITI.
1872. CAVALCASELLE.

IX

1863. MAZEL.
1887. LE BRETON.

X

1863. JEANRON.
1877. de SOULZA-HOLSTEIN
1879. le Marquis d'ADDA.
1881. MASSARANI.

ACADÉMIE

DES SCIENCES MORALES ET POLITIQUES

SECTION I
PHILOSOPHIE

I

1796. Caffarelli du Falga.
1800. de Gérando.
1832. Jacquemont (*d. n. voir* V).
1837. Van Heusde.
1840. Hamilton.
1857. Whewell.
1869. Tissot.
1876. Charles.

II

1796. de Tracy.
1834. de Schelling.
1837. Brandis.
1858. Fichte.
1879. Di Giovanni.

III

1796. de Sèze.
1834. Schleiermacher.
1838. Ritter.
1869. Zeller.

IV

1796. La Romiguière.
1834. Esquirol.
1847. Wilm.
1854. Bartholmess.
1863. Ch. Waddington.
1888. Ferraz.

V

1796. Jacquemont.
1834. Prichard.
1850. Th. H. Martin.
1872. Fouillée.
1894. Alexis Bertrand.

VI

1796. Sicart.
1801. Prévost.
1842. Bouillier.
1876. Chaignet.

VII

1838. Galluppi.
1848. Rosmini.
1856. Tapan.
1883. Flint.

VIII

1866. Trendelenburg.
1869. Mamiani della Rovere.
1883. Secrétan.
1895. *Siège vacant.*

IX

1866. Lotze.
1883. Ferri.
1895. *Siège vacant.*

SECTION II
MORALE

I

1796. Labène.
1834. Fellemberg.
1845. Girard.
1851. Whately.
1864. Chadwick.
1891. Bryce.

II

1796. P. Roussel.
1834. Ordinaire.
1844. Guerry.
1867. Charton.
1877. d'Olivecrona.

III

1796. Ricard.
1797. Gaudin.
1834. Chalmers.
1848. Petitti.
1851. Lieber.
1874. Aubertin.

IV

1796. de Villeterque.
1834. Bergery.
1864. Demetz.
1874. Salmon.
1894. Lallemand.

V

1796. Saint-John de Crèvecœur.
1834. Julius.
1870. Holtzendorff.
1890. Legrand.

VI

1796. Ferlus.
1833. Romagnosi.
1837. de Stassart.
1856. Ducpétiaux.
1869. Périn.

VII

1834. Huerne de Pommeuse.
1866. du Chatelier.
1886. Denis.

VIII

1837. de Wessenberg.
1865. Naville.
1886. Moynier.

IX

1872. Laurent.

SECTION III
LÉGISLATION
DROIT PUBLIC
ET
JURISPRUDENCE

I

1796. Legrand-Delaleu.
1834. Austin.
1864. Demolombe.
1888. Ferrand.

II

1796. Houard.
1833. Toulier.
1836. Berlier.
1845. Sclopis.
1869. Serrigny.
1876. Caillemer.

III

1796. RAIMOND.
1833. PROUDHON.
1838. GIRAUD.
1842. WHEATON.
1850. KÖNIGSWARTER.
1881. DUCROCQ.

IV

1796. BIGOT de PRÉAMENEU.
1800. MASSA.
1833. SAVIGNY.
1837. HUGO.
1845. WARNKÖNIG.
1869. THONISSEN.
1888. BOGISIC.

V

1796. RAMOND.
1833. GRENIER.
1841. NICOLINI.
1859. BLUNTSCHLI.
1881. UNGER.

VI

1796. GROUVELLE.
1833. MEYER.
1838. PINHEIRO-FERREIRA.
1848. WALTER.
1881. MAINE.
1884. PHILLIMORE.
1885. ASCHEHOUG.

VII

1834. KLÜBER.
1837. THIBAUT.
1841. MITTERMAÏER.
1869. CALVO.
1893. POLLOCK.

VIII

1866. MOHL.
1876. SARIPOLOS.
1888. POBEDONOSTZEFF.

IX

1866. REEVE.
1888. STEPHEN.
1894. CASTELAR.
1895. *Siège vacant.*

SECTION IV

ÉCONOMIE POLITIQUE
STATISTIQUE ET FINANCES

I

1796. GALLOIS.
1833. STORCH.
1835. HOFFMANN.

1841. PORTER.
1853. TOOKE.
1860. STUART-MILL.
1870. WELLS.

II

1796. de FORBONAIS.
1835. QUÉTELET.
1874. de MOLINARI.

III

1796. ROUME de SAINT-LAURENT.
1833. HIPP. PASSY.
1851. DIETERICI.
1860. ROSCHER.
1894. CH. MENGER.

IV

1796. G. GARNIER.
1834. J. MILL.
1837. RAMON DE LA SAGRA.
1872. TORRÈS CAÏCEDO.
1890. BODIO.

V

1796. DUVILLARD de DURAND.
1834. MAC CULLOCH.
1844. BABBAGE.
1872. W. FARR.
1884. FAWCETT.
1885. NASSE.
1891. CONRAD.

VI

1796. DIANNYÈRE.
1834. SAULNIER.
1836. DELACROIX.
1844. RODIQUET.
1846. BASTIAT.
1851. FLOREZ ESTRADA.
1856. CIBRARIO.
1872. SCIALOJA.
1877. WORMS.

VII

1834. de MOROGUES.
1841. de VILLENEUVE-BARGEMONT.
1846. de LAFARELLE.
1872. CLÉMENT.
1887. LESCARRET.

VIII

1834. PÖLITZ.
1843. SENIOR.
1865. ARRIVABENE.
1882. JOURDAN.
1892. VILLEY-DESMESERETS.

IX

1834. de BEAUJOUR.
1836. JACOB.
1865. FONBLANQUE.
1874. NEWMARCK.
1883. GRAD.
1891. RAFFALOVICH.

X

1846. GRIMALDI.
1864. MINGHETTI.
1876. DAMETH.
1885. DU PUYNODE.

XI

1866. RAU.
1872. de CZOERNIG.
1890. LORENZ VON STEIN.
1891. GOSCHEN.

XII

1866. A. CHERBULIEZ.
1869. de LAVELEYE.
1893. WALKER.

———

SECTION V

HISTOIRE GÉNÉRALE

ET

PHILOSOPHIQUE

I

1796. KOCH.
1833. AM. THIERRY.
1843. GEIJER.
1848. BANCROFT.
1891. le Prince BIBESCO.

II

1796. GAUTIER de SIBERT.
1799. SENEBIER.
1833. HALLAM.
1838. de RAUMER.
1865. MILMAN.
1869. CANTU.
1887. BARCKHAUSEN.

III

1796. GUDIN.
1833. de ROTTECK.
1842. de NAVARETE.
1845. PRESCOTT.
1860. MOTLEY.
1876. GACHARD.
1887. KLACZKO.

IV

1796. J.-J. GARNIER.
1833. ORIOLI.
1859. MARTINEZ DE LA ROSA.
1864. KERVYN DE LETTENHOVE.
1891. POLOVTSOFF.

V

1796. GAILLARD.
1836. ARBANÈRE.
1859. DARESTE DE LA CHAVANNE.
1883. BELOT.
1887. BABEAU.

VI

1796. PAPON.
1833. Carl MÜLLER.
1841. RANKE.
1861. LORD STANHOPE.
1876. d'ARNETH.
1893. LECKY.

VII

1839. LINGARD.
1853. MACAULAY.
1858. GROTE.
1864. STANLEY.
1883. WAITZ.
1887. STUBBS.

VIII

1866. COLMEIRO.
1894. de LA SICOTIÈRE.
1895. *Siège vacant.*

IX

1866. DONIOL.
1891. de LUÇAY.

SECTION DE GÉOGRAPHIE

(*Transférée en 1803 à l'Académie
des Sciences*).

1796. de BEAUCHAMP.
  »   de BOURGOING.

1796. VERDUN DE LA CRENNE.
  »   d'ARÇON.
  »   GRANCHAIN.
  »   BARTHÉLEMY.
1799. LESCALLIER.
1801. ROMME.
1802. COQUEBERT de MONBRET.

SECTION D'ADMINISTRATION

(*Créée en 1855; supprimée en 1866*).

1857. MOHL (Voir *Section III*).
  »   TEGOBORSKI.
  »   COLMEIRO (Voir *Section V*).
1858. EVERETT.
  »   RAU (Voir *Section IV*).
  »   du CHATELIER (V. *Section II*).
  »   LEBER.
1859. CHERBULIEZ (Voir *Section IV*).
1864. DONIOL (Voir *Section V*).
1865. REEVE (Voir *Section III*).

LISTE ALPHABÉTIQUE

DES

ASSOCIÉS NON RÉSIDANTS & DES CORRESPONDANTS

(Les Chiffres indiquent les Numéros des Notices.)

ABADIE .. 392	BACKLUND 1154	BERGERY........... 426	BONAFOUS........... 436
BICH... 904	BAEYER.......... 1003	BERGH.......... 1167	BOND.......... 596
BRIA... 927	BAILLOU (de)....... 259	BERLIER 450	BONNEFOND 606
DAMS... 650	BAILLY.......... 1056	BERNARD (H.-G.).... 696	BONNET.......... 628
DDA (d') 907	BAILY.......... 454	BERNARD (P.-J.).... 182	BONNET-BEAUVAL ... 131
AGARDH.......... 992	BALAT........... 1089	BERTRAND.......... 1141	BONPLAND 297
AGASSIZ.......... 1024	BANCROFT......... 574	BÉTHENCOURT Y MO-	BONTÉ 103
AGINCOURT (d')..... 152	BARAILON.......... 107	LINA............. 230	BONUCCI 519
AKERBLAD.......... 146	BARCKHAUSEN...... 1016	BIBESCO 1087	BORCHARDT....... 868
ALIGNY (d')........ 703	BARDIN 18	BICHAT.......... 1122	BORDA D'ORO....... 157
ALMER........... 871	BARLOW 371	BILLET........... 839	BORÉ 525
AMAGAT........... 1067	BARTHÉLEMY (de) ... 63	BIOT........... 1117	BOTTA 534
AMATI 476	BARTHEZ.......... 117	BIRCH.......... 695	BOUCHER DE CRÈVE-
AMSLER........... 1104	BARTHOLMESS...... 617	BLADÉ.......... 955	CŒUR.......... 127
ANDERLONI....... 455	BARTOLINI......... 509	BLAGDEN.......... 173	BOUGEREL 937
ANGELINI 616	BAST 213	BLAISE.......... 28	BOUISSON........... 710
ANGSTROM......... 840	BASTIAT.......... 558	BLANCARD.......... 978	BOURGOING.......... 59
ARBANÈRE......... 451	BAUMÉ.......... 85	BLANE........... 356	BRACONNOT....... 331
ARBOGAST......... 65	BAYET 1094	BLAZE 130	BRACY CLARK...... 287
ARÇON (d')......... 61	BEAUCHAMP 58	BLONDLOT......... 1135	BRANDT.......... 806
ARFVEDSSON...... 369	BEAUFORT.......... 461	BLUME........... 593	BRAUN 750
ARGELANDER...... 594	BEAUREPAIRE (de)... 810	BLUNTSCHLI........ 668	BRÉAUTÉ (de) 475
ARLOING.......... 1051	BECK........... 33	BODIN........... 325	BRETON.......... 25
ARRIVABENE....... 753	BEKKER.......... 690	BODINIER 659	BRETONNEAU 440
ASCHEHOUG........ 993	BELIN DE BALLU ... 126	BODIO.......... 1061	BRETSCHNEIDER 1012
AUBERTIN......... 847	BELOT........... 963	BOEHTLING.......... 939	BRINKLEY......... 310
AUBUISSON (d')..... 313	BELTRAMI.......... 1063	BOGISIC 1039	BRIOSCHI 926
AUSTIN........... 429	BENDEMANN....... 576	BOGUET.......... 348	BRISBANE MAC-DOU-
AUWERS.......... 1106	BENEDICT 745	BÖHNENBERGER..... 311	GALL............. 299
AVELLINO......... 496	BENFEY.......... 693	BOICHOT 24	BROCH 858
AZEGLIO (d')...... 494	BENTHAM......... 865	BOILEAU 861	BRODIE 540
AZÉMA-MONTGRAVIER 585	BENVENUTI....... 327	BOINVILLIERS 136	BRÖNDSTED 352
	BÉRARD (A.)........ 498	BOISSERÉE.......... 338	BRUGNONE 240
BABBAGE.......... 535	BÉRARD (J.-E.)..... 308	BOISSIER.......... 991	BRUGUIÈRES....... 100
BABEAU........... 1018	BERBRUGGER 490	BOISSIEU (J.-J. de).. 192	BRÜLLOFF 374
BACHE........... 700	BÉRENGER 10	BOISSIEU (M.-A. de). 625	BRUNCK 5

II.

47

PERSONNEL DE LA BIBLIOTHÈQUE

BIBLIOTHÉCAIRES

1796. Lassus.
1810. Charles.
1828. Feuillet.
1844. Landresse.
1870. Roulin.
1874. Tardieu.
1893. Lalanne.

SOUS-BIBLIOTHÉCAIRES

1796. Feuillet.
1820. Boulanger.
1820. Audouin.
1830. Stanislas Julien.
1834. Landresse.
1836. Fallot.
1839. Roulin.
1844. A. Maury.

1858. Tardieu.
1862. F. Lenormant.
1872. Ad. Regnier.
1874. Th. Berger.
1875. L. Lalanne.
1892. H. Regnier.
1893. A. Rébelliau.

AGENTS SPÉCIAUX & CHEFS DU SECRÉTARIAT

1795. Cardot, agent spécial. — 1797. Lucas, chef du secrétariat. — 1841. Pingard (Antonius-Louis), agent spécial et (1847), chef du secrétariat. — 1885. Pingard (Julia-Félix), agent spécial et chef du secrétariat.

FONDATIONS
ET PRIX DÉCERNÉS

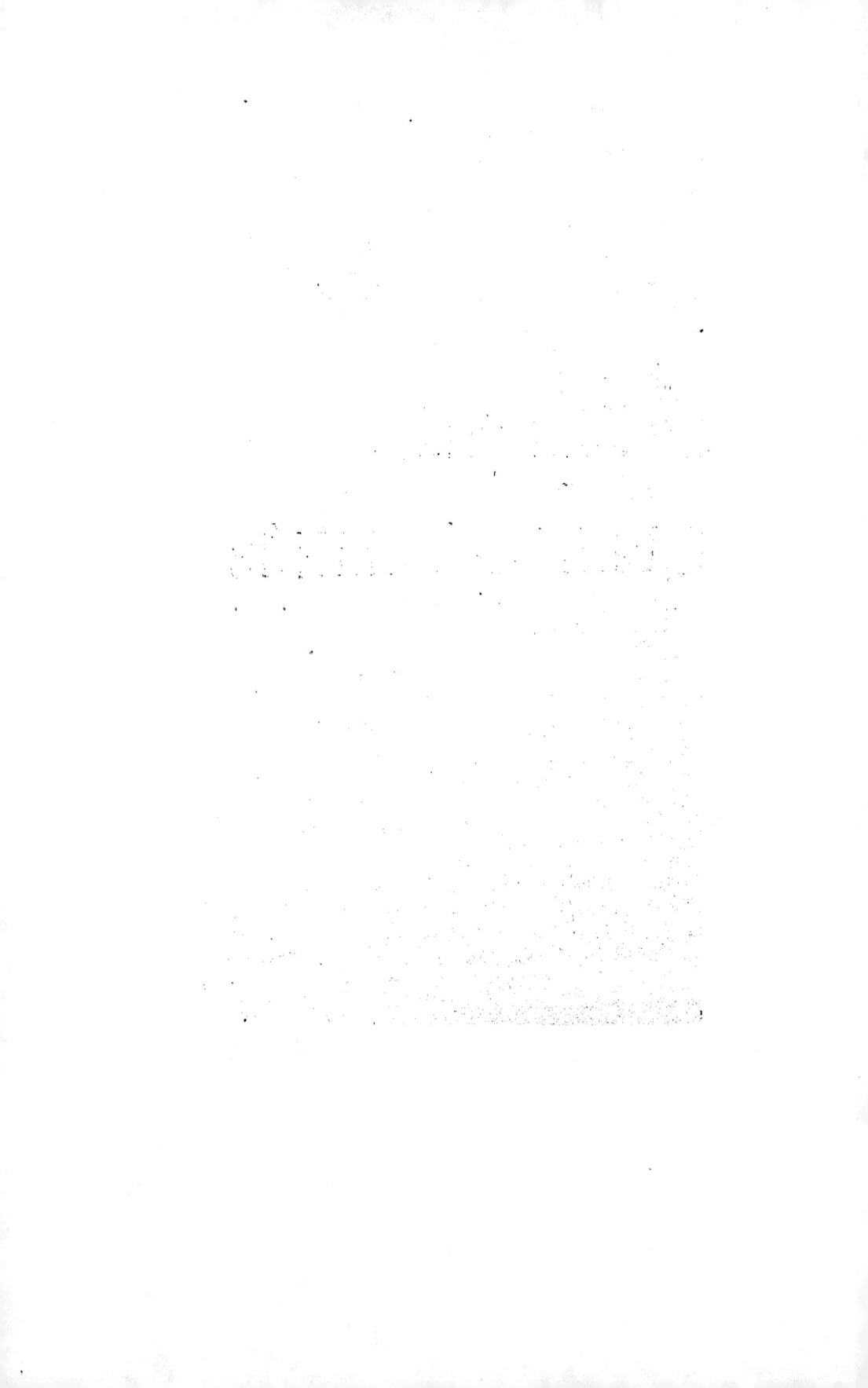

FONDATIONS & PRIX DÉCERNÉS

ES prix que décernent l'Institut ou les Académies sont de deux sortes : les uns, établis par des actes du gouvernement, sont fournis par le budget de l'État ; les autres, fondés par des particuliers, sont dotés par les revenus de dons ou de legs, dont l'acceptation a été autorisée conformément à la loi. Ces derniers se divisent eux-mêmes en plusieurs catégories. Le plus grand nombre est destiné à récompenser les auteurs de travaux scientifiques, littéraires ou artistiques ; quelques-uns ont un but philanthropique et sont affectés au soulagement de certaines infortunes ou à l'encouragement de jeunes débutants ; plusieurs enfin constituent ce que l'on nomme des *prix de vertu*. Il n'était donc pas possible d'adopter, pour l'énumération de ces récompenses, une règle uniforme ; voici suivant quels principes on a établi les listes qui suivent[1].

Pour les prix du Budget et, en général, pour ceux donnés à la suite d'un concours, on reproduit le sujet même du concours avec les noms des lauréats. Pour les récompenses décernées à des ouvrages publiés, on donne le nom de l'auteur et, la plupart du temps, le titre du livre ; pour celles qui s'adressent à un ensemble de travaux ou d'œuvres, soit manuscrites soit imprimées dans des recueils périodiques, on indique seulement les noms des titulaires des prix ou des mentions. Quant aux fondations purement philanthropiques, on a distingué entre celles ayant le caractère d'encouragement ou de récompense et celles qui constituent de véritables secours : pour les premières, on note les noms des bénéficiaires ; pour les secondes, on a cru devoir les omettre. Quant aux prix de vertu, il a paru suffisant d'en indiquer le nombre et la nature. Leur distribution constitue, pour les Académies, une charge acceptée bénévolement, mais qui ne rentre pas dans les attributions propres de ces compagnies. Aussi bien ces listes eussent-elles été sans intérêt, si l'on n'eût fait suivre chaque nom du récit des faits qui ont valu à leur auteur la récompense décernée, et une telle publication eût exigé, à elle seule, plusieurs volumes.

Quant à l'ordre suivi, on a placé d'abord les prix ou fondations qui concernent l'Institut, puis ceux qui sont communs à plusieurs Académies, enfin ceux qui sont spéciaux à chacune des cinq compagnies. Dans ces diverses catégories, on a placé d'abord les prix du Budget, puis les fondations d'après les dates des décrets d'autorisation de chacune d'elles.

Il est presque superflu de rappeler que les prix ne sont pas distribués d'une façon absolument régulière. Les Académies ont souvent décidé qu'il n'y avait pas lieu de les décerner et, dans ce cas, elles ont soit prorogé les délais d'une ou de deux années, soit même retiré un sujet mis au concours. Dans les énumérations qui suivent, on n'a pas cru nécessaire d'indiquer les concours qui n'ont pas donné de résultat : c'est là ce qui explique les lacunes apparentes de certaines listes.

---

1. — Pour les prix décernés à la suite d'un concours, l'énoncé du sujet du concours suit immédiatement la date de l'année et précède les noms des lauréats ; pour les prix décernés à des ouvrages, le nom de l'auteur est donné d'abord, et celui du livre vient ensuite. Le premier nom indiqué est celui du titulaire du prix ; lorsque plusieurs noms se suivent, c'est que le prix a été partagé également : si, au contraire, le partage a été inégal, on indique la somme attribuée à chacun des lauréats. Quand deux noms sont reliés par le mot *et*, c'est que le livre ou le travail couronné est fait en collaboration.

La lettre **M** signifie mention honorable, **MTH** mention très honorable, **A** accessit, **E** encouragement, **ME** médaille. Ce dernier terme se confond, d'ailleurs, avec celui de prix ; car, en fait, tous les prix sont donnés en argent, sauf celui dit : *Médaille Arago*, décerné par l'Académie des sciences, et le prix Audéoud, décerné par l'Académie des sciences morales et politiques.

I. — FONDATIONS COMMUNES AUX CINQ ACADÉMIES

FONDATION EXCEPTIONNELLE

DONATION DU DOMAINE DE CHANTILLY

(Décret du 20 Décembre 1886)

PAR des actes en date des 21 et 27 octobre 1886, M. le duc d'Aumale, membre titulaire de l'Académie française et de l'Académie des Sciences morales et politiques, et membre libre de l'Académie des Beaux-Arts, a fait donation, sous réserve d'usufruit, à l'Institut de France du domaine de Chantilly, avec ses dépendances et avec les collections qu'il renferme, à la charge de le conserver et d'en employer les revenus à accroître les collections, à pensionner des hommes de lettres, des savants et des artistes indigents et à encourager, par des prix, les jeunes gens qui se vouent à la carrière des lettres, des sciences et des arts.

Médaille gravée par J.-C. CHAPLAIN, de l'Institut, à l'occasion de la donation de Chantilly.

GRAND PRIX DU BUDGET

Un décret impérial du 12 avril 1855 a fondé un prix triennal, d'une valeur de 30,000 francs, à décerner par les cinq Académies réunies. Par un décret du 11 août 1859, ce prix a été rendu biennal, et sa valeur a été fixée à 20,000 francs. En vertu d'un décret du 22 décembre 1860, ce prix doit être attribué tour à tour à l'œuvre ou à la découverte la plus propre à honorer ou à servir le pays, qui se sera produite pendant les dix dernières années, dans l'ordre spécial des travaux que représente chacune des Académies. Il est décerné sur la désignation successive de chacune des Académies, sanctionnée par l'Institut tout entier.

Prix Triennal (décerné une seule fois) : 1856. A. FIZEAU.

Prix Biennal : 1861. A. Thiers. — 1863. J. Oppert. — 1865. A. Wurtz. — 1867. Félicien David. — 1869. Henri Martin. — 1871. F. Guizot. — 1873. F. Mariette. — 1875. P. Bert. — 1877. H. Chapu. — 1879. C. Demolombe. — 1881. D. Nisard. — 1883. P. Meyer. — 1885. Brown-Séquard. — 1887. A. Mercié. — 1889. E. Caro. — 1891. Fustel de Coulanges. — 1892. J. Darmesteter. — 1895. F. Raoult.

1. — FONDATION VOLNEY (Ordonnance royale du 19 juillet 1820). — Legs fait par M. le comte Chassebœuf de Volney, membre de l'Institut, d'une somme de 24,000 francs dont les intérêts doivent former un prix destiné à encourager l'étude philosophique des langues. Ce prix est décerné dans la séance publique annuelle des cinq Académies.

1822. Scherer ; Schleiermacher. — 1823. Scherer. — 1827. Schleiermacher. — 1828. De Massias. — 1829. Darrigot. — 1830. Radiguel. — 1831. E. Burnouf. — 1832. *Pas de prix.* M Edwards. — 1834. G. Paquet. — 1835. P. du Ponceau. — 1836. A. Pictet. — 1837. Darel ; de Brière. — 1838. Richard Lepsius. — 1841. Mary-Lafond ; Thommerel. — 1842. T. Benfey. — 1843. Lafaye. — 1844. Schwartze. — 1845. Pott. — 1846. Sjögren. — 1847. Renan. — 1848. Othon Roehrig. — 1849. Max Muller. — 1850. Albin de Chevallet. — 1851. Steinthal ; Munk. — 1852. Gaüssin. — 1853. E. Barrault ; E. Grégoire. - 1854. H. Steinthal ; L. Dessalles. — 1856. Kœlle ; l'Abbé Boilat. — 1857. Miklosich. — 1858. Lafaye. — 1859. Buchmann. — 1860. Hanoteau. — 1861. Rosny. — 1862. Max Muller. — 1863. Pictet. — 1864. A. Weber. — 1865. F. Justi. — 1866. F. Bopp. — 1867. J.-A. Vullers. — 1868. Spiegel. — 1869. Dozy ; W.-H. Engelmann. — 1870. J.-A. Vullers ; J.-J. Ascoli. — 1871. J. Halévy. — 1872. J. Halévy. — 1873. J. Halévy ; F. Meunier. — 1874. *Pas de prix.* M L. Joret ; J. Halévy. — 1875. Aymonier ; E.-A. Marre-Guyard. — 1876. C. Childers. — 1877. Liebig-Schoün. — 1878. J. Halévy. — 1879. A. Dozon. — 1880. 1000 fr., de Cihac ; 500 fr., Aymonier et le P. Violette. — 1881. J. Darmesteter. — 1882. R. Hoernle ; 300 fr., J. Christaller. — 1884. J. Loth ; V. Henry ; M M. Dutens. — 1885. Schuchardt. — 1886. R. Siméon ; 1,000 fr, H. Gœlzler. — 1887. G. Ascoli. — 1888. E. Ernault. — 1889. J. Psichari. — 1890. J. Darmesteter ; J. Loth. — 1891. Gustave Meyer. — 1892. P. Passy. — 1893. l'Abbé J. Roussellot. — 1894. E. Masqueray. — 1895. Ch. Thomsen.

2. — FONDATION BORDIN (Ordonnance royale du 12 novembre 1835). — Legs fait par M. Charles-Laurent Bordin, d'une rente de 15,000 francs, à répartir annuellement entre les cinq Académies. (Voir chacune des Académies.)

3. — FONDATION JEAN REYNAUD (Décret du 25 mars 1879). — Donation par Mme Ve Jean Reynaud, d'une rente destinée à fonder un prix annuel de 6,000 francs à décerner successivement par les cinq Académies. (Voir chacune des Académies.)

4. — FONDATION BERGER (Décret du 26 avril 1882). — Donation, au nom de Pierre-Guillaume-Amédée Berger, président de chambre à la Cour des Comptes, d'une somme de 130,000 francs et d'une rente de 10,500 francs, 3°/₀, pour la fondation d'un prix annuel à décerner successivement par les cinq Académies.

Ce prix ne sera décerné qu'après l'extinction de l'usufruit dont est grevée la donation.

5. — FONDATION SAINTOUR (Décret du 25 juillet 1889). — Legs fait par M. Joseph Saintour, docteur en médecine, de sa fortune représentant actuellement un revenu de 3,200 francs, pour fonder un prix annuel, à décerner alternativement par chacune des cinq Académies, à l'auteur du meilleur travail sur un sujet déterminé par elles. (Voir chacune des Académies.)

6. — FONDATION DE JOEST (Décret du 25 novembre 1889). — Legs fait par M. le baron Edmond-Wilhelm de Joest, d'une rente de 1812 francs, pour fonder un prix annuel à décerner alternativement par chacune des cinq Académies, à la découverte ou à l'ouvrage le plus utile au bien public. — Ce prix sera décerné, pour la première fois, en 1897.

7. — FONDATION ESTRADE-DELCROS (Décret du 15 mai 1893). — Legs fait par M. Auguste ESTRADE-DELCROS, de toute sa fortune, produisant un revenu de 8,000 francs, pour fonder un prix annuel, à décerner alternativement par les cinq Académies, à l'auteur d'un travail sur tel sujet qui leur conviendra. — Ce prix sera décerné, pour la première fois, en 1896.

II. — FONDATIONS COMMUNES A PLUSIEURS ACADÉMIES

1. — FONDATION ALHUMBERT (Ordonnance royale du 6 novembre 1817). — Legs fait par M. Antoine-Joseph ALHUMBERT, d'une rente de 300 francs, pour fonder un prix destiné à encourager les progrès des sciences et des arts, qui doit être décerné par l'Académie des Sciences et par l'Académie des Beaux-Arts. (Voir ces deux Académies.)

2. — FONDATION DE LATOUR-LANDRY (Ordonnance royale du 6 août 1839). — Legs fait par M. le comte DE MAILLÉ DE LATOUR-LANDRY d'une somme de 30,000 francs, dont les revenus doivent être attribués alternativement par l'Académie Française et par l'Académie des Beaux-Arts à un jeune écrivain ou à un artiste pauvre. (Voir ces deux Académies.)

3. — FONDATION DE MOROGUES (Ordonnance royale du 26 mars 1842). — Legs fait par M. le baron BIGOT DE MOROGUES, d'une somme de 10,000 francs pour fonder un prix quinquennal, à décerner alternativement : par l'Académie des Sciences morales et politiques, à un ouvrage sur les remèdes au paupérisme, et par l'Académie des Sciences, à un ouvrage ayant favorisé les progrès de l'agriculture. (Voir ces deux Académies.)

4. — FONDATION LAMBERT (Décret du 11 juillet 1853). — Legs fait par M. Georges LAMBERT, d'une rente de 3,600 francs à distribuer par l'Académie Française et par l'Académie des Beaux-Arts à titre de secours, à des écrivains, à des artistes ou à leurs veuves. (Voir ces deux Académies.)

5. — FONDATION MAUJEAN (Décret du 9 janvier 1879). — Legs fait par M. Paul-Charles MAUJEAN, de la nue propriété d'une rente de 1,000 francs, devant former un prix biennal de 2,000 francs à décerner alternativement par l'Académie Française et par l'Académie des Sciences. — Ce prix ne sera distribué qu'après l'extinction de l'usufruit.

6. — FONDATION LE FEVRE-DEUMIER (Décret du 12 juin 1886). — Legs fait par M. Lazare-Eusèbe LE FÈVRE-DEUMIER, d'une rente de 4,000 francs, devant former un prix de 20,000 francs, à décerner tous les cinq ans, alternativement par l'Académie des Sciences morales et politiques et par l'Académie des Inscriptions et Belles-lettres, à l'ouvrage le plus remarquable sur les mythologies, philosophies et religions comparées. — Les Académies n'entreront en jouissance de cette rente que le 23 juillet 1897.

7. — FONDATION KASTNER (Décret du 25 novembre 1891). — Legs fait par Mme A. BOURSAULT, veuve KASTNER, d'une rente de 2,000 francs, pour fonder un prix, qui doit être alternativement distribué par l'Académie française et par l'Académie des Inscriptions et Belles-lettres, à l'auteur

du meilleur mémoire sur un sujet que ces compagnies auront mis au concours, et par l'Académie des Beaux-Arts à l'auteur d'un œuvre de littérature musicale.

8. — **FONDATION PIOT** (Décret du 7 août 1890). — Legs fait par M. Piot de la totalité de sa fortune, représentant un revenu de 19,000 francs, dont 17,000 francs attribués à l'Académie des Inscriptions et Belles-Lettres pour subvenir aux frais de missions archéologiques et de publications, et 2,000 francs à l'Académie des Beaux-Arts, pour décerner un prix alternativement à une œuvre de sculpture et à une œuvre de peinture représentant un enfant de huit à quinze mois.

9. — **FONDATION HOULLEVIGUE** (Décret du 18 janvier 1893). — Legs fait par M. Houllevigue, d'une rente de 5,000 francs 3 %, pour fonder un prix annuel à décerner alternativement par l'Académie des Sciences et par l'Académie des Beaux-Arts. (Voir *Académie des Beaux-Arts.*)

10. — **FONDATION DE COURCEL** (Décret du 24 mai 1894). — Don fait par M. le baron DE COURCEL, ambassadeur de France en Angleterre, d'une rente de 1,000 francs, 3 %, pour fonder un prix à décerner alternativement par l'Académie Française, l'Académie des Inscriptions et Belles-Lettres et l'Académie des Sciences morales et politiques, à l'auteur d'une œuvre littéraire, d'érudition ou d'histoire, de nature à attirer l'attention publique sur les premiers siècles de l'histoire de France. — Ce prix n'a pas encore été décerné.

III. — ACADÉMIE FRANÇAISE

PRIX DU BUDGET

La Classe de la Langue et de la littérature française et, depuis 1816, l'Académie française ont été appelées à décerner annuellement un prix, dont le montant est de 4,000 francs et qui est attribué alternativement à une œuvre d'éloquence et à une œuvre de poésie, dont le sujet habituellement indiqué par l'Académie a été laissé, en quelques occasions, au choix des concurrents.

A. — PRIX D'ÉLOQUENCE

1803. *Éloge de Boileau :* Pas de prix ; **M** L. AUGER.
1804. *Même sujet :* L. AUGER.
1805. *L'amour maternel :* Pas de prix ; **M** C. MILLEVOYE.
1808. *Éloge de Corneille :* V. FABRE ; **A** L. AUGER ; **M** CHAZET.
1810. *Tableau littéraire de la France au xviii⁰ siècle :* M. JAY ; V. FABRE.
    Éloge de La Bruyère : V. FABRE.
1812. *Éloge de Montaigne :* VILLEMAIN ; **A** DROZ ; JAY ; **M** V. LECLERC.
1814. *Avantages et inconvénients de la critique :* VILLEMAIN.
1816. *Éloge de Montesquieu :* VILLEMAIN.
1818. *Éloge de Rollin :* SAINT-ALBIN-BERVILLE.
1820. *L'orateur du barreau et l'orateur de la tribune :* M. DELAMALLE ; **M** A. MALITOURNE ; CH. MAGNIN.
1821. *Déterminer ce qu'est le génie poétique :* A. THERY ; **M** BERT.

1822. *Éloge de Lesage* : A. MALITOURNE ; PATIN ; **A** SAINT-MARC-GIRARDIN ; **M** A. BAZIN ; T. BARRAU.

1824. *Éloge de de Thou* : PHILARÈTE CHASLES ; PATIN.

1827. *Éloge de Bossuet* : SAINT-MARC-GIRARDIN ; PATIN.

1828. *Éloge de Villon* : SAINT-MARC-GIRARDIN ; PHILARÈTE CHASLES ; **M** E. MAZENS.

1831. *Éloge de Malesherbes* : A. BAZIN.

1832. *Le courage civil* : Pas de prix ; **M** anonyme.

1834. *Éloge de Montyon* : L. FEUGÈRE.

1836. *Le courage civil* : P. FAUGÈRE ; **M** anonyme.

1838. *Éloge de Gerson* : P. FAUGÈRE ; M. DUPRÉ-LASALE ; **M** FOUINET.

1840. *Éloge de Mme de Sévigné* : Mme TASTU.

1842. *Éloge de Pascal* : M. DEMOULIN ; P. FAUGÈRE.

1844. *Discours sur Voltaire* : M. HAREL ; **M** H. BAUDRILLART.

1846. *La langue de Molière* : M. GENIN ; M. GUESSARD.

1847. *Éloge de Turgot* : H. BAUDRILLART ; **M** BOUCHOT ; DARESTE.

1849. *Éloge d'Amyot* : A. POMMIER ; **A** DE BLIGNIÈRES.

1850. *Éloge de Mme de Staël* : H. BAUDRILLART ; **A** E. CARO.

1852. *Éloge de Bernardin de Saint-Pierre* : PRÉVOST-PARADOL ; **A** E. CARO ; **M** POITOU.

1855. *Éloge de Saint-Simon* : E. POITOU ; Am. LEFÈVRE-PONTALIS.

1856. *Éloge de Vauvenargues* : M. GILBERT ; **M** POITOU ; T. CERFBEER ; Edmond BLANC.

1859. *Éloge de Regnard* : GILBERT ; **A** DIDIER.

1862. *Étude sur le roman* : Mme DUPARQUET.

1863. *Étude sur le Cardinal de Retz* : J. MICHON ; M. TOPIN ; **M** F. BELIN.

1864. *Éloge de Chateaubriand* : BENOIST ; H. DE BORNIER.

1866. *Éloge de Saint-Évremond* : GIDEL ; GILBERT ; **A** anonyme.

1868. *Discours sur J.-J. Rousseau* : GIDEL ; **M** COMPAYRÉ.

1872. *Éloge de Vauban* : A. LAGROLET.

1874. *Éloge de Bourdaloue* : A. FEUGÈRE.

1876. *Éloge de Rabelais* : Em. GEBHART.

1878. *Éloge de Buffon* : N. MICHAUT ; HÉMON.

1880. *Éloge de Marivaux* : M. DE LESCURE.

1882. *Éloge de Rotrou* : Pas de prix ; **M** F. HÉMON.

1884. *Agrippa d'Aubigné* : P. MORILLOT ; **M** G. FABRE.

1886. *Éloge de Beaumarchais* : 2,500 francs, M. DE LESCURE ; 1,500 francs, M. TROLLIET.

1888. *Éloge de H. de Balzac* : A. CABAT.

1890. *Éloge de Perrault* : 2,500 francs, Arvède BARINE ; 1,500 francs, Aug. SALLE.

1892. *Éloge de J. de Maistre* : S. ROCHEBLAVE ; M. REVON.

1894. *Éloge de George-Sand* : 2,500 francs, A. DEVAUX, 1,500 francs, Michel REVON ; **M** E. CRA-MAUSSEC.

B. — PRIX DE POÉSIE

1803. *Socrate dans le temple d'Aglaure* : M. RAYNOUARD, du Var.

1805. *L'indépendance de l'homme de lettres* : C. MILLEVOYE ; **A** V. FABRE.

1807. *Le voyageur* : C. MILLEVOYE ; — 2me prix : V. FABRE ; **A** M. BRUGNIÈRES.

1811. *Les embellissements de Paris* : V. FABRE ; **A** C. MILLEVOYE ; A. SOUMET.
    La mort de Rotrou : C. MILLEVOYE ; **A** M. DE LATOUCHE.

1812. *Le dévoûment d'Hubert Goffin* : C. MILLEVOYE ; **A** MOLLEVAULT ; **M** VERDIER DE LA COSTE.

1813. *Charles XII à Narva* : Pas de Prix ; **M** CASIMIR DELAVIGNE ; A. SOUMET.

1815. *La mort de Bayard :* A. Soumet ; Mme Dufresnoy.
     La découverte de la vaccine : A. Soumet ; **A** Casimir Delavigne.
1817. *Le bonheur de l'étude :* P. Lebrun ; B. de Saintines ; **M** Princesse de Salm.
1820. *L'institution du Jury :* E. Mennechet ; **M** Ch. Saint-Maurice.
     L'enseignement mutuel : B. de Saintines.
1821. *Le dévouement de Malesherbes :* A. Gaulmier.
1822. *La restauration des lettres sous François Ier :* B. de Saintines ; E. Mennechet ; **A** A. Théry ;
     M A. Bignan.
     Dévouement des médecins et des sœurs pendant la peste de Barcelone : M. Alletz ; **A** V. Chau-
     vet ; M. Pichald ; **M** A. Gaulmier ; A. Bignan ; Mlle Delphine Gay.
1823. *L'abolition de la traite des noirs :* V. Chauvet.
1826. *La bienfaisance de M. de Montyon :* A. de Wailly ; **A** Bignan.
1829. *La découverte de l'imprimerie :* E. Legouvé ; **A** Bignan ; **M** P. Lemaire.
1831. *La gloire littéraire de la France :* A. Bignan.
1833. *La mort de Bailly :* E. de Bonnechose ; **A** Chevalier.
1835. *Sujet libre :* A. Bignan. *Épitre à Cuvier.* **A** A. Bignan : *Conseils à un novateur.* Vieillard :
     La fête de Corneille.
1837. *L'arc de triomphe :* M. Boulay-Paty ; **M** Mlle E. Moreau ; A. Bignan.
1839. *Le musée de Versailles :* Mme Louise Colet ; **M** E. Fouinet ; M. Masselin.
1841. *L'influence du Christianisme en Orient :* A. des Essarts ; **M** A. Bignan.
1843. *Le monument de Molière :* Mme Louise Colet ; **M** A. des Essarts ; A. Bignan.
1847. *La découverte de la vapeur :* A. Paumier ; **M** Lesguillon.
1848. *L'Algérie :* Pas de prix ; **M** A. Paumier ; A. Bignan.
1849. *La mort de Mgr Affre :* A. Pommier.
1852. *La colonie de Mettray :* Mme L. Colet ; **M** E. de Beauverger.
1854. *L'acropole d'Athènes :* Mme L. Colet ; **M** Ad. Dumas ; **A** A. Boissier.
1856. *Les restes de saint Augustin rapportés à Hippone :* J. Dallières ; A. des Essarts ; **M** C. Wuil-
     lemin.
1858. *La France en Orient :* J. Dallières ; **M** Pécontal.
1859. *La sœur de charité :* Mlle E. Drouet ; **M** H. de Bornier.
1861. *L'isthme de Suez :* H. de Bornier ; **M** E. Boysse.
1863. *La France dans l'extrême Orient :* H. de Bornier.
1865. *Vercingétorix :* Pas de prix ; **M** Delphis de la Cour.
1867. *L'assassinat de Lincoln :* Ed. Grenier.
1869. *Sujet libre :* Ed. Grenier (*Séméia*).
1871. *Sujet libre :* L. Fouquet (*les corbeaux*).
1873. *Sujet libre :* A. Delpit (*le repentir*) ; **A** anonyme.
1875. *Livingstone :* Em. Guiard.
1877. *André Chénier :* C. du Locle.
1879. *La poésie de la science :* G. Renard ; L. Denayrouze et J. Normand.
1883. *Lamartine :* J. Aicard ; 2me prix, L. Barracand ; M. Ballot ; **M** R. de Borrelli.
1885. *Sursum corda :* Mlle J. Loiseau ; M. de Borrelli.
1887. *Pallas Athéné :* Em. Moreau ; **M** H. Guérin ; Em. des Essarts ; Alf. Bouchinet.
1889. *Le Travail :* Pas de prix ; 2,000 francs, El. Hugues. (Reliquat attribué à Mme Vve Em. Hennequin.)
1891. *Sujet libre :* Vte de Borrelli (*le jongleur*). E. Haraucourt : *la mort du Viking.*
1895. *Sujet libre :* Vte de Borrelli (*la fonte de Persée*) ; A. Bellessort (*l'hôtellerie*).

PRIX RÉSULTANT DE FONDATIONS

1. — FONDATION MONTYON (Ordonnance royale du 29 juillet 1821.) — Legs par M. le baron Robert Auget de Montyon, ancien conseiller d'État, etc., d'une rente s'élevant aujourd'hui à 19.000 francs, pour fonder des prix annuels à décerner aux ouvrages les plus utiles aux mœurs, publiés par des Français.

1829. L. de Jussieu: *Œuvres posthumes de Simon de Nantua.*

1832. M. Matter: *De l'influence des lois sur les mœurs.*

1835. 8,000 fr., Aimé Martin: *Éducation des mères de famille.* — A. de Villeneuve-Bargemont: *Économie politique chrétienne.* — **ME** Damiron: *Cours de Philosophie.*

1836. A. de Tocqueville: *De la démocratie en Amérique.* — **ME** Marquet-Vasselot: *Examen des théories pénitentiaires.* — De Beaumont: *Marie ou l'Esclavage.* — Poujoulat: *La Bédouine.* — Montfalcon: *Code moral des ouvriers.* — E. Bérès: *Les classes ouvrières.*

1837. Dufau: *Les aveugles nés.* — De la Ville de Mirmont: *Le libéré.* — E. Fouinet: *Allan, le jeune déporté.* — Saintine: *Picciola.* — Azaïs: *Physiologie du bien et du mal.*

1838. E. Alletz: *La démocratie nouvelle.* — Artaud: *Vie de Pie VII.* — Mme de Cubières: *Emmerik de Mauroger.* — S. Belloc: *Pierre et Pierrette.*

1839. Mme Necker: *De l'éducation.* — **ME** Mallet: *Études philosophiques.* — Théry: *Conseils aux mères.* — X...: *Jean le Rond à ses amis les ouvriers.* — Thurot: *Traduction d'Epictète.* — Doyère: *Traduction de Buckland.*

1840. De Beaumont: *L'Irlande.* — **ME** La Farelle: *Du progrès social.* — Mlle Sauvan: *Manuel d'instruction primaire.* — Dinocourt: *Cours de morale sociale.* — Hello: *Philosophie sociale.* — Géruzez: *Mélanges littéraires.* — Mennechet: *Histoire de France abrégée.*

1841. L. Reybaud: *Les réformateurs contemporains.* — Hamon: *Vie du cardinal de Cheverus.* — **ME** Mme de Flavigny: *Livre de l'enfance.* — Mlle Gouraud: *Marianne Aubry.* — Mlle V. de Trémadeure: *Bernard.* — Mme Richomme: *Julien.* — Mme Taunay: *La jeune aveugle.* — Azaïs: *Études philosophiques.* — A. Pierrot et Ch. Zevort: *Traduction d'Aristote.* — Mme de Carlowitz: *Traduction de Klopstock.* — M. Moreau: *Traduction de Saint-Augustin.*

1842. Poujoulat: *Histoire de Jérusalem.* — Mlle Lajollais: *L'éducation des femmes.* — **ME** Pauthier: *Traduction des livres antiques de l'Orient.* — O. Leroy: *Recherches sur l'Imitation de Jésus-Christ.* — Bouchitté: *Traduction de Saint-Anselme.* — Mme de Carlowitz: *Traduction de Schiller.* — M. Martin: *Traduction de Platon.* — Pierron: *Traduction d'Eschyle.*

1843. — P. Wilm: *L'éducation du peuple.* — Salmon: *Conférences aux instituteurs.* — **ME** Fouinet: *Histoire de Gerson.* — Mlle Martin: *L'éducation des jeunes personnes.* — Mlle Bertin: *Les glanes.* — Mlle d'Ayzac: *Poésies.* — Mary Lafon: *Tableau du Midi de la France.*

1844. Le P. Girard: *L'enseignement de la langue maternelle.* — **ME** Halévy: *Fables.* — Vander-Buch: *Mœurs parisiennes.* — Eyron: *Conseils aux ouvriers.*

1845. M. Filon: *Les rapports de l'Église et de l'État.* — Poujoulat: *Vie de saint Augustin.* — **ME** Desbordeliers: *Morale militaire.* — La Chambaudie: *Fables nouvelles.* — Mme Mallet: *Les prisons de femmes.* — Mme Saunders: *Direction de la jeune fille.* — Mlle Boieldieu: *Montjouy.* — Pierron: *Traduction de Marc-Aurèle.* — Damas-Hinard: *Traduction du Romancero espagnol.*

1846. 3,ooo fr., Marbeau : *Œuvre des crèches.* — Mlle Carpentier : *Conseils sur les salles d'asile.* — Mme de Gasparin : *Il y a des pauvres.* — 2,000 fr., Geruzez : *Nouveaux essais d'histoire littéraire.* — L. Feugère : *La Boétie.*

1847. 3,ooo fr., Cauchy : *Le duel.* — De Cormenin : *Entretiens de village.* — 2,000 fr., Ozaneaux : *Histoire de France.* — Brizeux : *Les Bretons.* — Mme Guinard : *Poésies du foyer.* — J. Sandeau : *Madeleine.* — Mme Comte : *Sagesse et bon cœur.* — Mme de la Verpillière : *Essais poétiques.*

1848. 5,ooo fr., H. Wallon : *L'esclavage dans l'antiquité.* — 3,000 fr., P. Clément : *Histoire de Colbert.* — 2,000 fr., Barrau : *Direction morale pour les instituteurs.* — 1,500 fr., Dufau : *Les institutions de charité.* — H. Violeau : *Les mères chrétiennes.* — Barbier : *Un poète.*

1849. 3,ooo fr., A. Sudre : *Histoire du communisme.* — L. Feugère : *Etienne Pasquier.* — 1,500 fr., Porchat : *Trois mois sous la neige.*

1850. 5,ooo fr., Emile Augier : *Gabrielle.* — 3,000 fr., H. Martin : *Philosophie spiritualiste de la nature.* — Garnier : *La morale sociale.* — Waddington : *La psychologie d'Aristote.* — Autran : *La fille d'Eschyle.* — 2,000 fr., Mme Desbordes-Valmore : *Les anges de la famille.* — Mme de Bawr : *Soirées des jeunes personnes.* — Mme de Challié : *Liberté, égalité, fraternité.* — Mme Pape-Carpentier : *L'enseignement pratique.* — Mme Monmerqué : *Paul-Morin.*

1851. 1er P, Ch. Bartholmess : *Histoire de l'académie de Prusse.* — 3,000 fr., Barrau : *Conseils aux ouvriers.* — 2,000 fr., B. de Roquefort : *Droits et devoirs de l'homme.* — Galusky : *Traduction du Cosmos de Humboldt.* — F. Colin : *Œuvres de Pindare.* — 1,500 fr., Audiganne : *Les ouvriers en famille.* — H. Violeau : *Les soirées des ouvriers.* — 1,2c0 fr., Dumouchel : *Leçons de pédagogie.* — E. Souvestre : *Un philosophe sous les toits.* — 1,000 fr., de Cournol : *Odes d'Horace.* — Dehèque, A. Poyard, Tresse, Montval : *Traductions.*

1852. 1re ME, Em. de Bonnechose : *Histoire des conquêtes de l'Angleterre.* — 3,000 fr., Bénard : *L'esthétique de Hégel.* — Barni : *Critique de la raison pure de Kant.* — 2,000 fr., Boulay-Paty : *Poésies.* — Mézières : *Éloge de l'économie.* — De Lurieu et Romand : *Les colonies agricoles.* — ME spéciale, Jasmin : *Poésies.*

1853. 1er P, Baudrillart : *Bodin et son siècle.* — A. Garnier : *Traité des facultés de l'âme.* — 2,000 fr., Sayous : *La littérature française à l'étranger.* — Béchard : *Le paupérisme.* — Géruzez : *Histoire de la littérature française.* — 1,500 fr., de Laprade : *Psyché.* — Mme Carraud : *La petite Jeanne.*

1854. 1re ME, le P. Gratry : *La connaissance de Dieu.* — Jules Simon : *Le devoir.* — 2e ME, de Bauchesne : *Louis XVII.* — L. Ratisbonne : *L'Enfer de Dante.* — A. Fleury : *Saint Paul et Sénèque.* — 1,500 fr., J. Perrens : *Savonarole.* — P. Clément : *Jacques Cœur.* — L. Feugère : *Henri Estienne.*

1855. 1re ME, L. de Carné : *Histoire du gouvernement représentatif en France.* — L'abbé Huc : *L'empire chinois.* — Brizeux : *Poésies.* — 2e ME, de Champagny : *La charité chrétienne.* — Courgeon : *Récits de l'histoire de France.* — L. Halévy : *Fables.*

1856. 3,ooo fr., de Laprade : *Symphonies.* — Bartholmess : *Doctrines religieuses de la philosophie moderne.* — 2,000 fr., Saisset : *La cité de Dieu de saint Augustin.* — P. Janet : *La famille.* — Caro : *Études morales.* — Mme de Bawr : *Contes de l'enfance.* — 1,000 fr., Mme R. Garde : *Nouvelles.*

1857. 1re ME, A. Monnier : *Histoire de l'Assistance publique.* — E. Charton : *Les voyageurs anciens et modernes.* — 2e ME, Autran : *La vie rurale.* — H. Rigault : *Les anciens et les modernes.* — Leconte de Lisle : *Poèmes antiques.* — Lacaussade : *Poèmes et poésies.* — Vidaillan : *Histoire des conseils du Roi.*

1858. 1re ME, H. Baudrillart : *Manuel d'économie politique.* — De Melun : *La sœur Rosalie.* — 2e ME, Waddington : *Logique.* — De Champagny : *Rome et la Judée.* — De Lafarelle : *Spiritualisme chrétien.* — L. Halévy : *La Grèce tragique.*

II.   49

1859. 1ʳᵉ **ME**, P. Janet : *Histoire de la philosophie morale et politique.* — 2° **ME**, L'abbé Cognat : *Clément d'Alexandrie.* — 1,500 fr., Ch. Lafont : *Les légendes de la charité.* — Pécontal : *Légendes.* — Marmier : *Les fiancés du Spitzberg.* — Mᵐᵉ Pape-Carpentier : *Les salles d'asile.* — S. Réal : *Traduction de Dante.*

1860. 3,000 fr., Saisset : *Essai de philosophie religieuse.* — 2,000 fr.. F. Monnier : *Le chancelier d'Aguesseau.* — M. Marcou : *Pellisson.* — Lenient : *La satire en France.* — P. Albert : *S. Jean Chrysostome.* — A. Rondelet : *Les mémoires d'Antoine.* — E. Grenier : *Poèmes.* — De Beauchesne : *Le livre des jeunes mères.* — Deltour : *Les ennemis de Racine.*

1861. 3,000 fr., Ch. Lévêque : *La science du Beau.* — 2.500 fr., A. Mézières : *Shakspeare.* — H. Baudrillart : *Rapports de la morale et de l'économie politique.* — 2,000 fr., Mistral : *Mireio.* — M. Heinrich : *Alfred Tonnellé.* — Marmier : *Gazida.* — Maignen : *Les rustiques.* — E. Ratisbonne : *La comédie enfantine.* — J. Lecomte : *La charité à Paris.*

1862. 3,000 fr., de Pressensé : *Les premiers siècles de l'Église.* — A. Cochin : *L'abolition de l'esclavage.* — 2,500 fr., Bénard : *La philosophie dans l'éducation.* — V. Duruy : *Histoire de la Grèce.* — 2,000 fr., L'abbé D. de S. Projet : *Les études religieuses en France.* — Mᵐᵉ de Bray : *Le pouvoir de la charité.* — E. Arnould : *Poésies.* — C. Lafayette : *Poèmes des champs.* — J. Lacroix : *Œdipe Roi.*

1863. 3,000 fr., P. Janet : *La philosophie du bonheur.* — Eugénie de Guérin : *Lettres et journal.* — 2,000 fr., Ferraz : *La psychologie de Saint-Augustin.* — L'abbé Blampignon : *Étude sur Malebranche.* — Mastier : *Turgot.* — De Mouy : *Don Carlos et Philippe II.* — La Jugie : *Traduction en vers des Psaumes.* — De Belloy : *Traduction de Térence.*

1864. 3,000 fr., Chaignet : *La psychologie de Platon.* — Jacquinet : *Les prédicateurs avant Bossuet.* Mézières : *Prédécesseurs, contemporains et successeurs de Shakspeare.* — Mˡˡᵉ E. Drouet : *Caritas.* — 2,000 fr., Mˡˡᵉ Bader : *La femme dans l'Inde antique.* — A. Lemoyne : *Petits poèmes.* — Deslys : *Les récits de la grève.*

1865. 2,500 fr., Fustel de Coulanges : *La cité antique.* — Caro : *L'idée de Dieu et ses nouveaux critiques.* — Martha : *Les moralistes sous l'empire romain.* — 2,000 fr., de Champagny : *Les Antonins.* — 1,500 fr., A. Campaux : *Le testament de Marc-Antoine.* — L'abbé E. Bernard : *Les voyages de Saint-Jérôme.* — M. Crouslé : *Lessing.* — M. Masson : *La Gerbée.*

1866. 2,500 fr., G. Boissier : *La société romaine.* — E. Manuel : *Pages intimes.* — 2,000 fr., E. Fialon : *Saint-Basile.* — M. Pécontal : *La divine odyssée.* — Magy : *De la science et de la nature.* — P. Lacroix : *Dix ans d'enseignement historique.* — Zeller : *Entretiens sur l'antiquité et le moyen âge.* — Mᵐᵉ Lenormant : *Marie-Antoinette.* — C. Daremberg : *La médecine.*

1867. 2,000 fr., Mᵐᵉ Craven : *Récit d'une sœur.* — O. Gréard : *La morale de Plutarque.* — Gandar : *Bossuet orateur.* — A, de Margerie : *Théodicée.* — E. Beaussire : *La liberté.* — Geffroy : *Gustave III et la cour de France.* — Belot : *Histoire des chevaliers romains.* — Macé, Stahl et Verne : *Magasin d'éducation et de récréation.*

1868. 2,000 fr., Mézières : *Pétrarque.* — Hubault et Marguerin : *Les grandes époques de la France.* — L'abbé Bareille : *Les homélies de saint Jean Chrysostôme.* — Millet : *Histoire de Descartes.* — G. Perrot : *Le droit public et privé d'Athènes.* — 1,500 fr., A. Bonneau : *Mᵐᵉ de Beauharnais-Miramion.* — A. Nettement : *Seconde éducation des filles.* — Audiat : *Bernard Palissy.* — A. Theuriet : *Chemins des bois.*

1869. 2,500 fr., J. Girard : *Le sentiment religieux en Grèce.* — Stahl : *La morale familière.* — 2,000 fr., Ferraz : *La philosophie du devoir.* — Th.-Henri Martin : *Galilée.* — F. Lenormant : *Histoire ancienne de l'Orient.* — Mᵐᵉ de Witt : *Scènes d'histoire et de famille.* — Mᵐᵉ Carraud : *Veillées de maître Patrigeon.* — A. de Ségur : *Sainte Cécile.*

1870. 2.500 fr., Ch. Aubertin : *Sénèque et saint Paul.* — Mᵐᵉ de Barberey : *Élisabeth Seton.* — 2,000 fr., H. Joly : *L'instinct.* — A. Feillet : *La misère au temps de la Fronde et saint*

Vincent de Paul. — Théron de Maugé : *L'agriculture et les classes rurales.* — Général Dau_ mas : *La vie arabe.* — A. Salmon : *Les devoirs des hommes.* — 1,000 fr., Mme S. Hue : *Les maternelles.* — O. Ducros : *Nouvelles poésies.*

1871. 3,000 fr., Ollé-Laprune : *La philosophie de Malebranche.* — 2,500 fr., P. Albert : *Histoire de la littérature romaine.* — G. Bruno : *Francinet.* — J. Rambosson : *Les lois de la vie.* — 2,000 fr., Mlle G. de Haupt : *Marthe.* — 1,500 fr., H. Faure : *Antoine de Laval.* — I. de Saint-Amand : *L'abbé Deguerry.* — A. Delpit : *L'Invasion.*

1872. 2,500 fr., H. Manuel : *Poésies populaires.* — F. Coppée : *Les humbles.* — J. Verne : *Voyages extraordinaires.* — 2,000 fr., M. Hemardinquer : *La Cyropédie.* — Mlle Bader : *La femme grecque.* — Mme Craven : *Fleurange.* — Rozan : *La Bonté.* — 1,500 fr., A. Ricquier : *Instruction élémentaire.*

1873. 2,500 fr., Berger et Cucheval : *Histoire de l'éloquence latine.* — L. de Beauvoir : *Voyage autour du monde.* — 2,000 fr., Ed. Fournier : *Le théâtre français au XVIe et au XVIIe siècles.* — P. Déroulède : *Chants du soldat.* — 1,500 fr., Mlle Z. Fleuriot : *Aigle et Colombe.* — Mme Barutel : *Fleurs d'été.* — M. Duchesne : *Les poèmes épiques français.* — E. Muller : *Récits champêtres.* — 1,000 fr., Block : *Petit manuel d'économie politique.* — L'abbé Tounissoux : *Bourgeois et ouvriers.*

1874. 2,000 fr., Th. Froment : *Rêves et devoirs.* — G. Compayré : *La philosophie de Hume.* — A. Croiset : *Xénophon.* — 1,500 fr., A. Eschenauer : *La morale universelle.* — E. Raynal : *Les naufragés.* — Mme Boissonas : *Une famille pendant la guerre.* — J. Girardin : *Les braves gens.* — J. Aicard : *Les poèmes de Provence.* — Rathery et Boutron : *Mlle de Scudéry.* — Marie-Edmée Pau : *Notre petite sœur Jeanne d'Arc.*

1875. 2,000 fr., M. Croiset : *Des idées morales dans l'éloquence de Démosthènes.* — G. Feugère : *La vie et les mœurs d'Erasme.* — d'Haussonville : *Les établissements pénitentiaires.* — Mme Colomb : *La fille de Carilès.* — 1,500 fr., R. Vallery-Radot : *Journal d'un volontaire d'un an.* — Stahl : *Histoire d'un âne.* — A. Second : *Les demoiselles du Ronçay.* — H. Matabon : *Après la journée.* — 1,200 fr., Deltour : *Principes de composition.* — Merlet : *Origines de la littérature française.*

1876. 2,500 fr., L. Carrau : *La morale utilitaire.* — 2,000 fr., de Valbezen : *Les Anglais et l'Inde.* — A. Dupaigne : *Les montagnes.* — H. de Saint-Maur : *Le dernier chant.* — 1,500 fr., A. Franklin : *Ameline du Bourg.* — J. Stahl : *Les patins d'argent.* — E. Dupré-Lasale : *Michel de l'Hospital.* — J. Aicard : *La chanson de l'enfant.*

1877. 3,000 fr., J. Gérard : *La philosophie de Maine de Biran.* — 2,500 fr., P. Allard : *Les esclaves chrétiens.* — Sauvage : *Pensées morales.* — L. Biard : *A travers l'Amérique.* — 2,000 fr., Ferraz : *Études sur la philosophie en France.* — H. de Parville : *Causeries scientifiques.* — 1,000 fr., Lenthéric : *Les villes mortes du golfe de Lion.* — R. Kerviler : *La Bretagne à l'Académie française.* — Mme Bertin : *Nouvelles glanes.*

1878. 2,000 fr. Costa de Beauregard : *Un homme d'autrefois.* — Ch. de Bonnechose : *Montcalm et le Canada français.* — Mme H. Gréville : *Dosia.* — 1,500 fr., O. Noël : *Autour du foyer.* — G. Levasseur : *Dans les herbages.* — P. Blanchemain : *Poèmes et poésies.* — E. Gossot : *Mlle Sauvan.* — Ch. Durier : *Le mont Blanc.* — 1,000 fr., A. Rhoné : *L'Égypte à petites journées.* — L. Dubois : *Le pôle et l'équateur.* — A. Bougot : *Essai sur la critique d'art.*

1879. 2,500 fr., Bonneau-Avenant : *La duchesse d'Aiguillon.* — H. Malot : *Sans famille.* — 2,000 fr., G. Michel : *Histoire de Vauban.* — L. Simonin : *Les grands ports de commerce ; l'or et l'argent ; le monde américain.* — G. Compayré : *Histoire des doctrines de l'éducation.* — A. Dantièr : *Les femmes dans la société chrétienne.* — 1,500 fr., F. Godefroy : *La mission de Jeanne d'Arc.* — L. Paté : *Poésies.* — G. Stahl : *Maroussia.*

1880. 2,500 fr., L. Frichette : *Poésies canadiennes.* — L. Legrand : *Le mariage et les mœurs en France.* — 1,500 fr., O. Douen : *Les premiers pasteurs du désert.* — J. Gourdault : *La Suisse.* —

C. FLAMMARION : *L'astronomie populaire.* — CH. EDMOND : *Zéphyrin Cazavan en Égypte.* — E. TEXIER et C. LE SENNE : *Les mémoires de Cendrillon.* — E. DESBEAUX : *Le jardin de Mᶜᶦᵉ Jeanne.* — F. HÉMENT : *De l'instinct et de l'intelligence.* — M. GIRARD : *Les métamorphoses des insectes.*

1881. 2,000 fr., A. CROISET : *La poésie de Pindare.* — A. BABEAU : *La ville sous l'ancien régime.* — 1,500 fr., F. LABOUR : *M. de Montyon.* — P. CHAZEL : *Histoire d'un forestier.* — J. GIRARDIN : *Grand-père.* — E. BERTHET : *Les petites écolières.* — 1,000 fr. R. VALLERY-RADOT : *L'étudiant d'aujourd'hui.* — P. BOURDE : *A travers l'Algérie.* — J. PIZZETTA : *Plantes et bêtes.* — J. BRETON : *Jeanne.* — A. TAILHAND : *Poésies paternelles.* — CH. DE POMAIROLS : *Rêves et pensées.*

1882. 2,500 fr., L. OLLÉ-LAPRUNE : *De la certitude morale.* — A. DURUY : *L'instruction publique et la révolution.* — R. FRARY : *Le péril national.* — F. MASSON : *Le marquis de Grignan.* — A. FRANCE : *Le crime de Sylvestre Bonnard.* — 2,000 fr., V. GUÉRIN : *La terre sainte.* — H. LAFONTAINE : *Petites misères.* — 1,500 fr., A. DORCHAIN : *La jeunesse pensive.*

1883. 2,500 fr., G. LARROUMET : *Marivaux, sa vie et ses œuvres.* — 2,000 fr., EM. KRANTZ : *L'esthétique de Descartes.* — A. VITU : *La maison mortuaire de Voltaire.* — 1,500 fr., H. WELSCHINGER : *La censure sous le premier empire.* — 1,000 fr., M. CROISET : *Essai sur Lucien.* — CH. BIGOT : *Le petit Français.* — L. DE LA BRIÈRE : *Mᵐᵉ de Sévigné en Bretagne.* — Mᵐᵉ R. HALT : *Histoire d'un petit homme.* — Mᵐᵉ VATTIER D'AMBROYSE : *Le roman d'une sœur.* — D. LESUEUR : *Le mariage de Gabrielle.* — G. TISSANDIER : *Les récréations scientifiques.* — G. LAVALLEY : *Les grands cœurs.* — S. LIÉGEARD : *Les grands cœurs.* — COMTE : *Bibliothèque de l'enseignement des Beaux-Arts.*

1884. 2,000 fr., R. LAVOLLÉE : *Les classes ouvrières en Europe.* — A. FILON : *Histoire de la littérature anglaise.* — L'ABBÉ SICARD : *L'éducation morale et civique.* — X. THÉRIAT : *Journal d'un solitaire.* — 1,500 fr., L. PHILBERT : *Le rire.* — 1,000 fr., A. CHUQUET : *Le général Chanzy.* — E. COTTEAU : *Un touriste dans l'extrême Orient.* — P. DROZ : *Lettres d'un dragon.* — V. GUÉRIN : *La terre sainte.* — P. DE RAYNAL : *Les correspondants de Joubert.* — MARYAN : *L'erreur d'Isabelle.* — G. LEYGUES : *La lyre d'airain.*

1885. 2,000 fr., E. RABIER : *Leçons de philosophie.* — M. JEANNEROD : *La puissance française.* — G. DE BRÉMOND D'ARS : *Jean de Vivonne.* — Mᵐᵉ BENTZON : *Tony.* — 1,500 fr., L. FIGUIER : *Les nouvelles conquêtes de la science.* — M. DE TINSEAU : *La meilleure part.* — L. LA SALLE : *L'héritage de Jacques Farruel.* — 1,000 fr., Bᵒⁿ ERNOUF : *Les grands inventeurs français.* — Mᵐᵉ J. SAMSON : *Une éducation dans la famille.* — A. PELLISSIER : *Les grandes leçons de l'antiquité chrétienne.* — E. DESBEAUX : *Les projets de Mᶜᶦᵉ Marcelle.* — E. DUPUY : *Les Parques.*

1886. 2,000 fr., G. SÉAILLES : *Essai sur le génie dans l'art.* — Mᵐᵉ F. DE JULLIOT : *Terre de France.* — 1,500 fr., L'ABBÉ ROUX : *Pensées.* — L. ROCHE : *Trente-deux ans à travers l'Islam.* — L'ABBÉ MÉRIC : *Histoire de M. Emery.* — E. DE MANDAT-GRANCEY : *Dans les montagnes Rocheuses.* — 1,000 fr., E. GANNERON : *L'amiral Courbet.* — L. ALLARD : *Les vies muettes.* — L. MORIN : *Le cabaret du puits sans vin.* — A. GENNEVRAYE : *Trop riche.* — Le Gᵃˡ AMBERT : *Récits militaires.* — Mᵐᵉ J. CAZIN : *L'enfant des Alpes.* — A. DORCHAIN : *Conte d'avril.* — L. LEGENDRE : *Cynthia.*

1887. 2,500 fr., A. GUILLOT : *Paris qui souffre.* — 2,000 fr. D. COCHIN : *L'évolution et la vie.* — E. FAGUET : *Études littéraires sur le XIXᵉ siècle.* — Mᵐᵉ DIEULAFOY : *La Perse, la Chaldée et la Susiane.* — F. FABIÉ : *La poésie des bêtes.* — 1,500 fr., X. MOSSMANN : *vie de F.-E. Dollfus.* — A. BACOT : *La Brèche aux loups.* — 1,000 fr., Cᵗᵉˢˢᵉ D'ARMAILLÉ : *Madame Élisabeth.* — M. SAINT-JUIRS : *Madame Bourette.* — EM. GOSSOT : *Madeleine.* — P. HAREL : *Aux champs.*

1888. 2,000 fr., G. LANSON : *Nivelle de la Chaussée.* — DE VATRY : *Théorie de la grande guerre.* — 1,500 fr., E. BERTHET : *L'expérience du grand papa.* — Mᵐᵉ P. DE NANTEUIL : *Capitaine.* —

J. Vincent : *Vaillante.* — Mᵐᵉ C. Bigot : *La tâche du petit Pierre.* — 1,000 fr. M. Monnier : *Les îles Hawaï.* — E. d'Hervilly : *Aventures d'un petit garçon préhistorique.* — Mᵐᵉ Calmon : *Cœurs droits.* — G. Derennes : *Les cœurs héroïques.* — J. Barancy : *La folle de Virmont.* — A. Davin : *50,000 milles dans l'océan Pacifique.* — Mᵐᵉ J. Samson : *La vie d'une femme du monde.* — G. Marci : *Liaudette.* — W. de Fonvielle : *La mesure du mètre.*

1889. 2,000 fr., Ch. Grad : *L'Alsace.* — G. Lyon : *L'idéalisme en Angleterre au XVIIIᵉ siècle.* — 1,500 fr., l'abbé Lallemand : *L'éducation dans l'ancien Oratoire de France.* — R. Bazin : *Une tache d'encre.* — R. Vallery-Radot : *Mᵐᵉ de Sévigné.* — E. Muller : *Nizelle.* — 1,000 fr., Mˡˡᵉ de Witt : *Les femmes dans l'histoire.* — C. de Varigny : *L'océan Pacifique.* — Mᵐᵉ Vattier : *Le littoral de France.* — P. Perret : *Après le crime.* — V. du Bled : *Les causeurs de la révolution.* — F. Calmettes : *Brave fille.* — M. Richebourg : *Le million du père Raclot.* — Ch. Canivet : *Contes de la mer et des grèves.* — M. de la Sizeranne : *Les aveugles par un aveugle.* — E. Bertin : *Études sur la société française.* — P. Gaulot : *Un complot sous la Terreur.* — F. Bouquet : *Points obscurs de la vie de Corneille.* — E. Hulot : *De l'Atlantique au Pacifique.* — 500 fr., L. Curnier : *La jeunesse d'Ozanam.* — H. Bouchot : *Contes francs-comtois.* — C. Rozan : *Petites ignorances historiques et littéraires.* — N. Quellien : *Chansons et danses des Bretons.*

1890. 2,000 fr., P. Girard : *L'éducation athénienne au Vᵉ siècle avant Jésus-Christ.* — 1,500 fr., Lacour-Gayet : *Antonin le Pieux.* — D. Sauvageot : *Le naturalisme dans la littérature et dans l'art.* — 1.000 fr., A. Vitu : *Paris.* — Ch. de Pomairols : *Lamartine.* — l'abbé Pauthe : *Mᵐᵉ de la Vallière.* — V. Fournel : *La confession d'un père.* — M. Monnier : *Des Indes au Para.* — Mᵐᵉ de Nanteuil : *L'épave mystérieuse.* — A. Gennevraye : *Le marchand d'allumettes.* — W. Busnach : *Le petit gosse.* — G. Toudouze : *Péri en mer.* — Mᵐᵉ G. de Calonne : *Dans ma nuit.* — 500 fr., H. Marchand : *Tu seras agriculteur.* — Mᵐᵉ G. Crank : *Antoine Brasseur.* — J. Dargène : *Le feu à Formose.* — Mᵐᵉ Paradowska : *Demoiselle Micia.* — H. de Lexmont : *Mᵐᵉ de Sainte-Beuve et les ursulines.* — Mᵐᵉ Mesureur : *Histoire d'un enfant de Paris.*

1891. 2,000 fr., Gallieni : *Deux campagnes au Soudan français.* — L'abbé Lebarq : *Histoire de la prédication de Bossuet.* — L. Lefebure : *Le devoir social.* — 1,500 fr. Ch. Diehl : *Excursions archéologiques en Grèce.* — Rocheblave : *Le comte de Caylus.* — Mˡˡᵉ Blaze de Bury : *Anne de Boleyn.* — J. Rameau : *Moune.* — 1,000 fr., E. Rigal : *Alexandre Hardy.* — Piéron : *la 32ᵐᵉ demi-brigade.* — A. Lebreton : *Le roman au XVIIᵉ siècle.* — Ch. Edmond : *Paul Rochebert.* — Cᵗᵉ de Sabran : *Un raid en Asie.* — Mᵐᵉ de la Bruyère : *Princesse Rosalba.* — 500 fr., Nemours-Godré : *O'Connell.* — Mᵐᵉ J. Cazin : *La roche maudite.*

1892. 2,000 fr., Bonvalot : *De Paris au Tonkin.* — Binger : *Du Niger au golfe de Guinée.* — 1,000 fr., C. Wagner : *La jeunesse.* — Frey : *Pirates et rebelles au Tonkin.* — O. Lacroix : *Quelques maîtres étrangers et français.* — Mˡˡᵉ Albert : *La littérature française sous la révolution.* — L. Claretie : *Lesage romancier.* — Mᵐᵉ de Witt : *La charité en France.* — Mᵐᵉ Th. Bentzon : *Constance.* — Mˡˡᵉ J. Schultz : *La neuvaine de Colette.* — L. Barron : *Autour de Paris.* — A. Franklin : *Écoles et collèges.* — l'abbé Bouquet : *L'ancien collège d'Harcourt.* — 500 fr., A. Delorme : *Journal d'un sous-officier.* — M. Leclerc : *Choses d'Amérique.* — Mᵐᵉ J. Darmesteter : *Marguerites du temps passé.* — P. de Nolhac : *Marie-Antoinette.* — Brau de S. Pol-Lias : *Ayora.* — M. de Champlaix : *Le fond d'un cœur.* — M. Floran : *Un an d'épreuve.* — Ch. Canivet : *Enfant de la mer.* — G. Tomel et H. Rollet : *Les enfants en prison.*

1893. 1,500 fr., Rébelliau : *Bossuet, historien du protestantisme.* — C. de Varigny : *Géographie moderne.* — 1,000 fr., G. Deschamps : *La Grèce d'aujourd'hui.* — R. Bazin : *Sicile.* — F. Dreyfus : *L'arbitrage international.* — E. Mouton : *Aventures de Joel Kerbabu.* — C. de Berkeley : *Mˡˡᵉ de Sommers.* — E. Chabrand : *De Barcelonnette au Mexique.* — Mˡˡᵉ M. Sum-

MER : *La princesse Soundari.*— WEIL : *La campagne de 1814.* — Mᵐᵉ DOUBLE : *Josette.* —
C. LEGOFFIC : *Le crucifié de Keraliès.* — L. MAINARD : *L'héritage de Marie Noël.* — 500 fr.,
L'ABBÉ DELFOUR : *La Bible dans Racine.* — C. JULLIAN : *Gallia.* — C. RICHET : *Pour les
grands et pour les petits.* — A. VERLEY : *Une perfection.* — F. DILLAYE : *Le cirque Zoulof.*
— F. BATAILLE : *Fables.* — A. COUTEAUX : *Chez les bêtes.* — H. ALLAIS : *Adieu, Jean.*

1894, 1,000 fr., H. MALOT : *En famille.* — V. BÉRARD : *La Turquie et l'hellénisme.* — A. ROE : *Pingot
et moi.* — R. DOUMIC : *De Scribe à Ibsen.* — E. MULLER : *Les enfants de Grand-Pierre.* —
G. REYNIER : *Thomas Corneille.* — L. CAHUN : *Hassan de Janissaire.* — A. RAMBAUD :
L'anneau de César. — E. LINTILHAC : *Lesage.* — F. DESCOSTES : *Joseph de Maistre.* —
E. BIRÉ : *Études et portraits.* — YANN NIBOR : *Récits de mer.* — 500 fr., L'ABBÉ MONTEUUIS :
L'âme d'un missionnaire. — M. LOIR : *La marine royale en 1789.* — J. BERTHEROY : *Ximénés.*
— C. G. DE TAURINES : *La nation canadienne.* — H. BÉRENGER : *L'effort.* — BARONNE DE BAULNY :
Sans lendemain. — Mᵐᵉ M. BELIN : *L'oncle Chambrun.* — Mˡˡᵉ DAMAD : *Une jeune fille.* —
Mˡˡᵉ M. MIALLIER : *Louise et Louisette.* — J. ROLLAND : *Le saut du loup.* — CAT : *Au sortir
du couvent.* — CH. MARELLE : *Variétés littéraires.* — A. LAURENT : *Les prisons de Paris.* —
A. DUMAZET : *Voyage en France.*

1895, 2,000 fr., L. CROUSLÉ : *Fénelon et Bossuet.* — 1,000 fr. E. PEROZ : *Au Soudan français.* —
A. HAUVETTE : *Hérodote.* — G. MONOD : *Renan, Taine, Michelet.* — Y. LE QUERDEC : *Lettres
d'un curé de campagne.* — E. NOEL : *Les cent-jours.* — J. BRETON : *Un étudiant français en
Allemagne.* — J. DE LA BRÈTE : *Un vaincu.* — J. CAROL : *Sœur Jeanne.* — A. RAYEUR : *La
trouée des Ardennes.* — F. MAURY : *Étude sur Bernardin de Saint-Pierre.* — 500 fr., H. SI-
MARD : *Saint-Vincent de Paul.* — E. SIMOND : *La Tour d'Auvergne.* — GIROD DE L'AIN : *Drouot,
Sénarmont, Eblé.* — M. PELET : *Naples contemporaine.* — L. BRUNSCHVIG : *Cambronne.*
— H. TRANCHAU : *Le collège d'Orléans.* — A. LE BRAZ : *La légende de la mort.* — J. DE LA
BRETONNIÈRE : *Zozo.* — L. PAULIAN : *Paris qui mendie.* — A. ADERER : *Pour une rose.* —
F. DESCHAMPS : *Jacques Germain.* — DU CAMPFRANC : *Toit de chaume.* — Mᵐᵉ C. DE LA
BRUYÈRE : *L'orgueil des Moustrey.*

---

2. — FONDATION GOBERT (Ordonnance royale du 31 août 1835). — Legs fait par M. le
baron GOBERT, d'un capital, dont les arrérages, qui sont actuellement de 10,150 francs, sont destinés
à distribuer annuellement, aux auteurs des ouvrages les plus éloquents sur l'histoire de France,
deux prix : le premier égal aux neuf dixièmes et le second à un dixième du revenu.

A. — GRAND PRIX

De 1840 à 1855, ce prix a été, chaque année, attribué à M. Augustin THIERRY, pour ses ouvrages
sur l'histoire de France. — 1856 et 1859. Henri MARTIN : *Histoire de France.* — 1857 et 1858. POIR-
SON : *Histoire de Henri IV.* — 1860. WALLON : *Jeanne d'Arc.* — 1861. DARGAUD : *Histoire de la liberté
religieuse,* et GERUZEZ : *Histoire de la littérature française.* — 1862, 1863 et 1864. C. ROUSSET : *Histoire
de Louvois.* — 1865. A. TROGNON : *Histoire de France.* — 1866 et 1867. DE VIEIL-CASTEL : *Histoire de
la Restauration.* — 1868 et 1869. DARESTE : *Histoire de France.* — 1870. MORTIMER-TERNAUX : *Histoire de la Terreur.* — 1871 et 1872. P. CLÉMENT : *Colbert.* — 1873. G. PICOT : *Histoire des états
généraux,* et NETTEMENT : *Histoire de la Restauration.* — 1874. G. PICOT : *Histoire des états généraux.* — 1875 et 1876. GAILLARDIN : *Histoire de Louis XIV.* — 1877. A. VÉTAULT : *Charlemagne.* —
1878 et 1879. CHANTELAUZE : *Le cardinal de Retz et l'affaire du chapeau. Le cardinal de Retz et ses
missions à Rome.* — 1880, 1881 et 1882. A. CHÉRUEL : *Histoire de France pendant la minorité de
Louis XIV.* — 1883. A. CHÉRUEL : *Histoire de France sous le ministère de Mazarin.* — 1884.
L. GAUTIER : *La chevalerie.* — 1885 et 1886. P. THUREAU-DANGIN : *Histoire de la monarchie de Juillet.*

— 1887 et 1888. A. Sorel : *L'Europe et la révolution française.* — 1889. Vicomte G. d'Avenel : *Richelieu et la monarchie absolue.* — 1890. Doniol : *Histoire de la participation de la France à l'indépendance des États-Unis.* — 1891. A. Chuquet : *Jemmapes, la trahison de Dumouriez.* — 1892. De Loménie : *Mirabeau.* — 1893 et 1894. A. Vandal : *Napoléon Ier et Alexandre.* — 1895. G. Fagniez : *Le Père Joseph et Richelieu.*

B. — DEUXIÈME PRIX

De 1840 à 1850, ce prix a été attribué, chaque année, à M. Bazin, pour son histoire de Louis XIII et, de 1851 à 1855, à M. Henri Martin, pour son histoire de France. De 1856 à 1859, il a été partagé entre MM. Chéruel (*L'administration monarchique en France*) et Th. Lavallée (*Histoire des Français*). — 1860. E. Moret : *Quinze ans du règne de Louis XIV.* — 1861. Mercier de Lacombe : *Henri IV et sa politique.* — 1862. Caillet : *L'administration sous Richelieu.* — 1863 et 1864. Caboche : *Les mémoires et l'histoire en France.* — 1865 et 1866. Lavallée : *Les frontières de la France.* — 1867 et 1868. F. Faure : *Histoire de saint Louis.* — 1869 et 1870. A. Nettement : *Conquête de l'Algérie.* — 1871 et 1872. E. Mourin : *Les comtes de Paris.* — 1873. Perrens : *L'Église et l'État sous Henri IV.* — 1874 et 1875. De Lescure : *Henri IV.* — 1876 et 1877. L'abbé Houssaye : *Le cardinal de Bérulle.* — 1878. Pingaud : *Les Saulx-Tavannes.* — 1879 et 1880. L'abbé Mathieu : *L'ancien régime en Lorraine.* — 1881 et 1882. B. Zeller : *Richelieu et les ministres de Louis XIII; le connétable de Luynes.* — 1883. L. Sciout : *Histoire de la constitution civile du clergé.* — 1884. De Maulde : *Histoire de Jeanne de France.* — 1885. H. Pigeonneau : *Histoire du commerce de la France.* — 1886. F. Decrue : *Anne de Montmorency.* — 1887. A. Chuquet : *La première invasion prussienne; Valmy; la retraite de Brunswick.* — 1888. F. Delaborde : *Étude sur l'expédition de Charles VIII en Italie.* — 1889. Ed. Biré : *Paris en 1793.* — 1890. De Broc : *La France sous l'ancien régime.* — 1891. A. Baudrillart : *Philippe V et la cour de France.* — 1892. Le Comte de Laferrière : *Marguerite d'Angoulême.* — 1893. Marion : *Machault d'Arnouville.* — 1894. Wiesener : *Le régent, l'abbé Dubois et les Anglais.* — 1895. Le Comte de La Ferrière : *Les cours de France et d'Angleterre, la correspondance de Catherine de Médicis.*

☆ FONDATION BORDIN (Voir *Fondations communes aux cinq Académies*, n° 2).

1856. Ozanam : *La civilisation au Ve siècle.* — 1857. Rosseeuw-Saint-Hilaire : *Histoire d'Espagne.* — 1858. Bouchitté : *Le Poussin.* — 1859. Geruzez : *La littérature française pendant la révolution.* — 1860. Ratisbonne : *Traduction du Paradis de Dante.* — 1861. Sayous : *Le XVIIIe siècle à l'étranger.* — 1862. L. Halévy : *La Grèce tragique.* — A. Lacaussade : *Poèmes et paysages.* — 1863. Béchard : *Le droit municipal dans l'antiquité et au moyen âge.* — 1864. Pas décerné. — 1865. E. Duméril : *Histoire de la comédie primitive.* — Fallex : *Scènes d'Aristophane.* — J. Bonnet : *Olympia Morala.* — Rosseeuw-Saint-Hilaire : *Histoire d'Espagne.* — 1866. Dantier : *Les monastères bénédictins d'Italie.* — 1867. Caro : *La philosophie de Gœthe.* — 1868. Mis de Noailles : *Henri de Valois et la Pologne.* — 1869. Chassang : *Du spiritualisme et de l'idéal dans la poésie des Grecs.* — 1870. Martha : *Le poème de Lucrèce.* — Heinrich : *Histoire de la littérature allemande.* — 1871. Fouillée : *La philosophie de Platon.* — 1872. J. Gauthier : *Histoire de Marie-Stuart.* — 1873. G. Perrot : *L'éloquence politique et judiciaire à Athènes.* — 1874. Bossert : *Histoire de la littérature allemande.* — J. Sauzay : *Histoire de la persécution révolutionnaire dans le Doubs.* — 1875. Desnoiresterres : *Voltaire et la société française au XVIIIe siècle.* — 1876. Lenallois : *Corneille inconnu.* — E. Daudet : *Le ministère de M. de Martignac.* — 1877. Chantelauze : *Marie Stuart.* — 1878. 2,000 fr., G. Merlet : *La littérature française de 1800 à 1815.* — 1,000 fr., Comte de Gobineau : *La Renaissance.* — 1879. 2,000 fr., Ch. Schmidt : *Histoire littéraire de l'Alsace.* — 1,000 fr., Lichtenberger : *Études sur les poésies de Gœthe.* — 1880. H. Baudrillart : *Histoire du luxe.* — 1881. J. Klaczko : *Causeries florentines.* — E. Gebhart : *Les*

origines de la Renaissance. — 1882. 2,500 fr., A. VANDAL : *Louis XV et Élisabeth de Russie.* — 500 fr.,
G. PALLAIN : *Correspondance de Talleyrand et de Louis XVIII.* — 1883. F. BRUNETIÈRE : *Études
critiques sur la littérature française.* — 1884. G. DURUY : *Le cardinal Carlo Carafa.* — J. DARMES-
TETER : *Essais orientaux.* — 1885. Emmanuel DE BROGLIE : *Fénelon à Cambrai.* — 1,000 fr. :
Mgr LAOUENAN : *Le Brahmanisme.*—1886. Comte DE REISET : *Modes et usages au temps de Marie-Antoi-
nette.* — Ch. BÉNARD : *La philosophie ancienne.* — Comte DE BAILLON : *Henriette-Anne d'Angleterre.*
— 1887. 2,000 fr., J. DENIS : *La comédie grecque.* — 1,000 fr., B. VARAGNAC : *Portraits littéraires.*
— 1888. BIBESCO : *Au Mexique, combats et retraite des six mille.* – R. MILLET : *La France provinciale.*
— P. LIÉGEARD : *La côte d'azur.* — 1889. Ch. RAVAISSON-MOLLIEN : *Les manuscrits de Léonard de
Vinci.* — 1890. 1,500 fr., A. MARCHAND : *Poètes lyriques de l'Autriche.* — 500 fr., M. PALÉOLOGUE :
Vauvenargues. — L'abbé FABRE : *Chapelain.* — G. SARRASIN : *La renaissance de la poésie anglaise.*
— 1891. 1,500 fr., Th. REINACH : *Mithridate Eupator, roi de Pont.* — M. COUAT : *Aristophane.* —
500 fr., BENGESCO : *Bibliographie des œuvres de Voltaire.* — 1892. RAVAISSON-MOLLIEN : *Les manus-
crits de Léonard de Vinci.* — P. MULLER-SIMONIS : *Du Caucase au golfe Persique.* — E. TITEUX :
La maison militaire du roi, de 1814 à 1830. — 1893. DE MOUY : *L'ambassade du duc de Créqui.* —
Ch. DARDIER : *Paul Rabaut.* — Ch. LENTHÉRIC : *Le Rhône.* — 1894. 1,000 fr., V. CUCHEVAL : *Histoire
de l'éloquence romaine.* — 500 fr., H. PARIGOT : *Le théâtre d'hier.* — A. REY : *Les cahiers de Saint-
Prix.* — A. GUILLOIS : *Le salon de Mme Helvétius.* — L. SUDRE : *Les sources du roman du renard.*
— 1895. 2,000 fr., J. JUSSERAND : *Histoire littéraire du peuple anglais.* — 500 fr., Th. FUNCK-BREN-
TANO : *L'homme et sa destinée.* — G. LENOTRE : *Paris révolutionnaire.*

✿ **FONDATION LATOUR-LANDRY** (Voir *Fondations communes à plusieurs Académies, n° 2*).

1846. M. LAFONT-LABALUT. — 1848. A. DE MUSSET. — 1850. LACAUSSADE. — 1852. ROBERT. — 1854. LECONTE DE
L'ISLE. — 1856. Mme BLANCHECOTTE. — 1858. M. LIVET. — 1860. Ph. BOYER. — 1862. F. GODEFROY. — 1864. A. MILLIEN.
— 1866. A. MÉRAT. — 1868. Mlle A. BONNET. — 1870. A. BRACHET. — 1872. F. HÉMENT. — 1874. Ch. NISARD. — 1876.
A. LEMOYNE, A. PIÉDAGNEL. — 1878. G. TOUDOUZE, Em. ANDRIEU. — 1880. H. DE LA MADELEINE. — 1882. Léon
CLADEL. — 1884. E. D'HERVILLY. — 1886. C. AMÉRO. — 1888. J. FERRAND, L. RICQUIER. — 1890. F. BÉCHARD. —
1892. Mme G. FEUGÈRE, Mme O.-G. CASSALS. — 1894. G. BASTARD. — Mme DE MONZIE.

✿ **FONDATION LAMBERT** (Voir *Fondations communes à plusieurs Académies, n° 4*).

Par décision de l'Académie, les revenus de cette fondation, s'élevant à 1,600 francs, sont attribués, chaque
année, à des hommes de lettres ou à leurs veuves, auxquelles il semble juste de donner une marque d'intérêt public.

1856. LECONTE DE LISLE. — 1857. Mme Louise COLET. — 1858. THALÈS BERNARD, Mme ULLIAC-TRÉMADEUR. —
1859. Mme DESBORDES-VALMORE. — 1860. Mme L. FLEURY, Th. BERNARD. — 1861. F. GODEFROY. — 1862. Ph. BOYER. —
1863. L. LALUYÉ. — 1864. A. CARTELIER. — 1865. Ed. PLOUVIER. — 1866. Mme Vve GERUZEZ. — 1867. E. D'ANGLEMONT,
M. BARILLOT. — 1868. Mme BLANCHECOTTE. — 1869. F. COPPÉE. — 1870. O. DE BELLOY. — 1871. A. LEMOYNE. —
1872. G. NADAUD. — 1873. Ch. NISARD. — 1874. E. PLOUVIER. — 1875. E. MARTIN. — 1876. Mme MENDÈS née GAUTIER. —
1877. DEVELAY. — 1878. X. AUBRYET. — 1879. P. QUITARD. — 1880. Mme Vve FEUGÈRE. — 1881. G. TOUDOUZE. — 1882.
Em. POUVILLON. — 1883. J. LEVALLOIS. — 1884. M. CHAROT. — 1885. Mlle E. CARPENTIER, Mlle M. BERTIN. — 1886.
E. D'HERVILLY. — 1887. P. LAFORÊT, Mme Vve LECLERC. — 1888. L. SÉCHÉ. — 1889. A. SOUBIÈS, Mme N. LION-
NET. — 1890. Mme DARDENNE DE LA GRANGERIE, Mlle O. KENNEDY. — 1891. MAZON, Mme Vve DE MONZIE. — 1892.
Comtesse DE HOUDETOT, O. COMETTANT, Mme D. HALY. — 1893. R. VALLIER, P. MAËL, Th. VÉRON. — 1894.
A. CIM, G. BEAUME, Mme Louise D'ALQ. — 1895. J. DE LA FAYE, Ch. BUET, Mme MELCHIOR DE GRANDMAISON.

3. — **FONDATION TRÉMONT** (Décret du 8 septembre 1856). — Legs par M. le baron de
Trémont, d'une rente de 990 francs, destinée à être partagée, chaque année, par tiers, entre la Société
des gens de lettres, l'Association des artistes dramatiques et l'Association des inventeurs et artistes
industriels.

4. — FONDATION HALPHEN (Décret du 31 décembre 1856). — Legs par M. Achille-Edmond HALPHEN, d'une rente de 500 francs pour fonder un prix triennal, en faveur d'un ouvrage remarquable au point de vue littéraire et moral.

1860. E. DE BONNECHOSE : *Histoire d'Angleterre.* — 1863. HUGUENIN : *Histoire du royaume d'Austrasie.* — 1866. Ed. FOURNIER : *Recherches sur le théâtre.* — 1869. F. PERRENS : *Les mariages espagnols sous Henri IV.* — 1872. L. DE BACKER : *Études néerlandaises.* — 1875. H. TIVIER : *Histoire de la littérature dramatique en France.* — 1878. Le général PAJOL : *Pajol (1772-1796)*; *Kléber, sa vie et sa correspondance.* — 1881. 1,000 fr., R. KERVILER et Ed. DE BARTHÉLEMY : *Valentin Conrart.* — 500 fr., H. WELSCHINGER : *Le théâtre de la révolution.* — 1884. A. LEFÈVRE-PONTALIS : *Jean de Witt.* — 1887. Ed. DROZ : *Le scepticisme de Pascal.* — 1890. Ad. GUILLOT : *Les prisons de Paris.* — 1893. L. PEREY : *Le duc de Nivernais.*

5. — FONDATION THIERS (Décret du 21 juillet 1862).—Don par M. A. THIERS, membre de l'Institut, d'une somme de 20,000 francs, pour fonder un prix triennal à décerner aux auteurs d'ouvrages historiques.

1868. Marius TOPIN : *L'Europe et les Bourbons sous Louis XIV.* — 1871. RAMBAUD : *L'empire grec du X° siècle.* — 1874. H. HOUSSAYE : *Histoire d'Alcibiade.* — 1877. SAYOUS : *Histoire des Hongrois.* — 1880. E. CHARVERIAT : *Histoire de la guerre de trente ans.* — 1883. G. ROTHAN : *La politique française en 1866.* — 1886. 1,500 fr., B. POCQUET : *Les origines de la révolution en Bretagne.* — 750 fr., MIRON DE L'ESPINAY : *François Miron.* — P. ALLARD : *Histoire des persécutions au III° siècle.* — 1889. A. LEFRANC : *La jeunesse de Calvin.* — 1892. 2,000 fr., G. CAVAIGNAC : *La formation de la Prusse.* — 1,000 fr., Mˡˡ de COURCY : *L'Espagne après la paix d'Utrecht.* — M. VILLIERS DU TERRAGE : *Toussaint Rose, marquis de Coye.* — 1895. S. BAPST : *Essai sur l'histoire du théâtre.* — Prince BIBESCO : *Le Règne de Bibesco.*

6. — FONDATION TOIRAC (Décrets des 5 mars et 27 novembre 1864). — Legs par M. Alphonse Toirac, de la nue propriété d'une rente de 4,800 francs, pour fonder un prix annuel à décerner à l'auteur de la meilleure comédie jouée au Théâtre-Français. (L'usufruit a été éteint en 1890.)

1891. H. LAVEDAN : *Une famille.* — 1892. A. SILVESTRE et E. MORAND : *Griselidis.* — 1893. J. RICHEPIN : *Par le glaive.* — 1894. A. PARODI : *La reine Juana.* — 1895. E. ROSTAND : *Les romanesques.*

7. — FONDATION LANGLOIS (Décret du 7 mai 1868). — Legs par M. Louis Langlois, d'une rente de 1,500 francs, pour fonder un prix annuel à décerner à l'auteur de la meilleure traduction d'un ouvrage grec, latin ou étranger.

1871. DE SADOUS : *Histoire de la Grèce, de Grote.* — 1872. TH. BRAUN : *Théâtre de Schiller.* — 1873. MAGNABAL : *Histoire de la littérature espagnole de Ticknor.* — 1874. E. BARET : *Œuvres de Lope de Véga.* — A. DE LATOUR : *Œuvres de Calderon.* — 1875. PESSONNEAUX : *Théâtre d'Euripide.* — G. DE WAILLY : *L'Énéide.* — 1876. ANQUETIL : *Œuvres d'Horace.* — 1877. EM. MONTÉGUT : *Œuvres de Shakespeare.* — 1878. Il. BERGER : *La Russie, de M. Wallace.* — 1879. H. DRUON : *Œuvres de Synésius.* — Mᵐᵉ LOREAU : *Voyages des explorateurs modernes.* — 1880. A. TARDIEU : *Géographie de Strabon.* — J.-M. DE HEREDIA : *La conquête de la nouvelle Espagne, de B. Diaz del Castillo.* — 1881. F. AULARD : *Œuvres de Leopardi.* — L. HAVET : *Querolus.* — 1882. BOUGOT : *La galerie antique de Philostrate l'ancien.* — 1883. E. RUELLE : *Poétique et rhétorique d'Aristote.* — 1884. C. POPELIN : *Le songe de Poliphile, de Fr. Colonna.* — 1885. Pas de Prix. — 1886. 2,000 fr., BOUCHÉ-LECLERQ : *Histoire grecque, de Curtius et histoire de l'hellénisme, de Droysen* ; 1,000 fr., M. TRAWINSKI : *La vie des Grecs et des Romains de Guhl et Kohner.* — 1887. P. AIZE : *Idylles de Théocrite.*

E. Carré : *Poésies de G. Leopardi.* — 1888. J. M. de Heredia : *Histoire de la conquête de la Nouvelle Espagne, de Diaz de Castillo.* — G. Bonet-Maury : *L'empereur Akbar, par de Noer.* — 1889. Pas de prix. **M** Mᵐᵉ Paris : *L'Allemagne et la réforme, de Janssen.* — R. Monod : *Histoire du peuple anglais, de R. Green.* — C. Rabot et C. Lallemand : *Voyage de la Véga, de Nordenskiold.* — H. de Varigny : *Vie et correspondance de Darwin.* — 1890. 1,000 fr., Loth : *Les Manibogion, contes gallois.* F. Rabbi : *Théâtre de Marlowe.* — 1891. A. Dietrich : *Mᵐᵉ de Stael, par lady Blennerhassett.* — S. Daniaux : *Le retour de Henri Heine.* — 1892. 700 fr., L. J. Mirmont : *Les Argonautiques, d'Apollonius.* — 500 fr., J. Lugol : *Odes barbares, de Carducci.* — 1893. 1,000 fr., Lesueur : *Œuvres de Byron.* — 500 fr., J. Dupuis : *Le livre de Théon de Smyrne.* — 1894. C. Toutain : *Les musées de Rome, de Helbig; Marie Stuart, de Schiller.* **M** A. Foucher : *Le Boudha, d'Oldenberg.* — 1895. Pas de prix.

8. — **FONDATION THÉROUANNE** (Décret du 2 octobre 1869). — Legs par M. Émile-Adrien-Aimable-Désiré Thérouanne, d'une rente de 4,000 francs pour fonder un ou plusieurs prix annuels, en faveur des travaux sur l'histoire universelle ou les études qui s'y rattachent.

1870. M. Topin : *L'homme au masque de fer.* — V. de Saint-Genis : *Histoire de Savoie.* — 1871 et 1872. A. Challamel : *Mémoires du peuple français.* — Reynald : *Mirabeau et la constituante.* — 1873. Aubertin : *L'esprit public au XVIIIᵉ siècle; Histoire des commencements de la république aux Pays-Bas.* — 1874. Ed. Hugues : *De la restauration du protestantisme en France au XVIIIᵉ siècle.* — Belot : *Histoire des chevaliers romains.* — 1875. Fustel de Coulanges : *Histoire des institutions politiques de l'ancienne France.* — **ME** Ch. Yriarte : *Vie d'un patricien de Venise.* — Petit de Julleville : *Histoire de la Grèce sous la domination romaine.* — 1876. 3,000 fr., M. Topin : *Louis XIII et Richelieu.* — Aubé : *Les persécutions de l'Église.* — 1877. Foncin : *Le ministère Turgot.* — d'Héricault : *La révolution de Thermidor.* — B. Zeller : *Le mariage de Henri IV.* — E. Lavisse : *L'une des origines de la monarchie prussienne.* — 1878. 2,000 fr., H. Forneron : *Les ducs de Guise et leur époque.* — 1,000 fr., Debidour : *La France angevine.* — 1,000 fr., Luchaire : *Alain le Grand.* — 1879. E. Denis : *Huss et la guerre des hussites.* — F. Rocquain : *L'esprit révolutionnaire avant la révolution.* — 1880. 2,500 fr., E. Lavisse : *Études sur l'histoire de Prusse.* — 1,500, Du Bled : *Histoire de la monarchie de juillet.* — 1881. 2,500 fr., J. Bourelly : *Le maréchal de Fabert.* — 1,500 fr. L. de Piepaye : *Histoire de la réunion de la Franche-Comté à la France.* — **M** E. Hardy : *Origines de la tactique française.* — 1882. 2,000 fr., H. Forneron : *Histoire de Philippe II.* — 1,000 fr., H. de La Ferrière : *Introduction à la correspondance de Catherine de Médicis.* — 1,000 fr., De Luçay : *Les secrétaires d'État jusqu'à la mort de Louis XV.* — 1883. J. Delaborde : *Gaspard de Coligny.* — A. Du Boys : *Catherine d'Aragon.* — 1884. 2,500 fr., M. Flammermont : *Le chancelier Meaupou et les parlements.* — 1,500 fr., M. Raynal : *Succession d'Espagne, Louis XIV et Guillaume II; Histoire des traités de partage.* — 1885. 2,500 fr., Ch. Bémont : *Simon de Montfort.* — H. de la Garde : *Le duc de Rohan et les protestants.* — 1886. 1,500 fr., Baron R. de Lettenhove : *Les huguenots et les gueux.* — R. Stourm : *Les finances de l'ancien régime.* — 1,000 fr., M. Dubédat : *Histoire du parlement de Toulouse.* — 1887. 2,000 fr., Marquis de Courcy : *La coalition de 1701.* — 1,000 fr., l'abbé Alain : *La question d'enseignement en 1789.* — Le général Thoumas : *Les capitulations.* — 1888. 1,500 fr., L. de Laborie : *J.-J. Mounier.* P. Robiquet : *Paris et la ligue sous Henri III.* — 1,000 fr., F. Faure : *Les assemblées de Vizille et de Romans, en 1788.* — 1889. G. Bapst : *Les joyaux de la couronne.* — 1890. 3,000 fr., Vicomte de Meaux : *La réforme et la politique française en Europe.* — 1,000 fr., A. Deloume : *Les manieurs d'argent à Rome.* — **M** le général Thoumas : *Autour du drapeau tricolore.* — Le général Foy : *Souvenirs de la guerre de Crimée.* — 1891. 2,000 fr., J. Lair : *Nicolas Foucquet.* — 1,500 fr., A. Luchaire : *Les communes à l'époque des capétiens.* — 500 fr., Luzel : *Chants populaires de la basse Bretagne.* — **M** Maggiolo : *Pozzo di Borgo.* — 1892. 2,000 fr., A. Moireau : *Histoire des États-Unis.* — 1,000 fr., d'Estournelles : *La politique française en Tunisie.* Comte d'Antioche : *Le général Changarnier.* — 1893. 1,500 fr., A. Lefranc : *Histoire*

du collège de France. — 1,000 fr., WALISZEWSKI : *Catherine de Russie.* — F. BOURNON : *La Bastille.*
— M. JOLLIVET : *La révolution française en Corse.* — 1894. 2,000 fr., O. NOEL : *Le commerce dans les deux mondes.* — 1,000 fr., BOISSONNADE : *La réunion de la Navarre à la Castille.* — 500 fr.,
H. CHOPPIN : *Histoire de la cavalerie française.* — L'abbé PISANI : *La Dalmatie de 1797 à 1815.* —
M B. DE MARSANGY : *Le chevalier de Vergennes.* — Marquis D'ARAGON : *Le prince de Nassau-Siegen.* —
1895. 1,500 fr., Comte DE LUDRES : *Une famille de la chevalerie Lorraine.* — 1,000 fr., l'abbé
DEGERT : *Le cardinal d'Ossat.* — L. DE KERMAINGANT : *L'ambassade de France en Angleterre sous
Henri IV.* — 500 fr., H. CHABEUF : *Dijon, monuments et souvenirs.*

----

9. — **FONDATION GUIZOT** (Décret du 11 juin 1872). — Donation par M. GUIZOT, membre
de l'Institut, d'une somme de 20,000 francs, pour fonder un prix triennal, à décerner à l'auteur du
meilleur ouvrage sur la littérature française ou sur la vie d'un grand écrivain français.

1875. Léon GAUTIER : *La chanson de Roland.* — 1878. L. VIAN : *Histoire de Montesquieu.* —
1881. Ch. DE LACOMBE : *Le comte de Serre.* — 1884. M. DE LESCURE : *Rivarol et la société française.*
— H. D'IDEVILLE : *Le maréchal Bugeaud.* — 1887. Et. ALLAIRE : *La Bruyère dans la maison de
Condé.* — 1890. 1,000 fr., DELARBRE : *Tourville et la marine de son temps.* — MOTHEAU et JOUAUST :
Étude sur Montaigne. — 500 fr., PALLAIN : *La mission de Talleyrand à Londres en 1792.* — C. RA-
BAUD : *La Source, député à la Convention.* — 1893. J. FABRE : *Le mois de Jeanne d'Arc.*

----

10. — **FONDATION GUÉRIN** (Décret du 4 juillet 1872). — Legs par M. Marcelin GUÉRIN,
d'une somme de 100,000 francs, dont les revenus doivent être distribués annuellement aux auteurs
d'ouvrages historiques ou littéraires propres à honorer la France.

1874. DANTIER : *Études historiques sur l'Italie.* — 1875. 2,000 fr., LOUDUN : *Les précurseurs de
la Révolution.* — 1,000 fr., F. DELAUNAY : *Philon d'Alexandrie ; moines et sybilles dans l'antiquité
judéo-grecque.* — A. DU BOYS : *Histoire du droit criminel de la France.* — 1876. F. DE LESSEPS : *Documents pour servir à l'histoire du canal de Suez.* — 1877. CAPMAS : *Lettres inédites de Mme de Sévigné.*
— E. PELLETAN : *Royan, la naissance d'une ville.* — JAROUSSEAU : *Le pasteur du désert.* — 1878.
2,000 fr., A. RAMBAUD : *La Russie.* — 1,000 fr., HIPPEAU : *L'instruction publique dans les États du
Nord.* — H. JOUIN : *David d'Angers.* — RAMBOSSON : *Les harmonies du son.* — 1879. 4,000 fr.,
Ch. AUBERTIN : *Histoire de la littérature française au moyen âge.* — 1,000 fr., G. BOISSIÈRE : *La conquête et l'administration romaine dans le nord de l'Afrique.* — 1880. 2,000 fr., P. DECHARME : *La
mythologie grecque antique.* — P. STAPFER : *Shakespeare et l'antiquité.* — 1,000 fr., E. BERTIN : *Les
mariages dans l'ancienne société française.* — 1881. 1,500 fr., L. PETIT DE JULLEVILLE : *Histoire du
théâtre en France.* — Ed. FRÉMY : *Un ambassadeur sous Charles IX et Henri III.* — 1,000 fr.,
E. MUNTZ : *Raphaël.* — DE LESCURE : *Les femmes philosophes.* — **M** F. DESPORTES et L. LEFÉ-
BURE : *La science pénitentiaire au congrès de Stockholm.* — 1882. Ch. YRIARTE : *Un condottiere au
XVe siècle.* — E. DAUDET : *Histoire des conspirations royalistes du Midi.* — E. BOS : *Les avocats au
Conseil du Roi.* — F. GODEFROY : *Histoire de la littérature française au XIXe siècle.* — L'abbé
FABRE : *La Jeunesse de Fléchier.* — F. LUZEL : *Les légendes chrétiennes de la Basse-Bretagne.* —
1883. 2,000 fr., BOUCHER-LECLERCQ : *Histoire de la divination dans l'antiquité.* — 1,500 fr., L. FAVRE :
Le Luxembourg. — A. BELJAME : *Le public et les hommes de lettres en Angleterre au XVIIIe siècle.* —
1884. 1,000 fr., G. MERLET : *Tableau de la littérature française sous le premier empire.* — 2,000 fr.,
L. PEREY et G. MAUGRAS : *Mme d'Epinay.* — 1885. 2,000 fr., Marc MONNIER : *La Renaissance.* —
L. BRUNEL : *Les philosophes de l'Académie française au XVIIIe siècle.* — 1,000 fr., Ch. AUBERT-WAT-
TIER : *Le littoral de la France.* — J.-J. JUSSERAND : *La vie nomade et les routes d'Angleterre au
XIVe siècle.* — 1886. G. DESJARDINS : *Le Petit Trianon.* — J. FAVRE : *Étude sur Olivier de Magny.*
— PETIT DE JULLEVILLE : *Les comédiens en France au moyen âge.* L. LIMAYRAC : *Études sur le moyen
âge.* — M. BOSCOWITZ : *Les tremblements de terre.* — 1887. 1,500 fr., l'abbé SICARD : *Les études*

avant la révolution. — G. Bapst : *Les Germains.* — 1,000 fr., L. B. Wyse : *Le canal de Panama.* — Ed. Frémy : *L'académie des derniers Valois.* — 1888. 1,500 fr., H. Lemonnier : *La condition des affranchis aux trois premiers siècles de l'Empire romain.* — 1,000 fr., A. Jacquet : *La vie littéraire dans une ville de province sous Louis XIV.* — P. Laffite : *Le paradoxe de l'égalité.* — 750 fr., l'abbé Casgrain : *Un pèlerinage au pays d'Évangeline.* — S. de Lovenjoul : *Histoire des œuvres de Balzac et de Th. Gautier.* — 1889. 2,000 fr., L. Palustre : *La Renaissance en France.* — G. Bonvalot : *Du Caucase aux Indes à travers le Pamir.* — 1,000 fr., P. Deschanel : *Orateurs et hommes d'État; Figures de femmes.* — E. Lintilhac : *Beaumarchais et ses œuvres.* — 1890. 1,500 fr., La Sicotière : *Louis de Frotté.* — 1,000 fr., R. Fernandez : *La France actuelle.* — P. Godet : *Histoire littéraire de la Suisse française.* — G. Pellissier : *Le mouvement littéraire au XIXᵉ siècle.* — 500 fr., La Rocheterie : *Histoire de Marie-Antoinette.* — 1891. 1,000 fr., E. Daudet : *Les Bourbons et la Russie pendant l'émigration; Les émigrés et la deuxième coalition.* — V. Rossel : *Histoire littéraire de la Suisse romande.* — L'abbé Delarc : *Saint Grégoire VII.* — L. Séché : *Les derniers jansénistes.* — 500 fr., P. Gaulot : *La vérité sur l'expédition du Mexique.* — L. Gonse : *L'art gothique.* — A. Morel-Fatio : *Études sur l'Espagne.* — 1892. 1,500 fr., F. Buisson : *Sébastien Castellion.* — 1,000 fr., A. Chevrillon : *L'Inde.* — P. de Rousiers : *La vie américaine.* — Monseigneur Ricard : *Le cardinal Maury.* — 500 fr., F. Picavet : *Histoire des théories scientifiques, philosophiques et religieuses depuis 1789.* — **M** F. Mège : *Gaultier de Biauzat.* — J.-B. Dumas : *La guerre.* — 1893. 1,500 fr., P. Decharmes : *Euripide.* — G. Séailles : *Léonard de Vinci.* — 1,000 fr., Ch. Gidel : *Histoire de la littérature française.* — V. Fournel : *Le théâtre au XVIIᵉ siècle.* — **M** Bérard des Glajeux : *Les passions criminelles.* — 1894. 1,000 fr., H. Lemonnier : *L'art français au temps de Richelieu.* — G. Compayré : *L'évolution de l'enfant.* — C. Bertrand : *La peinture dans l'antiquité.* S. Sabatier : *Saint François d'Assise.* — 500 fr., A. Angellier : *Robert Burns.* — Rodoconachi : *Les corporations ouvrières à Rome.* — 1895. 1,500 fr., Ch. Gavard : *Un diplomate à Londres.* — 1,000 fr., J. Bédier : *Les Fabliaux.* — A. Chevrillon : *Sydney Smith.* — Max Leclerc : *Les professions et la société en Angleterre.* — **M** La Jonquière : *L'armée à l'académie.*

11. — FONDATION DE JOUY (Décret du 23 juin 1873). — Legs par Mᵐᵉ Bain-Boudainville, née de Jouy, d'une rente de 1,500 francs destinée à fonder un prix biennal à décerner à un ouvrage ayant pour objet l'étude des mœurs actuelles.

1875. A. Daudet : *Fromont jeune et Rissler aîné.* — 1877. L. Depret : *Comme nous sommes.* — 1879. E. Drumont : *Mon vieux Paris.* — 1881. G. Ohnet : *Serge Panine.* — 1883. 1,000 fr., de Chouzy : *Ignès.* — 500 fr., Mᵐᵉ J. Mairet : *Marca.* — 1885. Quatrelles : *Lettres à une honnête femme.* — L. Bernard-Derosne : *Types et travers.* — 1887. H. de Pène : *Trop belle.* — 1889. Ed. Rod : *Le sens de la vie.* — 1891. J. Carol : *L'honneur est sauf.* — 1893. 1,000 fr., Ph. de Massa : *Zibeline.* — 500 fr., P. Vigné d'Octon : *Le roman d'un timide.* — 1895. 1,000 fr., Brada : *Notes sur l'Angleterre.* — 400 fr., A. Chenevière : *Honneur de femme.* — **M** R. Alexandre : *Le musée de conversation.*

12. — FONDATION ARCHON-DESPÉROUSES (Décret du 8 novembre 1873). — Legs par M. François-René Archon-Despérouses, d'une rente de 4,000 francs pour fonder un prix annuel, au choix de l'Académie.

1877. Ad. Regnier : *Collection des grands écrivains de la France.* — 1878. 2,500 fr., Ch. Marty-Laveaux. — 1,500 fr., A. Darmesteter. — 1879. 2,000 fr., C. Chabaneau : *Histoire et théorie de la conjugaison française.* — 1,000 fr., E. de Chambure : *Glossaire du Morvan.* — A. Luchaire : *Étude sur les idiomes pyrénéens.* — 1880. A. Chassang : *Remarques sur la langue française par Vaugelas.* — R. de Lespinasse et F. Bonnardot : *Le livre des métiers d'Et. Boileau.* — 1881. 2,500 fr., L. Lalanne : *Lexique des œuvres de Brantôme.* — 1,000 fr., F. Frank : *L'heptaméron de la reine de*

Navarre. — 5oo fr., F. DE GRAMONT : *Les vers français et leur prosodie.* — 1882. 2,000 fr., La société des anciens textes français. — 1,000 fr., L. PEREY et G. MAUGRAS : *Lettres de l'abbé Galiani.* — 1,000 fr., E. ASSE : *Travaux sur les lettres du XVIIe et du XVIIIe siècle.* — 1883. 2,000 fr., G. BENGESCO : *Voltaire.* — 1,000 fr., GAZIER : *Choix de sermons de Bossuet.* — L. LIVET : *Édition de Molière.* — 1884. A. VITU : *Le jargon du XVe siècle.* — A. DARMESTETER et Ad. HATZFELD : *Le XVIe siècle en France.* — A. TAMIZEY DE LAROQUE : *Les lettres de Jean Chapelain.* — C. RAUMIER : *Chansonnier historique du XVIIIe siècle.* — 1885. 2,000 fr., P. JACQUINET : *Édition des oraisons funèbres de Bossuet.* — 1,000 fr., M. CONSTANS : *La chrestomathie de l'ancien français.* — L. CLÉDAT : *Grammaire de la vieille langue française.* — 1886. 1,500 fr., M. NADAULT DE BUFFON : *Correspondance de Buffon.* — M. VAN HAMEL : *Les romans de Carite et Miserere.* — 1,000 fr., P. RISTEL-HUBER : *Dialogue du langage français de H. Estienne.* — 1887. 1,500 fr., Em. COSQUIN : *Contes populaires de la Lorraine.* — 1,200 fr., F. BRUNOT : *Grammaire historique de la langue française.* — 750 fr., F. BLADÉ : *Contes populaires de la Gascogne.* — J. FLEURY : *Littérature orale de la basse Normandie.* — 1888. 1,500 fr., Vicomte DE BORELLI : *Rana.* — F. PLESSIS : *La lampe d'argile.* — 1,000 fr., E. PEYREFORT : *La vision.* — 1889. 1,500 fr., L. DIERX : *Poésies complètes.* — J. LAHOR : *L'illusion.* — 1,000 fr., Mlle VACARESCO : *Chants d'aurore.* — 1890. 1,500 fr., G. VICAIRE : *Emaux bressans.* — 1,000 fr., J. BERTHEROY : *Femmes antiques.* — Mlle J. LOISEAU : *Rêves et visions.* — 5oo fr., R. GIRARD : *Les pipeaux.* — **M** A. PAYSANT : *En famille.* — 1891. 2,5oo fr., DE GUERNE : *Les siècles morts.* — 1,5oo fr., LE MOUEL ; *Enfants bretons.* — 1892. Pas décerné. — 1893. 6,000 fr., J.-M. DE HEREDIA : *Les Trophées.* — 2,000 fr., A. LEMOYNE : *Fleurs du soir.* — 1,000 fr., R. DE BONNIÈRES : *Contes à la Reine.* — GRANDMOUGIN : *Le Christ.* — C. ADAM : *Les heures calmes.* — 5oo fr., A. LE BRAZ : *La chanson de la Bretagne.* — G. MESUREUR : *Rimes roses.* — **M** G. ARMELIN : *La gloire des vaincus.* — 1894. 1,5oo fr., P. DE NOLHAC : *Paysages de France et d'Italie.* — A. DORCHAIN : *Vers la lumière.* — 1,000 fr., E. LE MOUEL : *Fleur de blé noir.* — 1895. F. FABIÉ : *La bonne terre ; Voix rustiques.*

---

13. — FONDATION VITET (Décret du 23 décembre 1873). — Legs par M. VITET, membre de l'Institut, d'une action de la Revue des Deux-Mondes, dont les revenus doivent être employés dans l'intérêt des lettres.

1875. 2,000 fr., Alphonse KARR. — 1,5oo fr., Henri MONNIER. — 1876. 2,5oo fr., F. COPPÉE. — 1,5oo fr., L. ETIENNE. — 1877. Sully PRUDHOMME. — 1878. E. GRENIER. J. SOULARY. — 1879. Mme Th. BENTZON. J. CLARETIE. — 1880. A. THEURIET. A. DELPIT. — 1881. J. AICARD. — 1882. G. NADAUD. — 1883. Em. MONTÉGUT. — 1884. F. MISTRAL. G. DROZ. — 1885. 5,000 fr., P. BOURGET. — 1,5oo fr , A. LEMOYNE. — 1886. 5,000 fr., Pierre LOTI. — 2,700 fr., M. J. DAILLIÈRE. — 1887. G. LAFENESTRE. J. LEMAISTRE. — 1888. 5,000 fr., F. FABRE. — 1,5oo fr., L. GALLET. — 1889. A. FRANCE. Ch. YRIARTE. — 1890. P. MESNARD. — 1891. J. SOULARY. — 1892. E. FAGUET. M. BOUCHOR. — 1893. GUY DE MAUPASSANT. — 1894. 3,000 fr., Arvède BARINE. — 2,400 fr., C. BELLAIGUE. — 1895. A. FILON. Marquis DE CHERVILLE.

---

14. — FONDATION BOTTA (Décret du 25 juillet 1875). — Donation par Mme BOTTA, d'une somme de 20,000 francs, dont les revenus doivent former un prix quinquennal, en faveur de l'auteur du meilleur ouvrage français sur la condition des femmes. Par une lettre en date du 16 juin 1887, Mme Botta a autorisé l'Académie à décerner ce prix, tous les trois ans, comme elle le jugerait convenable dans l'intérêt des lettres.

1881. Pas de prix. — **R** 2,000 fr., Mlle C. BADER : *La femme dans l'Inde antique, la femme biblique, la femme grecque et la femme romaine.* — 1883. Pas de prix. — 3,000 fr., P. ROUSSELOT : *Histoire de l'éducation des femmes en France.* — 1,000 fr., Mlle C. BADER. — 1886. Pas de prix. — 1888. **ME** d'honneur, Carmen SYLVA : *Les Pensées d'une Reine.* — 2,5oo fr., Arvède BARINE : *Portraits de femmes.* — Mme A. SÉGALAS : *Poésies pour tous.* — 1891. R. MILLET : *Autour des Balkans.* — PINLOCHE : *La réforme de l'éducation en Allemagne.* — 1894. **ME** d'or, B. JUSSERAND : *Collection des grands écrivains* *français.* — 1,000 fr., P. PERRET. — 600 fr., J. NAUROUZE : *Les bardeurs Carbansane.* — 500 fr., Mᵐᵉ E. PIDOUX : *Six mois en Italie.* — H. ARDEL : *Cœur de sceptique.* — Mᵐᵉ DE BELLOC : *Sainte Agnès.*

15. — FONDATION MONBINNE (Décret du 22 février 1877). — Donation par MM. Eugène LECOMTE et Léon DELAVILLE LE ROUX, d'une rente de 1,500 francs, pour fonder un prix biennal, dit *Prix Monbinne*, à décerner à des personnes ayant suivi la carrière des lettres ou de l'enseignement.

1879. X. AUBRYET. ALBÉRIC SECOND. — Mᵐᵉ Vᵉ Henry MONNIER. — 1881. Mᵐᵉ Vᵉ TOUSSAINT. Mᵐᵉ Vᵉ FOURNIER. Mᵐᵉ Vᵉ Paul ALBERT. — 1883. H. DUPIN. Ed. NOEL et Ed. STOULLIG. — 1885. 1,200 fr., H. BONHOMME. — 1,000 fr., M. ROUX-FERRAND. — 800 fr., E. LIONNET. — 1887. 1,500 fr., P. PERRET. A. CLAVEAU. — 1,000 fr., Ch. DIGUET. — 1889. Marion CRAWFORD. Aug. BLONDEL. Ph. AUDEBRAND. — 1891. 800 fr., P. GINISTY. Mᵐᵉ CARETTE. Mᵐᵉ J. SAMSON. — 600 fr., Mˡˡᵉ DE MIRAN. — 1893. LAUZIÈRE DE THÉMINES. BÉCHARD. Ch. SIMOND. — 1895. 1,000 fr., Mᵐᵉ V. ARNAUD. — 500 fr., A. DAVOT. P. RADIOT. M. GRENEST. O. AUBERT.

16. — FONDATION JANIN (Décret du 28 juin 1877). — Legs par Mᵐᵉ Vᵛᵉ Jules JANIN, d'une rente de 1,000 francs destinée à fonder un prix triennal, en faveur de la meilleure traduction d'un ouvrage latin.

1880. 2,000 fr., F. CASS-ROBINE : *Perse, Juvenal et Horace.* — 1,000 fr., E. ROSTAND et E. BENOIST : *Catulle.* — 1883. Pas de prix. — 1,000 fr., DEVELAY : *Œuvres latines de Pétrarque.* — 1884. *Pas de prix.* — 1,000 fr., GRILLE : *Comédies de Plaute.* — HERVIEUX : *Fables de Phèdre.* — L'abbé THÉODORE : *Cornelius Nepos.* — 1887. M. DEVELAY : *Correspondance de Pétrarque.* — 1890. 1,200 fr., O. COTTEAU : *La consolation philosophique de Boëce.* A. DE LA VILLE DE MIRMONT : *La Moselle d'Ausone.* — 600 fr., L. CONSTANS : *La conjuration de Catilina, de Salluste.* — **M** E. MIELAT : *Poème de Lucrèce.* — 1893. 2,000 fr., E. et R. PESSONNEAUX : *Œuvres de Cicéron.* — 500 fr., J. BELLANGER : *Guerre des Gaules de César.* — H. FERTÉ : *Règles des études de la société de Jésus.*

☆ FONDATION MAUJEAN (Voir *Fondations communes à plusieurs Académies*, n° 5). — L'usufruit n'étant pas éteint, ce prix n'a pas encore été décerné.

☆ FONDATION J. REYNAUD (Voir *Fondations communes aux cinq Académies*, n° 3).

1879. DE BORNIER : *La fille de Roland.* — 1884. LECONTE DE L'ISLE : *Poèmes tragiques.* — 1889. V. DURUY : *Histoire des Grecs.* — 1894. P. DEROULÈDE : *Chants du soldat et chants du paysan.*

17. — FONDATION JULES FAVRE (Décret du 12 juin 1886). — Donation par Mᵐᵉ Vᵛᵉ Jules FAVRE, d'une rente de 500 francs, destinée à fonder un prix biennal en faveur d'une œuvre littéraire faite par une femme.

1889. Mᵐᵉ M. DRONSART : *Portraits d'Outre-Manche.* — 1891. Mᵐᵉ J. DIEULAFOY : *Parysatis.* — 1893. 800 fr., Mᵐᵉ CAMUS BUFFET : *Les femmes du Taciturne.* — 500 fr., Mᵐᵉ COLOMB : *Ensemble de ses œuvres.* — **M** Mᵐᵉ E. SCHALLER : *Neiges d'avril.* — 1895. Mᵐᵉ PORADOWSKA : *Les filles du pope.*

18. — FONDATION LEFÈVRE-DEUMIER (Décret du 12 juin 1886). — Legs par M. Lazare-Eusèbe LEFÈVRE-DEUMIER, d'une rente de 200 francs, pour fonder un prix décennal à décerner à l'œuvre poétique la plus remarquable parue depuis dix ans. L'Académie ne sera mise en possession de ce legs qu'en 1897.

☆ FONDATION SAINTOUR (Voir *Fondations communes à plusieurs Académies*, n° 5).

1893. A, Saglio : *Maisons d'hommes célèbres.* — G. de Raimes : *Soldats de France.* — 1894. Ch. Livet : *Lexique de la langue de Molière.* — 1895. Ed. Huguet : *La syntaxe de Rabelais.* — Max Lanusse : *Influence du dialecte gascon sur la langue française.* — L'abbé Urbain : *Nicolas Coeffeteau.*

✿ FONDATION KASTNER (Voir *Fondations communes à plusieurs Académies*, n° 7).
1893. J. Hermann : **M** A. Devaux.

19. — FONDATION SOBRIER-ARNOULD (Décret du 10 juin 1891). — Legs par Mme Am. Arnould, Vve Sobrier, d'une rente de 2,000 francs, pour fonder un prix annuel à décerner aux auteurs des meilleurs ouvrages de littérature morale pour la jeunesse.

1895. L. Biart : *La conquête d'une patrie.* — E. Chaignet : *Les héros d'Homère.*

20. — FONDATION CALMANN-LÉVY (Décret du 17 mars 1892). — Don par Mme Vve Cal-mann-Lévy, d'une rente de 3,000 francs, pour fonder un prix triennal à décerner à l'auteur d'un ouvrage littéraire.

1895. Em. Bergerat : *Ensemble de ses œuvres.*

21. — FONDATION MONTARIOL (Décret du 12 octobre 1892). — Legs par M. Jules Montariol, d'une somme produisant un revenu de 300 francs, pour fonder un prix biennal en faveur de l'auteur de la meilleure chanson. — Ce prix n'a pas encore été décerné.

22. — FONDATION MICHAUT (Décret du 15 décembre 1892). — Legs par Mme Françoise Rollet, Vve Michaut, d'une rente de 1,000 francs, pour fonder un prix biennal à décerner à l'auteur du meilleur ouvrage de littérature française.

1895. Mme O. Feuillet : *Quelques années de ma vie.*

23. — FONDATION NÉE (Décret du 20 juin 1893). — Legs par M. Alfred Née, avocat, d'une rente de 7,500 francs (réduite à 5,500 francs, jusqu'à l'extinction d'un usufruit), pour fonder un prix annuel à décerner à l'auteur de l'œuvre la plus originale comme forme et comme pensée.

1895. De la Gorce : *Histoire du second Empire.*

24. — FONDATION VARAT (Décret du 16 juin 1894). — Legs par M. Charles-Louis Varat, de la moitié de ses biens, produisant un revenu de 4,695 francs, laissé à la libre disposition de l'Académie. — Ce prix n'a pas encore été décerné.

25. — FONDATION DELVAILLE (Décret du 15 septembre 1895). — Don par Mme Delvaille et MM. Rodrigues et Ely, d'une rente de 1,000 francs, pour fonder un prix annuel à décerner à l'auteur d'un livre de littérature utile. — Ce prix n'a pas encore été décerné.

26. — FONDATION AUGIER (Décret du 20 septembre 1895). — Don par Mlle Marie-Jeanne Déroulède, d'une rente de 1,667 francs, pour fonder un prix triennal de 5,000 francs, dit prix Émile Augier, à décerner à l'auteur de la meilleure pièce de théâtre, ayant au moins trois actes, jouée au Théâtre-Français ou à l'Odéon. — Ce prix n'a pas encore été décerné.

PRIX EXTRAORDINAIRES décernés sur les fonds particuliers de l'Académie, ou sur les sommes mises exceptionnellement à sa disposition.

1815. *Difficultés qui s'opposent à l'introduction du rythme des Grecs et des Latins dans la poésie française* : L'ABBÉ SCAPPA. — 1842. *Influence de la littérature espagnole sur la littérature française au XIIIᵉ siècle* : A. DE PUIBUSQUE; **M** VIGUIER. — 1845. *Pièces de théâtre* : PONSARD : *Lucrèce.* — **M** P. FOUCHER : *Don Sébastien.* — 1847. *Traductions* : MOREAU : *Cité de Dieu de saint Augustin.* — DE LA VILLEMARQUÉ : *Chants bretons.* — LOUANDRE : *Œuvres de Tacite.* — 1849. *Influence des institutions politiques sur le culte religieux* : ED. ARNOULD. — 1852. *La charité dans les premiers siècles chrétiens* : CH. SCHMIDT; E. CHASTEL; **A** MARTIN D'OISY. — *Influence de la littérature italienne en France* : pas de prix. **ME** E. ARNOULD; 1,000 fr., RATHERY. — 1853. *Étude sur Ménandre* : BENOIT; G. GUIZOT. — 1855. *Étude sur Tite-Live* : H. TAINE. — *La poésie narrative au moyen âge* : **R** M. CHABAILLE. — 1856. *Étude sur Froissart* : pas de prix. **M** KERVIN DE LETTENHOVE. — 1858. *Étude sur Thucydide* : J. GIRARD. — 1859. *Le XVIIᵉ siècle avant Louis XIV* : pas de prix. **M** J. JOLY. — *Lexique de la langue de Corneille* : MARTY-LAVEAUX; **ME** F. GODEFROY; **M** F. CADET; F. BESLAY. — 1861. *Traduction d'un ouvrage de philosophie morale.* Prix de 3,000 fr., BOUILLET : *Les Ennéades de Plotin* : 1,000 fr., J. DE MIRANDOL : *La consolation philosophique de Boèce.* — 1865. *Les principes du goût et les variétés du génie* : pas de prix. **ME** CHAIGNET; A. DESJARDINS. — 1866. *La langue et le génie de Mᵐᵉ de Sévigné* : M. SOMMER ; **ME** MARION. — 1871. MANUEL : *L'ouvrier.* — 1887. **ME** d'or, J. HETZEL : *Les quatre peurs de mon général.* — P. REGNIER : *Souvenirs et études de théâtre.* — 1895. (Don de Mᵐᵉ Émile Augier). F. COPPÉE : *Pour la Couronne.*

PRIX DE VERTU

27. — FONDATION MONTYON (Ordonnance royale du 29 juillet 1821).—Legs par M. le baron Robert AUGET DE MONTYON, d'une rente produisant actuellement 19,000 francs, pour récompenser les Français ayant fait, dans l'année, les actions les plus vertueuses.

28. — FONDATION LEIDERSDORF (Décret du 11 juillet 1853).—Legs par M. DE LEIDERSDORF, d'une rente de 1,000 francs, à répartir, chaque année, entre deux familles indigentes de Paris.

29. — FONDATION SOURIAU (Décret du 31 août 1863). — Legs par M. Jacques-Antoine SOURIAU, d'une somme de 25,000 francs, dont les intérêts doivent être distribués, chaque année, comme ceux de la fondation Montyon.

30. — FONDATION PÉRON (Décret du 8 janvier 1868). — Legs par Mᵐᵉ PÉRON, née Marie Palmyre Lasne, d'une rente de 1,800 francs, pour fonder six prix annuels de 300 francs, à distribuer à des personnes indigentes ayant donné de bons exemples de piété filiale.

31. — FONDATION DE SUSSY (Décret du 3 mars 1876). — Legs par Mᵐᵉ la duchesse D'OTRANTE, née de Sussy, d'une somme de 200,000 francs, dont les arrérages sont destinés à fonder des prix triennaux à décerner aux auteurs de bonnes actions.

32. — FONDATION GÉMOND (Décret du 9 mai 1876). — Donation d'une rente de 1,000 francs, pour fonder un prix destiné à récompenser des actes de courage et de dévouement.

33. — FONDATION LAUSSAT (Décret du 11 mai 1876). — Legs par Mᵐᵉ Sophie LAUSSAT

JENNINGS, d'une somme de 8,783 francs, pour fonder un prix destiné à récompenser les actes de dévouement et de courage.

34. — FONDATION LELEVAIN (Décret du 23 avril 1878). — Legs par M. Charles-Louis-Sévérin LELEVAIN, de la nue propriété d'une somme de 40.000 francs, pour fonder un prix annuel de vertu en faveur d'une personne de Paris.

35. — FONDATION ANONYME (Décret du 24 mars 1879). — Donation par un anonyme, d'une rente de 1,000 francs, pour fonder un prix annuel destiné à récompenser les actes de vertu, de dévouement et de courage.

36. — FONDATION VINCENT (Décret du 11 septembre 1884). — Legs par M. Pierre-Ernest VINCENT, de la nue propriété d'une rente de 1,500 francs, destinée à fonder des prix annuels en faveur des personnes qui se seront distinguées par leur dévouement filial.

37. — FONDATION CAMILLE FAVRE (Décret du 24 décembre 1884). — Legs par Mlle Camille FAVRE, d'une rente de 14,500 francs, destinée à distribuer, chaque année, des médailles de 500 francs, pour récompenser le dévouement filial.

38. — FONDATION LETELLIER (Décret du 11 mai 1885). — Legs par Mme Vve LETELLIER, d'une somme de 10,000 francs, dont les intérêts doivent être annuellement distribués aux personnes ayant fourni des preuves de dévouement et de piété filiale.

39. — FONDATION LANGE (Décret du 19 octobre 1888). — Legs par Mme LANGE, d'une rente de 6,618 francs, pour fonder un prix annuel destiné à des Français qui se seront distingués par des actions vertueuses.

40. — FONDATION BUISSON (Décret du 11 février 1889). — Legs par M. Adrien-Stanislas BUISSON, de la moitié de sa fortune, représentant un revenu de 3,500 francs, pour augmenter le nombre des prix de vertu.

41. — FONDATION ROBIN (Décret du 1er mars 1889). — Don par M. Auguste-François-Émile ROBIN, de 70 obligations de la Compagnie de l'Ouest, pour la fondation d'un prix annuel de 1,000 francs, destiné à récompenser les actes de dévouement filial.

42. — FONDATION PELTIER DE LAMBALLE (Décret du 10 décembre 1889). — Legs par M. Auguste PELTIER DE LAMBALLE, d'une somme de 10,000 francs, pour fonder un prix annuel à décerner dans les mêmes conditions que le prix Montyon.

43. — FONDATION BAUSA-GESSIOMME (Décret du 18 novembre 1892). — Legs par Mme Clotilde DUBOIS, veuve Gessiomme, de la moitié de sa fortune, produisant un revenu de 966 francs, pour fonder un prix triennal à décerner aux auteurs d'actes vertueux.

44. — FONDATION GOUET-BOUTIGNY (Décret du 10 mars 1893). — Legs par M. BOUTIGNY, docteur en médecine, d'une rente de 500 francs, pour fonder un prix annuel à décerner à un ménage légitime vivant en bonne union et frappé de revers de fortune, ou à des ouvriers rangés.

45. — FONDATION G. DUJARDIN (Décret du 30 novembre 1893). — Legs par Mme Hortense GOUILLY, née Dujardin, d'une rente de 200 francs, pour fonder un prix biennal en faveur d'une personne indigente qui se sera distinguée par sa piété filiale.

46. — DONATION LEVILLAIN (Décret du 21 avril 1894). — Don par Mme LEVILLAIN, née Marthe Hébert, d'une somme de 5,000 francs à distribuer en cinq prix de 1,000 francs. Cette distribution ayant été faite, la fondation est éteinte.

47. — FONDATION LECOCQ-DUMESNIL (Décret du 26 janvier 1895). — Don par M. Nicolas Jules LECOCQ-DUMESNIL, avocat, d'une rente de 800 francs, pour fonder un prix annuel à décerner à un fils d'une famille pauvre qui se sera distingué par sa piété filiale et par les soins donnés à sa vieille mère.

48. — FONDATION ECHALIÉ (Décret du 4 février 1895). — Legs par M. Bernard-Edme-Léon ECHALIÉ, propriétaire à Dijon, d'une somme de 10,000 francs pour fonder un prix annuel ou bisannuel à décerner à une personne qui se sera dévouée pour aider les siens.

IV. — ACADÉMIE DES INSCRIPTIONS & BELLES-LETTRES

PRIX DU BUDGET, DIT PRIX ORDINAIRE

Ce prix annuel, décerné à l'auteur du meilleur mémoire sur un sujet mis au concours, s'élève à la somme de 2,000 francs.

1799. *Moyens de donner une nouvelle activité à l'étude de la langue grecque :* VEAU DE LAUNAY. — 1803. *Influence de la Réforme sur la situation politique de l'Europe :* Ch. VILLERS. — 1804. *Déterminer comment on doit décomposer la faculté de penser :* MAINE DE BIRAN. — 1805. *Des sources de la chronographie de Georges le Syncelle :* LE PRÉVOST D'IRAY. — 1807. *Influence des croisades sur la civilisation de l'Europe :* DE CHOISEUL-DAILLECOURT ; HEEREN. **M** LE PRÉVOST D'IRAY. — 1809. *Influence du mahométisme sur les peuples chez lesquels il s'est établi :* OELSNER. — 1810. *État des peuples de l'Italie sous le gouvernement des Goths :* G. SARTORIUS. **R** J. NAUDET. — *Les historiens d'Alexis Comnène et de ses successeurs :* F. WILKEN ; LE Pr^r ost D'IRAY. — 1811. *Quels ont été les peuples qui ont habité les Gaules, jusqu'à l'année 410 de notre ère :* C.-A. WALCKENAER. — 1813. *De l'état de la poésie française dans les XIIe et XIIIe siècles :* DE ROQUEFORT. — *Rechercher ce que les auteurs et les monuments peuvent apprendre sur l'Établissement des colonies grecques en diverses contrées :* Raoul ROCHETTE. — 1815. *Changements opérés dans l'administration de l'Empire romain sous Dioclétien :* NAUDET. — 1816. *Expliquer le système métrique de Héron d'Alexandrie :* LETRONNE. — 1817. *Histoire de l'école d'Alexandrie :* J. MATTER. — *Quels sont les ouvrages des philosophes grecs, dont la connaissance a été répandue en Occident par les Arabes :* A. JOURDAIN. — 1818. *Chronologie des rois d'Égypte depuis la mort d'Alexandre, jusqu'à la conquête romaine :* CHAMPOLLION-FIGEAC, **M** HUSCHBERG. — 1819. *Quelles étaient dans les villes de la Grèce, les différentes fêtes de Bacchus :* J.-F. GAIL, ROLLE.

1821. *Les Institutions de la France à l'avènement et à la mort de saint Louis :* A. BEUGNOT ; MIGNET. — 1822. *Des causes des émigrations des Normands au moyen âge :* DEPPING. — 1823. *De*

l'état des juifs en France, en Espagne et en Italie, du V° au XVI° siècle : CAPEFIGUE, **MTH** DEP-
PING. — 1824. *Des attributions du Consulat depuis Auguste jusqu'à la fin du XII° siècle :* CAPEFIGUE.
— 1825. *Du culte et des mystères de Mithra :* F. LAJARD. — 1826. *Les doctrines des diverses sectes
des Gnostiques et Ophites, et leur influence sur les autres sectes :* MATTER, **MTH** DEPPING. — *Quelles
sont en France, les provinces et terres acquises par Philippe-Auguste, quels sont celles dont il a
disposé, et celles qu'il a réunies à la couronne :* CAPEFIGUE, **MTH** DE HOMMER. — 1828. *Des relations
commerciales de la France et des États de l'Europe méridionale avec la Syrie et l'Égypte, jusqu'au
milieu du XVI° siècle :* DEPPING. — 1830. *Tableau des changements survenus dans la Géographie des
Gaules, après la chute de l'empire romain :* B. GUÉRARD. — 1832. *Histoire du décroissement et de
la destruction du paganisme dans l'empire d'Occident, à partir de Constantin :* A. BEUGNOT. — 1834.
État des institutions provinciales et communales et des corporations sous Louis XI : J. PAQUET. —
Comparer la poésie des anciens Hébreux avec celle des Arabes : J.-G. WENRICH. — 1836. *De l'établissement et de l'administration des Vandales en Afrique, depuis Genséric jusqu'à Bélisaire :*
F. PAPENCORDT. — *État politique des cités grecques des bords du Pont-Euxin et de la Propontide
depuis le II° siècle avant J.-C. :* 1er Ch. MENN, 2° M. DE LOQUI — 1837. *Des impositions publiques
dans la Gaule jusqu'à Louis le Débonnaire :* GUADET ; BAUDI DE VESME. — 1838. *Le droit de propriété
foncière dans les provinces romaines d'Europe :* ED. LABOULAYE. — *Histoire des incursions des Arabes
en Italie :* J. DESNOYERS. — 1839. *Examen des historiens anciens du règne d'Auguste :* EGGER.

    1842. *Histoire des mathématiques dans l'école d'Alexandrie :* M. MATTER. — *Histoire des
établissements formés par les Grecs en Sicile :* W. BRUNET. — 1843. *De la composition des tribunaux
chez les Romains :* Ed. LABOULAYE. — *Histoire de Chypre sous les princes de Lusignan :* DE MAS-
LATRIE ; 2° Prix TH. ROUSSEL et E. DE ROZIÈRE. — 1845. *Des peuples qui ont habité au nord de la mer
Noire et de la mer Caspienne jusqu'au XII° siècle :* NEUMANN. — 1846. *Des guerres entre les Romains
et les rois de Perse :* H. KIEPERT. — *Des historiens de Constantin le Grand :* M. NICARD. — *De la
succession des dynasties égyptiennes :* M. LESUEUR ; **M** BRUNET DE PRESLE. — 1848. *Histoire de
l'étude du grec dans l'occident du V° au XIV° siècle :* E. RENAN. — 1849. *Histoire de la chute du
paganisme :* E. CHASTEL. — 1850. *Causes de la décadence de la dynastie carlovingienne :* GUADET. —
1853. *De l'exécution des grands travaux sous le régime féodal :* G. LEJEAN. — 1854. *Des inscriptions latines portant des signes d'accentuation :* R. GARRUCCI. — 1855. *Histoire des biens communaux
en France :* A. RIVIÈRE. — *Géographie ancienne de l'Inde :* VIVIEN DE SAINT-MARTIN. — *Institutions
des satrapies de l'Asie-Mineure :* W. WADDINGTON. — 1858. *Des narrations fabuleuses ou romans
sous l'antiquité :* CHASSANG. — 1859. *Histoire critique du texte du Coran :* 1er TH. NOLDEKE, 2°
M. AMARI ; 3° SPRENGER. — *Des caractères de l'Architecture byzantine :* A. LENOIR ; **MTH** VIENNOT.
— 1860. *Examen critique des écrits d'Hypéride :* L. F. MEUNIER ; J. GIRARD ; **M** E. HEITZ.

    1861. *L'administration d'Alphonse de Poitiers :* E. BOUTARIC. — 1862. *Preuves que les ancêtres
de la race brahmanique et ceux de la race iranienne ont eu une religion commune :* MICHEL BRÉAL ;
M CH. SCHOEBEL. — *Ce que les découvertes faites dans le cours du XIX° siècle ont ajouté à nos
connaissances sur les monuments celtiques :* Alex. BERTRAND ; **M** A. CARRO. — 1863. *Histoire des
invasions des Gaulois en Orient :* FÉLIX ROBIOU. — 1866. *Des plus anciennes formes de l'alphabet
phénicien :* F. LENORMANT. — *Des formes du culte public et national chez les Romains :* F. ROBIOU. —
1867. *Des sermons prêchés en France pendant le XIII° siècle :* M. LECOY DE LA MARCHE. — 1868. *Des
stèles antiques représentant le repas funèbre :* DUMONT — 1869. *Économie politique de l'Égypte sous
les Lagides :* G. LUMBROSO ; **MTH** F. ROBIOU. — 1873. *La construction dans les langues aryennes :*
A. BERGAIGNE. — 1874. *Les dialectes de la langue d'oc au moyen âge :* P. MEYER. — 1877. *Recueillir
les inscriptions de la période comprise entre Pépin le Bref et Philippe I er :* R. DE LASTEYRIE. —
1878. *Composition et mode de recrutement du sénat romain :* Pas de Prix. **E** M. MISPOULET. — 1880.
Les impôts indirects chez les Romains : R. CAGNAT ; **R** M. VIGIÉ.

    1882. *Les versions de la Bible en langue d'oil, antérieures à la mort de Charles V :* S. BERGER ;
R J. BONNARD. — 1884. *Noms géographiques de l'Occident que l'on trouve dans les ouvrages rabbi-*

niques du V⁰ au XV⁰ siècle : M. NEUBAUER. — 1885. *Des traductions hébraïques faites au moyen âge d'ouvrages grecs, arabes ou latins :* M. STEINSCHNEIDER. — 1886. *De l'éducation que recevaient les jeunes Athéniens aux V⁰ et VI⁰ siècles avant Jésus-Christ :* P. GIRARD. — 1887. *Examen de la bibliothèque de Photius :* L'ABBÉ P. BATIFOL. — *La langue des inscriptions latines du temps des guerres puniques jusqu'aux Antonins :* M. LOTH. — *L'instruction des femmes au moyen âge :* pas de prix. **R** G. ARMAND. — *Méthode à suivre pour l'étude d'un ancien obituaire :* AUG. MOLINIER. — 1889. *Le théâtre hindou :* P. LÉVY. — 1891. *Étudier la tradition des guerres médiques :* A. HAUVETTE. — 1892. *Des ouvrages connus sous le nom d'Ars dictaminis :* CH. LANGLOIS. — 1894. *Histoire de la domination byzantine en Afrique :* CH. DIEHL. — 1895. *La chancellerie royale de Saint-Louis à Philippe de Valois :* CH. LANGLOIS.

PRIX DES ANTIQUITÉS DE LA FRANCE

Fondé par une décision ministérielle du 20 décembre 1820 et consistant en trois prix de 500 francs chacun, à distribuer annuellement. Un quatrième prix a été exceptionnellement ajouté sur la demande de l'Académie.

1821. 1ᵉʳ SCHWEIGHAEUSER fils. — 2⁰ DELPON. — 3⁰ A. DU MÈGE. — 1822. 1ᵉʳ GIRAULT. — 2⁰ Baron CHAUDRUC DE CRAZANNES. — 3⁰ ALLOU. — 1823. 1ᵉʳ ARTAUD. — 2⁰ JOLLOIS. — 3⁰ DE SAINT-AMANS. — *Non distribué de 1824 à 1827.* — 1828. 1ᵉʳ D'ALLONVILLE. — 2⁰ JOUANNET. — 3⁰ REVER. — 1829. 1ᵉʳ TESSIER. — 2⁰ A. LE NOBLE. — 3⁰ GAILLARD. — 1830. 1ᵉʳ DE BAUSSET : *Les antiquités de Béziers.* — 2⁰ M. ARDANT : *Les antiquités du Limousin.* — 3⁰ LE PRÉVOST : *Vases et objets trouvés près de Bernay.* — **M** LEBLANC, JOLLOIS, D'ALLONVILLE et de GERVILLE. — 1831. 1ᵉʳ TEXIER : *Le port de Fréjus.* — 2⁰ NIVELEAU : *Bavay ancien et nouveau.* — **M** DE CAUMONT, CHARDON. — 1832. 1ᵉʳ TEXIER. — 2⁰ DE GERVILLE : *Les antiquités du département de la Manche.* — 3⁰ DE CAUMONT : *Classification des monuments religieux antérieurs au XIII⁰ siècle.* — **M** PESCHE, MANGON, DELALANDE, JOLLOIS. — 1833. 1ᵉʳ A. LENOIR : *Le Palais des Thermes.* — 2⁰ GUIBERT : *La cathédrale d'Amiens.* — 3⁰ BERGER DE XIVREY : *Histoire de Bourbonne-les-Bains.* — **M** JOUANNET, DU MÈGE, SCRIBE, DE LA SAUSSAYE, PILOT, CAUVIN, FRARY. — 1834. 1ᵉʳ A. DU MÈGE. — 2⁰ GUADET : *Recherches sur la monarchie des Francs.* — 3⁰ JOLLOIS : *Les antiquités du Loiret.* — **MTH** TOURNEUX, ALLOU, Baron CHAUDRUC DE CRAZANNES. — Prix extraordinaire : A. LENOIR : *Caractères de l'architecture en France et en Italie de l'an 450 à l'an 1300.* — 1835. 1ᵉʳ DE LA SAUSSAYE : *La Sologne blésoise sous la domination romaine.* — 2⁰ LÉCHAUDÉ D'ANISY : *Extraits des chartes conservées dans les archives du Calvados.* — 3⁰ DUSEVEL : *Antiquités du département de la Somme.* — **M** HAZÉ, DE SAULCY, Baron CHAUDRUC DE CRAZANNES.

1836. 1ᵉʳ DE SAULCY : *Les monnaies de la cité de Metz.* — 2⁰ PRIEUR : *Monuments de la domination romaine en Algérie.* — 3⁰ DE LA SAUSSAYE : *La Sologne blésoise sous la domination romaine.* — **M** THOMASSY, GILBERT, DU MÈGE. — 1837. 1ᵉʳ GÉRAUD : *Paris sous Philippe-le-Bel.* — 2⁰ JAL : *La Marine au XIII⁰ siècle.* — 3⁰ BERBRUGGER : *Inscriptions antiques de l'Algérie.* — **M** REY, F. DE VAUDORÉ, DUSEVEL. — 1838. 1ᵉʳ BERBRUGGER : *Les antiquités d'Hippone.* — 2⁰ GUADET : *Monuments et archives de Saint-Émilion.* — 3⁰ O. LE ROI : *Études sur les mystères.* — 4⁰ LA PLANE : *Histoire de Sisteron.* — **M** CARETH, DU MÈGE, JAL, DE LOQUI. — 1839. 1ᵉʳ YANOSKI : *Histoire des milices bourgeoises.* — 2⁰ E. BRETON et A. DE JOUFFROY : *Introduction à l'histoire de France.* — 3⁰ DUSSIEUX : *Les invasions des Hongrois.* — SAINT-AIGNAN : *Invasions des Normands.* — **M** A. JUBINAL. — 1840. 1ᵉʳ GALLOIS : *Antiquités romaines de Paris.* — 2⁰ L. LALANNE : *Le feu grégeois.* — 3⁰ A. JUBINAL : *Les anciennes tapisseries.* — 4⁰ LA SAUSSAYE : *Histoire du château de Blois.* — L'abbé DESROCHES : *Histoire du Mont Saint-Michel.* — **M** GUESSARD, D. LONG, A. BERNARD. — 1841. 1ᵉʳ DELPIT : *Sources de l'histoire d'Amiens.* — 2⁰ Th. ROUSSEL : *Vie d'Urbain V.* — 3⁰ F. BOURQUELOT : *Histoire de Provins.* — **MTH** BERNHARD,

DU MÈGE, l'abbé DESROCHES, DE GUILHERMY, BOURGON. — **M** CARETTE, DUSSIEUX, DE LA PILAYE. — — 1842. 1er Pas décerné. — 2e LECOINTRE-DUPONT : *Les monnaies du Poitou.* — 3e CLERC : *Histoire de la Franche-Comté.* — LEROUX DE LINCY : *Quatre livres des Rois.* — **M** Les abbés MARTIN et CAHIER, E. CARETTE, l'abbé LACURIE, M. DE FRÉMINVILLE, M. ROUARD, M. DE LA FONTENELLE DE VAU-DORÉ. — 1843. 1er TEULET : *Œuvres d'Eginhard.* — 2e GARNIER : *Chartes bourguignonnes.* — 3e MAR-TIN et CAHIER : *Vitraux de la cathédrale de Bourges.* — **M** CASSANY-MAZET, PÉREMET, P. DE SAINT-FERJEUX, A. BERNARD, CARTIER, l'abbé TEXIER, HENRY. — 1844. 1er GÉRAUD : *Ingelburge de Danemark.* —2e MARCHEGAY : *Les archives d'Anjou.* —3e LA TEYSSONNIÈRE : *Recherches sur le département de l'Ain.* — 4e CHÉRUEL : *Histoire de Rouen pendant l'époque communale.* — LE GLAY : *Histoire des comtes de Flandre.* — **M** GASPARD, CHAILLOU DES BARRES, LA QUÉRIÈRE, GUICHARD et L'ESCALOPIER, CARTIER, MANTELIER, MORELLET, BARAT et BUSSIÈRE, Marquis DE LAGOY, ROUARD, DE BOISTHIBAULT, A. PELET.— 1845. 1er CAUVIN : *Géographie du diocèse du Mans.* — 2e BUCHON, *La principauté française de Morée.* — 3e GUESSARD : *Histoire de la maison de Mornay.* — 4e BERNHARD : *L'ancienne musique des rois de France.* — THOMAS : *La Bourgogne de 1671 à 1715.* — **MTH** ROGER, D. DE BOISTHIBAULT, LEMAIS-TRE, BAUDOT. — **M** L. LALANNE, l'abbé GIRAUD, C. ROBERT, A. DU BOYS, P. GALLOIS.

1846. 1er LONG : *Antiquités romaines du pays des Vocontiens.* — 2e LEYMARIE : *Histoire du Limou-sin.* — 3e CARTIER : *Monnaies au type chartrain.* — GIRARDOT : *Le chapitre Saint-Étienne de Bourges.* — **M** VAUDOYER, LEROUX, DE LINCY, MAZURE et HATOULET, DE LA QUERRIÈRE, BOUTHON, DE LA VILLE-MARQUÉ, DE QUATREBARBES, LOUANDRE, BATISSIER, GUIGNARD, HAURÉAU, EYSENBACH, BAUDOT, l'abbé SAINT-YVES, DE CHERGÉ, BARBEU DU ROCHER, DUCHALAIS, BOILEAU et MORAND, DU MÈGE, FOUQUE. — 1847. 1er A. LENOIR : *L'architecture gothique en France.* — 2e DE CAUMONT : *Statistique monumentale du Calvados.* — 3e R. DE BELLOGUET : *Questions bourguignonnes.* — BRIQUET : *Les archives de Niort.* — 4e LECOINTRE-DUPONT. — **MTH** Ed. CLERC, l'abbé COCHET, MONTFALCON, DE GERVILLE, DE MÉLICOCQ. — **M** A. DE BOISSIEU, BERNARD, D. DE BOISTHIBAULT, BEAULIEU, D'AIGUEPERSE, TOULMOUCHE, BOUILLET, DE LA PLANE, l'abbé TEXIER, F. GUICHARD, LAFFORGUE, J. DE FONTENAY, Comte A. D'HÉRI-COURT, F. MICHEL, JUBINAL. — 1848. 1er A. DE MONTGRAVIER : *La province d'Oran.* — 2e l'abbé GIRAUD : *Le prieuré de S. Damien.* — 3e HENRI : *L'armée turque à Toulon en 1543.* — **MTH** GREPPO, PITRA, RICHON, D. DE BOISTHIBAULT, DE BOISSIEU, LE HÉRICHER, DE MÉLICOCQ, DE MONTFALCON. — **M** DE LA PYLACE, l'abbé DESROCHES, TARBÉ, A. D'HÉRICOURT, J. DELPIT, Mme F. D'AYZAC. — 1849. 1er Mlle DU-PONT : *Les mémoires de Commynes.* — 2e L. DELISLE : *De l'usage de prier pour les morts, Des reve-nus publics en Normandie.* — 3e DE PETIGNY : *Histoire du Vendômois.* — 4e DE BELLOGUET. — **MTH** l'abbé PITRA, L. FALLEN, DE CAUSSADE, D. DE BOISTHIBAULT, LE GLAY, TARBÉ. — **M** LEMAISTRE, A. MAURY-DIGOT, BEAULIEU, l'abbé LECANU, E. THOMAS, TAILLIAR, l'abbé PASCAL, A. D'HÉRICOURT, CARTIER, Mlle F. D'AYZAC, DE MÉLICOCQ. — 1850. 1er TARDIF : *Des notes tironiennes.* — 2e DE BOISSIEU : *Inscriptions de Lyon.* — 3e DE MAS-LATRIE : *Les continuateurs de Guillaume de Tyr.* — LA MONNE-RAYE : *L'architecture religieuse en Bretagne.* — 4e DE CAUMONT. — **MTH** JONCKBLOET, CLOS, MOREAU, G. BULLIOT, BARABÉ, DI PIETRO, OUIN-LACROIX, BOURQUELOT, L. FALLEU, BOUTHON, TARBÉ, DE MÉLICOCQ. — **M** QUANTIN, DE LA CUISINE, A. D'HÉRICOURT, E. WOILLEZ, l'abbé AUBER, L. SUSANE, C. ROSSIGNOL, DE BAEKER, ACHARD, BIZEUL. — 1851. 1er CARBUCCIA : *Archéologie de Batna.* — 2e R. DE BELLOGUET : *Origines dijonnaises.* — 3e Th. NISARD : *Graduel monumental.* — ROUARD : *Bas-reliefs gaulois d'Aix.* — **MTH** TARBÉ, Ch. GUIMART, l'abbé MONLEZUN, RENIER-CHALON. — **M** DE ROZIÈRE, DUMESNIL, l'abbé BELLANGER, l'abbé BULTEAU, A. BARTHÉLEMY, H. VIENNE, MARTEVILLE. — 1852. 1er E. LE BLANT : *Inscriptions chrétiennes de la Gaule.* — 2e BELLAGUET : *Chronique des religieux de Saint-Denis.* — 3e DE COUSSEMAKER : *Histoire de l'harmonie au moyen âge.* — 4e DE BOISSIEU. — **MTH** S. TARBÉ, DE LA QUÉRIÈRE, HERSAN, LE P. LAMBILLOTTE, C. ROSSIGNOL, QUANTIN, Ch. BRU-NET, l'abbé ROUX, FAUCHÉ, PRUNELLE, BOUTHON. — **M** LEPAGE, J. MARION, P. GUIGNARD, BIZEUL, E. GRÉSY, MAC-CARTHY, l'abbé RICHARD, les abbés GATINE et BASSON, SAUVAGE, VAN DES CHIJS, DE FON-TENAY, MIGNARD. — Prix extraordinaire : A. LENOIR : *Monuments du xe siècle existant en France.* — 1853. 1er DE RING : *Établissements romains du Rhin et du Danube.* — 2e GUADET : *Études sur nos* *origines nationales.* — 3° C. PORT : *Le commerce maritime de Narbonne.* — **MTH** BOUILLET, ROBERT, GUIGNARD DE BAECKER, POCY D'AVANT, D'ARBOIS DE JUBAINVILLE, H. LEPAGE. — **M** L. CLOS, P. GUILLEMOT, MAC-CARTHY, MACÉ, FAUCHÉ-PRUNELLE, Baron DE LACARELLE, VASSAL DE FAUTEREAU. — 1854. 1ᵉʳ L'abbé COCHET : *La Normandie souterraine.* — 2ᵉ BOUTHAS : *Coutumes du bailliage d'Amiens.* — 3ᵉ A. MAURY : *Les forêts de la France.* — **MTH** D'ARBOIS DE JUBAINVILLE, ROSSIGNOL, A. SALMON, H. TAILLANDIER, A. DE BARTHÉLEMY, H. MORIN, l'abbé PASCAL. — **M** l'abbé AUBER, BAUDOT, A. BERNARD, G. BOULANGI, BOUTARIC, l'abbé CHAMBAYRON, COMBES, Ch. GOMART, LECARON, H. LEPAGE, M. DAUSSIGNY, MIGNARD et L. COUTANT, Comte DE SOULTRAIT. — 1855. 1ᵉʳ VIOLLET-LE-DUC : *L'architecture militaire au moyen âge.* — 2ᵉ L. CLOS : *Institutions municipales du centre de la France.* — 3ᵉ P. DE SAINT-VINCENT : *Le chant Grégorien.* — HIPPEAU : *L'abbaye Saint-Étienne de Caen.* — 4ᵉ Le général CREULLY : *Antiquités algériennes.* — **MTH** LUZARCHE, DE LA PLANE, l'abbé PÉCHEUR, le Comte DE SOULTRAIT : DE FONTENAY, le Marquis DE GODEFROY-MÉNILGLAISE, Ch. DE BEAUREPAIRE, le Comte H. DE LA FERRIÈRE. — **M** TROCHE, E. DE BARTHÉLEMY, DRAMARD, l'abbé ARBELLOT, Ch. GOMART, E. DE L'ÉPINOIS, MATTY DE LATOUR, E. DE LA PRIMAUDAIE, QUANTIN, Baron DE GAUJAL, DE LA FONS-MÉLICOCQ, ROCQUAIN DE COURTEMBLAY.

1856. 1ᵉʳ H. DE LAPLANE : *Les abbés de Saint-Bertin.* — 2ᵉ RABANIS : *Les mérovingiens d'Aquitaine.* — 3ᵉ DELOCHE : *Les Lemovices.* — L. PARIS : *L'église de Notre-Dame de Reims.* — **M** hors ligne E. DE ROZIÈRE et E. CHATEL. — **MTH** GESLIN DE BOURGOGNE et A. DE BARTHÉLEMY, TASTU, GEFFROY, D'ARBOIS DE JUBAINVILLE, A. MURCIER, HOLLAND, HUBERT, DOUET D'ARCQ, PEIGNÉ-DELACOUR, l'abbé BAUDIAU, POTIER DE COURCY. — **M** MIGNARD, E. THOMAS, MARTIN-DAUSSIGNY, A. GARRIGOU, CARNANDET, Ch. GOMART, MENAULT, PEZET, ACHMET D'HÉRICOURT et A. GODIN. — 1857. 1ᵉʳ DELOCHE : *Géographie historique de la Gaule au moyen âge.* — 2ᵉ ROSSIGNOL : *Alise.* — 3ᵉ FABRE : *Les clercs de la bazoche.* — LABARTE : *La peinture en émail dans l'antiquité et au moyen âge.* — **MTH** TASTU, BULLIOT, DOUBLET DE BOIS-THIBAULT. — **M** O. DES MURS, BIZEUL, Henri OUVRÉ, E. MOURIN, DE LA QUÉRIÈRE, l'abbé BARRÈRE, l'abbé DESROCHES, L. PUISEUX, FAUCILLON. — 1858. 1ᵉʳ RABANIS : *Clément V et Philippe le Bel.* — 2ᵉ GRÉGOIRE : *La ligue en Bretagne.* — 3ᵉ MM. les professeurs du collège de Saint-François-Xavier de Besançon : *Vies des saints de Franche-Comté.* — **MTH** E. DE LA BÉDOLLIÈRE, SÉMICHON, DE LÉPINOIS, MELLEVILLE, H. DE LA FERRIÈRE, PERCY, L. MERLET et A. MOUTIÉ, MAHUL, DESCHAMPS DE PAS, D'ARBOIS DE JUBAINVILLE, H. LEPAGE, Général JACQUEMIN, Ch. DE BEAUREPAIRE, l'abbé CANÉTO. — **M** L'abbé RICHARD, Comte G. DE SOULTRAIT, DE LACUISINE, CANBOULIN, Em. BOUSSON DE MAIRET, MARTIN DAUSSIGNY, Baron CHAUDRUC DE CRAZANNES, DE LONGUEMAR, J.-B. BOUILLET, l'abbé POQUET, A. DE CAIX, MATHIEU. — 1859. 1ᵉʳ D'ARBOIS DE JUBAINVILLE : *L'état intérieur des abbayes Cisterciennes.* — 2ᵉ MERLET et MOUTIÉ : *Cartulaire de l'abbaye de Vaux de Cernay.* — DE BEAUVILLÉ : *Histoire de Montdidier.* — 3ᵉ BIZEUL : *Les antiquités romaines de la Bretagne.* — Aug. BERNARD : *Description du pays des Ségusiaves.* —**MTH** GIRAUD, A. JACOBS, DE FRÉVILLE, CASTAN, VERON, REVILLE, QUANTIN, D'AURIAC, Comte G. DE SOULTRAIT, J. ROUGET et E. HUCHER, BIGOT, CHARRONNET. — **M** De BAECKER, CHAUVET, DARCY, DOUBLET DE BOIS-THIBAULT, GODARD-FAULTRIER, DE LA QUÉRIÈRE, LEJOSNE, LEPAGE, PERIER, DE SERANON, VAN HEUDE. — 1860. 1ᵉʳ Comte M. DE VOGÜÉ : *Les églises de la Terre-Sainte.* — 2ᵉ MAHUL : *Cartulaire et Archives de l'ancien diocèse de Carcassonne.* — 3ᵉ DE ROBILLARD DE BEAUREPAIRE : *De l'administration de la Normandie sous la domination anglaise.* — l'abbé RAILLARD : *Recueil de chants religieux du XIᵉ siècle.* — **MTH** CLERC, LUCE, M. CHAMPION, S. PRIOUX, LEPAGE, E. CORDIER, BERTY, Amé. — **M** R. BORDEAUX, GERENTE et BOUET, CAILLETTE DE L'HERVILLIERS, HENRY et LORIQUET, Comte Hector DE LA FERRIÈRE, PERCY, l'abbé LAURENT, PETIT, PUISEUX, QUENAULT, MAX DE RING, ROPARTZ. — 1861. 1ᵉʳ F. BOURQUELOT : *Les foires de Champagne.* — 2ᵉ M. QUANTIN : *Cartulaire de l'Yonne.* — 3ᵉ TUDOT : *Figurines gauloises en argile.* — MATTY DE LATOUR : *Les voies romaines.* — **MTH** L'abbé RAILLARD, GERMAIN, BLANCHARD, TROYON, DE BAECKER, CÉNAC-MONTAUT, MÉNAULT et DE MOMTEYREMAR, CHAZAUD, CARRO, RENAULT. — **M** AILLERY, BARBAT, DE BOISVILETTE, BOYER, BRETAGNE, CANAT, DARSY, FLEURY, FRÈRE, GARNIER, GAUTIER, JOINDET, LEPAGE, MICHON, DE ROSTAING, SCHMIDT. — 1862. 1ᵉʳ GERMAIN : *Histoire du commerce de Montpellier.* —

2ᵉ Mᵐᵉ F. d'Ayzac : *Histoire de l'abbaye de Saint-Denis.* — 3ᵉ Robert : *Numismatique de Cambrai.* — Colonel Favé : *Histoire des progrès de l'artillerie.* — **MTH** Baudot, Deschamps de Pas et Hermand, Prioux, Clément, Andrieux, De Ring, Sémichon, Domairon, Forgeais, Loriquet. — **M** De Barthélemy, Bladé, Boutiot, Charles, Chaverondier, Deribier du Chatelet, Liebich, Maunier, Menault, De Monteyremar, Prost, Salmon. — 1863. 1ᵉʳ A. Moutié : *Cartulaire de l'abbaye de Notre-Dame de la Roche.* — 2ᵉ E. Aubert : *La vallée d'Aoste.* — 3ᵉ G. Saige : *De l'Honor, seigneurie du Languedoc.* — **MTH** E. Fleury, Michelant, A. Forgeais, abbé Lebeurier, J. Guigard, E. Sémichon. — **M** Ch. Chappuis, Vicomte d'Estaintot, Comte H. de la Ferrière, Percy, Le Brun-Dalbanne, Le Métayer-Masselin, A. Piette, Louis Spach. — 1864. 1ᵉʳ H. Lepage. *Pouillé du diocèse de Toul.* — 2ᵉ A. Forgeais : *Collection de plombs trouvés dans la Seine.* — 3ᵉ E. Fleury : *Manuscrits de la Bibliothèque de Laon.* — **M** Du Fresne de Beaucourt, Champion, Potier de Courcy, Macé, Morin Tuetey. — 1865. 1ᵉʳ J. Guiffrey : *La réunion du Dauphiné à la France.* — 2ᵉ De Closmadeuc : *Les monuments funéraires de l'Armorique.* — 3ᵉ l'abbé Hanauer : *Les constitutions des campagnes de l'Alsace au moyen âge.* — **M** abbé Cochet, Ch. de Linas, G. d'Espinay, Lebrun-Dalbanne, E.-A. Rossignol, P. Levot.

1866. 1ᵉʳ E. Herzog : *Galliæ Narbonensis, provinciæ romanæ, historia.* — 2ᵉ Aug. Prost : *Études sur l'histoire de Metz.* — 3ᵉ P. Mantellier *Les Bronzes antiques de Neuvy-en-Sullias.* — **M** Meyer, Chazaud, Robillard de Beaurepaire, Carro, G. Desjardins, M. de Ring. — 1867. 1ᵉʳ E. de Lépinois et Lucien Merlet : *Cartulaire de N.-D de Chartres.* — 2ᵉ E. Giraud : *Histoire de la ville de Romans.* 3ᵉ E. Desjardins : *Les embouchures du Rhône.* **M** Simonnet, Mabille, abbé Gyss, Puiseux, De la Pilorgerie, R. de Mas-Latrie. — 1868. 1ᵉʳ J. Labarte : *Histoire des arts industriels au moyen âge et à la renaissance.* — 2ᵉ l'abbé Pécheur : *Annales du diocèse de Soissons.* — **M** Morin, Bladé, Bruel, Bascle de Lagrèze, Duhamel, Martin. — 1869. 1ᵉʳ F. Godefroy : *Dictionnaire de l'ancienne langue française.* 2ᵉ Longnon : *Livre des vassaux du comté de Champagne et de Brie.* — 3ᵉ Luzel : *Chants populaires de la basse Bretagne.* — **M** Chérest, Balasque, abbé Chevalier, Brachet, Klipffel, Faugeron. — 1870. 1ᵉʳ A. Moutié ; *Chevreuse : Recherches historiques et archéologiques.* — 2ᵉ E. Desjardins : *Géographie de la Gaule, d'après la carte de Peutinger.* — 3ᵉ Joly : *Benoît de Sainte-More et les destinées littéraires de l'épopée troyenne.* — **M** J. Guyot, E. Flouest, E. Agnel, G. Rey, Du Fresne de Beaucourt, abbé Bernard. — 1871. 1ᵉʳ L'abbé Clouet : *Histoire de Verdun.* — 2ᵉ G. Rey : *L'architecture militaire des croisés.* — 3ᵉ H. Beaune et d'Arbaumont : *Les universités de Franche-Comté.* — **M** Longnon, abbé Chapotin, L. Pigeotte, Max de Ring, L. Revon. — 1872. 1ᵉʳ P. Mayer : *Documents de la littérature française, conservés dans les bibliothèques de la Grande-Bretagne.* — 2ᵉ l'abbé Chevalier : *Les origines de l'église de Tours.* — 3ᵉ Bonvalot : *Coutumes de la haute Alsace*, etc. — **M** G. Monod, de Maulde, Bouquet, Darsy, abbé Chevalier, Rœssler. — 1873. 1ᵉʳ G. Demay : *Inventaire des sceaux de la Flandre.* — 2ᵉ C. Gérard : *Les artistes de l'Alsace pendant le moyen âge.* — 3ᵉ E. Aubert : *Trésor de l'abbaye de Saint-Maurice d'Agausse.* — **M** Maunier, A. Franklin, B. Ledain, Le Pannier, J. Finot, P. Tamizey de Larroque. — 1874. 1ᵉʳ Allmer : *Inscriptions de Vienne en Dauphiné.* — 2ᵉ H. Révoil : *Architecture romane du midi de la France.* — 3ᵉ C. Port : *Dictionnaire historique de Maine-et-Loire.* — **M** A. Franklin, Guigne, Castan, de Formeville, de Boucher de Molandon, U. Robert. — 1875. 1ᵉʳ R. de Lasteyrie : *Les comtes et vicomtes de Limoges, antérieurs à l'an mil.* — 2ᵉ Tholin : *L'architecture religieuse de l'Agenais.* — 3ᵉ l'abbé Hautecœur : *Histoire de l'abbaye de Flines.* — **M** Rivière, abbé Ch. Lalore, Harold de Fontenay, abbé U. Chevalier, P. Bonnassieux, Duplès-Agier.

1876. 1ᵉʳ E. Hucher : *Le jubé de la cathédrale du Mans.* — 2ᵉ d'Espinay : *Notices archéologiques.* — 3ᵉ B. Ledain : *La Gâtine historique et monumentale.* — **M** de Bouteiller, Hervieu, Longnon, Germer-Durand, Brissaud, l'abbé Corblet. — 1877. 1ᵉʳ M. Demay : *Inventaire des Sceaux de la Picardie.* — 2ᵉ M. Brosselard : *Les tombeaux des émirs découverts à Tlemcen.* — 3ᵉ Peigné-Delacourt : *Histoire de l'abbaye de N.-D. d'Ourscamp.* — **M** M. Chabaneau, Bion de Marlavagne, Richard, Raynaud, Brassart, Drapeyron. — 1878. 1ᵉʳ Fagniez : *L'industrie à Paris au XIIIᵉ et au XIVᵉ siècle.* — 2ᵉ Corroyer : *L'abbaye du mont Saint-Michel.* — 3ᵉ J. Havet : *Les cours* royales des Iles Normandes. — 4° Abbé HANAEUR : Études économiques sur l'Alsace. — **M** SEPET, AURÈS, LE MUN, abbé DACHEUX, M. GUIBERT, A. LUCHAIRE. — 1879. Pas de prix. — **M** DELPECH, LENS, E. HUCHER, P. DE FLEURY, GUILLOUARD, abbé ARBELLOT. — 1880. 1er A. CHEREST : Épisodes de la guerre de cent ans. — 2° DE CHARMASSE : Cartulaire de l'Évêché d'Autun. — 3° CLAUDIN : Origines de l'imprimerie à Albi. — 4° E. MOLINIER : Arnould d'Audrehem. — **M** DE BOSREDON : Ed. BLANC, abbé ALBANÈS, B. DE MOLANDON, DE LA CHAUVELAYS, M. VAESEN. — 1881. 1er P. FOURNIER : Les officialités au moyen âge. — 2° L. BÉGULE : Monographie de la cathédrale de Lyon. — 3° A. THOMAS : Les États provinciaux sous Charles VII. — 4° M. TUETEY : Testaments enregistrés au parlement de Paris sous Charles VII. Journal d'un bourgeois de Paris. — **M** N. VALOIS, L. DE KERMAINGANT, C. SEIMBRES, J. DE LONGRAIS, l'abbé BOURGAIN, M. VIGNAT. — 1882. 1er J. GUIFFREY : Histoire de la tapisserie. — 2° HÉRON DE VILLEFOSSE et THÉDENAT : Cachets d'oculistes romains. — 3° KOHLER : La vie de sainte Geneviève de Paris. — **M** HÉRON, Ch. MOLINIER, M. PERROUD, M. DE LA CHAUVELAYS, Ch. FIERVILLE, PAGARD, D'HERMANSART. — 1883. 1er C. BEAUTEMPS-BEAUPRÉ : Les coutumes d'Anjou et du Maine. — 2° PELICIER : Le gouvernement de la Dame de Beaujeu. — 3° A. et E. MOLINIER : Chronique de la Normandie du XVe siècle. — **M** D'ARBAUMONT, Etienne DE VIGNORY, JORET, LORIQUET, Dr BARTHÉLEMY, abbé ALBANÈS, DUBOURG. — 1884. 1er POTHIER : Les tumulus du plateau de Ger. — 2° LOTH : L'émigration bretonne en Armorique. — 3° Ch. MORTET : Le livre des constitutions démenées el Chastelet de Paris. — **M** A. GASTÉ, P. DU CHATELIER, L. FLOURAC, P. GUÉRIN, BOUQUET, A. DE BOURMONT. — 1885. 1er M. TANON : Histoire des justices des anciennes églises de Paris. — 2° L. PALLUSTRE : La renaissance en France. — 3° B. DE KERSERS : Histoire du département du Cher. — **M** PELLECHET, IZARN, PROU, JOUBERT, G. BAPST, L. PAULMIER.

1886. 1er FICHOT : Statistique monumentale de l'Aube. — 2° P. DURRIEU : Les Gascons en Italie. — 3° L'abbé ALBANÈS : Dissertations sur l'histoire ecclésiastique de Provence. — 4° F. DELABORDE : Les œuvres de Rigord et de Guillaume le Breton. — **M** H. MORANVILLE, CHARPIN-FEUGEROLLES et C. GUIGUES, PROU, HELLOT, L. GRIGNON, LEBÈGUE. — 1887. 1er DELACHENAL : Histoire des avocats au parlement de Paris. — 2° J. RICHARD : Mahaut, comtesse d'Artois et de Bourgogne. — 3° M. LESPY et P. RAYMOND : Dictionnaire béarnais. — **M** J. PHILIPPE, B. DE MANDROT, HAILLANT, G. GUIGUES, Ch. BÉMONT, FAUCON. — 1888. **ME** hors rang : le Duc DE LA TRÉMOILLE : Publication des archives de sa maison. — 1er L. CADIER : Les États de Béarn. — 2° ALLMER et DISSARD : Antiquités du quartier de Lyon dit de Trion. — 3° L. LEGRAND : Les Quinze-Vingts depuis leur fondation. — **M** F. AUBERT, LEBÈGUE, L. GUIBERT, abbé DEHAISNE et abbé BONTEMPS, abbé DOUAIS, abbé G. DE COURSON. — 1889. 1er E. JARRY : La vie politique de Louis de France duc d'Orléans. — 2° P. GUÉRIN : Recueil des documents sur le Poitou, de la Chancellerie de France. — 3° C. PALLU DE LESSERT : Les fastes de la Numidie, sous la domination romaine. — 4° C. FAVRE et A. LECESTRE : Le Jouvencel de Jean de Bueil. — **M** Le duc DE LA TRÉMOILLE, Ch. MOREL, BLEICHER et FAUDEL, PRUDHOMME, H. STEIN, G. D'ESPINAY. — 1890. 1er P. REINACH : Description du musée de Saint-Germain-en-Laye. — 2° A. BLANCHARD : Lettres et mandements de Jean V, duc de Bretagne. — 3° J. BERTHELÉ : Recherches sur l'histoire des arts en Poitou. — **M** E. CHÉNON, U. ROBERT, A. DE CHARMASSE, P. PERRET, H. BEAUNE et J. D'ARBAUMONT, le comte DE PANISSE-PASSIS. — 1891. 1er C. JULLIAN : Inscriptions antiques de Bordeaux. — 2° E. MERCIER : Histoire de l'Afrique septentrionale. — 3° A. JEANROY : Les origines de la poésie lyrique en France. — 4° Ed. FORESTIER : Les livres de comptes des frères Bonis. — **M** J. ROMAN, V. MORTET, L. GUIBERT, J. DE LAHONDÈS, MM. PUITSPELU, J. ROUX — 1892. 1er BRUTAILS : Les populations rurales du Roussillon, au moyen âge. — 2° COYECQUE : L'hôtel-Dieu de Paris au moyen âge. — 3° E. LANGLOIS : Origines et sources du roman de la Rose. — 4° LÖSETH : Le roman de Tristan, le roman de Palamède. — **M** VIREY, Ed. BEAUDOUIN, A. BLANCHET, JACQUETON, Mlle GUIRAUD, MM. BULLIOT et THIOLLIER. — 1893. 1er G. JACQUETON : La politique extérieure de Louise de Savoie. — 2° LOTH : Les mots latins dans les langues britanniques. — 3° RUPIN : L'œuvre de Limoges. — **M** L'abbé DEVAUX, M. PARFOURU et l'abbé CARSALADE DU PONT, le Dr VINCENT, l'abbé DELARC, B. DE MOLANDON et A. DE BEAUCORPS, la ville DE BAYONNE. — 1894. 1er GUILHIERMOZ : La procédure du Parlement au xve siècle. — 2° HÉRON ;

Les œuvres de Robert Blondel. — 3e MERLET et CLERVAL : *Un manuscrit chartrain du xiᵉ siècle.* — **M** GSELL, ISNARD, B. DE BROUSSILLON, les PP. BELON et BALME, DE BEAUCHESNE, DE TRÉMAULT. — 1895. 1er F. DELABORDE : *Les Seigneurs de Joinville.* — 2e E. PETIT : *Histoire des ducs de Bourgogne.* — 3e E. FAVRE : *Eudes, comte de Paris.* — **M** A. CLAUDIN, L. GUIBERT, J. FINOT, A. BARDON, marquis DE ROCHAMBEAU.

---

1. — FONDATION DE HAUTEROCHE (Ordonnance royale du 6 mars 1828). — Legs par M. ALLIER DE HAUTEROCHE, d'une rente de 400 francs, destinée à fonder un prix biennal à décerner au meilleur ouvrage sur la numismatique ancienne.

1829. MIONNET. COUSINERY. — 1830. HENNIN. — 1831. AINSLIE. — 1832. MILLINGEN. — 1835. Le marquis DE LAGOY. — 1836. STREBER. — 1837. DE SAULCY. — 1838. MILLINGEN. — 1840. DE LONGPÉRIER. — 1842. LA SAUSSAYE. — 1844. F. RICCIO. — 1846. DUCHALAIS. — **M** G. SAINT-QUINTINO. — 1847. G. RICCIO. — 1848. DE PFAFFENHOFFEN. — 1849. B. KOLYNE. — 1850. MOMMSEN. — 1851. L'abbé CAVEDONI. — 1853. WADDINGTON. — 1856. F. LENORMANT. L. MULLER. — **MTH** MINERVINI. — 1857. Pas de prix. — **MTH** COHEN. — 1858. B. DE KOEHNE. — **M** LENORMANT. — 1859. BEULÉ. — 1860. VASQUEZ QUEIPO. — 1861. MOMMSEN. — **M** SABATIER. — 1862. H. COHEN. — 1863. F. STREBER. — 1864. DELOCHE. — 1865. J. EVANS. — 1867. ALOYS HEISS. — 1868. Le chevalier DE PROMIS. — 1869. E. HUCHER. — 1870. F. FEUARDENT. — 1871. Baron D'AILLY. — 1872. CHAUTARD. — 1873. J. DE ROUGÉ. — 1875. BARCLAY. — 1879. F. LENORMANT. B. HEAD. — 1881. ZOBEL DE ZANGRONIZ. — 1883. B. HEAD. — 1885. P. GARDNER. — 1887. E. BABELON. — 1889. Th. REINACH. — 1891. E. BABELON. — 1892. A. BLANCHET. — 1893. E. BABELON. — 1895. M. SIX.

---

2. — FONDATION GOBERT (Ordonnance royale du 31 août 1835). — Legs par M. le baron GOBERT, d'un capital, produisant actuellement un revenu de 10,150 francs, destiné à décerner annuellement aux travaux les plus savants et les plus profonds sur l'histoire de France, deux prix : le premier comprenant les neuf dixièmes, le second un dixième du revenu.

GRAND PRIX

1840, 1841 et 1842. AMPÈRE : *Histoire littéraire de la France.* — 1843. FLOQUET : *Histoire du parlement de Normandie.* — 1844. Henri MARTIN : *Histoire de France.* — 1845. J. DE PETIGNY : *Lois et institutions de l'époque mérovingienne.* — 1846. A. DE COURSON : *Histoire des peuples bretons.* — 1847. DE RAYNAL : *Histoire du Berry.* — 1848. AM. THIERRY : *La Gaule sous l'administration romaine.* — 1849 et 1850. OZANAM : *Études germaniques.* — 1851 et 1852. L. DELISLE : *La classe agricole en Normandie.* — 1853. E. CHARRIÈRE : *Négociations de la France dans le Levant.* — 1854 et 1855. WEISS : *Histoire des réfugiés protestants de France.* — 1856, 1857 et 1858. HAURÉAU : *Gallia Christiana.* — 1859. HUILLARD-BRÉHOLLES : *Histoire de Frédéric II.* — 1860 et 1861. HAURÉAU : *Gallia Christiana.* — 1862. DE MAS-LATRIE : *Histoire de l'île de Chypre.* — 1863. DE COURSON : *Cartulaire de l'abbaye de Redon.* — 1864. D'ARBOIS DE JUBAINVILLE : *Histoire des ducs et comtes de Champagne.* — 1865. VALLET DE VIRIVILLE : *Histoire de Charles VII.* — 1866. G. PARIS : *Histoire poétique de Charlemagne.* — 1867. OLLERIS : *Œuvres du pape Gerbert (Sylvestre II).* — 1868. L. GAUTIER : *Les épopées françaises.* — 1869. Baron DE BELLOGUET : *Ethmogénie gauloise.* — 1870. S. LUCE : *Chronique de Froissart.* — 1871. BOUTARIC : *Saint Louis et Alphonse de Poitiers.* — 1872. G. PARIS : *La vie de saint Alexis.* — 1873. JAL : *Duquesne et la marine de son temps.* — 1874. DE BOISLISLE : *La chambre des comptes de Paris.* — 1875. LECOY DE LA MARCHE : *Le roi René.* — 1876. S. LUCE : *Histoire de Duguesclin.* — 1877. C. PORT : *Dictionnaire de Maine-et-Loire.* — 1878. LONGNON : *Géographie de la Gaule au VIᵉ siècle.* — 1880. DEMAY : *Le costume au moyen âge.* — 1881. DUPUY : *La réunion de la Bretagne à la France.* — 1882. P. VIOLLET : *Les établissements de saint Louis.* — 1883. F. GODEFROY : *Dictionnaire de l'ancienne langue française.* — 1884. P. VIOLLET : *Précis de l'histoire du droit français.* — 1885. LUCHAIRE : *Études sur les actes de Louis VII.* — 1886. DE BEAUCOURT : *Histoire de Charles VII.* — 1887. DE RUBLE : *Le mariage de Jeanne d'Albret.* — 1888. E. BERGER : *Les registres d'Innocent IV.* — 1889. N. VALOIS : *Inventaire des arrêts du Conseil d'État sous Henri IV.* — 1890.

A. Coville : *Les Cabochiens et l'ordonnance de 1413.* — 1891. P. Fournier : *Le royaume d'Arles et de Vienne.* — 1892. De Beaucourt : *Histoire de Charles VII.* — 1893. Allmer et Dysart : *Inscriptions antiques du musée de Lyon.* — 1894. A. Giry : *Manuel de diplomatique.* — 1895. Elie Berger : *Histoire de Blanche de Castille.*

DEUXIÈME PRIX

1840 à 1846. Monteil : *Histoire des Français des divers États.* — 1847. F. Michel : *Histoire des races maudites.* — 1848. P. Clément : *Le Gouvernement de Louis XIV.* — 1849. Schmidt : *Histoire des Albigeois.* — 1850 et 1851. Jal : *Glossaire nautique.* — 1852 et 1853. Germain : *Histoire de Montpellier.* — 1854 et 1855. F. Michel : *Le commerce des étoffes de soie, d'or et d'argent au moyen âge.* — 1856. Floquet : *Études sur la vie de Bossuet.* — 1857. Digot : *Histoire de Lorraine.* — 1858 et 1859. A. de Chevallet : *Origine et formation de la langue française.* — 1860 et 1861. Deloche : *Cartulaire de Beaulieu.* — 1862 et 1863. D'Arbois de Jubainville : *Histoire des ducs et comtes de Champagne.* — 1864. Vallet de Viriville : *Histoire de Charles VII.* — 1865. Challe : *Histoire des guerres de religion dans l'Yonne.* — 1866 et 1867. L. Gautier : *Les épopées françaises.* — 1868. F. Michel : *Histoire du commerce et de la navigation à Bordeaux.* — 1869, 1870 et 1871. De Chantelauze : *Histoire des ducs de Bourbon et des comtes de Forez.* — 1872. L. Gautier : *La chanson de Roland.* — 1873. De Mas-Latrie : *Traités des chrétiens avec les arabes, au moyen âge.* — 1874. Tuetay : *Les écorcheurs sous Charles VII.* — 1875 et 1876. Ch. Paillard : *Les troubles religieux de Valenciennes et des Pays-Bas au XVIe siècle.* — 1877. Roschach : *La province du Languedoc de 1643 à 1790.* — 1878. Giry : *Histoire de Saint-Omer.* — 1880. A. Molinier : *Additions à l'histoire du Languedoc.* — 1881. Al. Bruel : *Les chartes de l'abbaye de Cluny.* — 1882. F. Godefroy : *Dictionnaire de l'ancienne langue française.* — 1883. M. Giry : *Les établissements de Rouen.* — 1884. M. Tuetay : *Les Allemands en France.* — 1885. De Maulde : *Procédures politiques sous Louis XII.* — 1886. Pfister : *Études sur Robert le Pieux.* — 1887. L'abbé Dehaisnes : *Histoire de l'art dans la Flandre, l'Artois et le Hainaut.* — 1888. E. Cosneau : *Le connétable de Richemont.* — 1889. A. Molinier : *Géographie historique du Languedoc.* — 1890. J. Havet : *Lettres de Gerbert.* — 1891. U. Robert : *Histoire du Pape Calixte II.* — 1892. F. Lot : *Les derniers carolingiens.* — 1893. A. Lecoy de la Marche : *Relations de la France avec le royaume de Majorque.* — 1894. L'abbé Marchand : *Le maréchal de Scépaux de Vieilleville.* — 1895. L'abbé Clairval : *Les écoles de Chartres, au moyen âge.*

✵ FONDATION BORDIN (Voir *Fondations communes aux cinq Académies*, n° 2).

1857. *Commentaire du Rig Veda* : pas de prix. ℞ Hauvette. Besnault. — 1858. *Les Institutions administratives de Philippe-le-Bel* : E. Boutaric. — *Histoire des Osques sous la domination romaine* : Fr. Reussner. — 1859. *La vie et les œuvres de Terentius Varron* : 2,000 fr., G. Boissier. — 1,000 fr., Chappuis. — 1860. *Des connaissances des anciens sur la Nigritie et le Haut-Nil* : Vivien de Saint-Martin ; ℳ F. Robiou. — 1861. *Histoire de la littérature éthiopienne* : pas de prix. ℞ H. Zotemberg. — 1863. *Des sources du Speculum historiale de Vincent de Beauvais* : E. Boutaric. — 1864. *Age et origine des ouvrages d'Hermès Trismégiste* : L. Ménard, F. Robiou. — *Des poèmes imités en grec depuis le XIIe siècle* : Ch. Gidel. — 1867. *Données sur la Palestine, disséminées dans les livres de la tradition juive* : A. Neubauer. — 1870. *Organisation des flottes romaines* : C. de la Berge. — 1871. *Histoire de l'Église et des populations nestoriennes depuis le concile d'Éphèse* : L'abbé Martin. — 1872. *Analyse des inscriptions hymoriatites connues* : pas de prix. — ℞ 2,500 fr., J. Halévy. — 1873. *Les chiffres, poids et mesures des anciens Égyptiens* : pas de prix. — ℞ 2,000 fr. F. Robiou. — 1875. *Les œuvres de Sidoine Apollinaire* : Em. Chatelin. — 1878. *Étude sur les grandes chroniques de France* : E. Berger. — 1879. *Les noms de dieux mentionnés dans les inscriptions babyloniennes et assyriennes* : pas de prix. — ℞ S. Dorigny et J. Halévy.

— 1880. *Origine et développement des castes dans l'Inde* : pas de prix. — **R** Ch. Schœbel. — 1882. *Documents géographiques publiés par les Arabes du III° au VIII° siècles* : pas de prix. — **R** Marcel Devic. — 1884. *Étudier le Ramanaya au point de vue religieux* : pas de prix. — **R** Ch. Schœbel. — 1885. *Des textes qui éclairent l'histoire des institutions municipales de l'empire romain* : Lotu. — 1886. *La numismatique de l'île de Crète* : pas de prix. — **R** J. Svoronos. — *Les sectes dualistes de l'Orient musulman* : pas de prix. — **E** C. Huart. — 1887. *Les dénominations locales en langue d'oïl et en langue d'oc* : pas de prix. — **R** A. Thomas. — *Étude sur les œuvres de l'art étrusque* : J. Martha. — 1888. *Législation des capitulaires* : pas de prix. — **R** J. Clotet. — 1890. *Géographie de l'Égypte au moment de la conquête arabe* : E. Amelineau. — *Examen de la géographie de Strabon* : Marcel Dubois. — 1891. *Travaux de l'époque carlovingienne pour établir le texte latin de la Bible* : S. Berger. *Histoire d'Edesse jusqu'à la première croisade* : R. Duval. — *Des sources qui ont servi à Tacite* : Ph. Fabia. — 1892. *Ce que Catulle doit aux poètes alexandrins et aux vieux lyriques grecs* : G. Lafaye. — 1893. *Étude sur les dialectes berbères* : R. Basset. — 1894. *Géographie et paléographie de la péninsule sinaïtique* : G. Benedite. — 1895. *Études sur les œuvres et les fragments d'Aristote* : B. Haussoullier.

3. — **FONDATION FOULD** (Décret du 18 juillet 1857). — Donation par M. Louis Fould, d'une somme de 20,000 francs, pour fonder un prix biennal à décerner au meilleur ouvrage sur l'histoire des arts du dessin, jusqu'à la fin du xvi° siècle.

1875. Pas de prix. — **A** J. Fergusson : *History of architecture.* — 1878. Pas de prix. **A** M. Chipiez : *Histoire des origines et de la transformation des ordres grecs.* — **M** M. Soldi : *La sculpture égyptienne.* — 1881. Pas de prix. — **R** 2,000 fr., Murray : *Histoire de la sculpture grecque.* — 1,000 fr., Joigny : *Mémoire manuscrit.* — 1884. Pas de prix. — **A** Bulletin de correspondance hellénique. — 1887. Pas de prix. — **R** de Sarzec : *Fouilles en Chaldée.* — Dieulafoy : *Exploration des ruines de Suse.* — 1890. G. Perrot et Ch. Chipiez : *Histoire de l'art dans l'antiquité.* — 1892. 4,000 fr., E. Muntz : *Histoire de l'art pendant la Renaissance.* — 1,000 fr., L. Gonse : *Histoire de l'architecture gothique.* — 1894. G. Gruyer : *L'art ferrarais à l'époque des princes d'Este.*

4. — **FONDATION DE LA FONS-MELICOCQ** (Décret du 6 novembre 1867). — Legs par M. Alexandre-François-Joseph de La Fons-Melicocq, d'une rente de 600 francs, pour fonder un prix triennal à décerner au meilleur ouvrage sur l'histoire et les antiquités de la Picardie et de l'île de France (Paris non compris).

1872. E. de Lepinois. — 1876. Pas de prix. — **E** 1,000 fr., A. Rendu. — 1878. M. Flammermont. — 1881. M. Flammermont. — **M** M. F. Calonne. — 1883. L'abbé Haigneré. — **M** Bonnassieux, de Calonne. — 1887. Pas de prix. — **R** 1,200 fr., l'abbé Haigneré. — 600 fr., de Calonne. — 1890. Pas de prix. — **R** 1,200 fr., A. Lefranc. — 600 fr., A. Ladieu. — 1893. A. Lalande.

5. — **FONDATION BRUNET** (Décret du 2 mai 1868). — Legs d'une rente de 1,000 francs, pour la fondation d'un prix triennal à décerner à un ouvrage de bibliographie savante.

1874. Pas de prix. — **M** E. Ruelle, Schwab, Cat. — 1879. G. Pawlowski. — 1881. Aug. Molinier. — 1882. M. Schwab. — 1887. M. Steinschneider. — 1888. L'abbé U. Chevalier, — 1891. H. Omont. — 1894. Pas de prix. — **R** 2,000 fr., Maurice Tourneux. — 1,000 fr., A. Castan. — 500 fr., Ph. Renouard, J. Vinson.

6. — **FONDATION DUCHALAIS** (Décret du 22 mai 1873). — Legs par Mᵐᵉ Vᵛᵉ Duchalais, d'une rente de 400 francs, pour fonder un prix biennal à décerner à un travail sur la numismatique du moyen âge.

1876. — 1,500 fr., G. Schlumberger. — 300 fr., Heisse. — 1778. Schlumberger. — 1880. L. Blancard. — 1882.

S.-L. Poole. — 1884. M. Caron, Ponton d'Amécourt. — 1885, Gariel. A. Heiss. — 1888. A. Engel et E. Lehr. — 1890. A. Engel et Serrure. — 1894. M. Prou.

7. FONDATION STANISLAS JULIEN (Décret du 6 juin 1873). — Legs par M. Stanislas Julien, membre de l'Institut, d'une rente de 1,500 francs, destinée à fonder un prix annuel à décerner au meilleur ouvrage relatif à la Chine.

1875. J. Legge. — 1876. D'Hervey de Saint-Denis. — 1877. M. Philastre. — 1878. M. Bretschneider. — 1879. Vissering. — 1880. H. Cordier. — 1881. E. Rocher. — 1882. L. de Rosny. Imbault-Huart. — 1883. M. Jametel. — 1884. Le P. Zottoli. — 1885. De Rosny. — 1886. Le P. Couvreur. — 1887. Schlegel. — 1888. G. Deveria. — 1889. Pas de prix. — ⚌ P. Boucher, T. de la Couperie. — 1890. A. des Michels. — 1892. L. de Rosny. — 1893. T. de la Couperie. — 1894. De Groot. Chavannes. — 1895. Le P. Couvreur.

8. — FONDATION DELALANDE-GUÉRINEAU (Décret du 25 octobre 1873). — Legs par Mᵐᵉ Vᵛᵉ Delalande-Guérineau, d'une somme de 20,000 francs, dont les revenus doivent former un prix biennal à décerner à un ouvrage choisi par l'Académie.

1876. J. Darmesteter : *Haurvatat et Ameretat.* — 1880. J. Normand et G. Rainaud : *Aiol, chanson de geste.* — 1881. J. Gilliéron : *Atlas phonétique du Valais roman.* — 1882. L. Havet : *De saturnino Latinorum versu.* — 1886. P. Regnaud : *La rhétorique sanscrite.* — 1887. J. Havet : *Questions mérovingiennes.* — 1888. E. Potier et S. Reinach : *La nécropole de Myrina.* — 1892. L'abbé P. Batiffol : *L'abbaye de Rossano.* — 1894. D. Mallet : *Les premiers établissements des Grecs en Égypte.*

✿ FONDATION J. REYNAUD (Voir *Fondations communes aux cinq Académies,* nᵒ 3).

1880. J. Quicherat : *Ensemble de ses travaux.* — 1885. M. Aymonier : *Découverte des inscriptions sanscrites du Cambodge.* — 1890. F. Mistral : *Lou Trésor dou félibrige.* — 1895. Chatelain : *Paléographie des classiques latins.*

9. — FONDATION DE LA GRANGE (Décret du 20 octobre 1880). — Legs par M. le Marquis de la Grange, membre de l'Institut, d'une rente de 1,000 francs, pour fonder un prix annuel à décerner aux éditeurs de textes d'anciens poèmes français.

1883. La Société des anciens textes français. — 1884. G. Raynaud. — 1885. A. Thomas. — 1886. Chabanneau. — 1887. Le Verdier. — 1888. L. Demaison. — 1889. Em. Picot. — 1890. E. Langlois. — 1891. A. Héron. — 1892. M. Constans. — 1893. Em. Picot. — 1894. F. Bonnardat. — 1895. A. Jeanroy.

10. — FONDATION GARNIER (Décret du 27 septembre 1884). — Legs par M. Benoit Garnier, de toute sa fortune (réduit d'un tiers par le décret d'autorisation), représentant un revenu de 3,500 francs, destiné à subvenir aux frais d'un voyage scientifique dans l'Afrique centrale ou dans la haute Asie.

1887. R. Basset : *Mission au Sénégal.* — 1888. Le P. Livinhac, le P. Coulbois et le P. Hautecœur : *Travaux de géographie, etc., au centre de l'Afrique.* — 1889. Le P. Augouard : *Travaux de géographie, etc., dans les pays qui bordent l'Oubangui et le haut Ogowé.* — 1890 et 1892. Dutreuil de Rhins : *Mission d'exploration dans l'Asie centrale.* — 1893. F. Floureau : *Voyage d'exploration dans le Sahara occidental.* — 1894. 7,500 fr., F. Floureau : *Même voyage.* — 6,700 fr., Mᵍʳ Le Roy, évêque du Gabon : *Étude de l'ethnographie des populations de l'est du Ngouniai.* — 1895. Le P. Hacquard : *Études sur les contrées voisines de Tombouctou.* — Foucher : *Mission dans l'Inde septentrionale.*

11. — FONDATION LOUBAT (Décret du 23 février 1888). — Don par M. Joseph-Florimond

Loubat, d'une rente de 1,000 francs, pour fonder un prix triennal à décerner au meilleur ouvrage imprimé concernant l'histoire, la géographie, etc. de l'Amérique du Nord.

1889. 1ᵉʳ L. de Rosny. — 2ᵉ R. Siméon. — 1892. L. Adam. — 1895. G. Marcel.

✿ FONDATION PIOT (Voir *Fondations communes à plusieurs Académies, n° 8*).

1892. M. Toutain : *Fouilles de Chemtou, près Tunis.* — M. Deloye : *Dépouillement des archives de la Chambre apostolique d'Avignon.* — 1893. 1,500 fr., Dʳ Carton : *Fouilles des ruines du Thugga.* — 2,500 fr., Commission du *Corpus inscriptionum Semiticarum*, pour acquisition de stèles araméennes. — 1894. 2,000 fr., La Blanchère : *Recherches en Tunisie.* — 3,000 fr., pour la publication du *catalogue des bronzes de la Bibliothèque nationale.* — 500 fr., Barthélemy : *Explorations en Syrie.* — 3,000 fr., Le P. Delattre : *Fouilles de Carthage.* — 5,000 fr., Chantre : *Fouilles en Asie Mineure.* — 3,000 fr., Couve : *Fouilles de Delos.* — 10,000 fr., publication des manuscrits numismatiques de M. Waddington. — 1895. 6,000 fr., Le P. Delattre : *Fouilles de Carthage.* — 3,000 fr., Muntz : *Les arts à la cour des Papes.* — 2,000 fr., Gauckler : *Fouilles à Oudna.* — 4,000 fr., Bertaux : *Recherches en Italie et en Sicile.*

✿ FONDATION SAINTOUR (Voir *Fondations communes aux cinq Académies, n° 5*).

1894. R H. Derenbourg : *Autobiographie d'Ousâma.* — E Casanova : *Archéologie de l'Égypte.* — V. Henry : *Traduction de l'Atharva Véda.* — 1895. V. Bérard : *Origine des cultes arcadiens.* — M. Clerc : *Les métèques athéniens.*

16. — FONDATION DE CHÉNIER (Décret du 20 décembre 1893). — Legs par Mᵐᵉ Vᵛᵉ de Chénier, d'une somme de 14,000 francs, produisant un revenu de 422 francs, pour fonder un prix quinquennal à décerner à l'auteur de la meilleure méthode d'enseignement du grec.

Ce prix n'a pas encore été décerné.

V. — ACADÉMIE DES SCIENCES

PRIX DU BUDGET

Fondé par la loi du 4 avril 1796 (15 germinal an IV) et consistant en un kilogramme d'or (aujourd'hui 3,000 francs). Il est annuel et est décerné alternativement par les sections des Sciences mathématiques et par les sections des Sciences physiques, sous le nom de Grand Prix.

GRAND PRIX DES SCIENCES MATHÉMATIQUES

1798. *Petite montre pour déterminer les longitudes en mer :* L. Berthoud. — 1799. *Moyens de secourir les personnes enfermées dans une maison incendiée :* Regnier ; Tremel ; Guyot. — 1800. *Époques de la longitude de l'apogée et du nœud de la lune :* A. Bouvard ; Burg. — 1801. *Observations sur la comète de 1770 :* J.-C. Burckhardt. — 1810. *Théorie mathématique de la double réfraction :* E. Malus — 1812. *Théorie des lois de la propagation de la chaleur :* J.-J. Fourier. — 1814. *Théorie des vibrations des surfaces élastiques :* Pas de prix ; M Mˡˡᵉ Sophie Germain. — 1816. *Même question :* Mˡˡᵉ Sophie Germain. — 1816. *De la propagation des ondes à la surface d'un fluide pesant :* Baron

A. Cauchy. — 1816. *Application de l'Analyse à une question de physique* : D. Brewster ; M. Seebeck. — 1819. *Mouvements des rayons dans leurs passages près des corps* : A. Fresnel. — 1820. *Tables du mouvement de la lune par la théorie de la pesanteur universelle* : Baron Damoiseau ; F. Carlini et le Baron Plana. — 1822. *Découverte de l'action de la pile voltaïque sur l'aiguille aimantée* : C. Œrstedt ; **M** Baron Plana ; A. Fresnel ; W. Herschel ; F. Savart. — 1823. *Densité qu'acquièrent les liquides par la compression* : D. Colladon et F. Sturm. — 1828. *Détails du phénomène de la résistance de l'eau* : pas de prix ; **M** Colonel Duchemin. — 1829. *Calcul des perturbations du mouvement elliptique des comètes* : G. de Pontécoulant. — 1830. *Application des théories mathématiques à la physique générale* : Abel ; Jacobi. — 1834. *Résolution des équations numériques* : F. Sturm. — 1838. *Résistance de l'eau* : pas de prix ; **E** G. Piobert ; J. Morin ; J. Didion ; **M** Duchemin. — 1842. *Trouver les équations qui déterminent les maxima et les minima des intégrales multiples* : Sarrus ; **M** Ch. Delaunay. — 1846. *Perfectionnement de la théorie des fonctions abéliennes* : G. Rosenhain. — *Perfectionnement de la théorie des perturbations planétaires* : P. Hansen. — 1856. *Recherches sur les nombres complexes* : E. Kummer. — 1858. *Établir une proposition de Legendre sur la théorie des nombres* : pas de prix ; **E** A. Dupré. — 1860. *Théorie des surfaces applicables* : E. Bour ; **M** O. Bonnet ; D. Codazzi. — 1862. *Théorie des courbes planes du quatrième ordre* : pas de prix ; **M** E. de Jonquières ; M. Poudra. — 1863. *Examen des théories relatives aux phénomènes capillaires* : pas de prix ; **M** E. Desains ; M. Quet. — 1864. *Théorie de la stabilité des corps flottants* : pas de prix ; **E** F. Reech ; C. Jordan. — 1867. *Intégration des équations aux dérivées du premier et du second ordre* : Ed. Bour. — 1870. *Modifications de la lumière par suite du mouvement* : pas de prix ; **E** E. Mascart. — 1872. *Même question* : E. Mascart. — 1874. *Théorie mathématique du vol des oiseaux* : pas de prix ; **R** A. Penaud ; **E** A. Hureau de Villeneuve et J. Crocé-Spinelli. — 1876. *Théorie des solutions singulières des équations aux dérivées partielles du premier ordre* : G. Darboux. — 1879. Prix décerné à W. Crookes pour l'ensemble de ses expériences. — 1880. *Théorie des équations différentielles linéaires à une seule variable indépendante* : G. Halphen ; **M** H. Poincaré. — 1882. *Théorie de la décomposition des nombres entiers en une somme de cinq carrés* ; Smith ; Hermann Minkowski. — 1884. *Théorie de l'application de l'électricité à la transmission du travail* : Cabanellas. — 1886. *Étudier les surfaces qui admettent tous les plans de symétrie de l'un des polyèdres réguliers* : E. Goursat. — 1887. *De l'élasticité de un ou de plusieurs corps cristallisés* : pas de prix ; **R** H. Willotte. — 1888. *Perfectionner la théorie des fonctions algébriques des deux variables indépendantes* : Em. Picard. — 1890. *Perfectionner la théorie des équations différentielles du premier ordre et du premier degré* : P. Painlevé ; **M** L. Autonne. — 1892. *Détermination du nombre des nombres premiers inférieurs à une quantité donnée* : Hadamard. — 1894. *Perfectionner la théorie de la déformation des surfaces* : J. Weingarten ; **M** Guichard.

GRAND-PRIX DES SCIENCES PHYSIQUES

1804. *Des substances propres à fabriquer une poterie résistante aux passages subits du chaud au froid* : M. Fourny ; **A** M. Muller. — 1806. *Des phénomènes d'engourdissement de certains animaux pendant l'hiver* : pas de prix ; **E** Herholdt et Rafn. — 1807. *Même question* : M. Saissy — 1809. *Des rapports entre les divers modes de phosphorescence* : Dessaignes. — 1813. *De la circulation chez les astéries, échinus et holothurus* : F. Tiedemann. — 1813. *Chaleur spécifique des gaz comparée à celle de l'eau* : F. Delaroche et J. Bérard. — 1818. *Lois du refroidissement dans le vide et dans l'air* : Petit et Dulong. — 1821. *Description du cerveau des animaux vertébrés* : A. Serres ; **M** Sommé. — 1821. *Changements opérés dans les fruits pendant leur maturation* : Bérard. — 1823. *Des causes de la chaleur animale* : C. Despretz. — 1825. *Des phénomènes de la digestion* : pas de prix ; **M** F. Leuret et L. Lassaigne ; Tiedemann et Gmelin. — 1829. *De la circulation du sang chez les animaux vertébrés* : pas de prix ; **E** Savatier. — 1830. *Origine et distribution des nerfs chez les poissons* : pas de prix ; **E** E. d'Alton et F. Schlemm. — 1831. *Ordre du développement des vaisseaux* *chez les animaux vertébrés :* pas de prix ; **E** J. Martin Saint-Ange. — 1833. *Des vaisseaux du latex chez les végétaux :* Schultz. — 1835. *Développement des tissus organiques chez les animaux et chez les végétaux :* M. Valentin. — 1843. *Structure de l'organe de la voix :* pas de prix ; **E** Mayer ; J. Bishop. — 1843. *Mécanisme de la production de la voix :* pas de prix ; **E** Dequevauviller ; J. Bishop ; Carlotti. — 1845. *Des organes de la reproduction chez les vertébrés :* Pappenheihm et Vogt ; J. Martin Saint-Ange ; **A** Lereboullet ; **M** F. Bellingeri ; M. Dumas. — 1845. *Changements de l'œuf pendant le développement du fœtus :* Baudrimont ; Martin Saint-Ange ; **M** Sacc. — 1847. *Mouvements des spores des algues zoosporées :* G. Thuret ; **M** Derbès et Solier. — 1849. *Quantités de chaleur dégagées dans les combinaisons chimiques :* pas de prix ; **I** A. Favre et H. Silbermann ; Th. Andrews ; M. Dauriac et A. Sahuqué. — 1853. *Développement des vers intestinaux :* J. Van Beneden ; **E** F. Kuchenmeister. — 1853. *Distribution des corps organisés fossiles dans les divers terrains :* pas de prix ; **E** P. Gervais. — 1856. *Même sujet :* G. Bronn. — 1856. *Étude du développement de l'embryon :* Lereboullet. — 1857. *Métamorphoses et reproduction des infusoires :* N. Lieberkuhn ; E. Claparède et J. Lachmann. — 1862. *Anatomie du système nerveux des poissons :* pas de prix ; **E** J. Philipeaux et A. Vulpian. — 1862. *Étude des hybrides végétaux :* Ch. Naudin ; **M** A. Godron. — 1863. *Changements de l'embryon pendant la germination :* A. Gris. — 1865. *Anatomie du système nerveux des poissons :* pas de prix ; **M** E. Baudelot ; H. Hollard. — 1865. *Travail ostéologique ayant contribué à l'avancement de la paléontologie :* A. Milne-Edwards. — 1873. *Phénomènes qui précèdent le développement de l'embryon chez les animaux dioïques :* Balbiani. — 1874. *De la fécondation dans les classes des champignons :* pas de prix ; **E** Cornu et Roze ; Sicard. — 1875. *Changements des organes des insectes pendant la métamorphose :* J. Kunckel d'Herculais. — 1879. *Étude approfondie des ossements fossiles de France :* H. Filhol ; **R** V. Lemoine. — 1881. *Description géologique d'une région de la France :* pas de prix ; **M** F. Fontanes ; C. Vasseur. — 1882. *Organisation des crustacés édriopthalmes des mers d'Europe :* Y. Delage. — 1883. *Développement des insectes pendant leurs métamorphoses :* Viallanes. — 1884. *Distribution des animaux marins du littoral de la France :* Marion ; **E** Fischer. — 1885. *Structure des organes tactiles chez les animaux invertébrés :* J. Chatin. — 1889. *Des phénomènes de la phosphorescence chez les animaux :* Fr. Dubois. — 1889. *Embryologie et évolution d'un animal :* F. Henneguy ; L. Roule ; **M** Dr Beauregard ; E. Maupas. — 1891. *Recherches sur les organes des sens invertébrés :* Jourdan. — 1893. *Géologie du Velay :* Marcellin Boule. — 1895. *Les animaux articulés des terrains houillers :* Ch. Brongniart.

PRIX D'ART NAVAL

Ce prix fondé par une décision du Ministre de la Marine du 13 novembre 1834, modifiée par un décret du 21 décembre 1876, est destiné à récompenser les auteurs de tout progrès de nature à accroître l'efficacité des forces navales de la France. Sa valeur est de 6,000 francs.

1853. Dupuy-de-Lome, Moll, Bourgois. — 1876. A. Ledieu. — 1878. Baills, Perroy. — 1881. Sebert, Brault. — 1882. Bouquet de la Grye ; **R** Bertin. — 1883. Taurines, Germain, de Maynac. — 1884. Manen, Hanusse, Baills. — 1885. Hélie, Hugoniot, Doncaud du Plan, Ph. Halt, Lucy. — 1886. Fleuriais, de Bernardière. — 1887. Hérault, Dubois, Rouvier et Moisson. — 1888. Banaré, Hauser, Reynaud. — 1889. Caspari, Clauzel, Degouy. — 1890. Madamet, Ledieu et Cadiat, L. Favé. — 1891. Pollard, Dudebout, Guyou, Chabaud, Arnaud. — 1892. Hédouin, Doyère. — 1893. Bourdelles, Lephay, B. de Frayssaix. — 1894. 2,000 fr. : Leblond, Gossot. — 1,500 fr. : Jacob. — 500 fr. : Souillagoüet. — 1895. 2,500 fr. : Mottez. — 1,500 fr. : Houette, Gosselin. — 500 fr. : Baucher.

⚓ FONDATION ALHUMBERT (Voir *Fondations communes à plusieurs Académies, n° 1*).

Les revenus de cette fondation étant peu considérables, l'Académie a décidé qu'on les laisserait accumuler pendant plusieurs années, de façon à rendre suffisante la valeur du prix.

1819. *Description des vers intestinaux :* J. Cloquet. — 1822. *Développement du triton ou salamandre aquatique :* R. Dutrochet. — 1831. *Changement des grenouilles et des salamandres :* Du-

GÈS ; **M** Martin Saint-Ange. — 1862. *Des générations dites spontanées* : L. Pasteur ; **M** A. de Bary. — 1862. *Du développement des animaux vertébrés* : M. Lereboullet ; C. Dareste. — 1882. *Recherches physiologiques sur les champignons inférieurs* : M. Gayon.

1. — FONDATION LALANDE (arrêté du 3 mai 1802). — Donation par J. Lalande, membre de l'Institut, d'une somme de 10,000 francs, pour fonder un prix annuel qui doit être décerné à la personne ayant fait l'observation la plus intéressante ou le travail le plus utile aux progrès de l'astronomie.

1803. H. Olbers. — 1804. G. Piazzi. — 1805. Harding. — 1806. Swanberg. — 1807. H. Olbers. — 1808. L. Mathieu. — 1809. F. Gauss. — 1810. D. Poisson. — 1811. Oltmans, F. Bessel. — 1812. Baron Lindenau. — 1813. d'Aussy. — 1814. G. Piazzi. — 1815. L. Mathieu. — 1816. F. Bessel. — 1817. J. Pons. — 1818. Pons. — 1819. Nicollet, F. Encke. — 1820. Nicollet, Pons. — 1823. Rumker, A. Gambart. — 1824. Baron de Damoiseau. — 1825. W. Herschel, J. South. — 1826. Sabine. — 1827. Pons, A Gambart. — 1828. Carlini, Plana. — 1830. A. Gambart. P. Gambey, Perrelet. — 1832. A. Gambart, B. Valz. — 1832. W. Herschel. — B. Airy. — 1835. J. Dunlop, Boguslawski. — 1836. Beer, Madler. — 1837. Guinand fils. — 1838. Le colonel Brousseaud. — 1839. Galle. — 1840. Bremicker. — 1842. E. Laugier. — 1843. H. Faye, J. Mauvais. — 1844. de Vico, d'Arrest. — 1845. Hencke. — 1846. Galle. — 1847. Hencke, J. Hind. — 1848. Graham. — 1849. De Gasparis. — 1850. De Gasparis, J. Hind. — 1851. Les mêmes. — 1852. De Gasparis, J. Hind, Luther de Blik, Chacornac, H. Goldschmidt. — 1853. De Gasparis, Chacornac, R. Luther, J. Hind. — 1854. R. Luther, Marth, J. Hind, Ferguson, H. Goldschmidt, Chacornac. — 1855. R. Luther, Chacornac, H. Goldschmidt. — 1856. Chacornac, H. Goldschmidt, Pogson. — 1857. H. Goldschmidt, Bruhns. — 1858. H. Goldschmidt, Laurent, Searle, Tustle, Winnecke, Donati. — 1859. R. Luther. — 1860. R. Luther, H. Goldschmidt, Chacornac, Ferguson, Forster, Lesser. — 1861. Tempel, R. Luther, H. Goldschmidt. — 1862. Clark. — 1863. Chacornac. — 1864. Carrington. — 1865. Warren de la Rue. — 1866. Th. Mac Lear. — 1867. V. Schiaparelli. — 1868. C. Jansen. — 1869. J. Watson. — 1870. W. Huggins. — 1871. Borelly. — 1872. Paul et Prosper Henry. — 1873. Coggia. — 1874. E. Mouchez, Bouquet de la Grye, G. Fleurais, F. Tisserand, Ch. André, Héraud. — 1875. Perrotin. — 1876. Palisa. — 1877. A. Hall. — 1878. S. Meunier. — 1879. F. Peters. — 1880. Stone. — 1881. Swift. — 1882. Souillart. — 1883. Bouquet de la Grye, de Bernardières, Courcelle-Seneuil, Fleurais, Hatti, Perrotin, Bassot, Bigourdan, Callandreau. — 1884. Radau. — 1885. Thollon. — 1886. Backlund. — 1887. Duner. — 1888. J. Bossert. — 1889. Gonnessiat. — 1890. V. Schiaparelli. — 1891. Bigourdan. — 1892. Barnard, Max Wolf. — 1893. Schuloff. — 1894. Javelle. — 1895. Maurice Hamy.

2. — FONDATION MONTYON (Statistique) (Ordonnance royale du 22 octobre 1817). — Don par un anonyme (connu plus tard comme étant M. le baron de Montyon), d'une rente de 500 francs pour fondation d'un prix annuel, destiné à encourager les recherches statistiques.

1819. A. Moreau de Jonnès ; **M** Baron Trouvé, Quénot, Cavoleau, Massol. — 1821. Delpon ; **M** Duplessis. — 1822. Baron Ch. Dupin, J. de Charpentier. — 1823. Deribier, Th. Ravinet. — 1824. Benoiston de Chateauneuf, Bottin. — 1825. H. Creuzé de Lesser ; **M** Marcel de Serre. — 1827. Brayer, Cavoleau ; **M** Cunéo d'Ornano, Perrot et Aupick, Baudouin. — 1828. Thomas ; **M** Dr Falret. — 1829. Dr Falret ; **M** Villot. — 1830. A. Puvis. — 1831. Robiquet aîné. — 1832. Jullien. — 1833. Guerry ; **M** Morelot, Dubrena. — 1834. Société industrielle de Mulhouse ; **M** Anglada, Martin de Saint-Léon, de Pétigny, Rozet. Thirria. — 1835. Pas de prix. — **M** Delacroix, Genty de Bussy, Gras, Guyétand, Bigot de Morogues. — 1836. Pas de prix. — **M** Casper, F. Demonferrand. — 1837. L.-J. Vicat, Demonferrand. — 1838. Duchatellier ; **M** Pyot, Société des gens de Lettres. — 1839. Dausse ; **M** Gauthier, Ragut. — 1841. Dufau, Surell ; **M** Lachèse ; C d'Angeville. — 1843. Demay, Legoyt, Rivoire. — 1844. Chalette père ; **M** de Boutteville et Parchappe, Gossin, Gaymard. — 1845. **M** Ballin. — 1847. Bobierre et Moride, Schnitzler ; **M** de Watteville. — 1848. Fournel ; **M** les auteurs de *Patria*, Moreau de Jonnès, Lepage et Charton. — 1849. Martin et Foley ; **M** de Watteville. — 1850. Boutron-Charlard et O. Henry. — 1851. E. Maumené, de Watteville ; **M** Neveu-Derotrie. — 1852. H. Say ; **M** Rondot, L. Say, Gayot, Blondel, Général Daumas, Block. Talbot et Guéraud, J.-Is. Pierre, Eug. Marchand. — 1853. Pas de prix. — **M** Hubbard, Lachèse, Bérigny, Rouraud, Général Carbuccia. — 1854. Pas de prix. — **M** Denamiel, Grar, Commission de Statistique du canton de Benfeld. — 1855. Le Play, Vicat ; **M** Demay, Dr Giraudet, Grangez, de Watteville. — 1856. Husson. — 1858, Arondeau ; **M** Bérigny. — 1858. Duffaud ; **M** Redoul-Deneyrol. — 1860. Guerry ; **M** Husson, Fayet. — 1861. Rigaut, Block ; **M** de Chatellux, de la Tremblais. — 1862. Mantellier ; **M** Champion. — 1863. Pas de prix. — **M** de Saint-Martin, Malbranche. — 1864. Guérin, Collin ; **M** Champion, Demay. — 1865. Dr Chenu ; **M** Poulet, Sistach, Saint-Pierre. — 1866. Dr Brochard ; **M** Parchappe, Le Fort, Anonyme, Girard de Cailleux. — 1867. Marchand ;

M MARMY et QUESNOY, VACHER, BERGERON, BLANCHET, BEAUVISAGE. — 1868. BÉRIGNY; M EBRARD, FAVET, CHARPILLON, RAMBOSSON. — 1869. Dʳ CHENU; M MAGUÉ et POLY, BONTEMPS. — 1870. A. POTIQUET; M THÉVENOT, CASTAN. — 1871. CADET; M ELY. — 1872. *Revue maritime et coloniale.* — 1873. LUCAS; M SUEUR, BERTRAND. — 1874. DE KERTANGUY; M DE SAINT-GENIS, LOUA. — 1875. Dʳ CHENU, Dʳ BORIUS: M Dʳ MAHER, RICOUX, LECADRE, TRÉMEAU DE ROCHEBRUNE, Anonyme. — 1876. Pas de prix. — M Dʳ BERTILLON, G. HEUZÉ, G. DELAUNAY. — 1877. E. YVERNÈS, LOUA; M DISLÈRE, A. PUECH. — 1879. Dʳ BORIUS, DE SAINT-GENIS; E G. LE BON; M BONNANGE. — 1880. R. RICOUX; M PAMARD, MARVAUD. — 1881. A. ROULLIET, BEZANÇON; R CLÉMENT; M AMAT, CHERVIN. — 1882. CHEYSSON, MAHER. — 1883. Ch. NICOLAS; M A. THÉVENOT. — 1884. Alfred DURAND-CLAYE; M A. CHERVIN. — 1885. Dʳ DE PIETRA-SANTA, O'KELLER, M J. SOCQUET; MTH TURQUAND, A. CHERVIN. — 1886. SOCQUET; M CAZIN; MTH TURQUAN; M MIREUR, LONGUET; C SORDES, AUBERT, CHAUVEL. — 1887. V. TURQUAN, SAINT-JULIEN et BIENAYMÉ; M LEDÉ. — 1888. Félix FAURE, J. TEISSIER. — 1889. PETITDIDIER et LALLEMAND, LEDÉ; M DISLÈRE. — 1890. P. TOPINARD; M DISLÈRE. — 1891. CHEYSSON, TOQUÉ. — 1892. M. BASTIÉ, J. DARDIGNAC. — 1893. MARVAUD. — 1894. BOUTIN, FAIDHERBE; M CARTIER, TASTIÈRE. — 1895. A. MARTIN; Ch. BALTET; M HOVELACQUE et HERVÉ.

3. — **FONDATION MONTYON** (Physiologie) (Ordonnance royale des 22 juillet 1818 et 5 juillet 1820). — Dons successifs par un anonyme (connu plus tard, comme étant le baron de MONTYON), de deux sommes de 7,000 francs, soit 14,000 francs pour fondation d'un prix à décerner à l'ouvrage le plus utile sur la physiologie expérimentale. (Revenu actuel : 750 francs).

1820. A. SERRES, H. MILNE-EDWARDS, G. BRESCHET et L. VILLERMÉ, I. BOURDON. — 1821. DUTROCHET, MILNE-EDWARDS. — A. TIEDEMANN et GMELIN. — M MAGENDIE. — E DESMOULINS. — 1822. J. CLOQUET, DESMOULINS. — 1823. FODERA, FLOURENS. — 1824. FLOURENS, PRÉVOST et DUMAS, STRAUS. — M GASPARD. — 1825. CHOSSAT. — 1826. Pas de prix. — E BROGNIART. — 1827. BRONGNIART. — 1828. DUTROCHET, AUDOUIN et EDWARDS. — 1829. LIPPI. — M POISEUILLE. — DUFOUR, VIMONT, VELPEAU, ROUSSEAU, COLLARD DE MARTIGNY, LE GALLOIS. — 1830. DUFOUR. — M FOURCAUD. — 1831. Pas de prix. — ME DE BAER, BURDACH, RATHKE, POISEUILLE, PANIZZA, RUSCONI, JACOBSON. — 1832. Pas de prix. — E CARUS, MULLER, EHRENBERG, DELPECH et COSTE, LAUTH, MARTIN SAINT-ANGE. — 1833. Pas de prix. — E BRESCHET, MEYEN, PURKINJE, VELPEAU. — 1834. Pas de prix. — M H. MOHL. — E DONNÉ. — 1835. GAUDICHAUD, POISEUILLE. — M MARTIN SAINT-ANGE, DUFOUR. — 1837. HEYNE jeune. — 1838. Pas de prix. — M WAGNER. — C DESCHAMPS. — 1839. PAYEN. — 1840. CHOSSAT. — M LE CANU. — 1841. LONGET, MATTEUCI. — M Dʳ NÉGRIER, BELLINGERI, DUFOUR. — 1842. LAURENT. — M ROBERT-LATOUR, DUFOUR. — 1843. POUCHET. — M BLONDLOT, DUBOIS. — 1844. L. AGASSIZ, BISCHOFF. — M RACIBORSKI. — 1845. Claude BERNARD. — M PARCHAPPE. — 1846. Pas de prix. — M SAPPEY, COSTE. — 1847. Pas de prix. — M BROWN-SÉQUARD. — 1848. Claude BERNARD. — 1849 et 1850. Pas de prix. — M STANNIUS, HOLLARD. — 1851. Claude BERNARD. — M BROWN-SÉQUARD, DUFOUR, JOBERT DE LAMBALLE. — 1852. BUDGE et WALLER. — 1853. Claude BERNARD — 1854. DAVAINE. — 1855. BROWN-SÉQUARD. — 1856. WALLER. — R DAVAINE. FABRE. — 1857. MULLER, BROWN-SÉQUARD. — M PHILIPEAUX, LESPÈS. — 1858. JACUBOWITSCH-LENHOSSEK, LACAZE-DUTHIERS. — M COLIN, MAREY, CALLIBURCÉS. — 1859. PASTEUR. — M OLLIER. 1860. STILLING. — M PHILIPEAUX, VULPIAN, FAIVRE. — 1861. HYRTL KUHNE. — M CHAUVEAU, COLIN. — 1862. BALBIANI, CHAUVEAU et MAREY. — 1863. 1ᵉʳ MOREAU, — 2ᵉ VULPIAN, PHILIPEAUX. — M BATAILLE. — 1864. BALBIANI, GERBE. — E SAPPEY. — M KNOCH, DUFOUR. — 1865. P. BERT. — M REVEIL. — 1866. M COLIN, PHILIPEAUX. — C KNOCH, CHÉRON. — 1867. CYON, BAILLET. — E MOURA. — 1868. GERBE. — E GOUJON. — 1869. FAMITZIN. — M ARLOING et TRIPIER. — 1870. CRIS, CHANTRAN. — E CHÉRON, GOUJON. — M MEHAY. — 1871. RAULIN. — 1873. POUCHET. — M PERRIER, SANSON. — 1874. ARLOING et TRIPIER, SABATIER. — 1875. FAIVRE. — 1876. MORAT et TOUSSAINT. — ME MIALHE. — 1877. FERRIER, CARVILLE et DURET. — M JOLYET et REGNARD, RICHET. — 1878. RICHET. — 1879. FRANCK. — 1880. BONNIER. — 1881. D'ARSONVAL. — 1882. DASTRE. — C GAETAN, DELAUNAY. — 1883. REGNARD. — 1884. JOLYET et LAFFONT. — M L. FRÉDERICQ. — 1885. DUCLAUX. — 1886. GRÉHANT. — M ASSAKY. — 1887. QUINQUAND. — M WALLER et WAYMOUTH-RAID. — 1888. WALLER, L. FREDERICQ. — M BEAUREGARD, BLAKE, MANGIN. — C PEYRON. — 1889. D'ARSONVAL. — M MOUSSU. — 1890. WERTHEIMER, GLEY. — M ALIX, ARTHAUD, BUTTE. — C GRIFFITHS, LENOBLE DU TEIL. — 1891. BLOCH, CHARPENTIER. — M HÉDON, LESAGE. — 1892. HÉDON, Ch. CORNEVIN. — M EPHREM AUBERT, J. RICHARD EWALD, HANS MOLISCH, EINTHOVEN. — 1893. LAULANIÉ, ABELOUS, LANGLOIS. — M GRIFFITHS, CRIÉ. — 1894. PHISALIX et BERTRAND, R. DUBOIS. — M MOROT, BLANC, PHILIPPON. — 1895. Mˡˡᵉ ARTUS. — M TISSOT

4. — **FONDATION MONTYON** (Mécanique) (Ordonnance royale du 20 septembre 1889). — Donation par un anonyme (connu plus tard, comme étant le baron DE MONTYON), d'une rente de 500 francs, pour fonder un prix annuel en faveur de celui qui aura inventé ou perfectionné des instruments utiles aux progrès de l'agriculture, des arts mécaniques et des sciences pratiques et spéculatives.

1824. A. BUREL, ATHENAS, CULHAT. — 1825. PONCELET. — 1829. THILORIER. — **M** COLLADON. — 1830. Pas de prix. — **ME** THILORIER, BADINET. — 1832. THILORIER, PIXII fils. — 1833. Pas de prix. — **M** GALY-CAZALAT, COIGNET. — 1834. GRANGÉ. — **M** RAUCOURT, CAGNIARD-LATOUR, GROUVELLE et HONORÉ. — 1835. C⁰¹ RAUCOURT. — 1836. MORIN, ERNST, SOREL. — 1838. DE CALIGNY. — 1839. ARNOUX. — 1841. CARVILLE. — 1843. GIRARD. — **M** CAVÉ, MEYER et CHARBONNIER, LETESTU. — 1845. PECQUEUR, CORDIER. — 1849-1850. LESBROS, MAUREL et JAYET. — 1852. TRIGER. — 1853. FRANCHOT. — 1855. BOILEAU. — 1859. GIFFARD. — 1866. TRESCA. — 1868. LAVALLEY. — 1869. ARSON. — 1873. RICQ. — 1874. PEAUCELLIER. — 1876. DEPREZ. — 1877. CASPARI. — 1878. CORLISS. — 1880. CORNUT. — 1881. ARMENGAUD, G. SIRE. — 1883. L. FRANCQ, L. RENOUF. — 1884. RIGGENBACH. — 1885. AMSLER, LAFON. — 1886. ROZÉ. — 1887. P. VIEILLE. — 1888. BAZIN. — 1889. G. EIFFEL. — 1890. LOCHER. — 1891. CAMERÉ. — 1892. J. RAFFARD. — 1893. FLAMANT. — 1894. BERTRAND DE FONTVIOLAND. — 1895. GALLIOT.

---

5. — FONDATION MONTYON (Arts insalubres) (Ordonnance royale du 29 juillet 1821).

— Legs par M. le baron de MONTYON, d'une somme dont le revenu actuel est de 19,000 francs, pour fonder un prix annuel à décerner aux auteurs de découvertes ayant pour résultat de rendre quelque art mécanique moins malsain.

1825. LABARRAQUE. — **R** PARENT DU CHATELET, MASUYER. — 1829. DUBUC. — 1830. ALDINI. — 1831. Pas de prix. — **E** PARENT DU CHATELET. — 1832. Pas de prix. — **R** RODINET. — 1834. SALMON, ROUGIER. — **E** SOCHET. — 1835. DEGOUSÉE et MULOT, AMOROS. — **E** GANNAL père. — 1836. FUSZ, DELION, HOUZEAU-MUIRON, PAULIN, GANNAL père. — **E** CASTERA. — 1838. Pas de prix. — **E** CASTERA, AJASSON DE GRANDSAGNE, DE BASSANO. — 1839. VALAT. — **E** LAIGNEL. — 1841. DE LA RIVE, ELKINGTON, RUOLZ. — 1842. MARTIN, LAMY, JARRIN et LONGCOTÉ. — **E** CHUARD. — 1843. CHAMEROY. — **R** SIRET. — **E** BOUTIGNY, MELSENS. — 1844. Pas de prix. — **R** CHAUSSENOT. — 1845. LAIGNEL. — 1848. LECLAIRE, ROCHER. — **M** PIHET, PEUGEOT. — 1850. Pas de prix. — **R** A. MALLET, DE CAVAILLON. — 1851. Pas de prix. — **R** MASSON, SUCQUET. — 1853. ARNAUD, HERPIN, DOYÈRE, MACHECOURT, FONTAINE. — **E** CHUARD. — 1854. ROUY. — **R** FONTENEAU. — **E** MABRU. — 1855. DUMERY, SOREL, BOUTRON et BOUDET. — **E** THIBOUT. — 1856. SCHRŒTTER, CHAUMONT. — 1857. ROLLAND. — **E** DANNERY. — 1858. DANNERY — **E** HERLAND. — 1859. Pas de prix. — **E** GUIGARDET. — 1860. MANDET, FOURNIER. — **R** GUIGARDET, BOBŒUF. — 1863. GRIMAUD, GUIGNET. — **R** BOUFFÉ. — 1864. **E** DUMAS et BENOIT, CHAMBON-LACROISADE. — 1865. ACHARD. — **R** CHANTRAN. — **E** GALIBERT. — 1866. Pas de prix. — **E** GALIBERT. — 1867. C. DE FREYCINET. — **E** GALIBERT, PIMONT. — 1868. VIGNIER. — 1869. PIMONT, CHARRIÈRE. — 1870. GOLDENBERG. — **E** Mlle GARCIN et ADAM, LOUVEL. — 1871. GUIBAL. — 1873. MOURCOU. — **E** CONSTANTIN, GÉRARDIN. — 1875. DENAYROUZE. — 1876. MELSENS. — 1877. Pas de prix. — **E** HETET. — 1878. D'HUBERT, LENOIR. — **E** TURPIN, PAQUELIN. — 1879. BOUTMY et FAUCHER. — **E** HARO. — 1880. Pas de prix. — **R** BIRCKEL. — 1881. C. VINCENT, TILLOY, DELAUNE. — **Mlle** DE ROSTAING. — 1884. MARSANT. — 1885. Ch. GIRARD. — 1886. APPERT frères. — 1887. Pas de prix. — **E** HECKEL. — 1888. Pas de prix. — **E** Dr PAQUELIN, FUMAL. — 1889. Pas de prix. — **M** Dr RANDON. — 1890. C. TOLLET. — 1891. D^r BAY. — **M** BEDOIN, LECHIEN. — 1892. L. GUÉROULT. — **E** Dr PAQUELIN. — 1893. GARROS, COQUILLON. — **M** GREHANT, BEHRENS, DE LA ROULE. — 1894. BALLAND, LAYET. — 1895. A. GÉRARDIN.

---

6. — FONDATION MONTYON (Médecine) (Ordonnance royale du 29 juillet 1821). —

Legs par M. le baron de MONTYON, d'une somme dont le revenu actuel est de 19,000 francs, pour fonder un prix annuel à décerner aux personnes ayant trouvé un moyen de perfectionner la science médicale ou l'art chirurgical.

1825. ROUX; **R** LASSIS; **M** AMUSSAT, LEROY D'ÉTIOLLES, CIVIALE. — 1826. Pas de prix. — **E** LOUIS; BAILLY, AUDOUARD, LASSIS; CIVIALE, AMUSSAT, HEURTELOUP, LEROY D'ÉTIOLLES, DELEAU jeune. — 1827. PELLETIER et CAVENTOU, CIVIALE; **E** LAENNEC, LEROY D'ÉTIOLLES, HENRY, ROSTAN, GENDRIN, BRETONNEAU, OLIVIER, BAYLE, ROCHOUX. — 1828. CHERVIN, HEURTELOUP; **M** GRUETHUISEN. — 1829. Pas de prix. — **E** PIORRY, JOBERT DE LAMBALLE, BRACHET, LOUIS; **R** LASSIS. — 1830. Pas de prix. — 1831. COURTOIS, COINDET, LUGOL, SERTURNER, AMUSSAT, LEROY D'ÉTIOLLES, HATIN. — 1832. Pas de prix. — **R** ROUSSEAU, LECANU, PARENT DU CHATELET, MANEC, BENNATI, DELEAU, MÉRAT, VILLERMÉ, LEROUX. — 1833. HEURTELOUP; **E** FORGET, COLOMBAT, BAUDELOCQUE, PINEL, JACOBSON, SIRHENRY; **ME** ANHESLEY, MARCUS, JACHNICHEN, DIEFFENBACH, MARCIN-KOWSKI, GAYMARD, GÉRARDIN, FOY, BRIÈRE DE BOISMONT, BOUILLAUD, FAVRE, GUÉRIN, RAYER, SCOUTETTEN, LASSIS. — 1834. Pas de prix. **R** GENSOUL, BOUSQUET, MAYOR, SOUBERBIELLE, SÉGALAS, NICOD; **E** COSTALLAT, GANNAL père, JAMES; **M** HATIN, PHILIPS, SERRE, PINEL, RICORD. — 1835. Pas de prix. **R** MÉRAT et DELENS, RÉVEILLÉ-PARISE, FABRE et CONSTANT, HUMBERT; **E** MONTAULT, BAUDELOCQUE, JUNOD, HEYNE, MARTIN, CHARRIÈRE. — 1836. LEMBERT aîné. — 1837. Pas de prix. — **E** TUEFFERD, BRISSET, FIARD, BOUSQUET, PERDRAU. — 1838. Pas de prix. — **E** BRIGHT, MARTIN-SOLON, RAYER, RICORD, F. MARTIN. — 1839. Pas de prix. — **E** VALLEIX; **R** FOURCAULT, DUVAL. FUSTER. — 1840. TANQUEREL DES PLANCHES; **R** AMUSSAT. — 1841. Pas de prix. — **R** BOUILLAUD, AMUSSAT, GRISOLLE, SÉGALAS, RICORD; **E** BECQUEREL; **M** HATIN, MERCIER. — 1842. STROMEYER et DIEFFENBACH; **R**

BOURGERY et JACOB, THIBERT, LONGET, VALLEIX; **M** AMUSSAT, SERRURIER et ROUSSEAU, BOYER. — 1843. Pas de prix.
R PIORRY, TROUSSEAU et BELLOC, BARTHEZ et RILLIET, POISEUILLE, LACAUCHIE, CAZENAVE, TARDIEU; **E** DENIS, REY-
DARD, POUMET; **M** ROGNETTA et FOURNIER-DEÇCHAMPS, FOULLIOY, FOVILLE. — 1844. Pas de prix. — **R** AMUSSAT, BON-
NET; **E** BECQUEREL et RODIER, RÉVEILLÉ-PARISE, MOREL-LAVALLÉE; **M** DONNÉ, CLIAS. — 1845. Pas de prix. — **E** GUIL-
LON, BRIÈRE DE BOISMONT, BOYER, MOREL-LAVALLÉE, MAISONNEUVE. — 1846. Pas de prix. — **R** LEBERT, ROUSSEL,
PRAVAZ, ROGER, BOURGUIGNON; **M** MOREAU, COLSON. — 1847-48. JACKSON, MORTON; **R** PORTA; **E** BIBRA et GHEIST,
MANDL, BECQUEREL et RODIER, LANDOUZY, DE LARROQUE; **M** LEGENDRE, BOURDON, AUDOUARD, BLANDET, BOIS DE LOURY
et CHEVALLIER. — 1849. JOBERT DE LAMBALLE; **E** GUILLON, MARTIN, MOREL-LAVALLÉE. — 1850. Pas de prix. — **R** HER-
PIN, DELASIAUVE, MERCIER, VROLIK; **E** STAHL, HURTEAUX, CARRIÈRE. — 1851. GUÉRIN; **R** HUGUIER, BRIQUET et MI-
GNOT, DUCHENNE, LUCAS, TABARIÉ, PRAVAZ, GLUGE, GOSSELIN, GARIEL, VIDAL, SERRE; **E** BOINET; **M** MONNERET e
FLEURY, SANDRAS. — 1852. BRETONNEAU, TROUSSEAU; **R** BOURGERY et JACOB, HIRSCHFELD, FOLLIN, BLONDLOT, DU-
MÉRIL, DEMARQUAY et LECOINTE, LEBERT, BECQUEREL et RODIER, DAVAINE, FAUCONNEAU-DUFRESNE; **E** RICHARD,
A. BECQUEREL, BOUISSON, BOINET, BAUDENS, NIEPCE, RENAULT, JOSAT, ORFILA. — 1853. Pas de prix. — **E** BECQUEREL
et VERNOIS, REYNOSO, LECANU, MÈGE-MOURIÈS; **R** KOELLIKER, ROBIN et VERDEIL, HUSS, MOREL, SESTIER, ADEILLE,
BOUCHUT, VILLEMIN, VIDAL, GUBLER, BASSEREAU, GIRALDÈS, GOSSELIN, GUIBOURT, RÉVEILLÉ-PARISE, FONTAN. — 1854.
Pas de prix. — **R** BRIQUET, TROUSSEAU, ROBIN, BOECK et DANIELSSEN, BERTHELOT, SCHIFF, BLANCHARD, ARAN, GRA-
TIOLET; **E** BOURGUIGNON et DELAFOND, ROUX, GIRALDÈS et GOUBAUX, GOSSELIN, MOREL-LAVALLÉE, PERDRIGEON DU
VERNIER, PHILIPEAU et VULPIAN, FLANDIN, BROCA, VERNEUIL, CHEVALLIER, TRIQUET, LOIR. — 1855. Pas de prix. —
R HANNOVER, LEHMANN, BOUQUET, BEAU, CORVISART, BÉRAUD, CAZEAUX, DARESTE, TARDIEU, FOISSAC. — 1856. SIMP-
SON, MALGAIGNE, GUÉRIN; **R** STILLING, RENAULT, FILHOL, GALTIER, MIDDELDORPF, BROWN-SÉQUARD, ROBIN, BOINET,
GUILLON; **E** FAURE. COLOMBE, HIFFELSHEIM, PHILIPEAUX, LEGENDRE, GOUBAUX et FOLLIN, GODARD, COLIN, FIGUIER,
DUPLAY, GOSSELIN, VERNEUIL, DELPECH. — 1857. BROCA, DELAFOND et BOURGUIGNON, MOREL; **M** BERTILLON, FONSSA-
GRIVES. — 1858. NÉGRIER; **M** LANDOUZY, BOUDIN, DENIS, GIRALDÈS, FORGET, DURAND-FARDEL, LEFOULON. — 1859.
Pas de prix. — **M** BEHIER, GALLOIS, GIRAUD-TEULON, LUSCHKA, LEGENDRE, MARCÉ. — 1860. DAVAINE, BERGERON, MAIN-
GAULT; **M** TURK, CZERMACK, MAREY. — 1861. LALLEMAND, PERRIN et DUROY; **M** HASPEL, DUTROULEAU, ROUIS, RO-
GER, HUGUIER; **E** LABOULBÈNE. — 1862. CRUVEILHIER, LEBERT, FRERICHS; **M** LARCHER, COHN, DOLBEAU, LUYS. — 1863.
CHASSAIGNAC, DEBOUT, GALLOIS, BOURDON, CAHEN. — 1864. ZENKER, MAREY, MARTIN et COLLINEAU; **E** GRIMAUD; **M**
OLLIVIER, LEMATTRE, VILLEMIN, LANCEREAUX, FAURE. — 1865. VANZETTI, CHAUVEAU, VIENNOIS et MEYNET, LUYS; **M**
DESORMEAUX, SUCQUET, LEGRAND DU SAULLE. — 1866. BÉRAUD, ANGER, MAREY; **M** VOISIN et LIOUVILLE, LABORDE,
SAPPEY. 1867. CHAUVEAU, COURTY, LANCEREAUX; **M** SCHULTZE, HÉRARD et CORNIL, FOISSAC. — 1868. VILLEMIN; **M**
FELTZ, FLINT, RACIBORSKI. — 1869. JUNOD, PAULET et SARAZIN, LUSCHKA; **M** KNOCH, MAURIN, ROGER. — 1870. GRÉHANT,
BLONDLOT; **M** BÉRENGER-FÉRAUD, DUCLOUT, COLIN. — 1871. LANCEREAUX et LACKERBAUER, CHASSAGNY; **E** COZE et
FELTZ, JOUSSET, DECAISNE, DESPRÉS. — 1872. LUYS, MAGNAN, WOILLEZ; **M** MANDL, FANO, LEGRAND DU SAULLE. —
1873. HARTING, LEFORT, PÉAN; **M** ARMAND, BOULAND, ORÉ. — 1874. DIEULAFOY, MALASSEZ, MEHU; **M** BÉRENGER-FÉRAUD,
LETIÉVANT, PETER; **E** SAPPEY. — 1875. GUÉRIN, LEGOUEST, MAGITOT; **M** BERRIER-FONTAINE, PAULY, VEYSSIÈRE. —
1876. FELTZ et RITTER, PAQUELIN, PERRIN; **M** MAYENÇON et BERGERET, MAYET, SANSON. — 1877. HANNOVER, PARROT,
PICOT; **M** TOPINARD, LASÈGUE et REGNAULT, DELPECH et HILLAIRET, FRANCK, ORÉ. — 1878. FRANCK, HAYEM, KEY et
RETZIUS; **M** BÉRENGER-FÉRAUD, FAVRE, ROBIN, — 1879. DUJARDIN-BEAUMETZ et AUDIGÉ, TILLAUX, VOISIN; **M** BOCHE-
FONTAINE, LECORCHÉ, SIMONIN. — 1880. CHARCOT, JULLIEN, SAPPEY; **M** CHATIN, GRÉHANT, GUIBOUT. — 1881. BÉREN-
GER-FÉRAUD, FAVRE. P. RICHER; **M** DASTRE, DEJERINE, TOUSSAINT. — 1882. Dʳ F.-C. MAILLOT, DIEULAFOY et KRISHA-
BER, G. HAYEM; **M** GRÉHANT et QUINQUAND, F. GIRAUD-TEULON, P. MÉGNIN. — 1883. CONSTANTIN-PAUL, H. ROGER,
E. VALLIN; **M** H. NAPIAS et A.-J. MARTIN, L. DUBAR et Ch. RÉMY, P. DENUCÉ. — 1884. TESTU, CADET DE GASSI-
COURT, H. LELOIR; **M** BOURCERET, SERVOLES, FONSSAGRIVES. — 1885. A. CHARPENTIER, L.-H. FARABEUF, J. RÉGNAULT
et E. VILLEJEAN; **M** GAVOY, REDARD, TOPINARD. — 1886. Léon COLIN, DEJERINE et LANDOUZY, ORÉ; **M** CADÉAC et MAL-
LET, MASSÉ, A. OLLIVIER. — 1887. LELOIR, MOTAIS, NOCARD et MOLLEREAU; **M** P. BERGER, CORNIL et BABÈS, Aug.
OLLIVIER. — 1888. HARDY, HÉNOCQUE, DE FOLLIN et DUPLAY; **M** E. BERGER, GILLES DE LA TOURETTE, BAILLY, BÉREN-
GER-FÉRAUD. — 1889. CHARRIN, KELSCH et KIENER, DANILEWSKI; **M** WIDAL, Ch. SABOURIN, J. ARNOULD. — 1890. F. GUYON,
A. OLLIVIER, P. RICHER; **M** MAURIAC, CHAUVEL et MINIER, FIESSINGER. — 1891. DUROZIEZ, LANNELONGUE; **M** SANCHEZ,
TOLEDO et VEILLON-SOULIER, ZAMBACO. — 1892. FARABEUF et VARNIER, JAVAL, LUCAS CHAMPIONNIÈRE; **M** KELSH et AN-
TONY, PITRES, REDARD. — 1893. HUCHARD, DELORME, PINARD et VARNIER; **M** VIALET, NEUMANN et FIESSINGER. — 1894.
FELIZET, LABORDE, PLANAS; **M** LEGENDRE et BROCA, VACQUEZ, VAUDREMER. — 1895. GANGOLPHE, IMBERT, TEISSIER;
M CHIPAULT, GOUGENHEIM et GLOVER, POLAILLON.

❋ **FONDATION BORDIN** (Voir *Fondations communes aux cinq Académies*, nᵒ 2).

1859. *Métamorphisme des roches* : pas de prix. — **R** DAUBRÉE ; **E** DELESSE. — 1862. *Causes
capables d'influer sur les différences de position du foyer optique et du foyer photogénique* : pas
de prix. — **R** THÉNARD ; MIERSCH. — 1863. *Étude des vaisseaux du latex* : DIPPEL ; J. HANSTEIN.
Du corail et des autres zoophytes de la même famille : LACAZE-DUTHIERS. — 1865. *Question libre*

sur la théorie de phénomènes optiques : pas de prix. — **R** Janssen; Soleil; Pichot. — **M** Anonyme. *Perfectionnement à la théorie mécanique de la chaleur* : pas de prix. — **M** Dupré. — 1865. *Causes de l'inégalité de l'absorption, par des végétaux différents, des solutions salines du sol* : Dehérain. — 1866. *Déterminer les indices de réfraction des verres employés à la construction des instruments d'optique*, etc. : Baille. — **M** Mascart. — 1866. *Déterminer les longueurs d'onde de quelques rayons de lumière simple* : Mascart. — 1867. *Direction des vibrations de l'éther dans les rayons polarisés* : pas de prix. — **ME** Jenker. — 1867. *Étude de la structure anatomique du pistil et du fruit* : Van Tieghem. — 1869. *Monographie d'un animal invertébré marin* : Marion; Wagner. — 1870. *Anatomie comparée des Annélides* : Vaillant. — 1871. *Rôle des stomates dans les fonctions des feuilles* : pas de prix. — **E** Barthélemy. — 1872. *Théorie des raies du spectre* : pas de prix. — **E** Lecoq de Bois-baudran. — 1873. *Étude de l'écorce des plantes dicotylédonées* : Vesque. — 1873. *Des ressemblances entre les productions organiques des pointes australes de l'Afrique, de l'Amérique et de l'Australie, ainsi que des terres intermédiaires* : A. Milne Edwards. — 1876. *Rechercher la véritable température de la surface du soleil* : **R** Violle. — **E** Crova, Vicaire. — 1877. *Structure et développement des organes de la végétation dans les Lycopodiacées* : pas de prix. — **E** Bertrand. — 1877. *Structure des téguments de la graine, dans les végétaux angiospermes et gymnospermes* : Bertrand. — 1878. *Des formules proposées pour remplacer la loi d'Ampère sur l'action de deux éléments de courant* : pas de prix. — **E** Reynard. — 1880. *Des moyens de faire disparaître les dangers que présentent les produits de la combustion sortant des cheminées* : pas de prix. — **R** Lan. — 1880. *Étude d'une question relative à la géologie de la France* : Gosselet; Falsant et Chantre. — 1881. *De la structure et du développement du liège* : L. Olivier. — 1883. *Influence qu'exerce le milieu sur la structure des organes végétatifs* : Constantin. — 1885. *Étude du problème des déblais et remblais de Monge* : P. Appell; Otto Olmesorge. — **M** A. de Saint-Germain. — 1885. *Rechercher l'origine de l'électricité atmosphérique* : M. Edlund. — 1886. *Perfectionner la théorie des réfractions astronomiques* : Radau. — 1888. *Perfectionner la théorie du mouvement d'un corps solide* : Mme Sophie de Kowalewsky. — 1891. *De l'appareil auditif chez les animaux vertébrés à sang chaud* : Beauregard. — 1892. *Des surfaces dont l'élément linéaire peut être ramené à la forme* : Gabriel Kœnigs. — **M** Otto Olmesorge; Louis Raffy. — 1893. *Genèse des roches éclairées par l'expérimentation synthétique* : Bourgeois; Gorgeu; Michel; Duboin. — **M** Doelter; De Schulten. — 1894. *Étude des problèmes de mécanique analytique admettant des intégrales algébriques par rapport aux vitesses* : Paul Painlevé. — **M** Liouville, Elliot. — 1895. De Pousargues : *Mammalogie du Congo*. Barrat : *Géologie du Congo*.

---

7. — FONDATION B. DE MOROGUES (Voir *Fondations communes à plusieurs Académies*, n° 3).

1853. Hervé-Mangon. — 1863. J.-A. Barral. — 1873. Molon. — 1883. Duclaux. — 1893. Millardet.

---

8. — FONDATION LA PLACE. — Donation par Mme la marquise de La Place, d'une rente de 215 francs pour la fondation d'un prix, consistant en un exemplaire des œuvres de La Place, à remettre annuellement à l'élève sortant le premier de l'École polytechnique.

1835. Jacquin. — 1836. Delaunay. — 1837. Galissard de Marignac. — 1838. Piot. — 1839. O.-J. Delesse. — 1840. Reuss. — 1841. Bossey. — 1842. Rivot. — 1843. Werner. — 1844. Bertin. — 1845. Mantion. — 1846. Varroy. — 1847. Coullard-Descos. — 1848. Dubois. — 1849. Malibran. — 1850. Fabian. — 1851. Opermann. — 1852. Bour. — 1853. Lerouxeau de Saint-Dridan. — 1854. Marin. — 1855. Gay. — 1856. Martin. — 1857. Béral. — 1858. Vicaire. — 1859. Meurgey. — 1860. De Lapparent. — 1861. Genreau. — 1862. Matrot. — 1863. Demongeot. — 1864. Lévy. — 1865. Douvillé. — 1866. Langlois. — 1867. Zeiller. — 1868. Amiot. — 1869. Voisin. — 1870. Sauvage. — 1871. Boutiron. — 1872. Opermann. — 1873. Kuss. — 1874. Badoureau. — 1875. Bonnefoy. — 1876. Henriot. — 1877. Dougados. — 1878. Bécheyel. — 1879. Walckenaer. — 1880. Termier. — 1881. Janet. — 1882. Bochet. — 1883.

RATAU. — 1884. CHAPUY. — 1885. COSTE. — 1886. BRISSE. — 1887. DE BILLY. — 1888. P.-L. WEISS. — 1889. VER-
LANT, HERSCHER. — 1890. BAILLY. — 1891. L. CHAMPY. — 1892. LEBRUN. — 1893. BÈS DE BERG. — 1894. GLASSER. —
1895. BACHELLERY.

9. — FONDATION CUVIER (Ordonnance royale du 25 juillet 1839). — Une somme de
7,000 francs, constituant le montant du reliquat de la souscription ouverte pour élever un monument à Georges CUVIER, a été consacrée à fonder un prix triennal, à décerner aux auteurs de travaux sur les ossements fossiles, l'anatomie comparée ou la zoologie.

1851. AGASSIZ. — 1854. MULLER. — 1857. OWEN. — 1860. DUFOUR. — 1863. MURCHISON. — 1866. DE BAER. — 1869.
EHRENRERT. — 1873. DESHAYES. — 1876. FOUQUÉ. — STUDER. — 1882. OSWALD, HEER. — 1885. VAN BENEDEN.— 1888.
J. LEIDY. — WHITNEY. — 1894. John MURRAY.

10. — FONDATION BRÉANT (Décret du 15 novembre 1853). — Legs fait par M. Jean-
Robert BRÉANT, d'une somme de 100,000 francs, destinée à être remise à celui qui aura trouvé le
moyen de guérir le choléra ou qui en aura découvert la cause.

En attendant que ce prix soit décerné, les arrérages seront donnés en prix à ceux qui auront
fait avancer la science sur la question du choléra ou d'autres maladies épidémiques, etc.

1858. L. DOYÈRE. — 1859. L. DOYÈRE. — 1862. Pas de prix. — R BARALLIER. — 1865. DAVAINE. — I GRIMAUD
DE CAUX. — 1866. Pas de prix. — R LEGROS et GOUJON, THIERSCH. — 1867. Pas de prix. — R HUETTE. — E MESNET.
— 1868. Pas de prix. — R LORAIN, BRÉBANT, NICAISE. — 1869. Pas de prix. — R FAUVEL. — MTH PHŒSCHEL, DU-
KERLEY, GÉRY père. — 1870. Pas de prix. — R CHAUVEAU. — 1871. Pas de prix. — R GRIMAUD DE CAUX, THOLOZAN.
— M BOURGOGNE fils. — 1872. Pas de prix. — R BOULEY et ROBBE, NETTER. — 1873. Pas de prix. — E PROUST, PELLA-
RIN. — 1874. Pas de prix. — R PELLARIN, ARMIEUX. — 1876. Pas de prix. — E DUBOUÉ, STANSKI. — 1877. RENDU. —
1879. TOUSSAINT. — 1880. L. COLIN. — 1881. L. COLIN. — 1882. L. COLIN. — 1883. FAUVEL, STRAUSS, ROUX, NOCARD,
THUILLIER.— 1885. MAHÉ. — M BOUVRET, POUCHET, RIVIÈRE. — 1886. Pas de prix. — R DUFLOCQ, GUÉRARD et THOI-
NOT.— 1887. GALTIER. — 1888. HAUSER. — 1889. LAVERAN. — 1890. COLLIN, LAYET. — 1891. Pas de prix. — E NEP-
VEU. — 1892. A. PROUST, Henri MONOD. — 1893. NETTER et THOINOT, GIMBERT, BURLUREAUX. — 1894. ARLOING. —
1895. Pas de prix.

11. — FONDATION LALLEMAND (Décret du 26 avril 1855). — Legs fait par M. Claude
François LALLEMAND, membre de l'Institut, d'une somme de 50,000 francs, dont les intérêts doivent
être employés à récompenser les travaux relatifs au système nerveux dans la plus large acception
des mots, et subsidiairement tous autres travaux désignés par l'Académie.

1881. LUYS. — 1882. BOURNEVILLE, P. REGNARD. — M LIÉGEOIS, E. LAMARRE. — 1883. Pas de prix. — E BALL,
VOISIN. — 1884. BROWN-SÉQUARD. — M NICAISE. — 1885. GRASSET, BERNARD. — 1886. VIGNAL. — 1887. A. PITRES et
L. VAILLARD, VAN LAIR. — 1888. FRANÇOIS-FRANCK, P. BLOCQ. — M BOUVIER. — 1889. P. LOYE. — 1890. Mme DÉJE-
RINE-KLUMPKE, G. GUINON. — 1891. GILLES DE LA TOURETTE, H. CATHELINEAU. — 1892. A. BINET, DURAND. — 1893.
TROLARD. — 1894. GLEY. — M DE NABIAS, P. JANET. — HALIPRÉ, TOULOUSE; M CHERVIN, DEBIERRE.

12. — FONDATION JECKER (Décret du 4 août 1855). — Legs par Louis-Joseph JECKER,
d'une somme de 200,000 francs (réduite par suite d'abandon aux héritiers, à 150,000 francs), dont
les intérêts doivent être distribués en prix à des ouvrages sur la chimie organique.

1857. GERHARDT, LAURENT. — 1859. WURTZ, CAHOURS. — 1860. BERTHELOT, DESSAIGNES. — 1861. PASTEUR. —
1862. GRAHAM. — 1863. HOFMANN. — 1864. WURTZ. — 1865. CLOEZ, FRIEDEL, DE LUYNES. — 1866. CAHOURS. — 1867.
BERTHELOT. — 1868. FAVRE, GAUTIER. — 1869. FRIEDEL. — 1870. Pas de prix. — E DE CLERMONT, GAL, GRIMAUX,
SCHUTZENBERGER. — 1872. JUNGFLEISCH. — 1873. GIRARD. — 1874. REBOUL, BOUCHARDAT. — 1875. GRIMAUX. —
1876. CLOEZ. — 1877. CLOEZ, HOUZEAU. — 1878. REBOUL. — 1879. RIBAN, BOURGOIN, CRAFTS. — 1880. DEMARÇAY.
— 1881. LE BEL. — 1882. A. GAUTIER. — 1883. ETARD. — 1884. CHANCEL. — 1885. PRUNIER, SILVA. — 1886. COLSON,

OECHSNER, CONINCK. — 1887. ARNAUD, A. HALLER. — 1888. MAQUENNE, CAZENEUVE. — 1889. A. COMBES, R. ENGEL, A. VERNEUIL. — 1890. ISAMBERT, M. HANRIOT. — 1891. BEHAL, MEUNIER. — 1892. BASTIÉ, J. DARDIGNAC. — 1893. GRINIER, DE FORCRAND. — 1894. BARBIER, ADAM, CHABRIÉ, MESLANS. — 1895. TANRET, RENARD, BURCKER.

13. — FONDATION BARBIER (Décret du 8 septembre 1856). — Legs par M. le baron Joseph-Athanase BARBIER, d'une rente de 3,000 francs, pour fonder un prix annuel à décerner à l'auteur de découvertes précieuses pour la science médicale ou chirurgicale.

1862. CAP. — 1863. LÉPINE, VIEILLARD. — 1865. BAILLET et FILHOL. VÉE et LEVEN. — **M** DE GROSOURDY. — 1866. Pas de prix. — **R** LAILLER, DEBEAUX. — 1867. HUGUIER. — 1868. FRASER, RABUTEAU. — 1869. MIRAULT, STILLING. — 1870. J. PERSONNE. — 1871. DUQUESNEL. — 1872. Pas de prix. — **E** BYASSON, CHATIN, COUTARET. — 1873. Pas de prix. — **E** LEFRANC. — 1874. RIGAUD. — **M** ROBIN, HARDY. — 1876. PLANCHON. — **R** GALLOIS et HARDY, LAMARRE. — 1877. Pas de prix. — **R** GALIPPE, LEPAGE et PATROUILLARD, MANOUVRIEZ. — 1878. TANRET. — **E** CAUVET, HECKEL. — 1879. Pas de prix. — **E** MANOUVRIEZ. — 1880. QUINQUAUD. — 1881. E. BOURGOIN, LOTAR, E. DOASSANS, E. GILBERT. — 1882. RELIQUET, VIDAL. — 1883. JOANNÈS, CHATIN.*— 1885. Raphaël DUBOIS, HECKEL et SCHLAGDENHAUFFEN. — 1886. E. COLLIN. — 1887. HECKEL et SCHLAGDENHAUFFEN. — 1888. EHRMANN, R. DUBOIS et C.-G.-A. LEROY. — 1889. DUVAL, HECKEL et SCHLAGDENHAUFFEN. — 1890. C. MARTIN. — **MTH** G. LYON, DUPUY. — 1891. Pas de prix. — **M** DELTHIL, DUPUY. — 1892. LABORDE, CADÉAC et ALBIN-MEUNIER. — **M** P. THIERRY, M. BAUDOUIN. — 1893. GILBERT, SANSON. — **M** SABOURAUD, MAUCLAIRE. — 1894. H. LELOIR. — **M** ARTAULT, TSCHERNING. — 1895. J. BOECKEL, DUPUY; **MTH** BERNHARD.

14. — FONDATION TRÉMONT (Décret du 8 septembre 1856). — Legs par M. le baron DE TRÉMONT, d'une rente de 1,000 francs destinée à aider, dans ses travaux, tout savant, ingénieur, artiste ou mécanicien, auquel une assistance serait nécessaire pour atteindre un but utile.

1857. RUHMKORFF. — 1861. NIEPCE DE SAINT-VICTOR. — 1864. POITEVIN. — 1866. GAUDIN. — 1869. LE ROUX. — 1872. GAUDIN. — 1873. CAZIN. — 1876. Ch. ANDRÉ. — 1877. SIDOT. — 1878. DEPREZ. — 1879. THOLLON. — 1880. VINOT. — 1881. GOLAZ. — 1882. SIDOT. — 1883. J. MORIN. — 1884. DE TASTES. — 1885. BOURBOUZE et SIDOT. — 1886. MOUREAUX. — 1887. J. MORIN. — 1888. FÉNON. — 1889. J. MORIN. — 1890. BEAU DE ROCHAS. — 1891. E. RIVIÈRE. — 1892. E. RIVIÈRE. — 1893. J. MORIN. — 1894. E. RIVIÈRE. — 1895. B. RENAULT.

15. — FONDATION GODART (Décret du 6 mai 1863). — Legs par M. Jean-Ernest GODART, d'une rente de 1,000 francs, pour fonder un prix annuel à décerner au meilleur mémoire sur les organes genito-urinaires.

1865. HÉLIE; **M** BROUARDEL. — 1866. A. MARTIN et H. LÉGER. — 1867. LEGROS; **M** O. LARCHER. — 1868. ERCOLANI; **M** DIEU. — 1869. HYRTL. — 1870. JOLLY; **M** PUECH. — 1871. MAURIAC. — 1872. PETTIGREW. — 1875. HERGOTT. — 1877. CADIAT. — 1878. RELIQUET. — 1879. GUÉRIN; LEDOUBLE. — 1880. SECOND. — 1881. DUBAR. — 1882. RECLUS. — 1883. GUELLIOT; **M** DESNOS. 1884. TOURNEUX. — 1885. E. DESNOS. — 1886. BAZY. — 1887. A. BRODEUR. — 1888. HACHE. — 1889. LE DENTU; **MTH** TUFFIER. — 1890. POZZI; **M** MONOD et TERRILLON. — 1891. POIRIER. — 1892. ALBARRAN; **M** REPIN. — 1893. TOURNEUX. — 1894. MELVILLE-WASSERMANN et Noël HALLÉ. — 1895. E. REYMOND.

16. — FONDATION DAMOISEAU (Décret du 13 mai 1863). — Donation par Mme la Baronne DE DAMOISEAU, d'une somme de 20,000 francs, dont les revenus doivent être décernés annuellement en prix, aux auteurs des travaux les plus utiles aux progrès de l'astronomie.

1881. Pas de prix; **E** D° SCHUR. — 1886. SOUILLARD; **E** OBRECHT. — 1891. GAILLOT; CALLANDREAU et SCULHOF. — 1892. RADAU; J. LEVEAU. — 1894. BRENDEL.

17. — FONDATION DESMAZIÈRES (Décret du 25 novembre 1863). — Legs par M. Jean-Baptiste-Henri-Joseph DESMAZIÈRES, d'une somme de 35,000 francs, dont les revenus doivent être employés à décerner un prix annuel aux auteurs de travaux sur la cryptogamie.

1866. ROZE. — 1867. A. DE BARY; **MTH** LORTET. — 1868. NYLANDER. — 1869. RABENHORST; HOFFMANN; **M** STRASBURGER. — 1870. DE NOTARIS. — 1871. Pas de prix; **E** HUSNOT. — 1872. CORNU; **E** BORNET. — 1873. SIROLOT;

E Van Tieghem et Lemonnier. — 1874. De Seynes. — 1875. Bescherelle et Fournier. — 1876. Bornet; **E** Muntz. — 1877. Quelet; **E** Bagnis. — 1878. Bornet. — 1879. Pas de prix; **E** Crié; Leuduger-Fortmorel. — 1880. Pas de prix. — **E** Lamy de la Chapelle. — 1881. Pas de prix; **E** Lamy de la Chapelle. — 1882. P. Petit. — 1883. Bonnier; Mangin. — 1884. Otto Lindberg. — 1885. Leclerc du Sablon. — 1886. H. Van Heurk; A. Grunow. — 1887. Ardissone; Dangeard. — 1888. Fayod. — 1889. Bréal. — 1890. M. Gomont. — 1891. N. Berlèse. — 1892. P. Viala. — 1893. Sauvageau. — 1894. Sappin-Trouffy. — 1895. A. Borzi.

18. — **FONDATION DE SAVIGNY** (Décret du 20 avril 1864). — Legs par Mlle Agathe-Olympe Letellier, d'une somme de 20,000 francs, dont les revenus doivent être employés à fonder un prix à décerner, au nom de M. de Savigny, membre de l'Institut, aux zoologistes voyageurs s'occupant des animaux de l'Égypte et de la Syrie.

1866. Vaillant. — 1870. Mac Andrew; Issel. — 1880. Grandidier. — 1890. Jousseaume; **R** Camboué. — 1891. Lionel Faurot. — 1894. Mayer-Eymar.

19. — **FONDATION THORE** (Décret du 9 août 1864). — Legs par M. François-Honoré-Franklin Thore, d'une rente de 200 francs, pour la fondation d'un prix annuel à décerner à l'auteur du meilleur travail sur les algues, les mousses, les lichens, les champignons, ou sur l'anatomie des insectes.

1866. Fabre. — 1868. Lespès. — 1869. Bonnet. — 1870. Schiœdte. — 1873. Mégnin. — 1874. Forel. — 1876. Oustalet. — 1877. Jousset de Bellesme. — 1878. Ardissone. — 1879. Brandt. — 1880. Vayssière; Joly. — 1881. Bescherelle. — 1882. Ed. André. — 1884. Motelay et Vendryès. — 1886. Peragallo. — 1888. Carlet. — 1889. De Bosredon; de Ferry de la Bellone. — 1891. J. Constantin; L. Dufour. — 1893. Corbière. — 1894. Cuénot. — 1895. P. Mégnin.

20. — **FONDATION DALMONT** (Décret du 6 mai 1865). — Legs par M. Denis-Victor Dalmont, de la somme nécessaire pour fonder un prix triennal de 3,000 francs, à décerner, pendant trente ans, à un ingénieur des Ponts et Chaussées auteur d'un travail que l'Académie jugera digne de cette récompense.

1867. Bazin. — 1870. Mme Lévy. — 1873. Graeff. — 1876. Ribaucour. — 1879. Collignon. — 1882. G. Lemoine. — 1885. F. Lucas. — 1888. J. Résal. — 1891. Considère; **MTH** Antonne; **M** d'Ocagne. — 1894. Antonne; d'Ocagne; **M** Pochet; Villotte.

21. — **FONDATION PLUMEY** (Décret du 13 juin 1866). — Legs par M. Jean-Baptiste Plumey, de vingt-cinq actions de la Banque de France, dont les dividendes doivent être distribués, en prix annuel, à l'auteur du perfectionnement des machines à vapeur ou de toute autre invention ayant contribué aux progrès de la navigation.

1872. Taurines. — 1873. Bertin. — 1874. Farcot. — 1875. Madamet. — 1877. De Fréminville. — 1878. Valessie. — 1881. G. Fleuriais. — 1883. Jacquemier. — 1884. Rocher du Quengo. — 1885. Bienaymé; V. Daymard. — 1886. De Bussy. — 1887. Guyou. — 1888. Mme Ve B. Normand. — 1889. Widmann. — 1890. J.-E. Boulogne. — 1891. De Maupeou. — 1892. A. Normand. — 1893. Lebasteur. — 1894. Le Chatelier et Auscher. — 1895. Pollard et Dudebout.

22. — **FONDATION MONTAGNE** (Décret du 21 juillet 1866). — Legs universel de ses biens, fait par M. Montagne, membre de l'Institut, à la charge de distribuer annuellement des prix aux auteurs de travaux sur les végétaux cellulaires.

1885. Patouillard. — 1836. Dr Quélet. — 1887. Boudier. — 1888. G. Bonnier. — 1889. Ch. Richon; Ernest; Roze. — 1890. P. Hariot; A. Billet. — 1891. H. Jumelle. — 1892. P. Viala. — 1893. Cardot; Gaillard. — 1894. Husnot; Héribaud. — 1895. F. Renauld.

23. — **FONDATION FOURNEYRON** (Décret du 6 novembre 1867). — Legs par M. Benoit Fourneyron, d'une rente de 500 francs, pour fonder un prix biennal de mécanique appliquée.

1875. Sagedien. — 1877. A. Mallet. — 1881. Pas de prix. — **E** 1,000 fr., Mékarski. — 1883. Marcel Deprez. — 1885. J.-D. Colladon. — 1891. Leloutre. — 1893. Pas de prix. **E** Brousset. — 1895. G. Marié, L. Lecornu.

24. — FONDATION DE LA FONS-MELICOCQ (Décret du 6 novembre 1867). — Legs par M. Alexandre-François-Joseph de La Fons-Mélicocq, d'une rente de 300 francs, pour fonder un prix triennal à décerner au meilleur ouvrage de botanique sur le nord de la France.

1874. Calley ; Eloy de Vicq et Blondin de Brutelette. — 1880. Eloy de Vicq. — 1883. Pas de prix. — **E** Magnier. — 1886. G. Bonnier ; G. de Layens, Camus. — 1892. Masclef. — 1895. Géneau de la Marlière.

25. — FONDATION SERRES (Décret du 19 août 1868). — Legs par M. Serres, membre de l'Institut, d'une somme de 60,000 francs, pour fonder un prix triennal à décerner aux auteurs de travaux sur l'embryologie.

1872. Gerbe. — 1875. Pas de prix. — **R** 3,000 fr., Campana ; G. Pouchet. — 1878. Agassiz. — 1881. E. Van Beneden. — 1884. Cadiat et Kowalevsky. — 1887. A. Kowalevsky. — 1890. C. Dareste. — 1893. Pizon ; Sabatier ; Letulle.

26. — FONDATION PONCELET (Décret du 22 août 1868). — Donation par Mᵐᵉ Vᵛᵉ Poncelet, au nom du général Poncelet, membre de l'Institut, d'une somme de 50,000 francs pour fonder un prix à décerner à l'auteur du travail le plus utile pour le progrès des mathématiques pures ou appliquées. (Donation postérieure de 10,000 francs pour achat des œuvres du général Poncelet à offrir aux lauréats.)

1869. Robert-Mayer. — 1870. Jordan. — 1871. Boussinesq. — 1872. Mannheim. — 1873. Thomson. — 1874. Bresse. — 1875. Darboux. — 1876. Kretz. — 1877. Laguerre. — 1878. Lévy. — 1879. Moutard. — 1880. Léauté. — 1881. Briot. — 1882. Clausius. — 1883. Halphen. — 1884. J. Houel. — 1885. H. Poincaré. — 1886. E. Picard. — 1887. Appell. — 1888. Collignon. — 1889. C. Goursat. — 1890. Général Ibanez. — 1891. Humbert. — 1892. Sir John Fowler ; Sir Benjamin Baker. — 1893. Kœnigs. — 1894. Laurent. — 1895. G. Robin.

27. — FONDATION CHAUSSIER (Décret du 7 juillet 1869). — Legs par M. Franck-Bernard-Simon Chaussier, d'une rente de 2,500 francs, pour fonder un prix à décerner tous les quatre ans à des travaux qui auront fait avancer la médecine.

1871. Tardieu. 1875. Gubler ; Legrand du Saulle ; Bergeron et L'Hôte, Manuel. — 1879. Tardieu. — 1883. Legrand du Saulle ; **M** Layet-Luton. — 1887. Jaccoud. — 1891. Brouardel ; **M** Duponchel. — 1895. Lancereaux.

28. — FONDATION GEGNER (Décret du 2 octobre 1869). — Legs par M. Jean-Louis Gegner, d'un capital produisant un revenu de 4,000 francs, pour aider un savant pauvre qui se sera signalé par des travaux sérieux.

1871. Duclaux. — 1872. Gaugain. — 1873. Renault. — 1874 à 1879. Gaugain. — 1880. Jacquelin. — 1881. Lemonnier. — 1882. Lescarbault. — 1883. E. Lescarbault ; Ch. Brame. — 1884 à 1888. Valson. — 1889. Toussaint. — 1890 à 1895. P. Serret.

29. — FONDATION LACAZE (Décret du 27 décembre 1869). — Legs par M. Louis Lacaze, d'une rente de 15,000 francs, pour fonder trois prix biennaux de 5,000 francs, à décerner aux meilleures travaux : 1° sur la physiologie ; 2° sur la physique ; 3° sur la chimie.

Physiologie. — 1873. Marey. — 1875. Chauveau. — 1877. Dareste. — 1879. Davaine. — 1881. Brown-Séquard. — 1883. Balbiani. — 1885. Duclaux. — 1887. Ch. Rouget. — 1889. F. Franck. — 1891. S. Arloing. — 1893. D'Arsonval. — 1895. Dastre.

Physique. — 1873. Lissajous. — 1875. Mascart. — 1877. Cornu. — 1879. Le Roux. — 1881. Planté. — 1883. H. Becquerel. — 1885. Gernez. — 1887. Paul et Prosper Henry. — 1889. Hertz. — 1891. Violle. — 1893. Amagat. — 1895. E. Bouty.

Chimie. — 1873. Friedel. — 1875. Favre. — 1877. Troost. — 1879. Lecoq de Boisbaudran. — 1881. P. Hautefeuille. — 1883. Cailletet. — 1885. A. Ditte. — 1887. Moissan. — 1889. Raoult. — 1891. A. Joly. — 1893. G. Lemoine. — 1895. Le Chatelier.

30. — FONDATION VAILLANT (Décret du 7 avril 1873). — Legs par M. le maréchal VAILLANT, membre de l'Institut, d'une somme de 40,000 francs, pour fonder un prix, dans les conditions que l'Académie croira devoir fixer.

1877. SCHULHOF. — 1880. Pas de prix. **R** ADER. — 1882. TOUSSAINT. — 1884. J. COTTEAU ; E. RIVIÈRE. — 1886. M. LÉVY ; M. BERTRAND ; BARROI ; OFFRETE ; KILIAN ; BERGERON. **E** DE MONTESSON. — 1889. Ed. PRILLIEUX. — 1890. BERTRAND. — 1891. Pas de prix. **R** ADER. — 1892. LACROIX.

31. — FONDATION GUÉRINEAU (Décret du 25 octobre 1873). — Legs par Mᵐᵉ Vᵛᵉ GUÉRINEAU, née Delalande, d'une somme de 20,000 francs, pour fonder un prix biennal à décerner à un voyageur ou à un savant ayant rendu le plus de services à la France ou à la science.

1876. FILHOL et VELAIN. — 1878. SAVORGNAN DE BRAZZA. — 1880. DUPUIS. — 1882. SAVORGNAN DE BRAZZA. — 1884. NEIS. — 1886. D. HYADES. — 1888. ROBLET. — 1890. D. VERNEAU. — 1892. G. ROLLAND. — 1894. Marquis de FOLIN.

32. — FONDATION DUSGATE (Décret du 27 novembre 1874). — Legs par M. Abraham-Richard DUSGATE, d'une rente de 500 francs, pour fonder un prix quinquennal à décerner à l'auteur du meilleur ouvrage sur les signes de la mort et sur les moyens de prévenir les inhumations précipitées.

1880. Pas de prix. — **E** 1,000 fr., ONIMUS ; PEYRAUD. 500 fr., LE BON. — 1895. Pas de prix. **M** ICARD.

33. — FONDATION VALZ (Décret du 29 janvier 1875). — Donation par Mᵐᵉ Vᵛᵉ Benjamin VALZ, d'une somme de 10,000 francs, pour la fondation d'un prix annuel destiné à récompenser des travaux sur l'astronomie.

1877. HENRY. — 1878. SCHMIDT. — 1879. TROUVELOT. — 1880. TEMPEL. — 1881. D. GILL. — 1882. HUGGINS ; CRULS. — 1883. STEPHAN. — 1884. GINZEL. — 1885. SPOERER. — 1886. BIGOURDAN. — 1887. PÉRIGAUD. — 1888. PICKERING. — 1889. CHARLOIS. — 1890. S. DE GLASENAPP. — 1891. VOGEL. — 1892. PUISEUX. — 1893. BERBERICH. — 1894. CONIEL. — 1895. DENNING.

34. — FONDATION GAY (Décret du 6 février 1875). — Legs par M. GAY, membre de l'Institut, d'une rente de 2,500 francs, pour fonder un prix annuel de géographie physique.

1880. Pas de prix. — **E** 500 fr., A. CHÉVREMONT ; DELAGE. — 1882. Pas de prix. — **E** J. GIRARD ; L. DELAVAUD. — 1884. BERTHAUT. — **E** J. GIRARD. — 1885. DEFFORGES. — 1886. HATT. — 1887. A. ANGOT ; W. ZEUKER. — 1888. SIMART. — 1889. L. CRIÉ. — 1890. F. SCHRADER. — 1891 et 1892. MOUREAUX. — 1894. MARTEL. — 1895. ANGOT.

35. — FONDATION POURAT (Décret du 29 octobre 1877). — Legs par M. le Dʳ Marc-Aubin POURAT, d'une somme produisant un revenu de 1,900 francs, pour fonder un prix annuel sur une question de physiologie.

1889. D. JOHANNES-GAO et J.-F. HEYMANS. — 1890. Pas de prix. — 1891. GLEY. — 1892. H. ROGER. — 1893. MEYER. — 1894. KAUFMANN ; **M** THIROLOIX. — 1895. CHARRIN.

36. — FONDATION MACHADO (Décret du 19 juillet 1878). — Legs par M. le commandeur Joseph-Joachim de Gama MACHADO, d'une somme de 20,000 francs (effectivement réduite à 10,000 francs) pour fonder un prix triennal destiné à récompenser les meilleurs mémoires sur la science, dans le règne animal.

1882. HERMANN. — 1885. P. GIROD. — 1888. Pas de prix. — 1891. R. BLANCHARD, M.-L. JOUBIN. — 1894. Pas de prix ; **E** PHISALIX.

37. — FONDATION PONTI (Décret du 15 avril 1879). — Donation par M. le chevalier André Ponti, d'une somme de 60,000 lires italiennes, dont l'Académie doit employer les intérêts à encourager les sciences.

1882. Müntz. — 1884. J. Boussingault. — 1886. Renard, Krebs. — 1888. G. Kœnigs. — 1890. Le R. P. Colin. — 1892. Le Chatelier. — 1894. Le commandant Defforges.

✢ FONDATION JEAN REYNAUD (Voir *Fondations communes aux cinq académies*, n° 3).

1881. H. Sainte-Claire Deville. — 1886. Pasteur. — 1891. G. H. Halphen.

38. FONDATION FRANCŒUR (Décret du 18 janvier 1883). — Donation par Mᵐᵉ Vᵉ Francœur, d'une rente de 1,000 francs, pour fonder un prix annuel à décerner à l'auteur de découvertes ou de travaux utiles aux progrès des sciences mathématiques pures et appliquées.

1882 à 1888. E. Bardier. — 1889 et 1890. M. Marie. — 1891 et 1892. Mouchot. — 1893. G. Robin. — 1894. Collet. — 1895. J. Andrade.

39. — FONDATION PETIT D'ORMOY (Décret du 20 février 1883). — Legs universel de sa fortune (dont le revenu s'élève à 20,445 francs), fait par M. Petit d'Ormoy, pour la fondation de prix, attribués moitié à des travaux historiques, moitié à des applications de la science à la pratique médicale, mécanique ou industrielle.

1883. G. Darboux, H. Filhol ; **ME** (expédition scientifique du Talisman) Parfait, Antoine, Jacquet, Bourget, Gibory, Huas, Robinet de Pas, Filhol, P. Fischer, de Folin, Marian, E. Perrier, L. Vaillant, Ch. Brongniart, G. Poirault ; (Mission scientifique du cap Horn) Martial, Courcelle-Seneuil, Payen, Lephay, Le Cannelier, Hyades, Doze, de Lajarte, de Carfort, de la Monneraye, Hahn, Féart, Lebrun, Hariot, Sauvinet. — 1885. G.-H. Halphen, Sappey. — 1887. Laguerre, Balbiani. — 1889. P. Appel, J.-H. Fabre. — 1891. E. Goursart, L. Vaillant. — 1893. Stieltjes, M. Berthand. — 1895. A. Ribaucourt, Pomel.

40. — FONDATION DELESSE (Décret du 15 mai 1883). — Donation par Mᵐᵉ Vᵉ Delesse, d'une somme de 20,000 francs, pour fonder un prix biennal à décerner à l'auteur d'un travail sur les sciences géologiques ou minéralogiques.

1885. De Lapparent ; **E** Caraven-Cachin. — 1887. Gorceix. — 1889. M. Lévy. — 1891. Barrois. — 1893. Fayol, — 1895. Delafond.

41. — FONDATION DU MONCEL (Décret du 29 novembre 1884). — Legs par M. le comte Du Moncel, membre de l'Institut, d'une somme de 15,000 fr., à employer conformément au désir de l'Académie.

Les revenus de cette fondation sont employés à l'acquisition d'ouvrages scientifiques.

42. — FONDATION GIFFARD (Décret du 26 juillet 1886). — Legs par M. Henry-Jacques Giffard, d'une somme de 50,000 francs, dont les revenus doivent être employés en prix ou secours.

Les revenus de cette fondation sont alloués, à titre de secours, à des veuves de savants.

43. — FONDATION JANSSEN (Décret du 18 décembre 1886). — Donation par M. Janssen, membre de l'Institut, d'une rente de 180 francs et d'une somme de 1,330 francs, pour décerner annuellement pendant sept ans et ensuite tous les deux ans, deux médailles aux auteurs de travaux faisant faire un progrès direct à l'astronomie physique.

1887. Kirchhoff. — 1888. W. Huggins. — 1889. Norman-Lockyer. — 1890. C.-A. Young. — 1891. G. Rayet. — 1892. Tacchini. — 1893. Langley. — 1894. G. Hale.

44. — FONDATION LECONTE (Décret du 10 mars 1887). — Legs universel de sa fortune, dont le revenu annuel s'élève à 21,620 francs, fait par M. Victor-Eugène LECONTE, pour fonder un prix triennal à décerner aux auteurs de découvertes scientifiques ou d'applications nouvelles des sciences.

1889. P. VIEILLE. — 1850. P. DE LAFITTE. — 1891. DOUHOT. — 1892. 1er, Dr VILLEMIN; 2e DESLANDRES, D'OCAGNE. — 1895. Lord RAYLEIGH et M. RAMSAY.

45. — FONDATION DAMOURETTE (Décret du 29 juin 1887). — Legs par M. le Dr Félix-Antoine-Martin DAMOURETTE, d'une somme de 40,000 francs (réduite en faveur des héritiers à 20,000 francs) pour fonder un prix de physiologie thérapeutique.

1889. J.-V. LABORDE. — 1893. Dr GERAUD. — 1895. BESSON, CHRISTIANI.

46. — FONDATION FONTANES (Décret du 5 septembre 1887). — Legs par M. Charles François FONTANES, d'une somme de 20,000 francs pour fonder un prix triennal en faveur de l'auteur de la meilleure publication paléontologique.

1890. Ch. DEPÉRET. — 1893. ZEILLER.

47. — FONDATION BELLION (Décret du 17 octobre 1887). — Legs par Mlle Anne-Marie FOEHR, d'une rente de 1,471 francs pour fonder un prix annuel, dit prix Bellion, à décerner aux auteurs d'écrits ou de découvertes profitables à la santé humaine.

1890. Pas de prix; E DE BRUN, A. MOREL-LAVALLÉE et L. BELLIERES; M SUTILS, BÉDOIN. — 1891. CHARLIER MIREUR; M CASSEDEDAT. — 1992. Théodore COTEL. — 1893. CHABRIÉ, COUSTAN. — 1894. LARDIER, BENI-BARDE, MATERNE. — 1895. VAILLABD. M VINCENT et ROUGET, MAUCLAIRE et DETROYE.

48. — FONDATION MÈGE (Décret du 9 juillet 1888). — Legs par M. le Dr Jean-Baptiste MÈGE, d'une somme de 10,000 francs, pour fondation de prix à décerner à l'auteur qui aura continué et complété son essai sur les progrès de la médecine.

1888. Pas de prix; E A. AUVARD. — 1890. NICAISE. — 1891. F. COURMONT. — 1892. COLIN. — 1893. HERGOTT. — 1894. FAURE. — 1895. E. BAUDRON.

49. — FONDATION PARKIN (Décret du 30 décembre 1885). — Don par M. PARKIN, d'une somme produisant un revenu de 1,163 francs, pour fonder un prix triennal à décerner à l'auteur d'un travail sur les effets curatifs du carbone ou sur les effets de l'action volcanique sur les épidémies.

1893. Pas de prix. — 1894. BÉHAL et CHOAY.

50. — FONDATION PLANTÉ (Décret du 23 mai 1889). — Legs par M. Gaston PLANTÉ, d'une rente de 1,500 francs, pour fonder un prix à décerner à l'auteur français d'une découverte ou invention dans le domaine de l'électricité.

1893. BLONDLOT. — 1895. Jacques et Pierre CURIE.

✿ FONDATION SAINTOUR (Voir *Fondations communes aux cinq académies*, n° 5).

1895. — L. DEBURAUX et DIBOS. — 1895. TERMIER.

51. — FONDATION FRESGOT (Décret du 17 juin 1890) Legs par M. Jean-Charles-Phi-

lippe Fresgot, de toute sa fortune, produisant un revenu de 3,212 francs, pour permettre à l'Académie de distribuer des secours, à sa volonté.

52. — FONDATION TCHIHATCHEF. — Don par M. Tchihatchef, d'une somme de 100,000 francs, produisant un revenu de 3,158 francs, pour fonder des prix à décerner à des naturalistes distingués ayant entrepris des explorations dans le continent asiatique. (Don manuel reçu en 1891.)

1893. G. Groum-Grschimailo. — 1894. Paire. — 1895. G. Radde.

53. — FONDATION CAHOURS (Décret du 18 janvier 1893). — Legs par M. Cahours, membre de l'Institut, d'une somme de 100,000 francs, dont les intérêts doivent être distribués annuellement à des jeunes gens ayant fait des travaux intéressants, particulièrement dans le domaine de la chimie.

1894. Varet, Freundler. — 1895. Lereau, Simon, Varet.

54. — FONDATION LÉVI (Décret du 7 septembre 1893). — Legs par M. le Dr A. Lévi d'une somme de 50,000 francs, qui doit être décernée à l'auteur de la découverte du moyen de guérir la diphtérie. En attendant que le prix fût décerné, les intérêts ont été remis à l'Institut Pasteur. Le prix a été décerné, en 1895, à MM. Behring et Roux.

55. — FONDATION BOILEAU (Décret du 1er février 1893). — Legs par M. Pierre-Prospère Boileau, officier d'artillerie, d'une somme de 15,000 francs, pour fonder un prix triennal à décerner aux auteurs de recherches sur les mouvements des fluides. Ce prix n'a pas encore été décerné.

56. — FONDATION HÉBERT (Décret du 21 novembre 1893). — Legs par M. Hébert, membre de l'Institut, d'une somme de 30,000 francs, pour fonder un prix annuel à décerner à l'auteur d'une découverte ou d'un travail sur l'électricité. Ce prix n'a pas encore été décerné.

57. — FONDATION PHILIPEAUX (Décret du 28 mars 1894). — Legs par M. le Dr Jean-Marie Philipeaux, d'une somme de 30,000 francs, pour fonder un prix annuel à décerner aux auteurs de travaux sur la physiologie expérimentale. Ce prix n'a pas encore été décerné.

58. — FONDATION RIVOT (Décret du 5 septembre 1894). — Legs par M. Rivot, chef de bureau au Ministère de la guerre, d'une rente de 2,500 francs, dont les revenus doivent être partagés chaque année entre les deux premiers élèves sortant de l'École des Ponts et Chaussées et les deux premiers élèves sortant de l'École des Mines.

✿ MÉDAILLE ARAGO. — Cette médaille, dont le prix est prélevé sur le montant du reliquat de la souscription ouverte pour élever un monument à Arago, est décernée, à intervalles irréguliers, aux auteurs de découvertes, de travaux ou de libéralités tendant aux progrès de l'astronomie.

1887. F. Bischoffsheim. — 1893. Asaph-Hall, Barnard.

PRIX EXTRAORDINAIRES. — 1803 (Prix du Budget : 1,500 fr.). *Des cérémonies à faire pour les funérailles et du règlement à adopter pour les sépultures :* Mulot; Amaury Duval. — 1806. (prix du Premier Consul : 3,000 fr.). *Expériences sur le galvanisme :* 1806. Ermann. — 1807. Davy. — 1809. Gay-Lussac; Thénard. — 1811 (prix du Budget : 12,000 fr.). *De la nature et du traitement du croup :* Jurine; Albert; **M** Vieusseux; Caillau; Double. — 1818(prix Ravrio : 3,000 fr.). *Trouver un moyen de se mettre à l'abri des dangers dans l'art de dorer sur cuivre par le mercure :* J. Darcet. — 1836 (grand prix sur les fonds de l'Académie). *Quelles sont les altérations des organes dans les fièvres continues :* Pas de prix; **E** Gendrin; Piédagnel; Bousquet; Montault. — 1837 (grand prix sur les fonds de l'Académie). *Quels sont les avantages et les inconvénients des moyens mécaniques et gymnastiques appliqués à la cure de difformités du système osseux :* 1er J. Guérin. — 2e Bouvier. — 1845 (grand prix sur les fonds de l'Académie). *La vertu préservatrice de la vaccine est-elle absolue ou temporaire ?* Pas de prix; **R** Bousquet; Steinbrenner; Fiard. — 1846 (prix Manni : 1,500 fr.). *Du moyen de prévenir les inhumations prématurées :* **E** Bouchut. — 1864 (grand prix sur les fonds de l'Académie). *Histoire de la pellagre :* Roussel; **A** Castellat. — 1866 (grand prix sur les fonds de l'Académie). *Application de l'électricité à la thérapeutique :* **ME** Namias. — 1867 (grand prix sur les fonds de l'Académie). *La conservation des membres par la conservation du périoste :* L. Ollier; Em. Sédillot. — 1872 (grand prix sur les fonds de l'Académie). *Application de l'électricité à la thérapeutique :* Pas de prix; **ME** Legros et Onimus; Cyon. — 1875 (grand prix sur les fonds de l'Académie). *Même question :* Onimus. — 1881 (prix Boudet : 6,000 fr.). *Des progrès dans l'art de guérir :* J. Lister.

VI. — ACADÉMIE DES BEAUX-ARTS

GRANDS PRIX DE ROME

En vertu de la loi du 25 octobre 1795, l'Institut était chargé de désigner les citoyens français qui devaient être envoyés à Rome, pour y résider pendant cinq années, aux frais de l'État. Aux termes de la loi du 4 avril 1796, le choix des artistes devait être fait par les sections réunies de peinture, de sculpture et d'architecture de la Classe de littérature et Beaux-Arts. L'arrêté gouvernemental du 28 janvier 1803, qui réorganisait l'Institut, décida que la Classe des Beaux-Arts distribuerait les grands prix de peinture, de sculpture et de composition musicale, auxquels une décision du Premier Consul, en date du 21 septembre 1803, ajouta un grand prix de gravure. L'Académie des Beaux-Arts qui succédait, en 1816, à la Classe du même nom, hérita du même droit, qu'elle exerça jusqu'au moment où elle en fut privée par un décret impérial du 13 novembre 1863. Cette dernière mesure a été abrogée par un décret du 13 novembre 1871, et l'Académie a repris, depuis 1872, la distribution des grands prix de Rome.

Les concours sont ouverts tous les ans, pour la peinture, la sculpture, l'architecture et la composition musicale; tous les deux ans, pour la gravure en taille douce, et tous les trois ans, pour la gravure en médailles et en pierres fines.

A. — GRANDS PRIX DE PEINTURE

1797. *La mort de Caton d'Utique :* 1er P. Bouillon; P.-N. Guérin, G. Bouché. — 2e L. Hersent, Mathieu; I. Van Bece. — 1798. *Combat des Horaces et des Curiaces :* 1er J. Harriet. — 2e S. Leroy. — 1799. *Exemple de discipline donné par Manlius Torquatus :* 1er A. Gandar; R. Homet. — 2e A. Mulard. — 1800. *Antiochus renvoie le fils de Scipion :* 1er P. Granger. — 2e J.-A. Ingres; J. Ducq. — 1801. *Les ambassadeurs d'Agamemnon devant Achille :* 1er J.-A. Ingres. — 2e Vauthier. — 1802. *Éponine et Sabinus découverts dans une grotte :* 1er A. Menjaud. — 2e J. Descamps. — 1803. *Énée emportant son père Anchise :* 1er J. Blondel. — 2e G. Rouget. — 1804. *La mort de Phocion :*

1ᵉʳ J.-D. ODEVAERE. — 2ᵉ C.-A. CHASSELAT. — 1805. *La mort de Démosthènes :* 1ᵉʳ F. BOISSELIER. — 2ᵉ J. LANGLOIS. — 1606. *Le retour de l'enfant prodigue :* 1ᵉʳ F. BOISSELIER. — 2ᵉ J. HEIM. — 1807. *Thésée vainqueur du Minotaure :* 1ᵉʳ J. HEIM. — 2ᵉ A. CAMINADE. — 1808. *La maladie d'Antiochus :* 1ᵉʳ C. GUILLEMOT. — 2ᵉ L. de JUINNE. — 1809. *Priam aux pieds d'Achille :* 1ᵉʳ J. LANGLOIS. — 2ᵉ L. PALLIÈRE. — 1810. *La colère d'Achille :* 1ᵉʳ M. DROLLING. — 2ᵉ J. ABEL. — 1811. *Lycurgue présentant l'héritier du trône :* 1ᵉʳ J. ABEL. — 2ᵉ F. PICOT. — 1812. *Ulysse tue les prétendants de Pénélope :* 1ᵉʳ L. PALLIÈRE. — 2ᵉ J. FORESTIER. — 1813. *La mort de Jacob :* 1ᵉʳ J. FORESTIER ; E. PICOT. — 2ᵉ B. THOMAS ; J.-B. VINCHON. — 1814. *Diagoras :* 1ᵉʳ J.-B. VINCHON. — 2ᵉ J. ALAUX ; E. RIOULT. — 1815. *Briséis pleurant Patrocle :* 1ᵉʳ J. ALAUX. — 2ᵉ L. COGNIET. — 1816. *Oenone refuse de secourir Pâris :* 1ᵉʳ J.-B. THOMAS. — 2ᵉ J. LANCRENON ; V. SCHNETZ. — 1817. *Castor et Pollux enlevant Hélène :* 1ᵉʳ L. COGNIET. — 2ᵉ F. DUBOIS. — 1818. *Philémon et Baucis :* 1ᵉʳ N.-A. HESSE. — 2ᵉ P.-A. COUTAN. — 1819. *Thémistocle chez Admète :* 1ᵉʳ F. DUBOIS. — 2ᵉ P. DELARIVIÈRE. — 1820. *Achille couronnant Nestor :* 1ᵉʳ P. COUTANT. — 2ᵉ J. MONVOISIN. — 1821. *Samson livré aux Philistins :* 1ᵉʳ J.-D. COURT. — 2ᵉ F. DUBOIS. — 1822. *Oreste et Pylade investis par les bergers :* 1ᵉʳ pas décerné. — 2ᵉ H. DEBAY ; F. BOUCHOT. — 1823. *Egisthe découvrant le corps de Clytemnestre :* 1ᵉʳ H. DEBAY ; F. BOUCHOT. 2ᵉ E. FÉRON ; L. WILHEM-NORBLIN. — 1824. *La mort d'Alcibiade :* C.-P. LARIVIÈRE. — 2ᵉ NAIGEON. — 1825. *Antigone ensevelissant Polynice :* 1ᵉʳ S.-L.-W. NORBLIN. — 2ᵉ J.-B. BÉZARD. — 1826. *Pythias et Damon :* 1ᵉʳ E.-F. FÉRON. — 2ᵉ F.-X. DUPRÉ. — 1827. *Coriolan banni de Rome :* 1ᵉʳ F.-X. DUPRÉ. — 2ᵉ T. VAUCHELET. — 1828. *Ulysse et Neoptolème venant chercher Philoctète :* 1ᵉʳ pas décerné. — 2ᵉ P. JOURDY. — 1829. *Jacob refusant de livrer Benjamin :* 1ᵉʳ J.-L. BÉZARD ; T. d'AUCHELET. — 2ᵉ E. SIGNOL ; E. ROGER. — 1830. *Méléagre prenant les armes :* 1ᵉʳ SIGNOL. — 2ᵉ H.-F. SCHOPIN. — 1831. *Achille poursuivi par le Xanthe :* 1ᵉʳ H.-F. SCHOPIN. — 2ᵉ P.-A. BLANC. — 1832. *Thésée reconnu par son père :* 1ᵉʳ J.-H. FLANDRIN. — 2ᵉ A.-P. GIBERT. — 1833. *Le serpent d'Airain :* 1ᵉʳ E. ROGER. — 2ᵉ P. COMAIRAS ; L.-V. LAVOINE. — 1834. *Homère chantant ses vers :* 1ᵉʳ P. JOURDY. — 1835. *Tobie rendant la vue à son père :* 1ᵉʳ pas décerné. — 2ᵉ L.-F.-M. ROULIN ; C.-O. BLANCHARD. — 1836. *Le frappement du rocher :* 1ᵉʳ D.-L.-F. PAPETY. — 2ᵉ C.-O. BLANCHARD ; J. MURAT. — 1837. *Sacrifice de Noé :* 1ᵉʳ J. MURAT. — 2ᵉ T. COUTURE ; P.-N. BRISSET ; J.-B. GUIGNET. — 1838. *Saint Pierre guérissant un boiteux :* 1ᵉʳ J.-A.-A. PILS. — 2ᵉ J.-A. DUVAL. — 1839. *La coupe trouvée dans le sac de Benjamin :* 1ᵉʳ A.-A.-E. HÉBERT. — 2ᵉ P.-L. ROUX. — 1840. *Caius Gracchus se rendant au Sénat :* 1ᵉʳ P.-N. BRISSET. — 2ᵉ A. LEBOUY. — 1841. *La robe de Joseph présentée à Jacob :* 1ᵉʳ A. LEBOUY. — 2ᵉ C.-F. JALABERT. — 1842. *Samuel sacrant David :* 1ᵉʳ V.-F.-E. BIENNOURY. — 2ᵉ L.-J.-N. DUVEAU. — 1843. *Œdipe s'exilant de Thèbes :* 1ᵉʳ E.-J. DAMERY. — 2ᵉ F.-L. BENOUVILLE ; A. GAMBARD. — 1844. *Cincinnatus recevant les députés du Sénat :* 1ᵉʳ F.-J. BARRIAS. — 2ᵉ LENEPVEU. — 1845. *Jésus dans le prétoire :* 1ᵉʳ BENOUVILLE. — 2ᵉ CABANEL. — 1846. *La maladie d'Alexandre :* 1ᵉʳ pas décerné. — 2ᵉ CRAUK. — 1847. *La mort de Vitellius :* 1ᵉʳ LENEPVEU. — 2ᵉ BAUDRY. — 1848. *Saint Pierre chez Marie :* 1ᵉʳ pas décerné. — 2ᵉ BOULANGER ; BOUGUEREAU. — 1849. *Ulysse reconnu par Euryclée :* 1ᵉʳ BOULANGER. — 2ᵉ CHAZAL. — 1850. *Zénobie trouvée sur les bords de l'Araxe :* 1ᵉʳ P.-J.-A. BAUDRY ; BOUGUEREAU. — 2ᵉ J.-B.-E. BIN ; T.-P.-N. MAILLOT. — 1851. *Périclès au lit de mort de son fils :* 1ᵉʳ CHIFFLARD. — 2ᵉ F.-H. JACOMMOTY ; E. LÉVY. — 1852. *La résurrection de la fille de Jaïr :* 1ᵉʳ pas décerné. — 2ᵉ F. FOSSEY. — 1853. *Jésus chassant les vendeurs du Temple :* 1ᵉʳ pas décerné. — 2ᵉ PICOU ; DELAUNAY. — 1854. *Abraham lavant les pieds aux trois anges :* 1ᵉʳ F.-H. JACOMMOTY ; T.-P.-N. MAILLOT ; E. LÉVY. — 1855. *César pendant la tempête :* 1ᵉʳ pas décerné. — 2ᵉ J.-F.-C. CLÈRE ; DE CONINCK. — 1856. *Retour du jeune Tobie :* 1ᵉʳ CLÉMENT. — 2ᵉ DELAUNAY ; MICHEL ; PICOT. — 1857. *La résurrection de Lazare :* 1ᵉʳ SELLIER. — 2ᵉ LEROUX ; BONNAT. — 1858. *Adam et Ève trouvant le corps d'Abel :* 1ᵉʳ HENNER. — 2ᵉ ULMANN. — 1859. *Coriolan chez les Volsques :* 1ᵉʳ ULMANN. — 2ᵉ J. LEFÉBVRE. — 1860. *Sophocle accusé par ses fils :* 1ᵉʳ MICHEL. — 2ᵉ LAYRAUD. — 1861. *La mort de Priam :* 1ᵉʳ LEFEBVRE. — 2ᵉ LELOIR ; GIRARD. — 1862. *Vélurie aux pieds de Coriolan :* 1ᵉʳ pas décerné. — 2ᵉ LOUDET ; MONCHABLON. — 1863. *Joseph se fait reconnaître par ses frères :* 1ᵉʳ LAYRAUD ; MONTCHABLON. — 2ᵉ BOURGEOIS ; DUPUIS. — 1872. *Une scène du déluge :* 1ᵉʳ FERRIER. — 2ᵉ E. MÉDARD ; F. COMERRE. — 1873. *La cap-*

tivité des Juifs à Babylone : 1er A. Morot. — 2e B. Ponsan ; A. Rixens. — 1874. *Mort de Timophane :* 1er A. Besnard. — 2e L. Comerre ; **M** J. Dantan. — 1875. *L'Annonciation aux bergers :* 1er L. Comerre. — 2e Bastien-Lepage ; F. Bellanger. — 1876. *Priam demandant le corps d'Hector :* 1er J. Wencker. — 2e Dagan. — 1877. *Prise de Rome par les Gaulois :* 1er Th. Chartran. — 2e P. Fritel ; E. Courtois. — 1878. *Auguste au tombeau d'Alexandre :* 1er F. Schommer. — 2d H.-L. Doucet ; J.-E. Buland.— 1879. *La mort de Démosthènes :* 1er H. Bramtot. — 2e E. Buland ; E. Pichot. — 1880. *Reconnaissance d'Ulysse et de Télémaque :* 1er L. Doucet. — 2e G. Truffaut ; N. Royer-Lionel. — 1881. *La colère d'Achille :* 1er E. Fournier. — 2e C. Danger. — 1882. *Mathathias refusant de sacrifier aux idoles :* 1er G. Popelin. — 2e N.-M. Pinta ; P. Leroy. — 1883. *Œdipe maudit Polynice :* 1er A. Baschet. — 2e C. Friant ; A. Lambert. — 1884. *Serment de Brutus après la mort de Lucrèce :* 1er H. Pinta. — 2e P. Leroy ; E. Cabane. — 1885. *Thémistocle chez Admète :* 1er A. Axilette. — 2e P. Thomas ; A. Tollet. — 1886. *Claude nommé empereur :* 1er Ch. Lebayle. — 2e L. Lavalley ; R. Sinébaldi. — 1887. *Thémistocle buvant le poison :* 1er C. Danger. — 2e Marioton ; A. Charpentier ; Bosio.. — 1888. *Ulysse et Nausicaa :* 1er pas décerné. — 2e L. Eliot ; **M** P. Buffet. — 1889. *Jésus et le paralytique :* 1er G. Thys ; J. Laurent. — 2e C. Danguy ; A. Lenoir. — 1890. *Le reniement de Saint-Pierre :* 1er E. Devambez. — 2e A. Lenoir ; E. Lavergne. — 1891. *Philémon et Baucis :* 1er L. Lavalley. — 2e A. Déchenaud ; D. Etcheverry. — 1892. *Job et ses amis :* 1er G. Lavergne. — 2e Th. Mitrecey ; F. Trigoulet. — 1893. *Samson tournant la meule :* 1er Th. Mitrecey. — 2e F. Trigoulet ; L. Charbonneau. — 1894. *Judith présentant la tête d'Holopherne :* 1er J. Leroux ; A. Deschenaud. — 2e E. Laparsa ; E. Benner. — 1895. *Les saintes femmes pleurant sur le corps du Christ :* 1er G. Larée. — A. Laurens ; J. Guinier.

B. — GRAND PRIX DE SCULPTURE

1797. *Ulysse et Neoptolème enlevant l'arc d'Hercule :* 1er A. Callaunard. — 2e A. Milhomme ; J.-A. Duval. — 1798. *Marcellus général des Romains :* 1er L. de Laville. — 1799. *Anaxagoras et Périclès :* 1er H. Dupaty ; A. Montoni. — 2e E. Gaulle. — 1800. *Priam dans la tente d'Achille :* 1er pas décerné. — 2e F. Tieck ; C. Norblin. — 1801. *Licinia cherche à retenir Gracchus :* 1er C. Marin ; A. Milhomme. — 2e J. Alvares. — 1802. *Cléobis et Byton :* 1er P. Egensviller. — 2e L. Bartholini. — 1803. *Ulysse reconnu par Euryclée :* 1er E. Gaule. — 2e C. Laitié. — 1804. *Méléagre retiré dans son palais :* 1er C. Laitié. — 2e J. Rutxhiel. — 1805. *Evandre recevant le corps de Pallas :* 1er P. Giraud. — 2e J. Caloigne. — 1806. *Philoctète blessé à la jambe :* 1er G. Giraud. — 2e P. Cortot. — 1807. *Archimède de Syracuse :* 1er J. Calvigne. — 2e A. Matte. — 1808. *Dédale attachant les ailes d'Icare :* 1er J. Rutxhiel. — 2e J. Vallois ; **ME** P. Lemoyne ; S. Caulers. — 1809. *Marius sur les ruines de Carthage :* 1er P. Cortot. — 2e F. Rude. — 1810. *Othryades blessé écrit sur un bouclier :* 1er R. Auguste. — 2e David d'Angers. — 1811. *La mort d'Epaminondas :* 1er David d'Angers. — 2e L. Vangeel. — 1812. *Aristée pleure ses abeilles :* 1er F. Rude. — 2e J.-B. Roman. — 1813. *Philoctète à Lemnos :* 1er J. Pradier. — 2e J. Flatters ; L. Petitot. — 1814. *Achille retirant la flèche de sa blessure :* 1er L. Petitot. — 2e J. Ramey. — 1815. *Ulysse reconnu par son chien :* 1er J. Ramey. — 2e T. Massa. — 1816. *Phœnix, Ulysse et Ajax devant Achille :* 1er L. Roman. — 2e A. Dimier. — 1817. *Agis mourant :* 1er F. Le Bœuf. — 2e G. Jacquot. — 1818. *L'exil de Cleombrote :* 1er G. Seurre. — 2e D. Caillouet. — 1819. *Enée blessé :* 1er A. Dimier. — 2e J. Lequien ; H. Lemaire. — 1820. *Caïn maudit par Dieu :* 1er G. Jacquot. — 2e L. Barye. — 1821. *Alexandre chez les Oxydraques :* 1er H. Lemaire. — 2e A. Dumont. — 1822. *Jason emportant la Toison d'or :* 1er pas décerné. — 2e E. Seurre ; L. Desprez. — 1823. *Evandre sur le corps de Pallas :* 1er A. Dumont ; J. Duret. — 2e J. Debay ; L. Dantan. — 1824. *La tunique de Joseph rapportée à Jacob :* 1er E. Seurre. — 2e N. Jaley. — 1825. *Prométhée attaché au Rocher :* 1er pas décerné. — 2e A. Lanno. — 1826. *La mort d'Orion :* 1er L. Desprez. — 2e F. Jouffroy. — 1827. *Mucius Scœvola :* 1er A. Lanno. —

2°, H.-J. HUSSON. — 1828. *La mort d'Hercule :* 1ᵉʳ A.-L. DANTAN. — 2°, Th.-J.-N. JACQUES. — 1829. *La mort d'Hyacinthe :* 1ᵉʳ, J.-B.-J. DEBAY. — 2°, ETEX ; J. BRIAN. — 1830. *Thésée vainqueur du Minotaure :* 1ᵉʳ, H.-J.-A. HUSSON. — 2°, J.-M. RAMUS. — 1831. *La mort de Caton d'Utique :* 1ᵉʳ, pas décerné. — 2°, P.-C. SIMART. — 1832. *Capanée renversé des murs de Thèbes :* 1ᵉʳ, L. BRIAN. — 2°, F. JOUFFROY ; C.-F.-A. TOUSSAINT. — 1833. *Le vieillard et ses enfants :* 1ᵉʳ, P.-C. SIMART. — 1834. *La flagellation du Christ :* 1ᵉʳ, pas décerné. — 2° J.-J. GOURDIL. — 1835. *La mort d'Ajax :* pas de prix. — 1836. *La mort de Socrate :* 1ᵒʳ, J. BONNASSIEUX ; A.-L.-M. OTTIN. — 2°, P.-J. CAVELIER ; T.-F. JOURJON. — 1837. *Marius sur les ruines de Carthage :* 1ᵉʳ, L.-L. CHAMBARD. — 2°, N.-V. VILLAIN ; T.-C. GRUYÈRE. — 1838. *David jouant de la harpe :* 1ᵒʳ, N.-V. VILLAIN. — 2ᵉ, J.-P. MONLIVE. — 1839. *Le serment des sept chefs devant Thèbes :* 1ᵉʳ, T.-C. GRUYÈRE. — 2°, C.-A. CALMELS ; J.-C. PETIT. — 1840. *Ulysse tendant la corde de son arc :* 1ᵉʳ, pas décerné. — 2°, N. ROBINET. — 1841. *La mort de Démosthène :* 1ᵉʳ, G. DIEBOLT. — 2°, C.-J. GODDE ; J.-L. MAILLET. — 1842. *Diomède enlevant le Palladium :* 1ᵒʳ, P.-J. CAVELIER. — 2°, R.-A. MARÉCHAL ; M. MOREAU. — 1843. *La mort d'Epaminondas :* 1ᵒʳ, R.-A. MARÉCHAL. — 2°, E.-L. LEQUESNE ; H. LAVIGNE. — 1844. *La mort de Priam :* 1ᵉʳ, LEQUESNE. — 2°, THOMAS. — 1845. *Thésée soulevant le rocher :* 1ᵉʳ, J.-B.-C.-E. GUILLAUME. — 1846. *Mézence blessé :* Pas de prix. — 1847. *Télémaque apportant l'urne d'Hippias :* 1ᵉʳ, PERRAUD. — 2°, MAILLET ; BONNARDEL. — 1848. *Philoctète partant pour le siège de Troie :* 1ᵒʳ, THOMAS. — 2°, ROGUET. — 1849. *Teucer blessé :* 1ᵉʳ, L. ROGUET. — 1850. *La mort d'Achille :* 1ᵒʳ, C.-A. GUMERY. — 2°, FERRAT. — 1851. *Les Grecs et les Troyens se disputent le corps de Patrocle :* 1ᵒʳ, BONNARDEL ; A.-D. CRAUCK. — 2°, DEBUT ; H.-C. MANIGLIER. — 1852. *Philoctète à Lemnos :* 1ᵉʳ, LEPÈRE. — 2°, J.-B. CARPEAUX. — 1853. *Alexandre pleurant Clitus :* 1ᵉʳ, pas décerné. — 2°, CHAPU. — 1854. *Hector et Astyanax :* 1ᵒʳ, J.-B. CARPEAUX. — 2°, A.-D. DOUBLEMARD ; C.-A. IRVOY. — 1855. *Cléobis et Biton :* 1ᵒʳ, H.-M.-A. CHAPU. — 2°, A.-D. DOUBLEMARD ; J.-L.-F. ROLLAND. — 1856. *Romulus vainqueur d'Acron :* 1ᵒʳ, MANIGLIER. — 2°, HIOLLE ; LECHESNE. — 1857. *Ulysse blessé :* 1ᵉʳ, J. TOURNOIS. — 2°, A. DELORME. — 1858. *Achille saisissant ses armes :* 1ᵉʳ, pas décerné. — 2°, WATRINELLE ; DELAPLANCHE. — 1859. *Mézence blessé :* 1ᵉʳ, FALGUIÈRE ; CUGNOT. — 2°, SAMSON. — 1860. *Oreste à l'autel de Minerve :* 1ᵉʳ, BARTHÉLEMY. — 2°, NATHAN. — 1861. *Chryséis rendue à son père :* 1ᵒʳ, SANSON. — 2°, GAUTHIER ; BARRIAS. — 1862. *Aristée pleure ses abeilles :* 1ᵉʳ, HIOLLE. — 2°, FESQUET ; DELOYE. — 1863. *Mort de Nissus et d'Euryale :* 1ᵉʳ, BOURGEOIS. — 2°, CROISY. — 1872. *Ajax foudroyé par les Dieux :* 1ᵉʳ, F. COUTAN. — 2°, A. DUMILATRE ; J.-B. HUGUES. — 1873. *Philoctète arrive au siège de Troie :* 1ᵉʳ, G. IDRAC. — 2°, J.-B. HUGUES ; A. INJALBERT. — 1874. *La douleur d'Orphée :* 1ᵒʳ, A. INJALBERT. — 2°, D. GUILBERT ; B. MARIE. — 1875. *Homère chantant ses poésies :* 1ᵒʳ, J.-B. HUGUES. — 2°, J. PERRIN ; L. FAGEL. — 1876. *Jason enlève la toison d'or :* 1ᵒʳ, A. LANSON. — 2° A. BOUCHER ; J. TURCAN. — 1877. *Des pêcheurs trouvant la tête d'Orphée :* 1ᵒʳ A. CORDONNIER. — 2°, D. LABATUT ; C. LEFÈVRE. — 1878. *Caton au moment de se donner la mort :* 1ᵒʳ, Ed. GRASSET. — 2°, C. LEFÈVRE ; **M** A. SUCHETET. — 1879. *Le jeune Tobie rendant la vue à son père :* 1ᵉʳ, L. FAGEL. — 2°, J. MOMBUR ; A. PEPIN. — 1880. *L'enfant prodigue :* 1ᵒʳ, Ed. PEYNOT. — 2°, J. ROULLEAU ; E. HANNEAUX. — 1881. *Tyrtée chantant ses Messéniennes :* 1ᵉʳ, D. LABATUT. — 2°, Ch. PECNA ; D. PUECH. — 1882. *Saint Sébastien percé de flèches :* 1ᵒʳ, D.-M. FERRARY. — 2°, A. PÉPIN ; E. LOMBARD. — 1883. *Mort de Diagoras de Rhodes :* 1ᵒʳ, E. LOMBARD. — 2°, D. PUECH ; Ch. VERLET. — 1884. *Mézence blessé :* 1ᵒʳ, D. PUECH. — 2°, B. GASQ ; A. GARDET. — 1885. *Le corps d'un soldat spartiate rapporté à sa mère :* 1ᵒʳ, A. GARDET. — 2°, E. HANNAUX ; E. BOUTRY. — 1886. *Tobie retirant de l'eau le poisson :* 1ᵒʳ, G. CAPELLARO. — 2°, R. LARCHE ; J. CHAVAILLAUD. — 1887. *Thésée rendant à Œdipe Antigone et Isméne :* 1ᵉʳ, H. BOUTRY. — 2°, C. DESVERGNES ; F. SOULÈS. — 1888. *Oreste au tombeau d'Agamemnon :* 1ᵉʳ, J. CONVERS. — 2°, H. THEUNISSEN ; H. LEFEBVRE. — 1889. *Le retour de l'enfant prodigue :* 1ᵉʳ, C. DESVERGNES. — 2°, G. RÉCIPON ; A. BARALIS. — 1890. *Le Spartiate Othryados :* 1ᵒʳ, B. GASQ. — 2°, G. BELLOC ; L. SICARD. — 1891. *Apollon chantant au milieu des bergers :* 1ᵒʳ, L. SICARD. — 2°, H. LEFEBVRE ; F. DESRUELLES. — 1892. *Premier labeur d'Adam :* 1ᵒʳ, H. LEFEBVRE. — 2°, L. CLAUSADE ; A. DELÉPINE. — 1893. *L'âge d'or :* 1ᵒʳ, D. OCTOBRE. — 2°, F. DESRUELLES ; A. LEMARQUIER. — 1894. *Achille revêtant son armure :*

1ᵉʳ, A. Roux. — 2ᵉ, B. Champeil ; J. Boucher. — 1895. *David vainqueur amené à Saül :* 1ᵉʳ, R. Roussel. — 2ᵉ L. Salières ; A. Ségoffin.

C. — GRAND PRIX D'ARCHITECTURE

1797. *Greniers publics pour une grande ville :* 1ᵉʳ, A. Dubut; J. Cousin. — 2ᵉ, E. Labarre; M. Heurtault. — 1798. *Bourse dans une ville maritime :* 1ᵉʳ, J. Clémence. — 2ᵉ, J. Pompon. — 1799. *Élysée ou Cimetière public :* 1ᵉʳ, S. Gasse; V. Grandjean. — 2ᵉ, J.-B. Guignet. — 1800. *École nationale des Beaux-Arts :* 1ᵉʳ, S. Vallot; F. Messager. — 2ᵉ, J.-B. Dedeban ; H. Rohault. — 1801. *Forum de la paix avec arc de triomphe :* 1ᵉʳ, Sainte-Marie-Famin. — 2⁰ J.-B. Dedeban. — 1802. *Salle d'exposition des produits de l'industrie :* 1ᵉʳ, Rohault. — 2ᵉ, G. Bury. — 1803. *Monument à la gloire du Premier Consul :* 1ᵉʳ, F. Payot. — 2ᵉ, A. Chatillon. — 1804. *Palais impérial sur le bord de la mer :* 1ᵉʳ, J. de Sueur. — 2ᵉ, A. Chatillon. — 1805. *Six maisons pour six familles :* 1ᵉʳ, A.-J. Guénepin. — 2ᵉ, J.-N. Huyot. — 1806. *Palais de la Légion d'honneur :* 1ᵉʳ, J.-B. Dedeban. — 2ᵉ, J. Provost; Lebas. — 1807. *Palais pour l'éducation des princes :* 1ᵉʳ, J.-N. Huyot. — 2ᵉ, Leclerc; Girouet. — 1808. *Bains publics pour Paris :* 1ᵉʳ, A. Leclerc. — 2ᵉ, A. Jolly. — 1809. *Une cathédrale :* 1ᵉʳ, A.-M. Chatillon. — 2ᵉ, J.-L. Grillon. — 1810. *Bourse pour une ville maritime :* 1ᵉʳ, P. Gautier. — 2ᵉ, A. Vauchelet; **M** Lacornée. — 1811. *Palais pour l'Université impériale :* 1ᵉʳ, J.-L. Provost. — 2ᵉ, A.-M. Renié. — 1812. *Hospice pour plusieurs départements:* 1ᵉʳ, F. Suys. — 2ᵉ, J. Baron; **M** Poisson. — 1813. *Hôtel de ville pour une capitale:* 1ᵉʳ, N. Caristie. — 2ᵉ J. Fedel; H. Landon. — 1814. *Bibliothèque publique :* 1ᵉʳ, H. Landon; M. Destouches. — 2ᵉ, Visconti; **M** Vauchelet. — 1815. *École Polytechnique :* 1ᵉʳ, A. de Dreux. — 2ᵉ, A. Vincent. — 1816. *Palais pour l'Institut :* 1ᵉʳ, E. Van-Cléempute. — 2ᵉ, J.-B. Lesueur. — 1817. *Conservatoire de musique :* 1ᵉʳ, Garnaud. — 2ᵉ, A. Blouet. — 1818. *Promenade publique:* 1ᵉʳ, pas décerné. — 2ᵉ, L.-D. Callet; **M** Desplan. — 1819. *Cimetière ou Champ de repos :* 1ᵉʳ, F.-E. Callet; J.-B. Lesueur. — 2ᵉ, A. Villain. — 1820. *École de médecine :* 1ᵉʳ, F.-A. Villain. — 2ᵉ, T. Quantinet; J. Gilbert. — 1821. *Palais de Justice :* 1ᵉʳ, A. Blouet. — 2ᵉ, H. Labrouste. — 1822. *Salle d'opéra pour Paris :* 1ᵉʳ, E. Gilbert. — 2ᵉ, F. Bouchet; Fontaine; **M** Vaudoyer. — 1823. *Hôtel de douanes et d'octroi :* 1ᵉʳ, F. Duban. — 2ᵉ, V. Grisart; de Gisors. — 1824. *Cour de cassation :* 1ᵉʳ, Labrouste jeune. — 2ᵉ, Lepreux; **M** Vaudoyer. — 1825. *Hôtel de ville :* 1ᵉʳ, Duc. — 2ᵉ, Fries; **M** Dommey. — 1826. *Académie de France à Rome :* 1ᵉʳ, L. Vaudoyer. — 2ᵉ, A. Delannoy. — 1827. *Muséum d'histoire naturelle :* 1ᵉʳ, Labrouste aîné. — 2ᵉ, Cendrier. — 1828. *Bibliothèque publique:* 1ᵉʳ, Delannoy. — 2ᵉ, Bourguignon; **M** Abric. — 1829. *Lazaret :* 1ᵉʳ, Constant Dufeux. — 2ᵉ P. Garrez. — 1830. *Maison de plaisance pour un prince :* 1ᵉʳ P. Garrez. — 2ᵉ, A. Girard. — 1831. *Établissement d'eaux thermales :* 1ᵉʳ, P. Morey. — 2ᵉ, Léveil. — 1832. *Musée :* 1ᵉʳ, J.-A. Léveil. — 2ᵉ, F. Noleau. — 1833. *École militaire :* 1ᵉʳ, V. Baltard. — 2ᵉ, H. Lefuel; **M** Chargrasse. — 1834. *Athénée :* 1ᵉʳ, P. Lequeux. — 2ᵉ, Thumeloup; **M** Finiels. — 1835. *École de médecine :* 1ᵉʳ, V. Famin. — 2ᵉ, A. Paccard. — 1836. *Exposition des Arts et de l'Industrie :* 1ᵉʳ, F. Boulanger; Clerget. — 2ᵉ, Godebœuf. — 1837. *Panthéon :* 1ᵉʳ J.-B. Guénepin. — 2ᵉ, A. Hénard; J. Duru. — 1838. *Cathédrale :* 1ᵉʳ, Uchard. — 2ᵉ, J. Magne. — 1839. *Hôtel de ville :* 1ᵉʳ, H.-M. Lefuel. — 2ᵉ, Peron. — 1840. *Chambre des Pairs :* 1ᵉʳ, T. Ballu. — 2ᵉ, A. Titeux. — 1841. *Ambassade en pays étranger :* 1ᵉʳ, A. Paccard. — 2ᵉ, J. Tétaz. — 1842. *Palais des Archives :* 1ᵉʳ, P. Titeux. — 2ᵉ, Desbuisson; Lebelin; **M** A. Delaage. — 1843. *Palais de l'Institut :* J.-M. Tétaz. — 2ᵉ, Dupont; **M** L. André. — 1844. *Académie de Paris :* 1ᵉʳ, P. Desbuisson. — 2ᵉ, Ledru; C.-J. Laisné; **M** Demangeat. — 1845. *Cathédrale :* 1ᵉʳ, F. Thomas. — 2ᵉ, Trémaux; **M** C. Laisné. — 1846. *Muséum d'histoire naturelle :* 1ᵉʳ, A. Normand. — 2ᵉ Monge; **M** Ponthieu. — 1847. *Chambre des députés :* 1ᵉʳ, L.-J. André. — 2ᵉ, Claudel. — 1848. *Conservatoire des Arts et Métiers :* 1ᵉʳ, J.-L. Garnier. — 2ᵉ, Hue; **M** Lebouteux. — 1849. *École des Beaux-Arts :* 1ᵉʳ, D. Lebouteux. — 2ᵉ, Davioud; **M** Ginain. — 1850. *Grande place publique :* 1ᵉʳ, Louvet. — 2ᵉ, Villain. — 1851. *Hospice sur les Alpes :* 1ᵉʳ, G. Ancelet. — 2ᵉ, Triquet; **M** Chapelain. — 1852. *Gymnase :* 1ᵉʳ, P. Ginain.

2°, L.-F. Douillard. — 1853. *Musée pour une capitale :* 1er, A. Diet. — 2°, G. Coquart ; **M** Daumet. — 1854. *Mausolée pour les Souverains :* 1er, P. Bonnet ; E. Vaudremer, 2° F. Boitte. — 1855. *Conservatoire de musique :* 1er, J.-H. Daumet.—2°, Guillaume ; **M** J. Heim. — 1856. *Ambassade à Constantinople :* 1er, E. Guillaume. — 2°, C. Moyaux. — 1857. *Faculté de médecine :* 1er, J.-E. Heim. — 2°, E. Moreau. — 1858. *Hôtel des Invalides de la marine :* 1er, E. Coquart. — 2°, Thierry ; **M** Train. — 1859. *Cour de cassation :* 1er, F. Boitte ; C. Thierry. — 2°, Pascal. — 1860. *Résidence impériale à Nice :* 1er, Joyau. — 2°, Bénard ; **M** Guadet. — 1861. *Établissement thermal de bains :* 1er, C. Moyaux. — 2°, Flon ; **M** Chabrol. — 1862. *Palais du gouvernement à Alger :* 1er, W. Chabrol. — 2°, Brune ; **M** Dutert. — 1863. *Grand escalier d'un palais royal :* 1er, E. Brune. — 2°, Noguet ; **M** Rigault. — 1872. *Muséum d'histoire naturelle :* 1er, L. Bernier. — 2°, Scellier ; J. Barth. — 1873. *Château d'Eau :* 1er, M. Lambert. — 2°, Barth ; Ratouin. — 1874. *Palais des Facultés :* 1er, B. Loviot. — 2°, Pamart ; J.-B. Paulin. — 1875. *Palais de justice pour Paris :* 1er, J.-B. Paulin. — 2°, Bréasson ; Blondel. — 1876. *Palais des Arts :* 1er, P. Blondel. — 2°, Bernard Cassien ; Roussi. — 1877. *Athénée pour une capitale :* 1er, H. Nénot. — 2°, Mariaud ; A. Chancel. — 1878. *Cathédrale :* 1er, F. Laloux. — 2°, Dauphin ; A. Blavette. — 1879. *Conservatoire de musique :* 1er, V. Blavette. — 2°, Girault ; L. Genuys. — 1880. *Hospice d'enfants malades :* 1er, Ch. Girault. — 2°, J. Hermant ; A. Ruy. — 1881. *Palais des Beaux-Arts :* 1er, H. Deglane. — 2°, N. Maillard ; A. Julien. — 1882. *Palais du Conseil d'État :* 1er, J. Esquié. — 2°, A. Tournaire ; O. Courtois-Suffit. — 1883. *Une nécropole :* 1er, F. Redon. — 2°, E. Quatesous ; A. Defrasse. — 1884. *Un établissement thermal :* 1er, J.-B. d'Espouy. — 2°, G. Debrie ; A. Devienne. — 1885. *Académie de médecine :* 1er, P. André. — 2°, A. Devienne ; A. Louvet. — 1886. *Palais pour la Cour des Comptes :* 1er, A. Defrasse. — 2°, A. Louvet ; H. Sortais. — 1887. *Un gymnase :* 1er, P. Chedanne. — 2°, E. Eustache ; J. Heubès. — 1888. *Palais pour le Parlement :* 1er, A. Tournaire. — 2°, H. Sortais ; F. Huguet. — 1889. *Établissement de bains de mer :* 1er, pas décerné. — 2°, D. Despradelle ; L. Morice ; **M** S. Demerlé. — 1890. *Monument à Jeanne d'Arc :* 1er, E. Pontremoli ; H. Sortais. — 2°, L. Varcollier ; A. Bossis. — 1891. *Gare centrale de chemins de fer :* 1er, H. Eustache. — 2°, P. Normand ; B. Chaussemiche. — 1892. *Musée d'artillerie :* 1er, E. Bertone. — 2° Deperthes ; J. Tronchet. — 1893. *Palais pour les sociétés savantes :* 1er, B. Chaussemiche. — 2°, P. Dusart ; H. Recoura. — 1894. *École centrale :* 1er, H. Recoura. — 2°, A. Patouillard ; G. Héraud. — 1895. *Palais d'exposition et de fêtes :* 1er, A. Patouillard. — 2°, A. Duquesne ; T. Garnier.

<hr/>

D. — GRAND PRIX DE COMPOSITION MUSICALE

1803. *(Alcyone) :* J. Audrot. — 1804. *(Alcyone) :* 1er, pas décerné. — 2°, F. Gasse ; V. Dourlens. — 1809. *Scène dramatique :* 1er, V. Dourlens. — 2°, F. Gasse. — 1806. *Contrepoint, fugue et cantate :* 1er, G. Bouteillier. — 2°, G. Dugazon. — 1807. *Deux contrepoints, fugue et cantate :* 1er, pas décerné. — 2°, J. Daussoigne ; J. Fétis ; **ME** L. Blondeau. — 1808. *Deux contrepoints, fugue et cantate :* 1er, L. Blondeau. — 1809. *(Agar au désert) :* 1er, J. Daussoigne. — 2°, Martin Beaulieu ; J. Vidal. — 1810. *(Héro) :* 1er, Martin Beaulieu. — 1811. *(Ariane) :* 1er B. Chélard. — 2°, F. Cazot. — 1812. *(Mme de Lavallière) :* 1er, F. Hérold. — 2°, F. Cazot. — 1813. *(Herminie) :* 1er, A. Panseron. — 2°, S. Roll. — 1814. *(Atala) :* 1er, S. Roll. — 1814. *(Oenone) :* 1er, F. Benoist. — 1816, *(Le Tasse mourant) :* 1er, pas décerné. — 2°, A. Batton ; F. Halévy. — 1817. *(Mort d'Adonis) :* 1er, A. Batton. — 2°, F. Halévy. — 1818. *(Jeanne d'Arc) :* 1er, pas décerné. — 2°, S. Leborne. — 1819. *(Herminie) :* 1er, F. Halévy ; C. Turina. — 2°, A. Poisson. — 1820. *(Sophonisbe) :* 1er, S. Leborne. — 2°, E. Rifaut. — 1821. *(Diane) :* 1er, E. Rifaut. — 1822. *(Geneviève de Brabant) :* 1er, J. Le Bourgeois. — 2°, B. Barbereau ; J. Court de Fontmichel. — 1823. *(Thisbé) :* 1er, E. Bailly. — 2°, C. Simon ; T. Labarre. — 1824. *(Agnès Sorel) :* 1er, A.-M.-B. Barbereau. — 2°, A. Guillion. — 1825. *(Ariane à Naxos) :* 1er, A. Guillion. — 2°, C.-J. Paris ; A.-Ch. Adam. — 1826. *(Herminie)* 1er, C.-J. Paris. — 2°, J.-B. Guiraud. — 1827. *(Orphée) :* 1er, J.-B. Guiraud. — 2°, G. Ross-Despréaux ; A. Gilbert. — 1828.

(*Herminie*) : 1ᵉʳ, G. Ross-Despréaux. — 2ᵉ, H. Berlioz ; P.-J. Nargeot. — 1829. (*Cléopâtre*) : 1ᵉʳ, pas décerné. — 2ᵉ, E. Prévost ; A. Montfort. — 1830. (*Sardanapale*) : 1ᵉʳ, H. Berlioz ; A. Montfort. — 1831. (*Bianca Capello*) : 1ᵉʳ, P. Lagrave. — 2ᵉ, A. Elwart. — 1832. (*Hermann et Ketty*): 1ᵉʳ, Ambroise Thomas. — 1833. (*Le contrebandier Espagnol*) : 1ᵉʳ, A. Thys. — 2ᵉ, A.-C. Lecarpentier. — 1834. (*L'entrée en loge*) : 1ᵉʳ, Elwart. — 2ᵉ, H.-R. Colet ; X. Boisselot. — 1835. (*Achille*) : 1ᵉʳ, E.-H.-A. Boulanger. — 2ᵉ, F. de Lacour. — 1836. (*Velleda*) : 1ᵉʳ, X. Boisselot. — 2ᵉ, L.-D. Besozzi. — 1837. (*Marie Stuart et Rizzio*) : 1ᵉʳ, L.-D. Besozzi. — 2ᵉ, L.-F. Chollet ; C.-F. Gounod. — 1838. (*La Vendetta*) : 1ᵉʳ, A.-G.-J. Bousquet. — 2ᵉ, E.-M.-E. Deldevez ; C.-J.-B. Danela. — 1839. (*Fernand*) : 1ᵉʳ, C.-F. Gounod. — 2ᵉ, F.-E.-J. Bazin. — 1840. (*Loyse de Montfort*) : 1ᵉʳ, F.-E.-J. Bazin. — 2ᵉ, A.-E. Batiste. — 1841. (*Lionel Foscari*) : 1ᵉʳ, L. Maillard. — 2ᵉ, D.-T. Mozin ; A.-A.-G. Garaudé. — 1842. (*La Reine Flore*) : 1ᵉʳ, A.-A. Roger. — 2ᵉ, F.-M. Massé ; J.-F.-E. Gautier. — 1843. (*Le chevalier enchanté*) : 1ᵉʳ, pas décerné. — 2ᵉ, H.-L.-C. Duvernoy. — 1844. (*Le Renégat de Tanger*) : 1ᵉʳ, F.-M. Massé. — 2ᵉ, A.-Z.-C. Renaud de Vilback ; J.-H. Mertens. — 1845. (*Imogine*) : 1ᵉʳ, pas décerné. — 2ᵉ, Ortolan. — 1846. (*Vélasquez*) : 1ᵉʳ, Gastinel. — 1847. (*L'ange et Tobie*) : 1ᵉʳ, Deffès. — 2ᵉ, J.-E. Crèvecœur ; J.-A.Charlot. — 1848. (*Damoclès*) : 1ᵉʳ, Duprato. — 2° Bazille ; Mathias. — 1849. (*Antonio*) : 1ᵉʳ, pas décerné. — 2ᵉ, E. Cahen ; E. Jonas. — 1850. (*Emma et Eginhard*) : 1ᵉʳ, J.-A. Charlot. — 2ᵉ Morhange ; Alcan ; J.-L.-A. Hignard. — 1851. (*Le prisonnier*) : 1ᵉʳ, Delchelle. — 2ᵉ, Galibert ; L. Cohen. — 1852. (*Le Retour de Virginie*) : 1ᵉʳ, L. Cohen ; J.-A.-F. Poise. — 1853. (*Le rocher d'Appenzell*) : 1ᵉʳ, Galibert. — 2ᵉ, E. Durand. — 1854. (*Francesca de Rimini*) : 1ᵉʳ, G. Barthe. — 2ᵉ, V.-A. Delannoy ; E.-A. Vast. — 1855. (*Acis et Galatée*) : 1ᵉʳ, J. Comte. — 2ᵉ, V.-C. Chéri. — 1856. (*David*) : 1ᵉʳ, pas décerné. — 2ᵉ, Bizet ; Lacheurié. — 1857. (*Clovis et Clotilde*) : 1ᵉʳ, Bizet. — 2ᵉ, Colin-Faubert. — 1851. (*Jephté*) : 1ᵉʳ, David. — 2°, Cherouvrier. — 1859. (*Bajazet et le joueur de flûte*) : 1ᵉʳ, Guiraud. — 2ᵉ, Dubois. — 1860. (*Le Czar Ivan IV*) : 1ᵉʳ, Paladilhe. — 2ᵉ, Deslandes. — 1861. (*Atala*) : 1ᵉʳ, Th. Dubois. — 2ᵉ, Salomé ; Anthionie. — 1862. (*Louise de Mézières*) : 1ᵉʳ, Bourgault-Ducoudray. — 2ᵉ, Danhauser. — 1863. (*David Rizzio*) : 1ᵉʳ, Massenet. — 2ᵉ, Constantin. — 1872. (*Calypso*) : 1ᵉʳ, B. Salvayre. — 2ᵉ, L. Erhart. — 1873. (*Mazeppa*) : 1ᵉʳ, P. Puget. — 2ᵉ, W. Hillemacher ; **M** L. Marmontel. — 1874. (*Acis et Galatée*) : 1ᵉʳ, L. Erhart. — 2ᵉ, P. Veronge de la Nux. **M** T. Wormser. — 1875. (*Clytemnestre*) : 1ᵉʳ, T. Wormser. **M** J. Dutary. — 1876. (*Judith*) : 1ᵉʳ, P. Hillemacher ; P. Véronge de la Nux. — 2ᵉ, J. Dutacq ; A. Rousseau. — 1877. (*Rebecca à la fontaine*) : Pas de 1ᵉʳ prix. — 2ᵉ, C. Blanc. — **M** J. Broutin. — 1878. (*La fille de Jephté*) : 1ᵉʳ, J. Broutin. — 2ᵉ, A. Rousseau. — **M** A. Hué ; E. Dallier. — 1879. (*Medée*) : 1ᵉʳ, A. Hué. — 2ᵉ, E. Hillemacher. — **M** G. Marty. — 1880. (*Fingal*) : 1ᵉʳ, Ed. Hillemacher. — G. Marty. — **M** A. Bruneau. — 1881. (*Geneviève*) : 1ᵉʳ, pas décerné. — A. Bruneau ; A. Vidal. — **M** E. Missa. — 1882. (*Edith*) : 1ᵉʳ, G. Marty. — 2ᵉ, G. Pierné. — **M** N. Leroux. — 1883. (*Le gladiateur*) : 1ᵉʳ, A. Vidal. — 2ᵉ, C. Debussy ; O. René. — 1884. (*L'enfant prodigue*) : 1ᵉʳ, C. Debussy. — 2ᵉ, O. René ; N. Leroux. — 1885. (*Endymion*) : 1ᵉʳ, N. Leroux. — 2ᵉ, A. Savard. **M** A. Gedalge. — 1886. (*La vision de Saül*) : 1ᵉʳ, A. Savard. — 2ᵉ, C. Kaiser ; A. Gédalge. — 1887. (*Didon*) : 1ᵉʳ, G. Charpentier. — 2ᵉ, G. Bachelet ; C. Erlanger. — 1888. (*Velleda*) : 1ᵉʳ, C. Erlanger. — 2ᵉ, A. Dukas. — 1889. (*Sémélé*) : 1ᵉʳ, pas décerné. — 2ᵉ, A. Fournier. — 1890. (*Cléopâtre*) : 1ᵉʳ, G. Carraud ; G. Bachelet. — 2ᵉ, H. Lutz ; Ch. Silver. — 1891. (*L'interdit*) : 1ᵉʳ, Ch. Silver. — 2ᵉ, A. Fournier. — **M** C. Andrès. — 1892. (*Amadis*) : 1ᵉʳ, pas décerné. — 2ᵉ, H. Busser ; A. Bloch. — 1893. (*Antigone*) : 1ᵉʳ, A. Bloch ; H. Busser. — 2ᵉ, G. Levadé. — **M** J. Bouval. — 1894. (*Daphné*) : 1ᵉʳ, B. Rabaud. — 2ᵉ, O. Letorey. — **M** G. Mouquet. — 1895. (*Clarisse Harlowe*) : 1ᵉʳ, O. Letorey. — 2ᵉ. F. d'Ollone.

E. — GRAND PRIX DE GRAVURE EN TAILLE-DOUCE

1804. 1ᵉʳ, L. Masquelier ; 2ᵉ, J.-J. Avril. — 1806. 1ᵉʳ, J.-E. Richomme ; 2ᵉ, L. Potrelle. — 1809. 1ᵉʳ, F. Dien ; 2ᵉ, F. Forster. — 1810. 1ᵉʳ, pas décerné ; 2ᵉ, A. Corot. — 1811. 1ᵉʳ, A. Corot ; T. Caron. — 1812. 1ᵉʳ, E. Bourgeois ; 2ᵉ. C. Muller. — 1814. 1ᵉʳ, F. Forster ; 2ᵉ, L. Robert. — 1816. 1ᵉʳ, J. Coiny ; 2ᵉ, V. Sixdeniers. — 1818. 1ᵉʳ, B. Tau-

REL; 2°, A. LORICHON. — 1820. 1ᵉʳ A. LORICHON; 2°, F. GELÉE, D. DELAISTRE. — 1822. Aucun prix décerné. — 1824. 1ᵉʳ, F. GELÉE; **M** A. BURDET. — 1826. 1ᵉʳ, P.-F.-E. GIRAUD; 2°, A.-L. MARTINET. — 1828. 1ᵉʳ, J.-V. VIBERT; 2°, C. CLAVEY. — 1830. 1ᵉʳ, A.-L. MARTINET; 2°. L.-A. SALMON. — 1832. A.-B.-F. GEILLE. — 1834. 1ᵉʳ, F.-A. BRIDOUX; 2°, L.-A. SALMON. — 1835. 1ᵉʳ, J.-B. FAROCHON. — 1836. 1ᵉʳ, pas décerné; 2°, L.-A. DARODES. — 1838. 1ᵉʳ, V.-F. POLLET, C.-V. NORMAND; 2°, A.-T.-M. BLANCHARD, Ch.-J. ROUSSEAU. — 1840. 1ᵉʳ, J. SAINT-EVE. — 1842. 1ᵉʳ, L.-D.-J. DELEMER; 2°, A.-S. COLLIER. — 1844. 1ᵉʳ, J.-E. AUBERT; 2°, J.-G. TOURNY. — 1846. 1ᵉʳ, TOURNY, 2°, LEHMANN. — 1848. 1ᵉʳ, DEVEAUX. — 1850. 1ᵉʳ, BERTINOT; 2°, DANGUIN. — 1852. 1ᵉʳ, BELLAY; 2°, C.-F. GAILLARD. — 1854. 1ᵉʳ, J.-P.-M. SAUMY; **M** ANNEDOUCHE. — 1855. 1ᵉʳ, A. DUBOIS; 2°, F.-J.-H. PONSCARME. — 1856. 1ᵉʳ, GAILLARD; 2°, DUBOUCHET; **M** E. THIBAULT. — 1858. 1ᵉʳ, pas décerné. — 2°, MICIOL, **M** NARGEOT. — 1860. 1ᵉʳ, DUBOUCHET; 2°, A. MICIOL, A. NARGEOT, HUOT. — 1862. 1ᵉʳ, HUOT; 2°, CARRE. — 1872. 1ᵉʳ, L. BOUTELIÉ. — 1874. 1ᵉʳ, pas décerné; 2°, L. BOISSON, Th. DEBLOIS. — 1876. 1ᵉʳ, L. BOISSON; **M** A. RABOUILLE. — 1878. 1ᵉʳ, Th. DEBLOIS ; 2°, A. RABOUILLE; **M** F. VION. — 1880. 1ᵉʳ, E. BULAND. — 1882. 1ᵉʳ, pas décerné; 2°, J. SULPIS, J. BARBOTIN. — 1884. 1ᵉʳ, J. SULPIS, J. BARBOTIN; 2°, A. PATRICOT, F. MIGNON. — 1886. 1ᵉʳ, A. PATRICOT; 2°, A. CRAUK; **M** E. CHIQUET. — 1888. 1ᵉʳ, H. LERICHE ; 2°, E. CHIQUET, A. DETURCK. — 1890. 1ᵉʳ, H. LAVALLEY; 2°, J.-B. PARET, F. DEZAROIS. — 1892. F. DEZAROIX; 2°, Ch. GERMAIN, J. MAYEUR. — 1894. 1ᵉʳ, Ch. GERMAIN; 2°, J. MAYEUR; L. PENAT.

F. — GRAND PRIX DE GRAVURE EN MÉDAILLES ET EN PIERRES FINES

1805. 1ᵉʳ, P. TIOLIER. — 1809. 1ᵉʳ, J.-E. GATTEAUX; 2°, J. DUBOIS, J. JOUANNIN. — 1810. 1ᵉʳ, A. DURAND; 2° F. DOMARD. — 1812. 1ᵉʳ, pas décerné; 2°, F. MICHAUT. — 1813. 1ᵉʳ, F. BRANDT; 2°, S. BRUN, A. CAUNOIS. — 1814. A. DESBŒUFS; 2°, F. WALCHER. — 1817. J. BRUN. — 1819. 1ᵉʳ, J. VATINELLE; 2°, A. DIEUDONNÉ; **M** L. BARYE. — 1823. 1ᵉʳ, pas décerné; 2°, J. LEFÈVRE-DUBOURG, L. BRENET. — 1831. 1ᵉʳ, C.-A. OUDINÉ; 2° A. FAUGINET. — 1835. E. FAROCHON. — 1839. 1ᵉʳ, A. VAUTHIER, J.-F.-E.-A. FLACHERON. — 1843. 1ᵉʳ, L. MERLEY. — 1848. 1ᵉʳ, CHABAUD; 2°, BONNET. — 1851. Pas de premier prix; 2°, A. CHAPU. — 1855. 1ᵉʳ, A. DUBOIS; 2°, H. PONSCARME ; **M** A. ZOEGGER. — 1860. 1ᵉʳ, LAGRANGE; 2°, BORREL, CHAPLAIN. — 1863. 1ᵉʳ, CHAPLAIN; 2° BURDY; **M** DEGEORGES. — 1872. 1ᵉʳ, J.-B. DUPUIS; 2°, O. ROTY. — 1875. 1ᵉʳ, O. ROTY; 2°, J. PATEY. — 1878. 1ᵉʳ, A. BOTTÉE; 2°, H. DUBOIS. — 1881. 1ᵉʳ, J. PATEY; 2°, V. VERNON. — 1884. 1ᵉʳ, H. NAUDE; **M** C. LANCELOT. — 1887. 1ᵉʳ, VERNON. — 1890. 1ᵉʳ, A. PILLET; 2°, H. CALLOT, J. DELPECH. — 1893. 1ᵉʳ, L. COUDRAY ; 2°, C. RAYNAUD, G. DUPRÉ.

G. — PRIX DE PAYSAGE

Fondé par le Roi, en 1817 et supprimé depuis 1863. Ce prix était triennal.

1817. 1ᵉʳ, E. MICHALLON; 2°, F. BOISSELIER. — 1821. 1ᵉʳ, J. RENAUD; 2°, E. VILLENEUVE; **M** A. PERRIN. — 1825. 1ᵉʳ, A. GIROUX; 2°, G. BRASCASSAT. — 1829. 1ᵉʳ, J.-B. GIBERT; 2°, H. FOUREAU, E. PODEVIN. — 1833. G. 1ᵉʳ, PRIEUR; 2°, J. CHASSELAT, P. GIRARD; **M** F. BUTTURA. — 1837. 1ᵉʳ, F. BUTTURA; 2°, H. LANOUE, A. BENOUVILLE; **M** N. ESBRAT. — 1841. 1ᵉʳ, H. LANOUE; 2°, C. BLANCHARD, P. CIMIER. — 1845. 1ᵉʳ, A. BENOUVILLE. — 1849. 1ᵉʳ, J. LECOINTE; 2°, A. DE CURZON. — 1854. 1ᵉʳ, F. BERNARD; 2°, N. CHAUVEL; **M** F. CHAIGNEAU. — 1857. 1ᵉʳ, J. DIDIER; 2°, O. DE PENNE. — 1861. 1ᵉʳ, A. GIRARD; 2°, A. GUILLAUMET; **M** L. BONNEFOI.

✿ **FONDATION ALHUMBERT** (Voir *Fondations communes à plusieurs Académies, n° 1*).

Ce prix annuel, d'une valeur de 600 francs, est remis au pensionnaire graveur au moment de son retour de Rome.

---

1. — FONDATION LE PRINCE (Ordonnance du 25 octobre 1826). — Legs fait par

Mme veuve LE PRINCE, d'une rente de 3,000 francs, destinée à être répartie chaque année, savoir : 1,000 francs au lauréat du grand prix de peinture ; 1,000 francs au lauréat du grand prix de sculpture ; 600 francs au lauréat du grand prix d'architecture, et 400 francs au lauréat du grand prix de gravure.

✿ **FONDATION BORDIN** (Voir *Fondations communes aux cinq Académies, n° 2*).

1856. *Influence des arts du dessin sur l'industrie* : A. HERMANT. — 1857. *L'architecture française du Ve au XVIIIe siècle* : L. VAUDOYER. — 1858. *La sculpture en France du VIe au XVIIe siècle* :

A. LENOIR. — 1859. *La peinture en France du X⁰ au XIX⁰ siècle* : H. D'ESCAMPS. — 1860. *La gravure en France du XV⁰ au XIX⁰ siècle* : H. D'ESCAMPS; G. DUPLESSIS. — 1861. Ouvrages : L. REYNAUD : *Traité d'architecture*. VIOLLET-LE-DUC : *Dictionnaire d'architecture*. A. LENOIR : *Statistique monumentale de Paris*. Ch. BLANC : *Histoire des peintres*. Ch. LEVÊQUE : *La science du beau*. — 1862. *La gravure des monnaies et médailles en France* : H. D'ESCAMPS. — 1864. *La musique en France du XIV⁰ au XIX⁰ siècle* : G. CHOUQUET. — 1865. *Causes qui ont influé sur les arts depuis la Renaissance* : L. et Cl. MÉNARD; **M** HERMANT; DURAND. — 1866. *L'enseignement de la sculpture chez les Grecs et chez les modernes* : L. et R. MÉNARD; **M** H. D'ESCAMPS. — 1867. *Influence qu'exercent sur les Beaux-Arts les milieux nationaux et politiques* : Ach. HERMANT. — 1869. *L'art de la gravure en médailles en France, de Louis XII à Louis XIV* : R. MÉNARD. — 1870. *Différences et analogies entre l'architecture grecque et l'architecture romaine* : H. D'ESCAMPS; E. MALLAY. — 1871. *Où s'étaient formés les sculpteurs imagiers du XIII⁰ siècle* : H. D'ESCAMPS. *Origines et caractères de la musique dramatique* : G. CHOUQUET. — 1872. *Des moyens les plus efficaces d'élever l'art* : H. D'ESCAMPS. — 1873. *Conditions de l'alliance entre les arts et l'industrie* : DAVIOUD. — 1874. *La gravure de portrait en France du XVI⁰ au XVIII⁰ siècle* : G. DUPLESSIS. — 1875. *Histoire de l'instrumentation depuis le XVI⁰ siècle* : Pas de prix; **M** H. LAVOIX; WECKERLIN. — 1878. *Différences qui existent entre le corps des ingénieurs et celui des architectes* : DAVIOUD. — 1879. *Les sculpteurs français de la Renaissance, de Charles VIII à Henri III* : H. D'ESCAMPS; **M** DE VASSELOT. — Prix extraordinaire : MUNTZ : *Les arts à la cour des Papes du XV⁰ au XVI⁰ siècle*. — 1880. *Histoire de la notation musicale* : E. DAVID et M. LUSSY; **M** M. SUTTER; **ME** L. COURAJOD : *Alexandre Lenoir; Les élèves protégés au XVIII⁰ siècle*. J. DAVID : *Louis David*. G. DUPLESSIS : *Histoire de la gravure*. CHOISY : *L'art de bâtir chez les romains*. G. GRUYER : *L'art Florentin*. M. VACHON : *Les objets d'art détruits en 1870*. — 1881. Pas de prix; **ME** 1,000 fr., MUNTZ : *Holbein*. 1,000 fr., MARIONNEAU : *Brascassat; l'architecte Louis*. 500 fr., BONNAFÉ : *Causeries sur l'art*, 500 fr., DE MONTAIGLON : *Publications sur l'art*. **M** M. DE VASSELOT : *Histoire du portrait en France*. — 1882. *La vie et les œuvres de Coysevox* : H. JOUIN. — 1883. *Les caractéristiques des divers styles architectoniques* : G. GEORGE. — 1884. Ouvrages : O. RAYET : *Les monuments de l'art antique*. ARMAND : *Les médailleurs italiens des XV⁰ et XVI⁰ siècles*. — 1885. *La chanson en France du XVI⁰ au XVIII⁰ siècle* : J. THIERSOT. — 1886. *Charles Lebrun, ses œuvres et son influence* : O. MERSON. — 2⁰ prix, E. HERVET; **M** H. JOUIN; A. LECLERC. — 1887. Ouvrages : LAFENESTRE : *Le Titien*. PLON : *Leone Leoni*. COMTE : *Bibliothèque de l'Enseignement des Beaux-Arts*. — 1888. *Existe-t-il une esthéthique commune applicable aux monuments des grandes époques de l'art?* 1ᵉʳ, E. HERVET; — 2⁰, H. D'ESCAMPS; **M** P. LEMOINE. — 1889. Ouvrages : HAVARD : *Dictionnaire de l'ameublement et de la décoration*. — 1890. *La musique en France depuis 1750* : A. COQUART. — 1891. *Erreur ou vérité de l'opinion de Pascal sur la peinture* : E. HERVET. — 2⁰, F. LE FUSTEC. — 1892. Ouvrages : L. FOURNEREAU et J. PORCHER : *Les ruines d'Angkor*. — 2⁰, H. BOUCHOT : *Les Clouet*. — 1893. *Influence des mœurs sur les évolutions de l'architecture* : R. ROSIÈRES. — 1894. Ouvrages : P. RICHER : *Anatomie artistique*. — 2⁰, Ch. YRIARTE : *Matteo Civitali*. S. ROCHEBLAVE : *Les Cochin*. — 1895. Ouvrages : DEFRASSE et LECHAT : *Épidaure*. — 2⁰, CLAUSSE : *Basiliques et mosaïques chrétiennes*. FAURÉ : *Théorie des proportions en architecture*. HAVARD : *Les arts de l'ameublement*.

2. — **FONDATION DESCHAUMES** (Ordonnances royales des 16 février 1827 et 12 mai 1830). — Legs par M. Joseph-Nicolas DESCHAUMES, d'une somme de 35,000 francs, dont les revenus doivent être distribués annuellement à de jeunes architectes se distinguant par leur aptitude et leur esprit de famille.

1851. VILLAIN. — 1854. J. NORMAND. — 1855. C. DU LOCLE. — 1856. VILLEBESSEYX; **M** D'ALBANO. — 1857. ROUYER. 1858. COQUART. — 1859. DABERNAT. — 1860. Th. ANNE. — 1861. — FAYOT. — 1862. DESCHAUMES. — 1863. DUTERT. — 1864. RAULIN. — 1865. LALLUYÉ, R. CLÉMENT. — 1866. BOISVERT, MÉQUER. — 1867. Ch. RÉGNIER. — 1868. P. BLONDEL. — 1869. E. LÉTANG. — 1870. GRAVIGNY, SÉBILLE. — 1871. GERHARD, GALLOT, VIÉE. — 1872. CAMUT, VINCENEUX. — 1873. CORRÈDE, BONNENFANT. — 1874. HENNELLE. — 1875. BARDET. — 1877. JASSON. — 1878. H. LECLERC. — 1879.

REYNAUD, VIÉE. — 1880. GIRAUD, QUATESOUS. — 1881. MASQUERAY. — 1882. JULIEN. — 1883. DOLLÉ. — 1884. DE SEVE-LINGES, MARGOTIN. — 1885. DELEMER, FONTAINE. — 1886. EUSTACHE, GIRARD. — 1887. CHEDANNE, HEUBÈS, JAY. — 1888. CHIFFLOT, DESPRADELLE, BELESTA. — 1889. SERGENT. — 1890. J. SIQUOT. — 1891. L. BOUCHER. — 1892. R. PATOUILLARD. — 1893. W. CARGILL. — 1894. G. DUMESNIL. — 1895. H. BLANÇHARD.

✿ **FONDATION DE LATOUR-LANDRY** (Voir *Fondations communes à plusieurs Académies*, n° 2). — Les revenus de cette fondation sont remis, tous les deux ans, à un artiste dont le talent, déjà remarquable, mérite d'être encouragé.

1843. ELWART. — 1844. A.-F.-G. DELAAGE. — 1845. PILS. — 1846. LAEMLIN. — 1849. MONTAGNY. — 1851. GRUYÈRE — 1853. COQUART. — 1855. LAUGÉE. — 1857. CHATROUSSE. — 1859. TRAVAUX. — 1861. DELAPLANCHE. — 1865. ROHARD, GODDÉ. — 1867. Ad. DAVID. — 1869. DAVID, DELHOMME. — 1871. BARRIAS. — 1873. ROTY. — 1875. CHERVET. — 1877. PARIS. — 1879. TURCAN. — 1881. GAY. — 1883. MONBUR. — 1885. FRITEL. — 1887. PEÈNE. — 1889. HANNAUX. — 1891. J. BERGER. — 1893. DELÉPINE. — 1895. BOVERIE, DUQUESNE.

✿ **FONDATION LAMBERT** (Voir *Fondations communes à plusieurs Académies*, n° 4). — Le revenu de cette fondation est affecté, chaque année, à des artistes âgés ou à leurs veuves.

3. — FONDATION LECLÈRE (Décrets du 4 août 1855 et du 20 mai 1865). — Donation par M. Achille LECLÈRE, membre de l'Institut, d'une rente de 1,000 francs, pour fonder un prix annuel décerné à un jeune architecte, à la suite d'un concours.

1865. JOIGNY. — 1866. DUTERT. — 1867. J.-H. LEFLON, J. ULHMANN. — 1868. SCELLIER DE GISORS, — 1869. M. DILLON; 𝕸 M. VIORMOIS, A. VAUDOYER. — 1870. OUDINÉ. — 1871. DESLIGUIÈRES; 𝕸 BENOUVILLE. — 1872. H. MAYEUX; 𝕸 L. MACÉ; A. CHANCEL. — 1873. BLONDEL. — 1874. M. VAILLANT; 𝕸 P. VASSEUR. — 1875. BLAVETTE. — 1876. DOUILLET; 𝕸 MAUDUIT, SAGLIO, DAUPHIN, DIET. — 1877. Ad. CHANCEL. — 1878. N. MAILLART; 𝕸 M. ESQUIÉ. — 1879. Ch. GIRAULT; 𝕸 1er, F. MICHELIN; 2°, M. MARIAUD; 3°, M. PRONIER. — 1880. M. MAILLARD; 𝕸 M. PRONIER, M. MEWES. — 1881. L. POINCET; 𝕸 J. SALADIN, J. ESQUIÉ. — 1882. F. ROUX; 𝕸 DELEMER. — 1883. E. GUÉRET; 𝕸 Th. LANDRY. — 1884. G. CHEDANNE; 𝕸 L. MASQUERAY, H. EUSTACHE. — 1885. M. HEURTIER. — 1886. A. CONIL-LACOSTE; 𝕸 E. DELESTRE et J. BABOIN. — 1887. E. BAUHAIN; 𝕸 E. HUGUET. — 1888. A. LOUVET; 𝕸 G. LE ROY et CAILLEUX. — 1889. Pas de prix; 𝕸 G. COUSIN, P. HANNOTIN. — 1890. E. BERTOM; 𝕸 P. DUMESNIL, L. SORTAIS. 1891. — G. BELESTA. — 1892. P. DUSART; 𝕸 A. BAUDRY. — 1893. H. SIROT; 𝕸 G. TRONCHET. — 1894. A REY; 𝕸 P. SELMERSHEIM, J. DEPERTHES, R. MICHELET. — 1895. F. DEBAT; 𝕸 ARFRIDSON, G. TRONCHET.

4. — FONDATION TRÉMONT (Décret du 8 septembre 1856). — Legs par M. le baron DE TRÉMONT, d'une rente de 2,660 francs : 1° pour fonder deux prix annuels de 1,000 francs, à distribuer à titre d'encouragement, à de jeunes peintres et musiciens ; 2° pour remettre 330 francs à l'Association des artistes musiciens et pareille somme à l'Association des artistes peintres.

1856. PERRAUD, ELWART. — 1857. SIMYON, DEFÈS. — 1858. CHIFFLART et LEROUX. — 1859. DELAPLANCHE et WATRINELLE. — 1860. SIMYON, DEFFÈS, ELWART. — 1861. VALETTE, COHEN, ELWART. — 1862. GASTINE, POUSCARINE, DUVERNOY, SALOMÉ. — 1863. DELAPLANCHE, COLIN. — 1864. MACHARD, LAFRANCE, SMET. — 1865. CROISY, CAILLÉ, CADAUX. — 1866. MATHIEU, LECOMTE, DUNOUY, VOGEL. — 1867. PALADILHE, TOURNOIS. — 1868. COHEN. — 1869. MATHIEU, DUJARDIN, DUVERNOY. — 1870. BOISSELOT, DANHAUSER. — 1871. MATHIEU, CHARLES, A. HIGNARD, J. CADAUX. — 1872. MÉDARD, DUMILATRE. — 1873. BARTHÉLEMY. — 1874. MATHIEU, CAPTIER. — 1875. CAPTIER. — 1876. BAYLARD, BASSET. — 1877. TURCAN. — 1878. COURTOIS, LEFÈVRE. — 1879. ROTY. — 1880. LUCAS, LEFÈVRE. — 1881. MONBUR, H. DUBOIS. — 1882. PUNNE, GARDET. — 1883. TURCAN. — 1884. HANNAUX, C. LEFÈVRE. — 1885. GIRARDOT, QUINTON. — 1886. CHARPENTIER, ETCHETO, PEEM. — 1887 et 1888. BARBOTIN. — 1889. DESVERGNES, BARATE. — 1890. LAVALLEY, DANGUY, POISE. — 1891. LENOIR, BELLOC, POISE. — 1892. DÉCHENAUD, H. LEFEBVRE, DUPRATO. — 1893. BUFFET, CARLI, CANOBY. — 1894. TRIGOULET, LEMARQUIER, VIERNE. — 1895. CHARBONNEAU, LUTZ.

5. — FONDATION CHARTIER (Décrets des 15 janvier 1859 et 27 janvier 1864). — Legs par

M. Charles-Hyacinthe-Suzeain-Jean Chartier, d'une rente, qui est actuellement de 500 francs, pour fonder un prix à décerner à l'auteur des meilleures œuvres de musique de chambre.

1861. Dancla. — 1862. Blanc. — 1863. A. Morel. — 1865. Gastinel. — 1868. Dancla. — 1869. Mᵐᵉ Farrenc. — 1871. G. Mathias. — 1872. G. Pfeiffer. — 1873. E. Membrée. — 1874. A. Morel. — 1875. Gouvy. — 1876. E. Sauzay. — 1877. Morel. — 1878. E. Lalo. — 1879. B. Godard. — 1880. Broustet. — 1881. C. Franck. — 1882. Ch. Widor. — 1883. De Boisdeffre. — 1884. Ch. Lefebvre. — 1885. G. Fauré. — 1886. L. Diémer. — 1887. P. Lacombe. — 1888. A. Duvernoy. — 1889. Bernard. — 1890. Comtesse de Grandval. — 1891. Deldevez. — 1892. Ch. Lefebvre. — 1893. G. Fauré. — 1894. Boëllmann. — 1895. G. Alary.

6. — FONDATION TROYON (Décret du 20 juillet 1867). — Donation par Mᵐᵉ Jeanne Prach, Vᵉ Troyon, d'une rente de 600 francs, pour fonder un prix biennal à décerner aux lauréats d'un concours de peinture dont le sujet doit être un paysage.

1869. A. Girard; M Desachy. — 1871. H. Saintain; M Brunet, Debaines. — 1874. E. Bellanger; M A. Flick, Loir, Debat-Ponsan. — 1875. E. Debat-Ponsan. — 1877. E. Dameron; M J. Raoul, E. Noirot. — 1879. E. Baillet; M V. Nozal, G. Truffaut. — 1831. Pas de prix; M R. Forcade, A. Marais, L. Boudot. — 1883. A. Marais; M L. Laurent, Sain. — 1885. E. Picard; MH A. Marais, H. Danger. — 1887. R. Moisson; M Laurent, le Sidaner. — 1889. G. Rigolot; M C. Pape, A. Varin. — 1891. A. Gibert; M Didier-Pouget, J. Moteley. — 1893. R. Dupont; M P. Buffet, F. Cachoud. — 1895. H. de Beaumont; M Ch. Mouthon, F. Cachoud.

7. — FONDATION DUC (Décret du 11 décembre 1863). — Donation par M. Duc, membre de l'Institut, d'une somme de 40,000 francs, pour fonder un prix biennal à décerner aux hautes études architectoniques.

1873. Train. — 1875. Dutert. — 1876. Formigé. — 1878. Boitte. — 1880. Chardon. — 1882. Bernier, Wable; — 1884. A. Ballu, A. Vaudoyer. — 1883. Chancel. — 1888. A. Ballu; M Dauphin, C. Bernard. — 1890. Jasson. M Breasson, Scellier de Gisors, Wable. — 1893. Camut. — 1895. M. Josso; M E. Bauhain, Ch. Wable.

8. — FONDATION ROSSINI (Décret du 16 mars 1870). — Legs par G. Rossini, associé étranger de l'Institut, d'une rente de 6,000 francs, pour fonder deux prix annuels à distribuer : l'un à l'auteur d'une composition de musique religieuse ou lyrique, l'autre à l'auteur des paroles sur lesquelles devra s'appliquer la musique.

POÈMES

1879. P. Collin : *La fille de Jaïre.* — 1881. Du Locle : *Prométhée enchaîné.* — 1883. G. Boyer : *Hérode.* — 1885. E. Moreau : *Les jardins d'Armide.* — 1888. Judith Gautier : *Les noces de Fingal.* — 1890. Eug. et Ed. Adenis : *Isis.* — 1892. Augé de Lassus : *Ashavérus.* — 1895. G. Hartmann et E. Adenis : *Aude et Roland.*

COMPOSITION MUSICALE

1879. Mᵐᵉ de Grandval; M H. Maréchal, G. Pfeiffer. — 1831. G. Mathias. — 1832. L. Lambert. — 1883. W. Chaumet. — 1887. A. Chapuis. — 1839. B.-M. Colomer. — 1892. L. Honnoré; M Lauteires. — 1893. H. Hirschmann,

9. — FONDATION DESPREZ (Décret du 16 janvier 1872). — Donation par Mˡˡᵉ Mélanie Desprez, d'une rente de 1,000 francs, pour fonder un prix annuel à décerner à une œuvre de sculpture.

1885. M. Mengin. — 1886. M. Escoula. — 1887. M. Sul-abbadie. — 1888. M. Quinton. — 1889. B. Fournier. — 1890. E. Marioton. — 1891. M. Gauquié. — 1892. A. Seysser. — 1893. R. Larche. — 1894. E. Dubois. — 1895. Loiseau-Rousseau.

10. — FONDATION DAVID (Décret du 17 décembre 1872). — Legs par M. Maxime DAVID, d'une rente de 400 francs, pour fonder un prix annuel à décerner à l'auteur de la meilleure miniature exposée au Salon.

1889 et 1890. Mᶦˡᵉ T. POMEY. — 1891. Mᶦˡᵉ BAILY. — 1892. Mᶦˡᵉ H. RICHARD. — 1893. Mᶦˡᵉ J. CONTAL. — 1894. Mᵐᵉ DEDILLEMONT. — 1895. Mᶦˡᵉ CHAUCHEFOIN.

11. — FONDATION LECLAIRE (Décret du 15 avril 1873). — Legs, par M. Jean LECLAIRE, d'une somme produisant un revenu de 1,000 francs, destiné à être distribué chaque année, aux élèves en architecture de l'École des Beaux-Arts.

12. — FONDATION ANASTASI (Décret du 23 juin 1873). — Legs, par M. Auguste-Charles ANASTASI, de la nue propriété d'une somme de 100,000 francs, dont les revenus doivent servir à soulager une grande infortune artistique.

13. — FONDATION CHAUDESAIGUES (Décret du 30 décembre 1873). — Legs, par Mᵐᵉ Vᵉ Adolphe CHAUDESAIGUES, d'une rente de 200 francs, destinée à être remise, après concours, à un jeune architecte, qui devra séjourner deux ans en Italie.

1876. BENOUVILLE. — 1878. JOUVE. — 1880. E. DEFAYS; M H. DEGLANE. — 1882. M. MASQUERAY. — 1883. M. HOUR-LIER. — 1885. M. ANCIAU. — 1887. M. LAFFILÉE; M GIRARD, SÉNÈQUE, DALMAS. — 1889. DUSART. — 1890. MARC-HONORÉ; M HANNOTIN. MAISTRASSE, CHARPENTIER. — 1891. M. BINET; M RIGAULT, MURIER. — 1895. J. HULOT; M J. BERGER, A. DUMESNIL, A. PONCET.

14. — FONDATION DE CAEN (Décret du 8 avril 1876). — Legs par Mᵐᵉ la comtesse DE CAEN, d'immeubles produisant un revenu de 33,000 francs environ, pour fournir une rente de 4,000 francs aux peintres et sculpteurs et de 3,000 francs aux architectes, pendant les trois années qui suivent leur sortie de l'Académie de France à Rome.

15. — FONDATION MONBINNE (Décret du 22 février 1877). — Donation par MM. Eugène Lecomte et Léon Delaville Le Roux, en souvenir de M. MONBINNE, d'une rente de 1,500 francs, pour fonder un prix biennal, à décerner à l'auteur de la musique d'un opéra-comique.

1878. GUIRAUD : *Piccolino.* — 1880. PALADILHE : *Suzanne.* — 1882. M. POISE : *L'amour médecin;* MARÉCHAL ; *La caverne des Trabans* — 1884. L. DELIBES : *Lakmé.* — 1886. Th. DUBOIS : *Aben-Hamet;* JONCIÈRES : *Le chevalier Jean.* — 1888. LALO : *Le roi d'Ys.* — 1890. B. GODARD : *Jocelyn.* — 1892. B. MESSAGER : *La Basoche.* — 1894. A. BRUNEAU : *L'attaque du moulin.*

16. — FONDATION DUBOSC (Décret du 10 août 1877). — Legs par M. Charles-Alix DUBOSC, de toute sa fortune, produisant un revenu de 7,900 francs, qui doit être distribué, chaque année, entre les jeunes peintres et sculpteurs reçus en loge pour le prix de Rome.

17. — FONDATION DELANNOY (Décret du 20 novembre 1877). — Legs par M. Denis-Antoine DELANNOY, d'une rente de 1,000 francs, pour fonder un prix annuel à remettre à l'élève ayant remporté le grand prix d'architecture.

18. — FONDATION LUSSON (Décret du 19 juin 1878). — Donation par Mᵐᵉ Vᵉ LUSSON,

d'une rente de 500 francs, dont les arrérages doivent être remis annuellement à l'élève ayant remporté le second prix d'architecture.

✣ FONDATION JEAN REYNAUD (Voir *Fondations communes aux cinq Académies*, n°3).

1882. DAUMET : *Château de Chantilly.* — 1887. PALADILHE : *Patrie* (opéra). — 1892. J. BLANC : *La bataille de Tolbiac* (Panthéon).

---

19. — FONDATION NICOLO (Décret du 12 juin 1879). — Legs par Mlle Isouard NICOLO, de la nue propriété d'une somme de 10,000 francs, pour fonder un prix quinquennal de composition mélodique, décerné à la suite d'un concours.

Ce prix n'a pas encore été décerné.

---

20. — FONDATION LABOULBÈNE (Décret du 3 novembre 1880). — Legs par Mme Ve Jean LABOULBÈNE, d'une somme de 70,000 francs, dont les arrérages doivent être distribués annuellement aux artistes admis en loge pour le grand prix de peinture.

---

21. — FONDATION PIGNY (Décret du 21 novembre 1882). — Donation par Mme Ve PIGNY, d'une rente de 2,000 francs, dont les arrérages doivent être remis, chaque année, à l'architecte ayant remporté le second prix de Rome.

---

22. — FONDATION CAMBACÉRÈS (Décret du 27 novembre 1882). — Donation par Mme la duchesse de CAMBACÉRÈS, d'une rente de 3,000 francs, pour la fondation de trois prix annuels à remettre aux artistes ayant remporté le premier grand prix de gravure, le premier second grand prix de peinture, et le premier second grand prix de sculpture.

---

23. — FONDATION ARDOUIN (Décret du 18 juin 1883). — Legs par Mme Emile ARDOUIN, de la nue propriété d'une somme de 48,222 francs, pour fonder un prix annuel à décerner, après concours, à une jeune fille pauvre se destinant à la carrière des arts.

Ce prix n'a pas encore été décerné.

---

24. — FONDATION LEHMANN (Décret du 14 mars 1885). — Legs par M. Henri LEHMANN, membre de l'Institut, d'une somme suffisante pour fonder un prix triennal de 3,500 francs, en faveur d'un peintre, pour l'encouragement des bonnes études classiques.

1890. DÉVAMBEZ, BIENNOURY. — 1892. H. ROYER. — 1895. Mlle E. SONREL.

---

25. — FONDATION BRIZARD (Décret du 8 septembre 1886). — Legs par M. Jean BRIZARD, d'une rente de 3,000 francs, pour fonder un prix annuel à décerner à l'auteur d'un tableau admis au Salon et représentant un paysage ou une marine.

1888. R. VEILLON. — 1889. H. DARIEN. — 1890. A. RIGOLOT. — 1891. R. MOISSON. — 1892. G. MOTELEY. — 1893. H. RUDAUX. — 1894. A. BUFFET. — 1895. Pas décerné.

---

26. — FONDATION HAUMONT (Décret du 31 juillet 1889). — Legs par M. Henry-Jules HAUMONT, d'une somme de 20,000 francs, produisant un revenu de 680 francs, pour fonder un prix de paysage.

Ce prix n'a pas encore été décerné.

✿ FONDATION PIOT (Voir *Fondations communes à plusieurs Académies*, n° 8).

1893. G. JOUVE. — 1894. M. CARLIER. — 1895. Pas décerné.

---

27. — FONDATION BUCHÈRE (Décret du 14 février 1890).— Legs par Mme Ve BUCHÈRE, née DEMERSON, de toute sa fortune, produisant un revenu de 571 francs, pour aider au perfectionnement de l'éducation musicale des jeunes filles sortant du Conservatoire.

---

28. — FONDATION MAUBERT (Décret du 20 janvier 1891). — Legs par M. Henry MAUBERT, d'une rente de 800 francs, pour fonder deux prix quinquennaux de 2,000 francs, en faveur de peintres et de sculpteurs ayant obtenu le grand prix de Rome.

1892. M. LAVERGNE, H. LEFEBVRE.

---

29. — FONDATION BAILLY (Décret du 31 juillet 1892). — Legs par M. BAILLY, membre de l'Institut, d'une somme de 50,000 francs. pour fonder un prix à décerner, sur la proposition de la section d'architecture, dans les conditions fixées par l'Académie.

1894. M. VARDY : *Église Notre-Dame de Lourdes.* — 1895. LALOUX : *Église Saint-Martin, à Tours.*

---

30. — FONDATION PINETTE (Décret du 10 août 1893). — Legs par M. Joseph PINETTE, d'une rente de 12,000 francs, destinée à servir une pension de 3,000 francs à chacun des élèves musiciens de l'Académie de France, pendant les quatre années qui suivent sa sortie.

✿ FONDATION KASTNER (Voir *Fondations communes à plusieurs Académies*, n° 7).

1894. A. SOURIAU et Ch. MALHERBE : *Histoire de l'Opéra-Comique.* — J. TIERSOT : *Les fêtes de la Révolution Française*, etc.

✿ FONDATION SAINTOUR (Voir *Fondations communes aux cinq Académies*, n° 5).

L'Académie, auquel le testateur avait laissé toute liberté, a décidé que ce prix serait attribué au pensionnaire ayant obtenu le grand prix de gravure, au moment où il quittera l'Académie de France.

✿ FONDATION HOULLEVIGUE (Voir *Fondations communes à plusieurs Académies*, n° 9).

1895. NÉNOT : *Construction de la nouvelle Sorbonne.*

PRIX EXTRAORDINAIRES

1858. (Prix Rodrigues 1,500 fr.). *Au meilleur ouvrage dans le style choral :* BARTHE. — (Prix Fould, 2,800 fr.). 1861. SOLDIN. — 1862. ALEXANDER. — 1865. (Prix de Valmy, 1,500 fr.). *Alliance de la théorie et de la pratique dans l'architecture :* A. T. D'AGIOUT.

VII. — ACADÉMIE DES SCIENCES MORALES ET POLITIQUES

PRIX DU BUDGET

Deux prix de 2,000 francs chacun sont mis annuellement au concours, sur la proposition successive des cinq sections de l'Académie.

A. — SECTION DE PHILOSOPHIE

1835. *La métaphysique d'Aristote* : Ravaisson; Michelet; **M** Tissot. — 1837. *L'organum d'Aristote* : Barthélemy-Saint-Hilaire; **M** Tissot. — 1841. *La philosophie de Descartes* : F. Bouillier; B. Demoulin; **M** Renouvrier. — 1844. *Examen critique de l'École d'Alexandrie:* Vacherot. — 1845. *Examen critique de la philosophie allemande* : Willm; **M** Guiraud. — 1846. *Théorie de la certitude* : Javary; **M** C. Gouraud; Ch. Bartholmèss. — 1848. *La philosophie scolastique* : B. Hauréau. — 1853. *La philosophie de Platon et la philosophie moderne* : P. Janet. — 1854. *Les principaux systèmes de théodicée* : E. Saisset; **M** Tissot. — 1856. *Le sommeil au point de vue psychologique* : A. Lemoine. — 1857. *La philosophie de saint Thomas d'Aquin* : C. Jourdain; **M** Domet de Vorges. — 1860. *La philosophie de Leibnitz* : Nourrisson; Foucher de Careil. — 1863. *Du rôle de la philosophie en psychologie* : Nourrisson; Maurial. — 1868. *La philosophie de Malebranche* : Ollé-Laprune; **M** Royer. — 1872. *Examen de l'idéalisme critique de Kant* : Tissot; Th. Desdouits. — 1874. *Psychologie des animaux* : H. Joly. — 1878. *Philosophie de l'école de Padoue* : L. Mabilleau. — 1880. *Des doctrines qui ramènent à l'association les facultés de l'esprit* : L. Ferry. — 1885. *Le libre arbitre, théorie et histoire* : Fonsegrive; **M** Joyau; L'abbé E. Blanc. — 1887. *La perception extérieure* : E. Joyau; A. Binet. — 1892. *La philosophie de l'inconscient* : Th. Desdouits; **M** R. Worms.

B. — SECTION DE MORALE

1838. *Des classes dangereuses dans les grandes villes* : pas de prix; **R** Frégier. — 1840. *Des Écoles normales primaires* : Barrau; Dumont; **M** Rapet. — 1848. *Conditions de moralité du travail agricole et du travail industriel* : pas de prix; **M** E. Bertrand; Ed. Mercier. — 1849. *Influence du progrès matériel sur la moralité* : F. Joubleau; Ed. Mercier. — 1853. *Systèmes de philosophie morale de l'antiquité* : F. Denis; **M** Rousselot. — 1857. *Influence de la littérature sur les mœurs* : E. Poitou; **A** Legrelle. — 1858. *Rapports de la morale avec l'économie politique* : pas de prix; **R** 1er, H. Baudrillart; 2°, A. Rondelet; **M** H. Dameth. — 1862. *De l'autorité paternelle* : P. Bernard. 1864. *Du traité des Devoirs de Cicéron* : Arthur Desjardins; **M** F. Cadet. — 1864. *De la condition des classes ouvrières* : E. Levasseur; **M** G. Le Borgne. — 1868. *Les doctrines morales au XVIe siècle* : Albert Desjardins. — 1870. *De l'instruction et du salaire des femmes* : P. Leroy-Beaulieu. — 1872. *De l'universalité des principes de la morale* : pas de prix; **M** Tissot. — 1874. *Du salaire des femmes dans l'industrie* : P. Leroy-Beaulieu. — *Étude sur Channing moraliste* : F. Cadet; R. Lavollée. — *De la morale utilitaire* : L. Carrau; J. Guyau. — 1879. *De la moralité dans les œuvres d'imagination* : E. Maillet. — 1880. *Doctrine des trois morales d'Aristote* : L. Ollé-Laprune. — 1882. *Les cas de conscience d'après l'école stoïcienne* : T. Thamin. — 1889. *Des principes de la pénalité* : L. Proal; G. Vidal. — 1890. *Les mœurs du temps de saint Jean-Chrysostôme* : A. Puech; **R** R. Lavollée; L'abbé Degert. — 1893. *Des idées morales dans l'antique Égypte* : M. Amélineau; **M** J. Baillet.

C. — SECTION DE LÉGISLATION

1835. *De l'utilité de la contrainte par corps :* BAYLE-MOUILLARD. — 1840. *Des progrès du droit des gens :* M. D'HAUTERIVE. *De la recherche de la vérité dans les débats judiciaires :* pas de prix ; **R** BAYLE-MOUILLARD. — 1841. *Du système pénitentiaire :* pas de prix ; **M** ALAUZET ; Ch. MOREAU. — 1848. *Origine et effets des actions possessoires :* pas de prix ; **R** 1er, ALAUZET ; 2e, A. SÉLIGMANN. — 1850. *L'organisation de la famille en France :* KŒNIGSWARTER. — 1851. *L'ordre judiciaire en France :* E. BODIN. — 1853. *Des réformes à introduire dans la procédure civile :* M. BORDEAUX ; **M** SÉLIGMANN. — 1857. *Des divers régimes auxquels sont soumis les contrats nuptiaux :* G. HUMBERT ; **M** G. PICOT. — 1862. *Progrès du droit maritime international :* E. CAUCHY. — 1866. *Le sénatus-consulte Velléien :* P. GIDE ; **M** Arthur et ALBERT DESJARDINS. *De la division des valeurs en actions transmissibles :* Em. WORMS. — 1867. *Des droits de légitime et de réserve dans l'ancien droit :* Ch. BROCHER ; G. BOISSONNADE ; H. BOISSARD. — 1870. *L'administration locale en France et en Angleterre :* P. LEROY-BEAULIEU ; **M** E. BERTRAND. — 1874. *L'organisation judiciaire et administrative en France et en Belgique :* E. FLOURENS. — *Des contrats de location perpétuelle :* E. GARSONNET ; **M** LEFORT. — 1879. *De la séparation des pouvoirs :* SAINT-GIRONS ; **M** S. BERGE ; DE FERRON ; FUZIER-HERMANN. — 1880. *De l'extradition :* P. BERNARD ; 2e prix, E. METMAN. — 1886. *Des réformes à introduire dans la législation des faillites :* E. THALLER. — 1893. *De la participation des particuliers à la poursuite des crimes :* pas de prix ; **R** Ch. BERTHAU ; P. NOURRISSON.

D. — SECTION D'ÉCONOMIE POLITIQUE

1838. *Influence des nouvelles forces motrices :* C. PECQUEUR. — 1840. *Influence de l'association commerciale allemande :* FIX ; D'HAUTERIVE. — 1847. *Influence de l'École des Physiocrates :* E. DAIRE. — 1856. *L'administration de Colbert :* F. JOUBLEAU ; **A** COTELLE. — 1858. *De la rente des terres :* P. BOUTRON. — 1860. *Influence de l'accroissement des métaux précieux :* E. LEVASSEUR. — 1862. *Les courants d'émigration et d'immigration :* J. DUVAL. — 1863. *Du prêt à intérêt :* BATBIE ; F. DE MALLIARD. — *Causes et effets des grandes agglomérations des populations :* pas de prix ; **M** E. MERCIER. — *L'impôt avant et après 1789 :* pas de prix ; **M** GENESTE ; BATBIE. — 1866. *La circulation fiduciaire :* pas de prix ; **M** E WORMS ; C. JUGLAR. — *Du contrôle dans les finances :* pas de prix ; **R** 1er, M. GENESTE ; 2e, M. DE SENNEVILLE. — 1870. *Effets économiques des impôts fonciers :* G. RENAUD ; P. LEROY-BEAULIEU. — 1873. *Principales variations des prix en France :* A. DE FOVILLE ; **M** ROSWAG. — 1876. *Études des mouvements de la population :* A. ROUILLIET ; **M** Dr BERTILLON ; CALARY. — 1881. *Du cours forcé des émissions fiduciaires :* pas de prix ; **M** F. DE REINACH. — 1885. *La main-d'œuvre et son prix :* pas de prix ; **R** P. BEAUREGARD. — 1888. *La dette publique en France :* pas de prix ; **R** J.-B. PAQUIER. — 1891. *Transformations des transports maritimes :* pas de prix ; **R** L. SMITH. — 1894. *Le patronage :* pas de prix ; **R** L. SMITH ; H. BRICE.

E. — SECTION D'HISTOIRE

1839. *Des causes de l'abolition de l'esclavage :* H. WALLON ; J. YANOSKI ; **M** BIOT ; VENEDEY ; MASSON. — 1842. *Du droit de succession des femmes au moyen âge :* Ed. LABOULAYE ; **M** RATHERY ; L. KŒNIGSWARTER. — 1844. *Histoire des états généraux :* RATHERY ; **M** BOULLÉE. — 1847. *L'administration monarchique en France :* C. DARESTE ; **A** CHÉRUEL. — 1850. *Comment les progrès de la justice criminelle suivent les âges de civilisation :* pas de prix ; **M** TISSOT ; A. DU BOIS. — 1853. *Conditions des classes agricoles avant 1789 :* C. DARESTE. — 1858. *Condition des classes ouvrières depuis le XIIe siècle :* E. LEVASSEUR ; **M** E. CHACHOIN. — 1860. *La formation de l'armée en France :* pas de prix ; **M** DE LA BARRE-DUPARCQ ; BOUTARIC. — 1862. *Caractères des Parlements depuis Philippe le Bel :* pas de prix ; **M** MÉRILHOU. — *Histoire des établissements français dans les Indes :* M. HERMANN.

— 1866. *Les institutions de Philippe le Bel* : DEROISIN ; **M** J. JOLY. — 1870. *Influence des états généraux sur le gouvernement* : G. PICOT. — 2ᵉ prix, A. DESJARDINS; L. GILBERT. — 1871. *Des tendances démocratiques des populations urbaines* : J. PERRENS. — 1881. *Le Pouvoir royal sous les Capétiens* : A. LUCHAIRE. — 1887. *Richelieu et le Père Joseph* : O. VIGIER. — 1894. *La colonisation française en Amérique* : L. SCHÖNE.

1. — **FONDATION DE BEAUJOUR** (Ordonnance royale du 5 juin 1834). — Donation par M. le baron Félix DE BEAUJOUR, d'une rente annuelle de 1,000 francs, pour fonder un prix quinquennal à décerner au meilleur travail sur la question des moyens de prévenir et de soulager la misère.

1840. *Définition et causes de la misère* : **ME** E. BURET ; J. RAPET ; C. MOREAU ; CHRISTOPHE. — 1848. *Examen du système de Pestalozzi* : 1ᵉʳ RAPET. — 2ᵉ, P. POMPÉE ; **M** A. COCHIN. — 1856. *Du rôle de la famille dans l'éducation* : 1ᵉʳ, BARREAU. — 2ᵉ, PRÉVOST-PARADOL ; **M** RAPET ; ROUSSELOT. — 1857. *Manuel de morale et d'économie politique* : RAPET ; **M** A. RIVIER ; A. LEYMARIE. — 1863. *Des institutions et des moyens de crédit* : BATBIE. — 1867. *Influence de l'éducation sur la moralité* : pas de prix : **ME** 1ᵉʳ, DESEILLIGNY ; 2ᵉ, Dʳ LEBORGNE. — 1874. *Part que l'intempérance a dans la misère* : pas de prix ; **ME** 1ᵉʳ, E. BERTRAND. — 2ᵉ, LEFORT. — 3ᵉ, ROUILLIET. — 1880. *Des établissements de charité en France* : L. LALLEMAND ; G. SCHELLE. — 1885. *De la protection de l'enfance* : pas de prix ; **ME** 3,000 fr., L. LALLEMAND ; **R** de 1,000 fr., H. D'ESCAMPS. — 1886. *État et causes de l'indigence* : pas de prix ; **R** 3,000 fr., A. DES CILLEULS. — 1888. *L'indigence et l'assistance dans les campagnes* : pas de prix ; **R** 5,000 fr., HUBERT-VALLEROUX ; 3,000 fr., L. LALLEMAND ; 3,000 fr., E. CHEVALLIER ; 1,000 fr., Mᵐᵉ C. ROYER ; **M** A. ROUILLET ; G. SAUÑOIS DE CHEVERT. — 1890. *L'assistance par le travail* : pas de prix ; 4,000 fr., M. MAMOZ ; 1,000 fr., W. DE CHODZKO. — 1893. *L'assistance publique en Angleterre* : Em. CHEVALLIER.

✿ **FONDATION BORDIN** (Voir *Fondations communes aux cinq Académies*, n° 2).

1858. *Les principes de la morale considérée comme science* : pas de prix ; **M** TISSOT ; PEZZANI ; PHILIBERT. — 1860. *Principes de la science du bien* : Ch. LEVÊQUE ; **M** VOITURON, CHAIGNET. — 1862. *Causes et effets des crises commerciales* : C. JUGLAR. — *De l'état du gouvernement sous Charles VII* : M. VALLET DE VIRIVILLE. — *De la nature et de l'influence des peines* : pas de prix ; **E** TISSOT ; GRINDON. — 1864. *L'enseignement administratif et politique* : pas de prix ; **R** R. BORDEAUX ; **E** SÉVIN ; E. LENOEL. *La philosophie de Saint-Augustin* : NOURRISSON. — 1867. *Influence du taux des salaires* : P. LEROY-BEAULIEU ; **M** G. RENAUD. — *La réforme de la procédure criminelle de 1539* : F. ALLARD. — 1867. *La théorie des idées de Platon* : FOUILLÉE. 2ᵉ, A. CHAIGNET. — 1873. *De la condition juridique de l'époux survivant* : BOISSONNADE. — 1874. *La folie au point de vue philosophique* : pas de prix ; **M** TISSOT ; P. DESPINE. — 1875. *De l'universalité des principes de la morale* : TISSOT. — 1877. *Des doctrines de l'éducation en France* ; G. COMPAYRÉ ; **M** R. LAVOLLÉE ; A. DROZ. — 1878. *De la métaphysique considérée comme science* : 2,500 fr., L. LIARD. 2ᵉ, 2,000 fr., Th. DESDOUITS ; **M** DOMET DE VORGES ; M. ALAUX. — 1878. *Relations des pouvoirs judiciaires avec le pouvoir politique en France* : pas de prix ; **R** D. TOUZAUD. — 1880. *Des lois relatives aux titres au porteur* : D. TOUZAUD. — *Histoire de l'ordonnance criminelle de* 1670 : ESMEIN ; **M** BRESSOLES ; P. BERNARD. — 1882. *La Pairie en France depuis ses origines jusqu'en* 1789: pas de prix ; **R** 2,000 fr., A. LEVESQUE. — 1884. *Les grandes compagnies de commerce* : pas de prix ; **R** 1,500 fr., SMITH ; 1,000 fr., P. BONNASSIEUX. — 1885. *Des systèmes compris sous le nom de Philosophie de l'histoire* : HATZFELD. *Examen des théories dites de sociologie* : M. WUARIN. — *Législation sur la condition des étrangers en France* : VIGNERTE. — 1886. *Les assemblées provinciales dans l'empire romain* : P. GUIRAUD. — 1887. *La philosophie du langage* : P. REGNAUD ; **M** H. DESTREM. — 1888. *L'amélioration des logements*

d'ouvriers : pas de prix ; **R** 1,000 fr., Ch. BERTHEAU ; E. MULLER et E. CACHEUX ; 500 fr., A. ROUL-
LIET. — *La mer territoriale* : pas de prix ; **R** 1,000 fr., IMBART-LATOUR. — *De la forme des emprunts
publics* : pas de prix ; **R** 1,000 fr., J. DE REINACH ; L. POINSARD. — 1889. *Philosophie de Bacon* :
Ch. ADAM ; **MTH** L. LESCŒUR. — 1890. *La propriété foncière chez les Grecs* : P. GUIRAUD. — 1891.
La morale de Spinoza : L. BRUNSCHWIGG ; P. MALAPERT ; R. WORMS ; **M** M. PUJO et L. TAUXIER. —
1892. *L'arbitrage international* : M. REVON. — 1893. *L'émigration et l'immigration au XIXᵉ siècle* :
pas de prix ; **R** P. MEURIOT. — 1895. *Histoire et exposition du positivisme* : pas de prix ; **R** Ch. LAU-
RENS.

⚹ **FONDATION DE MOROGUES** (Voir *Fondations communes à plusieurs Académies*,
nº 3).

1858. DE MAGNITOT ; **M** V. MODESTE. — 1863. E. LAURENT ; de MAGNITOT ; **MTH** FEILLET. — 1878. Pas de prix ;
M SIEGFRIED ; LALANDELLE. — 1893. Eug. ROSTAND.

2. — **FONDATION STASSART** (Décret du 7 juillet 1855). — Legs par M. le baron de
STASSART, correspondant de l'Institut, d'une rente de 500 francs, pour fonder un prix à décerner, tous
les six ans, à l'auteur de l'éloge d'un moraliste, ou d'un travail sur une question de morale.

1873. *Repos hebdomadaire du dimanche* : LEFORT ; HAYEM. — 1874. *Channing* : CADET ; R. LAVOL-
LÉE. — 1881. *Des éléments moraux nécessaires au développement de la démocratie* : Ph. D'USSEL. — *Des
devoirs et des droits de la famille et de l'État en matière d'éducation* : pas de prix ; **R** E. WUARIN. —
1887. *Le réalisme dans la poésie et dans l'art* : A. DAVID ; SAUVAGEOT. — 1890. *Du rôle du sentiment
dans les théories contemporaines* : A. HATZFELD ; L. MABILLEAU ; **M** J. ANGOT DES ROTOURS. — 1895.
Des doctrines nouvelles sur la responsabilité morale : Th. DESDOUITS ; L. MABILLEAU ; **M** l'abbé DEGERT.

3. — **FONDATION FAUCHER** (Décret du 29 août 1855). — Donation par Mᵐᵉ veuve Léon
FAUCHER, au nom de son époux, M. Léon FAUCHER, membre de l'Institut, d'une rente de 1,000 francs,
pour fonder un prix triennal qui doit être décerné à l'auteur d'un travail d'économie politique.

1860. *Vie et œuvres de Turgot* : A. BATBIE ; TISSOT. — 1863. *Histoire de la ligue hanséatique* :
Em. WORMS. — 1866. *Vie et travaux de Boisguilbert* : F. CADET ; M. HORN ; **MTH** DE BOISLISLE. —
1870. *Système colonial des peuples modernes* : P. LEROY-BEAULIEU. — 1876. *Vie et œuvres de Léon
Faucher* : G. MICHEL. — 1878. *Influence économique des voies de communication* : LAMASSE. 2º, DE
FOVILLE. — 1880. *La vie et les œuvres de Wolowski* : pas de prix ; **R** 1,000 fr., A. ROULLIET ; RAM-
BAUD. — 1882. *Des associations coopératives* : M. CHAUFFON ; **M** RENAULT. — 1885. *La vie et les doc-
trines d'Adam Smith* : pas de prix ; **R** 2,000 fr., A. DELATOUR. — 1888. *Variations du prix et du
revenu de la terre en France* : D. ZOLLA. — 1891. *Vauban économiste* : pas de prix ; **R** 2,500 fr.,
G. MICHEL et A. LIESSE ; 2,000 fr., HUBERT-VALLEROUX ; 1,500 fr., F. DREYFUS.

4. — **FONDATION COUSIN** (Décret du 17 décembre 1855). — Donation par M. Victor
COUSIN, membre de l'Institut, d'une rente de 1,000 francs, pour la fondation d'un prix triennal, à
décerner à l'auteur d'un travail sur l'histoire de la philosophie ancienne.

1868. *Socrate considéré comme métaphysicien* : A. FOUILLÉE ; **MTH** E. CHAIGNET ; **M** MONTÉE
1871. *La philosophie Pythagoricienne* : CHAIGNET. — 1874. *La psychologie d'Aristote* : CHAIGNET. —
1881. *La philosophie d'Origène* : J. DENIS. — 1884. *La philosophie Stoïcienne* : pas de prix ; **R** 1,000 fr.,
OGÉREAU. — *Le scepticisme dans l'antiquité grecque* : BROCHARD ; **R** 4,000 fr., PICAVET. — 1887. *Les
dialogues de Platon* : Ch. HUIT. — 1892. *La philosophie de la nature chez les anciens* : Ch. HUIT. —
1893. *La philosophie atomistique* : L. MABILLEAU.

5. — FONDATION HALPHEN (Décret du 31 décembre 1856). Legs par M. Achille-Edmond HALPHEN, d'une rente de 500 francs, pour fonder un prix triennal à décerner à un ouvrage ou à une personne ayant contribué aux progrès de l'enseignement primaire.

1862. — RAPET. — 1864. BARREAU. — 1867. Mme PAPE-CARPENTIER. — 1870. L. MICHEL. — 1874. GRÉARD. — 1877. HOFFET; RENDU. — 1878. MARGUERIN. — 1882. MAGGLIO. — 1885. DEFODON; HÉMENT. — 1888. A. VESSIOT ; R 1,500 fr., Mlle E. LUQUIN. — 1891. G. DUCOUDRAY; CHAUMEIL; Mlle MALMANCHE. — 1894. Mme KERGOMARD; M. JOST.

6. — FONDATION GEGNER (Décret du 2 octobre 1869). — Legs par M. Jean-Louis GEGNER, d'une rente de 4,000 francs, destinée à soutenir un écrivain philosophe ayant contribué, par ses travaux, aux progrès de la science.

1886. F. MAGY. — 1887, 1888 et 1889. PICAVET. — 1890. H. AMÉLINEAU ; P. JANET. — 1891. L. JOUVIN. — 1892. E. SEGOND. — 1893, 1894 et 1895. F. PILLON.

7. — FONDATION BARROT (Décret du 4 juin 1874). — Legs par M. Odilon BARROT, membre de l'Institut, d'une somme de 50,000 francs, destinée à fonder un prix, à décerner alternativement tous les deux ans et tous les trois ans, aux meilleurs ouvrages sur le droit et particulièrement sur le jury, la procédure et la décentralisation.

1880. *La procédure civile et criminelle en France et en Angleterre* : E. GLASSON. — 1881. *Le jury en France et en Angleterre* : VAN DEN HEUVEL. — 1883. *L'organisation municipale et départementale en France et à l'étranger* : J. FERRAND ; M DE FERRON. — 1887. *Le barreau anglais et le barreau français* : pas de prix ; R 3,000 fr., Ch. DAUVILLIER. — 1889. *Histoire de l'enseignement du droit en France* : Marcel FOURNIER. — 1890. *Du rôle des ministres dans les principaux pays* : L. DUPRIEZ; M H. HERVIEU; L. DE CROUSAZ-CRÉTET. — 1891. *Histoire du droit de la Lorraine de 843 à 1789* : Ed. BONVALOT. — 1893. *Règles d'après lesquelles ont été exécutés les travaux publics depuis Henri IV jusqu'en 1789* : A. DES CILLEULS. — 1895. *Histoire du droit de la Bretagne jusqu'au XVIe siècle* : F. PLANIOL.

8. — FONDATION CROUZET (Décret du 9 novembre 1874). — Legs par M. Jean-Pierre CROUZET, d'une rente de 1,000 francs, pour fonder un prix biennal, à décerner à l'auteur du meilleur mémoire sur des questions philosophiques.

1883. *La philosophie de l'évolution* : pas de prix ; R 1,500 fr., Mlle C. ROYER. — 1888. *Examen critique et histoire du pessimisme* : pas de prix ; R 2,500 fr., E. METMAN; L. JOUVIN; M H. LAURET ; R. LESCŒUR. — 1891. *État actuel des questions qui se rattachent à la théodicée* : E. MAILLET.

9. — FONDATION WOLOWSKI (Décret du 29 mars 1878). — Donation par Mme WOLOWSKA, au nom de son mari M. Wolowski, membre de l'Institut, d'une rente de 1,000 francs, pour la fondation d'un prix triennal à décerner aux auteurs d'ouvrages de législation ou d'économie politique.

1884. *Des rapports entre le droit et l'économie politique* : pas de prix ; R 2,000 fr., A. JOURDAN ; 1,000 fr., BÉCHAUX. — 1885. Pas de prix ; R 1,000 fr., E. CACHEUX: *Organisation des crèches, écoles*, etc. — 1888. LYON-CAEN et RENAULT : *Précis de droit commercial* ; R 1,000 fr., A. WEISS : *Traité de droit international privé* ; 500 fr., E. LEHR : *Éléments de droit civil anglais* ; C. VILLEY : *Précis d'un cours de droit criminel*. — 1891. Pas de prix ; R 2,500 fr., A. NEYMARCK : *Études économiques*, *financières et statistiques;* 5oo fr., SALEFRANQUE : *Code du timbre.* — 1894. R. GARRAUD : *Traité de droit pénal;* E. GARSONNET : *Traité de procédure.*

10. — **FONDATION ROSSI** (Décret du 12 novembre 1878). — Legs par Mme la comtesse ROSSI, au nom de son mari M. le comte ROSSI, membre de l'Institut, d'une somme de 100,000 francs, pour la fondation d'un prix annuel à décerner à l'auteur du meilleur mémoire sur une question d'économie politique et sociale.

1881. *Du rôle de l'État dans l'ordre économique :* A. JOURDAN ; Ed. VILLEY. — 1884. *Les corporations d'arts et métiers en France et en Europe :* pas de prix ; **R** 2,000 fr., ANONYME. — 1885. *Des coalitions et des grèves dans l'industrie :* H. SMITH ; **R** 1,5oo fr., C. RENAULT. — 1886. *La question des salaires :* pas de prix ; **R** 2,5oo fr., Em. CHEVALIER ; **R** 1,5oo fr., C. VILLEY ; **M** A. BÉCHAUX. — 1887. *L'incidence de l'impôt :* A. DELATOUR. — 1888. *De la permanence des lois économiques dans les sociétés de l'antiquité :* L. SMITH ; **M** J. CHASTIN. — 1889. *Des banques de circulation :* L. SMITH. — 1891. *La population, causes de ses progrès et obstacles qui en arrêtent l'essor :* L. SCÖHNE ; E. VAN DER SMISSEN ; **M** Ch. BERTHEAU. — 1892. *Histoire du revenu de la terre du XIIIe au XVIIe siècle :* Vicomte D'AVENEL. — *Histoire du revenu de la terre au XVIIe et au XVIIIe siècles :* Vicomte D'AVENEL. — 1893. *Des refontes de monnaie sous l'ancien régime :* pas de prix ; **R** J. LEBORGNE-ARVET ; H. DENISE. — 1894. *La législation du Homestead :* P. BUREAU ; **M** L. VACHER ; A. COLIN.

✿ **FONDATION JEAN REYNAUD** (Voir *Fondations communes aux cinq Académies,* n° 2).

1883. F. PERRENS. — 1888. FUSTEL DE COULANGES. — 1893. Em. LEVASSEUR.

11. — **FONDATION KŒNIGSWARTER** (Décret du 12 juin 1879). — Legs par M. Louis-Jean KŒNIGSWARTER, correspondant de l'Institut, d'une somme de 10,000 francs, pour la fondation d'un prix triennal à décerner au meilleur ouvrage sur l'histoire du droit.

1884. MISPOULET : *Institutions politiques des Romains.* — 1889. H. BEAUNE : *La condition des biens, les contrats;* A. TARDIF : *Histoire des sources du droit canonique;* **M** P. LANÉRY D'ARC : *Du franc-alleu.* — 1894. E. ESMEIN : *Le mariage; cours élémentaire de droit français;* **M** L. BEAUCLET.

12. — **FONDATION AUDIFFRED** (Décret du 27 novembre 1882). — Donation par M. et Mme Joseph AUDIFFRED, d'une rente de 5,000 francs, pour fondation d'un prix annuel à décerner à l'ouvrage le plus propre à faire aimer la morale, la vertu et la patrie.

1884. 3.000 fr., F. ROCQUAIN : *Travaux historiques;* 1,5oo fr., J. DARMESTETER : *Lectures sur l'histoire de France;* 1,5oo fr., P. BOURDE : *Le patriote.* — 1885. A. BABEAU : *La vie rurale; les voyageurs en France.* — 1886. Mme DE WITT : *Les chroniqueurs de l'histoire de France;* G. HUBAULT : *Histoire de France depuis ses origines;* **ME** 5oo fr., A. GRODET : *Notices coloniales.* — 1887. FERRAZ : *Le spiritualisme et le libéralisme.* — 1888. A. CHUQUET : *La première invasion prussienne; Valmy; La retraite de Brunswick;* **R** 2,5oo fr., l'abbé RAMBAUD : *Économie politique et sociale;* 1,000 fr., A. MARTIN : *L'Éducation du caractère;* 5oo fr., DUVERGER : *L'athéisme et le code civil;* A. RAFFALOVICH : *Le logement de l'ouvrier et du pauvre;* L. VIGNON : *La France dans l'Afrique du Nord.* — 1889. Pas de prix ; **R** 3,000 fr., H. JOLY : *Le crime;* 1,000 fr., M. WAHL : *L'Algérie;* 1,000 fr., G. CARRÉ : *L'enseignement secondaire à Troyes;* **MTH** J. LEGOUX : *Pro patria.* — 1890. Pas de prix ; **R** 2,000 fr., E. MANCEAU : *Code manuel du citoyen soldat;* 1,5oo fr., Ch. CHARAUX : *De l'esprit philosophique,* etc.; 1,000 fr.,

PLANTET : *Correspondance des deys d'Alger avec la Cour de France ;* 5oo fr., G. LAMY : *Voyage du novice Jean Paul.* — 1891. Pas de prix ; **R** 2,5oo fr., L. VIGNON : *L'expansion de la France ;* 1,ooo fr., L. MARLET : *Le comte de Montgomery ;* 5oo fr., B. ZELLER : *Histoire de France ;* LOIZILLON : *L'expédition du Mexique ;* L. KREBS et H. MORIS : *Campagnes des Alpes pendant la Révolution.* — 1892. Pas de prix ; **R** 2,5oo fr., JOLY : *La France criminelle, le crime ;* 1,ooo fr., RICARDOU : *De l'idéal ;* P. MARMOTTAN : *Le général Fromentin ;* 5oo fr., NICOLAY : *Les enfants mal élevés.* — 1893. Pas de prix ; **R** 2,ooo fr., L'Alliance française, association pour la propagation de la langue française à l'étranger ; 5oo fr., E. DAUBIGNY : *Choiseul et la France d'Outre-mer ;* L. DESCHAMPS : *Histoire de la question coloniale ;* E. PLANTET : *Correspondance des beys de Tunis ;* R. CARTÉRON : *La campagne du Tonkin ;* E. ROUSSE : *La Roche-Guyon ;* AUBIER : *Un régiment de cavalerie de* 1793 *à* 1815. — 1894. Ch. GOMEL : *Causes financières de la Révolution ;* L. VIGNON : *La France en Algérie ;* **R** H. DE PONCHALON : *Souvenirs de guerres ;* L. PAULIAN : *Paris qui mendie ;* **M** J. TURQUAN : *Les femmes de France pendant la guerre.* — 1895. L'abbé LAUNAY : *Histoire des missions étrangères ;* Ed. PETIT : *Organisation des colonies françaises ;* **R** A. BLETON : *Manuel d'économie politique ;* G. COMPAYRÉ : *Yvan Gall ;* E. RAYOT : *Leçons de morale pratique ;* GRANDIN : *Le maréchal Canrobert ;* **M** A. BÉCHAUX : *Les revendications ouvrières ;* F. NAUDIER : *Le socialisme.*

13. — **FONDATION LAMBERT** (Décret du 13 février 1885). — Legs par M. Charles LAMBERT, de la nue propriété d'une somme de 20,000 francs, pour la fondation d'un prix annuel à décerner à l'auteur de la meilleure étude sur l'avenir du spiritualisme.

Ce prix n'a pas encore été décerné.

14. — **FONDATION THOREL** (Décret du 22 avril 1885). — Donation par Mme Victorine THOREL, Ve Toussaint, d'une rente de 1,ooo francs, pour fonder un prix annuel, biennal ou triennal, à décerner à l'auteur du meilleur ouvrage destiné à l'éducation du peuple.

1888. Pas de prix ; **R** 1,ooo fr., E. ANTHOINE : *A travers nos écoles.* — 1890. Th. DESDOUITS : *Les philosophes de l'atelier ;* A. FRANKLIN : *La vie privée d'autrefois ;* **R** P. MATRAT : *Les conseils du père Vincent ;* PÉCAUD et BAUDE : *L'art.* — 1892. Pas de prix ; **R** GÉRARD : *Maximes de l'écolier français ;* Mlle E. ROCH : *L'art d'être heureux.* — 1894. Pas de prix ; **R** Th. DESDOUITS : *Causeries sur l'économie politique ;* A. MARTIN : *Les champs ;* D. LACROIX : *Livre d'or des instituteurs.*

MÉDAILLE DU PRIX AUDÉOUD
Gravée par J. CHAPLAIN, Membre de l'Institut.

15. — **FONDATION AUDÉOUD** (Décret du 2 avril 1887). — Donation par Mlle Honorine FOURNIER, en souvenir de M. Jules Audéoud, d'une rente de 3,ooo francs, pour fondation d'un prix à décerner, tous les quatre ans, pour encourager les études, les travaux et les services relatifs à l'amélioration des classes ouvrières et au soulagement des pauvres.

1889. **ME** d'or ; H. MAZE : *Ouvrages sur le paupérisme ;* E. ROSTAND : *Les questions d'économie sociale dans une grande ville ;* R. LAVOLLÉE : *Les classes ouvrières en Europe ;* Société d'économie sociale (F. LE PLAY fondateur) ; Société philanthropique (Le prince D'ARENBERG, président) ; La Société Mulhousienne des habitations ouvrières (F. DOLLFUS, fondateur) ; Compagnie des mines d'Anzin (le duc D'AUDIFFRET PASQUIER, président) ; La teinturerie de Thaon (A. Ledrin, administrateur), la maison Baille-Lemaire, la maison Leclaire, la maison du Bon-Marché. **M** Crouzal: *Les coalitions et les grèves ; la participation des ouvriers aux bénéfices* ; A. Trombert : *Participation aux bénéfices ;* — 1893. **ME** d'or ; Compagnie de Saint-Gobain (duc de Broglie) ; Etablissements du Creuzot (H. Schneider) ; Compagnie des mines de Blanzy (L. Chagot et L. de Gournay) ; Teinturerie Gillet, à Lyon, Hospitalité du travail (L. Lefébure) ; OEuvre des enfants tuberculeux (Dr Hérard) ; Société des logements économiques de Lyon (M. Mangini) ; **ME** bronze. R. Jay : *La question ouvrière en Suisse.*

---

16. — FONDATION CORBAY (Décret du 7 août 1887). — Legs par M. Léonce-Émile Corbay, de la nue propriété de plusieurs immeubles, d'une valeur approximative de 700,000 francs, pour fonder une rente viagère destinée à récompenser une personne ayant produit l'œuvre la plus utile à l'humanité.

Ce prix n'a pas encore été décerné.

---

17. — FONDATION LE DISSEZ DE PENANRUN (Décret du 7 juillet 1888). — Donation par M. Edmond-Pierre de Barrère, au nom de son beau-père M. Le Dissez de Pénanrun, d'une rente de 2,000 francs, pour fonder un prix annuel destiné à récompenser l'auteur d'un travail rentrant dans le domaine de l'Académie.

1889. H. Doniol : *Histoire de la participation de la France à l'établissement des États-Unis d'Amérique.* — 1890. E. Segond : *La psychologie de Serbati* ; A. Deloume : *Les manieurs d'argent à Rome.* — 1891. A. Waddington : *L'acquisition de la couronne de Prusse par les Hohenzollern.* — 1892. Debidour : *Histoire diplomatique de l'Europe au XIXᵉ siècle* ; Thamin : *Éducation et positivisme.* — 1893. Pas de prix ; **R** 1,000 fr., L. Poinsard : *Libre échange et protection* ; 500 fr., O. Noel : *Histoire du commerce du monde* ; F. Funck-Brentano : *Catalogue des archives de la Bastille;* A. Typaldo-Bassia : *La protection industrielle des classes ouvrières à Rome.* — 1894. A. Pillet : *Le droit de guerre* ; P. Souriau : *La suggestion dans l'art.* — 1895. Arnauné : *La monnaie, le crédit et le change* ; A. Leclère : *Recherches sur la législation cambodgienne.*

---

18. — FONDATION BLAISE DES VOSGES (Décret du 31 mai 1889). — Don par Mᵐᵉ Marie-Anne Bertin, veuve Blaise des Vosges, d'une rente de 500 francs, pour fonder un prix biennal à décerner à l'auteur du meilleur travail sur un sujet mis au concours par l'Académie.

1895. *Les sociétés de secours mutuels dans les populations rurales :* pas de prix ; **R** 1,200 fr., A. Jeanne ; 1,000 fr., Ingoult ; 500 fr., Bourgeois.

✳ **FONDATION SAINTOUR** (Voir *Fondations communes aux cinq Académies,* n° 5).
1895. *Les diverses formes du socialisme français* : E. Villey.

---

19. — FONDATION CARLIER (Décret du 12 février 1892). — Legs par M. Louis-Auguste Carlier, ancien notaire, d'une somme de 30,000 francs, pour fonder un prix annuel, à décerner au meilleur ouvrage sur les moyens d'améliorer la condition des classes pauvres, à Paris.

1893. A. des Cilleuls : *Des secours à domicile dans Paris.*

20. — **FONDATION F. CHEVALIER** (Décret du 28 mars 1894). — Legs par M. Jean-Baptiste-Frédéric CHEVALIER, d'une rente de 1,000 francs, pour fonder un prix triennal à décerner à l'auteur du meilleur travail ayant pour objet la défense de la propriété, le droit de tester et le droit de succession ab intestat.

Ce prix n'a pas encore été décerné.

21. — **FONDATION AUDIFFRED** (Décret du 3 août 1894). — Don par Mme Ve AUDIFFRED, née Jouanique, d'une rente de 15,000 francs, à décerner en prix annuels, aux auteurs d'actes de dévouement en tous genres.

1894. Le Dr ROUX, auteur de la découverte du traitement de la diphtérie. — 1895. L'abbé C. RAMBAUD, de Lyon, pour sa vie de sacrifice et de dévouement et pour ses fondations d'œuvres de charité.

22. — **FONDATION CARNOT** (Décret du 20 septembre 1895). — Don par Mme Marie-Pauline-Cécile DUPONT-WHITE, veuve de M. Sadi Carnot, d'une rente de 11,000 francs, pour fonder cinquante-cinq bourses de 200 francs, à distribuer chaque année, le 24 juin, jour anniversaire de l'assassinat du Président de la République, à des veuves chargées d'enfants.

PRIX EXTRAORDINAIRES

PRIX GRÉGOIRE. — 1837. *Pourquoi les nations avancent plus en lumières qu'en morale :* Mme BAYLE-MOUILLARD ; RAPET.

PRIX DE LA CORBIÈRE. — 1870. *Le Mariage :* L. LEGRAND ; **M** E. CADET ; A. HAYEM. —

PRIX DE L'ŒUVRE DES FAMILLES. — 1874. *Traité élémentaire de droit français :* A. JOURDAN. — 2e prix E. GLASSON ; **M** MOULLARD.

PRIX BISCHOFFSHEIM. — 1879. *Du capital et de ses fonctions :* A. JOURDAN ; **M** PAIXHANS ; PARROT ; LARIVIÈRE.

PRIX DONIOL. — 1892. *Histoire du droit des neutres :* P. FAUCILLE et Ch. DE BŒCK.

INDEX ALPHABÉTIQUE
DES PRIX ET DES FONDATIONS

LISTES

DES MEMBRES DES ANCIENNES ACADÉMIES

LES listes qui suivent ont été dressées par ordre de fauteuils pour l'Académie française. Pour les autres compagnies, il n'a pas été possible d'adopter le même système, à cause des variations subies par l'organisation de chacune d'elles; on s'est donc attaché à l'ordre chronologique. Comme plusieurs membres de l'Académie des Sciences ont fait partie de diverses sections et ont été successivement associés et pensionnaires, on a classé chaque académicien dans la section où il a été primitivement nommé et à la date de son entrée à l'Académie, sans mentionner les changements ultérieurs de situation. Les noms des membres qui sont rentrés à l'Institut, en 1795 ou postérieurement, sont soulignés.

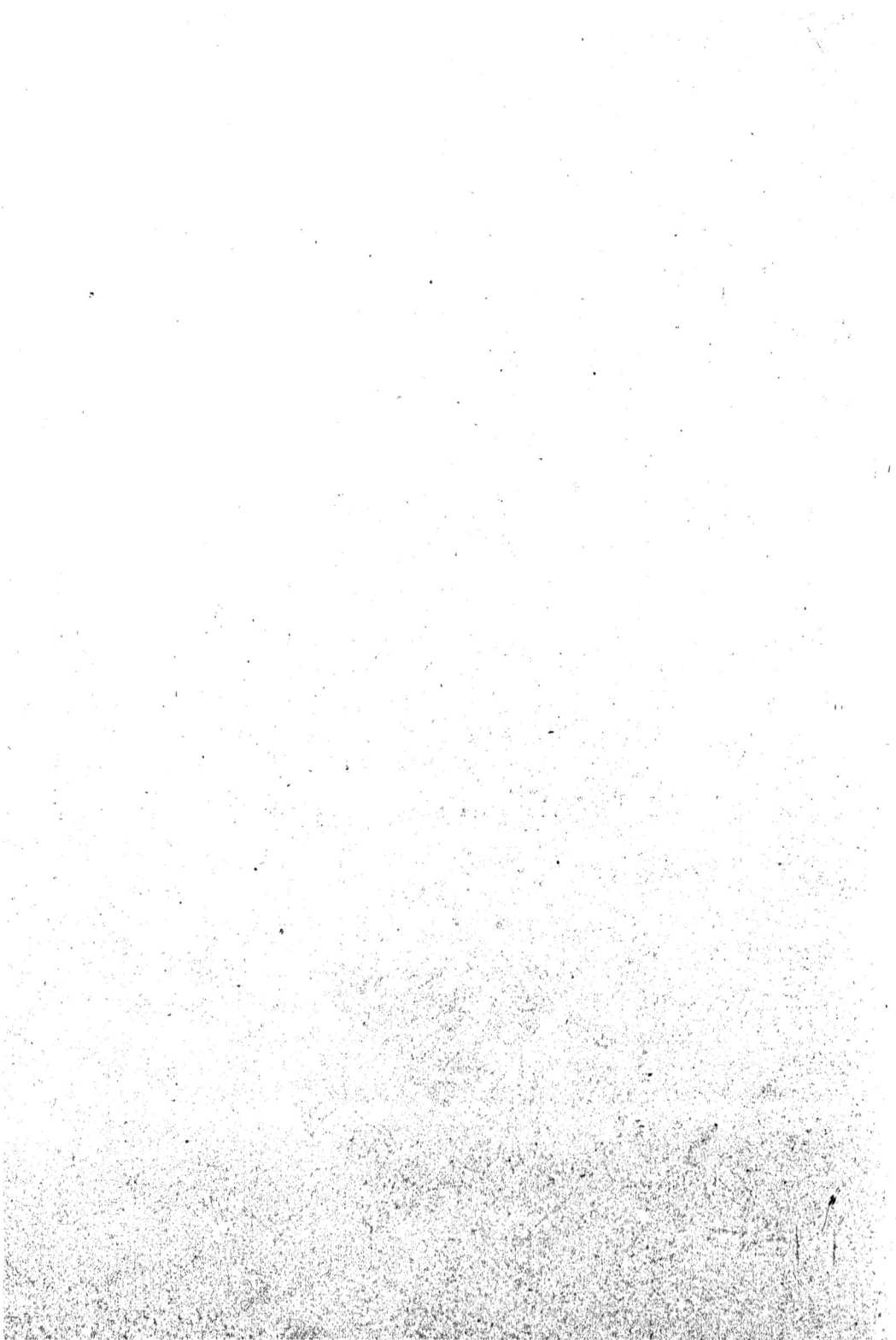

ANCIENNE ACADÉMIE FRANÇAISE

(1629-1793)

I

1629. GODEAU, évêque de Vence.
1673. FLÉCHIER, évêque de Nîmes.
1710. H. de NESMOND, archevêque de Toulouse.
1727. J.-J. AMELOT, marquis de COMBRANDE.
1749. Le maréchal de BELLE-ISLE.
1761. L'abbé TRUBLET.
1770. Le marquis de SAINT-LAMBERT.

II

1629. Ogier de GOMBAUD.
1666. L'abbé TALLEMANT.
1712. Ant. DANCHET.
1748. GRESSET.
1778. L'abbé MILLOT.
1785. L'abbé MORELLET.

III

1629. Jean CHAPELAIN.
1674. de BENSERADE.
1691. Et. PAVILLON.
1705. BRULART de SILLERY, évêque de Soissons.
1715. Le duc de CAUMONT LA FORCE.
1726. J.-B. de MIRABAUD.
1761. Henri WATELET.
1786. SÉDAINE.

IV

1629. Philippe HABERT.
1639. Jacques ESPRIT.
1678. COLBERT, archevêque de Rouen.
1708. L'abbé FRAGUIER.
1738. L'abbé de ROTHELIN.
1744. L'abbé GIRARD.
1748. Le marquis d'ARGENSON.
1788. Le marquis d'AGUESSEAU.

V

1629. L'abbé HABERT de CÉRISY.
1655. L'abbé COTIN.
1682. L'abbé de DANGEAU.
1723. Le comte FLEURIAU de MORVILLE.
1732. L'abbé TERRASSON.
1750. Le comte THIARD de BISSY.

VI

1629. CONRARD.
1675. Le président ROSE.
1701. Louis de SACY.
1728. MONTESQUIEU.
1755. VIVIEN de CHATEAUBRUN.
1775. Le marquis de CHASTELLUX.
1789. AYMARD de NICOLAÏ.

VII

1629. LAUGIER de PORCHÈRES.
1654. De CHAUMONT, évêque de Dax.
1697. Le président COUSIN.
1707. Le marquis VALON de MIMEURE.
1719. L'abbé GÉDOYN.
1744. Le cardinal de BERNIS.

VIII

1629. CLAUDE de MALLEVILLE.
1647. J. BALLESDENS.
1675. GÉRAUD de CORDEMOY.
1685. J.-L. BERGÉRET.
1695. L'abbé de SAINT-PIERRE.
1743. MOREAU de MAUPERTUIS.
1759. LEFRANC de POMPIGNAN.
1785. L'abbé MAURY.

IX

1629. Nicolas FARET.
1646. Pierre du RYER.
1658. Le cardinal d'ESTRÉES.

1715. Le maréchal D'ESTRÉES.
1738. René de la TRÉMOUILLE.
1741. Le cardinal de ROHAN-SOUBISE.
1756. De MONTAZET, archevêque de Lyon.
1788. Le marquis de BOUFFLERS.

X

1629. DESMARETS de SAINT-SORLIN.
1676. J.-J. de MESMES.
1688. L'abbé TESTU de MAUROY.
1706. L'abbé de LOUVOIS.
1719. MASSILLON, évêque de Clermont.
1745. Le duc de NIVERNOIS.

XI

1629. L'abbé de BOIS-ROBERT.
1662. SEGRAIS.
1701. CAMPISTRON.
1723. DESTOUCHES.
1754. Louis de BOISSY.
1758. LACURNE de SAINTE-PALAYE.
1781. CHAMFORT.

XII

1634. Pierre BARDIN.
1637. PERROT D'ABLANCOURT.
1664. BUSSY-RABUTIN.
1693. L'abbé BIGNON.
1743. Jérôme BIGNON.
1772. FEUDRIX de BRÉQUIGNY.

XIII

1634. Le comte BAUTRU de SERRANT.
1665. L'abbé TESTU.
1706. Le marquis de SAINTE-AULAIRE.
1743. DORTOUS de MAIRAN.
1771. L'abbé ARNAUD.
1785. TARGET.

XIV

1634. Jean de SILHON.
1660. COLBERT.
1684. La FONTAINE.
1695. L'abbé de CLÉRAMBAULT.
1714. L'abbé MASSIEU.
1723. L'abbé de HOUTTEVILLE.
1743. MARIVAUX.
1763. L'abbé de RADONVILLIERS.

XV

1634. Jean SIRMOND.
1649. J. de MONTEREUL.
1651. L'abbé Fr. TALLEMANT.
1693. SIMON de la LOUBÈRE.
1729. L'abbé SALLIER.
1761. De COETLOSQUET, évêque de Limoges.
1784. Le marquis de MONTESQUIOU-FEZENSAC.

XVI

1634. L'abbé de BOURZÉIS.
1673. L'abbé de GALLOIS.
1708. MONGIN, évêque de Bazas.
1746. de la VILLE, évêque de Triconie.
1774. SUARD.

XVII

1634. BACHET de MÉZIRIAC.
1639. LAMOTHE le VAYER.
1673. RACINE.
1699. du TROUSSET de VALINCOUR.
1730. LÉRIGET de la FAYE.
1731. CRÉBILLON.
1762. L'abbé VOISENON.
1776. Le Cardinal de BOISGELIN de CUCÉ.

XVIII

1634. François MAYNARD.
1647. CORNEILLE.
1685. THOMAS CORNEILLE.

1710. HOUDARD de LAMOTTE.
1731. BUSSY-RABUTIN, évêque de Luçon.
1757. de FONCEMAGNE.
1780. CHABANON.

XIX

1634. G. de COLLETET.
1659. GILLES BOILEAU.
1670. de MONTIGNY, évêque de St-Pol-de-Léon.
1671. Ch. PERRAULT.
1704. Le cardinal de ROHAN.
1749. de VAURÉAL, évêque de Rennes.
1760. de la CONDAMINE.
1774. DELILLE.

XX

1634. LEROY de GOMBERVILLE.
1674. HUET, évêque d'Avranches.
1721. J. BOIVIN de VILLENEUVE.
1727. Le duc de SAINT-AIGNAN.
1776. COLARDEAU.
1776. La HARPE.

XXI

1634. GÉRARD de SAINT-AMAND.
1661. L'abbé CASSAGNE.
1679. Comte de CRÉCY.
1710. Comte de MESMES D'AVAUX.
1723. L'abbé ALARY.
1771. GAILLARD.

XXII

1634. L'abbé CHAUVIGNY de COLOMBY.
1649. TRISTAN L'HERMITE.
1655. Prélat de la MESNARDIÈRE.
1663. Le duc de BEAUVILLIERS de SAINT-AIGNAN.
1687. L'abbé de CHOISY.
1724. A. PORTAIL.
1736. de la CHAUSSÉE.
1754. J.-P. de BOUGAINVILLE.
1763. MARMONTEL.

XXIII

1634. J. BAUDOIN.
1650. F. CHARPENTIER.
1702. CHAMILLART, évêque de Senlis.
1714. Le maréchal de VILLARS.

1734. Le duc de VILLARS.
1770. Le cardinal LOMÉNIE de BRIENNE.

XXIV

1634. Claude de L'ESTOILE.
1652. Le duc A. de COISLIN.
1704. Le duc Pierre de COISLIN.
1710. H. de COISLIN, évêque de Metz.
1733. SURIAN, évêque de Vence.
1754. d'ALEMBERT.
1784. Le comte de CHOISEUL-GOUFFIER.

XXV

1634. d'ARBAUD de PORCHÈRES.
1640. Olivier PATRU.
1681. Potier de NOIRON.
1693. GOIBAUD DUBOIS.
1694. L'abbé CH. BOILEAU.
1704. L'abbé ABEILLE.
1718. L'abbé MONTGAULT.
1747. DUCLOS.
1772. Nicolas BEAUZÉE.
1789. L'abbé BARTHÉLEMY.

XXVI

1634. BALTHAZAR BARO.
1688. Jean DOUJAT.
1689. L'abbé RENAUDOT.
1720. L'abbé ROQUETTE.
1725. GONTRIN D'ANTIN, évêque de Langres.
1733. DUPRÉ de SAINT-MAUR.
1744. MALESHERBES.

XXVII

1634. Le marquis de RACAN.
1670. L'abbé de la CHAMBRE.
1693. La BRUYÈRE.
1696. L'abbé FLEURY.
1723. Jacques ADAM.
1736. L'abbé SÉGUY.
1761. Le cardinal de ROHAN.

XXVIII

1634. SERVIEN Mis de SABLÉ.
1659. RENOUARD de VILLAYER.
1691. FONTENELLE.
1757. A.-L. SÉGUIER.

XXIX

1634. Pierre HAY du CHASTELET.
1637. L'abbé Nicolas BOURBON.
1644. F.-H. SALOMON.
1670. QUINAULT.
1689. F. de CAILLÈRES.

1717. Le cardinal FLEURY.
1743. Le cardinal de LUYNES.
1788. FLORIAN.

XXX

1634. P. de BOISSAT.
1662. L'abbé FURETIÈRE.
1688. J. de la CHAPELLE.
1723. L'abbé D'OLIVET.
1768. CONDILLAC.
1780. Le comte de TRESSAN.
1784. BAILLY.

XXXI

1634. VAUGELAS.
1649. SCUDÉRY.
1668. Le marquis de DANGEAU.
1720. Le maréchal de RICHELIEU.
1780. Le duc D'HARCOURT.

XXXII

1634. VOITURE.
1649. MÉZERAY.
1685. BARBIER D'AUCOURT.
1694. F. de CLERMONT-TONNERRE, évêque de Noyon.
1701. N. de MALÉZIEU.
1727. Le président BOUHIER.
1746. VOLTAIRE.
1778. DUCIS.

XXXIII

1634. Jacques de SÉRIZAY.
1653. PELLISSON.
1693. FÉNELON, archevêque de Cambrai.
1715. C. GROS de BOZE.
1754. de BOURBON-CONDÉ, comte de Clermont.
1771. L. BUIRETTE de BELLOY.
1775. Le maréchal duc de DURAS.

XXXIV

1634. BALZAC.
1654. HARDOUIN de PERÉFIXE, archevêque de Paris.
1671. François de HARLAY, archevêque de Paris.
1695. André DACIER.
1722. Le cardinal DUBOIS.
1770. F. HÉNAULT.
1771. Le maréchal duc de BEAUVAU.

XXXV

1635. CUREAU de la CHAMBRE.

1670. L'abbé REGNIER DESMARAIS.
1718. B. de la MONNOIE.
1727. de la RIVIÈRE, évêque d'Angers.
1730. Jacques HARDION.
1766. A.-C. THOMAS.
1786. Le comte de GUIBERT.

XXXVI

1635. HABERT de MONTMOR.
1679. L'abbé de LAVAU.
1694. de CAUMARTIN, évêque de Blois.
1733. de MONTCRIF.
1771. de ROQUELAURE, évêque de Senlis.

XXXVII

1735. Pierre SÉGUIER.
1643. BAZIN de BEZONS.
1684. BOILEAU-DESPRÉAUX.
1611. d'ESTRÉES, archevêque de Cambrai.
1718. René D'ARGENSON.
1721. LANGUET de GERGY, archevêque de Sens.
1753. BUFFON.
1788. VICQ-D'AZYR.

XXXVIII

1635. L'abbé HAY du CHASTELET.
1671. BOSSUET, évêque de Meaux.
1704. Le Cardinal de POLIGNAC.
1742. L'abbé GIRY de SAINT-CYR.
1761. L'abbé le BATTEUX.
1780. LEMIERRE.

XXXIX

1635. Louis GIRY.
1665. L'abbé BOYER.
1698. L'abbé GENEST.
1720. L'abbé DUBOS.
1742. L'abbé du RESNEL.
1761. B.-J. SAURIN.
1782. CONDORCET.

XL

1635. L'abbé GRANIER.
1639. Daniel de PRIÉZAC.
1662. Michel le CLERC.
1692. Jacques de TOURREIL.
1714. J. ROLAND-MALLET.
1736. BOYER, évêque de Mirepoix.
1755. L'abbé THYREL de BOISMOND.
1787. de RULHIÈRES.

ACADÉMIE ROYALE DES INSCRIPTIONS

ET BELLES-LETTRES

(1663-1793)

1. — PENSIONNAIRES ET ASSOCIÉS

1663. Jean CHAPELAIN.
L'abbé de BOURZEYS.
F. CHARPENTIER.
1670. Ch. PERRAULT.
1672. Paul TALLEMANT.
1674. QUINAULT.
1682. L'abbé GALLOIS.
André FÉLIBIEN.
de la CHAPELLE.
Jean RACINE.
BOILEAU DESPRÉAUX.
P. RAINSSANT.
1691. J. de TOUREIL.
Eusèbe RENAUDOT.
1694. SIMON de LA LOUBÈRE.
1695. A. DACIER.
1699. Et. PAVILLON.
1701. M.-A OUDINET.
BOUTARD.
FONTENELLE.
ROLLIN.
QUIQUERAN de BEAU-
JEU, évêque de Cas-
tres.
L'abbé COUTURE.
J.-F. VAILLANT.
L'abbé LA MARQUE de
TILLADET.
J. POUCHARD.
L'abbé de VERTOT.
Thomas CORNEILLE.
Ant. GALLAND.
F. BOURDELIN.
J.-B. ROUSSEAU.
J.-F. SIMON.
Jean PRÉVOST.
R. de la BONNODIÈRE.
J.-F. DUCHÉ.
Louis BOIVIN aîné.
N. HENRION.
MOREAU de MAUTOUR.
1702. J. F. FOY-VAILLANT.
1705. L'abbé FRAGUIER.
Ch. BAUDELOT.
A. DANCHET.

1705. C. GROS de BOZE.
L'abbé MASSIEU.
Ch. VALOIS de LA
MARRE.
J. BOIVIN, le jeune.
P. J. BURETTE.
1706. J. LE QUIEN de LA
NEUVILLE.
BOURGOIN de VILLE-
FORE.
L'abbé NADAL.
Nic. BARAT.
Nic. BOINDIN.
H. MORIN.
L'abbé PINARD.
1707. L'abbé LE ROY.
1708. L'abbé de LOUVOIS.
P. C. ROY.
L'abbé MONGAULT.
1710. L'abbé THIAUDIÈRE de
BOISSY.
L'abbé ANSELME.
1711. L'abbé SÉVIN.
Elie BLANCHARD.
J. HARDION fils.
1712. Martin BILLET de FA-
NIÈRE.
Michel GODEAU.
des OURS de MANDA-
JORS.
1713. L'abbé BANIER.
Et. FOURMONT.
Ludolphe KUSTER.
1714. Nicolas MAHUDEL.
N. FRÉRET.
L'abbé de FONTENU.
GOULLEY de BOISRO-
BERT.
1715. L'abbé SALLIER.
1716. L'abbé GÉDOYN.
L'abbé de LORMANDE.
C. FALCONNET.
du TROUSSET de VA-
LINCOURT.
Ch. de RIENCOURT.

1719. Ant. LANCELOT.
Louis RACINE.
1721. de la BOISSIÈRE de
CHAMBORS.
1722. L.-J. de POUILLY.
LAURÉAULT de FONCE-
MAGNE.
D.-F. SECOUSSE.
1724. L'abbé FOURMONT, le
jeune.
de la CURNE de SAIN-
TE-PALAYE.
1726. L'abbé SOUCHAY.
1727. P. N. BONAMY.
J. de LA BARRE.
L'abbé VATRY.
1728. Et. de CANAY.
1729. MONBROUX de la NAUZE
PARIS.
1733. L'abbé du RESNEL.
1735. L'abbé F. GEINOZ.
1736. G. NICOLAY.
1738. Anicet MELOT.
1739. PERRAU-DUCLOS.
1740. L'abbé LEBEUF.
1742. L'abbé de LA BLET-
TERIE.
Ph. de MONTHENAULT
d'EGLY.
1743. LÉVESQUE de la RAVA-
LIÈRE.
1744. L'abbé BELLEY.
L'abbé FENEL.
1746. J.-B. GIBERT.
de BOUGAINVILLE.
1747. J.-P. TERCIER.
L'abbé BARTHÉLEMY.
1748. Charles LE BEAU.
Jean OTTER.
1749. Jean CAPPERONNIER.
Léon MÉNARD.
BERTIN de BLAGNY.
1752. BOURDON de SIGRAIS.
1753. J. DEGUIGNES.
L'abbé FOUCHER.

1754. L'abbé BATTEUX.
BOURGUIGNON d'AN-
VILLE.
1756. Jean LÉVESQUE de BU-
RIGNY.
Louis DUPUY.
1759. Le BEAU, jeune.
Oudard FEUDRIX de
BRÉQUIGNY.
Gui de CHABANON.
1760. G.-H. GAILLARD.
1761. Et. MIGNOT.
L'abbé GARNIER.
1762. F. BÉJOT.
L'abbé ARNAULD.
1763. ANQUETIL du PERRON.
1766. L'abbé AMEILHON.
M. A. BOUCHAUD.
1767. GAULTIER de SIBERT.
Guillaume de ROCHE-
FORT.
1770. J.-D. LE ROY.
La PORTE du THEIL.
1772. L. DÉSORMAUX.
d'ANSSE de VILLOISON.
B.-J. DACIER.
L'abbé LE BLOND.
1773. DUSSAULX.
1775. JOLY de MAIZEROY.
1778. LARCHER.
L'abbé GUÉNÉE.
1780. Le comte de CHOI-
SEUL-GOUFFIER.
de KERALIO.
L'abbé BROTIER.
1781. L'abbé AUGER.
de VAUVILLIERS.
1785. HOUARD.
De PASTORET.
1787. BELIN de BALU.
1788. DUPUIS.
1789. LEVESQUE.
1791. GOSSELIN.
1792. Sylvestre de SACY.

II.

2. — MEMBRES HONORAIRES ET ASSOCIÉS HONORAIRES

1701. L'abbé BIGNON.
Le FÈVRE de CAUMAR-
TIN, évêque de BLOIS
Le cardinal de ROHAN.
BRULART de SILLERY,
évêque de SENLIS.
Le PÈRE de la CHAIZE.
J.-L. de BERINGHEN.
Dom MABILLON.
de ROCHE-BARON, duc
d'AUMONT.
Le PELLETIER de SOU-
ZY.
N.-J. FOUCAULT.
1704. Ch. Fr. de LAMOI-
GNON.
1708. L'abbé Le TELLIER de
LOUVOIS.
1709. J. BIGNON.
Michel Le TELLIER.
1714. MASLON de BERCY.

1715. Le cardinal GUAL-
TERIO.
Le P. BANDURI.
S. CUPER.
1717. Le cardinal de POLI-
GNAC.
De GONDRIN d'ANTIN,
évêque de LANGRES.
1718. ISELIN.
Dom MONTFAUCON.
1723. Le cardinal DUBOIS.
Le cardinal FLEURY.
1726. Le maréchal d'ES-
TRÉES.
de COISLIN, évêque
de METZ.
1728. MORET de B. de VAL-
BONNAYS.
1729. D. SCHOEPFLIN.
Grégoire Alex. CAP-
PONI.

1732. de BEAUVILLIERS, duc
de Saint-AIGNAN.
1733. L. M. de VOYER d'AR-
GENSON.
L'abbé de ROTHELIN.
1734. Le marquis MAFFEI.
1736. Comte de MAUREPAS.
1742. BOYER, évêque de MI-
REPOIX.
Jérôme BIGNON.
Comte de CAYLUS.
1743. M. E. TURGOT.
Guillaume de LAMOI-
GNON.
Le cardinal QUIRINI.
1744. Le duc de NIVERNOIS.
1745. Le comte de CIANTAR.
1749. M. P. de VOYER D'AR-
GENSON.
1751. Armand BIGNON.
1755. C. J. HENAULT.

1756. Le marquis de PAULMY
1757. Le duc de la VRIL-
LIÈRE.
1759. de LAMOIGNON de
MALESHERBES.
1763. de l'AVERDY.
1765. Fr. de Paule d'ORMES-
SON de NOISEAU.
1771. Le cardinal de BERNIS.
1772. J.-B. BERTIN.
1776. TURGOT.
1777. AMELOT.
1781. BIGNON.
1782. Le prince de BEAU-
VAU.
1784. Le baron de BRETEUIL.
1787. de BRIENNE, arche-
vêque de TOULOU-
SE.
1789. Laurent de VILLE-
DEUIL.

ACADÉMICIENS LIBRES ET ASSOCIÉS LIBRES

1733. DUREY de NOINVILLE.
1746. Le président de BROS-
SES.
1749. Fidèle de ZURLAUBEN.
ASKEW.
L'abbé de GUASCO.
1755. Le comte de CHES-
TERFIELD.
Le cardinal PASSIO-
NEI.
1757. SYMMAQUE MAZOCCHI.

1761. P. J. GROSLEY.
Le prince JABLONOWS-
KI.
1768. LÉVESQUE de POUILLY.
1769. Le père PACCIAUDI.
1771. FÉVRET de FONTETTE.
1772. F. SÉGUIER.
Le prince MASSALSKI.
1773. BARTOLI.
1775. DUTENS.
1777. Bon de SAINTE-CROIX.

1777. BRUNCK.
1779. FRÉDÉRIC II, Land-
grave de HESSE-CAS-
SEL.
1784. Le prince TORREMUZZA.
1785. Dom CLÉMENT.
Dom POIRIER.
MONGEZ.
BAILLY.
BARTHEZ.
CAMUS.

1785. HENNIN.
de SAINT-SIMON, évê-
que d'AGDE.
Le cardinal ANTO-
NELLI.
BITAUBÉ.
de SAINT-VINCENS.
1789. MICHAELIS.
1792. d'ORMESSON.
HEYNE.

CORRESPONDANTS HONORAIRES

1736. Marquis de CAUMONT.
F.-X. BON.

1737. Baron de la BASTIE.
1741. De SURBECK.

1743. VENUTI.
1748. Ch. PEYSSONEL.

ACADÉMIE ROYALE DES SCIENCES

(1666-1793)

1. — PENSIONNAIRES ET ASSOCIÉS

GÉOMÈTRES

1666. P. de Carcavi.
de la Voye Mignot.
Huygens de Zulychem
G. de Roberval.
Niquet,
Frénicle de Bessy.
J. Buot.
1668. L'abbé Gallois.
1669. F. Blondel.
1679. de Lannion.
1682. L. Pothenot.

1682. Walter de Tschirnhausen.
1685. Rolle.
1688. Varignon.
1693. de la Coudraye.
de Lhopital.
1696. Fautet de Lagny.
J. Sauveur.
1697. de Fontenelle.
J.-P. Maraldi. *ast.*
P.-P. Regis.

1702. Carré.
1707. Guisnée.
Saurin.
Chevalier.
1718. de Mairan.
1719. Terrasson.
1725. de Maupertuis.
1731. Bonguer.
1735. de la Condamine.
1739. Fontaine.
1741. Le Monnier.
1746. d'Alembert.

1752. de Montigny.
1756. de Parcieux.
1758. d'Arcy.
1768. de Borda.
1770. L'abbé Bossut.
1772. Jeaurat.
Cousin.
1781. Vandermonde.
1785. Charles.
1786. Meusnier.
1792. Delambre.

ASTRONOMES

1666. Ad. Auzout,
J. Picard.
Richer.
1669. J.-D. Cassini.
1672. Roemer.
1678. P. de la Hire.
1681. Sédileau.

1682. Bessé de la Chapelle.
Le Fèvre.
1685. Cusset.
1695. J.-M. de Chazelles.
1699. J. Cassini.
P.-G. de la Hire.
1702. J.-P. Maraldi.

1714. de Louville.
1718. Guillaume de Lisle.
1719. J.-N. de Lisle.
1726. Lieutaud.
1730. Godin.
1733. de Maraldi.
1741. de Fouchy.

1745. L'abbé Lacaille.
1758. de la Lande.
1763. Le Gentil.
1770. Bailly.
1783. Messier.
1785. Comte de Cassini,
Le Paute d'Agelet.

MÉCANICIENS

1666. C.-A. Couplet.
1695. de Chazelles.
1696. Couplet de Tartreaux.
1699. Filleau des Billettes.
Jeaugeon.
d'Alesne.
J. Sauveur.
de Lagny.

1706. de Réaumur.
1711. J. Ozanam.
1715. Saulmon.
1718. F. Nicole.
1719. J.-N. de la Hire.
1724. de Beaufort.
1725. Chevalier.
1727. Pitot.
1729. L'abbé de Molières.

1733. Clairault.
Camus.
1741. Cassini de Thury.
1742. L'abbé Nolet.
1746. Marquis de Courtivron.
1758. de Montigny.
de Vaucanson.
1765. d'Alembert.

1766. Le Roy.
1768. Et. Bezout.
1770. Mis de Condorcet.
1773. Desmarest.
1781. L'abbé de Rochon.
1783. de la Place.
1785. de Coulomb.
Legendre.
Perrier.

ANATOMISTES

1666. Duhamel.
J. Pecquet.
L. Gayant.
1674. Guichard-Duvernoy.
1684. J. Méry.
1699. Tauvry.
Bourdelin fils.
1701. Littré.

1707. P. Duvernoy.
1708. Vieussens.
1715. Rouhault.
1716. Winslow.
1718. Helvetius.
1722. F. Petit.
1725. L. Petit.
S. Morand.

1726. P. Maloet.
1741. F.-J. Hunauld.
1742. Ant. Ferrein.
1744. J.-E. Bertin.
1748. de la Sone.
1750. M.-B. Bouvart.
1751. F.-D. Hérissant.
1759. d'Aubenton.

1760. Tenon.
1769. Cl. Morand.
1773. Petit.
1774. Portal.
T. Bordenave.
1785. Sadatier.
Vicq d'Azyr.
Broussonnet.

CHIMISTES

1666. C. Bourdelin.
Cotereau du Clos.
1674. P. Borel.
1691. Homberg.
1692. Moyse-Charas.
1694. Boulduc.
1699. N. Lémery.
de Langlade.

1699. E.-G. Geoffroy.
1712. Louis Lémery.
1715. Lémery jeune.
1716. Cl. Geoffroy.
1721. d'Anty d'Isnard.
1722. Petit.
1724. Dufay.
1727. Boulduc, jeune.

1731. L. Bourdelin.
1739. de la Condamine.
Hellot.
1744. Malouin.
1752. G. Rouelle.
1766. Macquer.
1770. Cadet de Gassicourt.
1772. Lavoisier.

1772. Le comte d'Angevil-
lers.
1778. Sage.
1779. Baumé.
1785. Cornette.
Berthollet.
1786. de Fourcroy.
1792. Pelletier.

BOTANISTES

1666. Nicolas Marchant.
1676. Dodart.
1678. N. Marchand.
1691. Pitton de Tourne-
fort.
1692. Morin de Saint-Victor.
Morin de Toulon.
1707. Burlet.
Chamel.

1708. Bourdelin.
1709. P. Magnol.
1710. Reneaume de la Ga-
ranne.
1711. Geoffroy.
1715. Ant. de Jussieu.
1716. P. Vaillant.
1730. Duhamel du Mont-
ceau.

1739. Bernard de Jussieu.
de Buffon.
1743. J. de Jussieu.
1744. Le Monnier.
1758. d'Aubenton.
Guettard.
1759. Tillet.
Le Fougeroux de
Boudarot.

1773. Adanson.
1778. Brisson.
1783. de la Marck.
1785. Desfontaines.
1786. A.-L. de Jussieu.
Thouin.
1790. Lhéritier de Bru-
telle.

PHYSICIENS

1666. Cureau de la Cham-
bre.
Cl. Perrault.

1666. Pivert.
Mariotte.
1685. M. Thévenot.

1763. Bailly.
1765. Dionis du Séjour.
1780. Monge.

1782. Méchin.
1784. Quatremère d'Ijon-
val.

NATURALISTES

1770. G. Sage.
1771. N. Desmarets.

1783. L'abbé Hauy.
L'abbé Tessier.

1784. Darcet.
1785. Guillot-Duhamel.

1785. L'abbé de Gua de
Malves.

GÉOGRAPHES

1699. D. Beauvilliers.
1730. Ph. Buache.

1773. Bourguignon d'Anville.

1782. J.-N. Buache de la Neuville.

2. — ASSOCIÉS LIBRES

1716. Chirac.
Leriget de la Faye.
Pierre de Montmort.
L'abbé Reyneau.
1718. Deschiens de Ressons
1719. Bénard de Rezay.
1728. L'abbé de Bragelongue.
1731. Gigot de la Peyronie.
1732. F. Chicoyneau.

1735. E.-S. de Gamaches.
1736. Charles d'Albert.
1744. Guyon de la Chevalleraye.
1747. Le Marquis de Montalembert.
1749. Comte de Tressan.
1751. François Quesnay.
1752. Barrin de la Galissonnière.

1756. A.-G. Pingré.
de Belidor.
1759. J.-B. de Chabert.
1761. J. de Vallière.
1762. Penot de Tournière.
1765. Turgot.
Ant. Andouillé.
Dionis du Séjour.
Perronet.
Poissonnier.

1769. Demours.
1772. G. de Bory.
Mesnard de Chouzy.
1776. Le baron Christiern de Thy.
1782. F.-J. Barthès.
1784. de Fourcroy.
1785. Le baron de Dietrich
1789. de Bougainville.

3. — ASSOCIÉS ÉTRANGERS

1672. Olaüs Roemer.
1682. Walter de Tschirnhausen.
1696. Dominique Guglielmini.
1699. Leibnitz.
Nicolas Hartsoeker.
Jacques Bernouilli.
Jean Bernouilli.
Newton.
Vincent Viviani.
1704. Martin Poli.
1706. François Bianchini.
1708. Hans Sloane.

1711. Le Cte de Pembroke.
1714. Le comte Marsigli.
1715. Le duc d'Escalone.
1725. J.-P. de Crouzac.
1726. Eustache Manfredi.
1727. Ruysch.
1729. Edmond Halley.
1730. Hermann Boerhave.
1731. J.-B. Morgagni.
1733. Christian Wolff.
1739. Joseph Cervi.
Marquis de Poleni.
1742. Martin Folkes.
1748. Daniel Bernouilli.

1748. Jacques Bradley.
1750. de Van-Swieten.
1753. Et. Hales.
1754. Abraham Moivre.
Albert de Haller.
1755. Le comte de Macclesfield.
Euler.
1761. de Joblonowski.
1762. Linné.
1764. Le comte de Morton.
1766. Le prince de Lowenstein.
La Grange.

1772. Franklin.
1776. A.-S. Margraff.
1778. Th. Tranchin.
Jean Pingle.
1782. G. Hunter.
T. Bergman.
J.-P. Bernouilli.
1783. Ch. Bonnet.
1784. Euler.
Priestley.
1785. P. Camper.
1787. J. Banks.
1789. Herschell.
1790. P. Pallas.
de Saussure.

4. — ADJOINTS

1716. Parent.
Couplet.
L'abbé Terrasson.
Camus.
Imbert.
1717. Bonie.
1718. Marius.

1721. de Beaufort.
1722. Trant.
1723. Senac.
1725. Godin.
de l'Isle de la Croyère.
Hunauld.
1729. Marieu.

1731. Grosse.
1734. de Buffon.
1739. de Brémond.
1746. Nicolle.
1752. Lieutaud.
Baron.
Cl. Geoffroy fils.

1758. Comte de Lauraguais.
1759. L'abbé Chappe d'Hauteroche.
1768. Jars.
1778. Buquet.

5. — MEMBRES HONORAIRES

1699. Marquis de LHOPITAL.
L'abbé BIGNON.
Le Père TRUCHET, carme.
Renaud d'ELISAGARAY.
Nicolas de MALÉZIEU.
Le Père MALEBRANCHE, de l'Oratoire.
Le Père GOUYE, jésuite.
L'abbé de Louvois.
FAGON.
VAUBAN.
1704. P. de DANGEAU.
1707. Le maréchal duc d'ESTRÉES.
1715. Le cardinal de POLIGNAC.
1716. Le Mis d'ARGENSON.
PAJOT, comte d'ONS-EN-BRAY.

1718. Le marquis de TORCY.
1718. Le duc de la FORCE.
1719. LAW.
PIERRE Ier, empereur de Russie.
1721. Le cardinal de FLEURY du TROUSSET de VALINCOUR.
1722. Le cardinal DUBOIS.
1723. Le duc de TALLARD.
1725. Le comte de MAUREPAS.
1726. de LONGUEIL de MAISONS.
de VOYER d'ARGENSON.
1727. LE PELLETIER des FORTS.
1728. Le chancelier d'AGUESSEAU.
1730. J.-Ant. d'AGUESSEAU de VALJOUAN.
1731. Duc de RICHELIEU.

1738. ROYER, évêque de Mirepoix.
1740. PHELYPEAUX, comte de Saint-Florentin.
1742. AMELOT de CHAILLOU.
1743. d'ALBERT, duc de CHAULNES.
D.-C. TRUDAINE.
1744. du PLESSIS de RICHELIEU, duc d'AIGUILLON.
1746. de MACHAULT d'ARNOUVILLE.
1749. DESMAREZ, comte de MAILLEBOIS.
1750. de LAMOIGNON de MALESHERBES.
1751. ROUILLÉ, Cte de JOUY.
1754. Le maréchal comte de LOWENDAHL.
1755. MOREAU de SÉCHELLES

1755. Le cardinal de LUYNES.
1661. Le marquis TELLIER de MONTMIRAIL.
J.-B. BERTIN.
1764. Le marquis de PAULMY d'ARGENSON.
Ph. TRUDAINE de MONTIGNY.
1765. LE TELLIER, marquis de COURTANVAUX.
1769. Le duc de CHOISEUL-PRASLIN.
1776. AMELOT.
Le duc d'AYEN.
1779. BOCHART de SARRON.
1781. Le duc de LA ROCHEFOUCAULD.
1786. Le baron de BRETEUIL.
1787. de LOMÉNIE de BRIENNE.
1788. de la CROIX.
Le Cte de la LUZERNE.

ACADÉMIE ROYALE DE PEINTURE

ET DE SCULPTURE

(1648-1793)

---

1. — PEINTRES

1648. Ch. LEBRUN.
Ch. ERRARD.
Seb. BOURDON.
LAURENT DE LA HYRE.
Michel CORNEILLE.
François PERRIER.
Henri DE BEAUBRUN.
Eustache LE SUEUR.
Juste D'EGMONT.
Louis DU GUERNIER.
Pierre VAN MOL.
L.-E. FERDINAND.
Louis DE BOULLONGNE.
L. MAUPERCHÉ.
HANS.
Louis TESTELIN.
GÉRARD GOSUIN.
Th. PINAGIER.
S. BERNARD.
GILBERT DE SÈVE.
Ph. DE CHAMPAIGNE.
H. TESTELIN.
M. MONTAGNE.
Louis LE BICHEUR.
ROMAIN.
Le NAIN (aîné).
Antoine NAIN.

1651. Ch. POERSON.
BAUGIN.
Claude VIGNON.
Ch. DE BEAUBRUN.

1653. HERMAN VAN SWANE-
VELT.

1654. P.-A. LE MOYNE.

1656. Antoine RATABON.

1657. François LE MAIRE.

1659. Ant. PAILLET.
Hilaire PADER.

1660. Michel LANCE.
Pierre RABOU.
Jean MICHELIN.

1662. Jacques ROUSSEAU.

1663. Jacques VAN LOO.
ROLAND LE FÈVRE.
Nicolas MIGNARD.
Jean NOCRET.
Michel DORIGNY.

1663. N. LOYR.
Noël COYPEL.
Cl. LE FÈVRE.
François TORTEBAT.
Noël QUILLERIER.
N. DUMOUSTIER.
H. GISSEY.
Z. HEINCE.
I. MOILLON.
Pierre DE SÈVE.
J.-B. CHAMPAIGNE.
N. DE PLATE - MON-
TAGNE.
Et. VILLEQUIN.
Francesco-Maria BOR-
ZON.
MACÉ.
Ant. BERTHELLEMY.
Pierre DU GUERNIER.
BLANCHARD.
Simon FRANÇOIS, dit
FRANÇOIS DE TOURS.
Charles DU PARC.
BAUDOUIN YVART.
DARET DE CAZENEUVE.

1664. P. PAUPELIER.
S. LAMINOY.
Jean DU BOIS.
VLEUGHELS.
RENARD DE SAINT-
ANDRÉ.
Jacques BAILLY.
Ant. MATHIEU.
Pierre DUPUY.
Cl. HUILLIOT.
Le DART.

1665. Gabriel BLANCHART.
DENIS PARMENTIER.
DUFRESNE DE POSTEL.
Abraham GENOELS.
G. CHARMETON.
Louis DE NAMEUR.
J.-B. MONNOYER.

1666. BOUZONNET, dit STELLA

1667. Jacques GERVAISE.
Cl.-F. VIGNON.

1670. Ch. HÉRAULT.

1670. FRIQUET.
VAUROZE.
FLEMAEL, dit BER-
THOLLET.

1671. CORNEILLE l'aîné.
Nic. HALLIER.

1672. J. GARNIER.
Nicasius BERNAERT.
Pierre BOURGUIGNON.
Paul MIGNARD.
Ph. L'ALLEMANT.
Jean COTELLE.

1673. Nicolas HEUDE.
R.-A. HOUASSE.
Van der MEULEN.
Nic. BAUDESSON.
Ch. ARMAND.
Ch. DE LA FOSSE.

1674. J. FOREST.
J. NOCRET.
François DE TROY.
Pierre MONNIER.

1675. Jean CORNEILLE.
François BONNEMER.
Claude AUDRAN.
J. JOUVENET.
Georges FOCUS.
D'AGAR.
Jean EGMAN.
FIGER.
Et. BAUDET.

1676. Martin LAMBERT.
de FROIDEMONTAGNE.
Thomas BLANCHET.
Marc NATTIER.
Ch. PARROCEL.

1677. RICHARD DE LA MARRE.
Jean HELLART.
Bon DE BOULLONGNE.
ALLEGRAIN.

1678. F. VERDIER.

1679. L. LICHERIE.

1680. L. JOBLOT.
H. GASCAR.

1681. Jean LE MOYNE.
DONAT VAN BEECQ.
Nic. RABON.

1681. Ch. BÉVILLE.
L.-E. FERDINAND.
Louis DE BOULLONGNE.
Jean LE BLOND.
Pierre TOUTAIN.
Ant. COYPEL.
Nic. GUÉRIN.
ARNOULD DEUCIEZ.

1682. Ch.-F. POERSON.
UBELESQUI.
A.-G. GUILLET.
J. CARRÉ.
VIVIANI CODAZZO.
Cl. HALLÉ.

1683. REVEL.

1685. BLAIN DE FONTENAY.

1686. Nic. DE LARGILLIÈRE.

1687. J. VERSELIN.
Ph. VIGNON.
G.-L. VERNANSAL.
S. GUILLEBAULT.

1688. A. BOÜYS.
BOURDERELLE.

1689. Fr. BAUDESSON.

1690. Pierre MIGNARD.
Ph. FERRAND.

1694. Nic. COLOMBEL.

1699. A.-F. DESPORTES.
J. TORTEBAT.

1700. Hyacinthe RIGAUD.
MEUSNIER.

1701. Michel BOYER.
JOUVENET, jeune.
J. VIVIEN.
P. GOBERT.

1702. Louis DE SILVESTRE.
Fr. MAROT.
Joseph CHRISTOPHE.
R. TOURNIÈRES.

1703. Nic. BERTIN.
P.-J. CAZES.
N.-S. BELLE.
Et. REGNAULT.

1704. Fr. TAVERNIER.
J. VAN SCHUPPEN.
Seb. LE CLERC.
Henri DE FAVANNE.

1704. J.-B. SANTERRE.
Ant. MONNOYER.
Michel SERRE.
1705. S. MASSE.
1706. SILVESTRE, aîné.
1707. Cl. VERTOT.
P. d'ULIN.
Michel-Ange HOUASSE.
1708. SAINT-YVES.
Pierre MATHIEU.
de TROY.
1709. Jean dit Francisque MILLET.
Pierre DOMANCHIN.
J.-B. FÉRET.
1710. J. COURTIN.
1711. L. GALLOCHE.
GILLES ALLOU.
1715. Cl. GILLOT.
Ch.-Ant. COYPEL.
1716. G. ALLEGRAIN.
Nic. VLEUGHELS.
1717. Ch. BOIT.
J.-B. MASSÉ.
Ant. WATTEAU.
J. RAOUX.
1718. Seb. RICCI.
Fr. LEMOYNE.
J.-M. NATTIER.
1719. J.-B. OUDRY.
Nic. LANCRET.
1720. J. RESTOUT, père.
Fr. STIEMART.
Ant. PESNE.
N.-N. COYPEL.
1721. Ch. PARROCEL.
J. LAJOUE.
1722. Ant. DIEU.
J.-A. de LAISTRE.
LUCAS.
P.-N. HUILLIOT.
1723. C.-E. GEUSLAIN.
Cl.-Fr. DESPORTES.
1725. Nicolas d'ORIGNY.
J.-F. de LYEN.

1725. Fr. OCTAVIEN.
M.-N. MICHEUX.
J. Le GROS.
Collin de VERMONT.
1726. Ch. Van FALENS.
1728. DUMONT dit le ROMAIN.
Bonaventure de BAR.
J.-B.-S. CHARDIN.
P. Le BOUTEUX.
J.-B. PATER.
J. SARRAU.
1730. DROUAIS.
1731. J.-B. Van LOO.
J.-J. SERVANDONI.
1732. P. PANNINI.
L. de GREVENBROECK.
1733. L.-M. Van LOO.
Et. JEAURAT.
Ant. PELLEGRINI.
1734. Fr. BOUCHER.
L. TOCQUÉ.
J.-F. MILLET.
Nic. de LOBEL.
J.-A.-J. AVED.
Ch. NATOIRE.
1735. Fr. DANDRÉ-BARDON.
Carle Van LOO.
J.-J. DUMONS.
Ch. LAMY.
1736. Ad. MANGLARD.
1737. P.-C. TRÉMOLIÈRE.
Ant. BOIZOT.
1739. Et. POITREAU.
1740. Ch. CHASTELAIN.
1741. G. LUNDBERG.
Louis AUTREAU.
DONAT NONNOTTE.
M. LADEY.
1742. J.-B.-M. PIERRE.
1744. J.-Ch. FRONTIER.
1745. P. l'ENFANT.
1746. Ant. Le BEL.
M. QUANTIN de LA-TOUR.
J.-A. PORTAIL.

1747. P. Le SUEUR.
1747. Ch. Van LOO.
N.-Ch. SILVESTRE.
1748. Noël HALLÉ.
1752. Nic. VENEVAULT.
J.-J. BACHELIER.
1753. M.-A. CHASLES.
PÉRONNEAU.
Joseph VERNET.
Alex. ROSLIN.
1754. J.-M. VIEN.
VALADE.
1755. Fr. LAGRENÉE.
1756. JEAURAT de BERTRIX.
GIUSEPPE BALDRIGHI.
Louis le LORRAIN.
1757. Nic. DESPORTES.
1758. G. de MACHY.
F.-H. DROUAIS.
1759. J.-B. DESHAYES.
J.-N. JULIARD.
Guill. VOIRIOT.
1761. C.-L.-M. BELLE.
1762. FAVRAY.
1763. Fr. CASANOVA.
P.-A. BAUDOIN.
H.-R.-H. de la PORTE.
1764. J.-B. DESCAMPS.
M.-B. BELLENGÉ.
1765. J.-B. LEPRINCE.
Fr. GUÉRIN.
1766. Hubert ROBERT.
1767. P.-J. de LOUTHER-BOURG.
J.-F. AMAND.
1768. Gabriel BRIARD.
1769. Guy BRENET.
N.-B. LEPICIÉ.
J.-B. HUET.
J.-B. GREUZE.
Ch.-L. CLÉRISSEAU.
Pierre PASQUIER.
B. RESTOUT.
1771. Ant. BEAUFORT.
F. Le COMTE.

1772. Ch. BRIDAN.
1773. N.-R. JOLLAIN.
1774. Nic. PÉRIGNON.
J. DUPLESSIS.
L. du RAMEAU.
1775. J.-J. LAGRENÉE.
Et. AUBRY.
1779. Alexis LOIR.
J. BARDIN.
J.-B. WEILLER.
1780. J.-B. SUVÉE.
A.-Fr. CALLET.
F.-G. MÉNAGEOT.
1781. J.-S. BARTHÉLEMY.
G. Van SPAENDONCK.
1782. Fr.-A. VINCENT.
J.-Fr. HUE.
1783. Joseph SAUVAGE.
L. DAVID.
J.-B. REGNAULT.
1784. Nic. GUIBAL.
J. TAILLASSON.
Ulric VERTMULLER.
César Van LOO.
1785. J.-J. Le BARBIER.
1786. J.-B. VESTIER.
1787. J.-F.-P. PEYRON.
de l'ESPINASSE.
P.-R. de VALEN-CIENNES.
D. VIVANT DENON.
J.-Ch. PERRIN.
1788. J.-A.-Th. GIROUST.
J.-L. MOSNIER.
Fr. DUMONT.
1789. J.-F. LÉGILLON.
C. Van SPAENDONCK.
M.-A. BILCOQ.
E. LAVALLÉE POUS-SIN.
Ch. Le MONNIER.
Nic. MONSIAU.
1791. J.-J. FORTY.

---

2. — SCULPTEURS

1648. Jacques SARRAZIN.
Gérard Van OPSTAL.
SIMON GUILLAIN.
GILLES GUÉRIN.
1651. Ph. de BUYSTER.
1657. François GIRARDON.
Th. REGNAUDIN.
GASPARD de MARSY.
1661. P.-S. JAILLOT.

1661. Jacques BUIRETTE.
1663. Th. POISSANT.
1664. Nic. LEGENDRE.
Jacques HOUZEAU.
1665. Pierre SARRAZIN.
BENOIT MASSON.
1666. Pierre LEGROS.
1667. LAURENT MAGNIER.
Etienne Le HONGRE.

1667. Pierre HUTINOT.
1668. Michel AUGUIER.
MAZELINE.
1670. G.-L. HÉRARD.
1671. Martin DESJARDINS.
1673. LESPAGNANDELLE.
Jean RAON.
B. MARSY, le jeune.
1676. Louis Le CONTE.

1676. Fr. l'ESPINGOLAS.
COYZEVOX.
TUBI, dit BAPTISTE le ROMAIN.
DOMENICO GUIDI.
1677. Isaac de la CROIX.
1678. Le CONTE.
1680. MAGNIER.
1681. Ans. FLAMEN.

1681. Corneille Van Clève.	1703. Claude Poirier.	1741. J.-J. Vinache.	1767. Claude Francin.
J. Cornu.	J.-L. Le Moyne.	Fr. La Datte.	1768. L.-P. Mouchy.
Ant. Benoist.	J. Ranc.	1742. Guill. Coustou, fils.	Edme Dumont.
1682. J. Prou.	1704. Guill. Coustou.	1743. P.-A. Slodtz.	1770. P. Berruer.
1683. Ph. Vigier.	1707. Fr. Benoit Masson.	1744. J.-B. Pigalle.	E.-P.-A. Gois.
1684. J. Poultier.	1708. Jean Audran.	1745. Edme Bouchardon.	1777. J.-A. Houdon.
Marc d'Arcis.	Anselme Flamen.	1747. Ch. Hutin.	1778. S.-L. Boizot.
1685. P. Granier.	1711. Aug. Cayot.	1751. Saly.	1779. P. Julien.
1686. J. Rousselet.	1712. Fr. Coudray.	L.-C. Vassé.	Cl. de Joux.
1688. J. Hardy.	Fr. Dumont.	G.-C. Allegrain.	M.-Cl. Monot.
1689. J. Clérion.	J.-B. Nattier.	1754. Et. Falconet.	1785. J.-B. Stouf.
1690. S. Hurtrelle.	1713. R. Charpentier.	1756. S. Challes.	J.-J. Foucou.
1693. Nic. Coustou.	1715. J.-B. Lemoyne.	1757. N.-F. Gillet.	1788. S.-L. Bocquet.
1700. F. Barois.	J. Bousseau.	1759. Caffieri.	1789. J.-B. Giraud.
1701. René Frémin.	1717. J. Thierry.	1760. Aug. Pajou.	1791. L.-P. Deseine.
Robert Le Lorrain.	1737. L.-S. Adam.	1762. N.-S. Adam.	
Ph. Bertrand.	1738. J.-B. Le Moyne.	1763. J.-B. d'Huez.	

3° GRAVEURS

1651. A. Bosse.	1682. P. Giffart.	1722. N. Roettiers.	1761. Salvador Carmona.
1663. Rousselet.	1683. J. Roettiers.	1723. Et. Desrochers.	1764. Ch.-N. Roettiers.
Fr. Chauveau.	1700. Th. Bernard.	1728. H. Thomassin.	1769. G. Demarteau.
Pierre Van Schuppen.	1702. J. Vallet.	1730. Nic. de Larmessin.	1771. Ch. Levasseur.
G. Huret.	1706. Louis Simonneau.	Ch. Dupuis.	P.-E. Moitte.
Guill. Chasteau.	1707. Gaspard du Change.	1731. Ch.-N. Cochin.	1773. Gh. Porporati.
Guillaume Vallet.	Ant. Trouvain.	1733. Laurent Cars.	J. Roettiers.
Étienne Picart.	Pierre Drevet.	1735. L. Surugue.	1776. L.-S. Lempereur.
1665. Jean Warin.	1708. J. Audran.	1736. J. Moyreau.	J. Gotthard-Muller.
1670. Israel Silvestre.	1709. Jérôme Roussel.	1737. Bernard Lépicié.	J.-F. Beauvarlet.
1673. Seb. Le Clerc.	Benoit Audran.	1742. J. Daullé.	B. Duvivier.
Pierre Lombard.	1710. Ch. Simonneau.	1743. J.-Ph. Le Bas.	1777. L.-J. Cathelin.
1674. Gérard Audran.	1714. Poilly.	1744. G.-Fr. Schmidt.	1778. S.-Ch. Miger.
1676. Ch.-F. Chéron.	1717. Ch.-J. Roettiers.	1747. P.-L. Surugue.	1784. G. Haas.
1677. Édelinck.	1718. François Chéreau.	1748. J. Guay.	1787. Seb. Klauber.
J. Le Pautre.	Jean Leblanc.	1749. J.-N. Tardieu.	Preisler.
1678. Alexis Loyr.	J. du Vivier.	1751. Cochin, fils.	1788. J.-M. Moreau.
1679. Ant. Masson.	1720. Nic. Tardieu.	1754. Nic. Dupuis.	1789. Nic. de Launay.
		1761. J.-Georges Wille.	

4° ACADÉMICIENNES

1663. Catherine du Chemin.	1673. Sophie Chéron.	1720. Rosa-Alba Carriera.	1770. Marie-Suzanne Ros-
1669. Geneviève de Boul-	1676. Anne-Renée Stré-	1757. Marie-Thérèse Vien,	lin, née Giroust.
longne.	sor.	née Reboul.	1783. Louise-Elisabeth Le-
Madeleine de Boul-	1680. Dorothée Masse.	1767. Mᵐᵉ Therbouche.	brun.
longne.	1682. Catherine Pérol.	1770. Anne Vallayer.	Adelaïde Guyard.

5° FONCTIONNAIRES ET CONSEILLERS HONORAIRES

1661. F. Quatroulx.	1663. Gédéon du Metz.	1684. de La Chapelle-Bessé	1699. J.-H. Mansard.
1662. Et. Mignon.	1665. Ch. Perrault.	1689. Pietro Bellori.	Robert de Cotte.
1663. Lerambert.	1667. A. Félibien.	1693. Mesmyn.	Roger de Piles.
P. Tournier.	de La Chapelle.	1694. Desgodets.	1699. L'abbé J. Testu.

II.   59

1700. J. GABRIEL.
1702. P. LAMBERT.
1703. Nic. de LAUNAY.
1704. J. LAUTHIER.
1707. J.-Fr. BLONDEL.
1708. L'abbé Ant. ANSELME
1709. L'abbé J.-P. BIGNON.
DESJARDINS.
1710. J.-R. de COTTE.

1710. J.-B. de FERMELHUIS.
1722. J. de LA MOTTE.
1727. Ph. LEFEBVRE.
Cl. GROS de BOZE.
1731. Le comte de CAYLUS.
1734. L. de BOULLONGNE.
1739. J.-B. de JULLIENNE.
1742. Jacq.-Ange GABRIEL.
1743. MOYSE de FONTANIEU.

1747. Nic. FRÉRET.
1766. C.-H. WATELET.
1767. Le marquis de VOYER.
P.-J. MARIETTE.
1769. A.-L. de LALIVE de
JULLY.
1771. de WAILLY.
1777. Le duc de BOUILLON.
1777. J.-N. de BOULLONGNE.

1782. BLONDEL d'AZAIN-
COURT.
1784. Le baron de BEZENVAL.
1785. L'abbé J.-C. RICHARD.
Le duc de ROHAN-CHA-
BOT.
1786. Le comte d'AFFRY.
1787. de BREHAN.
d'AGUESSEAU.

6º ASSOCIÉS LIBRES

1747. FRÉRET.
J.-Ch. GARNIER.
H. HULTZ.
Le Mis de CALVIÈRES.
Le comte BASCHI.
Fr. de LOWENDAL.
Ch.-H. WATELET.
H. de VALLORY.
1750. MARIETTE.
1753. Le comte de VENCE.

1754. de LALIVE de JULLY.
BERGERET.
1756. L. GOUGENET.
1760. Le prince de TURENNE.
de BOULLONGNE fils.
SOUFFLOT.
1764. J.-B.-Fr. de MONTULLÉ
1767. L'abbé POMMYER.
1767. BLONDEL d'AZIN-
COURT.

1769. Le baron de BEZEN-
VAL.
1774. TURGOT.
1777. Richard de SAINT-NON.
1778. Le duc de CHADOT.
1779. Le comte d'AFFRY.
1780. Le BAILLY de BRE-
TEUIL.
1781. Le comte de BREHAN.
1782. Le Cte d'AGUESSEAU.

1782. Le comte de CHOISEUL
GOUFFIER.
1784. Le maréchal de SÉ-
GUR.
1785. Le marquis de TURPIN.
Le baron d'ANTHON.
Le comte de PAROIS.
1786. de JOUBERT.
1787. de la REYNIÈRE.
Le baron de BRETEUIL.

ACADÉMIE ROYALE D'ARCHITECTURE

(1671-1793)

1671. François Blondel.
Louis Levau.
Libéral Bruand.
Daniel Gittard.
Antoine Le Paultre.
Pierre Mignard.
François d'Orbay.
André Félibien.
1673. Claude Perrault.
1675. Mansard.
1678. La Motte Coquart.
1680. Daucour.
Gobert.
1681. Lenôtre.
1685. Pierre Bullet.
1687. de la Hyre.
Robert de Cotte.
1694. Antoine Desgodets.
1696. Félibien fils.
1698. Lemaistre.
1699. Jacques Gabriel.
Gobert.
Pierre Lambert.
Cailleteau, dit Las-
surance.
A. Mollet.
Delisle-Mansard.
Delespine.
Mathieu.
Lemaistre fils.
J.-B. Bullet.
Jacques Bruand.
Cochery.
Gittard fils.

1700. Rivet.
Poictevin.
1702. Prévost.
1705. d'Orbay, fils.
1706. de La Hyre, fils.
1707. Aubert.
1708. d'Ulin.
1709. Boffrand.
1711. Jules de Cotte.
1715. L'Écuyer.
1716. Jean Beausire.
1717. Desgotz.
Jossenay.
Tannevot.
1718. André-Armand Mol-
let.
1720. Hardouin.
de La Guêpière.
Le Roux.
1723. Lassurance fils.
de Vigny.
1724. J.-C. Garnier.
1725. Aubert.
de Cotte.
Billaudel.
1728. de La Rue.
J.-A. Gabriel.
Jean Courtonne.
de Villeneuve.
Le Grand.
Benoist.
Jean Blondel.
Constant d'Ivry.
de L'Espée aîné.

1730. L'abbé Camus.
Vinage.
1732. Michel Chevotet.
Beausire fils, aîné.
1734. de Luzy.
Mollet.
1735. Lécuyer.
Simonnet.
Loriot.
J.-H. Mansard, comte
de Sagone.
1737. Aubry-Guillot.
1739. Godot.
1740. Beausire fils, jeune.
1741. P.-E. Le Bon.
Tannevot.
1742. Cartaud.
Ledreux.
1747. de L'Espée jeune.
1749. Soufflot.
1755. Hazon.
Franque.
Nicolas Potain.
M. Brebion.
Le Franc d'Estrichy.
Le Carpentier.
Jacques Blondel fils.
1756. Moranzel.
1757. Hupeau.
Perronet.
Rousset.
Pluyette.
J.-D. Le Roy.
1762. Moreau.

1762. Coustou.
Desmaisons.
Bélicart.
Étienne Boullée.
1763. Gabriel jeune.
1765. Regemortes jeune.
1767. Peyre, aîné.
Ch. de Wailly.
1768. de Lestrade.
Sedaine.
Mauduit.
1769. Trouard père.
1770. J.-F. Chalgrin.
1771. Nicolas Jardin.
1773. Ch.-A. Guillaumot.
Ledoux.
Guillaume Couture.
1774. J.-R. Billaudel.
Jacques Gondoin.
1775. Mique.
1776. Mathurin Cherpitel.
J.-F. Heurtier.
Bélisard.
Jacques-Denis An-
toine.
1777. A.-F. Peyre jeune.
1780. P. Paris.
1781. Alex. Brongniart.
1784. J.-A. Raymond.
1785. A.-J. Debourge.
1786. B. Poyet.
1791. Darnaudin.
1792. J.-A. Renard.

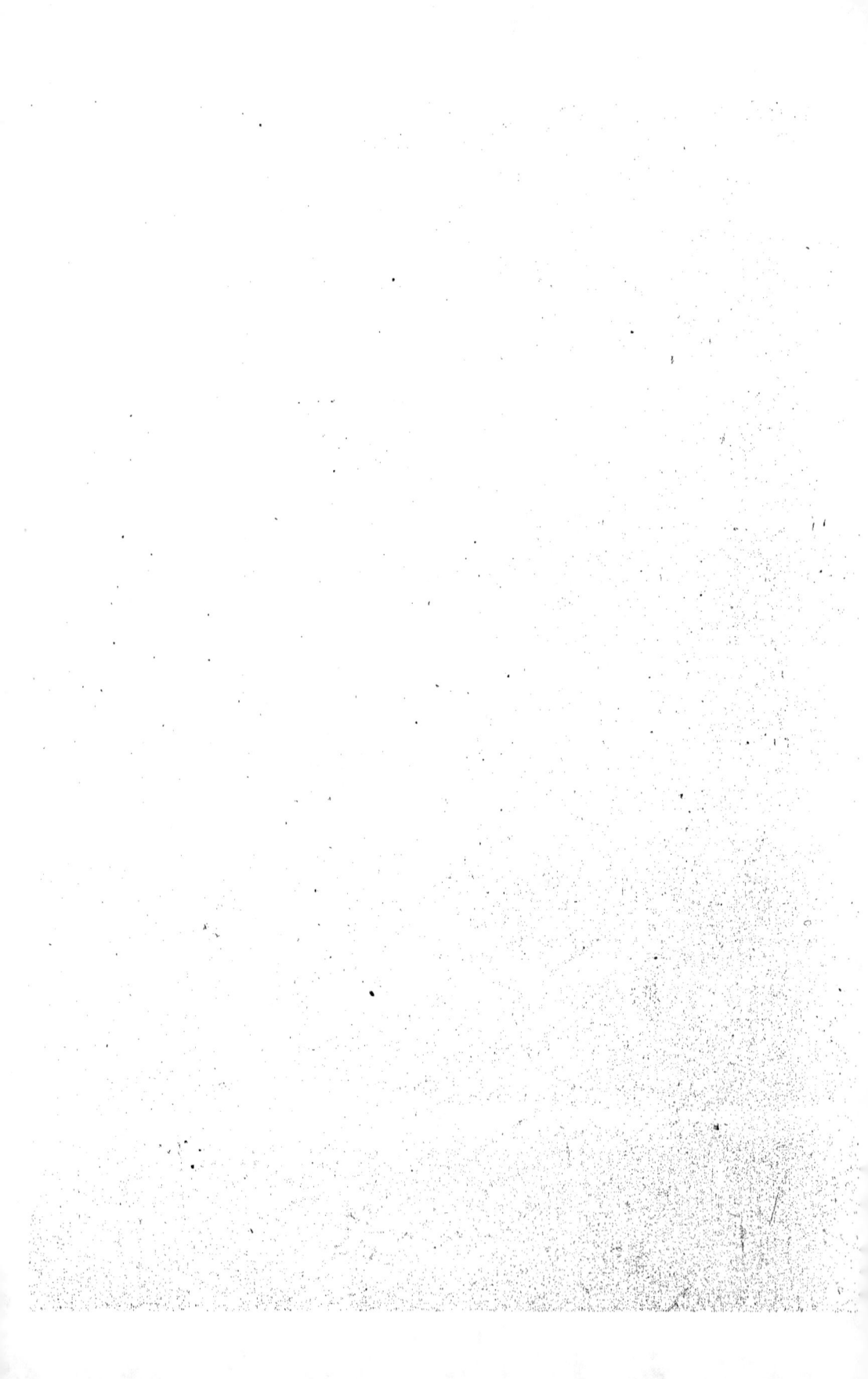

ADDENDA ET ERRATA

(Changements survenus pendant l'Impression jusqu'à la Date du 25 Octobre 1895.)

TOME PREMIER

Page 47 et page 49 : Dans l'indication des pays étrangers, la principauté de Monaco a été comprise sous la rubrique : Italie, etc.

Notice 217. DARU : Son éloge a été prononcé par M. DE LAMARTINE, dans la séance de l'Académie française du 1er avril 1830.

Notice 352. CORDIER : Une notice sur sa vie a été lue par M. J. BERTRAND, dans la séance de l'Académie des Sciences du 17 décembre 1894.

Notice 380. Horace VERNET : Une notice sur sa vie a été lue par M. BEULÉ, dans la séance de l'Académie des Beaux-Arts du 3 octobre 1863.

Notice 400. BECQUEREL, ajouter : 1855. Traité d'électricité et de magnétisme, 3 vol. — 1875. Des forces physico-chimiques et de leur intervention dans la production des phénomènes naturels. — Découverte des lois des phénomènes thermo-électriques, du galvanomètre différentiel, des lois du dégagement de l'électricité dans les actions chimiques, de la pile à courant constant, de la formation des composés minéraux par voie électro-chimique, etc.

Notice 431. J.-B. DUMAS : Au lieu de : Ministre de l'Instruction publique, lire : Ministre de l'Agriculture et du Commerce.

Notice 433. DELAROCHE. Supprimer : 1819. Nephtali au désert. S. d. Le songe d'Athalie.

Notice 476. F. HALÉVY : Une notice sur sa vie a été lue par M. BEULÉ, dans la séance de l'Académie des Beaux-Arts du 4 octobre 1862.

Notice 484. SCHNETZ : Une notice sur sa vie a été lue par M. BEULÉ, dans la séance de l'Académie des Beaux-Arts du 18 novembre 1871.

Notice 498. DUMONT : Une notice sur sa vie a été lue par M. le comte H. DELABORDE, dans la séance de l'Académie des Beaux-Arts du 31 octobre 1885.

Notice 505. COUDER : Une notice sur sa vie a été lue par M. E. HÉBERT, dans la séance de l'Académie des Beaux-Arts du 3 juin 1876.

Notice 541. DUCHATEL : Une notice sur sa vie a été lue par M. le comte H. DELABORDE, dans la séance de l'Académie des Beaux-Arts du 4 juillet 1868.

Notice 567. LALLEMAND : Au lieu de chimie chirurgicale, lire : clinique chirurgicale.

Notice 572. BRASCASSAT : Une notice sur sa vie a été lue par M. CABAT, dans la séance de l'Académie des Beaux-Arts du 9 mai 1868.

Notice 586. Léon COGNIET : Une notice sur sa vie a été lue par M. le comte H. DELABORDE, dans la séance de l'Académie des Beaux-Arts du 22 novembre 1881.

Notice 587. ROBERT-FLEURY : Une notice sur sa vie a été lue par M. le comte H. DELABORDE, dans la séance de l'Académie des Beaux-Arts du 31 octobre 1891.

Notice 609. HITTORFF : Des notices sur sa vie ont été lues par M. LABROUSTE dans la séance de l'Académie des Beaux-Arts du 29 août 1868 et par M. BEULÉ, dans la séance de l'Académie des Beaux-Arts du 12 décembre 1868.

Notice 613. FLANDRIN : Une notice sur sa vie a été lue par M. BEULÉ, dans la séance de l'Académie des Beaux-Arts du 19 novembre 1864.

Notice 618. MOQUIN-TANDON : Au lieu de : 1861. Botanique végétale, lire : botanique médicale.

Notice 619. DUBAN : Une notice sur sa vie a été lue par M. BEULÉ, dans la séance de l'Académie des Beaux-Arts du 9 novembre 1872.

Notice 648. LEFUEL : Une notice sur sa vie a été lue par M. le comte H. DELABORDE, dans la séance de l'Académie des Beaux-Arts du 21 octobre 1882.

Notice 655. BERLIOZ : Une notice sur sa vie a été lue par Félicien DAVID, dans la séance de l'Académie des Beaux-Arts du 30 juillet 1870.

Notice 659. DELACROIX : Une notice sur sa vie a été lue par M. le comte H. DELABORDE, dans la séance de l'Académie des Beaux-Arts du 24 octobre 1876.

Notice 662. MARTINET : Une notice sur sa vie a été lue par M. BERTINOT, dans la séance de l'Académie des Beaux-Arts du 11 janvier 1879.

Notice 690. Au lieu de MEISSONNIER, lire MEISSONIER. — Une notice sur sa vie a été lue par M. le comte H. DELABORDE, dans la séance de l'Académie des Beaux-Arts du 29 octobre 1892.

Notice 699. PASTEUR. Ajouter : Mort à Garches (Seine-et-Oise), le 28 septembre 1895.

Notice 700. BALTARD : Une notice sur sa vie a été lue par M. Ch. GARNIER, dans la séance de l'Académie des Beaux-Arts du 3o mai 1874.

Notice 707. BECQUEREL (A.-E.). Au lieu de : mort le 15 mai 1891, lire : mort le 11 mai 1891. Rayer l'ouvrage sur les forces physico-chimiques. Ajouter : 1855. Traité d'électricité et de magnétisme. 1856. Résumé de l'histoire de l'électricité et du magnétisme. Recherches sur l'action chimique de la lumière sur le spectre solaire, sur la chaleur produite par les courants, sur la décomposition électro-chimique des corps, sur le magnétisme de tous les corps, sur la phosphorescence et sur le phosphoroscope, etc.

Notice 709. CABANEL : Une notice sur sa vie a été lue par M. le comte H. DELABORDE, dans la séance de l'Académie des Beaux-Arts du 19 octobre 1889.

Notice 710. HESSE : Une notice sur sa vie a été lue par M. LENEPVEU, dans la séance de l'Académie des Beaux-Arts du 21 mai 1870.

Notice 715. LEHMANN : Une notice sur sa vie a été lue par M. le comte H. DELABORDE, dans la séance de l'Académie des Beaux-Arts du 20 octobre 1883.

Notice 718. MÜLLER : Une notice sur sa vie a été lue par M. DETAILLE, dans la séance de l'Académie des Beaux-Arts du 21 janvier 1893.

Notice 728. PERRAUD : Une notice sur sa vie a été lue par M. le comte H. DELABORDE, dans la séance de l'Académie des Beaux-Arts du 20 octobre 1877.

Notice 729. ROBIN : Au lieu de mort à Paris, lire : mort à Jasseron (Ain).

Notice 738. BONNASSIEUX : Une notice sur sa vie a été lue par M. FRÉMIET, dans la séance de l'Académie des Beaux-Arts du 8 avril 1893.

Notice 739. DUC : Une notice sur sa vie a été lue par M. le comte H. DELABORDE, dans la séance de l'Académie des Beaux-Arts du 18 octobre 1879.

Notice 758. CABAT : Une notice sur sa vie a été lue par M. Benjamin CONSTANT, dans la séance de l'Académie des Beaux-Arts du 14 octobre 1893.

Notice 750. LABROUSTE : Ligne 3, au lieu de Seine-et-Oise, lire : Seine-et-Marne. — Une notice sur sa vie a été lue par M. le comte H. DELABORDE, dans la séance de l'Académie des Beaux-Arts du 19 octobre 1878.

Notice 781. BAUDRY : Une notice sur sa vie a été lue par M. le comte H. DELABORDE, dans la séance de l'Académie des Beaux-Arts du 3o octobre 1886.

Notice 787. QUESTEL : Une notice sur sa vie a été lue par M. le comte H. DELABORDE, dans la séance de l'Académie des Beaux-Arts du 18 octobre 1890.

Notice 794. Victor MASSÉ : Une notice sur sa vie a été lue par M. le comte H. DELABORDE, dans la séance de l'Académie des Beaux-Arts du 20 octobre 1888.

Notice 797. BALLU : Une notice sur sa vie a été lue par M. le comte H. DELABORDE, dans la séance de l'Académie des Beaux-Arts du 29 octobre 1887.

Notice 906. L'abbé PERRAUD. Avait été créé cardinal *in petto*, dans le consistoire du 10 janvier 1893, mais n'a été proclamé que postérieurement au 25 octobre 1895.

Notice 1000. LOTI : Ligne 1. Au lieu de Charente, lire : Charente-Inférieure.

A la fin des notices, page 436, ajouter que M. NÉNOT a été élu, le 12 octobre 1895, membre de l'Académie des Beaux-Arts, dans la section d'architecture, mais le décret approuvant son élection n'a été notifié à l'Académie que postérieurement au 25 octobre, date du centenaire.

Page 454. Liste alphabétique, col. 4, ligne 25. Au lieu de DELISEL, lire : DELISLE.

Page 457. Liste alphabétique, col. 3, ligne 10. RAMEY (E.-J.). Au lieu de 319, lire : 395.

TOME II

Page 3o. M. le baron LARREY est mort à Jouy-en-Josas (Seine-et-Oise), le 8 octobre 1895.

Pages 66, 107 et 172. *Notices* 40, 179 et 260. Au lieu de Baronnet, lire : Baronet.

Page 108. M. REEVE est mort à Foxholes (Angleterre) le 21 octobre 1895.

Page 182. *Notice* 3o5. Au lieu de BRUNIVA, lire BUNIVA.

Page 203. *Notice* 414. Au lieu de Bries-sur-Oder, lire Brieg-sur-Oder.

Page 209. *Notice* 583. GEEFS. Au lieu de : mort à Bruxelles, le 19 janvier 1860, lire : mort à Schaerbeck, le 19 janvier 1883.

Page 429. On peut ajouter aux Fondations de l'Académie des Sciences, celle de M. d'Abbadie, membre de l'Institut, qui est antérieure au 25 octobre 1895, quoique le décret d'autorisation n'ait été rendu que le 8 novembre 1895. Cette donation comprend la nue propriété de cent actions de la Banque de France, d'immeubles situés dans le département des Basses-Pyrénées, avec les meubles qui s'y trouvent et des droits d'auteur sur les œuvres du donateur.

INDEX ALPHABÉTIQUE

DES MEMBRES, DES ASSOCIÉS ET DES CORRESPONDANTS DE L'INSTITUT

Le Chiffre romain indique le Volume; le Chiffre arabe, la Page où se trouve indiqué le Nom.

TABLE DES MATIÈRES

DU TOME DEUXIÈME

FIN DU TOME DEUXIÈME ET DERNIER

12-7-5 — Tours, impr. E. ARRAULT et Cⁱᵉ, 6, rue de la Préfecture

www.ingramcontent.com/pod-product-compliance
Lightning Source LLC
Chambersburg PA
CBHW050549270326
41926CB00012B/1978